NAPOLEON: SOLDIER OF DESTINY

Michael Broers

万墨轩图书
WIPUB BOOKS

Michael Broers

NAPOLEON:
SOLDIER OF DESTINY

成为拿破仑

[英] 迈克尔 · 布罗厄斯 （Michael Broers） 著
李海 刘洋 韦乔钟 译

中国 · 武汉

图书在版编目(CIP)数据

成为拿破仑 / (英) 迈克尔·布罗厄斯(Michael Broers) 著；李海, 刘洋, 韦乔钟译.
-- 武汉：华中科技大学出版社, 2018.7
ISBN 978-7-5680-2533-1

Ⅰ. ①成… Ⅱ. ①迈… ②李… ③刘… ④韦… Ⅲ. ①拿破仑(Napoleon, Bonaparte 1769–1821)—传记 Ⅳ. ①K835.655.2

中国版本图书馆CIP数据核字(2017)第013909号

湖北省版权局著作权合同登记　图字：17–2017–067 号

成为拿破仑
Chengwei Napolun

[英] 迈克尔·布罗厄斯（Michael Broers）著
李海 刘洋 韦乔钟 译

总 策 划：亢博剑 彦吴桐
责任编辑：张　从
特约编辑：王绍政 范少鹏
装帧设计：谷亚楠 朱海英
责任校对：刘　竣
责任监印：朱　玢
出版发行：华中科技大学出版社（中国·武汉）　电话：027–81321913
武汉市东湖新技术开发区华工科技园　邮编：430223
印　　刷：武汉科源印刷设计有限公司
开　　本：710mm × 1000mm　1/16
印　　张：34.75
字　　数：560千字
版　　次：2018年7月第1版第1次印刷
定　　价：88.00元

献给吉姆·麦克米伦

目录

引言　命运的力量

自由、平等、雄心

不，我的伯爵大人，你不会得到她……你绝不会得到她。因为你是高高在上，有权有势的贵族老爷，你觉得自己就是个了不起的天才！……门第、财富、军衔、官位，你以为你有了这些就可以如此不可一世吗？你究竟做出过什么贡献，可以享受这么高的待遇？你除了从娘胎里出来时使过劲儿，你还做过什么更了不起的事？即使如此，你也不过是一介凡胎而已。而至于我，该死的！我只能鬼混在普通人中，为了生存而苟延残喘……而现在，你居然还要和我决斗！[1]

尚且值得欣慰的是……我能以他的名义履行自己的职责……冒着自己触霉头的风险……我始终就是这样，既正直，又热诚，又勇敢，因此我理所应当从他那里得到回报，而不是像我最后所得到的那样……他这个人完全不能约束自己，就连星期六，所有函件都要发出的那一天，他也不能等工作完了再出门。他只会不断地催促我，要我把给国王和大臣的呈文发出去。他在匆匆忙忙签下字以后，就不知跑到哪里去了，只扔下大部分其他函件，不加签署……所有函件必须有人签署，所以只好由我来签了……他的嫌恶，他的暴躁，他的苛待，我都一一忍下来了……但是，当我发现自己战战兢兢地为他工作，他却故意要剥夺我所应得的那点荣誉的时候，我就决定不再忍耐下去了。[2]

上述第一段引文出自亚历山大·德·博马舍1781年的戏剧《费加罗的婚礼》（该剧实为加隆·德·博马舍所作，原文疑有误——译者注）中费加罗的独白。费加罗为人十分聪明而又狡猾，但却不得不低三下四地为一个粗暴而糊涂的西班牙贵族服务，担任其家务总管。第二个选段与卢梭有关，讲的是卢梭受到一个愚蠢而飞扬跋扈的贵族虐待的事，卢梭曾于1743年任法国驻威尼斯大使秘书一职。它出自卢梭的自传《忏悔录》。《忏悔录》于1765年写成，但直到1781年才得以出版。《费加罗的婚礼》与《忏悔录》同为18世纪80年代最引起轰动的作品，也是欧洲旧制度孕育出的最后一批文学杰作。到了1789年，这个旧制度就被法国大革命捣得粉碎。这两部作品很快就在法国遭禁，但其影响已然造成。[3]

18世纪产生了大量的有关政治及社会问题的严肃文学作品，这些作品试图通过构想新的秩序，鞭挞社会现状来造成颠覆性的影响，但就拨动普通读者的心弦而言，没有哪部作品比得上前述的那两部。当局者很快也发现了这一点，因为这两部作品深深触动了很多愤懑的年轻人。一开始，法国国王路易十六很喜欢博马舍的那部喜剧，因为它嘲弄了贵族阶层，而彼时的路易十六正因贵族们顽固地保持独立、不愿归顺而深感沮丧。但他的顾问们很快向他指出，说到对权威的蔑视，费加罗可是一点儿也不含糊。在维也纳，莫扎特根据博马舍原作改编的歌剧《费加罗的婚礼》遭遇了同样的命运。歌剧《费加罗的婚礼》的演出很快被约瑟夫二世叫停了。约瑟夫二世虽自诩欧洲变革最大胆的君主，但敢于这样直言不讳地攻击贵族阶层的智商，这大大超出了他的忍耐极限，虽然他比路易十六更讨厌那些贵族们。博马舍清楚他喜剧里的嘲弄是针对整个贵族阶层的，而且这种嘲弄很危险，因为它是含有蔑视的讥笑，而非哭哭啼啼的发牢骚。确实，博马舍的剧作早已成为“并非戏言”这一戏剧手法的经典之作。费加罗的猛烈挞伐中也含有自吹自擂的成分。这是一种建立在确凿事实之上的骄傲，它比任何形式的哭喊都要危险。比起人们对贵族享有特权这一不平等现象所发出的正义的愤慨，博马舍和卢梭所提出的思想更加危险：对那些当权者来说，他们大胆提出的社会构想远比人们对社会或经济上的不公正所怀有的义愤更具危险意味。这不是属于弱者的正当的义愤，而是那些一心想要成为新主人的人们的公然反抗。首先是费加罗，接着是卢梭，都敢于说他们的主子不但残酷无情，而且愚不可及。接着，他们宣称，他们这些“实干家”们才是更聪明的人，因为他们拒绝服从愚蠢者。

博马舍的费加罗和卢梭清楚，他们要比那些高高在上的人更能干，他们也瞧不起那些人。他们的目标不是解放这个世界，而是要出人头地，从而接管这个世界，然后消灭那些当权者，原因倒并不在于那些人不公正，而是因为他们是傻瓜。才干比高贵的出身更重要，然而那些意识不到这一点的劳动群众和他们的主子一样愚蠢得无药可救。这个世界本该属于那些最勇敢和最杰出的人。史蒂文·英格伦曾把巴黎荣誉军人院那里的拿破仑陵墓所散发的气氛描述为：“它唤起的不是希望，而是对人类潜力（possibility）的敬畏感。”[4]它与正义的梦想无关，只是一个抓紧时机的问题。

这种敬畏感是要假以时日的，但这种潜力意识——它不像希望、自由、平等或博爱那样虚无缥缈、富有利他主义精神，可是它早已在博马舍笔下的费加罗和威尼斯大使馆中的卢梭身上萌发。这种类型的人几乎从来都不是理论家，所以他们不仅为新的政治文化赋予了新的自由语言，往往还付诸实践。他们是根据建立在自信心之上的利己主义行事的。利他主义精神在这些人身上转瞬即逝，但正如罗伯特·亚历山大在提及拿破仑时所说的，对他本人来说，“意志和才干是名声的根基”。[5]这两点是法国大革命本身最强大因素的根基，这种根基也造就了那一代获得自由的人们。雄心支配着拿破仑，而且它是自私自利的。正如拿破仑最早的支持者之一西鲍迪尤所指出的，他的天才只服务于他的自负，他唯一热爱的是权力，他的情人是法兰西。[6]

然而，事实上，当他发迹时，他所有的忠实的追随者都与他一道发迹了。在拿破仑看来，这就是法国大革命，这就是新的绝对真理。当“自由、平等、博爱”令一切分崩离析，并被提倡者们丢到脑后时，大革命当初的承诺——“事业的大门向人才敞开”依然保留了下来。当拿破仑说——有可能是真的——他在污水沟里找到了法兰西王冠，然后将它捡起来戴在头上时，他是在替费加罗和卢梭复仇雪耻。卢梭所能做的，如他自己所说，只有辞职归去，拿起笔杆子对社会进行口诛笔伐。确实，他接着又在《社会契约论》中虚构了一个政治乌托邦，写了两本伤感的畅销小说，《新爱洛绮丝》和《爱弥儿》。这两本小说有一个共同结论：卑躬屈膝才是“出路”。费加罗生活得更成功，因为他是虚构的人物。他愚弄了他的主人，并运用诡计使自己的心上人摆脱了他的主人的纠缠，但他以聪明的手段为自己和心爱的人设法获取的幸福完全是属于个人层面上的：“我以前又穷又遭人鄙视。后来我表露出智慧，又被人家嫉恨。如今，我有了一个漂亮女孩和一大笔财产！”[7]他完全可以为喜剧中设定的圆满结局欢呼雀跃了。对于像费加罗这类人，只有发生一场天翻地覆的社会剧变才能将舞台场景变成现实。法国大革命促使了这类人在公共领域获得成功，拿破仑就是其典型代表。对这一类人来说，法国大革命与其说是一个理想，不如说是一个工具。如果说法国大革命的发起者不知道如何驾驭它，就像那些被他们推翻的人不知道如何维持旧秩序一样，就有另一些人，他们“不得不利用知识和各种谋划以求生存”，这些人才能控制新的社会秩序。

假如说有一个词是拿破仑终其一生紧握不放的，那就是“命运”；而假如要用一个词来概括他，那就是“雄心”。他将这两者带给了他那一代人及其后辈们，这些后辈们都心甘情愿地追随着他。大革命所带来的解放——无论是得益于自由主义的立法，还是得益于它无意中释放出的无比巨大的战争力量——都为胸怀远大抱负的人提供了机会，但正是拿破仑个人的雄心才将他们每个人的抱负变成了一种集体的命运意识。这个“命运”正是他本人为他那一代人做出的个人贡献。

很多传记作家和史学家都着重强调拿破仑性格中愤世嫉俗和喜欢操纵人的这一面，他们说得没错。这些特征在他身上有着丰富的体现，如果说没有这些特征，他就能不随那个时代的消亡一同湮没，那就是脱离实际，甚至是荒谬的看法了，何况他还战胜了他的时代。然而，只强调他性格中的这一面，而罔顾其他方面，那就不仅歪曲了他这个人，也无法解释他何以能取得那些有着持久影响力的巨大成就。正如安妮·卓丹所说，“拿破仑试图发现一切事物的积极面”。[8]当将这一点与他那非凡的精力放在一起看待时，我们可以看到一个更全面、更可信的人，毕竟在他那个时代以及很久之后，拿破仑是欧洲人生活中的一股强大的创造性力量。也只有一个积极、充满乐观精神的人才能像拿破仑那样，在他整个政治生涯中一心想要进行先进的改革。尽管一直处于战争的巨大压力之下，他的乐观倾向令他设想出新的现代司法体系、公共行政机构及教育制度；他的精力令他在属于自己的时代将这些设想变成了活生生的现实。这些体系和制度是他留给现世的鲜活遗产，当他的军事成就在他统治的末期被一扫而空之后，这些制度性遗产依然存在了很久。

本书作为拿破仑的传记，涵盖了拿破仑人生中精力最充沛、最有创造力的时期，在1810年至1811年那段短暂的和平时期，他又继续取得了更多成就。他所有关于旧制度结束后以及大革命之后的世界构想在他掌权时顿时变得清晰鲜活起来。首先是在意大利，随后是在法国，他迅速而明确地将构想付诸实践，这一特点是他内在固有的，因为他吸收了那个时代诸多的丰富思潮并重新加以表述。他之所以能学得如此之快、掌握得如此之多，是因为他对周围世界有一种永难被满足的好奇感。从年轻时起，拿破仑的笔记本中就填满了他从极为广泛的阅读中获得的事实和想法。这一点几乎得到了所有历史学家的承认：上一代受过教育的能够掌握所有本质性学问的西方人，恰好是拿破仑之前的那一代人。比如美国的杰弗逊和富兰克林，法国的伏尔泰，或者俄国的叶卡捷琳娜二世，他们有幸成了这一群人当中的最后一批。拿破仑是在打一场必败之战，但他不顾知识的急剧膨胀而努力赶超这些博学者，其努力之中体现出的英勇无畏，丝毫不亚于他在战争中的表现。他知道，他要学的有很多，而他的精力和好奇心促使他不断追求自我的完善，直至生命的最后一刻。这已经超越了个人对知识的追求，拿破仑极为迅速地将知识变成了改革措施。这可不是一个彻头彻尾的愤世嫉俗者能完成的。他心系未来，而不只是仅仅关心他的个人声誉，尽管他确实很在意个人名声。尽管拿破仑可能有变化无常、精神狂热的特性，但由他所催生的切实的改革措施早已被证明是持久的、可借鉴的。这样一种现象的出现，可以说是空前的。

拿破仑的一生就是一个非凡的故事，那种充满无穷潜力的奇迹——足以让英格兰闻出透过他的陵墓散发出的威严——将呈现在故事的讲述中。没有哪一个像他这样出身相对低微的人能企及他后来达到的高度。然而，更切中肯綮的是，没有哪一个这样的人后来成了他自己的主人，更不要说成为欧洲之主。从这一点来说，拿破仑属于他自己的那一代，或者说属于当中最有活力的那些人。他们用双手扼住了法国大革命的咽喉，使之为他们效命。无论他去哪儿，他带着与他同时代的人一同前往。一开始，他与那些志趣相投的人只是有着同样躁动不安的雄心，并且都对旧制度有一种目空一切的蔑视和鄙夷。但到了1805年，他率军向奥地利挺进时，他已无可争辩地成了这些人的首脑。法国大革命无意中为这一切打开了方便之门，但除拿破仑之外，没有人显露出那种独特的个人才能——能牢牢抓紧时机。革命者们恐惧这样的才能，而在那些年中，拿破仑经常不得不煞费苦心地掩藏他的野心，因为罗马共和国的前车之鉴就摆在他们眼前。共和国革命的果实遭到出身贵族精英阶层的恺撒的窃取，当然，最终终结它的是屋大维。然而，人们即使翻遍整部古代史，也难以找到一个可以和拿破仑相媲美之人。恺撒们都是贵族中的翘楚，拿破仑则是祖祖辈辈里诸多的“费加罗”当中的一个，目送着他们的旧主子们离开。因为他的成就是在充满危险、史无前例的动荡时代里取得的，所以显得更加宏伟。要想在这个世界里获胜，仅仅只靠充足的精力、敏锐的智力或巨大的野心是不够的。

许多了解拿破仑的人提到了他的自控力。有些人，比如朱诺夫人，将他的自控力视为一种美德；而另一些人，其中包括斯塔尔夫人，觉得这种自控力只不过是用以掩饰其自大、危险和虚伪的面具。不管其内在原因是什么，这种自控力是钢铁般的自我约束力的产物，须知拿破仑是一个情感强烈、经常充满狂热情绪的人，所以在他初入巴黎上流政治圈时，即在他1799年夺权前后的几个月中，他那“惊人的克制力”更令人印象深刻。[9]那些处于从属地位的人往往知道如何在主人面前戴上面具，正如费加罗和卢梭所做的那样。拿破仑之所以能成为这个危险重重的政治世界的领袖，一部分原因来自他善于掩饰他在旧制度下养成的蔑视和自夸。拿破仑在其夺权过程中尽情地展示这一能力，但他向世人表露的自我克制有着更深层的原因，即他的出身背景。谨慎是他性格中的核心成分，他出身于地中海小岛的特殊情况将他训练成了这样。这一特征不止一次地挽救了他，也促成了他的成功。约瑟夫·康拉德的杰作《诺斯托罗莫》中的主人公就像拿破仑一样，也出身于利古里亚地区，他来自一个以沉默正直而闻名的民族，与之同样闻名的还有他们的进取精神与深厚情怀。雄心和激情需要由自控力加以调和。康拉德对他小说中核心人物的看法——“人即使失去了平衡，他也能控制自己”[10]——既适合拿破仑，也适合小说中富有领袖魅力的吉奥瓦尼·巴第斯塔·菲旦扎。他们俩就像是从同一个模子中造出来的一样。

没有人会比热尔曼娜·德·斯塔尔更恨拿破仑。她可能是她那个时代最才华横溢的女人，她也算是一位生来就享受着旧制度（ancien régime）特权的艺术爱好者。她是最早称拿破仑为权力狂的人之一，尽管她反复宣称拿破仑根本就是个暴君。但即使不对这一断言做出强有力的反驳，它本身也几乎站不住脚。尽管如此，斯塔尔夫人的这一观点，就像拿破仑那举世闻名的目光一样犀利而准确。在拿破仑表面的镇静和威严背后，其实潜藏着极度的性急和勃发的精力。对斯塔尔夫人来说，拿破仑只是装出一副对知识非常好奇的模样，目的是哄骗知识分子，使他们有一种虚假的安全感；他不断提到妥协和团结，而与此同时他在政治集团内又精心建起了支持他的队伍，他有本事令这些集团彼此争斗，坐收渔翁之利。斯塔尔夫人的判断与拿破仑的经历形成了一个尖锐对比。要想对斯塔尔夫人的结论做一番评估，恐怕需要大量篇幅，但她抓住了他性格中的核心要素，这是无可置疑的。姑且不论拿破仑是否“口是心非”，这是另一回事；但他即使面对着无数把匕首也能镇定自若地讲话，这一点是毋庸置疑的。在激情与谨慎之间平静地进行一场惊险的格斗，正是拿破仑性格的本质所在。

在拿破仑与斯塔尔夫人打交道的过程中，他总是充满极为强烈的憎恶。尽管人们已经为了解释二人的不和而费了不少笔墨，但拿破仑对斯塔尔夫人的厌憎忍让值得我们更多地去思考。它超越了政治或意识形态方面的争论，对于这两位思想如此敏锐的人来说都有重要意义。这种厌憎肯定不是像某些人毫无根据地宣称的那样，说什么拿破仑厌恶“知识女性”，这一点即使是像彼得·盖尔这样的大学者也未能免。[11]他与继女奥坦丝之间的密切关系，他在女性教育领域所做的巨大努力，他还给了两个妹妹巨大的权力——将托斯卡纳封给了埃莉萨，并把那不勒斯给了卡罗琳——这足以证明前一说法不实。在很大程度上，拿破仑是以费加罗的眼光来看待斯塔尔夫人的：她是旧制度特权下的废品，是一位大权在握的部长兼财政家的女儿，还是一位年迈贵族的夫人，而她把丈夫当傻瓜来玩弄；不管她多么聪明，她只是一只寄生虫。对拿破仑来说，她是在用一种纡尊降贵的态度对待他这个新贵。就像费加罗的情形一样，与这样一个女人进行正面对抗可能会使人头昏脑涨，但拿破仑是个例外。

与其说拿破仑性格复杂，不如说他性格多面化。身处不同形势的他，精力充沛、富于想象、乐观而又愤世嫉俗；他野心勃勃，然而对所属的社会同样怀有无穷的憧憬。拿破仑与《荷马史诗》中“目光锐利”的奥德赛颇有相似之处。这两人都才思敏捷，观察力敏锐，善于说服人，并且无比冷酷，他们不得不如此，因为胜利就是一切，并且他们都来自同一种社会文化——失败即毁灭。他们都身处一个空间极为有限的世界，无论是在独眼巨人的洞穴里，还是在革命时期巴黎的政治舞台上。做出这样一个跨越千年的类比并非是开玩笑。从人类学角度来看，奥德赛和拿破仑都是地中海岛民精英阶层的产物：他们各自的世界尽管相隔千百年，却依然产生于同一种独特的地理环境下，并被这种环境所塑造；这种地理环境造成了贫困，但也激起了人们的雄心，但这种雄心唯有通过移居他乡才能实现，而战争常常推动了这一移民过程。拿破仑从文学作品中了解了古典历史，而古希腊罗马的世界，正是他那个时代所有受过教育的欧洲人共同的文化货币，而在18世纪期间，随着世俗化取代了当时一直占据主流文化地位的基督教传统，这一文化货币的价值显著增长。然而，对于身为科西嘉中产阶层一员的拿破仑来说，古典历史是非常鲜活的，它为他提供了一个生活指南——因为驱使古代英雄的力量与他本人所处的环境依然有关联；人们很容易在拿破仑的故乡——阿雅克肖城里发现类似于奥德赛那样的人。雄心支配着这块狭小而竞争激烈的小天地。这座贫瘠却生机勃勃的岛屿孕育出的每一代人，都会再次拾起古人的教诲，这些岛屿点缀着荷马所说的“葡萄酒色的大海”。拿破仑的雄心来得光明正大：它是祖辈的遗传。他是一代又一代坚韧不拔之辈的后裔，一心想要出人头地是其先辈们共同的本质特点。他们的世界很狭小，但他家族的每一代人，无论是父系还是母系方面，从未中止或逃避提升家族经济和社会地位的“计划”，这一计划既是集体的，又是个人的。这是拿破仑与生俱来的禀赋：雄心流淌在他的血管中。不管受到怎样的挫败、限制甚至粉碎，他的雄心从未减弱过。它是一种吞噬一切的激情，但它需要由精心谋算与狡猾加以调节。

法国大革命中发生的一系列惊天动地的事件为这种古老的雄心提供了一个特别的、更为广阔的舞台背景，同时也带来了动荡多变的环境。在这种环境中，谋划经常不得不让位于机会主义，谨小慎微让位于大胆冒险。拿破仑很快适应了这一世界，就在西方世界最危险、最变化无常的时代中，他展现了个人独有的天生能力——他能抓住出现在他身边的每一次机会。他过人的精力与智力、独一无二的才干，使他在普通人当中显得卓尔不群，天才就是集这些优点于一身的人。另外，激励他前进的雄心使拿破仑与那一代所有的法国人意见一致，这些人想要从大革命中为自己获得某种旧制度绝不允许的东西：只要有才华，一个人就能平步青云，并尽情享受自己的成功。一般人很少认为自己能和天才相媲美，但对于共同拥有的抱负，许多人都能产生共鸣。敬畏是某种逐渐显露的东西，正如欧洲逐渐显露在拿破仑面前。他是在1799年夺得大权的，紧随其后的那几年依然十分危险，但这几年也是他自吹自擂、目空一切的时候，然而，这绝非他生活的全部。

法国大革命产生了许多出类拔萃的政治家和军人，然而拿破仑的到来使他们显得黯然失色，接着他带领着整整一代人横扫那个充满敌意的大陆，建立起无与伦比的霸主地位。这一经历的确令人难以置信，或许也最适合以舞台的形式将之呈现出来。在现代语言中，用来指代一个人的生命历程的“旅程”一词早已被用得滥俗，但本书所写的那些激荡岁月，所呈现出来的不是一次普通的旅程，而是一次非凡的征程。在其中，你可以跟着拿破仑征途上的脚步，见证他这一生的跌宕起伏和所取得的成就。

拿破仑于1769年出生于阿雅克肖城，一个属于意大利文明的堡垒。它坚守着夹在大海与科西嘉原始山区之间的那块狭窄地带；直到1805年，当开始向奥斯特里茨进军之时，他彻底改变了这座城的意义。除他本人之外，没有人驱使他踏上这一征程。他的征程就是征服欧洲的过程。这绝非易事，而且就当时那个历史时期而言，它绝对是一桩独一无二的成就。1793年时，他身无分文地逃离了故乡科西嘉，除背上的衬衫之外几乎一无所有，甚至连项上人头都差点丢掉了。但到1805年时，他已是一国之主，并打造出了一支准备打垮所有敌人的军队。没有哪一个出身平凡的人经历过这样的“征程”。无论怎样频繁地强调这一点都不过分：历史上再未出现过拿破仑这样的人物。

许多文人学士（literati）说，一部优秀的传记应该像小说那样生动流畅，而据说拿破仑就经常将他的人生看作是这样一部优秀的小说，这或许出自人们的杜撰。不论其真伪，他的人生“征程”毫无疑问是一部小说的最佳素材。尝试写一本非故事性的拿破仑传，这将不仅是对读者，也是对主人公的一种欺骗，因为他的生平的确像是一个既出人意料，又壮观无比的故事。假如将这样的传记交付给某个外星系的出版商，真不知那里的读者会如何接受这样一个不可思议的故事，为了令读者感到信服，我们真不知需要对哪些部分做出修订。

本卷结束在拿破仑怀疑他的征程是否到了该结束之时，在他自己是否太不自量力这一节点上。他那时面临着一场规模更大的战争，还有前所未有的强大敌人。无论是他本人，还是他的军队都未曾经历过这么大规模战争的考验。为了这次战争，他几乎倾其国内所有的兵员和资金。他的赌博获得了成功。这样一来，还有更多需要交代的事情，因此在后面的内容里，有一个主题将取代叙事，成为推动情节发展的驱动力。这一主题就是权力。如果说拿破仑的人生的确更像一部小说，而不是一部纪录片的话，那么权力就是贯穿其主要情节的一根红线。他一生的事迹主要是关于如何掌权，同时也关于他运用权力做了些什么。拿破仑在军事和外交上的功绩以及他的政治密谋，都是他获取权力的垫脚石，同时也是对权力的维护；当他大权在握之后，他的那些伟大改革就是他行使权力的产物。而且，他还需要保卫他手中的权力，这一方面往往遭到人们的忽视。他时常需要保护自己的所得，这是他一贯保持谨慎的原因，至少在本书写到的是这样，这也是他为何如此重视自控力的原因。拿破仑的一生不仅是一个瞬间崛起的故事，它更是富有警示意义的一课，提醒着人们这一事实：光知道夺权还不行，还得守得住。变化不定是拿破仑冒险事业的根本特征，因而，当我们说起他对政治稳定与个人生活稳定的追求时，就愈发感到心酸。

拿破仑生活在剧烈动荡的时代。他的个人天赋促使他认识到，这个世界永远处于不断变化之中。当他说他的儿子需要以一种有别于他本人的方式治理国家时，他指出了现代政治的方向。因此，我们不禁要向一个如此了解他周围变化的人提一个合情合理的问题：他本人是否曾改变过？假如说有什么标志着拿破仑的一生，那么这就是从危险而缺乏保护的从属地位到大权在握这一过程。在对一部堪称是典范之作的传记所做的富有洞察力的评论中，大卫·朗西曼对罗伯特·卡罗描写美国前总统林登·约翰逊的传记的第4卷提出了这样的问题：大权的获得和运用是揭示还是遮蔽了一个人的个性？[12] 对拿破仑而不是约翰逊来说，这一问题显得尤为重要，因为拿破仑很快就将权力抓在手中，而约翰逊则等待了多年才坐上总统宝座；当拿破仑斩获权力时，它与绝对权力相差无几，这与民主政权领袖的权力完全不是一回事。到1805年时，全世界都清楚，拿破仑再也不是费加罗或威尼斯大使馆里的卢梭那样的小人物了：为确保这一点，他早已建立起一种全新的政治秩序。现在他已准备好向他的旧主子证明自己比他们更优秀，不管这些人是旧制度下的贵族、与他同时代的欧洲对手，还是曾经试图利用他的那些革命政治家。我们要问的是，荣华富贵到底是揭示了他性格中的潜在方面，又或者是催生了新的性格侧面？线索就在叙事当中。但假如说这个问题真有明确答案的话——这是非常不可能的——只有拿破仑的后期书信有望能为我们提供一点启示，这部传记的卷二就将根据这些书信展开。大卫·朗西曼的问题值得人们努力探讨，但其重要意义在于它的应用，而不在于其答案。

人们在尝试理解拿破仑之时，需要借助许多资源，但这一点将永远是人类的困境：一个人相对于他人来说，归根结底是不可知的。在康拉德的《诺斯托罗莫》的序言中，雅克·伯绍德和玛拉·卡尔宁斯提请我们注意康拉德的天才，原因在于这一认识：

康拉德敏锐地意识到，对一桩事情的任何解释，或者对另一个人的任何评价，都是有所偏袒和有局限的。将不同视角并置在一起，这种做法不仅能揭示前述的那种局限，而且还能强调任何特定时刻所具有的丰富性与复杂性，如此一来，艺术家就能“将各个方面的潜在真理——一与多的结合——变得栩栩如生”。[13]

如果说这对小说家而言是一个艰巨的任务，那么对历史学家来说就更加如此了，因为即使是像康拉德这样一心致力于现实主义创作的作家依然创造出了他自己的世界，而历史学家们需要处理从充满偶然性的历史中滑落的那些碎片。拿破仑留给后人的书面作品向传记作家提出了一个非常具有现代意义的问题。为保护他舅舅在后人心目中的形象，他的侄子拿破仑三世着手编纂了一套卷帙浩繁的拿破仑一世书信集。这套编纂于1858年至1869年间，由法兰西第二帝国资助出版的多达32卷的书信集提供了丰富的第一手材料，然而其内容，一直以来大家都清楚，说得客气点，已被精心修改过。在写作中借用这些官方出版的书信只会加剧那个令康拉德苦恼不已的问题。这就是为什么有那么多优秀的拿破仑传记作家转而求助于其同代人的回忆录以解决这一问题。这永远是一个两害相权取其轻的问题。在拿破仑研究方面第一流的史学家们的作品中，对脚注进行一番查阅后，人们会发现他们十分依赖拿破仑的同代人对他的印象和评价，对于拿破仑这样一个一生写了数量庞大的书信的人来说，这的确是一个巨大的讽刺。

一个半世纪之后，这一影响巨大的反常情况终于得到了纠正。巴黎拿破仑基金会正在推出一部全新的由蒂埃里·朗茨主持编纂的《拿破仑·波拿巴书信全集》，目前已进行到了1809年书信部分。通过研究小组成员的协同努力，散落于全世界各地档案馆与私人藏家手中的拿破仑书信全部被搜罗了出来，最终形成的书信数量将是现有版本的2.5倍，而目前已编辑好的部分差不多是拿破仑一世书信集的2倍规模。[14]这些书信提供了更可靠、更复杂的核心证据，有望为人们揭示一个以他本人语言呈现的“行动中的拿破仑”。作为结果，他本人以及他所处时代的历史将发生永久性的改变。显然，拿破仑这人太野心勃勃了，太有“命运”意识了，也太谨慎了，这导致他从不会主动卸下心防，因此，他所写的大部分作品只服务于其本人，但包含在未经删节的新版书信集中的他日常的往来书信是不会掩盖事实的。

现在人们可以将关于拿破仑的众多回忆录与他本人的话放在一起加以对照了。这些书信中的话语是他在紧张和危急时刻应付各种事件时写下的，那可不是编故事的时候。聪明得令人羡慕的西班牙历史学家耶西·帕邦断言，拿破仑做出的经常是自相矛盾的许多声明只有与他本人的行动相一致时，才会对历史学家有用。[15]在新书信集还未出版之前，这的确是那时探讨传主时唯一明智的做法。然而现在，人们能方便地将拿破仑的话语与其行动相对照，这是过去从未有过的，从而也就有必要推出一部新传记。当然本书只是在重新评估拿破仑方面打响的头一炮，其结局如何，难以逆料。而令人欣慰的是，这一结局将永远不会来临。假如说历史使我们从这个人身上学到了什么，那就是任何对拿破仑的评价都只能是临时性的，就正如人永远无法彻底了解另一个人一样。那些属于特定时代的人会看到他们的遗产随着时代的变迁而变迁。

第一章　边缘处的生活

科西嘉摇篮，1769—1779 年

公元 1769 年 8 月 15 日，即圣母升天节当天，拿破仑·波拿巴降生于科西嘉岛上的阿雅克肖城，双亲为卡洛·波拿巴和莱蒂齐亚·波拿巴（婚前名为莱蒂齐亚·拉莫利诺）。在存活下来的孩子中，拿破仑排行老二，哥哥约瑟夫比他早一年出生。那天，莱蒂齐亚从教堂做完弥撒回来后就在家中生下了小拿破仑。帮助接生的是女仆卡米拉·伊拉里，后来她成了拿破仑的奶妈。人们总喜欢为拿破仑的诞生套上层层传奇色彩——据说是莱蒂齐亚自己剪断了脐带，在客厅地板上自个儿生下了拿破仑，还说新生儿就搁在一块上面绣有荷马史诗伊利亚特图案的地毯上（此说出自拿破仑的狂热崇拜者司汤达）——然而，莱蒂齐亚本人在世时总将这些说法一概斥为胡说八道。[1] 在 1769 年的阿雅克肖城里，无论哪家都没有地毯，波拿巴家当然也不例外。况且，在夏天人们也压根儿用不上地毯。有值得信赖的卡米拉在身边，莱蒂齐亚临分娩时不会是孤身一人。

不过，拿破仑出生的那一天，确有奇事发生：一颗彗星出现在阿雅克肖城的上空。人们理所当然地将这一奇景视为异兆。然而，至于它究竟预示着什么性质的惊天动地的大事，人们意见纷纭。同样，1821 年，就在拿破仑死于圣赫勒拿岛

的前几天，又有一颗彗星划过圣赫勒拿岛上空。对于那些看重此类事情的人来说，这颗彗星出现的含义是再清楚不过了。由此不难得出这样一个教诲：重要的不是迷信在人们心中很有分量，而是根本无须再为拿破仑的人生编织神话。真相本身就足以让人应接不暇。

阿雅克肖：殖民世界

要想真正了解拿破仑，就需知道他诞生环境中最重要的一点，那就是，不仅要知道他生于科西嘉岛，更要知道他生于该岛的阿雅克肖城。光知道拿破仑是一个科西嘉人是不够的，因为在 1769 年时，存在两个泾渭分明的科西嘉，这两部分彼此并不融洽，一方既不尊重也不信任另一方。像其他人一样，拿破仑坚定不移地归属于其中之一。拿破仑的宿命克星——自封为英国大公之典范的惠灵顿公爵据说曾这样驳斥过某个叫他“爱尔兰佬”的家伙：“哪怕生在马厩，堂堂一个人也不会变成马”，一下子使那人哑口无言。拿破仑的祖辈，追溯至最初的那对，没准也会给予那种人同样的驳斥，倘若他也这样笼统地称他们为“科西嘉佬”的话。19 世纪中叶，曾有一位法国历史学家这样评价拿破仑，说他“骨子里流淌着意大利人的鲜血”[2]，这话不无道理。不过，话说回来，“意大利”一词，无论是在过去还是现在，都含意复杂。

从很多方面来讲，科西嘉岛是意大利的一部分。也就是说，像大部分意大利地区一样，可以把科西嘉岛划分为两个泾渭分明的区域——位于边境的高地区域和低洼地带的沿海城市区域。从 1453 年热那亚人占领该岛屿时起，这种划分方法就被带了过来，后来随着巴斯蒂亚和阿雅克肖城这两个殖民地城市的兴建，又加剧了这一分化。热那亚人当初兴建这两个殖民据点时，他们理所当然地把那些内陆高地地区的土著视为外邦人——照他们的一贯说法——这些人都是些“无知岛民”。从一开始，科西嘉岛的意大利裔统治者就排斥内陆来的居民。把人分成城里人和乡下人、高地居民和低地居民，这种划分传统是从意大利本土传过来的。只要热那亚人统治着科西嘉岛一天，这一点就不会改变。拿破仑就是这个复杂传统里的一分子，但就像在欧洲大部分地区一样，给人贴上一个简单的地理标签的做法并不适宜。

波拿巴家以及他们所有的亲朋好友都来自沿海小城市。当他们抬头眺望那些犬牙交错般高高耸立的山峰，想到山峰背后与外界隔绝的内陆地区时，心中肯定是五味杂陈：一方面他们瞧不起那些内陆人，另一方面却又对他们心怀恐惧。这种心态为整个地中海地区所熟知。面对着那些来自丘陵地带，或者来自民风粗野、与世隔绝的未开化地域的，被耶稣会教士们称为“咱们的印度群岛”——咱们的美洲边疆——的野蛮人，平原居民及城里人就是这样的心态。在说英语的、信仰新教的“北方不列颠人”当中，同样也存在这种心态。当居于格拉斯哥的大卫·休谟推开书房的窗户远眺苏格兰高地之时，他的心情如斯。当惠灵顿凝望着远在英属爱尔兰殖民地的“爱尔兰同胞”之时，他的心情也是这样。这是一种普遍的心态，而在科西嘉岛，这种心态折射出的区域分化尤为显著。热那亚人的统治造成了科西嘉岛根深蒂固的区域分化，当地人如果想要出人头地的话，就得离开科西嘉岛，想去哪儿就去哪儿，有些人的确就是这样干的。然而，绝大多数科西嘉人依然恪守着他们的传统，固守在内陆或是海滨城镇。300 多年过去了，这一点依然如故。不管侨居在外的科西嘉人经历过怎样各不相同的遭遇，科西嘉本岛上的传统一直保持不变。在科西嘉岛上，就如在欧洲的许多边境地区一样，传统十分重要。

科西嘉岛上的内陆高山被耶稣会会士和圣方济各会修士称为“咱们的印度群岛”，这一称谓确也名副其实。在外来者当中，真正对这些岛上的高地地区抱有兴趣的只有耶稣会会士和圣方济各会修士。1492 年，热那亚人在岛上建起了阿雅克肖城。就在同一年，热那亚城最著名的子民叩开了美洲新大陆的大门。阿雅克肖城里最早的那批热那亚殖民者或许并非是首次与被他们称为“无知岛民”的当地人进行接触，但和追随哥伦布横渡大西洋的那些热那亚人及西班牙人相比，这批热那亚人对他们新家内陆地区的探索不够深入，而且步履缓慢。阿雅克肖城的创建者们总是固守着海岸。这是他们的本分之所在，也是热那亚人对科西嘉岛最初制定的计划中所规定的。热那亚人 1453 年夺下科西嘉岛完全是出于战略上的考虑。当时的圣乔治共和国首府设在热那亚地区，其狭小的腹地沿着利古里亚——即如今的意大利里维埃拉——海岸地区展开。圣乔治共和国商业和银行业均极为发达，拥有数量庞大的商业舰队，他们对科西嘉岛唯一的兴趣就是利用它保障海上航线的畅通。为达成这一目的，从 15 世纪末到 16 世纪初，热那亚人通过残酷的战争摧毁了绝大多数本土贵族，只在岛屿南部留下了三大家族——博齐家族、奥尔纳诺家族以及克洛娜 - 伊斯特里亚家族，为他们保留了贵族地位和重要地产。

热那亚人殖民活动的另一个分支就是在沿海地区兴建城镇，作为航运保护基地，并遏制内陆岛民。阿雅克肖城就是在这样的背景下建立起来的。当时科西嘉岛的主要城市和首府是建于 1476 年的巴斯蒂亚，位于该岛北部。无论是位于南部中心的有着大港口的阿雅克肖城，还是巴斯蒂亚的建造都不具有任何经济或商业目的：它们只是军事化的殖民地。人们也曾试图将其他一些殖民地，比如韦基奥港，以及两个更古老的沿海城市——早在热那亚人占领之前就已存在的、位于西南部的博尼法乔和西北部的卡尔维谋作此用，但都失败了。这些殖民地纯粹是出于战略防御的目的才被建立起来的，一旦阿雅克肖城和巴斯蒂亚发展起来，它们的作用就会萎缩。因此，只要能顺利地收缴税赋，热那亚方面就对科西嘉岛内陆地区不闻不问。而一旦“无知岛民们”未能上缴税赋，或者当他们试图与危险的外来者——通常是土耳其人、法国人或者米兰人——结盟，反抗圣乔治共和国时，热那亚方面就会残酷地对付他们。圣乔治共和国对山区的治理方式是操纵管理，而非直接管辖。当地的大贵族早早地被消灭干净，导致当地除了最基本的乡村层次之外都出现了群龙无首的局面。科西嘉高地地区就这样成了一个由一群族长统领着各自的小宗族组成的社会。热那亚人依靠这些族长收取税赋，但之后就对他们不管不顾。

热那亚人的漠不关心可以从这一简单事实清楚看出：对科西嘉岛内陆版图的任何细节，他们既不知情，也不关心。除了诸如殖民地的地理位置和面积大小这些最基本的认识之外，他们对那儿的所有事情一概不管。热那亚政权从不关心殖民地那里发生了什么事，他们只关心能从殖民地那里获得多少税收。17 世纪早期，当热那亚人不得不应付发生在岛上南方贵族所属领地上的严重动荡时，尽管相对来说更便于抵达，政府机构里竟然没有一人知道当地人口的确切数字。当 1735 年高地地区爆发一场严重叛乱时，位于巴斯蒂亚的科西嘉总督衙门里竟然没有一份内陆地区的地图，尽管一个名叫佩尼利的托斯卡纳人早已在 1729 年绘制出了那里的地图。官方通用的通往内地的距离是按照从海岸往返内地一趟所需时间来计算的。[3] 从 1453 年到 1768 年，这种漠然置之的态度几乎一成不变。其结果就是，高地内陆地区也同样保持着一成不变。它依然还是这样一个世界：处在顶端的是没受过教育的、缺乏训练的神职人员阶层，他们的首要身份是各自宗族的精英；这里的许多地区都世代深陷于宗族间仇杀风气带来的血腥之中；这里古代迷信盛行，人们崇尚“荣誉”，几乎谈不上有什么正规教育，一年大多数时间里，这里的牧羊人都过着一种几乎完全与世隔绝的孤单生活。这是个强盗横行的科西嘉，盗匪们潜伏在从沿海地区通往山区必经之路的关口那里。只有那些最贫困的罗马天主教神职人员，也即地位卑下的方济各会修士们，因与当地人共同生活了很久才获得了他们的信任，也只有他们才能忍受如此贫瘠的土地上的那种艰辛的生活。耶稣会会士们也曾来到这里，他们查看了一番，调查了一番，然后就打道回府回沿海城市去了，在那里建立大学以作培养利古里亚地区殖民者之用。这就是传说中科西嘉岛的模样，代表着人们对科西嘉岛的刻板看法，但它与波拿巴家族没有任何关系。

拿破仑所处的世界就是这样一个殖民地小城镇的世界。那里的人固守在海滨，骄傲而警惕地待在他们所建立的城墙之内。怀有远大抱负的当地居民会去海外寻求发迹晋升之路，而不是去内陆。在坚守着他们称之为家园的狭小地盘的时候，所有人保持着一种既结盟又争斗的关系。为了从小小的热那亚都城获得一份微不足道的报酬，还有从岛上的不毛之地获得收益，他们既彼此竞争而又彼此合作，视实际需要而定。在这个社会里，人们一方面既特别狭隘且特别斤斤计较，另一方面却又特别的野心勃勃、躁动不安。同一个阿雅克肖人可能会为意大利城邦、法国、西班牙，甚至是土耳其人效劳——服兵役、干业务活或者手艺活，但同时在自己所住城镇的围墙内，为了几平方米的地盘，他就和邻里打起了激烈的官司。波拿巴家族也不例外。他们一点也不喜欢“岛民们”住在周围。阿雅克肖城刚建成不久，山里人就蜂拥而至，但通过 1579 年的一个《少数民族条约》——该条约算是当地殖民者从热那亚共和国那里争取来的为数不多的特权之一，当地 2000 名左右的定居者把“岛民们”赶出了城墙，迫使他们住在小村庄里，靠近一块不利于健康的沼泽地，不久之后，又剥夺了他们在城内拥有财产或携带武器的权利。[4] 阿雅克肖城和其他沿海城镇的官方称谓是卫戍区，出于同样的原因，西班牙殖民者对他们在新大陆的殖民地使用的也是这个字眼。其中一个这样的卫戍区就是后来的洛杉矶，另一个成了旧金山。但巴斯蒂亚或阿雅克肖后来的发展轨迹不是这样。

像追随哥伦布来到美洲的同胞们一样，承担起兴建阿雅克肖城和巴斯蒂亚这一艰巨挑战的利古里亚人来自各个社会阶层和集团。这些人有一个共同点：他们的祖籍都在利古里亚地区，一个狭小的贫瘠地带，其本土资源根本不足以养活其人口。那些年，这一地区盛产征服者，就如推翻美洲本土文明的西班牙人大多来自像西班牙的埃斯特雷马杜拉这样的穷乡僻壤一样。因此，热那亚政府发现，最热切想要奔赴科西嘉岛的志愿者不是来自那些大城市，而是来自意大利贫困的腹地——里维埃拉地区。如今的里维埃拉已是超级富豪们的乐园，是世界上最时尚的沿海城市之一，但在热那亚政府招募前往科西嘉的殖民者那会儿，里维埃拉压根儿不是这个样子。的确，作为皇家“亚平宁山脉行政区”，从 1805 年算起直到 1814 年，里维埃拉是拿破仑帝国版图内最贫瘠的穷乡僻壤之一，因其一方面无法吸引优秀的外来执政者，另一方面其本土也无力提供此类人才。在这种地方，最不缺的就是为了一线机遇而不惜赌上一切身家的人。假如真的这样做了，他们往往就是从一处穷乡僻壤赶赴另一处穷乡僻壤。但在 15 世纪末 16 世纪初的时候，放手一搏显然是值得的。拿破仑就是诞生在这样一个源远流长的冒险者世家当中。

根据1768年的一个条约，热那亚方面将科西嘉岛的控制权移交给了法国。这之后的一段时期，拿破仑的父亲卡洛和叔叔吕西安拼命地想要——经常到了可悲的地步——给家族套上一个托斯卡纳名门望族的籍贯。与其说这是市侩行为，倒不如说是一种向他们的法国新主子申明自己贵族权力的理智需求。但法国贵人们为此类事宜定下的门槛对于移居科西嘉的利古里亚人来说显得过于苛刻和难以企及了。拿破仑的父亲和叔叔一心想要贵族们承认他们的意大利本土籍贯身份，根本不想被视为“岛民”，即使他们家族已经在科西嘉定居300年了。拿破仑母亲所在的拉莫利诺家族的情况同样如出一辙，该家族与热那亚的社会精英有着更亲近的亲缘关系，却伪称自己祖上是威尼斯人和佛罗伦萨人。

热那亚共和国在档案保管方面的烦琐标准可以追溯至中世纪，于是勾勒出波拿巴家族的真实历史就变得很容易。像其他绝大多数利古里亚人一样，波拿巴家的祖辈是以旧大陆的征服者的身份来到科西嘉的。最早来阿雅克肖城参军的波拿巴族人名叫弗朗塞斯科，来自里维埃拉东部最大的城市萨尔扎纳。他是1514年以马弩手的身份来到科西嘉的。虽然弗朗塞斯科与其兄弟，一位身在萨尔扎纳的牧师，一直保持着密切联系，但除了随军行动之外，他再也没有离开过阿雅克肖城。

自那之后，波拿巴家族的命运就完全与这座城市及其紧邻的腹地联系在了一起。弗朗塞斯科的儿子加布里埃勒也是卫戍部队的一名军人，但到了16世纪60年代时，他成了阿雅克肖市议会中的一员。市议会每年选举一次，届时各家族可选派代表参加。与他父亲及其他利古里亚军人一样，加布里埃勒是有薪水的，是正式的城内公民，而非“岛民”，因此也就不必申请城内的居住权、拥有或购买房产权。加布里埃勒后来回萨尔扎纳找了一个妻子。在16世纪50年代末岛民们发动起义时，作为一名雇佣军人，他参与了镇压战争。

在处于热那亚人统治的时期，波拿巴家族迈出最重要一步的是加布里埃勒的儿子热罗尼姆，他是当地律师阶层的一员。通过热罗尼姆，波拿巴家族逐渐脱离了“搏命之徒”的世界，脱离了创建阿雅克肖城的军人投机家行列，进入新的文化阶层。此后，他们学会了律师们的谨慎之道，接纳了地中海外省区那种精打细算的小资产阶级生活方式，也成了小资产阶级中的一员。是英勇战斗让这种社会地位的上升变得可能，但每当机遇来临，波拿巴家族总能用双手牢牢抓住。从此之后，波拿巴家人再也不用靠出卖体力谋生。或许是为了表彰其家族在抗击岛民时对热那亚共和国表现出的忠诚，热罗尼姆被任命为地方档案馆的职员，从此之后，波拿巴家族一直保持着它在有文化的、受过教育的律师阶层的地位。这使得家族得以进入城市精英阶层中最稳固、最持久的行列，因为律师们有文化，手中把持着城市社会的操纵大权。“他们不仅垄断了地方政府，还垄断了地方政府如何运转这方面的知识。”历史学家米歇尔·韦尔热-弗兰切斯基说道。[5]

拿破仑尚在幼年时，家族财富跌至最低点，而拿破仑的父亲卡洛正是凭着律师兼次席政府检察官的身份开始为家族重新积累起财富的。在几个世纪里，波拿巴家族经历了兴衰沉浮，但却基本上从没有失去在阿雅克肖殖民者社会中的中等阶层地位，与此同时，他们与地位相当的家族联姻或展开竞争。与巴乔基家族通婚是常有的事，最近的一个例子就是拿破仑的妹妹嫁给了菲利克斯，他后来在拿破仑手下担任将军，作用很大。与波佐家族则既有结盟，又有诉讼，该家族比波拿巴家族略微富裕些，也更走运：该家族的夏尔·安德烈与拿破仑为同代人，是拿破仑的主要敌人，也自诩是拿破仑的克星，曾效劳于拿破仑最强大的仇敌沙皇亚历山大一世。双方的父亲在当地政界时而是对手，时而是盟友，而由于财产纷争的原因，在法院上他们之间也是这种关系。

在大多数方面，阿雅克肖城是地中海西部地区外省都市社会的典型代表，当地精英之间既激烈竞争而又紧密联系在一起。进入法律界、军队和教会是人们最热衷的职业选择。城内的房产就是社会地位的象征，而在周围乡下拥有的田产和磨坊则为一种炫耀摆阔的都市生活方式提供了经济基础，这种生活方式在阿雅克肖城算不上高尚，却因此更加令人垂涎。按照那个时代的标准，这是一个世俗的世界，那儿的恩主们宁愿投资改善市政设施也不愿兴建教堂。这可以说是当地日益摆脱热那亚都城、趋向独立的一个标志，尽管还没到自觉的地步。一直以来，热那亚共和国都是欢迎耶稣会的，从耶稣会建立之初就持支持态度，而耶稣会也一贯强调要坚持罗马正统教义，以使天主教信仰渗透到当地人民生活的各个方面为己任。正是这些耶稣会会士们，在热那亚方面的支持之下，在阿雅克肖城为名门望族建立了当地仅有的中等教育机构。300 年以来，他们兴办的学院很好地满足了当地殖民者培养后辈精英的需求，直到 1773 年耶稣会制度在法国被废除为止。而耶稣会会士们尽管聪明狡诈，但并没能成功地向阿雅克肖城的名门望族灌输一种灵性上的追求以压倒他们讲求实际的世俗人生观；而另一方面，他们的影响也未能遏制志向远大的人对从欧洲大陆传来的知识的渴望——首先是人文主义知识，接着是启蒙运动思想。

律师阶层利用教会的时候往往要多于教会对律师阶层的利用。只要经济能力许可，律师们总会设法前往那些了不起的意大利大学求学，吸收那里的人文主义学问。耶稣会对热那亚共和国内中等教育的垄断，首先并没有妨碍意大利法学院里人文主义知识的传播，要想在家乡获得世俗意义上的成功，这种知识是必不可少的；其次，这种垄断也没有在后来阻碍哲学著作的传播，没有妨碍异端邪说集大成的代表——共济会纲领的传播，而拿破仑的父亲和很多叔叔都是共济会会员。移居海外的科西嘉人保证了这一点：不管阿雅克肖城的小资产阶级看上去有多么与世隔绝，近亲婚姻有多么严重，但其成员绝不是像他们表面上看起来的那样处于边缘地位。最重要的是，人们非常重视与“路过的”热那亚官员——卫戍地军官或被派来执行短期任务的行政长官——之间的联姻，这是因为这种联姻一方面能给家族带来庇护，另一方面又能凸显都市社会有别于穷乡僻壤的“特异性”。

在阿雅克肖城的小世界里，司法领域举足轻重，因为假如说军事上的英勇表现是晋升之路上的敲门砖的话，那么律师才能就是“守住堡垒”的防御工事。没完没了的诉讼纷争背后其实蕴藏着一个更深刻的道理，而律师阶层在这个社会占据的核心位置也揭示了这一道理。法律是人们彼此之间争斗的手段，因为在这里人们极度反感内陆地区的族间血仇文化。人们之间的怨恨一般不会发展成暴力，这是因为在这样紧密联系却都很有志气的社会氛围下，即使上一代的时候家族间还在打官司打个不停，到了这一代，这些家族往往不得不结起联盟来，这完全有别于内陆地区的宗族制度。

没有人能够承受为复仇而走上一条不归路的代价。拿破仑的父亲卡洛·波拿巴是当时阿雅克肖城里最忙碌的律师：光是 1770 年这一年，在法院所有 184 个案件中，他就担任了其中 98 个的辩护人，他甚至为他过去起诉过的那些人辩护过。[6] 自从 17 世纪早期的农民起义之后，随着他们的土地变得越来越少，留存下来的三大本土贵族家族也被吸引进了阿雅克肖城。他们几乎是毕恭毕敬地谋求许可进入阿雅克肖城，从而获得该城法律的保护的。到了 18 世纪末的时候，博齐家族早已和波拿巴家族攀上了亲，但同时为了城里的一处宅子又和波拿巴家族产生了激烈的财产纠纷，从长远来看，这是其家族势力衰落的一个象征。18 世纪 70 年代中期，在叔叔吕西安诺的支持下，卡洛在法院上与博齐家族展开了激烈斗争。吕西安诺是一个毫无仁慈之心的牧师，他对家族财富的控制使他对侄子拥有很大的影响力。尽管那些官司打得非常激烈，但到了 18 世纪 80 年代时，不少波拿巴家人——其中就包括卡洛和吕西安诺——当上了他们原先庭上敌手的新生儿的教父，这表明他们已在结案之后完全达成了和解。正如米歇尔·韦尔热 - 弗兰切斯基所说，小资产阶级家庭之间的纠纷只会持续几年，而不会是几代人之久，而且也不会牵扯到暴力。正是卡洛促成了这一和解，而此前他作为家族的律师代表，一直在处理这桩案子直到其结案为止。

卡洛把他那个阶层的常识传给了儿子，就是：人只要活着就得与人和解，而不是与人疏远。[7] 这也是那些好争论、爱打官司的家族通过法律处理事务的方式。家族之内的情形同样如此，尽管家族成员间时有不和，但却很少结仇。不管是在家中，还是在卫戍区城内，团结压倒一切。[8] 这是古希腊城邦（polis）文明世界的标志，而科西嘉“卫戍区”（presidio）这一词明显源自“城邦”这个词。亚里士多德关于文明的都市城邦与城墙之外的野蛮人世界的经典表达就是波拿巴家族及其同类人与山区居民的真实写照。在山区阴影的笼罩下，他们把法律当作文明的徽章佩戴在身，以此表明他们的“特异性”，而非“另类的复仇”。[9] 到博齐家族与卡洛对簿公堂的时候，他们肯定早已“开化”了，于是卡洛也以礼相待。就是拿破仑的许多死敌们也注意到拿破仑这个人没什么报复心，虽然凭他掌握的权力，他完全能够对别人实施空前规模的报复。拿破仑抱着真诚的态度学会了克制，因为它是那个社会崇尚的文明品质，同时也是他的性格特征。这种克制产生于卫戍区利古里亚人精英阶层文化当中。

整整 300 年间，波拿巴家族只和内陆精英阶层联姻过一次。热罗尼姆的儿子，弗朗塞斯科，紧随其父之后进入了地方档案馆（cancelleria），同时行使着非常重要的公证人职权。他的才能使他获得了三大本土贵族之一的伊斯特里亚家族的聘用，也使得他后来娶了该家族某位阁下的侄女。弗朗塞斯科后来当上了负责伊斯特里亚家族领地的大总管 (luogotenante)，但在 1615 年领地农民们发动的暴力起义大大削弱了该家族的权势之后，弗朗塞斯科基本上对那里的乡下世界弃之不顾了。他从未放弃过他在阿雅克肖城的公证人职位，到 17 世纪 30 年代，他把相当的精力都投入到城市复兴中。直到拿破仑的双亲这一代之前，波拿巴家族与岛上的本土人一直很少有关联，在这方面，他们是在效法共和国新崛起的家族的做法。三大本土贵族博齐家族、奥尔纳诺家族以及伊斯特里亚家族之间的内讧加剧了阿雅克肖卫戍区与其周围乡下地区之间的分化，因为这三大家族地位的下降不仅标志着遥远的宗主国——热那亚共和国的胜利，也标志着卫戍区小资产阶级的胜利。如今在科西嘉岛南部占据支配地位的就是移民者出身的城市精英阶层。[10]

18 世纪早期到中期，波拿巴家族的家业有所衰败，但其与当地精英阶层以及热那亚殖民地官员之间的美好姻缘仍在继续，这些联姻表明不能仅仅依财富的多少来衡量波拿巴家族的地位，尽管按照当地标准他们家的财富也是“不上不下”。

正如科西嘉研究方面最出色的历史学家之一米歇尔 · 韦尔热 - 弗兰切斯基所说，只研究波拿巴家族是不够的，因为“一个家族并不只传承一个血统。一个家族绝不仅仅只是一个姓名而已，它代表着一个社会文化环境”。[11] 拿破仑既传承了母亲莱蒂齐亚的血统，也传承了父亲卡洛的血统。在他自己看来，他更多传承了母亲的血统，而不是父亲的，因为他总是说母亲给了他“fierté”的性格，这是一种混合了自豪、骄傲及果断的气质。“fierté”意味着不屈不挠，而在另一个欧洲小岛爱尔兰那儿，人们用的是“fierce”这个词。假如情形真是这样的话，那么就是莱蒂齐亚塑造了拿破仑。

1764 年，当几乎未满 15 岁的莱蒂齐亚嫁给卡洛时，没有人不称赞她是阿雅克肖城最漂亮的姑娘，事实可能就是如此，但在这桩婚姻中，她的外表魅力无足轻重。卡洛在回忆录中公开承认他当时爱上了另一个女孩，爱得如此之深以致就连莱蒂齐亚的美貌也无法使他忘掉那个女孩。

然而对于波拿巴家族来说，这是他们能够盼望的最好的一桩家族联姻了。莱蒂齐亚的家族，不管是父系拉莫利诺家族，还是母系彼得拉桑塔家族，特别是后者，都比波拿巴家族高一个社会等级。莱蒂齐亚是殖民地“权力机构”的一分子。她父亲的家族拉莫利诺家族于 16 世纪 60 年代来到科西嘉。首位有名的拉莫利诺族人是加布里埃勒，像最早的波拿巴族人一样，他也是个骑兵，不过他的社会地位要比弗朗塞斯科高，因为他曾在著名的热那亚显贵安德里亚 · 多里亚招募的连队里战斗过，而且负过伤，然后作为对其英勇行为的回报，他被授权指挥一艘护卫阿雅克肖港口的快速战船。波拿巴家族很久以前就已经将军人身份抛在脑后，但直到 18 世纪 60 年代热那亚对科西嘉岛的统治结束之前，拉莫利诺家族和彼得拉桑塔家族，特别是前者，依然保留着显赫的军事头衔，以及公证人身份。莱蒂齐亚的父亲乔万 · 热罗尼姆在她年仅 5 岁时就过世了。乔万 · 热罗尼姆曾是阿雅克肖卫戍区的一名上尉，担任过政府路桥巡视员，也当过波科瑙村的地方长官，其家族拥有那儿的田产。乔万的父亲活得比儿子要长，在拿破仑小的时候经常陪着他。乔万的父亲也是军人出身，后来当过阿雅克肖城市长。和波拿巴家族一样，拉莫利诺族人几乎都当过市议会议员，但有一点不一样，他们一直坚守着从军的传统，最初正是这一传统将他们带到了科西嘉岛。像波拿巴家族一样，他们也极度渴望为家族拉扯上一个佛罗伦萨祖籍。但这一点完全没有削弱他们对热那亚共和国的赤胆忠心。该家族口口相传的一件大事就是先祖莫甘特·拉莫利诺——“阿雅克肖城的骑兵”——参与了1567年镇压传奇领袖桑皮耶罗·科尔索领导的“内陆岛民”大起义的战争。在有关拿破仑的众多传说中，其中有一个把莱蒂齐亚描绘成“纯贞的”、呈原始形态的科西嘉岛的女性化身，一个错生在当代的古典女族长形象，把她说成是原始大山的后裔，说她向儿子灌输了对复仇和政治自主近乎嗜血般的渴望。再也没有比这个说法更荒诞不经的了。

莱蒂齐亚的父亲与彼得拉桑塔家族结成联姻进一步巩固了拉莫利诺家族在“权力机构”中的稳固地位。彼得拉桑塔家族的势力范围不只限于阿雅克肖城，还一直延伸到科西嘉岛首府巴斯蒂亚，因为他们的地位已经升至生于卫戍区、服务于热那亚共和国的科西嘉人所能企及的最高层次。17世纪早期，某位彼得拉桑塔家的族人当上了科西嘉岛人所能担任的级别最高的长官——热那亚驻科西嘉总警监。然而，该家族依然算是土生土长的阿雅克肖城人，并且在18世纪与巴乔基家族以及波佐家族结成了联姻关系。与拉莫利诺家族和波拿巴家族不同，彼得拉桑塔家族从未觉得有必要为家族编造一个贵族谱系，即使后来科西嘉归属法国时也是如此。彼得拉桑塔家族出了一位以科西嘉本土人身份当上了阿雅克肖城要塞上尉的人，仅有少数几个本土人能担任此职，这表明热那亚共和国非常信任这一家族。[12]但到了1768年当热那亚将科西嘉岛的控制权移交给法国之时，这一家族又原封不动地将他们对热那亚共和国的忠诚献给了法国新主子，正如真正的权势集团该做的那样。和他们过去在旧主子那儿一样，在新统治者治下，他们依然保持着相当大的影响力。

18世纪中叶岛上的政治局势变得动荡不安，主人的更换意味着必须为家族找到新的保护伞和庇护势力，在这个时候，拉莫利诺和彼得拉桑塔家族轴心挽救了年轻拿破仑的未来，因为这两个家族拥有很久以前就已确立的牢固的社会地位，而这正是波拿巴家族所缺乏的。莱蒂齐亚的祖父很容易地在法国主子那儿找到了职务，于1768年成了巴斯蒂亚上级议会中的一员。朱塞佩·玛丽亚·彼得拉桑塔和法国新主子之间迅速建立了良好关系，这将使波拿巴家族在新统治秩序下的最初那些年不至于沦落到湮没无闻的地步。[13] 当 1764 年卡洛 · 波拿巴迎娶莱蒂齐亚 · 拉莫利诺的时候，莱蒂齐亚给他带来了整个阿雅克肖城最丰厚的嫁妆，这是持续多代保持地方显贵地位及宗主国首脑的认可所带来的好处。

莱蒂齐亚的家族从来都没失去其显赫地位，直到莱蒂齐亚的姑姑安吉拉 · 玛丽亚这一代。像她侄女一样，安吉拉也是个大美人，然而年纪轻轻就成了寡妇，但她后来迈出了惊人的一步——她不但改嫁了，而且嫁的是一位卫戍部队里信仰新教的瑞士籍海军雇佣军官。这位名为弗朗索瓦 · 费斯奇的军官半推半就地皈依了天主教，他和安吉拉的儿子——朱塞佩 - 约瑟夫虽然是拿破仑的舅舅，但却和拿破仑年纪相仿，而且是和波拿巴家的孩子们在一块长大的。约瑟夫 · 费斯奇连同另一个约瑟夫即拿破仑的大哥，进入了教会。费斯奇后来被侄子提拔为里昂枢机主教，掌管全法国的大主教。在新教徒父亲的养育下长大的费斯奇持有稳健的宗教观点，这对他的侄子拿破仑以及亲族关系都具有重要意义。差不多整整 300 年间，弗朗索瓦 · 费斯奇，以及几代之前的伊斯特里亚家族，是仅有的加入拿破仑家族父系或母系一边的非阿雅克肖城公民。从各种意义上说，拿破仑是真正地出生于堡垒之中。

这就是拿破仑诞生时的整个背景。但这个停滞已久的世界很快就将被欧洲历史的巨大洪流撼动，这一时期有许多有志之士一心想在青史上留名。然而，革命时代终于降临科西嘉岛，它并非产生于卫戍区社会内部，而是源自内部山区。它彻底动摇了很多人对这个世界的原本看法，卡洛与其次子就在此列。

启蒙运动及革命时期的科西嘉

热那亚共和国是一个弱国，它通过利用大多数地中海社会的普遍弱点——山区与平原地区之间几乎永久存在的相互憎恶——来实现其统治。共和国的“殖民主义政策”将一个原本人类学意义上的比喻变成了一个政治体制，也就是将科西嘉岛切分为两个不同阵营的那个体制。然而18世纪期间，更广阔的外部世界开始侵蚀着这个岛屿，于是这一似乎恒久不变的分野几乎就要——但却没完全——发生改变。波拿巴家族受这一变化的影响之大远超过其他任何家族。

一直以来，“内陆岛民”们保留着一个怨恨城里人和揭竿起义的传统。最初为了维护热那亚当局的权威，两大本土显贵，勒卡和罗卡家族都被镇压了。但到了16世纪中期的时候，又发生了由出身于山区的杰出领袖桑皮耶罗·科尔索领导的农民起义。在被镇压之前，科尔索曾赢得了法国与土耳其方面的承认。16世纪末时，残余的本土贵族阶层通过“奇纳尔凯西战争”再次发动了起义。战争彻底打破了南方三大本土显贵家族的独立地位。在那个一成不变的世界里，无论是在卫戍区城墙内还是墙外，人们对这些往事的回忆依然栩栩如生。对“内陆岛民”来说，怨恨城里人是理所当然的事，只要时机适宜，他们就会揭竿而起。

城墙内的情况更加复杂。对有些人来说，其中就包括莱蒂齐亚家族的族长，与热那亚共和国的盟约似乎是永远解除不掉的，然而1768年科西嘉岛被转手的时候，与法国新主子建立起新关系相对来说是比较容易的。尽管这样，虽然共和国给予了他们派出去兴建殖民地的军人的后裔一些特权和经济利益，在热那亚治下总存在着一个“玻璃天花板”。这一点对于被视为异族的高地地区居民意义不大，但卫戍区内身为少数派的精英阶层对此感受强烈。作为殖民者，住在沿海城镇的“利古里亚人”既不能指望能在热那亚宗主国那儿获得身份地位，也不能指望能担任岛上最高职位，因为府邸设在巴斯蒂亚的总督及其直属幕僚，还有卫戍区的部队司令官，都总是由热那亚贵族把持。地方范围之外的真正的权力和影响力总是为外邦人设立的政府部门独占。科西嘉岛卫戍区的精英们也有同样的感受，随着18世纪早期宗主国的需求增多，而他们自己的声音越来越微弱，他们越发地有一种无力感。移居南北美洲的殖民者们，无论是英国人还是西班牙人，开始感到焦躁不安，距离家园更近的英裔爱尔兰人也是如此。而在科西嘉岛，虽然这种不满因素十分明显而又强烈，但在他们城墙内的社会里，却从未有人真正地呼应。

由于热那亚共和国的遏制，岛上高地人与低地人的前途都十分渺茫。不过，流散在外的高地人与低地人相聚并融合，一起探讨他们共有的失望，但他们只有在海外时才这样做，而不是在科西嘉岛上。在罗马，来自各个不同地方的佛罗伦萨人和那不勒斯人开始在他们当中找到一种共同身份，而这在他们都称之为家乡的那个岛上是不可能的事情。到 18 世纪早期时，前途受到限制，以及日趋强烈的共识——他们的共同敌人就是热那亚共和国，这两者使高地人与低地人走到了一起，但这只限于海外移民社群。那些仍然留在卫戍区老家的人基本上要么过于谨慎，如大多数人波拿巴族人——卡洛的叔叔吕西安诺就是一个典型代表，要么就是骨子里对共和国过于忠诚，比如彼得拉桑塔家族，他们压根儿就不会考虑暴动的事情。对于侨居在外的“内陆岛民”，那就容易多了。

从 1729 年开始科西嘉岛不断爆发的一系列起义是更广阔的外部社会现象的一部分，但也有其历史根源。自 1453 年以来，反抗热那亚共和国的核心力量主要集中在高地地区。关于要不要支持来自一个他们既害怕而又瞧不起的文化区域的那些起义者，卫戍区的精英阶层拿不定主意。或者，最糟糕的是，他们随时准备履行作为热那亚殖民地要塞的本来职责。这就是 1764 年卡洛与莱蒂齐亚结婚时的那个世界，5 年之后拿破仑就将诞生其中。

第一场反抗热那亚的起义发生在 1729 年，是从山区兴起的。这场起义有两个不同的根源，自 1453 年以来都是这种情况：农民们对苛捐杂税的不满逐渐升级成一系列的地方暴力骚乱，然后开始出现起义领袖。领袖首先是从当地宗族首领当中产生的，但也有来自西班牙和威尼斯的殖民者，后两者都把起义视为将热那亚人从岛上赶走的一个良机。然而这一次，“内陆岛民”精英中涌现出了一位傲视群雄的地方领袖。他就是贾钦托·保利，一位出生于岛上东北部山区名叫莫罗萨利亚小村庄的法官兼地方小吏。贾钦托是小农精英阶层的杰出后代，曾在某个牧师亲戚的资助下进入热那亚的本尼学院求学。身为一位卓越的古典学者，他后来回到了家乡，为一群目不识丁的家人所包围，这些人都是农民和牧羊人，深受族间血仇传统和效忠宗族传统的影响。对保利来说，古希腊罗马时代的古典作品在某种程度上就是他在偏远乡村世界的人生指南。正是在他的影响下，相比于一般的起义，这次起义更有目的性和方向性，并且他还提出了建立一个中央集权政府和独立的科西嘉的构想。然而，起义本身依然主要依托于山区社会，而各个卫戍区持坚决反对态度：面临巴斯蒂亚的抵抗时，保利的手下们洗劫了该城，而“阿雅克肖城用隆隆的炮火迎接这些起义者”。[14]到1736年，热那亚人终于镇压了这场起义，保利得以逃走，后流亡海外。然而，轰轰烈烈的社会动荡依然经常发生，随着大量内陆人向国外散居而经常被煽动起来。保利的儿子保利主要就是在流亡中长大的。他曾在那不勒斯和罗马求过学，在那不勒斯部队服过役，曾经一度想为法国人效劳。

在“奥地利王位继承战争”和“七年战争”的战争动乱时期，热那亚政府在不情愿的情况下被卷入其中。这给了保利一个很好的时机来复兴他父亲希望科西嘉独立的夙愿。他于1755年返回科西嘉。这时的他受过良好教育，能言善辩，但最初时，他对内陆宗族政治的残酷现实有些漠不关心。尽管如此，由于热那亚政府此时十分虚弱，保利在山区建立了一个叛乱政权，其“影子政府”设在科尔特。从中世纪直到被热那亚统治之前，科尔特一直是科西嘉岛首府，也是内陆地区唯一的重镇。保利在科尔特一直坚守了13年。

从本质上来看，这次起义与以前的没有多大区别：和他父亲的情况一样，拥护保利的人来自山区的宗族；卫戍区的大门依然是紧闭的，那里的精英们，像拉莫利诺和彼得拉桑塔这样的家族是其典型代表，坚决反对他。然而，保利在外面大世界的长期经验——他是开明欧洲的产物，而不是他试图领导的那个社会的产物——使他产生了创建一个建立在代议制基础上的政府的抱负。保利曾请卢梭为他起草一部科西嘉宪法，卢梭欣然接受了这一任务，并于1765年完成该任务。

卢梭对科西嘉事业的热情反映了保利叛乱之时外部大环境的变化。保利发动起义和他建立政权的方式，恰好符合那几十年里欧洲进步观念的预期，而保利本人也知道如何操纵欧洲宗主国沙龙里的知识界舆论。保利善于利用围绕在他身上的光环，但与此同时，他本人是真心实意地相信他能在他始于1755年，直至

1768 年的起义大本营建立起一个真正开明的政府。在欧洲大都会的知识分子阶层看来，保利是古罗马人纯洁美德的现代化身，是未受现代道德腐化影响的民族中的一员。他成为他们眼中大公无私、为自由奋斗的理想形象，一个自由民族之父，引领着人们走向现代民主政府——18 世纪时，民主政府本身尚是一个未知的变量，但已被人们广泛讨论——但同时又一心想要保留那些内在的族群价值观和天生的正义感，他们认为科西嘉高地人身上正好完美地体现了这些。当外国知识分子来到科尔特时，他们看到的不是荒凉的乡村景观，也不是由乱糟糟的贫困家庭组成的缺少便利设施的小城镇——那个保利本人决心要改善的科西嘉。相反，这些教养良好、思想正统的人被这个地方迷住了。在他们看来，这就是失落已久、幸存至今的上古乐土。欧洲有识之士的眼睛都蒙上了一层浪漫主义的薄雾，因此，有点讽刺的是，在 18 世纪 50 年代，人们"乐意地"用开明的观点看待保利和他的山区共和国，而这是他父亲以及以前那些蒙昧的、缺乏世故的农民起义者都没享受过的待遇。苏格兰知识分子詹姆斯·鲍斯韦尔还有好多其他人前去拜见了保利。像保利一样，鲍斯韦尔也是一名激进的共济会会员。这一次，外面大世界的人终于对科西嘉有所了解，即使他们对它的实际帮助很少。保利所领导的人民和国家也免不了以一种浪漫主义的理想观点来看待保利本人。他的理想主义诞生于他从很小的时候就已熟悉的移民社群当中，因为他的生活其实主要是在国外度过的。他是在国外孕育他那些希望和幻想的，它们差不多就像他的崇拜者所怀有的一样抽象。值得赞扬的是，哪怕面临着残酷的现实，他也没有放弃这些希望，即使他后来学会了在这个以族间血仇和宗族忠诚为特征的世界里穿行。这其实是一个在流亡中长大的去国离乡之人的理想主义，而非一个新移民的理想主义。

保利的叛乱政府之所以能在山区堡垒里维持存在下去，主要原因是热那亚共和国当时被债务和战争开支弄得虚弱不堪，除了防卫卫戍区之外根本无力他顾。这些卫戍区此时实际上就是一个个孤立的前哨基地，这是自卫戍区建立以来前所未有的情况。事实上，尽管保利真心实意地渴望建立一个繁荣、现代的科西嘉国，但他的权力基地仍扎根在高地地区。像殖民者一样，为了生活得更好，"内陆岛民"

们愿意向外移民，也许他们的移民积极性相对来说还更高些。很多来自家族已经败落或地位下降的当地精英成员，以及来自目前控制着高地地区的地方部落酋长家族成员，特意加入了热那亚人的死敌——威尼斯人的军队里，还有其他一些人通过参加西班牙军队而去了遥远的拉丁美洲。这其中有少数人，通常通过任职于底层教会的家族成员的关系，获得了去热那亚的本尼学院与殖民者后裔们一起求学的机会。该学院会为有资格的科西嘉男孩保留少数几个名额。然而，这些人学成之后返回的那个世界大大有别于卫戍区社会。高地精英群体产生于小农阶级，地方法官、教区牧师和宗族首领是那个民风粗野的世界的一分子，没有人能完全远离族间血仇传统或盗匪行径，即使他们没有积极参与其中，他们在村落社会的作用之一就是调解暴力的威胁和盗窃造成的后果。这是一个像波拿巴或拉莫利诺家族都尽量不去造访的世界。他们即使有时去那里，也是去办公事或商业事务。

然而，在那几十年里，卫戍区知识分子的世界远非是固定不变的。正是在这个世界，一些小裂缝开始出现在他们的墙上，这更多是指思想上的，因为在绝大多数卫戍区的城里人看来，保利带来的不是一个现代社会，而是一个最可怕的噩梦。只有极少数人注意到了保利建立一个独立的科西嘉国的构想，这其中就包括拿破仑父亲卡洛，这使他的姻亲和大多数家人深感不安。像保利一样，卡洛也是共济会会员，是一个拥有进步思想的人，曾在国外罗马等地待过，而且在热那亚人的统治这个问题上持有与保利相似的否定看法。就卡洛而言，产生这一看法的根本原因并不在各个教育层次的“内陆岛民”都有的那种传统的受压迫感，而是因为他厌恶热那亚共和国那种落后的、保守主义社会风气，还有他越来越意识到共和国提供给“科西嘉卫戍地”的机遇真是少得可怜。卡洛似乎度过了一个“可疑的”青年时期，不过阿雅克肖城里针对他的那些匿名指控不大可能是真实的。这些指控性质恶劣，有的竟说卡洛曾勾引过一名处女。然而，对他那桩自己不满意的婚事，卡洛做出的反应是离家前往罗马，官方名义是去那里研读法律，但其实他什么也没学到。相反，他债台高筑，而他妻子莱蒂齐亚也以牙还牙地欠下了很多债。在穿着打扮方面，她花样百出地追求时髦，可谓引领了整个阿雅克肖城的潮流。

不管卡洛曾在罗马搞过什么名堂，回到家乡时，他就像变了一个人。确实，他回来时已是个男子汉，不过，现在的他已深受他在罗马结识的内陆科西嘉移民社群的影响，于是他开始为保利效劳。我们不可能弄清楚，卡洛的这一决定到底有几分是受野心家深思熟虑的影响，又有几分得归功于他那理想主义热情。但是从他所属的卫戍区社会的观点来看，这是一种不受欢迎的赌徒行为。话虽如此，但那里的人全都清楚，到 1765 年时保利政权已在“山区那里”维持 10 年了。那一年，卡洛结束了国外的游历回到家，然后搬到了科尔特。开始时他没将莱蒂齐亚带过去，而这时莱蒂齐亚仍在毫无节制地挥霍，丝毫不见她有所收敛。卡洛将几个年轻的波拿巴族人带了过去，主要包括他兄弟，还有和她丈夫关系疏离的小姨吉尔鲁德。与卡洛截然不同，也更能代表阿雅克肖城精英群体的是他叔叔吕西安诺，一位谨慎、精明的牧师。他对保利政权是否有可能继续存在下去这个问题权衡了一番，想起了谁才是真正扶持他的人，于是他坚决反对搬家去科尔特的想法，并称那里为“异邦”。[15] 保利给出的担保——“忠诚之人将得厚报”显得过于含糊，除了能鼓动一下年轻人和不安分的人，根本不足以消解内陆地区与卫戍区之间长达几百年的敌意。后来卡洛在保利垮台之后还能保持原来的社会地位，很大程度上得感谢他的姻亲们。但他做出的前往科尔特的决定将对拿破仑产生决定性意义，因为保利将成为拿破仑早年生活中的一个关键人物，即使这不是他父亲所希望发生的。

保利对卫戍区受过教育的有志青年的一大助益就是他在科尔特建立的新大学。尽管学校很小，资源有限，它所开设的课程却是进步的新知识的典范，也完全不受教会的控制，而在欧洲大多数国家，大学为教会所控制是普遍现象。相比于在罗马的时候，卡洛更重视他在科尔特的学业。更重要的是，他在保利政府部门里很快崛起，担任大约相当于“国父”的私人秘书这一职位。卡洛在科尔特的时候很可能不像他在回忆录中声称的那样有权，也不像他的儿子们所一直认为的那样有权，但在日常事务方面，他必定拥有相当大的影响力。吉尔鲁德则成了保利半官方“朝廷”里的大红人，后来的传说把吉尔鲁德的这一角色安在后来也抵达科尔特的莱蒂齐亚头上了。来到科尔特，莱蒂齐亚大出风头，也为她的挥霍无度找到了正当理由，但其实她妹妹才似乎是与保利保持着更密切关系的人。[16]

莱蒂齐亚的大儿子约瑟夫于1768年1月出生于阿雅克肖城，但紧接着她就随家搬迁到了科尔特，而拿破仑很可能就是在同年11月的第一周怀上的。然而，就在那一年发生了极其重要的改变。1789年6月，拿破仑也许是对保利说出了这样的话："我生之时国已亡"，但也许没这回事，因为这封信的真实性很值得怀疑[17]，但不管是真还是假，这话说得十分恰当。

1768年5月15日，热那亚共和国将科西嘉岛"委托"给法国政府，受其保护。正如历史学家米歇尔·韦尔热-弗兰切斯基明确指出的，热那亚共和国实际上并没有将科西嘉岛卖给或是割让给法国。更确切地说，通过，用弗兰切斯基的恰当用词来说就是一个"骗傻子的把戏"，为了两国的共同利益，《凡尔赛条约》授权法国治理并平定科西嘉岛，然后将它归还给热那亚。[18]热那亚人完全清楚，他们根本没指望能调控好财政，达到法国要求的返还科西嘉岛的水平，而且法国方面也无意归还科西嘉岛。不管怎样，科西嘉岛依然是地中海西部的战略要地，同时也是经济欠发达地区。而且，在法国于"七年战争"中被英国决定性地击败之后，两个国家都担心，保利在伦敦知识分子阶层当中的声望会使他与英国当权派攀上关系，此外，还担心他的"山区共和国"——早期罗马的现代版——有可能真的变成拥有一支强大舰队的现代迦太基（指英国）的一个傀儡政权。正是这一可能前景迫使法国与热那亚双方签署了条约。5月19日，两个营的法国部队——总共约15000名法军的先遣部队——在人们的热烈欢迎下，登陆阿雅克肖城。保利现在要面临的再也不是小小的、行动迟缓的意大利城邦，而是西欧最大的陆上帝国——法国。尽管在最近的几场重要战争中都遭遇了失败，法国还是有能力，也有决心去保护科西嘉岛，最重要的是保护卫戍区，不受英国海军以及内部山区揭竿而起的反叛队伍的侵扰。

不管保利在科尔特对政府做的实验是多么先进，如今冲突很快又回到了其传统轨道上，尽管这一次的"占领者"叫人不得不认真对付。保利决定对北方一些大的贵族领地，主要是对殖民贵族领地发动袭击，但是巴斯蒂亚城那儿，新任科西嘉总督马尔伯夫伯爵已经在路易十五的名义下宣誓就职了，整个城市的军队迅速集结起来支持法军。[19] 保利打赢了几场遭遇战，但巨无霸一样的法军终究不是一支由农民组成的民兵队伍能抵挡的。几十年以来，外国观察家们曾为科西嘉人的英勇和其战斗时的凶猛写下抒情诗篇。这些赞扬倒也并非是经过添油加醋的幻想故事。但是在 1768 年 5 月 8 日的彭特诺夫，一大群刚刚抵达的法军分遣队在沃伯爵的率领下将保利的主力部队堵截在一个狭窄渡口，然后，经过法军的一番残酷屠杀，保利的抵抗组织已在实际上宣告破灭。保利本人早在几天前就已被迫逃走，逃跑到了丘陵山区。从那之后，人们就对保利在最后一刻的缺席一直质疑不已。没有人清楚他当时不在的原因，也没人能清楚解释这一事实：一些部队——跟随保利的德意志志愿军——突然对撤退中的起义部队发动袭击，朝他们开起火来。卡洛似乎也不在彭特诺夫战场上，尽管后来的传说说他在场。他更有可能是和保利的幕僚们待在一起。后世的传说故事又说拿破仑的叔叔兼同名人英勇地死在了彭特诺夫，但其实，拿破仑叔叔的早逝属于正常死亡，这是很容易证实的。但有一点是毋庸置疑的：原本属于卡洛和莱蒂齐亚的世界经过法军的无情打击，现在已分崩离析了。

保利带着残余部队回撤到了科尔特。但大家都清楚科尔特已不可能守得住了，于是保利和剩下来的几千名起义者匆匆赶向海岸，在那里英国皇家海军把他们接走了。保利从此开始了长达二三十年的流亡生涯。值得赞扬的是，卡洛并没有抛弃保利。在他为儿子们而写的回忆录中，他坦率地承认，正是保利提醒了他身为父亲和丈夫的应尽职责，否则他肯定会抛下正怀着拿破仑的莱蒂齐亚跟随领袖一起逃亡的。

因此，卡洛带着他的新家庭历经困难回到了家乡。自彭特诺夫战争之后，山区早已混乱不堪。一方面可能是为了保护他那脆弱的妻子和尚在襁褓中的约瑟夫免遭土匪们的劫掠，另一方面是为了避开法国人，卡洛带着一家人冒着可怕而反常的暴风雪，穿过陡峭、狭小的山口，最终安全地回到了阿雅克肖城。这趟旅行成了传说故事的素材。故事中，那个勇敢、健壮的莱蒂齐亚召集起起义队伍中的女眷，催着卡洛退到高处的山洞中做最后的抵抗。但事实根本不是这样，因为卡洛一家几乎是单独行动的，他们早已把顽固坚守的起义者丢在身后了。[20]尽管如此，这一路上的严峻考验足以证明，这对夫妻绝非只是像他们表面上看起来的那样，一个是爱慕虚荣、挥金如土的妻子，一个是野心勃勃、自鸣得意的丈夫。比起传说故事中的素材，他们的动机更多的与个人有关，也更平淡无奇。但不管怎样，在那么艰苦的条件下，又身怀六甲，莱蒂齐亚还是走完了这趟艰难的行程。这也足以证明她身上具有她后来传给儿子的那种不屈不挠的性格。当这类人不得不面对困难时，他们毫无畏惧。如果说这种流行一时的医学观念——孩子在母亲子宫里就已开始有效学习——真有道理的话，那么拿破仑在娘胎里的人生第一课所学的就是匮乏、危险以及坚韧不拔。不管它有没有道理，在其军事生涯的最早期，拿破仑就像斯巴达人一样热衷于在艰难困苦中磨砺筋骨，他逼着手下在暴风雪中行军，翻越令人望而生畏的崇山峻岭，这些也成为他的军队的强项。

波拿巴一家遍体鳞伤地回到了家乡。从此，卡洛再也不是那个怀着理想主义抱负的科西嘉爱国者了，他作为国家政府一员的身份也从此作古。为了出人头地和给孩子们一个美好未来，他开始脚踏实地地努力奋斗。他成了一名繁忙的律师，关注自己的财产，而且，最重要的是，在生活中的剧变结束之后，他着手与莱蒂齐亚一起努力为儿子们创造一个开心、安全的成长环境。拿破仑很珍视父母为他做出的努力、为他提供的欢乐童年。卡洛一家回到了祖宅那儿，但却生活在叔叔吕西安诺的严格控制下，他们绝大部分的财产依然掌控在叔叔手中。尽管面临着财产纠纷和缺乏资金的问题，祖宅的地盘依然变得越来越大。他们在祖宅后方建了一个平台，一来以彰显时髦，二来是为两个年幼的儿子提供一个比大街更安全的游玩场所。在 18 世纪 70 年代的前 5 年里，波拿巴家族与住在马路对面的博齐家族之间的法律纠纷仍然闹得轰轰烈烈。而在山区，保利的拥护者又策划了一次起义。起义发生在 1774 年，但很快就遭到法国人的残酷镇压。对这次起义，卡洛避而远之，这表明他已彻底放弃了以前的政治观点。人们普遍认为，科西嘉社会并不把卡洛看成是一个背叛保利的叛徒，因为只要他待在科西嘉岛上，他一直都是忠于保利的，而他现在与法国人之间的通好在阿雅克肖城人看来只不过是顺应都市精英阶层的民意随大流而已。经过一次高尚却误入歧途的越轨之后，现在的他已浪子回头，重归理性的生活。

拿破仑的早年生活过得相当平静。他和家人、朋友在一起玩耍，生活在安全无忧的家中，身边都是爱护他的家人，对此他一直是赞赏并感激的。然而，也有不愉快的时刻，因为卡洛和莱蒂齐亚在一起的时候彼此都感到很不自在。拿破仑曾不悦地回忆起他母亲吩咐他出门打探父亲卡洛在咖啡馆里的情形，“去看一下他是不是又在赌博”，并坦承，他不是一个说实话的孩子，为此还招致母亲的鞭打。拿破仑性格活泼爱闹，有关他童年的一些传说或许过分贬抑了这一点。至于他精力特别旺盛这一点，与其说他本来如此，不如说拿他和他那和蔼可亲、为人好静的哥哥相比，他在这方面肯定要突出得多。传说故事特别强调他小时候喜欢玩当兵的游戏，其实在小男孩当中，这是常有的事。但有一点看来是真实无误的，他和法国卫戍部队里的人关系很好。相比家中的饭菜，他更喜欢吃军营里定量供给的粗糙黑面包，这使莱蒂齐亚惊讶不已。在性方面，他与常人无异。他有一个一块拉过手的小女友，和她在一起玩得很开心。[21] 除了在家乡生活，他还经常随同父母去乡下家族地盘那里旅行，这使他对科西嘉高地地区有了粗略的印象——这些旅行都很短促，但后来在他离开家乡之后，这些印象开始使他难以忘怀。在人生最初 10 年里，他过的是一个阿雅克肖城显贵子弟的正常生活。

这两个最早出生的男孩子并不知道，在这期间，波拿巴家的大人们进行了很多秘密运作，又接二连三地为他们增添了好多个兄弟姐妹: 吕西安诺（生于 1775 年，在后来的法国称为吕西安）、玛利亚 · 安娜（生于 1777 年，在法国上学时绰号“埃莉萨”）、路易吉（生于 1778 年，又名路易）、葆莱塔（即波利娜，生于 1780 年）、玛利亚 - 安农齐亚塔（生于 1782 年，后被人叫作卡罗琳）以及热罗拉姆（即热罗姆，生于 1784 年）。卡洛通过彼得拉桑塔家族，靠他们在巴斯蒂亚的影响力，利用自己的才智和社交才能讨得了马尔伯夫的欢心，并为家族获得了新的庇护伞和发展机会，尽管是那么有限。对初来乍到的马尔伯夫来说，卡洛可谓是一个完美的密探，能有效地为他提供阿雅克肖城的内部情报，以及关于保利政权残余分子的情报。作为回报，马尔伯夫允许卡洛踏入法国“王朝旧制度”下那个错综复杂的由各种各样庇护人与受庇护者组成的人际网，其门槛之高，卡洛是再清楚也不过的了。作为一个科西嘉地方显贵，无论是在热那亚共和国治下还是在保利政权里，他想要进入那个高层人际网比登天还难。对新政权统治下的那些姻亲来说，卡洛和吕西安诺就是他们的穷亲戚，不过莱蒂齐亚要除外，身为鳏夫的马尔伯夫完全被她迷住了。从1771年开始，他屡次造访阿雅克肖城，向莱蒂齐亚献殷勤，而且邀请她和卡洛去他在巴斯蒂亚的官邸作客。莱蒂齐亚肯定是去过的，卡洛就说不准了。

至于这种很明显的爱慕关系是否真的发展成了一桩私情，什么流言都有，而且一直延续至今。虽然这是不可能证实的事，但对于这一暧昧关系引起的那些流言蜚语，人们多少还是能够做出一些合理推断。有人推测说马尔伯夫，而不是卡洛，才是拿破仑的亲爹，但多萝西·卡林顿已向我们表明这是根本不可能的：拿破仑是1768年11月上旬左右在科尔特怀上的，而此时的马尔伯夫正在岛上其他地方的某处冬季营房里，而且当时科尔特正陷于法军的包围之中。确实，拿破仑是波拿巴家众多子女中唯一一位父亲不可能是马尔伯夫的孩子，早他一年出生的哥哥约瑟夫就更不可能了。[22] 马尔伯夫本已答应当拿破仑的教父的，但却未得到阿雅克肖城方面的许可，于是他任命一位名叫久贝加的副手做了拿破仑的教父。久贝加是一位来自卡尔维的大显贵，在法国政府部门任高官。不过，后来马尔伯夫的确成了拿破仑弟弟的教父，这清楚地表明，科西嘉岛的法国统治者已完全融入他们前任——热那亚统治者当初的角色了。在一些难以预料而又危险的未来时期，所有这些都将起到举足轻重的作用。在展示给世人看的那一副华丽招摇的面庞背后，卡洛和莱蒂齐亚其实是谨小慎微。他们为孩子们获得了似乎是坚不可摧的新政权之下他们所能获得的最佳保障，而这份保障也确实管用，直到1789年法国大革命将所有这一切碾压得粉碎。

拿破仑的迅速崛起要归功于大革命，他也从一开始就支持大革命，但对其家族来说，大革命意味着一场大灾难。通过与马尔伯夫的友谊，他们一家已融入了法国庇护制度之中。比起在热那亚人的统治下，卡洛和莱蒂齐亚为子女们获得了更好的教育机会和职业前景，然而，他们的一腔热望被大革命浇灭了。18 世纪 90 年代，为了供 4 个后来出生的弟弟妹妹——路易、波利娜、卡罗琳和热罗姆上学，约瑟夫和拿破仑付出了艰苦努力。这与他们头 4 个孩子的教育情况和童年生活形成了明显的反差。科西嘉刚被移交给波旁王朝控制的这一时期，对于波拿巴家来说是一个短暂、然而货真价实的黄金时期。年轻的拿破仑很快就察觉到了窒息着波旁王朝低等贵族的“玻璃天花板”的存在。情况根本不是如他父亲想象的那样只要加入大国政府部门就有源源不断的机会。作为科西嘉贵族的卡洛只看到了进入政府部门有晋升的可能性，而拿破仑却看到了其缺陷，这时的拿破仑已完全“法国化”了。从这个意义上说，拿破仑和法国大革命相互造就了对方，但那一时刻还尚未来临。

无疑，要不是有莱蒂齐亚，卡洛就不会讨得马尔伯夫的欢心。[23] 不管最终马尔伯夫和莱蒂齐亚之间是什么关系，这一点外人是难以捉摸的。如果换一个问题的话——为增进家族的集体利益，卡洛和吕西安诺是否会有意促成他们发生一桩真真确确的私情？从理智的角度来看，答案也许会是肯定的。卡洛在地方法院获得了职位，并着手解决承认祖籍的问题。他认为，根据法国的习俗和法律，要想成为贵族，他有必要声明自己的祖上来自托斯卡纳。法军驻阿雅克肖城司令官是纳尔博纳伯爵，比起马尔伯夫，他与保利之间交锋的次数要多得多，而且他怀疑卡洛曾参与保利政权。此外，马尔伯夫比他地位更高，这也妨碍了他进一步高升。1771 年，当卡洛竞选新成立的科西嘉议会贵族院——第二社会等级——代表时，他未能当选，是马尔伯夫废除了这一结果，并强行使卡洛通过了选举。这就使得卡洛成了一名“贵族”，这一身份将带来诸多好处。首先，贵族地位为他两个儿子赢得了接受法国正统教育的机会。在马尔伯夫的庇护和支持下，连同年轻的约瑟夫 · 费斯奇，拿破仑和哥哥约瑟夫他们分别进了不同的学院——约瑟夫和费斯奇上的是普罗旺斯地区艾克斯神学院，而拿破仑上的是布里埃纳军校。1786 年，继约瑟夫之后吕西安也进了普罗旺斯地区艾克斯神学院，尽管1789年他因失宠离开了神学院，之后积极投身于科西嘉政治活动。与此同时，年纪最大的妹妹玛利亚·安娜获得了一笔奖学金，得以去声望卓著的女子学院——圣西尔皇家学院上学。在那里，她以“埃莉萨”之名为人熟知，学业成绩优异。马尔伯夫以这种方式帮助过的科西嘉贵族子女绝不仅仅只有波拿巴一家，因为这是他对科西嘉精英阶层中忠诚可靠之人实施的拉拢政策的不可或缺的一部分。只不过，他对莱蒂齐亚的喜爱以及更多是在公务上对彼得拉桑塔家族的依赖使卡洛踏上了一条平坦得多的发展道路，谁能想到他过去曾是保利扈从人员中的一名显要人物。

当卡洛背离保利转而投向法国人时，他所做的不仅仅是一个涉及地方政治的决定。当他把儿子们送去法国的学校上学时，他也不仅仅是在为儿子们安排一条更好的职业道路。自此以后，波拿巴一家开始归属另一种文化、另一个世界，但这一过渡过程绝不是简单而轻松的。卡洛只不过是为子女们指明了一条道路；但踏上行程，穿越陌生而新奇的地域，一切都是他们自己的事了，对拿破仑来说尤其如此。即使拿破仑在这之后的生活没能成为传奇故事，卡洛迫使他们离开故乡去求学的这一决定也塑造了他儿子的命运。父亲掷下骰子，儿子活在这一影响之下。

第二章　法国：危险之地

从陌路人到救星，1779—1797 年

1778 年 12 月，拿破仑及波拿巴家的其他几个孩子，同卡洛一起动身去法国。他们先是来到了勃艮第地区主教城欧坦的耶稣会士学校。他们抵达那里时，已经是 1779 年的元旦，波拿巴家的两个约瑟夫将在那里待上一段时间。拿破仑只在那儿待了几个礼拜。他们来这儿的主要目的是想让拿破仑接受——用今天的话来说——法语“浸入式强化训练”，不过效果却差强人意。接着拿破仑就去了布里埃纳军校，开始了他的军校生活。那里比起任何其他超越他的意志所能掌控的组织来说，对他造成了最为深刻的影响。可以说，拿破仑突然之间就结束了童年生涯，他对此深有感触。然而，他很快就走上了他所适应的职业道路。作为军校学员，他所取得的进步——连同他天生对体制生活的喜好——与他 9 岁时突然被抛入一个语言不通、环境迥异的陌生社会所感到的震惊，这两者的巨大反差显然令他心绪不宁。“文化冲击”这个词被过度滥用，早已丧失其原有意义，但用它来形容拿破仑随后 15 年间的心态，却并非毫不恰当。当他返回科西嘉时，他感到茫然不知所措，而当他回到法国时，他还是同样的困惑。他这些年在法国军校和平静的外省卫戍区的生活不时地被短暂回乡所打断，但每回去一趟就给他带来更深的精

神创伤。1785年，父亲早逝，他因此又回去了一趟。他父亲很可能是死于某种遗传性胃癌，后来拿破仑也在相似的年纪死于同一种疾病。

无论是墨守成规的法国贵族阶层，还是科西嘉卫戍区野心勃勃的地方显贵，人们往往将男孩子们送往外地上学，但如果因此就把拿破仑对自己青少年时期经历做出的应激反应仅仅视为该社群的常态而不予理会，这是不够的。拿破仑在阿雅克肖城度过的童年显然有别于他在布里埃纳军校很多同学的经历。小时候，他生活在一大群精力充沛的地中海地区女家眷周围，处于一个温暖大家庭的包围当中。他的童年生活并非那种更严格的、有着更悠久传统的法国贵族生活。他身上更平凡的一点是，他的法语说得不好，这成了他融入法国社会的一大障碍。即使当他开始努力克服这一障碍时，他的奇怪口音也使他显得与众不同，因为在法国上层社会当中，不管人们原先来自何地，都很早就没有了地方口音。一方面，拿破仑很快发现自己具有学习才能，他掌握了数学和传授给他的那一点点自然科学。然而，从心理方面来说，他十分抵触命运的安排，花了大量时间和精力试图成为不同于己的另一个人。在一群法国同学当中，他显得桀骜不驯、与众不同，即使当法国学校体制一心想要将文化殖民主义强加于他，并以其全部的威势逼迫他时仍然如此。他在脑海里为自己创造了一个科西嘉，这一点与年轻时处于类似环境的帕斯夸莱·保利十分相似。布里埃纳军校的生活制度禁止学员回家，除非是有特殊原因，同时对家长来访有严格限制，这一情况使拿破仑只能在脑海中为自己重造一个与现实无关的理想故乡。拿破仑试图成为他正好不是的那种科西嘉人——“内陆岛民”，这种人在起义时勇敢而又不屈不挠，在追求自由和正义时义愤填膺而又决不妥协。

这一时期所有受教育的年轻人都如饥似渴地读着普鲁塔克讲述英雄事迹的《希腊罗马名人传》。该书的法文版很容易弄到，它是从16世纪诺斯的英译本转译的。它是无须学者加以阐释的课外读物，年轻人可以根据个人喜好挑自己感兴趣的故事和人物来读。这种阅读方式避免了正规教育常有的枯燥。像在他之前的两个保利——老保利和他儿子——一样，拿破仑将古罗马共和国时期英雄们的生活挪移到了他为自己虚构的科西嘉近代史中。此时，他还未真正了解自己的传统，还未认识到自己是卫戍区殖民地文化的产物。他想要阅读从他父亲那时起直到当时的科西嘉历史，尤其是保利的崇拜者及宣传者英国作家鲍斯韦尔所撰写的那本。在此过程中，拿破仑逐渐把保利视为偶像。除了历史人物之外，他现在有了一个现实中的英雄来寄托他的希望，他也许就是这样想的。如将这一想象付诸现实的考验，它注定会失败。这样的科西嘉与拿破仑而言毫无关系，但他要到多年之后才能认识到这一点。

事实上，他正在成为真正的自己，一个职业军人，而非一个杂牌匪军党棍。职业对他的影响开始一点点渗入骨子里，有时几乎是不由自主的。从这个过程中拿破仑受益良多，但也充满了他不愿承认的个人教训。他近乎自发地成了一个法国人，却从不愿承认。他算不上是一个浪漫主义者，哪怕在他处于文化与心理上的双重困境时，他曾从浪漫主义理想那里寻求过多少慰藉。他的浪漫主义的大无畏精神最终都体现在自我发展、赢得“光荣”这些方面，而非借着空洞的职责名义为虽败犹荣的大业做出的自我牺牲上。当大多数同伴如饥似渴地读着多愁善感的浪漫主义作品时，拿破仑也不例外。对于身处异国他乡的青少年来说，卢梭和歌德的作品能产生巨大的共鸣，拿破仑毫无疑问也是其中之一。然而，它们并没有泯灭他与生俱来的精力与干劲，不久之后他就又对这个世界及其风俗起了好奇心。

换言之，他已长大成熟，不再相信浪漫主义了，虽然他是永远不会承认这一点的。到了一切都结束之时，在他囚居的圣赫勒拿岛上，他又将浪漫主义派上了一个实际用途。在创作回忆录时，他所使用的语调完美契合了他意向中的读者——浸润着浪漫主义影响的新一代人，以及他本人的追随者。他曾明确地对其追随者说过，没有人能真正理解他们，就连他们的父亲或儿子都不能，因为他们对法国大革命和拿破仑的英雄伟绩有着完全独特的体验。只有古典历史——他们都在床单下点着蜡烛共同读过的普鲁塔克的作品——才能为他们提供一些慰藉。甚至在沦落到圣赫勒拿岛之前，作为军人领袖的拿破仑就能将古代的英雄主义转化成一种人们能明确感受的感召力源泉。他将这种感召力传达给士兵们的能力“使每个人都觉得自己能成为古代英雄一样的人物”，正如路易吉·马斯切利·米格里奥里尼所说，[1]拿破仑是浪漫主义思潮的理性化体现。他把住了他那一代及随后一代人的心脉，然后运用从早年的困惑中获取的思想成果满足了人们对光荣梦想的渴望。

拿破仑的早年生涯充满了过失和迷惑，它们最终引出了一个人的真正品格。没有哪一种学校课程或知识潮流能有望支配像拿破仑那样强大的智力和那样坚强的意志。但青春是脆弱的时期，而比起很多人，拿破仑的青春更加脆弱。人们不能仅从他随大流追求浪漫派忧郁气质及古典英雄主义这一过程去看他的个性，而要更多地从他后来根据个人需要随心所欲地吸收这些养分的过程来看。

事实证明，即使是对像拿破仑那样独特的人，布里埃纳军校的生活也是一道难题。在日常生活和课程学习中，9 岁的拿破仑面对的是一整套行之有效的同化制度，它旨在将人们纳入当时欧洲最先进的文化之中。这套制度硬是被强加在拿破仑头上，比他受到的任何其他影响都霸道。对他接受的教育，拿破仑总是非常感激。他承认，正是教育把他造就成一个法国人。然而，他曾抵触过。当拿破仑坦陈他身上与生俱来的“法国特性”时，这等于是他公开认输。当时一共有 12 所皇家军事学院，他之所以被送到布里埃纳军校，很有可能是因为当时那里恰好有一个空缺。位于香巴尼北部地区小城的郊区和科西嘉之间的差别真是大得不能再大了。它周围是一望无垠的种植着葡萄藤和小麦的开阔田野。到了冬天，会有狂暴的东风从波罗的海那里越过北欧平原向这里刮来。虽然拿破仑更多的是因机缘凑巧而非刻意安排才去了布里埃纳军校，波旁王朝可能再也无法为这个新子民安排一个更加陌生的环境了。

拿破仑是在 1779 年 4 月抵达这里的，也是头一次与哥哥约瑟夫分离。布里埃纳军校属于政府试验内容，但很快它就将被迫结束。由于 18 世纪法国连续遭遇军事上的失败，困惑之下，法国王朝留意到了这一启蒙思想：环境是塑造品格的关键因素，然后开始为出身低等贵族阶层的孩子提供奖学金，供他们去军校上学。那些军校就是专为造就未来的军官而建立的。这些军校同时也吸引了更有权势的贵族家庭的男孩子，因为只要进入军校，就能为以后进入军界铺好道路。但不久，因为法国还是接二连三地输掉了战争，波旁王朝就对这个试验感到失望，于是转向塞居尔侯爵提出的建议。塞居尔侯爵领导的调查委员会提议，应该从“制度性方法”转向以家庭教养为基础的方法。他们认为，只有祖上有世代从军传统的贵族家庭才能产生军官人才。塞居尔的调查结果于修订后被采纳，假如得以实施的话，那么拿破仑就进不了布里埃纳军校。不过，提案是1789年才上呈御前会议的，距离旧制度崩溃仅有几个月。[2]

正如法国王朝下所有的教育机构一样，尽管很多教学活动是由非神职人员完成的，但布里埃纳军校由教士阶层——方济各会所掌管，这也是18世纪末的普遍情况。布里埃纳军校很小，只有大约110名男生，其中45人都是政府奖学金的受益人，换言之，这些人都来自较贫寒的贵族家庭，而拿破仑就是其中之一。[3]学校是修道会和军队的混合体，因为男孩子们睡在独立的、非常简陋的小房间里，而不是睡在大型宿舍里。体罚很少发生，但修道院生活和军营生活两者的共同特征就是艰苦朴素。或许，生活还算不上严酷，但肯定是非常艰苦，而拿破仑似乎对此并无怨尤。

布里埃纳军校向拿破仑灌输了节俭之道和对安逸的嫌恶，给了他钢铁般的自律精神。他在那里养成的习惯将一直保持到欧洲战场上。这些习惯是如此根深蒂固，就连后来节节凯旋之后人们献给他的奢侈待遇都被他一一婉拒。拿破仑本可以将司令部设在开罗或维也纳最富丽堂皇的宫殿里，但通常他只睡在自己的行军床上。当拿破仑首次读到卢梭大肆抨击现代世界及其道德腐化，并咒骂由财富导致的权力堕落时，对于靠着布里埃纳军校崇尚朴素的平等主义思想茁壮成长起来的年轻人来说，他自然深有同感。当他从布里埃纳军校毕业之后进入巴黎的军事学校，开始遭遇那里相对来说比较奢侈的生活时——那里仆人成群，环境豪华，饭菜精致——他抱怨道，这不仅会使军校学员无心学习，还会削弱他们以后当兵时的战斗力：

既然他们全都……注定要去部队服役，难道这不就是他们所应该接受的唯一真正的教育吗？过着一种有节制的生活，注意仪表，这样他们就会越来越健壮，能够勇敢地面对季节的严酷，能够勇敢地承受战争带来的紧张，最重要的是，要能够激发在他们领导之下的士兵们的尊敬和盲目的忠诚。[4]

布里埃纳军校在拿破仑身上留下了印记。如果说科西嘉已经成了一个虚无缥缈的梦的话，普鲁塔克笔下的古代斯巴达，卢梭笔下纯粹理论性的现代斯巴达——布里埃纳军校就是一个活生生的例子——是他每日假想的行事环境。一段时间以来，他似乎一直在践行他所鼓吹的那些主张。在仅有的一次看望中，来到布里埃纳军校的莱蒂齐亚震惊地发现儿子既特别瘦，又特别憔悴。而他自己则很可能认为自己是“清瘦而敏锐”。

现有的档案表明，拿破仑在那里学习刻苦。法国军事学院督察员德·科拉里奥骑士显然在他身上看到了未来成功的希望，并在1781年的报告中将他作为学生榜样记了下来。当1784年在布里埃纳军校的学习期快要结束时，拿破仑写信请求加入海军，德·科拉里奥对这一请求表示了支持。这事颇有几分值得赞许之处，因为海军一直是那些最聪明但却最缺乏门路的军校学员趋之若鹜的军种。自从法国海军在美国独立战争中击败英国人之后，海军的地位有了极大提高，从那之后就成了政府巨额投资的对象。尤其是海军要求其军官必须具备相当高的智力和专业水平。德·科拉里奥显然觉得拿破仑完全具备这些素质，但由于他不具备待在军校的时间满6年这一前提条件，所以德·科拉里奥的推荐信就被驳回了。在这种情况下，拿破仑做出了显而易见的选择——炮兵部队。它在当时是技术最尖端的兵种，正处于大刀阔斧的改革和重大进展当中。[5]他后来企图进攻英国本土却以失败告终之时，海战将成为拿破仑作为一个战略家最一窍不通的领域，暴露出他对海军各个方面的极度无知。僵化的官僚体制或者令人难以捉摸的气候条件和地理情况都能造就一段历史，正如“伟人”的意志一样。拿破仑没能去重要的海军基地土伦——后来他去了那里，那是在1793年，作为炮战专家的他率众击败了英国舰队，从而扬名天下——他去了巴黎的一所军校，在那里待了不足一年，从1784年10月到1785年9月。在所有58名学员中，他以第42名的成绩从军校毕业，考虑到他短暂的留校时间，如果说还算不上出色的话，这也是一个值得赞扬的成绩。

人们给拿破仑在巴黎的学生生涯裹上了一层层的传说，其中多数不可信。甚至就连他是如何进入巴黎军校这一情况也成了人们任意虚构的对象，其中包括他父亲卡洛。卡洛在回忆录中声称，当时他带着男孩子们路经佛罗伦萨，在那里受到了那个时代开明君主的榜样人物——哈布斯堡王朝大公彼得-利奥波德的接见。尽管这是压根不可能的事儿，拿破仑和约瑟夫两人直到去世都一直维护着父亲的这个谎言。菲利普·德怀尔曾敏锐地指出德·科拉里奥的报告和人们精心杜撰的传奇故事之间的矛盾。在报告中，拿破仑是一个规规矩矩的榜样学生，但在有意为之的传奇书写中——拿破仑本人是始作俑者，从他有资格撰写个人生平时就已开始——拿破仑被塑造成了一个叛逆、闷闷不乐的局外人形象。[6]传奇故事中的某些“史诗般的时刻”其实是和报告里面其他描写格格不入的。据说，拿破仑有一次在学校操场上组织了一次规模特别宏大的雪仗，这表明他很早就开始具备杰出的指挥才能。然而，像他这样一个不受欢迎的男孩竟能指挥起同伴们打雪仗，这是非常不可能的。

不管怎样，布里埃纳军校里的实际生活和拿破仑毕业之后进入军队的诸多表现，特别是他年轻时在文学上所做的尝试，比后来人们编造的传奇故事更能揭示潜藏在他内心的厌憎和反叛情绪——一个背井离乡之人的愤懑。的确，拿破仑曾忍受过出身高等贵族家庭男孩子们的势利眼，这些人觉得为了让男孩子们融入一个皆由同类人组成的队伍，就应该将布里埃纳军校的风气扑灭，而他的地方口音也受到所有人的嘲笑。他为此拿这些人出气这事也许发生过，也许没有，虽然他希望世人把它看作真事一样。但他后来的确干过这样的事，不过是通过笔墨而已，那是在他1785年离开巴黎前往执行守备任务期间。

当他的愤懑以科西嘉爱国主义热忱的形式表现出来并迸发时，他简直与法国人不共戴天。正如对拿破仑的文学作品深有研究的安迪·马丁所说：“生存就是斗争，而写作就是抵抗。他对影响巨大以及被封为正典的法国历史著作发起了一系列游击式突袭。语言即行动。”[7]他用笔杆子当作刺刀，带着一个被完全剥夺其所有的受害者的全部狠劲和怨恨，因为他觉得自己就是那样的受害者。从大约16岁起，他似乎就一直打算写一部尖刻的、以反法为主题的科西嘉历史。但他最终写成的却是那本未出版的——也不宜出版的——大概写于1791年的《科西嘉故事》。他的很多其他作品，比如描绘他自己死亡的《论自杀》，是他那一代常见的“时髦作品”。这一代人都被歌德的基于真人真事的小说《少年维特之烦恼》当中的悲剧主人公给迷住了，拿破仑也不例外。终其一生，他都对这本小说及其作者持钦佩之情，而他以同样风格写成的作品与其说标志着他已被法国同化，不如说他是被欧洲18世纪末的恰如其分的“青年文化运动”给同化了。然而，《科西嘉故事》却是一部完全不同的作品。它展现了一个纯真、未受玷污的科西嘉和腐败、道德退化的法国入侵者——一长串“蹂躏”过该岛的野蛮外来者之中的最后一波。它的中心人物是一位因船难流落到科西嘉的英国人，故事就是通过这个英国人睿智而迥异的外国人视角来展开的。选择一个英国人当故事的主人公，这远非天真之举。这是一份政治声明，因为当时保利还在伦敦流亡。他在伦敦的沙龙里是一个深受崇拜的人物，仍在为赢得英国人的支持进而再发动一次起义而努力着。甚至就连拿破仑的据认为主要涉及他个人的《论自杀》也成了一份政治声明，因为他在其中虚构的精神崩溃其主要原因并非源自个人经历，而是在很大程度上源自公共及时事领域：“法国人啊！你们掠走了我们所有的珍宝还不知餍足，你们还败坏了我们的伦理道德！”[8]拿破仑并不能真正做到放下身边的现实世界去追求一个纯粹虚构的审美世界。他也许从未意识到这一缺点其实更能反映他的真实本性。拿破仑是一个“政治动物”，不管他曾多么努力地想成为某种内涵更“深刻”的人。

从18世纪80年代末到18世纪90年代初，作为“小说家”兼散文家的拿破仑不仅仅是一个狂热的科西嘉民族主义者，更是一个反殖民主义者。还在布里埃纳军校期间，他就如饥似渴地读过那个时代最广为传阅也最有争议的作品之一，阿贝·雷纳尔的《东西印度群岛历史》。该书初版于1770年并被翻译成多种语言——其实大部分内容是由狄德罗代笔的——已被公认是反殖民主义话题的一部开创性作品。拿破仑吸收了书中这一要旨——欧洲人对世界其他地方——也即雷纳尔书名中的东、西印度群岛——的无所顾忌、贪得无厌的剥削，他在写科西嘉历史时就照搬了这一过程。对他来说，这是一个思想上的敏锐突破，也是一个很有说服力但同时也有争议的理论——欧洲人不仅对作为“他者”的欧洲之外的世界，而且对自己的欧洲“同胞们”开始了无情的殖民主义过程，并将一直进行下去。当时伏尔泰的许多门生渗透进了由教会控制的审查机构，所以行事手段比当时的规则所定的更为和缓，从而导致 18 世纪末的审查制度比较宽松。然而，雷纳尔的遭遇与伏尔泰大不相同。雷纳尔的书并没有得益于此，而是受到了相对严厉的审查。[9] 当 1780 年雷纳尔允许人们以他的名义出版该书新版时，当局向他签发了一张逮捕证，他的书被皇家执行人员当众焚烧，而他本人逃到了国外，直到 1785 年才回国，定居马赛。[10]

放在这个背景下来看，青年拿破仑的观点更有颠覆性，而他很快就与自己的偶像取得了联系。在他个人的伟人祠里，就仍在世的人而言，雷纳尔的地位仅次于保利。1786 年，已是瓦伦斯的一名军官的拿破仑给雷纳尔写了一封信，其性质类似于现在的“粉丝来信”。他在信中陈述了自己对科西嘉殖民主义状况的看法。他希望写一部内容详尽的有关科西嘉岛反抗帝国主义统治的历史著作，雷纳尔对此表示鼓励，不久后还邀请他参加自己的沙龙。拿破仑成了雷纳尔在马赛的沙龙里的常客，经常在那里高谈阔论，甚至在他调动到更北边的奥克松之后还是那样。

他身上一直保留着法国知识分子的做派，这是显而易见的，从他参加当时最开明的举措之一——征文大赛——就可以看出。这种由某个沙龙举办的公开性有奖征文大赛曾使卢梭一举成名。1791 年，雷纳尔发起了一个主题为“论幸福”的论文比赛，并为之提供一大笔奖金。为写出论文，拿破仑关起门来彻底不问窗外事。他最终未能获奖，但从他为此而汇编的大量笔记本，人们能一眼看出，他一心想要赢得知识界的认可。拿破仑经常受人嘲笑，被说成是一个暴发户，一个孤注一掷、对自己缺乏信心的野心家，而他对该比赛的过分执着表明，至少在那几年里，这的确是他性格的一部分，尽管他仍在坚持着他的科西嘉爱国主义热忱。[11] 假如说法国自由派精英阶层当时是以恩主的态度对待他的话，那么他既没注意到这一点，也不在意它。他对由欧洲人强加于欧洲人的殖民主义的看法——因为他对“幸福”问题提出了自己的理解——实在超出了当时人们能容忍的极限，至今也依然如此。

拿破仑本人身为欧洲最伟大的帝国主义者的生涯为这一切添上了讽刺色彩，因为从来没有哪一个霸权帝国像拿破仑帝国那样试图将其霸权如此严苛地强加于法国之外的欧洲社会，又或者像他那样如此蔑视非法语文化。然而，未来的巨大讽刺不应该使人忽视拿破仑在拥护雷纳尔及他举办的沙龙之时所表现的矛盾情况。拿破仑，雄心勃勃的法国殖民主义惩罚之鞭——经济、政治以及文化上的殖民主义——一心渴望进入的社会正是他打心底里仇恨的那个社会。拿破仑发现了沙龙之后就竭力想融入其中，这一行动表明他早已被法国文化同化；他指望获得压迫者的赞许，其主要求助对象不是雷纳尔——雷纳尔本人倒是打心底里厌恶他那些欧洲同伴们的行为——而是积极投身于沙龙这一文化媒介，因为沙龙至今依然是法国文明的象征，而拿破仑本人的皇家仆人也一直将沙龙及其社交礼仪视为真正文明的基准。17 岁的拿破仑还不可能看到自身的矛盾之处，因为他早已成了法国社会密不可分的一部分了。他迫切想要进入该环境这一点表明他无意之中重新做回了自我——一路排除困难进入他在布里埃纳军校时已被部分接纳的那个社会的核心——而与此同时，他所阐述的观点却与这种文化同化显得格格不入。

在论文中，拿破仑急于摆脱他后天获得的法国人身份，也更急于摆脱他的家庭背景，而不是要树立他那真正被压抑的自我意识。保利出身其中的那个“附庸的”、受压迫的科西嘉并不是他的科西嘉，因为他也是压迫者之一；从各个意义上来说，他是阿雅克肖城卫戍区的一名贵族后裔。在远离科西嘉岛现实的地方度过青春之后，拿破仑是否真的意识到了这一点，我们不得而知。他把自己想象成科西嘉内陆岛民中的一分子，这一想象很可能是由衷的，而他在学校遭受的势利眼以及职业上的挫败更加深化了这一想象。然而，他清楚他的家族从一开始就是外人——不管是利古里亚殖民者这一实际身份，还是杜撰的托斯卡纳贵族出身——而他的

《科西嘉故事》以及他交给雷纳尔的沙龙与会人士的文章，都是他在“后殖民负罪感”方面的习作。这些作品表明，为成为与自己有别的那个人，拿破仑曾付出过如此热情的努力，而这些作品的陈述方式及其背景却揭示出他早已成了法国中产阶级一分子。

1785 年卡洛的死亡改变了拿破仑。他仍旧保持着年轻时对政治的热情以及其他爱好，但已开始有了一家之长的风范。当时，他的家族负债累累，急需一位能在法院和当局那里捍卫家族利益的人。关于拿破仑的早年生活流传着诸多传说，当中有真有假，还有的经过了添油加醋。这些传说似乎都预示着拿破仑日后终成大器，会当上主宰者和指挥官。但真正证明拿破仑内在素质的却在于他一心要为母亲和兄弟姐妹们担负起责任这一点上。吕西安诺现在老了，又得了痛风。而情况很快表明，如果说不是在平静协商方面的话，约瑟夫并不擅长与人争辩，进行唇枪舌剑上的交锋。拿破仑虽然才十几岁，但已证明自己是一个乐于直面困难的人。正是拿破仑毅然收集起他父亲的文件动身前往巴黎，竭力去安排他父亲未完成的事务，最终使家里拿到了抚恤金，而当时他还是一名军校学生。也正是他写信给普罗旺斯地区艾克斯神学院院长，为吕西安的不端行为表示道歉，而按理说，他当时应该待在团里服役的。[12] 面对这种局面，拿破仑勇敢地挺身而出，他直接写信给科西嘉总督和巴黎的国家财政总监——国王的首席大臣——催促他们办理涉及家族的案件，而且并不觉得有什么不安。卡洛在世时曾发起了一项对阿雅克肖城附近沼泽地实施排水的公益性工程。当政府承诺的资助未能到位时，正是 17 岁的拿破仑提醒总督别忘了兑现他的承诺。与此同时，他还要求总督支付吕西安在艾克斯神学院的学费，因为 1786 年他一家又因靠山马尔伯夫的去世而再次遭受沉重打击。这样一来，拿破仑实际上就成了一家之长。[13] 一年后，他再次就沼泽地问题缠着科西嘉总督和国家财政总监洛梅尼 · 德 · 布里埃纳解决，希望他们实现父亲卡洛生前的夙愿——他希望沼泽地里到处种上桑树，从而为阿雅克肖城的丝绸业打下基础。[14] 拿破仑所遭遇的阻碍使他接受了清醒的教训，使他认识到科西嘉只是法国一个偏远的、无人在乎的前哨基地而已，但这一过程也使他明白了一点：法国王朝是一个不公正、效率低下的政权。更重要的是，他几乎是下意识地开始像一个典型的卫戍区贵族那样应对这些困难：好争论、不屈不挠、坚决捍卫家族的世袭财产、一心要实现父亲的夙愿。当然，这一过程也加深了他对法国人的厌恶，增强了他对社会不公的感受，同时表明他是多么尊重卡洛留下的精神财富。

正如作为“真实而纯贞的科西嘉”化身的莱蒂齐亚大多出自人们的捏造一样，有关拿破仑自进入布里埃纳军校后与卡洛之间的关系大多也是杜撰的。人们通常把拿破仑说成是一个对父亲背叛保利与法国人勾结一事心怀怨恨的儿子。人们用“愤怒”一词来描绘这对父子的关系，因为拿破仑指责卡洛是一个通敌者，一个背叛了保利和自己民族的叛徒。其实，这一看法是缺乏依据的。可以肯定，保利本人从来不是这样看待卡洛的，因为当 1790 年保利重返科西嘉时，开始时年轻的拿破仑很受他的欢迎，他还特意提起卡洛对“大业”和对保利本人的忠诚。即使父子之间可能存在过什么仇恨，它存在的时间也不长，而拿破仑从一开始就表明他忠于卡洛的夙愿，无论是家族在都市中的复兴，还是子女们在法国制度下出人头地的希望。他对卡洛表现出了真正的爱戴。当拿破仑不得不接替父亲承担起一家之长的职责时，他那充满怨恨的仇法情绪并不是针对卡洛的，即使有也无关紧要。

然而，他对法国人的憎恨并不包括女人们。拿破仑很有可能是在 1787 年因家事前往巴黎期间失去童贞的。他把自己的初夜交给了在罗亚尔宫周边廉价餐馆附近遇到的一个年轻妓女，该地方属于巴黎较为放荡和邋遢的区域。他说他被她讲述的不幸故事打动了，然后有生以来第一次与一个女人共度了一夜。到底有没有这回事还真不好说，但因为这种说法实在是过于平淡无奇，所以可信度很高。

自军校毕业之后，毫不夸张地说，从 1786 年直至 1793 年期间，拿破仑长期缺席驻防地。但他有充分的缺席理由。他先后长期滞留科西嘉和巴黎，就算这当中有个人野心的因素，但其背后动机并非仅仅是为了出人头地——出人头地甚至连主要动机都算不上——而是要保护家族免遭毁灭，因为当时大革命使科西嘉陷入新的紧张局势。如果说他经常疏忽了身为一名军官的日常职责的话，他却从未逃避这个更艰巨的难题——如何领导好这个失去父亲和靠山的家庭。他是一个天生的领袖，无须再对这一事实加以神话化。

对拿破仑来说，在派驻部队期间，驻地的生活并不是那么枯燥或是毫无收获。但驻地的生活也使他完全明白了一点，就如那一代许多其他人一样：在波旁王朝的统治下要想获得晋升，收获的只有失望。此外，在和平时期，军人们只会感到极度无聊。从 1785 年到 1789 年期间，先是在瓦伦斯，后来在奥克松，他遇上了一些对他不错的上级军官。一被分配到炮兵团之后，他就摆脱了军队里最恶劣的势利行为，因为名门望族的后裔们更青睐骑兵团或历史更悠久的步兵团。与他为伍的是另一些聪明的技术专家，他从这些人身上受益颇多。一方面得益于他们的思想和经验，另一方面得益于他们所介绍的那些关于战术和科学进步的现代读物。瓦伦斯驻地的尤图尔比，然后还有奥克松驻地的杜·泰伊和伽桑狄是近代思想领域中研究枪炮射击学和各种其他问题的领军人物。这些问题包括火药的质量与生产、大炮的射程测定与制造等问题。他们是从科学知识中获得了对这些问题的认识。这导致拿破仑对科学理论产生了兴趣，使他对化学和微积分进行了一番精心研究，并使他由于研究望远镜镜头而对天文学产生了持久不衰的爱好。这一爱好持续了一生，而且他一开始掌权，他就强制规定法国中等教育阶段要教授天文学。他的指挥官们启发他接受科学，同时也使他接触到一种更具机动性的作战方法。尽管驻地的生活充满了无聊，但对拿破仑来说这是一段播种期。它也将他从浪漫主义拉到了与之相反的方向，但他还未能真正掌握内心深处的争斗。外省的那种平静、长期伏案的服役生涯因家族需求而被经常打断，但到 1789 年时，这个世界开始轰然倒塌。

法国大革命：一切的终结，1789—1793 年

法国大革命从永久的意义上改变了全世界。它标志着人类史上的一个分水岭。但在 1789 年春夏之际，法国旧王朝的支柱彻底崩塌之时，没有人能比波拿巴家族更能感受这个世界变化之大，也没有哪些地方的变化之大能超过科西嘉。从一开始，法国革命政府就对他们统治下的社会提出了一系列极端的抉择。不管有多么不情愿，不偏袒任何一方是不可能的，而要避开这些抉择带来的后果更加不可能。抉择一旦做出，就不得不遵照执行。科西嘉民众——法国新政权下最偏远的地区——也不例外，拿破仑也在此列。即使是像他那样意志强大的人，依然有一些抉择被强加在他头上，他也不得不面临它们带来的后果。

法国大革命的根源依然是史学上最复杂难解的主题之一。但到了 18 世纪 80 年代末期，没有人不清楚，法国正处于危机中，法国君主专制的制度已濒临绝境：所有人都觉得这个国家急需改变，但怎样进行改革却进退维谷。一方面，波旁王朝认为它需要扩大其征税权，为此目的就需要一个更强大的中央集权政府，这样一来，它不仅会对教会和贵族阶层的封建特权构成挑战，还使本已享受某些免税权的法国省份和很多个人受到波及。这一观点遭到法国最高法院越来越频繁的反对，其措辞也日趋激烈。最高法院由一群本身是贵族的地方行政官员所领导，其职责之一就是宣布王室拟定的法律规章是否合法。当荷兰共和国爆发了一场内战，法国因软弱无能而未能从斡旋中获益时，长期存在的紧张局势变得一触即发，而就在这时王室财政总监卡洛纳宣告法国政府破产。国王和最高法院彼此要求对方摊牌，为打破僵局，他们决定在 1789 年 5 月于凡尔赛召开一个由全体代表参加的全国三级会议，会上将讨论卡洛纳提出的改革计划。自 1614 年以来，法国从来就没有开过三级会议。当三级会议再次重开时，围绕着其权力和代表人员的组成爆发了激烈的争论。尽管它被分成三个差异很大的等级——教士阶层、贵族阶层和平民阶层（也即第一、第二、第三等级）——但在各个等级内，代表们是根据非

常具有包容性的、带有准民主主义性质的公民选举产生的，所以三级会议的召开标志着法国历史上一个史无前例的转折点。这是法国有史以来第一个经选举产生、代表全体民众的立法机构，而不是那种类似于只存在于特定省份，如布列塔尼、朗格多克或科西嘉的永久性立法机构。多达好几百位的新代表们不知不觉地就被领进了权力王国的走廊，于是人类史上独一无二的新一代领袖就此产生。1789 年春全国三级会议的召集开启了这一代人的新航程，他们的经历将集中体现在拿破仑身上。他们将改造这个世界，而拿破仑，一旦他成为最高统治者，将会对这些人进行改造。从一开始，他们就表现得与众不同，只要一有可能，他们就伸出双手紧紧抓住机遇不放。

第三等级的代表们很快在意识形态和知性方面形成共识，他们抓住先机，宣告他们才是法国真正的最高权力机关，唯一拥有合法统治权的机构，并着手为法国起草一部宪法，它将设置一个永久性存在、经选举产生的立法议会作为核心权力机构。这样一来，他们就把国王路易十六降格成了一位受宪法制约的君主。当然，他仍拥有一些重大权力，尤其在外交和战争领域，但他基本上再也不是三级会议召开之前那个独裁统治者了。三级会议很快就更名为国民议会。路易十六已失去主动权，但他并不是很反感 1789 年至 1790 年强行通过的诸多改革法案，只要他能够除掉这些始作俑者就行。1789 年 8 月 4 日晚，国民议会宣布废除一切形式的特权，并取消了旧的法国行省制度，代之以合理、统一的行政区制度——科西嘉就被划分成了一个行政区——受由选举产生的委员会管辖；还颁布了宗教自由的法令，而且很快就将所有教会财产“国有化”，废除现有的神职人员制度，然后根据1790年的《教士公民组织法》，教会部门中唯一保留下来的是主教和教区牧师，他们属于文职部门中的一员。很快国民议会就开始要求所有官员，包括牧师在内，都要宣誓效忠它，这带来了很多麻烦。围绕新宪法产生的争论，特别是哪些人该拥有选举权这一核心问题，将在未来几年使革命者内部发生分裂，而与此同时路易十六在等待时机，策划着重掌大权。

国家最高权力部门发生的史无前例的动荡也导致了其他地方的混乱。席卷全法国的大骚乱使国民议会面临一个危险的抉择：它要么请求路易十六发动军队来恢复秩序，但却担心国王会掉转枪头对付他们，要么驾驭着暴动群众这头猛虎，从而彻底剥夺路易十六的权力。代表们选择了后者，核心大权依然保留在他们手中，虽然这个时候除巴黎之外，新政权的统治已是满目疮痍。这已是他们能找到的上上策了。然而很快，巴黎爆发了越来越多的群众暴动，国民议会不得不转移到别的地方，并很快硬拽着路易十六一起走，主要是为了防止国王发动政变从而威胁到国民议会。暴动的主要目的是胁迫代表们同意巴黎方面做出的让步措施。人们发动抗税罢工，对贵族的房产发起袭击，在城镇里，人们焚烧政府税务案卷，而在乡下，人们劫掠了很多城堡，所有这些都发生在大革命的第一阶段。在这同时，新一代的政治家们在这种由他们自己创造的不安定但却充满活力的政治文化氛围——和巨大的权力真空——中一步步熟练而巧妙地谋划着获取权力。

这些新立法者醉心于修辞，造出了很多高尚用语："自由、平等、博爱"——其实这些措辞是很久以后才出现的——至今依然是其中最著名、最具包容性的口号。其实，在那种各派别政治家都宣称自己大公无私、维护国民团结的气氛下，潜藏在这个口号背后的是那个不敢道出自己名字的欲望：野心。这种野心经常既可以是大公无私的，也可以是自私自利的，因为这些新领袖用他们从普鲁塔克那里吸收的罗马共和国早期的术语和象征来表达公民权的概念。普鲁塔克曾是他们公共文化的一部分。无论是那些只求个人利益的人，还是那些为了大革命能真正自我牺牲的人，他们有一个普遍看法：相比传统的统治阶级，他们能把国家治理得更好，正是这一点把他们暂时团结在一起。

拿破仑也有类似感受。他在 1789 年 3 月底写给吕西安诺的一封信中陈述了他对旧制度下最后一批大臣的看法：内克尔，一位瑞士籍新教徒和外来者，曾在 18 世纪 70 年代拯救了法国的财政。与此同时，贵族塔布罗却把持着财政部部长之职，但"他仅仅是个幻影"而已。当 1789 年危机到达顶点时，内克尔再度掌权，但这时在处理三级会议问题上，他显得笨拙无能，迷失在这个属于民主政治的新世界中。出身贵族的卡洛纳是内克尔的政敌，也是旧制度权力机构的一个产物，他"像管理家产一样管理着国家财政。他毁掉了他自己，也毁掉了整个王国”，正是他迫使内克尔流亡他乡。推翻卡洛纳的布里埃纳则聪明而思想开明；他对国家权力顶层实施了一些有效的改革措施，“但赤字依然有待削减，日常费用有待支付”，而布里埃纳唯一能做的就是贷款；于是最高法院干脆冻结了他的一切。[15]在拿破仑看来，这些人都找不到答案。作为一个整体来看，他们就像一支疲敝之军。拿破仑的判断并非都是正确的，因为后来卡洛纳在某种程度上成了拿破仑政权的“幕后操纵者”，他的很多幕僚也继续在拿破仑的顾问团里发挥重大作用。最重要的是，当后来革命改革开始错漏百出时，拿破仑借用了很多卡洛纳在大革命前夕竭力想实施但却未能实施的主意。不管怎样，拿破仑对他目前主人的态度是那个时代非常典型的。几周之后，旧制度特权阶级设置的“玻璃天花板”似乎再也没有了；选举为新人们走上一个地区性以及全国性的晋升平台铺平了道路。新政权宣布了一条所有后继掌权者都将遵守的箴言——“务使职业的大门向人才敞开”。就像任职于威尼斯大使馆的卢梭或者喜剧中的费加罗一样，很多人现在终于报仇雪恨，并已做好了出人头地的准备。正是在这种气氛下，像波拿巴家几个兄弟——约瑟夫、拿破仑，甚至包括年轻的吕西安——那样的失意人士开始全力投入到大革命当中。当拿破仑看到布塔福科，三级会议中科西嘉贵族阶层的领袖，反对大革命和革命者提出的改革措施时，他猛烈抨击布塔福科，称他“在聪明的外表下藏着仆人般的贪心”。[16]那是一长篇激烈的演说，主要是驳斥布塔福科对保利的叛国控告，为保利做辩护，但在结尾处，拿破仑加了一个有力的讽刺。布塔福科也许算是科西嘉能派出的最好的显贵了，但在拿破仑看来，他只不过是一个腐朽世界的马屁精而已。他对过去有一种显而易见的蔑视。

拿破仑唯一清醒的目标就是科西嘉必须从大革命中获益，但在接受这种未来观之后，他放弃了科西嘉独立事业。这是一个巨大进步。他把个人命运同法国的命运绑在了一起，然而，就如同许多其他决定性行动一样，这并非出自于深思熟虑，而差不多是出于本能。靠着产生于大革命中的第二天性，拿破仑成了一个真正的法国人。在旧制度下，卡洛生前为他寻求的机遇根本就不存在，但现在有了。

即使这样，法国大革命最初几年里所发生的震撼世界的大事并没有马上改变拿破仑对过去的看法。他对波旁王朝殖民地主子们施加给科西嘉的虐待依然耿耿于怀，正如他在1790年写给雷纳尔的《科西嘉信札》中所表露的。然而，大革命刺激了拿破仑，使他用不同的眼光去看待他移居入籍的国家以及它给予科西嘉和类似于他这样的人的机会。当巴黎新制宪会议的命运悬而未决，而国王似乎已做好镇压的准备之时，他写信给他的教父久贝加，说他希望"几百年的封建蒙昧主义"将很快结束，而代议制政府将终结旧政权的统治。"我们在遭受那个政权压迫的同时还不得不亲吻它粗鲁的手……这种奇耻大辱令我羞愧。"然而，希望还是有的，因为不久后法国就将有一部宪法和一个不再拥有绝对权力的君主，而法国的行政机构和司法机构正在他面前进行合理化改革。[17]

1789年至1791年间，他最关心的依然是科西嘉在新政治秩序下的地位问题，而他只得希望保利也同样关心这个问题。因为这个原因，拿破仑很快就与布塔福科发生了真正意义上的冲突，而非只是口头上骂骂而已。对那些要么反对革命和改革，要么反对保利归来的人来说，布塔福科成了一个具有号召力的人物。拿破仑只能希望保利也想与像他自己和兄弟那样的人联合起来，这些人现在已把法国，而非科西嘉的独立看作自己的前途。这就使得那些据说是他在信中写给保利的话——"3万法军部队已涌入我们的海岸"变得更不可信。毫无疑问，拿破仑是"最引人注目的革命者"，而由于这一点他随时有可能失去他在科西嘉的地位。布塔福科和很多十分轻易地将过去对热那亚人的忠诚转移到法国人那里的那些人——拿破仑母亲家族是他们的典型代表——现在都反对卡洛·波拿巴的儿子们。

与此同时，约瑟夫和吕西安已离开了普罗旺斯地区的艾克斯神学院。在土伦和马赛的政治俱乐部里，他们成了新制度坚定的代言人。他们，而不是拿破仑，才是站在新秩序最前沿的波拿巴族人。在土伦，吕西安以激进的煽动者身份而出名。约瑟夫则回到了科西嘉，试图通过选举进入新成立的省政府。曾是他们父亲的靠山和领袖的保利于1790年返回科西嘉岛。要是保利拥护大革命，那他们就能继承父亲的衣钵，继续跟在他后面。但假如是相反的情况，他们的处境就会大受限制。

这要取决于大革命本身的进展，而这一点是任何科西嘉人都无法控制的。

从 1789 年春天大革命爆发到 1793 年这段时间里，拿破仑的行踪迂回曲折。他来回穿梭于他在罗纳河谷和阿雅克肖城两地的官方驻地不少于 5 次。从 1792 年 5 月至 9 月这期间，他又短暂逗留在巴黎，而这正是整个大革命期间最骚动不安的阶段之一。

这几年当拿破仑来回奔走于法国本土和科西嘉之间，他的思想正发生着根本性变化。在如何驾驭革命危机方面，他的想法变得越来越清晰。拿破仑用观察入微的眼光注视着这个世界，他在法国时更是这样，并从中汲取了有深远意义的教训。相比于很多其他人，他更受重大事件的摆布，但他已越来越认识到他所面临的是何种性质的威胁和什么样的前途。起初，当他的兄弟们充当他的发言人时，拿破仑从他在外省要塞的制高点位置俯视着法国所发生的事件。事实证明，这个位置相当有用，在于它促使他萌发了一些重要思考。这些思考无论是对他个人思想的发展，还是对他掌权后形成的政权特色都有着持久的意义。

像很多中产阶级家庭那样，为表明对大革命事业的忠诚，拿破仑和约瑟夫他们买下了阿雅克肖城第一批出售的国有化教会地产中的一部分。开始时，他们家族中唯一的神职人员，即年轻的舅舅约瑟夫 · 费斯奇还有顾虑，但后来打消了。[18] 这样做倒不仅仅只是趁着旧制度的垮台从中获利，当然获利是肯定的，更是因为，买下以前属于教会的地产就明确了购买者拥护大革命的坚定立场。王室对这类改革措施的不满导致那些购买者实际上就上了王室的“黑名单”，而随着对大革命的抵制日益强烈，这一威胁就不再只是吓唬人的空话了。在任职早期，当拿破仑毫不含糊地支持所有购买“国有土地”——国有财产——抵制流亡朝廷的人的时候，他是坚定不移的。然而，从他对法国东部日益严重的混乱状态的评论来看，不管他有多么强烈的革命主义信念，拿破仑绝非是一个盲目的乐观主义者。他在 1789 年 8 月 4 日那些重要改革实施之后写给约瑟夫的那番话比他所有文学上的尝试，包括他的回忆录，都更能揭示他的性格：

所有这一切的确光辉灿烂，但只是空头文件而已。我忘了告诉你：所有外省都已正式宣布放弃他们的特权。这是向最后的成功迈出的一大步。他们为宪法的事儿忙得不可开交，但进展十分缓慢。他们只知道喋喋不休。[19]

这些言简意赅的话以其简练点出了拿破仑的真正特点。各个外省特权的废除使全国实现新的统一成为可能，拿破仑将此视为前进中的关键一步。在他那个时代，在掌权期间建立一个高度集中的中央政府这方面，没有哪一个人的建树将能超过他。他对新议员及他们围绕着新宪法产生的玄而又玄的争论的不耐烦——和渐渐萌发的蔑视——预兆着他后来对选举出来的立法机构的漠视，正如它表明拿破仑对大革命未来会遇到的危险有一种敏锐预感一样，因为正是这一议题将早期形成的共识撕得粉碎。然而，当我们试图寻找拿破仑的性格，而非观点时，“但只是空头文件而已”这些话最能揭示问题。革命派在早期实施的残酷手段也许真的终结了拿破仑——在他领悟了卢梭的思想之后——所说的那些“导致人与自己为敌”[20]的制度，但他当时并不认为新制度会自然而然地形成。早在1789年夏季，他就目睹过发生在勃艮第地区瑟尔小城的叛乱被部队镇压的情况，这使他清醒地认识到了前路的艰难，那时全国三级会议甚至还没召开。[21]在他的性格里，既有谨慎，也有某些理智的悲观成分，对于将改革变成现实这一艰巨任务来说，这一点必不可少。1799年以后拿破仑手握领导大权之时，正是这种早在大革命变味发臭之前就已存在的性格倾向，才使那些他不懈追求的改革最终变成了现实。

这种谨慎的悲观主义也是拿破仑和保利的共同特点。当这位“元老”1790年从流亡地伦敦回到科西嘉时，他和卡洛的儿子们相拥在一起。约瑟夫终于永久性定居在阿雅克肖城，在地方政界，他要比自己的两个弟弟显赫得多。但随着大革命开始发生转向，约瑟夫和吕西安两人——这时还不包括拿破仑——都开始与保利发生了纠葛。保利很快就在科尔特——他过去的大本营和他的核心支持者所在地，为自己找到了一个安乐窝。他并没有去巴斯蒂亚，岛上新成立的省政府官方首府所在地。保利对法国人为赢得科西嘉人的好感在物质改善方面做的努力不屑一顾，比如他认为修的那些路“根本毫无用处”，因为那儿谈不上有什么贸易往来，正如他鄙视卡洛·波拿巴和其同僚培养桑林发展丝绸生产的努力一样。原因在于，当地缺乏好土壤，对穷人们来说，养山羊才是关键，而不是什么为富人消费的经济作物。这也清楚表明，对于这位 65 岁的元老来说，他的根据地依然在山区，而其部属依然是那些“内陆岛民”。[22] 对于卫戍区精英来说，这倒不一定是一个恶兆，但随着法国发生的大事件造成了日益严峻的分裂时，科西嘉的局势导致传统上山区与沿海地区，内陆岛民与外来殖民者之间的原有分歧变得更加明显。本来这并非是不可避免的，但情况就这样发生了。

起初，所有科西嘉人，无论是保王派还是激进革命派，或是这两者之外的人，都有一种共同的担心——怕法国会摆脱掉科西嘉岛。对这些缺乏庇护的人来说，1789 年国民议会发布的宣称科西嘉是法国神圣不可分裂的一部分的这一声明只不过是一句华而不实的空话。1790 年 11 月，在议会中曾有人提议将科西嘉移交给教皇控制，作为法国占领阿维尼翁后对教皇的补偿，而阿维尼翁一度属于教皇。更糟糕的是，科西嘉早先就被排斥在新成立的国内自由贸易区之外。它是在 8 月 4 日政府宣布废除各个外省特权之后建立起来的，特权中就包括通行税。[23] 保利像拿破仑一样，认为革新之后的法国将为科西嘉带来很多益处，但首先得指望它能继续留在法国。

然而，随着大革命发生转向，岛上复杂的政治现状变得更紧张起来。《教士公民组织法》在科西嘉不受宗教法令约束的教士那里基本上没遇到什么麻烦；只有很少一部分人拒绝向新政权宣誓效忠，但现有等级制的废除导致不仅山区，就连巴斯蒂亚和阿雅克肖城都发生了骚乱。一群愤怒的暴民捣毁了共济会在巴斯蒂亚的分会，而保利——欧洲最杰出的共济会成员之一——为维持他在民众中的声望，开始有意疏远拿破仑的两个兄弟。然而，保利是借助自己在山区招募来的民兵平息骚乱的，当秩序恢复之后，比起开始时的骚动，这反而使城里人更加慌张。[24] 1791 年，当路易十六试图从巴黎逃跑，却在瓦雷纳被捕获时，自 1769 年以来就已和法国人融为一体的科西嘉精英阶层与保利之间产生了重大分歧，保利对这一点仍然无动于衷，并支持刚刚出现的反君主制国家政府。他的立场使他与像波拿巴兄弟这样的革命派成员之间的关系未受影响，而布塔福科还有其他人则纷纷效仿很多法国贵族的做法，移民到了国外。对很多卫戍区的人来说，比起移民潮，他们更担心保利的民兵部队对移民者实施报复这一点，这些人洗劫了移居国外者的财产，并骚扰他们留在岛上的家人，其骚扰手段更接近于岛上传统上的族间仇杀，而非公正的革命手段。[25] 法国与奥地利和普鲁士之间战争的爆发又给科西嘉带来新的威胁，因为它是一个脆弱的前哨基地。当 1793 年初英国——连同其地中海舰队——加入对法作战时，科西嘉变得更加岌岌可危。

1790 年至 1792 年期间，拿破仑大部分时间都待在法国，而不是科西嘉。但日益高涨的战争准备促使岛上成立了一支由选举产生的军官领导的新民兵队伍。拿破仑认为他在地方政界崭露头角的机会终于到来了。当他 1791 年 4 月回到阿雅克肖城时，他当选为中校，领导着阿雅克肖城国民自卫队第二营。正在人们担心阿雅克肖城的法国正规军会掉过头来反对大革命之时，拿破仑的部队和正规军在 4 月 8 号发生了一场战斗，但接下来发生的事情要严重得多。第二天，城里人普遍开始恐慌起来，因为来自各地的由岛民组成的国民自卫队正在向阿雅克肖城推进，他们是来支援法国正规军的。拿破仑和他的上司昆查将各自下属以及普通百姓都全副武装起来，以抵抗一支山区牧民部队的攻击。这些牧羊人本来是正在附近和羊群一起过冬的。他们都忠于保利，在科尔特当局的命令下向阿雅克肖城发起了袭击，而此时保利还是科尔特名义上的领袖。阿雅克肖城颁布了戒严令。有一点似乎是肯定的：拿破仑对停战提议置之不理；他所在的营对着牧羊人们开火，把他们击退了。这一战使他成了城里人心目中的英雄，更成了雅各宾俱乐部成员们的英雄。雅各宾俱乐部是阿雅克肖城亲革命派的活动枢纽，而约瑟夫是其中一名重要人物。这也是每隔一段时期就重复出现的传统仇恨在大革命的压力之下死灰复燃的一个突出例子。面临着自 1492 年以来就萦绕着卫戍区不去的可怕噩梦，城内新产生的政治对立和更久远的家族冲突都被暂时搁置。由于岛民们随时有可能向城门发起猛攻，已是拿破仑死敌的波佐家族的夏尔 · 安德烈这时也和波拿巴家族联合了起来；在那一刻，用描写那些事件的历史学家的话来说，他们简直“亲密无间”。[26]

1792 年 8 月波旁王朝被推翻，革命派宣布成立共和国。作为对这一事件的响应，科西嘉岛上的危机真正爆发。在 1792 年至 1793 年之交的冬天，保利对革命的忠诚受到岛上以及巴黎的很多革命派人士的严重质疑。这期间，拿破仑去了巴黎，试图联系新成立的革命委员会——国民公会，为保利澄清名誉。他目睹了 8 月 10 日发生的暴力事件。当时巴黎的武装群众向路易十六的王宫杜伊勒利宫——后来成了拿破仑自己的官邸——发起了猛攻，并大肆屠杀国王的瑞士护卫队。相比于促成大屠杀发生的无政府状态，大屠杀本身带给拿破仑的震惊尚在其次。在他看来，那群乌合之众已经控制了政治家们。他在回忆录中回忆起当他在大街上被一群“长着丑恶嘴脸”的醉汉拦住时所感到的恐惧与憎恶，在那些日子里，这些人似乎掌管着全世界。对这些人的所作所为拿破仑并不真正感到不安，因为旧王朝已经烂到骨子里，而路易十六也不适合领导一个伟大的国家。然而，这并非是聪明能干之人取得的胜利，而是社会渣滓的胜利。他在瑟尔时就目睹过农民们“失去控制”后的情形，而在奥克松时他也目睹过外省群众暴动的情景。现在连首都都落入一群暴民的控制中。对于深谙罗马共和国后期历史的这一代人来说，他们早就在普鲁塔克和萨鲁斯特笔下见识过那些相似的令人毛骨悚然的场景，看起来一切即将化为乌有。出于对妹妹安全的担心，拿破仑将埃莉萨从圣西尔皇家学院接了出来，并于 9 月 15 日带她离开巴黎。他的估计非常准确，因为 9 月 21 日至 22 日，巴黎市就发生了针对主要包括教士、在押犯人及保王派人士的大屠杀，就连修道院里的年轻修女也不放过。他将埃莉萨带回到他希望是安全之地的科西嘉。

事态的发展却大大出人意料。保利在科尔特的统一政权开始瓦解，因为其中某些人对大革命的激进转向——路易十六被废黜，《1791 年宪法》被取消，然后是宣布建立共和国——深感不安，于是重新盼望着科西嘉独立。保利对此依然无动于衷，尽管在他身边有很多人试图劝他改变主意，但随着巴黎的新政府了解到这一情况，他们再次对保利产生了怀疑。1792 年 8 月 10 日发生的革命产生了国民公会，并宣告法兰西共和国的成立，也使得科西嘉必须重新选举驻巴黎代表。未能获得代表席位的约瑟夫大为恼火，他求助保利以撤销这一结果，但被保利拒绝。一气之下，他与保利决裂了。拿破仑竭力想挽回保利对约瑟夫的好感，但却徒劳无功。[27]现在，失去一个权势人物庇护的家族只能依靠拿破仑他自己了。尽管这样，保利与拿破仑之间仍有不少共同之处，他们都忠于法国和大革命。但拿破仑对大革命的发展越来越感到不安，因为 8 月 10 日的革命事变使拿破仑看到了乌合之众的暴力行径，而激进派似乎心甘情愿地被暴民们牵着鼻子走，这些给他留下了深刻印象。就保利而言，他对巴黎方面对他发出的越来越严重的叛国指控深感恼怒，他觉得这个政权已失去理智。

1793 年初，就在英国加入对法作战后不久，法国政府命令科西嘉岛上的法军入侵撒丁岛，目的在于将驻扎在友邦基地的英国人驱逐出去。无论是对想证明自己爱国热忱的保利，还是对想一举成名的拿破仑来说，这都似乎是一个绝好的机会。事实上，结果证明两者都以失败告终。

一段时间以来，在英国参战之前，革命派就已将撒丁岛视为一个威胁，因为它归萨伏依王室统治，而该王室极度反对新成立的法兰西共和国。为了这次入侵行动，一支法国舰队被派往阿雅克肖城，停泊在那儿整装待发。但很快，水兵们就和国民自卫队发生了严重纠纷，在这当中拿破仑差一点就被来自马赛的法国志愿兵干掉了，这些志愿兵属于赶赴撒丁岛的远征军之一。保利拒绝释放所有这些人，除了其中少数几名科西嘉志愿兵之外，而那些被派来参加这次远征的法军部队素质也特别差。法军这边所有兵力加起来几乎不足 3500 人，却要对抗 11 000 人左右的撒丁人。法军的舰队司令官是图盖将军，对拿破仑和他的下属来说，整个法军当中唯有图盖算是友人了，因为大多数时间里他们都在与同胞们斗来斗去，而不是在为一次复杂的登陆作战做准备。图盖受到了波拿巴家族和其他显赫家族的热情款待和殷勤讨好，正如他们过去接待路过阿雅克肖城的军方司令官一样，无论他是热那亚人还是法国人。图盖似乎一眼就看上了年方 16 岁的埃莉萨，但她却并没有上钩。[28]鉴于随后发生的事情，她上钩了反而更好。

图盖决定派遣科西嘉部队，由曾当过他副官的科隆纳-塞萨里担任副指挥官，作为主力部队之外的一支独立部队向拉马达莱娜小岛发起袭击。拿破仑指挥着只有3门大炮的小炮兵连。几经波折之后，他们于2月22日抵达拉马达莱娜小岛附近海岸，但真正登陆该岛的只有塞萨里、拿破仑以及少数几名部下。其余人因为害怕碰上撒丁人的战舰而拒绝跟着上岛，但实际上，他们只有两艘战舰。在这一战中，拿破仑也的确出名了。在冰冷的雨天，他率领炮队对着岛上的主城圣斯特凡诺连续轰炸了两天，从2月24日持续到2月25日，摧毁了岛上的炮台。他把撒丁人驱逐到了岛上的一个狭小角落里，但接着支援他的法军战船撤走了。由于担心会被弃之不顾，科西嘉主力部队惊慌失措地回撤到海滩边。没人告知拿破仑和他的炮兵连。直到傍晚时他才听说这一情况。他试图将大炮运往海滩带走，但却徒劳无功。他只得将大钉子钉入大炮的火门，使之再也不能使用，然后带着部下匆忙爬上海滩边的最后一批小船。随后到来的指控永远改变了波拿巴家族的命运。

在巴黎，人们终于利用撒丁岛战争的惨败将叛徒之名安在了保利头上。科西嘉驻巴黎的国民议会代表萨利塞蒂——在岛上他和波拿巴家关系亲密，又和大革命期间巴黎最激进的革命派走得很近——指控保利在筹备远征军期间贪污腐败。在政府的敌意面前，萨利塞蒂急于和保利撇清关系，于是他将保利的两个门生，约瑟夫和吕西安也拉拢过来一起对付保利。保利开始重新考虑自己的位置。虽然拿破仑现在已不将保利看作是得力领袖[29]，但当保利在巴黎受到公开指控时，拿破仑挺身而出为他辩护。

甚至早在2月5日远征军启航之前，国民议会就命令萨利塞蒂及其他3位专员赴科西嘉调查岛上情况。他们3月初到达土伦，在那里他们首先得知法军在撒丁岛惨败的消息，这愈发使他们怀疑保利是叛徒。

与此同时，拿破仑在与保利一番激烈争吵之后首次遭遇了刺杀，而在之后的一生中他还将多次遇刺。这一袭击很有可能并非出自保利的命令，但几乎可以肯定是他在科尔特的党羽所为。拿破仑曾向保利抱怨过，在他离开期间，巴黎方面命令岛上的国民自卫队进行了重组，将拿破仑排斥在外。这表明，他当时的地位已是何等脆弱，然而，更糟糕的还在后面。

在土伦时，萨利塞蒂会见了对保利心怀不满的吕西安。此时，远离科西嘉的吕西安宁愿相信他从雅各宾党人那儿获知的消息。虽然吕西安一直否认，但几乎可以肯定就是他在土伦的雅各宾俱乐部里告发保利的，在那里他公开斥责保利是大革命的叛徒。吕西安的行为与巴黎方面 4 月 2 日拟定的命令不谋而合。该命令宣布开除保利，废除他一手促成的整个政府机构。波佐家族的夏尔 · 安德烈遭遇了与保利同样的命运。当萨利塞蒂抵达巴斯蒂亚时，他带过去的就是这一消息。与保利在科尔特会面之后，萨利塞蒂曾有所犹豫，但在 4 月 18 日他公布了巴黎方面的命令。

科西嘉所有的市政当局，从偏远的内陆地区到卫戍区，全都团结在一起维护保利。除了少数科西嘉人之外，这种团结局面是历史上罕见的。拿破仑亲自起草了阿雅克肖城雅各宾党人的抗议，他冒着失去政府职位的危险前去科尔特与保利会面，并公然违抗责令他归团的命令。然而，就在这时，有消息传来称在土伦告发保利的正是吕西安。根据岛上的传统，拿破仑也成了背叛保利的人，于是他 4 月 30 日逃离科尔特，前往阿雅克肖城。木已成舟，从此再无更改可能。波拿巴一家，居于卫戍区城墙内的一个殖民者家庭，现在发现自己成了岛上高地地区世代血仇的对象了。拿破仑于 5 月 5 日抵达波科亚甘诺村，该地区大部分土地都归他家所有。他声称他勉强从 40 名一心想杀死他的保利党徒手下逃命，但这似乎不大可能。这个村庄忠于他的家族，假如真有人敢这样闯进来，那是相当危险的。[30] 拿破仑的一位表亲带领他沿着小路回到了阿雅克肖城，然后他安全地登上了一艘开往巴斯蒂亚的小船。在那里，他别无选择，只能加入由萨利塞蒂和另外几位专员组成的阵营。到了之后，至少到 5 月 9 日，他唯一担心的就是母亲和她身边几个弟弟妹妹们的安全问题。他写信提醒他们要千万当心危险这一点是对的。

5 月 31 日，保利在科尔特建立的——公然与政府为敌的新议会，即议事大会，宣布放逐波拿巴一家并称他们“出生于专制政权的泥沼，依靠着一位奢侈的总督——已故的马尔伯夫将军的关注和扶植而长大，他们留给世人的是永久的恶名。”[31]这一做法源自岛上的古老传统，它意味着该家庭必须抛弃所有财产，并逃离科西嘉岛至少达七代人之久，否则，见面即杀。不仅旧传统，就连旧仇恨也随着政治革命的展开而重新燃起。然而，在卫戍区内，传统上的忠诚关系依然牢固地存在着。在一小群友人的陪伴下，莱蒂齐亚于5月31日晚逃离阿雅克肖城。友人们护送了8英里[①]，把她带到属于她家的一个小地方坎皮泰洛那里。尽管波拿巴家族的祖宅已于5月25日被从城外来的国民自卫军洗劫一空，但却没有一个阿雅克肖城人企图逮捕她，人们的真情由此可见。她成了山区岛民野蛮风气的受害者，而卫戍区对这一风气是全然陌生的。当1796年法军赶走了岛上的英国人，局势变得安全起来时，莱蒂齐亚确实又回到了阿雅克肖城，她发现老家房子已破烂不堪，但好在无人占住，她还找来了一些朋友帮忙修复。而当时，最关键的是保住性命。在坎皮泰洛时，一名叫作科斯塔（拿破仑在其遗嘱中给他留了一份遗赠）的当地土匪提醒莱蒂齐亚，保利党徒仍在追捕她。她迅速转移到另一处村舍，结果又有人提醒她要继续往前直到抵达海滨为止，在那里拿破仑会提前安排一艘法国船，准备把她们运往他所在的卡尔维。埃莉萨手牵着波利娜和卡罗琳，莱蒂齐亚则抱着热罗姆，他们逃到了海滩上，然后就在那里等着，而救援船直到6月2日才到，终于把她们带回了卡尔维拿破仑所在的地方。9天之后，波拿巴一家乘船前往土伦。对他们来说，科西嘉已成了过去。

对拿破仑来说，逃离科西嘉相当于是故乡对他的无情拒绝，同时也是一次创伤经历。人们普遍认为，正是从那时起，拿破仑变成了一个“真正的法国人”，这也是他在死亡的威胁下从故乡被撵走的一种应激反应。假如没有吕西安在土伦做出的轻率之举，我们很难预测当萨利塞蒂和他的巴黎同僚试图迫使所有科西嘉人表态时，拿破仑会采取何种行动。但有一点是清楚的，拿破仑对强加于他整个家族的血仇所做出的回应彻底摧毁了他过去一直拥有的，一种浪漫化的、十分不

① 1英里≈1.61千米

理智的科西嘉信仰：他所在的卫戍区社会和山区社会联合起来组成一个独立民族。终究，这还是两种格格不入的文化，而他自己也成了传统上的“他者”的受害人，而他的祖先们曾回避、轻视却又害怕这个“他者”长达几百年。但认识这一点无须以彻底投入法国人的怀抱为前提，而在 1793 年夏天，法国文化对拿破仑的同化还远没有圆满完成。

拿破仑已经热切接纳了法国大革命中的激进派；他已经吸收了旧王朝部队的军事观和日常生活作风。他仍在渴望着加入更有知性氛围的沙龙当中。然而在接下来的 3 年，拿破仑仍然觉得法国社会的某些方面是那样的陌生。在法国中产阶级生活这方面，在作为典型代表的马赛的克拉里家里，他仍有那么多需要了解的地方。他还不可能全盘接受他尚不熟悉的东西。他能够，也真的拒绝了那些在他看来是不相容的、野蛮的方面。背弃了保利和山区那个社群之后，拿破仑在一定程度上回归到真实的自己，也即卫戍区殖民者精英身份。他站在法国人及“文明”一边与之共命运。我们将很快发现，其意义不止如此。没过多久，待在新驻地的拿破仑就察觉到了地处法国南部偏僻乡村的科西嘉内陆地区固有的罪恶，以后那些年随着他的统治范围扩展到地中海西部地区，他对所有地区形成了这样一个观点：文明是城市、平原和海岸地区的产物；而野蛮仍遍布于山区和那里的民族当中。阿雅克肖城精英阶层严峻的古老教训成了新帝国主义思想的既定事实。

眼下，以法国大革命的形式呈现出来的“文明”正仓皇逃离科西嘉。紧随拿破仑之后，萨利塞蒂和其他几位专员于 6 月 21 日也逃离了科西嘉。而保利本人也处于孤掌难鸣的状态。他已经和岛上忠于波旁王朝和卫戍区精英阶层的反革命派决裂。他现在还是一个逃犯，已被国民议会判为反革命分子。他现在只有依靠他的核心支持者“内陆岛民们”了，很快他就投靠了英国人。过了几个月后，英国人掌管了科西嘉岛。巴斯蒂亚、阿雅克肖城和卡尔维坚守了一阵子，直到 1793 年秋天。这 3 个城市既反抗保利及其领导下的岛民，又反抗英国人，但由于一切支援都被切断了，它们最终都不可避免地沦陷了。保利由于一方面无力控制高地地区的动荡局面，另一方面又遭到曾和他短暂结盟过的夏尔·安德烈和都市合作者们的背弃，已逐渐被英国人视作一个累赘。最终他离开了科西嘉，于1795年10月自我流放到伦敦，带着满腹的怨气待在那里。[32]虽然如此，他过的流放生活要比他强加于波拿巴一家的要舒适得多。

难民们

1793年6月13日，波拿巴一家被海浪冲刷到里维埃拉海滩，那里正是300多年前他们先祖出发的地方。无家可归、身无分文的他们回到了大陆，当年两位马上弓弩手弗朗塞斯科·波拿巴和加布里埃勒·拉莫利诺正是从这里出发开始他们伟大的冒险事业的。波拿巴一家成了卫戍区共同的噩梦——岛民们的族间仇杀——的受害者。这一噩梦到底发生了，而且还是发生在他们身上。很多代人的精心积累，它开始于最早一批冒着生命危险投身于边疆战斗的先祖们，于1793年那个躁动的春天被毁得干干净净，这全都是因为吕西安的草率。6年之后，拿破仑弟弟的那种不假思索、只图一吐为快的能力将引导着拿破仑踏上至高无上的权力之路，但眼下，差不多是拜他一个人所赐，家族300年来的成果都化为乌有了。吕西安冒险闯进政治革命的战场，却一败涂地，同时也将整个家族卷了进去。埃莉萨的学校在9月份大屠杀期间就已经关闭，她的大好前程——对当时家境中等的女孩子来说，这已是最好的选择了——就此化为泡影。现在，他们所有的财产都被劫掠一空，一大家人只得依靠拿破仑微薄的薪水度日。他们再也不属于殖民地要塞了，而是比先祖还要穷的移民，在一个到处充满血腥的国家面前，他们是那样的无助。

1793年夏天他们登陆抵达的法国地区正是整个西方世界最不安全的地方，而且马上将变得更糟糕。1792年8月10日以后，旧王朝的垮台使法国进入由国民公会内部派系之争引发的紧张时期。国民公会刚刚经选举产生，它取代了1791年成立的政府。尽管所有派系都联合起来支持新成立的共和国政权，反对任何形式的旧制度复辟，但新代表们很快便在战争指挥方面、如何处理路易十六——最终他于1794年初被处决——以及正在起草中的新宪法的细节等问题上发生了冲突。为获得拥有武装力量的巴黎地方政府委员会，即各个选区的支持，他们争斗得尤其厉害，从而爆发了更多激烈的内讧。这种乱糟糟的混乱局面在外省城镇那里也有同样体现，因为地方俱乐部和市政当局也因支持巴黎的不同阵营而产生分裂。发生于首都的派系纷争同样在这些小地方上演。1793年春天，种种压力最终造成的公开暴力冲突几乎同时爆发于像波尔多、里昂、土伦和马赛这样的南方大城市，巴黎也不例外。国民公会中较为激进的派系与以罗伯斯庇尔为中心的派系联合了起来，撤销了政府中几位重要部长的职位。此时的政府主要被由布里索及国民公会中某些享有更高威望的代表所控制，因其领导人的缘故，这些人被称为“布里索派”，又被称为“吉伦特派”，因为其中有些代表来自吉伦特行政区的波尔多。被罗伯斯庇尔派——人称为“山岳派”，原因在于他们开会时坐在议会大厅中较高的长凳上——处决或驱逐的代表们正好来自马赛和土伦，这一点导致这两座城市里出现了严重的政治分歧，并在1793年春末夏初时酿成了暴力冲突。这就是波拿巴一家目前面临的社会情况。

然而，这还远不是全部情形。山岳派现在牢牢控制了国民公会，他们还夺取了政府机构的控制权，尽管这样做没多大价值。他们促使政府迅速行动起来，首先要遏制正扑面而来的战争势头，接着还要平息南部地区刚爆发的内战，而且还要镇压农村地区日益壮大的反革命势力，当地农民揭竿而起，反抗国民公会新推出的大规模征兵政策。山岳派为应对这场危机而采取的一系列政策手段被称为“恐怖统治”，这个称谓可是实打实的，不含任何玄虚反讽之意，因为正如山岳派代言人之一圣鞠斯特所宣称的——他直接使用了卢梭的话——为解放法国人，需使用强制性手段。

拿破仑在这一切当中发现了诸多值得赞赏之处。恐怖主义政府那种无比决绝的干劲和决心、它动员和组织社会各部门积极参与到一项全国战事中的能力，甚至连那些最抵触政府的部门也不例外，这些拿破仑都深感兴趣。山岳派对另一个“山岳”、大革命内部的政敌以及旧制度残余分子发动了一场残酷无情的战争。所谓另一个“山岳”指的就是像科西嘉岛高地山区那样的野蛮之地，拿破仑现在已将之视为文明的敌人。然而，恐怖统治也意味着一种窒息人的、充满危险的政治正确，告发和反告发这一政治常态的出现和对法治的漠视。同时，讽刺的是，这也意味着暴民统治倾向的出现，尤其是在需要争取巴黎各选区及各外省选区支持的时候。恐怖统治给社会带来了恐惧，使之随时有可能滑向无政府状态，然而，它却有效地拯救了新法兰西，使之免遭毁灭。拿破仑从这一革命特殊时期当中学到了很多，在后来的全部生涯中，他一直左右徘徊在大革命提供的互相矛盾的教诲中：为应对危机，甚至为了大刀阔斧地推行改革，需要实行威权主义；迎合公众舆论是危险的；法治很重要，同样重要的还有获得实权的机遇。然而，在可预见的未来时期内，波拿巴一家需要尽其最大努力才能度过这场风暴。

波拿巴家族从3个截然不同的来源找到了庇护和支持。约瑟夫和吕西安早前在普罗旺斯所属城市土伦和马赛那儿的雅各宾俱乐部里就结识了一些朋友和熟人，这时他们的关系派上了用场。如火如荼的对外战争和国内战争很快将会为拿破仑带来迅速升迁的机会，这是他在一年前连想也不敢想的好事，而这次他抓住了。在另一个与男孩子们正加以利用的骚乱世界完全不同的地方，波拿巴家族的女孩子们逐渐赢得了富裕的克拉里家族的友谊，该家族成了她们生活的中心。每一位家族成员都在为这个落魄的移民家族融入这块新地方而发挥自己的作用，但他们搭上的每一种人际关系都会在未来给他们带来更大的危险。

那些人——那个革命者派系——的草率行动导致他们与保利发生决裂，并突然之间失去所有财产，而正是这些人现在掌握着波拿巴家族的命运。在土伦和马赛的雅各宾俱乐部依然保持影响力的萨利塞蒂现在和吕西安关系紧密，因为后者为了雅各宾派和国民公会的事业而草率告发了保利。萨利塞蒂尽他所能对莱蒂齐亚和其他孩子给予了帮助。他们很快就搬到了马赛，在那里约瑟夫通过自己与雅各宾派的关系谋得了一个职位。拿破仑获得了晋升，被派往尼斯驻地。与此同时，通过萨利塞蒂在巴黎的疏通，科西嘉流亡者们获得了一笔救济金，莱蒂齐亚从中领到了一部分。

然而，波拿巴一家刚逃出了科西嘉这个虎口，跟着就跳进了法国南部地区这个火炕，因为该地区即将成为下一阶段的革命派内战的中心地带。罗伯斯庇尔怀疑某些来自土伦与马赛的代表企图与反法同盟方面进行议和，于是对这些人进行了残酷的清洗。围绕这一情况，土伦和马赛都爆发了国民公会派与反国民公会派之间的暴力冲突，两座城市陷入了分崩离析的危机之中。反罗伯斯庇尔派获得了这两个城市的控制权，而拿破仑家族——由于吕西安和萨利塞蒂之间的关系而不可避免地站在了雅各宾派一边，不管拿破仑对导致雅各宾派掌权的 1792 年 8 月 10 日事件有什么样的看法——发现他们与雅各宾派之间的牵连置全家于危险当中，就和当初在科西嘉的情况一样。困难是一样的，只不过换了个形式，但这一次，国民公会尚有余力做出反击，他们也的确这样做了。

1793 年 7 月初，尼斯方面派拿破仑去阿维尼翁为他所在部队采购弹药和其他补给。到达那里时，他发现阿维尼翁已落入从马赛进发的反国民公会军队的控制中，巴黎政府把他们称为“联邦党”，因为他们被指控企图破坏共和国的统一。拿破仑这时并在后来声称，那些人企图逮捕他，但这一点缺乏证据。可以肯定的是，他自己所在的阵营，在卡尔托领导下的国民公会派去重新夺回阿维尼翁的部队却真的逮捕了拿破仑，原因是怀疑他是贵族，要真是这样，即使要了拿破仑的命，他父亲也会为他感到自豪的。在萨利塞蒂的担保下，他获准回到了尼斯。

拿破仑对此事的回应并不是发怒，他很有可能受到的震动太大了，他而是根据在附近小城博凯尔与几位商人一起参加的聚会的经历写了一个宣传册子，其标题就是“博凯尔的晚餐”。它是用支持国民公会的语气写的，其实际目的显然是在惊险的被捕经历之后自证清白，但我们不应只把这篇文章视为投机之作而不予重视。拿破仑认为，只有强有力的中央领导才能使法国政府团结起来，保护大革命的成果，他还严厉批评了“联邦党”，不是因为他们的政治观点，而是因为他们对自身所冒的危险视而不见。一群得意扬扬的野蛮乡下人组成反革命势力，而道德败坏的贵族和教士充当其领头人，在这样的威胁面前，团结一致才是唯一出路。在未来那些年，这一点构成了他个人制定的很多政策的基础：不管国民公会有多么残酷无情，还是他自己在将来也有可能这样，选择别的做法是绝对不可能的，甚至对那些自认为是保王党的人来说也是如此。

在《博凯尔的晚餐》中，拿破仑安排两个从马赛来的家伙在一起愚蠢地争论，他们认为，把英国人请进来没准儿会更好——正如保利曾经所做的——只有这样国民公会才能醒悟过来。这个小册子在当时没产生什么反响，但其中的两个愚人后来真成了先知，因为土伦“联邦党”的所作所为正是愚人们所说的：几周之后的 8 月 27 日，他们把城市拱手让给了胡德将军率领的英国舰队，这就使得城里一下子涌入了大约 17 000 人的反法盟军，从而使他们将土伦固守起来。

不过，对国民公会的部队来说，事实证明占领马赛并不费力。当国民公会的部队重新夺回马赛时，拿破仑很有可能就跟在卡尔托身边，这时离土伦叛变只有两天。尽管马赛方面没认真抵抗就投降了，而国民公会除了处决少数几个“联邦党”领袖之外也没进行大肆迫害，但卡尔托手下缺乏纪律的志愿军——主要由马赛的雅各宾党人和巴黎的激进分子组成——在 9 月的头几个星期里造成了大破坏。这使拿破仑和那里的其他职业军官再次目睹了令人恶心的集体暴行，而且以后还会有更多。

在不远的将来，波拿巴一家将亲身经历群氓暴力运动。失控的城市就如同科西嘉的山区一样残暴、野蛮。当我们把拿破仑出于报复而被迫使用的“政治正确”色彩从《博凯尔的晚餐》里剥离之后，可以认为，1793 年事变使拿破仑从此有了一种根深蒂固的信念：只有在强大的中央集权政府的领导下，他所生活的社会才能前进。

实战的机遇和挑战很快摆在拿破仑面前，法国需要他夺回土伦。对拿破仑来说，在正规军队服役的前景肯定会使他第一次感到放松，因为他终于可以摆脱疯狂的民粹主义运动和政治活动了。马赛陷落之后，拿破仑已经回到了尼斯，但国民公会派来夺取土伦的指挥官十分无能，既缺乏包围战经验，对枪炮操作也一窍不通，面对久经实战考验的英国皇家海军，这次军事行动很快以惨败告终。萨利塞蒂想到了拿破仑，在他年轻同僚马克西米连·罗伯斯庇尔的弟弟奥古斯丁·罗伯斯庇尔的帮助下，拿破仑获得了对土伦的法军炮兵部队的指挥权。对他的任命或许是出于党派政治斗争的原因——在当时别无其他缘由——但他将他所受的全部军事训练和在撒丁岛获得的战斗经验充分发挥了出来，这给所有身边的人留下了深刻印象，有人甚至嫉妒起来。就连经常贬低拿破仑的历史学家也不得不承认，在土伦包围战中，他展示了作为一名炮兵指挥官的杰出实战才能，而作为一名组织者，他的才华更闪耀。

土伦包围战

土伦是法国在地中海沿岸的主要海军基地，也是欧洲最稳固的港口城市之一。那儿的港口已被英国舰队占领，其陆上炮台也配置了训练有素的英国炮兵，对法军来说，夺回土伦是一个令人畏惧的任务。被国民公会派去的部队完全不适合执行这一任务：大多数士兵都是缺乏军事训练或根本没受过训练的地方志愿军，而他们的统帅卡尔托，用菲利普·德怀尔的形象描述就是“说到对地方民众的叛乱进行残酷报复这方面，他是一个好人选，但在围攻战这方面，他无法胜任”。[33]国民公会派往土伦的代表们也没法容忍他，其中就包括萨利塞蒂和奥古斯丁·罗伯斯庇尔。尤其是当拿破仑于9月中旬抵达那里，为赢得先机而着手采取措施时，他也进行了阻挠。他们将炮兵部队的独立指挥权给了拿破仑，并将他提拔为少校。拿破仑对他手上少得可怜的部队进行了激励。将这一独立指挥权给予拿破仑的国民公会代表对他的帮助之大，是他一生中少有的：他们赏识他的才华，并给予他相应的行动权，是他们提醒了他大革命的真正目的——择优提升。他自己后来建立的政权在决策层面就浸润着这一原则的影响，同时这也是他铭记在心的用人之道，包括他对一些女人的任用（比如他的两个妹妹和第二任皇后）。在他看来，根据各自不同的能力，这些下属们都有值得委派、信任和培养的潜质。

当他开始自行其是时，拿破仑显得既精力充沛又足智多谋，在周围地区到处搜集军需品，又缠着地方当局供应火药。他还建了一座铸造厂，配备了从马赛征来的熟练工人，然后根据皇家军队的专业要求建了一个炮场，这时他所受的军事教育终于派上了用场。为了从很多地方当局那里获取所需，他用赤裸裸的恐吓语言威胁他们，比如，卷入联邦党变节事件的瓦伦斯方面就受到了拿破仑几乎不加掩饰的威胁。[34] 拿破仑很快就对普罗旺斯地区产生一种持续了一生的厌恶和不信任。那里是保守派和反革命分子的老窝，与科西嘉内地不无相似。

刚开始时他只有几门迫击炮、4 门加农炮与少量轻型野战炮，配置人员也是未受训的志愿军，但拿破仑凭着这些打造出了一支不容小觑的队伍。[35] 他通过某种途径集结了越来越多的适合攻城用的重型加农炮——能发射 24 磅重炮弹的大炮——和远程迫击炮；他还在当地找到了退役的陆军炮兵军官，然后交给他们一些任务。在他的直接监督下，通过重新集中训练常规步兵部队，部队兵力得到了充实。他的举措也并非没遇上挫折：从马赛运来的炮弹尺寸有误；迫击炮筒是造好了，但直到他过问时，人们才想起弹药的问题。不管怎样，到 11 月初时，他已经有了 100 门加农炮和攻城迫击炮，常规的弹药储备，以及优秀炮手。拿破仑亲自安排，在法军占有的阵地条件下，为了能对土伦和英国舰队造成最大程度的破坏，这些大炮都被布置在合适阵地的合适位置上。拿破仑也时而展现出他超凡的领袖魅力，这一点后来成了他的典型特征。某个炮台设置在一个特别危险、缺乏庇护的阵地上，那里的伤亡率要超过一般水平，拿破仑在那里竖起了一块牌子，上面写着“无畏炮兵连”。从那时起，那里就成了很多人热衷前往的驻地。[36] 11 月 30 日，当他率众击退了反法盟军对法军阵地发起的袭击时，他证明自己是个货真价实的前线指挥官。他声称他亲自俘获了盟军地面部队司令官，尽管这一点似乎不大可能发生。然而，他本来无须多此一举的，因为他的新司令官迪戈米耶在公文里高度赞扬了拿破仑，虽然他连拿破仑的名字都拼错了。[37] 拿破仑对着土伦城和港口每天连续炮轰20个小时，天天如此。这是只有超人才能干的活儿，如果说规模稍微小了点的话。他当时才24岁。

仅仅依靠炮兵部队还不足以攻陷土伦这样重要的战略据点。在拿破仑的激烈催促下，国民公会代表说服巴黎方面用职业军人迪戈米耶取代了卡尔托。围城军很快得到由安德烈·马塞纳率领的一个旅的增援，该旅由作战经验丰富的军人组成。马塞纳比拿破仑年长，军衔也比他高，后来他将成为拿破仑手下最卓越的司令官之一。驻土伦的代表里有一位是保罗·巴拉斯，他是一位不久之后将对拿破仑的人生产生深刻影响的人物。在土伦，巴拉斯、奥古斯丁·罗伯斯庇尔和萨利塞蒂这三人对拿破仑的用处真是太大了，因为他们特别善于发现人才，同时他们还承认自己对军事一窍不通，完全放开手让拿破仑着手工作，他们也是这样对待迪戈米耶和马塞纳的。与此同时，他们确保这些指挥官能从巴黎方面获得所需物资。

攻克土伦的关键是埃吉利耶特堡，它在土伦港入口处扼守着。假如法军能拿下它，英国舰队就不得不撤走，或是被困在港口，整座城市唯一的补给来源——海上航道——也将被切断，要不了多久土伦就会沦陷。从理论上来看，这一计划似乎很容易，它也早就被讨论过，但只有通过拿破仑对炮兵部队所做出的努力以及迪戈米耶在全面指挥方面的才能，这一计划才有一线成功的可能。拿破仑对这个计划做了相当多的修订，然后把它送到了巴黎，并宣称计划完全由他一个人制订，这一花招既有谋私利的一面，也表现出他在政治上的机敏，因为这时他已是最受政府信赖的陆上指挥官了。[38] 当法军发动总攻时，它是一次联合行动。马塞纳到达3天后，也就是12月17日，法军发动了攻势。6000法军在穆里昂的带领下向马尔格雷夫堡发起猛攻，掩护他的是在拿破仑亲自指挥下的一轮猛烈的大炮轰炸。在付出了1000兵力的惨重代价之后，马尔格雷夫堡被攻破。几小时之后，马塞纳的新兵们占领了阿蒂格堡。最关键的、防守相对较弱的埃吉利耶特堡留给了拿破仑，他再次证明自己是一个能干而又非常勇敢的阵地指挥官，而不仅仅是一个熟练的炮手。他骑的战马被炮弹击毙，他的小腿也被刺刀刺伤了，但他仍继续坚持着直到夺下阵地。随后他下令自己带来的大炮准备就绪，很快10门加农炮就瞄准了内港。当他对着港口里的英国舰队开炮，给英军带来巨大伤亡时，土伦方面总司令胡德将军命令英军全面撤退。战斗结束了。当时，迪戈米耶被实至名归地誉为土伦包围战的英雄，但没有一个人贬低拿破仑的功劳。他的贡献至为关键，同时人们也见证了他的职业精神、领袖才能和进取心。

土伦攻陷后所发生的事不仅没有任何崇高之处，还招致了拿破仑和在那里的大多数其他职业军官的反感。就和在马赛的情况一样，那些行政专员对这个“臭名昭著的城市”进行了野蛮的报复，不仅放纵那些纪律极差的志愿军袭击居民，还为了泄恨打开了土伦监狱的大门。随着平民们徒劳地试图爬上正在出发的英国船只——他们还是设法撤走了7000多人，码头那里上演着一幕幕令人震惊的惨剧，拿破仑在埃吉利耶特堡的炮队朝着码头任意开炮，结果击沉了4艘船，乘船逃难的妇女儿童也一并遭殃。[39]要说拿破仑故意拿这些手无寸铁的人当靶子，这是值得怀疑的，原因在于他们上的是配有多门大炮的战舰，但代表们在土伦造成的恐怖结果肯定是有意为之的。西德尼·史密斯，一名在土伦的英军指挥官，竭力指控拿破仑是土伦暴行的罪魁祸首，但退一步说，他的指控也是值得怀疑的。[40]有一点是不容置疑的：拿破仑和其他一些军官曾试图节制手下人，叫他们不要过分杀戮。

这一点没办法百分之百确定，因为时局不容许当时的人将自己的真实想法付诸笔端，或是向友人坦白，但这不妨碍我们得出一个合理推测：拿破仑已厌恶透了那些他为之效劳的政客们，正如他厌恶透了这些政客领导下的城市暴民们。比这种憎恶更甚的只有他对极端保守的、反革命“山区”的仇恨。他在法国南部感到的这种仇恨就如在科西嘉时一样真实——那种野蛮现象现已被政治所同化。就和在旧制度下的情况如出一辙，拿破仑一家逐渐依赖雅各宾派的庇护，主要是通过萨利塞蒂的关系。至少暴民们的领袖觉得他还有用，而拿破仑别无选择之下只能选择那些为祸最少的行动。然而，就目前而言，他的运气开始好转。到12月19日时，土伦已回到法国人手中。拿破仑被调离土伦处理其他公务，而镇压百姓的肮脏活儿留给了那些政客们。不久，他被提升为准将，被派往执行一个单调的任务：沿着普罗旺斯海岸视察那里炮台的情况。不管新政权有多么令人讨厌，对人才和功劳，它还是犒赏的。

土伦包围战是拿破仑取得的第一次重大军事胜利，但要说它开启了拿破仑的事业，像某些人所宣称的那样，这并不完全对。时代还是过于动荡，无论什么样的成功都不能提供绝对的安全。一旦权力易手，某个革命派别统治下的恶名很有可能就给人带来致命后果。残酷的真相是：拿破仑在雅各宾派军方的一次巨大胜利中获得的威望差点导致他被处决。之后他花了两年多时间才重建起自己的事业，但土伦之战的确淋漓尽致地展现了他的领袖才华。

很多将成为他在战场上的标志性特点的素质也在这几个月里初次显露，正如他那些精确而果断的命令所揭示的。他在行使指挥权时展露的那些素质似乎是他性格中独有的。有时为形势所逼，拿破仑不得不或者咄咄逼人，或者独断专横，但其实，尽管他对雅各宾派有顾虑，他的行事风格是自然形成的。“给我派一个聪明人过来！”他有一次对勒博塞的民政官员这样呵斥道，那时他正着手巩固该城周围的防御。[41]“我对你坦白地说，假如公民康斯坦丁在执行目前这个命令时哪怕是稍有延误，那么人民代表和将军本人就将对他采取严厉措施。”他这样对某个下属发出威胁。[42]“共和国有两种大惊小怪的人，一种人嚷嚷着说到处都是饥荒，另一种人总是担心军队火药不够。”他这样劝告一位同僚，这种干脆语气倒是很像罗伯斯庇尔。[43]然而，就连他发出的威胁也是一清二楚的，没有人会不清楚他们该做什么，这种清晰更是深入体现在细节上。在一封写给军需官的信中，他简明扼要地陈述了他对运送补给车辆该如何运作的看法，没有任何含糊之处：“在军队里，有两种截然不同的给驮马队备上马具的方式，一种是专门用来运输补给物资的，另一种是运输大炮的……这两者毫无共通之处，也根本没有认真探讨的必要。”[44]在这里，他对细节的关注是精确的，而非混淆的。

同时他也表露出了更有深远意义的性格特征。在写给另一位准将伽桑狄的信中，拿破仑表明，他随时准备为同僚们辩护，年仅 24 岁的他很清楚他的同僚们需要有人安慰，特别是在那个职业过错有可能会被视为叛国罪的时代。伽桑狄曾因玩忽职守被押解到令人畏惧的政治代表——萨利塞蒂、巴拉斯和奥古斯丁·罗伯斯庇尔——面前，这种过失很容易被夸大成阴谋破坏革命事业。拿破仑用一种可能会招致危险的坦诚语言这样写道：

> 我十分不悦地得知您在马赛的遭遇（指他被审问一事）……这事已经处理妥当，我已经和代表们谈过了，他们完全不是对您不满意，他们只觉得他们是在搞政治妥协。这件事已经结束，我们再也不要谈起它了。[45]

这是一种远超过他实际年龄该有的、更显巧妙的领导才能。

这个未来司令官的很多征兆已经在土伦之战中得以体现，特别是他灌输信任的方式。他在那里与两位直接下属朱诺和马尔蒙结成亲密友谊关系，也并非是机缘凑巧。

然而，并非所有兆头都是好的：

> 我已将这一辉煌胜利告诉过你了……现在让我来告诉你这一点就够了：英国人没有从我军这里缴获一门大炮……在无任何先兆的情况下，敌军仓皇撤退……他们甚至来不及放火把他们的船烧掉……他们也没有烧毁我们的木材及绳索储备。我已经去看过海军军械库，我可以向您保证，就连他们造成的最恶劣的破坏也是可以修好的。[46]

这个年轻军官甚至敢在紧急关头毫不犹豫地对陆军部隐瞒情况。实际上，在土伦战争中，英军击沉了 12 艘法国战船，并又掳走了 12 艘。他们烧毁了法军所有的木材储备，这些木材是旧王朝多年积累下来的，是维修与造船所必需的。菲利普·德怀尔曾全盘考察过法国海军的损失，据他所言，这一损失要比后来纳尔逊在尼罗河战役中给法军造成的还要大。[47] 拿破仑小的时候撒谎成性，为此莱蒂齐亚总严惩他，但就是不起作用。随着拿破仑领导的战争铺展开来，法国开始流行一句诙谐语——“像陆军公报那样撒谎不打草稿”。上面所述情形完全可以视为这方面最早的例证。成功带来的激动诱发了它，而这种激动没持续多久。但就当时情况来说，拿破仑仍是土伦之战中的英雄之一。

另一个法国：克拉里家

1793 年底那些日子，拿破仑终于得以和家人团聚。1794 年上半年期间，他与家人待在一起的时间较多，这时他刚当上地方沿海炮台巡视官。人生中某些最波澜不惊的时期反而在后来造成了被人忽视的深刻影响，因这段岁月的沉淀，其影响反而愈深。拿破仑这几个月间的生活就属此列，它们有可能是他生涯中最平凡、甚至最正常的日子。

拿破仑从来没有疏忽他的家庭，但在他家被迫从科西嘉逃亡的最初的困难时期，他却被派驻在外地。来到马赛之后，通过约瑟夫和吕西安与雅各宾派之间建立的联系以及萨利塞蒂提供的帮助，波拿巴一家逐渐在当地立足。没人清楚他们是怎么认识克拉里一家的。也许是他们通过为克拉里一家干杂役才认识他们的。开始时，莱蒂齐亚和埃莉萨为他们干家务活，后来因为埃莉萨曾在巴黎受过很好的教育，而她本人的智力更为出众，埃莉萨就成了克拉里家的家庭教师，辅导他们家的两个女孩朱莉和德西蕾。更为确定的一点是，在“联邦党”叛乱结束之后整个城市陷于政治迫害浪潮中之时，约瑟夫救了克拉里家的儿子艾蒂安一命，因为他在 1793 年 9 月与革命法庭——革命派为铲除异己而设立的非正式法庭——发生了冲突。在拿破仑参与收复马赛，使之重归于雅各宾派之后，约瑟夫在马赛拥有相当大的影响力。我们不清楚他为何要对艾蒂安施加援手，也许是莱蒂齐亚和埃莉萨与克拉里家已经形成的关系使然，或者是因为艾蒂安、萨利塞蒂和他本人都是共济会会员的缘故。[48] 克拉里一家对他非常感激，这是肯定无疑的。从那时起，波拿巴家族就成了他们家受欢迎的座上宾，而不再是干杂活的仆人了。约瑟夫没法完全保护他们一家，因为马赛的雅各宾派非常厌恶他们家。克拉里家另一个儿子查士丁尼在 1793 年与 1794 年之交的冬天失踪了。后来人们在一所被遗弃的房子里找到了他的遗体，被害之后他的遗体被扔在那里任其腐烂。[49] 不管怎样，约瑟夫显然在危险时期帮了他们很多忙，避免他们陷入更糟糕的处境。与拿破仑在战场上刚刚证明自己同一期间，约瑟夫开始在马赛浑浊的政界显露他的外交才能。

可能直到 1794 年初，拿破仑才第一次与克拉里一家见面。他们对他的印象似乎并不深刻。对一个饱受政府困扰的家庭来说，作为军方一员的拿破仑在土伦之战中获取的荣耀光环似乎并不值得看重。然而，像波拿巴家族一样，克拉里家族对革命动乱深怀恐惧，他们怠慢不起哪怕是一个稍具影响之人。鉴于拿破仑似乎对他们一家深有好感，他们不冷不热地接待了这个不修仪表、不善交际的炮兵军官——根本谈不上是社交圈里最受欢迎的军方人物——一事几乎一点也不重要了。在《旧地重游》（写于 1945 年）中，伊夫林 · 沃安排主人公爱上了一个家族，爱上了它所代表的一切，远远超过他对其家族成员的爱。也许拿破仑就是以同样的方式看待克拉里一家的，不管他们是怎样看待他的。

在当时雅各宾派统治的马赛，克拉里一家麻烦不小，因为坦白地说，他们家属于富民，而在当时，诚实经营获得的财富和安逸生活就是嫌疑对象。拿破仑来他们家时，他们没有摆出贵族派头，对其祖先是谁也并无兴趣。他们属于有良好信誉的马赛实业家。克拉里家孩子的父亲弗朗索瓦已于 1794 年初去世，很有可能从不认识拿破仑。弗朗索瓦完全凭借个人努力在商界出人头地。他是一个进出口贸易商，在法国、意大利和地中海东部地区之间往来运输着丝绸、肥皂、军火等多种商品。克拉里一家是外向型的普通人，在商业方面敢于冒险，有很强的风险意识，但在用钱方面却既精打细算又谨慎。他们的成功源于苦干与精明这两者的有机结合。他们在马赛的宅子既雅致又布置考究，但却不显得过分华丽；他们热爱他们家宽敞却简朴的乡下别墅。他们爱冒险，欣然接受外面的广阔世界，有头脑，家人之间关系亲密，所有这些都得到了拿破仑的赞许。加布里埃尔 · 吉罗 · 德兰在她对该家族所做的经典而优美的研究中完美记录了他们所处的世界：

> ……在连续多代安逸生活的熏陶下，他们培养起了一种对奢侈品、漂亮房子和法式园林的嗜好。他们听音乐会，看戏，举办文学沙龙或是在小圈子里探讨哲学，他们知道怎样打发闲暇时光——地位超卓的标志……高雅与美食，文明人的愉快罪过……[50]

这是一种深深触动拿破仑的生活方式，而随着他的人生向前迈进，我们将看到这种生活方式在多大程度上得以体现。那些熟悉他的人，尤其是朱诺的妻子，曾谈起他对这种开放、聪颖、欢快而又温暖的氛围的热爱。[51]

拿破仑也许只是从旁边观察到了这些，但这并没有使他对所见一切的赞美有所减损。对他来说，这是一个新法国，比他 1779 年元旦来到欧坦之后所发现的任何事物都要真实可爱得多。这里与布里埃纳军校和他待过的军营那个制度化的世界简直天差地别。它与都市暴民及山区农民们的野蛮行径形成了鲜明对比，正如它比沙龙更开放、也更有人情味一样。克拉里家那个世界正是阿雅克肖城意欲效仿，但始终未能如愿的那个样子。它相当于一个得天之厚的卫戍区。彬彬有礼、镇静又被神学院熏陶得十分优雅的约瑟夫很轻松地融入了这个世界，并在 1794 年 8 月娶了朱莉，克拉里家两个女儿当中的姐姐。相比之下，拿破仑也曾有过同样的好机会，但他就是下不了决心。克拉里家那个世界逐渐成为他十分痴迷并在当权后一直鼎力支持的法国社会之代表，但他没法做到全身心投入其中。拿破仑很珍重这个属于可靠且有教养人士的世界，但他生来不属于这个世界。

尽管这样，他逗留在他们家的期间是对他一生有特别影响的一个阶段。这段生活主要围绕克拉里家的二女儿德西蕾展开。与拿破仑相遇时，他们家正处于最低谷，却是他们本人最美好的时期。他们家不断受到马赛雅各宾党人的骚扰，家族的财富使当局怀疑他们是否真的爱国。1794 年初时，他们家的男人要么在坐牢，要么就是躲起来了，幸亏约瑟夫，他们家其他的男人们才活了下来。女人们——

朱莉、德西蕾和她们的母亲，这位母亲不喜欢拿破仑去自己家——则证明她们在独立生活时能既机敏又快乐。对拿破仑来说，她们在逆境中的乐观精神给他上了宝贵的一课。他觉得他应该去帮助她们。然而，时机却不对。拿破仑是一个刚刚在激烈战争中确立起自信的年轻人；他曾肩负着巨大责任，刚刚崭露头角。当他与年仅 17 岁的德西蕾相遇时，他想打动她，而她——开明、充满活力、聪明但所受教育不多——似乎对他所说的话很感兴趣。她有敏锐的头脑，而他需要伴侣，这原本有可能使会面双方显得很般配，但他那迅速增长的自信和她的年轻使得天平朝着不利于他的一面倾斜。他们之间的爱情故事并不优雅，但在后来的许多年里，他们虽历经风雨却依然保持着友谊。尽管他十分缺乏交际风度，一会儿是一个絮絮叨叨的学究，一会儿又成了因过惯了露营生活而经常沉默寡言的人，她还是为他所吸引，而他也喜欢上了她。他半开玩笑地向她提议该怎样提高她的教育水平，还向她寄去了阅读书单，提出要给她买一架钢琴，请一位好老师，对所有这些，德西蕾表示很感激。然而，在这个粗糙叙述的背后，可以看出拿破仑对克拉里家的那个世界深怀敬畏之心，无论那个世界曾遭受过什么样的革命风暴的肆虐。此外，对于他那轻轻松松就迈入其中的哥哥，他也同样敬畏不已。实际上，他和德西蕾之间年龄的差距并不像人们通常认为的那样重要。他们之间关系的很多方面表明，拿破仑在人生这一领域是多么的不成熟。当他 1794 年秋天被派往巴黎之后两人分开了。没多久，他们的爱情也就结束了。

后来朱莉嫁给了约瑟夫，这标志着两个家族的正式结合，但约瑟夫经常对她很冷淡。正是拿破仑对克拉里姐妹俩的长期好感，尤其是对德西蕾的，才使他们家在拿破仑统治下得以崛起。拿破仑对克拉里家下一代人的慷慨大方使他们变得贪婪起来，一心想要为自己伪造一个贵族血统。1793 年至 1794 年间，德西蕾热恋着拿破仑，但很快她就把这事忘了。

然而，他们之间的关系还另有一些奇怪之处。他喜欢用德西蕾的中名欧仁妮来称呼她，而在她家，没人这样叫她。与约瑟芬相遇时，他同样用中名来称呼她，那时他离开德西蕾还没多久。这一癖好不禁让人对拿破仑的心理产生诸多联想，但真相究竟如何就不得而知了。这一阶段之后，他就再也没有给他的女人继续“授予新称号”的习惯了，无论是对第二任皇后奥地利的玛丽·路易丝，还是他最喜欢的情妇——可能是他所有情爱关系中最幸福的一桩——玛丽亚·瓦勒夫斯卡，都是如此。

关于这段恋情，拿破仑写过一部无聊透顶的小说。他本人化身为传统意义上的主人公“克利松”。“克利松”赢得了战争，但当“欧仁妮”把幸福献给他时，他却未能抓住，在职责的号召下他不得不忍痛离开了欧仁妮。在表达这些情愫时，拿破仑由于用语造作而更显幼稚。但在装模作样的背后，隐藏着十分深刻的有关拿破仑心理的真相：“克利松”向往着正常生活，但却无法实现它，正如拿破仑痴迷于克拉里家那个世界一样，但经历土伦之战后——正是土伦之战使他能够过上他明确想要的那种生活——那个幸福、理智、安定的世界，后来他曾竭力使之成为国家基础的那个法国外省显贵的世界，已无法真正留住他。也许这部浮夸的小说并不像人们表面所见的那样毫无意义。

破灭的田园生活梦：生存政治学，1794—1795 年

小说《克利松》另一个重要之处是它在时间上的安排。这部小说写的是一个田园生活梦被历史大潮打碎的故事。从他和德西蕾在一起到创作这部小说的这段时间，拿破仑已经看到波拿巴家族那个不稳当的世界几乎就要崩塌。土伦战役之后的几个月里，拿破仑一边执行例行公务，一边向德西蕾献殷勤。薪水增多之后，在约瑟夫和吕西安的帮助下，他终于有能力为妈妈和几个年轻的弟弟妹妹在安提比斯租下一套大宅子。该房子是从某个逃亡贵族那里没收来的，在萨利塞蒂的批准下租给了莱蒂齐亚他们。正如位于同一条海岸线的萨尔扎纳一样，安提比斯那时也成了富豪们的休养胜地，那里正是拿破仑家族最早的发源地。但在当时，它只是一个恬静的渔村，那里的空气有利于孩子们的成长，也不像大港口城市马赛

那样令人焦虑。莱蒂齐亚很快将大宅子的大门向朋友们和保护人们敞开，正如当年她和卡洛在阿雅克肖城时那样。

拿破仑又有了一个更具挑战性的前线驻扎任务。1794 年 3 月到 5 月中旬他被任命为炮兵指挥官抵抗皮埃蒙特人的部队。他参与的几次遭遇战都取得了胜利，不过都是小规模的，但在这些军事行动中，他发挥的主要角色其实是一位战略家的角色。他的战略计划很有效，不过，贯彻者却是大规模方面军司令官马塞纳。拿破仑的计谋和马塞纳的执行能力使他们攻陷了意大利的奥内利亚港，随后将唐德关口纳入法国。

之后，他成了一名将军。对莱蒂齐亚来说，她的几个从事不同职业的儿子们似乎在短短几个月间连获升迁，从 1793 年冬天到 1794 年夏天的生活肯定如同梦幻一般，对她来说，生活像是回到了常态。这段生活也的确是个梦。巴黎发生的事件险些又将这个家庭彻底粉碎。

拿破仑再次成了那些一心想要谋害他的人的靶子，因为他最大的靠山——以山岳派为主导的雅各宾政府——于 1794 年 8 月被淹没在血泊之中。6 月时，他已被派往热那亚执行调查任务，目的是评估当地的政治气氛和法国对意大利沿海发起进攻是否可行。回国时他被逮捕了，其真正原因是他与奥古斯丁 · 罗伯斯庇尔有往来，而后者的哥哥已在整个法国大革命中算是最突然、也是毫无先兆的一次政变中被推翻，然后被处决。官方对拿破仑的指控是他借着去热那亚执行公务的幌子与反法同盟方面私下做卖国交易。8 月 8 日他刚从热那亚回来不久就在尼斯被抓了起来，原本他也是要被派驻尼斯的，此时离 7 月 27 日时罗伯斯庇尔兄弟在巴黎被处决还不到两周。他可能被关进了卡雷堡监狱，但正如菲利普 · 德怀尔所指出的，这一点缺乏证据，所以更有可能的是他被人软禁起来了。[52] 这一点事实上也无关紧要，因为在当时那种政治气氛下，他的生命安全一点也得不到保证，而他的两个兄弟与已垮台的恐怖主义政权之间的关系其实更密切，虽然可能不那么明显，这就使得他们随时有可能面临死亡。

拿破仑很幸运，原因在于他的好友劳伦蒂很快出面为他担保。将他押赴断头台处决的命令已获批准，但还没执行。两周之后拿破仑获释，似乎是托起初告发他的那个人——萨利塞蒂的福。他的保护人在绝望之下为保全自己无耻地告发了他。在与罗伯斯庇尔兄弟保持距离的同时，他把拿破仑拖下了水。也许其中也有嫉妒的因素，自拿破仑在土伦之战中大获成功后，他越来越害怕拿破仑。[53] 萨利塞蒂很快认识到，假如拿破仑受到审讯的话，不管是怎样敷衍了事的审讯，他都有可能提醒大家这一点：萨利塞蒂本人在“恐怖统治”时期的被牵连程度远远要超过拿破仑。所以，这还真是个险之又险的事情。

虽然人还活着，也获得了自由，但这件事动摇了拿破仑和他家族的命运。最近发生的政权易手也祸及了他们，因为拿破仑回到军营后发现自己已被解除了指挥权，而他的释放也只是临时性的。尽管很快上头就要求他利用对利古里亚地区新获得的知识制订出一份进攻计划，他也非常熟练地完成了，但这与土伦战役时他手握独立指挥权相差何其之大。这些计划书最后都被他塞进了口袋。当他 1796 年在意大利亲自指挥他人生中的第一次重大战役时，他使计划书中的许多想法和他所知的一切情报都派上了用场，但在 1794 年年底的那几个月间，这是连想也不敢想的事情。

很多与罗伯斯庇尔集团有着明确联系的军官在罗伯斯庇尔于热月 9 日倒台之后都遭到了逮捕，拿破仑也是其中之一，但这没给他们带来任何一点安慰。从他被从阿雅克肖城逐走到现在才刚刚一年，令人大感惊奇的倒不是他在 1794 年夏天表现出来的钢铁意志，而是他对法国依然保持着忠诚。然而，随着热月政变最初的创伤成为过去，拿破仑很快就与萨利塞蒂重归于好。即使当他的权力刚刚稳固时他曾把那么多重要职务交给萨利塞蒂负责，他可能再也没有真正信任过萨利塞蒂。他没有掉过头来对付萨利塞蒂，也没有把他打发走，这足以证明拿破仑很早时就已学会宽宏大量，虽然潜在的谨慎心理早已强烈到使他不能完全忘怀过去。人们经常忽略他身上的这种品质，因为这与他对大革命抱有的悲观态度极不协调，此时，虽然面临着“恐怖统治”的变化无常，大革命仍在迅速向前发展着，但他身上的确存在这种品质。他从来没考虑过要复仇。没有什么能让他与岛民的族间血仇文化完全不相干，但也没有什么能超过他与卫戍区文化之间的紧密联系。

巴黎的政局导致了这一切的发生，在整个18世纪90年代，波拿巴家族经常遭遇类似的变故。1794年春天和夏天发生于大革命中心地带的事件使他们陷入新的窘境。山岳派在吉伦特党人的整肃中的大获胜利并没有给巴黎的政治带来和平，正如它没给外省带来和平一样。整肃运动导致南方城市发生了“联邦党”叛乱，而到1794年春，党派联盟的胜利也导致原有的内部团结分崩离析，之前他们联合在一起将布里索推翻，并把他推上了断头台。山岳派（他们控制着国民公会，各省驻巴黎的地方委员会，国家高级委员会——公安委员会，以及雅各宾俱乐部）与埃贝尔领导下的巴黎市政府之间关系日趋紧张，后者在国民公会和公安委员会里拥有的权力有限。他们之间的冲突将巴黎变成了一个沸腾的大锅炉。1794年春罗伯斯庇尔领导了一场旨在推翻埃贝尔的政变。政变之前，有大量的告发信涌来，指控埃贝尔与英国人勾结，企图破坏救国战争事业。这些指控显然是荒谬可笑的，然而却被当成是真的采纳了，随后就爆发了大屠杀，其血腥程度堪比处死布里索及其拥护者的那一次。在这之后，山岳派内部开始彼此告发。罗伯斯庇尔成功地给他的长期盟友丹东安上了叛国罪名，因为后者似乎在实施“恐怖统治”的政府采取的举措刚刚带来军事上的胜利之时，曾提议与反法盟军方面达成和约。罗伯斯庇尔之所以害怕丹东，很大程度上源自这样一个日益清楚的认识：随着战争胜利在望，该是拆除集权化的恐怖主义国家机器的时候了，丹东之前就已含糊表达过这一认识。正是在这一关键问题上，分歧变得越来越深，或许倒不是罗伯斯庇尔和丹东本人之间的分歧，而是国民公会内部两派之间的。其中一派将“恐怖统治”视为实现打赢战争这一目的的手段，而另一派则将之视为一个用来整肃异己及催生有资格享受共和国自由的民众的必要阶段。罗伯斯庇尔集团最终将丹东和拥护他的一小批人送上了断头台，但这反而加剧了国民公会内部的恐慌气氛，一时之间，人人自危。

到7月份时，反罗伯斯庇尔联盟隐约形成，这些人深信罗伯斯庇尔及其追随者已铁定了心既要在意识形态方面，又要在党派政治方面实行极权主义统治。这个联盟似乎就是一个大杂烩，他们彼此思想不统一，相互抵牾，正是这一点导致后来出现了政局混乱的局面。在罗伯斯庇尔向更多代表发出一系列既含混不清而又残酷无情的威胁之后，这一次轮到他本人受到国民公会的正式指控。7 月 27 日，他和他的同僚被迫从国民公会逃走，后遭人缉拿，最后被处决。

尽管对于像萨利塞蒂和已在政府部门崛起的波拿巴兄弟这些人来说，这是一场大灾难，对于很多像拿破仑这样充满干劲的军官来说，“恐怖统治”的结束与之前任何一次政变都不同，拿破仑也曾对这个政权的危机做出了自己的回应。山岳派的垮台引起了一系列的社会反响，而不仅仅只是导致政策发生了变化。巴黎已经陷入一股互相告发、彼此怀疑的邪恶风气的控制下，丹东被清除已向世人表明，它是不分敌我阵营的。在这个世界里，没有一个人是安全的。拿破仑遭受的待遇令人清楚地意识到，罗伯斯庇尔之后的政权并非像人们想象的那样是一个充满宽容的安全场所，又或者随着罗伯斯庇尔的死亡，大革命的黑暗面也随之消亡了。不管怎样，那些因巴黎实施的恐怖统治而深受其害的人全都松了一口气，不过，防范之心仍在。这一点不仅清楚体现在政治方面，而且体现在那个不可译的法语名词“sociabilité”（人与人之间的关系准则）上。在雅各宾派价值观的传播和共和国美德的普及过程中，源自中产阶级的对手艺人生活的设想，如“穿着便装”、生活节俭和一定程度上的禁欲主义早已成了传播过程中一个重要组成部分。正如许多其他方面，它的根源还是人们对古罗马共和国的某种理想。热月政变（人们逐渐用它来指称罗伯斯庇尔的倒台）中的胜利者——或者，更恰当地说，幸存者——在社会和文化方面对已经解散的前一政权来了一次大报复。这不仅包括解除巴黎各选区的武装力量，起草一部新宪法，它还延伸到社会生活各个方面。根据新宪法，除那些最有钱的人之外，所有其他人的选举权都被废除了。巴黎社会重新盛装打扮起来，女人们将领口开成“V”形低领，男人们也多年以来头一次系上搭扣、穿上昂贵的骑士服。香槟美酒遍地流淌，社交聚会层出不穷，风流韵事也开始被拿出来到处炫耀。

大革命，至少就属于新兴的巴黎闲聊阶层这一部分而言，早已形成了其独有的一套人与人之间的关系准则，在这里，旧制度下的那种高雅或许能派上用场，但在这个有钱就灵的地方，人际关系——政治上、社交上、经济上以及性方面的——就是一切。自王室倒台后，这些人际关系早就建立起来了，现在终于摆脱了恐怖主义政府的控制而重新出现。这是一个变化不定的世界，运行中的新政治制度既反映出制定者们的投机倾向，又反映出他们的不安：这是一个由轮流掌权的五位执政官形成的软弱政府，即督政府，目的是确保罗伯斯庇尔独自掌权这一幕不再重演。它还设了两个经常进行重新选举的立法机构，目的是防止形成一党独大的局面。与政治情况相对应的还有社交场上变化不已、更为大胆的时尚，正如它同样反映在新宪法所体现的性与实业方面变化无常的同盟关系上。这就是恐怖统治结束后大革命中出现的新局面：一个重获解放、放荡不羁的法国社会。从 1794 年到 1799 年拿破仑夺取政权这段时间里，法国社会上一片浮华景象，但对外战争中不断面临的失败之虞——它有可能带来保王党人的复辟和比恐怖统治时期更残酷的整肃运动，以及刚刚成为回忆的九死一生的经历，更不要说人们在左派极端分子统治下所遭受的困顿与囚禁，所有这些经常打断这一由香槟美酒助长的欢乐气氛。过去的日子曾充满危险，因此，未来保不准还是那样，所以不如尽情地活在当下。1795 年 5 月，拿破仑动身前往巴黎的花花世界，那里的气氛将使他焦虑不安，并将他笼罩在新创伤的阴影下。

从 1794 年到 1795 年，拿破仑恢复了原有职位，这使他在安提比斯开始了新生活，并再次追求德西蕾，但他却再也没有在战争中担当实职。1794 年春天似乎是他最接近在土伦的军事生涯时的那种一帆风顺的时期。当时有人提出了一个夺回科西嘉的议案，而他有望在这一计划中担任重要角色。官方将起草进攻计划的任务交给了他，但最终这个计划化为泡影。除了其先祖担任过的马上弓弩手一职之外，更重大的职责在等待着拿破仑。1795 年 4 月初传来的消息将使他从此走上一条十分不同的道路。他被重新分配到了步兵部队，将随军前往旺代——反革命势力的大本营——镇压那里由农民和保王党叛乱分子发起的暴动。拿破仑被这一消息惊住了。后来，他总是喜欢人们这样来看待当年之事——因为不愿面对与“法国同胞们”作战这一前景，他对是否执行上头的命令犹豫不决。在当时那种时代环境下，这是不大可能的，因为每一个与新政权利害攸关的人都担心反革命势力能否得逞这个问题。假如说它的确是拿破仑的真实想法的话，那么只能说他作了一个糟糕的误算。

结果，事实证明1794年至1795年对旺代叛乱的平定战役非常成功，也深获民众的支持。它为大革命造就了一位新英雄，这个人与热月政变之后那段更加绚丽多彩的浮华时期十分般配。这个人就是一头金发的拉扎尔·奥什。他身材颀长，闯劲十足。他之所以成了巴黎社交圈里的宠儿，恰好是因为他平定了一场叛乱，而在巴黎的都市精英看来，这场叛乱的发起者就是一群半开化而又迷信的乡巴佬。拿破仑怎么也没有料到奥什能取得胜利，因为旺代那里只能进行极为棘手的游击战，有几位优秀的职业军人就是在那里葬送名声的。虽然如此，派驻到那里的人如能获胜，那么就会深受政界人物的青睐。

拿破仑之所以反感这次任命，更有可能是因为他十分担心自己会被从炮兵部队调到步兵部队。他肯定会觉得这种调任简直就是浪费他辛苦得来的专业本领，而这些本领主要体现在两方面，一个是实战方面，另一个是战略策划方面。对于步兵甚至是骑兵，炮兵们早已形成了一套娴熟的反向势利观点。他们把自己视为军方的知识分子，而拿破仑就是他们的典型代表。不管是何种原因，在4月21日他与德西蕾订婚之后，虽然这次订婚相当不正式，他对5月头一周就要动身前往巴黎这一前景感到十分恐慌。他还把朱诺和马尔蒙也一起带过去了，在土伦时他就已将这两位忠诚部属收归麾下，现在这两人的命运已经和他绑在一起了。随行的还有他的弟弟路易，一直以来只要有可能他就把这个弟弟带在身边，他希望把他培养成波拿巴家族的下一个领袖。5月8日，德西蕾在马赛含泪为拿破仑送行，由于他的朋友们选择了一条度假路线，他们直到5月25日才抵达巴黎。到了巴黎之后，他发现那里的一切完全超出他的理解。

1795—1796 年：人生地图上的最低谷

拿破仑带着绝望的心情来到巴黎，接下来的五个月当中，他大多数时间仍然是那样。很快他就完全并自觉依赖于保罗·巴拉斯的庇护，这在他一生中是绝无仅有的情况，因为他捉摸不透那个他现在不得不经营的喧嚣世界。自从不到两年前他逃离科尔特之后，生存本能使拿破仑一直保持着警觉和紧迫感。现在，他不得不应付一个新问题：在这个缺乏用武之地的新环境中，他竭力想使自己摆脱湮没无闻的局面，但却总遭挫败。与在克拉里家的情况相比，他现在更像一个不善交际、口齿不清的食客，虽然他拥有相当强的专业本领，但那些本领只适合用在军官身上，而非一个大众领袖身上。这里是属于奥什与马塞纳的繁华世界，他俩在社交场上深受欢迎，也善于利用在餐桌与床上获得的人际关系为自己谋利。与他们站在一起对比，拿破仑显得孱弱得多，用后世的话来说，他是一群风雅骑士中的“极客”。他的挫败也体现在专业领域。他终于同意——后来他一直否认这一点——去旺代那里与步兵共命运，因为他已提前一步做了安排，准备将战马和私人行李，连同朱诺和马尔蒙的，运往西路军的司令部。在他报名参加前往土耳其的某个军事任务时，他的先辈弗朗塞斯科·波拿巴和加布里埃勒·拉莫利诺的血脉肯定在他身上沸腾着，他曾公开表示过希望这次任务能使他被土耳其那边长期任用。8 月时，他被分配去测绘局干一项完全无人问津的办公室职务，到 9 月中旬时，上面将他从服现役的将军名单中勾掉了，他的军衔被降成了少校，整天被迫坐在办公桌前，没有人理睬他。土伦之战带来的激动和责任已经烟消云散。

一开始他拒绝去旺代执行驻防任务，这导致他被扣了一半薪水。身处巴黎这个花销巨大的城市，他只得依赖别人的接济。人们普遍说这时的他肮脏邋遢，不修边幅，一生中他只有这个时期是这样的，这也许是长时间工作导致的，也可能是出于本人的疏忽。假如这些描述都准确的话，当时的拿破仑表现出了抑郁症的所有征兆。德西蕾的来信似乎过于稀少，虽然他已逐渐对她不再有依赖感。就是在 1795 年夏天，他开始写起了《克利松》。如果说这一时期使人对拿破仑的性格有所洞察的话，那就是这一点：无聊与赋闲状态导致他得了抑郁症，并影响了他的判断力。他闷闷不乐，而当他去大人物的家里登门拜访时，他又不知道该如何打动他们，前提是，他真的鼓起了勇气去敲响那些大门。也许是抑郁症导致他犯下了个人生活中最大的一桩失误——他娶了约瑟芬为妻，这一点还有待商榷，但在 1795 年那个孤独的夏天，他还不认识这位未来社交场上的女神，正如对他来说她是那样的难以企及。

热月政变似乎完全摧毁了庇护着波拿巴家族的那个人际网，正是这个人际网使拿破仑免遭保利党羽们的毒手，并将他从普通士兵提拔到较高位置，而这几个月的时间也教了他很多东西。奥古斯丁 · 罗伯斯庇尔自愿和哥哥一起上断头台；萨利塞蒂只关心自己的性命，即使他还有点用，也几乎不值得信任了。在罗伯斯庇尔倒台后迅速崛起并参与过土伦战争的雅各宾代表是保罗 · 巴拉斯，“恐怖统治”之后的混乱局势简直就是为他量身定做的。巴拉斯是个寡廉鲜耻之人，生活腐化，但人很聪明，他当时是督政府统治下巴黎政坛的一颗新星。当庆祝胜利的香槟似乎就要泼溅到所有人身上之时，他记起了拿破仑。在看似最不可能的情况下，他像救星一样出现在拿破仑面前。

保罗，从前被人称为德 · 巴拉斯子爵，正是那种拿破仑从他 9 岁上布里埃纳军校时起就本能地憎恶并鄙视的人。而且，尽管巴拉斯未来的前途充满了各种曲折，他每向上钻营一步都令拿破仑越发地感到厌恶。而在 1795 年秋及随后的一段时间内，拿破仑义无反顾地将自己置于巴拉斯的庇护下，这一点最明显地表明了他当时的绝望之情。正如人们将要看到的那样，一有机会他就光明正大地摆脱了巴拉斯，而且显示了他的雅量，但 1795 年距离那时还早。巴拉斯是普罗旺斯地区一家非常古老的贵族家庭的子嗣，他的某位先祖曾是十字军骑士。但到了 1755 年保罗 · 巴拉斯出生时，这一种精神似乎早已荡然无存。16 岁时，他就成了那种拿破仑憎恨的享有特权的非职业性陆军军官，毫不费力地当上了朗格多克兵团的陆军候补军官，接着又被派往他家族所在的本地治里团。早年时，他过着冒险生活，曾在法属印度和印度洋沿岸地区服过役。

大革命爆发时，巴拉斯靠着极为娴熟的手腕适应了当时新的政治文化。他首先通过选举进入普罗旺斯地方政府，接着，当大革命进入最激进的阶段时，他在旧王朝刚刚垮台之后成了国民公会的一名代表。事实证明，他是“恐怖统治”时期最嗜杀成性的重要人物之一，并被派往普罗旺斯激励当地完成征兵任务。可以明显看出，他利用这一任务打造，或者鉴于他家族在当地长期保持的威望来说，重新打造了一套庇护关系网。从中得益的人就有约瑟夫·波拿巴，就在土伦起义反抗国民公会之前，他被巴拉斯任命为土伦的雅各宾派政府成员。在国民公会派往土伦的代表中，巴拉斯因掌控了地方情报，从而对像萨利塞蒂和奥古斯丁·罗伯斯庇尔这样的外人有着不可估量的价值。在土伦和马赛被攻陷后，巴拉斯领头对这两个城市发起了恶毒的报复，这令拿破仑深感厌恶，约瑟夫要搭救的克拉里家兄弟正是落在巴拉斯安插在马赛的党羽手中，而害死查士丁尼·克拉里的很有可能就是这些暴徒。在罗伯斯庇尔看来，巴拉斯太残忍了，也过于目无法纪，他被召回巴黎，受到罗伯斯庇尔和其他几位“过分热情的”山岳派恐怖分子，比如科洛·戴尔布瓦，或者还有卡里耶的严厉训斥，前者收复了里昂，但收复之后他企图将之炸毁，后者将卢瓦尔河上乘坐竹筏的数百名也有可能多达数千名旺代犯人淹死了。

从那时候起，巴拉斯以及其他和他同一阵营的人与较为温和的代表们秘密而谨慎地缔结了魔鬼盟约，正是这一盟约导致了“热月政变”和罗伯斯庇尔的毁灭。由国民公会召集起来对山岳派发起攻击的武装部队就是他领导的。他以主要政治领导人的身份加入了分裂后的国民公会和产生 1795 年新宪法的督政府政权。他的新职位给他带来了财富，正如他在恐怖统治时期利用他在普罗旺斯地区掌握的权力大发横财一样。后来，他的影响力延伸到了权力最高层，同时遍及全法国，但他主要将精力集中在巴黎。在 1794 年至 1795 年之交的严酷冬季，为了向巴黎提供补给，巴拉斯到法国北部四处搜刮食物，将那些反抗他的人推上了断头台，在这过程中他也顺便发了一笔财。由于他的举措，他在巴黎的工人阶级中非常有权势，深受他们的欢迎，尽管他残酷镇压了两次由前雅各宾党人发动的起义。巴拉斯与他们之前的支持者——艰苦朴素的罗伯斯庇尔大不相同，他“懂得生活之道”。他经常出没于巴黎的沙龙以及那些有名的沙龙女主人——塔丽昂夫人、雷卡米埃夫人和德·博阿尔内夫人，也就是未来的约瑟芬——的床榻上。同时，他又在普罗旺斯那里养了一位正房妻子，他还拥有许多大多是女演员主角出身的情妇。在权力运用这方面，他倒是挺随便的。当时常见的三种现象在巴拉斯身上得到了完整体现：他在财政上有见不得人的一面，但在社交场上他是光彩夺目的，而在议会政治方面，他经常讨价还价。到 1795 年夏天时，他既是掌握着巴黎军队指挥权的准将，又是分裂后的国民公会的代表，当新宪法开始实施时，他又轻松当选为立法机关成员。总之，他是拿破仑的反面。

1795 年 10 月，督政府政权面临新的挑战。巴黎西部地区富裕的右翼分子——实际上大多是保王党人——在新宪法尚未生效前发起了暴动，企图通过武装力量推翻热月之后建立的国民公会。他们的怒火是由臭名昭著的“三分之二裁决”所触发，即每次选举时只更换三分之一的议会席位，残存下来的国民公会以这种方式确保了他们的权力可以无限期延续下去。这是一种明目张胆地把持权力的做法，而对于右翼分子占主导的巴黎西部和中部选区来说，这么做就是为了保持雅各宾党人——不管他们现在有什么样的悔改表现——的统治权。形形色色的左翼与右翼势力组成的其他选区支持这些暴动的人，但真正参加武装斗争的是西部选区的中产阶级。他们装备精良，训练有素，并非一群乌合之众。巴拉斯此时担任巴黎内防军司令，他虽然有军事经验，但他的长处是在组织方面，而非实战方面。

这时，他想起了拿破仑并向他求助。巴拉斯善于发现事物的卓越之处，无论其对象是女人、商业交易还是军人。早在土伦时，在萨利塞蒂引起他对拿破仑的注意之后，他就对拿破仑印象深刻，从那以后一直密切关注着他。但拿破仑重新进入巴拉斯的视野是因为当巴拉斯号召军人们挺身而出保卫国民公会时，拿破仑——此时在测绘局感到厌烦之极——和其他几位军官一起响应了这一号召。他这时并非无业游民。在回忆录中，他有所保留地承认了他直接参与了这次政治斗争，但为了摆脱办公室苦差，这是值得一搏的。当军官们在杜伊勒利宫集结时，是另一位曾派驻土伦的国民公会代表弗雷龙向巴拉斯推荐拿破仑的，于是巴拉斯将炮兵部队的指挥权交给了拿破仑。拿破仑与右翼势力关系并不和睦，而且他和恐怖政权关系密切，在这种形势下他完全值得信赖。最重要的是，他几乎身无分文，虽然他野心勃勃，但却是可以被控制的。在那个时候，巴拉斯把拿破仑看得很准。

正如很多时候那样，围绕着拿破仑在大革命期间，巴黎人发动的最后一次大起义当中扮演的角色产生了诸多传说。由于发生在葡月，所以这次起义被称为葡月起义。到 10 月 5 日时，装备精良、人数大约为 5000 至 6000 的起义者们占领了国民公会周边地区，也即杜伊勒利宫。他们的总部设在圣罗什教堂。据说拿破仑告诉巴拉斯说“一阵霰弹”就能把这些人打发走，然后他就命令炮兵部队朝这些人发起了密集攻击。他本人喜欢人们这样说。其实，这并不是实情，但却是应该发生的事；这一谎言也清楚揭示了拿破仑对国内动荡的态度。在部队朝教堂开火之时，拿破仑很有可能不在场，而在这样一个封闭的城市空间内，集结炮兵部队进行大规模轰击是一件几乎不可能的事。

事实对拿破仑的确很有利。就像在土伦时一样，只不过这次他的速度要迅捷得多，他很快就知道了可以从哪里为他那装备糟糕的队伍找来大炮和火枪。他很幸运，因为他身边有一位年轻的来自加斯科涅的骑兵军官若阿尚·缪拉，他和拿破仑一样精力充沛而又足智多谋。他派缪拉急速赶往离杜伊勒利宫 6 英里远的萨布隆炮场将那里的大炮运过来。这是缪拉第一次为他未来的内兄“奔走效劳”，而在以后他将经常这样——他在 1800 年娶了拿破仑的妹妹卡罗琳。大炮运来之后，拿破仑清楚如何布置它们，然后将杜伊勒利宫变得固若金汤。当起义者们试图猛攻杜伊勒利宫时，他毫不犹豫地命令手下朝着宫殿附近较为开阔地方的起义者开炮，导致了几百人死亡。起义就此结束。不管拿破仑一开始在保卫国民公会的过程中扮演着多么次要的角色，从各种意义上来说，这一次他起到了“致命一击”的作用。被他拯救下来的巴黎社会称他为“葡月将军”，这是一个既不包含尊敬、也不包含爱戴的称谓。

事态发展至此，当巴拉斯向国民公会汇报此次起义情况时，他仍未真正打算提拔拿破仑，尽管当他在胜利的喜悦中向代表们讲话时可能充分借用了拿破仑提供的报告。又一次是弗雷龙提出拿破仑应受到表彰，于是巴拉斯很快做了纠正，见风使舵的他将拿破仑奉为英雄。在这里有必要补充一句，弗雷龙当时对卡罗琳十分着迷。[54] 假如说巴拉斯有些措手不及的话，那这位被庇护人仍然是受他操纵的，对此双方都心知肚明。新宪法生效之后，巴拉斯成了第一督政府五位督政官当中的一员，他一直保持着这个职位，直到 1799 年督政府政权结束为止。由于同一人不能同时兼任督政官和内防军司令，巴拉斯将内防军司令之职让给了拿破仑。他这样做的真正原因是：不管拿破仑显得有多么能干，巴拉斯觉得自己能掌控他。这是督政府领袖们第一次低估拿破仑，他们以后还会犯几次同样的错误，但在当时，这并非是一个愚蠢的错误判断。拿破仑当时处于巴拉斯的庇护下，他本人并没有任何重要的政治关系，他甚至连熟人都找不到几个。

尽管已是统领着一个师的将军，拿破仑依然有些失望地度过了 1795 年的最后几个月。表面上来看，他的命运发生了急剧改变。他在巴黎中心租了一套好房子，他将它用作司令部，他有了自己的四轮马车。幸亏巴拉斯提前付了他一笔钱，他买了一套得体的、价格说起来也不算高的适合炮兵将军的军服。后来即使贵为皇帝，他通常也只穿着普通的该由皇家轻骑兵军官穿的绿色制服。他有了很好的新靴子和一匹良驹。他家人倒是比他本人见到了更多的钱财。莱蒂齐亚收到了一大笔钱；热罗姆进了一所合适的学校；约瑟夫 · 费斯奇和吕西安被授予了军方行政职务——吕西安回报他哥哥的却是不知羞耻的玩忽职守——而一直跟在拿破仑身边，并进了炮兵团的路易则成了拿破仑的副官。

正如他在测绘局的几个月没有白待一样，尽管那里很无聊——拿破仑仍继续研究意大利前线的情况，就像他过去在热那亚和尼斯时那样——在新的司令职位上，他开始对后方军队进行重大重组，这是一支相当大的军事力量。他将他能够清除的保王分子全部从军中清除了，同时执行了巴拉斯的命令——关闭巴黎的雅各宾俱乐部。这是他在仔细权衡之后对政治极端派别进行“公正”镇压的首个例子，也是他利用新获得的权力采取的行动之一。当他 1799 年掌权之后，这一做法将成为他的个人作风。

在这几个月里，他还利用自己的职权开始对宪兵队进行改革。宪兵队是在大革命早期仓促组建的，它当时只是一支松松垮垮的由乡村警察组成的队伍，在很大程度上它难以履行其应尽的维持公路治安和军队秩序，或对非常动乱的乡下地区进行巡逻这些职责。借助陆军部和警政部，拿破仑开始收集有关宪兵队的情报，尽管在这一阶段他能做的改革措施很少。一旦他当权之后，复兴这支部队就成了当务之急，在内防军司令的短暂任期内，拿破仑已经对其潜力了如指掌。

自他 1792 年代表保利初次造访以来，他对巴黎本身的体验到现在已逐渐整合成一体，并完成于蒲月：1792 年 8 月 10 日的事件使他对雅各宾派及其暴徒般的野蛮行径产生了憎恶；蒲月起义教育了他，使他对巴黎西部地区的中产阶级既仇恨又恐惧，而且这种感受是相互的。在社交方面备受屈辱的个人体验在他心中播下了对大都市知识阶层的厌恶，其中还夹杂着某些轻蔑。后来，他和巴黎西部的雅各宾党人达成和解，但他从未信任过这座城市。尽管掌权之后为重修巴黎他挥霍钱财，但他那些工程的真正目的是控制巴黎，甚至要把它变成一座空城。拿破仑并非天生就反对普通大众，因为他从一开始就热烈拥护法国大革命；他也并非生来就是一个反对知识分子的穷兵黩武式的人物。他更谈不上是一个市侩：他曾热切渴望得到雷纳尔神甫和他沙龙中人们的称赞。他对劳动群众和知识分子的憎恶，就如同他对科西嘉高地地区和所有类似地区农民的憎恶一样，是他 1792 年至 1795 年间个人直接经验的产物，这些经验让他牺牲了自尊心，还差点丢了性命。

当马尔蒙从德意志驻地返回，重新回到拿破仑麾下时，他发现拿破仑有了很大改变，他变得更加信心十足，有一种泰然自若，甚至是高贵的风度。[55] 毫无疑问，面临这些重大的新职责时，拿破仑应付裕如，而且显然十分享受这些职责。蒲月事件使他的期望超越了土伦时期，在他看来那是他最近一次真正的成功。然而，人们只是把拿破仑看作一个被委派者，他自己也清楚这一点。巴拉斯将他安置在这个职位上，还密切监视着他。拿破仑有了职责，也有了地位，但他缺乏真正的自主权，在这方面他还不如在土伦炮兵阵地时。这使他在巴黎的许多政界人士面前显得愚蠢，这些人不了解他干练的一面，这对拿破仑来说反而是好事，因为在未来几年里，有如此之多的权势人物低估了他。那些大都市里的久经世故的人只看到了阅兵场上、绘图室内的拿破仑，又或者在后来见识了战场上的他，但除此之外，他们很难想象拿破仑还有什么值得重视之处。于是很长一段时间内，他就在这种不受人注意的情况下积累着自己的权力。不管怎样，他现阶段的附庸地位令他十分烦恼，这促使他不断寻找一个拥有自主权的野战部队司令官的职位。

他同时也认识到，在一个社交生活就是通往权力之路的社会上，他本人以及那些他在土伦发现的人才一样准备不周。他仍需要一个庇护人，根据他的个人标准，他在巴黎还处于迷失之中。一旦他放下职责之后，人们都能看出他在情感方面缺乏安全感。对这一情况，没有人能比保罗·巴拉斯更清楚，或是觉得能更好地加以利用。拿破仑感到寂寞和漫无目的，就连在成功当中也是如此，因为它是通过屈辱的途径获得的。他在一位科西嘉同乡，四十来岁的富有寡妇佩尔蒙夫人家里找到了避难所。她经常招待并安慰拿破仑，而他也真的向她求过婚，这完全不是理性之举，也显出他在情商方面的欠缺。她温和地拒绝了他，但这事的确能反映他的心情。佩尔蒙夫人年轻的女儿洛尔后来嫁给了朱诺，并成了拿破仑最忠诚的拥护者之一。拿破仑没有给洛尔留下任何深刻印象，而她给他取了个绰号“穿靴子的猫”，因为和他穿的军靴相比，他的腿太细了。她一直保留着这一印象，即使他晋升后买了一些更好的靴子也无法改变它。[56]

当他与约瑟芬相遇时，他仍还是那种心情。约瑟芬原名为玛丽·约瑟芙-罗丝·德·塔契·德拉帕热利，1762 年出生于马提尼克岛上一个古老的贵族家庭，其祖上曾长期效劳于王室。马提尼克岛只不过是一个驻防地，但她家已在那里住了几十年。约瑟芬 16 岁时就嫁给了比她大两岁的亚历山大·德·博阿尔内子爵，后者也出身于古老的贵族家族，同时也是那个时代最卑鄙的人之一。她给他生了两个孩子，儿子尤金和女儿奥坦丝。但接着他就抛弃了他们，他的很多债主由于很难找到他，就往往找到她所住的地方来了。他后来回来了，但似乎完全就是为了虐待他的年轻妻子。约瑟芬后来向法院申请了合法分居，该判决明文限制亚历山大不得出现在离她住处几英里内的地方。然而，这一切并不妨碍亚历山大热情拥护以法国大革命的面目出现的解放全人类的事业。他成了国民公会代表当中的一名后起之秀，接着又进入了军界，到 1793 年时，他已经升至莱茵方面军司令官。在旧制度的最后几个月里，为躲避她丈夫的债主，约瑟芬先是逃到了马提尼克岛的老家，但到 1790 年时，为逃避当地奴隶起义她又不得不逃回法国。那次起义是受法国大革命废除奴隶制改革影响而发生的，也夺去了她家大多数人的性命。回到法国后，她发现她丈夫的命运发生了巨大变化。亚历山大原是一名贵族，因此在恐怖统治时期，他就成了一名嫌疑犯。他是在 1794 年 7 月初遭到逮捕的，理由是他是一名反革命分子。约瑟芬因共谋罪也被逮捕了，虽然他们早已长期分离，她的两个孩子也和她一起被关进了巴黎的监狱。可以这么说，丈夫与妻子都被判了死刑。7 月 23 日，就在罗伯斯庇尔倒台几天前，亚历山大被推上断头台斩决；而约瑟芬是在 8 月 6 日被释放的。亚历山大早早地死在了拿破仑掌权之前，这样其实也好，假如他没死，那么他的存在也许就将导致拿破仑热烈拥护流行于科西嘉山区的血仇文化。

围绕着约瑟芬也产生了一些传说故事。据说某位狱警拜倒在她的石榴裙下，为搭救她，他把她的死刑判决书一口吞了下去。她后来的确将一大笔钱赠予了这个人，但他们到底是什么关系，永远没人知道。人们宁愿相信这类事真的发生过。

出狱之后，她回到了一个现实世界：她要养活两个孩子，却没有收入来源，她唯一能派上用场的就是她的魅力，她也利用了这一点。就连在监狱时，在绞刑架阴影的笼罩下，她也毫不费力地让面临同样命运的奥什爱上了自己。出狱之后，他们之间依然保持着私情。当热月政变后建立的政府使奥什官复原职时，他却有一段时间并不在旺代任职，他还无视他怀孕的妻子要他回家团聚的恳求。那段休假时间他是和约瑟芬一起度过的。

这段私情并不妨碍约瑟芬尽情享受着“恐怖统治”结束之后纷至沓来的社交盛会。没过多久，她就结识了巴拉斯，奥什认为这只有一种可能，于是他了断了他们之间的私情。更有可能的是，从某种意义上来说，巴拉斯“篡夺”了他的位置。巴拉斯大权在握，他一直留在巴黎，并不担任什么军衔，他负责授予军衔。约瑟芬，此时她还只是玛丽-罗丝，经常充当他的官方情人。当时曾流传一些流言蜚语，说是巴拉斯曾举办过一些色情晚宴，在宴席上约瑟芬、雷卡米埃夫人还有塔里安夫人都充当他的后宫。这一流言是相当可信的。自拿破仑1799年将他革职之后，巴拉斯就不遗余力地诋毁约瑟芬的名声，称她是一个纵情于变态行为的高级妓女。这一说法很有可能更多地揭示了巴拉斯，而不是约瑟芬的本来面目。不管怎样，约瑟芬知道如何将生存与享乐结合在一起，她始终是社交场上的中心人物，优雅、亲切而又美丽动人。

约瑟芬有一点是和拿破仑完全一样的，但这一点对他们已然形成的关系却并无帮助：像拿破仑一样，她经受过地狱般的苦难。她曾被丈夫用暴力从家中赶走，然后又生活无着，还被判过死刑。表面上看，她是一个“一味玩乐的女郎”，但在内心深处，她是一个谨小慎微的幸存者。确实，她举办派对的目的就是为了生存。在一个如此多变的世界，她觉得把自己绑在一个男人身上是件危险的事。她是对的：奥什1797年夏天就死了，死于肺结核。他1796年年底试图入侵爱尔兰，结果人差点淹死，为此染上了肺结核。当拿破仑本人懂得政治诀窍之后，巴拉斯很快也失去了对自己命运的掌控。当他们俩相遇时，拿破仑和她几乎完全不是一路人，而她很可能觉得这下她可以放松一下了，就像巴拉斯和其他时髦人士对他的放松警惕那样。

关于他们的初次相遇，流传着一个精彩的谎言，这是可以想象的。据说，时任内防军司令的拿破仑下达了收缴巴黎民间武器的命令，并到处仔细搜查，然后从博阿尔内的宅子将原属于这位共和国前任将军的宝剑没收了。敢作敢为的小尤金自己来到拿破仑那里，要求他把他父亲的遗产，也就是那把宝剑还给他。拿破仑被打动了，真把宝剑还给了他，还提出要见一见男孩的母亲。另一种说法是，尤金带着宝剑回了家，他母亲得知情况后被打动了，然后提出要亲自见一见拿破仑。正如很多时候那样，在这一传说背后隐藏着一层别样的深意。这个故事其实是尤金和奥坦丝两人在拿破仑倒台后杜撰出来的。他们希望事情真的如故事中所说的那样。他们希望借这个故事将围绕约瑟芬的那些骇人听闻的传言掩盖起来，这也是拿破仑希望的，同时，它见证了他们对拿破仑怀有的爱戴之情。事实上，在他最初走进他们的生活时，他们并不喜欢他。他们担心他会把母亲从他们身边夺走。当时，奥坦丝觉得他特别粗鲁，她叙述说，有一次晚餐时，她坐在他们中间，而拿破仑总是绕过她去和约瑟芬交谈。[57]这个说法也许又是编出来的，但至少听上去像真的。

两个孩子编造的故事也反映了在当时那段时期，第一印象有多么的欺骗人。拿破仑像对待亲生孩子那样把他们抚养长大，而他们用来报答他的爱戴和忠诚连他们的母亲或拿破仑自己的家人都比不上。博阿内的两个孩子成了他生活中的一对支柱，公共生活领域中的支柱是尤金，私人生活中的则是奥坦丝。拿破仑将他最宝贵的政治财产，他的意大利王国托付给了尤金，只给了他一个人。两个孩子都才智出众，分别反映了拿破仑本人敏锐头脑的不同方面：尤金体现了他作为一个细心、一丝不苟的策划者和能干的管理者这一面；奥坦丝则体现了他作为才思敏捷、对知识永无餍足的博学者的一面，此外，她也能精彩地阐明学问而不招人讨厌。奥坦丝后来嫁给了拿破仑最偏爱的弟弟路易，虽然路易配不上她，正如他后来配不上他哥哥一样。但通过这桩婚事，波拿巴王朝终于后继有人，并得以继续战斗下去。他俩成了他身边不可或缺的人，不过这是他有意为之的结果，他们因这一点而爱戴他。

没人清楚拿破仑和约瑟芬具体是在何时相遇的，很可能是葡月刚刚过去之时。[58]人们对他们怎么相遇的似乎更加清楚。从1795年初秋，巴拉斯就开始拽着他的“英雄”到处参加沙龙活动，并把他介绍给沙龙女主人。正是在这样一次聚会上，拿破仑被约瑟芬迷住了，约瑟芬对他相当客气，被他逗得有些开心。拿破仑在自传中对他们初次邂逅的描述表现了他的诚实与某种程度上的自卑。除描写了她的美貌与优雅之外，他还写道：

> 我的性格使我在她们（女人们）面前十分羞怯。博阿尔内夫人是第一位让我觉得安慰的女人。有一天当我发现自己坐在她旁边时，她把我的军事才能恭维了一番……此后，她去哪儿我就跟着去哪儿。我已狂热地爱上了她。[59]

这一点从未改变过，一直持续了她一生。1795年年底，寂寞的拿破仑爱上了第一位对他礼貌有加的美女。此时他比未被抛入社交场之前更加孤僻、敏感，那几个月是他人生中最无助的岁月。他在“葡月政变”中获得的名声对他在社交场上，甚至在政界都无所助益。

约瑟芬令他心醉神迷，但到底是什么使她对他产生兴趣的，人们很难弄清楚。不管她在晚宴上对他来说是多么迷人，这一点是理所当然的，习惯以谨慎眼光看待一切的她看到了他身上所有的不足。她对他以礼相待，这显示出她的善良本性，哪怕其中有降尊纡贵的成分，这是她与她很多朋友之间截然不同的地方。对拿破仑持批评态度的同代人以及对他怀有敌意的史学家们经常提及拿破仑在1795年时的真情实况，然而所有这些情况早就在约瑟芬的脑海里一一浮现过。他到底是什么样的人？这位军人究竟打败过谁？他真正指挥过哪些战争？为什么只有巴拉斯一个人过分关注他？他说过些什么话？他是在哪儿学来那种口音的？这其中有多少自我推销的成分？他能确立自己真正的地位，独当一面吗？又或者他将永远摆脱不了巴拉斯的控制？他能不能别再用那种难听的口音说话了，行不行？反过来说，他真的发过言吗？从他的履历来看，未来似乎并不光明，她为此也做过一番权衡。根据那几个月有关约瑟芬和她的社交圈的流言蜚语，英国报纸和特务机关也许认识了一个词：“科西嘉新贵”，这是事实，无须编造，只不过相比于上层人士，他们对拿破仑更无兴趣。约瑟芬的谨慎也体现在她提出的那个非常摩登又务实的婚前协议：婚后拿破仑不得掌控她的财产——鉴于她不善于理财，她对这一点应该会感到后悔的——而且她的两个孩子的监护权完全归她。她在这一方面的顾虑完全没有根据，但在当时她根本不知道拿破仑会是一个对她的孩子那么好的人。这是她根据个人经验做出的一个可料想到的合理反应，拿破仑接受了这一协议，这表明他不仅炽烈地爱着她，而且真正理解她，对动乱时代的另一个孤儿感同身受。

虽然如此，就算拿破仑确实有前途。嫁给奥什也许更划得来，但就在拿破仑开始追求约瑟芬之后不久，奥什到底结束了他们之间的私情。巴拉斯只把她当情妇来对待，这一点已是越来越清楚。她现在已经三十好几了。1795 年 12 月，拿破仑第一次与她同床，第二天就给她写了封洋溢着激情的信。她从容处理了这件事。拿破仑一点儿也算不上她的理想中人，但显然他是真诚的，而且自他和德西蕾分手后，他孤身一人。她无须担心他脚踩几条船，或者冒出来前妻、情敌什么的：拿破仑太坦率诚实了，没人会倒着追他。对拿破仑来说，还有一些别的事情。莱蒂齐亚和约瑟夫怀疑约瑟芬的为人，他们不喜欢他们之间的浪漫关系，他的很多忠心耿耿的亲密朋友也不喜欢。这反而使拿破仑越发坚定了决心。面对这些针对她的批评，他挺身而出为她辩护，他后来也一直这样，他家人对她的反对或者纯粹的讨厌在未来那些年反而加深了他们之间的感情。在那些他对之袒露心怀的人当中，只有巴拉斯一个人觉得他向约瑟芬求婚是个好主意，这事发生在 1796 年 1 月期间。当然，理性地来看，巴拉斯的支持就如同犹大的死亡之吻。为了这段旷日持久的恋爱，拿破仑已使自己变得坚强起来，但就像他的许多次伟大胜利一样——对他来说，这永远是最重要的一场胜利——胜利来得又快又突然，代价的沉重也超过了他的预料。他们的结婚公告发布于 1796 年 2 月 20 日。此外，人们开始正式称呼拿破仑为“波拿巴”。这事根本无逻辑可言，就像他很快就改称她为“约瑟芬”这一点，正如他以前称德西蕾为欧仁妮那样。只有当事人的他才真正明白爱的真意，这也是人们对约瑟芬与拿破仑之间的爱情应当持有的态度。但像他们的爱情一样，“约瑟芬”这一称谓从此以后再也没改变过。

假如说约瑟芬对拿破仑的前途有一种第六感的话，那么不久之后它就将被证实。虽然意大利前线军队纪律废弛的问题其实还没成为现实，拿破仑已不断地向新任陆军部部长、“恐怖统治”时期的核心人物、聪明又务实的拉扎尔·卡尔诺提出质疑。几年来，拿破仑一直在收集意大利方面的情报，现在他不仅自认为是这方面的专家，而且认为只有他本人才能将他那些计划付诸现实。卡尔诺比其他很多人更关注拿破仑，但意大利方面军司令谢勒的不作为和漠视使这种关注难以实现。当萨利塞蒂从前线视察归来，证实了谢勒似乎消极对待拿破仑的战略主张——率部翻越阿尔卑斯山与离法国边境较近的皮埃蒙特人作战，而不是与奥地利军主力部队作战——他对谢勒越来越不耐烦。根据拿破仑的设想，战争第一阶段的目的是占领敌方领土，它将有助于解决法军补给匮乏的问题，对于这一点这两位科西嘉人都表示赞同，因为拿破仑完全认同谢勒在这方面的抱怨，但他似乎有一套能给法军带来很小损失的积极方案，而在谢勒那里他只看到了按兵不动的理由。

最终，正是卡尔诺——他并非傻子，他清楚萨利塞蒂和拿破仑的关系——的清醒认识，而非庇护人巴拉斯的原因，才使拿破仑于 1796 年 3 月 2 日获得了对意大利方面军的指挥权。拿破仑的艰苦工作，他对防区的掌控能力，给这位挑剔之人留下了深刻印象。不久拿破仑为了争取完全行动权——拿破仑认为计划是他定的，只有他本人才能贯彻它——与他展开了激烈争辩，这使他对拿破仑的印象越发深刻。卡尔诺逐一做出让步。他同时也清楚，这么做将引起什么样的风暴，因为它招致了约瑟芬之前权衡过的所有质疑，当然，约瑟芬是从她迥然不同的个人角度来看这些问题的。这些问题是：拿破仑是一个无名小辈；他几乎连法语都不会说；比他作战经验丰富得多的可用之人并非没有。这些都是事实，但早已有着“胜利的总设计师”声誉的卡尔诺，后来将轮到他为拿破仑服务，听从了自己的直觉。在这一点上，他比所有其他人做得都对。在拿破仑的任命确定之后，巴拉斯的主要作用也体现了出来，因为他说了句让所有人感到放心的话：拿破仑对政治缺乏兴趣，他更缺乏从政才能。

在 1796 年 3 月，拿破仑以 27 岁的年纪担任意大利方面军司令官之前，曾有多方面因素深刻影响了他。其中有阿雅克肖城先祖们的遗传。这迥然有别于科西嘉的影响——那种野心勃勃的外省人、城市精英阶层的精于谋算的传统，但同时他们脱离了乡下世界的暴力氛围，更明显的影响是他接受的制度化的军事教养——它不仅仅是一种教育——在他性格的各个方面都刻下了印记，影响了他的一生。他那造作但真诚的浪漫主义作风——他的阅读行为就是其具体体现——现已从他对保利的崇拜、在科西嘉山区建起一个完美社会的无望梦想转移到了约瑟芬身上。他将在约瑟芬那里找到永久的，但绝非平静的归宿。即使在那个人们如此重视博学者的时代——这也是西方世界最后一个能造就学识渊博之士的时代——很少有人能做到像拿破仑那样博览群书，也许托马斯·杰斐逊要除外，有朝一日他将使拿破仑的"美洲梦"相形见绌，因为在才智方面他完全能和拿破仑媲美。拿破仑的好奇心使和他相处的高雅人士烦透了他，但这种好奇贯穿了他全部的思想，而且也确实使这些思想有了根基。所有这些品质都意义重大，并将一直伴随着他，在他身上留下了难以磨灭的印记，然而却没有哪一种能完全代表他。这不仅是他作为一名杰出人类之士的标志——这一点还有待他去证明，虽然约瑟芬似乎比所有其他人都更敏锐地觉察到了他内在的伟大——而且也是他当时及以后作为一个完全独立个人的标志。与其说拿破仑是卢梭的信徒，不如说他是卢梭的同类人。他以浪漫派作风大出风头，但他并不是浪漫主义者。在接下来几个月里，意大利将最终成就他。独立指挥权，在征服之后是掌权，接着是对权力运用之道的掌握——首先是创造才能，其次是统治才能——这些将最终造就拿破仑。只有在那时，在极端特殊的情况下，拿破仑·波拿巴才最终被证明为一个真正的男子汉。

但在 1795 年 3 月 11 日离开巴黎奔赴意大利前线之前，他还有许多不乏喜剧色彩的俗事有待处理。拿破仑和约瑟芬于 1795 年 3 月 9 日缔结连理。他们在巴黎市中心北面，位于安廷街的一个市政厅举办民事婚礼，这个地方如今被夹在高雅的巴黎春天百货与老佛爷百货之间。然而，这场婚礼与这里将来的高雅时尚没有丝毫关联之处。房子简陋之极，提此一点就够了。拿破仑迟到了两个小时（因为他一直在接受卡尔诺的训令），这时登记员早就回家了，他将自己的副手留下来负责仪式，而该助手也许并无资格为他们举办婚礼。为惩罚他的这一过失，当晚约瑟芬不许他同床睡觉，而是抱着她那条喜欢叫嚷的小狗睡的。他们两人都没敢将婚礼通知各自的家人，所以仅有的见证人就是巴拉斯和长期受到巴拉斯折磨的塔里安夫人。唯一表现出高雅的就是身穿白色平纹细布做的长袍礼服的约瑟芬本人。就连这一点也沾上了俗气，这并非出于后来人们的杜撰。她在礼服上披了一条象征着法兰西共和国的三色绶带，上面别着一枚拿破仑送给她的勋章。勋章上只刻了一个词“命运”。

第三章　征服意大利

新星的诞生，1796—1797 年

督政府派拿破仑接管了凌乱不整的意大利方面军，同时交给他一个含糊但野心勃勃的战略计划：穿越阿尔卑斯山西侧，击败皮埃蒙特人和奥地利人，率军穿过意大利半岛北部地区，然后越过阿尔卑斯山东侧进入奥地利，再次打败奥地利人，然后与从莱茵河向多瑙河进发的其他几支法军会合，最后夺取维也纳。拿破仑没能完全实现这一计划，但他找到了属于他自己的战略，这使他的上司或对手对他的任何预料都相形见绌，甚至超过了他本人的预期。

当 1796 年 4 月，拿破仑首次翻越阿尔卑斯山时，人们对他有着不同的看法。对某些意大利人来说，他是一位解放者；对其他一些人来说，他是一个狂热的革命信徒；而在另一些人看来，他只是一位从北方蛮荒之地不断涌来的野蛮劫掠者之一。对某些法国人来说，他是一个讨厌的人，被打发出去领导一项资金不足的小打小闹任务，以致连方向都找不到；对其他法国人来说——主要是他的下属——他是他们赢得胜利，改善生活的最后希望。很快他就验证了所有这些期待。他别无选择。这一点清楚地反映在他在进军脚下之地的前夜发布的两条公告当中。在

其中一条公告中，他告诉手下的士兵，他将带领他们前往世界上最肥沃的田地、最富庶的城市：

> 士兵们！你们衣不蔽体、食不果腹；政府亏欠你们很多，未给你们提供任何东西。你们在这荒芜之地表现出的耐心和勇气令人钦佩，但它不能带给你们光荣，你们也得不到任何名声。我想把你们带往世界上最肥沃的平原。富庶的外省和伟大的城市将归你们管辖；你们将得到荣誉、光荣和财富。士兵们，面对这样的前景，你们还会缺少勇气和毅力吗？

在另一条公告中，他向意大利人宣布，他是来解放他们的，使他们摆脱几百年来不仅限于政治与外交方面，还体现于文化及精神方面的奴役状态。

在那个时候，是否真有许多人读了其中一份文件，这是值得怀疑的。但这两条公告揭示了未来拿破仑统治下的欧洲的重要特点，因为直至他1815年倒台为止，他建立的所有政权都摇摆在两种想法之间：一方面是进行改革和启蒙的愿望，而另一方面却是同样强大的抢劫和勒索的欲望。他在寒风凛冽的阿尔卑斯山这一制高点设定了他自己的议程，这是拿破仑自己从未意识到的。呈现在他心目中的是一次无与伦比的建功立业的机遇，他用双手牢牢抓住了这次机遇。

首先，他得争取这个机会，他到目前为止的所有生活使他无比乐意地去争取它。仅仅只需几个星期或是几个月的工夫，他在军事、外交和政治问题上的判断力，绝不仅仅展现了他在这些方面的出色能力。随着他穿越隘口向下来到波河河谷，他的活力和天才将得以施展。从某种意义上来说，这次穿越隘口之行是他成年礼的标志，宣告他从一位有才华的幸存者转变成一位他个人以及无数其他人的命运的主宰。

拿破仑于1796年3月27日抵达尼斯，用现代话来说就是他即将统领的意大利方面军的总司令部。他还从未指挥过野战军，当人们评价拿破仑的第一次意大利战役时，应该记起这一点。督政府也明智得很，赏给了这个新手一次杂耍表演的机会，他所接手的部队也遭受了同样待遇——这是一支吃不饱、几乎领不到薪水的、装备匮乏的队伍，4 年多的时间里这些士兵一直在游手好闲。他们的上一个统帅是日渐年迈的谢勒，他是一个拿破仑相当尊重和同情的旧制度下的军官。谢勒曾屡次缠着巴黎方面索要补给和增援，但在要求被拒绝之后，他只能眼睁睁地看着士兵们的士气和体力日益衰退。尽管谢勒经常受到后人的诋毁，拿破仑却对他称赞有加，称他是“一个诚实而聪明的人……被战争弄得疲惫不堪，战争也影响了他的健康……一个有才华的人……人们应该为他做些什么”。[1] 拿破仑曾提议让谢勒担任某个外交职务，也许是因为相比所有其他高级军官，他更热情、更客气地接待了这位年轻的司令官。

谢勒麾下有一些潜力非凡的参谋：尤其是奥热罗和马塞纳，他们将成为拿破仑手下出类拔萃的人才，但和拿破仑的初次见面并未让这两位冷酷无情的老兵感到威胁。他们都比拿破仑大十多岁，相反，拿破仑几乎没给他们留下什么印象。他们的看法和 58 岁的老谢勒一样，认为这只不过是一桩“靠着巴拉斯的关系而产生的政治性任命”。但很快他们就改变了主意，因为他们还没看到拿破仑行动起来的样子，他们观点的转变也就显得更为引人注目。马塞纳回忆说，当“他戴上将军帽时，他似乎一下子变高了两英尺（1 英尺＝0.3048 米）”。[2] 之所以这样，是因为拿破仑向他们提了一些恰当的问题，这些问题既睿智，又显示出他对计划中的军方攻势采取的是一种积极的、富有进攻性的策略。拿破仑想知道如何才能使军队做好进攻准备，而他本人既做到了精确，又顾及了实情。他熟悉他所谈论的问题，因为在上一年里，从他坐在巴黎测绘局的办公桌前开始，他就详细研究了阿尔卑斯山西侧地区——那里的地形、公路和港口的状况、气候等——目的是为计划中的进攻行动做准备，但最终未能付诸行动。他清楚，至少在理论上，他需要对哪些问题做出判断，哪些条件需要满足。而且，他本人一出现就令人印象深刻——通过他那犀利的一瞥——而不仅仅是通过姿态。虽然近乎是一种无形的影响，他本人的影响是非常明显的。除了他的指挥方法之外，这个人身上有着某种特别的东西。

他带过去的一小群参谋人员也有着特别之处。他的新任总参谋长亚历山大·贝尔蒂埃就是其中之一，这位43岁的军事工程师很快将成为拿破仑的得力助手，并被年轻一代法国军官戏称为“皇后”。他以前曾在这个地区服过役，并且在需要长时间专注的案头工作方面有着超乎常人的能力。与贝尔蒂埃截然相反的若阿尚·缪拉也在拿破仑身边，他是个脾气暴躁、不太聪明的加斯科涅骑兵。他胆子大到敢于提议自己该担任什么职位——而且竟被批准了。缪拉精力过人，英勇无畏，在危机当中更是果敢应对，这一点在战场上弥补了他在其他方面的缺陷。然后在他身边还有一些亲密朋友和同龄人：22岁的马尔蒙，拿破仑在炮兵部队时的战友，还有24岁的朱诺，拿破仑在巴黎的“室友”，自从他们在土伦包围战中初次相遇之后，他就一直跟在拿破仑身边。

这几乎是一次预兆着历史的人才的大集合：因此，所有这些人的命运都与拿破仑的命运紧密结合在一起。缪拉后来娶了拿破仑的妹妹，那位可怕的、咄咄逼人的卡罗琳，成了那不勒斯国王，后来背叛了拿破仑，最后荒唐地死掉了，临死之前还在为背叛了拿破仑而后悔。马尔蒙也一样，身居高位的他却在1814年最黑暗的日子里背弃了拿破仑，后来拿破仑曾当面平静地谴责他忘恩负义。马塞纳证明自己是这些人当中最杰出的司令官，同时也是那种极度贪婪的环境下最腐化、最贪得无厌的一个人；当拿破仑在进军意大利的前夜执笔写下投合军人们对物质财富的渴望的公告时，他没准就想到了马塞纳。考虑到这些人未来的职业生涯，大卫·钱德勒的评说——“这么一大群杰出的军事人才在同一时间汇集在同一个地方，可谓是史上罕见”，就显得有些保守了。

马塞纳和奥热罗两人之所以吸引了拿破仑，完全是因为他们的军事才能，因为他从来就未能与这两人建立起融洽关系，虽然他对他们俩奖赏丰厚，无论是1796年春他们进入富庶的意大利平原时，还是他行军生涯的其他时候都是如此。他们俩也并不特别喜欢拿破仑，尤其是当他脱掉那顶令他整个人焕然一新的将军帽之后。人们将拿破仑的这一态度归结于他喜欢把那些对他本人不构成潜在威胁的人笼络在身边，这是他发现周围都是那些能力已得到公认的司令官之后做出的反应，这些司令官由于拿破仑晋升过快而对他产生嫉妒。这一看法并不公正，因为虽然一开始他对同僚有警惕之心——无疑是因为作为一名司令官他还未经考验过——但这并不意味着他在以后还会以同样方式对待他们。拿破仑很快就学会了尊重人才和对人才进行提拔，不管这将会给他自己带来什么危险。[3]

在1814年帝国最后一段绝望的日子里，出现了一种很有意思的倾向，也即拿破仑手下最优秀的司令官们——按照“嫉妒理论”，他该对这些人感到嫉妒并疏远才是——恰好是那些对他忠诚不贰的人：达武——经常对拿破仑的战役发表直言不讳的批评——和苏尔特，按说这两人堪与拿破仑相媲美，一直替他战斗到最后，并在第二年的“百日王朝”期间重新回到他身边。反而是那些稍逊一筹的名将们——其中就包括马尔蒙——在危亡时刻倒戈相向。

从很早时起，拿破仑就表现出他不喜欢“唯唯诺诺的部下”，贝尔蒂埃是个例外，他的职责叫他不得不如此。他其中一项最了不起的个人特征是——他所有的政策都是围绕这一点而展开的——他能把那些平常互相看对方一眼都受不了的人才召集到他麾下，或者与他并肩工作，而这些人在各自所在领域都拥有相当出色的才华。

奥热罗和马塞纳这两人开始尊重拿破仑之后，拿破仑的新参谋总部立刻变得像是一个混合体：既有旧制度下的专业技能，又有第一手的革命经验，同时还充满了年轻人的干劲，在未来10年里，他将努力在军队和全体政府文职人员那里促进并维持这三者的融合。这是一种将旧制度、18世纪90年代的革命派以及像朱诺、马尔蒙及他自己这样的新人们糅合在一起的做法。后来这一策略被人称为“混编”（amalgame）与“归顺”(ralliement)的统一，所谓“归顺”就是将人才聚集到拿破仑本人身边。

他很快就将这种策略运用到1796年至1797年意大利人那里发生的党派之争中，但到1799年掌权之时，他已运用得炉火纯青，这为他统治的国家带来了诸多利益，也招徕了诸多人才进入他的参政院中，其中就有贵族出身的塔列朗（拿破仑的外交部部长）、激进的革命主义者富歇（拿破仑的警务部部长）以及像卡尔诺、康巴塞雷斯和勒布伦这样的技术专家型人物。这些人都拥有超群的能力，但却有迥然不同甚至是截然对立的出身背景。如果说拿破仑有偏见的话，那就是他明显地青睐那些与他年纪相仿、经历相似的人；他很难信任年龄较大的人，而他在圣赫勒拿岛上写的回忆录的目标读者就是和他年纪差不多的人以及下一代年轻人——他将他们称为“新世纪的孩子”——他认为这些人有着独一无二的历史体验。当 1796 年他在尼斯总司令部时，这一偏见已经有所表露，而且一有可能他就将竭力摆脱对老一辈人的依赖，“继续向前进”。

但在所有这些成为事实之前，他们首先要翻越高山击败反法盟军。1796 年春天之时，无论拿破仑的目光有多么锐利，他的战前策略是多么令人精神振奋，他们灿烂的未来还远非清晰可见。

发生于意大利的第一次反法同盟战争

拿破仑早已发现意大利前线存在诸多问题和缺陷，他带着克服这些问题和缺陷的决心去到那里。他对局势采取的灵活策略使他对周围随处可见的冷漠和惰性行为愤怒不已。

他的怒火是显而易见的，但与此同时他总是决心要将逆境扭转过来。拿破仑在军队里所看到的往往是军队自我造成的伤害，而非内在缺陷。他的士兵们早已对腐败的军方行政机构和后方的那些漠不关心，实际上常常充满敌意的地方政府失望透了。他抵达尼斯的第二天就直接指出了这一问题：

> 军方所占领的 4 个行政区[4]到目前为止既没有（向部队）提供强制性借款，也没有提供粮食定额，也未按照蒲月 7 日条文的规定上缴草料，也未开始征用马匹。这些行政机关的行动非常拖沓。我已向他们写过信了，也与他们见过面了，我对他们做出某些行动还是稍有希望的……
>
> 军方的管理情况是丢人的，但并非无药可救。我不得不对那些管理

人员进行了一番威胁，他们偷走了很多东西，不是没有钱的原因，而我通过巴结讨好他们，赢得了不少人的支持。部队将会吃上好面包，还会有肉吃……[5]

旧有的憎恶和未来日益明显的冷酷潜藏在字里行间，其中还隐约表露出拿破仑迫切关心的问题。他在土伦时的经历使他对法国东南部行政区潜在的反革命倾向和公然反抗有了清醒认识，所以当时的情况并不令他感到惊讶，一旦他掌权之后，在1800年后，拿破仑将很快对普罗旺斯地区发动一次极为野蛮的镇压战役。军方行政机构的腐败及时提醒了拿破仑，让他明白自恐怖统治结束后，腐败何等严重地削弱了法军，同样，拿破仑当上执政官后最先采取的行动之一就是对军方行政机构来一次大清洗。在这两件事当中，尽管他不敢也不愿将这一点说出来，他肯定联想到了这一点：他最早的庇护人罗伯斯庇尔对陆军部腐败问题的看法是没错的——这也是他对政敌做出的谴责当中的标志性内容（这是他少有的内容真实的指控之一）——也使他下定决心不仅要将外省的叛乱镇压下去，还要彻底消除地方政府的冷漠态度。后来，拿破仑开始以无比的精力着手解决这些问题。但在那时，他忙着巩固自己军队的后方以及为部队提供补给。

另一个最明显的由自作自受带来的问题是督政府鲁莽地企图用各种威胁手段迫使中立的热那亚共和国允许法军占领其领土，从而使意大利方面军安全通过边境的多个隘口，最后进入皮埃蒙特区。要做到这点就必须大规模地调遣军队，而法军在4月初的这一动作引起了奥地利人的关注，导致他们开始沿着那些隘口集结军队，其数量达到了前所未有的水平。最重要的是，这差一点就使拿破仑失去了他在当时仅有的一个明显优势：出其不意地发起突袭。他只得尽其所能地着手解决这个问题。因此，拿破仑与国际外交之间的第一次小冲突就是要抵制巴黎方面的好战倾向，并避免赤裸裸地威胁热那亚共和国。抵达尼斯的第二天，他写信给法国驻热那亚共和国大使，在信中他写道：“在我看来，我们必须悄悄地把他们争取过来，并继续与热那亚共和国和平共处，保持友好关系，因为他们的敌意……

会扰乱我军的军事计划。”[6]在他那本精心构思的拿破仑的传记中，意大利历史学家路易吉·马斯切利·米格里奥里尼敏锐地指出了拿破仑的回忆录与恺撒的《高卢战记》之间深刻的相似性。[7]恺撒的自我宣传当中一个经常出现的主题就是他与高卢人打交道时高超的外交手腕，他的那些战斗和战役当然是成就辉煌的，但正是他避免正面冲突的那种能力才真正使恺撒超拔于同代人之上。在政治生活的开始阶段，拿破仑就成功扭转了上司们的那种迟钝的、只会收到负面效果的策略，所以他才能在没有进一步激怒奥地利人的情况下将军队调遣至前线附近。因此，幸亏他处理及时，才使那些隘口可以通行。

随着他的军队向阵地移动，他这样告诫马塞纳：“将军先生，你现在应该重新占领之前占领的阵地……你的士兵们需要休整，当心不要惊动敌人，不要做任何会导致他们认为我方怀有敌意的事情。”[8]这一点的成功有这个事实可以证明：奥地利军队停止了集结，这就是说他们的主力部队依然集中在远离那些隘口的地方，这就方便拿破仑通过，因为隘口的敌人是他能够对付的。正是他的谨慎以及无畏使他在事后这样夸耀自己说，如果说汉尼拔翻过了阿尔卑斯山，那么他则从翼侧包抄了阿尔卑斯山。

在士兵们休息时，拿破仑不得不对军队进行改造。他将“大棒加胡萝卜”政策运用到治军当中，同时也表现出了一个更加经验老到的领袖所具有的自信和泰然自若，而他对士兵心理的洞察似乎远远超过了他的年龄。他刚抵达部队不久，就迎来了一次对其领导力的巨大考验。从他未来的军事生涯来看，这件事也许看似无关紧要，但对于一个初次指挥军队的年轻人来说，这是考验他是否有决断力。在尼斯的法军第209小型旅第3营不久前刚刚发生兵变，士兵们因为没有领到薪水而拒绝向前进军和承担现役任务。拿破仑立刻采取了果断而无情的应对措施。该营被解散，所有士兵被分散到其他营去了，拿破仑将怒火发泄到该营军官身上，因为他们“没有表现出足够的勇气”[9]，所有士官被立刻解除现役，并被遣返回家，因为他们“未能以身作则向上呈报情况，而是待在士兵们当中知情不报，全部有罪”。煽动这次兵变的掷弹兵全部被移交军事法庭审判。[10]这不算是反应过火——

没有人被处决——而体现了他首次执掌指挥权行事时的坚决、透明和权威。后来当艰巨得多的挑战出现时，他将继续这样行事。

1796 年 3 月时，意大利方面军名义上有 67 000 人，但实际上有战斗力的军人大约只有 37 000 人，到 4 月中旬战役开始时拿破仑将这一人数提高到了 41 000 人，尽管到那时还看不到有补充兵员的希望。补给很缺乏，而且还得从普罗旺斯地区征集；军中一共只有 60 门野战炮。从各个意义上来说，这支荒山野岭中的军队和其领袖都得自力更生。一开始时，军队散布于阿尔卑斯山前线，但拿破仑将他们集合起来，沿着利古里亚沿海地区、亚平宁山脉那些隘口布置，并按照新的分隔制度将他们合并了起来。这一制度是由直接负责此次战争事宜的督政官卡尔诺批准的，它打破了旧王朝的兵团制度。拿破仑将师细分为旅，而在旅下面是小型旅，相当于 1 个团；每个师都包含了 3 个兵种的部队——步兵、骑兵和炮兵——这一切分办法预示了后来成为其军队组织核心的军团制度。

在这些贫困山区，为集结起来的大部队供应食品并非一桩易事，而在路况如此糟糕和难行的地方，为部队提供补给同样很难。正是由于这一原因，拿破仑知道他一定要行动迅速，一路奋勇前进，进入山丘对面的更加富饶的皮埃蒙特低地地区。事实就是这样。这些限制条件也在很大程度上说明了拿破仑直接面对的反法盟军为何是那种布局，同时也使得盟军需要沿着连绵不绝的山脉防御着一条有着多处可通行隘口的前线。科利率领的 50 000 皮埃蒙特军有一半就是这样沿着 30 英里长的前线分布的，作为其后盾的则是位于第二前线驻地的 10 000 名奥地利军。集结在一处并有机动能力的盟军有 9500 人，为应对督政府的挑衅，这些人进军至沃尔特里，而另外的 500 名盟军则到了阿奎镇附近。尽管在兵员数量和补给方面都处于劣势，拿破仑还是命令部队做好进击准备，他手下的 41 000 名军人都属于机动部队，没有人被束缚在防御阵地上。

拿破仑的策略是发动迅速袭击，但在进军时，又并不像最初计划的那么集中。由于现在已失去了奇袭的大好机会，这就需要拿破仑和贝尔蒂埃花费相当大的功夫协调指挥，因为现在隘口处的敌军已大大超过了督政府鲁莽行事前的数量了。

这一失误导致的结果就是拿破仑不得不提前 4 天在 4 月 11 日发起进攻，但奥地利人的进军也无意中向他泄露了其主力部队的集结位置。需要向热那亚进击的这一认识也扰乱了敌军：博利厄和科利，他们分别是奥地利军统帅和皮埃蒙特人统帅，只收到了特别笼统的指令——将法国人赶退，赶得越远越好——却没有任何明确的军事目标，因而对拿破仑的集中进军他们进行了零零碎碎的回击，即使这些回击很坚决。拿破仑本人也没有接到具体指令，但他在这种情况下看到了机会，他决定制造皮埃蒙特军和奥地利军之间的分裂，然后趁机率领主力部队进入肥沃的波河流域低洼地区。4 月 12 日，他朝着集结在利古里亚地区蒙特诺特镇附近的 6000 名奥地利军队追赶了过去。拉阿尔普率领的部队对奥军发起了正面袭击，战斗由此拉开序幕，但最终却是靠着马塞纳师部冒着巨大风险沿着十分险恶的地形进行夜行军才确保了胜利，马塞纳率军包围了阿根陶率领的奥地利军队，击溃了其主力部队。奥军被迫撤退，1000 多支火枪落入法军手中，这些火枪马上被发给了奥热罗率领的师。奥热罗所率的师之前几乎是在无装备的情况下跟在拉阿尔普后面进军的。

拿破仑现在被拖慢了下来，并差点功亏一篑，一方面原因是遭到了各支孤立的奥地利驻军的顽强抵抗，另一方面是他自己军队无法无天的局面。前者有可能瓦解他的进军，而后者导致正在扼守着重镇迭戈的马塞纳部下分散开来对当地进行大肆抢劫。这使奥地利人又将迭戈镇暂时夺了回去，也迫使拿破仑为巩固前线而不得不腾出时间转移军队。他迅速完成了转移，但这事提醒了他，让他明白他对军队的掌控是何等的软弱，尤其在这样危急的情况下。

刚完成了重组，他就回到了既定战略上：先分割开来，再逐一击破。拿破仑对东边阿奎那里由博利厄率领的数量最多的一支盟军置之不理，而是挥军向西北进发，对科利驻扎在芒多维的皮埃蒙特军发动了袭击，这些人在仓促中将这个镇子——它位于一处令人望而生畏的峭壁上——作为最后支撑。拿破仑又一次运用了急速追击这一制胜手段，因为科利根本来不及布置好稳固的防御阵地。奥热罗新装备起来的师首次投入到战斗中，与他并肩作战的还有塞吕里耶，这位老将率军对敌人发动了冲击巨大的猛攻，一改他加入意大利方面军以前给人们留下的悲观而乖戾的典型印象。科利撤退了，几乎未受什么损失，但拿破仑继续追击他。

在这一点上，我们可以看出，拿破仑的战略既诉诸外交，又诉诸军事力量。他没有折回东面攻击阿奎那里的奥军主力部队，而是在 4 月 23 日沿着塔纳罗河谷长驱直下，直逼防守力量相对薄弱的皮埃蒙特人的首都都灵（罗马）。这使富饶的波河平原出现在了他手下那群饥肠辘辘的士兵面前——占领芒多维的军械库后，他们有了武器，但食物已所剩无几——并迫使撒丁国王维克多 - 阿玛迪乌斯三世不得不派人与他谈判。拿破仑在凯拉斯科停了下来，那里是塔纳罗河和斯图拉河的交汇处，而在通往都灵的道路周围是低地，到了这时他才派拉阿尔普向阿奎那里的博利厄部队挺进，而这时博利厄已开始向奥军设在伦巴第的要塞回撤。无论是外交上还是军事上，维克多 - 阿玛迪乌斯已是孤立无援，于是他提出和拿破仑签订合约。

身为野战司令官，拿破仑并无权力缔结永久性条约，但签订于 4 月 28 日的《凯拉斯科停战协议》使意大利方面军完全获得了它想要的。维克多 - 阿玛迪乌斯的撒丁王国几乎维持不变，这使法国人无须费功夫对这个国家实施治理和占领，他们也无力做这些事，因为他们还要追击奥地利军。确实，他们被获准穿过皮埃蒙特区占领斯图拉河南边的一些关键据点，并能自由在撒丁王国南部地区通行，还有权在那里获得补给。这就相当于被赋予了权力却无须履行职责：皮埃蒙特区地方政府需要为法国人效劳，法军则获得了补给，拥有稳固的后方，最重要的是，他们踏上了一条通往伦巴第奥军要塞的便捷通道。再没有比这更理想的了，而取得这些成果只花了拿破仑两周时间。

1796 年 4 月征服意大利战役第一阶段取得的结果并非是完美的，但由于指挥它的是一个新人，它越发地显得非凡。对皮埃蒙特区的征服过程显露了拿破仑未来军事行动上的标志性特点。这次军事行动迅速、果断，主要依赖于攻势，正如乔纳森 · 赖利敏锐指出的，它表明“包抄已成了拿破仑最喜欢用的战术策略”。[11]

督政府的莽撞行事使他从指挥官生涯的一开端就成了一位“临危受命的救火队员”，而他把这变成了自己的优势，但也只是刚刚做到而已。而且，由于拙劣而咄咄逼人的外交政策，他所接手的是一个相当麻烦的烂摊子。但两个星期后，通过《凯拉斯科停战协议》，他成功地使他自己和他的军队摆脱了这个烂摊子。他所凭借的不仅是他的聪明才智和即兴发挥的将才，更是借助精明的外交手腕，就像来到高卢人当中的恺撒一样，它体现于执行恰当措施时的恩威并施。仅仅两个星期内，他那人数有限的军队就获得了让人眼前一亮的诸多胜利，巩固了后方，为他以后的进军创造了诸多可能性，还获得了士兵们急需的供给；他通过外交手段成功分化了敌军，并把处于第二等级的强大势力——皮埃蒙特军——从此逐出了战争行列。这一模式将在未来反复出现。对于一位初掌指挥权的年轻人来说，这是一个惊人的开端，但也只是开端而已。真正的对抗还没来临。

《凯拉斯科停战协议》使拿破仑得以沿着不设防的波河南岸向东进军。这一举动，而不是翻越亚平宁山脉，才是真正至关重要的迂回敌侧。率军沿着南岸进发的他目前还无须涉渡从阿尔卑斯山上流淌下来、从北岸汇入波河的一系列难渡的河流。如此一来，拿破仑就能迅速行军并深入意大利，而他正是这样做的。5 月 3 日，他在瓦伦扎，奥军统帅博利厄已在那里完成军队重编，在附近创造了一次牵制性机动行动，而与此同时他亲自带领一支精锐先遣部队向东急速推进来到皮亚琴察，法军正是在这里渡过波河的——又一次实现了翼侧包抄，并差点完全包围了博利厄——渡河时间是 5 月 7 日。先遣部队被交给了让 · 拉纳指挥，他是一位机敏过人的加斯科涅人，在迭戈的战斗中引起了拿破仑的注意。通过一次谨慎而又充满曲折的军事行动，拉纳在皮亚琴察建起了一个桥头堡，这显示了他的卓越能力。博利厄迅速做出反击，拉纳带领着自己的小部队死死地守住了桥头堡，迫使博利厄不得不回撤。他迅速有效的行动促使奥热罗和拉阿尔普所率领的部队几个小时内就过了河。随后发生了一场激烈的遭遇战，拉阿尔普不幸被己方炮火击中并死去。博利厄虽然逃脱了，但法军已渡过了波河，对他形成了侧翼包围。拉纳从此开始崛起，后来成了拿破仑手下最多才多艺的司令官，并最终在 1809 年

的阿斯佩恩 - 艾斯林战役中死亡。

博利厄渡过波河朝东北方向撤退，回到奥地利所属的伦巴第省内。这等于回到了传统上保卫意大利抗击西部侵略者的“安全地带”。人们用军事术语“四角地”来称呼这一地区，因为它的四个角落分别由四个坚固要塞拱卫着，它们分别是明乔河畔的曼图亚和佩斯基耶拉，以及阿迪杰河畔的维罗纳和莱尼亚戈。这几个要塞中只有曼图亚真正属于奥地利，其他三个都属于威尼斯共和国，但一旦奥军往东再进一步撤退时，另外三个要塞就得进入防御状态。这块四角地历来就是一个对进犯伦巴第平原和富庶的米兰市的军事力量进行遏制的据点。《凯拉斯科停战协议》为拿破仑提供了一个非常有利的战略机会，使他能沿着波河南岸较为平缓的地形一直前进到皮亚琴察为止，但也就仅此而已，它只是一个机会，而非决定性的优势，因为拿破仑迟早要不得不直接面对波河北岸的奥军。但要这样的话，就得涉渡多条河流，同时他北边是阿尔卑斯山的多处隘口，奥军可以撤退到那里，而且他们能通过这些隘口从帝国的腹地获得援军。奥军同时还扼守着曼图亚棱堡，从那里他们可以对法军的交通线进行骚扰。当拉纳巩固了皮亚琴察的桥头堡，其余部队随他跟进之时，法军所面临的就是前述形势。

高山脚下，伸展在许多条支流之间的就是面积广阔的波河流域。这里的低地曾是名副其实的“战争之乡”，可以和佛兰德斯的田野相媲美——都是些广阔、平坦、容易调遣军队的平原地区，就像佛兰德斯一样，这里是两个强大的敌对势力——法国波旁王朝与哈布斯堡王朝之间的走廊地带，是双方常规军进行正面碰撞的地方。但到 18 世纪 90 年代时，这一局面不再存在。从 17 世纪末开始一直延续到 18 世纪的农业革命为这一地区引进了水稻和玉米，也导致该地区人口大大减少，当地从此稻田遍布，但假如疏于耕作，或任其荒芜，这些稻田很快就会退化成泥泞遍地、疟疾丛生的沼泽。春天时，意大利方面军推进到了这一片“要命的田野”，当时他们已是全身湿透，被蚊虫折磨得难受至极。不过，他们总算能敞开肚子吃饭了，虽然连粮食也是抢来的，这是事实，代价也是巨大的。这个代价就是他们要与“泥沼将军”来一场搏斗，它比任何游击队给行军部队造成的烦恼都要大。事实上，法军通常不得不在泥泞中艰难缓慢地行进，拿破仑据此杜撰出来的，也是一直留存于人们心目中的军队形象是这样的：部队雄赳赳气昂昂地跨过了一座又一座大桥。摆在他们面前的是各种各样的障碍——又软又湿的稻田、水流湍急的河面上的窄桥，又一次面临的陡峭高山——但都被他们一一征服了。现实中的他们要比人们在故事中所讲的更加英勇无畏，事情往往就是这样，而拿破仑也清楚这一点。他对浑身湿透的士兵们大加赞赏，并给了他们大量的战利品，但他向国内汇报时却增添了更为光彩夺目的内容。

奥地利军队决定避免这一切的发生，他们小心翼翼地逐步回撤到隘口处，意在诱使拿破仑跟着他们穿过那片潮湿难行的平原地区。奥军在主要桥梁处集结了后卫部队，并在曼图亚建起了坚固的要塞，但几乎完全放弃了地区首府米兰城。在波河与阿达河流域之间发生的战斗展示了拿破仑军队——就这次战争而言，主要是步兵和拉纳率领的掷弹兵——跨越沼泽地急速追击敌军的突出能力。阿达河是波河北部支流当中拿破仑首先需要渡过的一支。对撤退敌军发起不依不饶、迅速得出人意料的追击，后来成了拿破仑战役的标志性特点，而发生于洛迪的这一早期战例迫使奥军仓皇逃到了阿达河的另一边。

拿破仑选择了稍后在 11 月份于阿科拉 - 曼图亚附近阿尔彭河上的渡桥之战——进行的一场类似的、但并非特别重要的遭遇战大加渲染，但其实洛迪之战才是他作为指挥官在前线取得的一场真正的胜利。奥地利炮兵火力控制了阿达河上的洛迪桥，以及从高处延伸至桥面的堤道，拿破仑军队靠着无比的勇气才夺下了这座桥。拿破仑、马塞纳、奥热罗，甚至包括专门负责案头工作的贝尔蒂埃，每人亲自带领一支步兵纵队，冒着敌军的炮火同时跨桥和蹚水过河。这一切发生在他们艰难地穿过湿地几小时之后。这是集体努力带来的成功，正如随后的官方宣传所表明的。拿破仑后来对阿科拉之战——它因安东尼 · 让 · 格罗创作的描绘拿破仑独自率领冲锋部队前进的油画而永享盛名——的自吹自擂不过是供普通民众消遣罢了。但在洛迪之战后，他的优秀部下令他不必再独自冲锋陷阵，他自己也能够按自己的想法向广大市民塑造自己的形象。现在，军人们都知道了他能手持利剑与他们一起并肩战斗。他的军官们对他早已有一种信任；从此以后，对他们来说，他是一个传奇人物。洛迪之战标志着“拿破仑军”的诞生，使他和士兵们产生了一种深厚关系。与他切身相关的一点是，博利厄撤退了，更重要的是，通往米兰之路已畅通无阻。

正是在洛迪之战后，拿破仑后来说道，他第一次感到伟大在向他招手——“我开始相信自己是非凡人物”。这一点马上得到了检验。军队甚至还未抵达米兰，巴黎方面就传来指示，要对意大利前线的指挥权进行分割。拿破仑需要带领一支兵力大为削减的军队南下，以威胁托斯卡纳那里的几个小国和教皇国以及它们所拥有的象征性军队。与此同时，意大利方面军主力则需要与阿尔卑斯山方面军进行合并。在此之前，阿尔卑斯山方面军在经验丰富的凯勒曼的率领下已紧随拿破仑之后来到了意大利。根据巴黎的指示，凯勒曼将承担起对隘口处的奥军发起进攻这一主要任务。拿破仑坚决反对这一指示，最终他的反对意见被采纳。这件事不但表明了他作为战略家具有的坚定信念，而且显露出他在玩弄政治权术方面的新本事。他争辩说，在战局最有利的时候分割指挥权是一件危险的事，而在当时的局势下，这么做尤其危险，因为我方仍不清楚敌军的意图，而奥军仍可以选择从几个不同地点展开攻势。他知道卡尔诺懂得战略，于是从洛迪向他写信说，“……拥有一个蹩脚的将军比同时拥有两个优秀的将军要好。战争就像执政一样，关键在于机智……然而我真的不想在 8 天之内就失去两个月以来带着疲惫之躯冒着重重危险和困难而获得的成果，也不想看到自己落入陷阱之中。”[12] 对于督政府，他强调说，博利厄还远没有被打垮，曼图亚依然是一个威胁，现在将军队进行拆分是危险的，此外，由于莱茵河畔法军的延误，未能重新发起攻势，这导致奥军得以进入意大利，使博利厄获得了 10 000 名援军。[13] 两天后，他从米兰写信给督政官们，几乎是用一种冷静的讽刺轻描淡写地告知他们：“我已向你们送去了一张价值 60 万里弗赫（法国旧时流通的货币名，当时价值相当于 1 磅白银——译者注）的汇票。也许你们会用得上。”[14] 在诉诸理智的同时，他还诉诸人性的贪婪，这对他来说不是第一次，也不是最后一次。他仍旧掌握着指挥权，此外，还获得了凯勒曼带来的增援部队——这是巴黎方面头一次给予意大利方面军这样的待遇。

拿破仑现在还是伦巴第区省会米兰城的主人，该城将成为他掌握的第一个权力基地。法军进入米兰城是一件奇怪的事，但它是当时和不久之后意大利北部事态的有力证明。事业发达而富裕的米兰人目睹一群衣冠不整、无吸引力的军人在一个同样衣衫破旧的年轻人的带领下进了城，但无论怎样，走在他们面前的仍是一支胜利之师。米兰是意大利方面军迄今为止见到的最大、最富庶的城市。它的人口在 111 000 到 120 000 人之间——比大多数法国外省城市的人口都要多上一些——占据支配地位的是经商的中产阶级，精耕细作过的伦巴第平原丰富的农业物产以及米兰城交通枢纽的位置为这些人带来了财富。早在久远的过去，这一位置就造就了米兰城的富庶，虽然它只是一个地区性中心城市。在很大程度上，米兰仍是一个中世纪城市，其精英阶层依然满足于古代遗留下来的宏伟景观。这个城市罕有大型露天场所，但却拥有丰富的古代建筑遗产。[15] 在当时，一如现在，富丽堂皇的圣母玛利亚大教堂俯瞰着整个城市。它是一座巨大的哥特式建筑，其外部由错综复杂的雕塑群与雕工精美的窗格形成——其顶上则是金光闪闪的圣母雕像——建筑内部则不加修饰、非常简朴。它的主体是在米兰城 16 世纪伟大的革新派大主教圣卡罗 · 博罗梅奥的努力下而完成的。过去的米兰也许缺乏现代化产业——那里的手工艺人阶层至今仍依赖小规模、高质量的产品而生存——那里的商人阶层也许有着浓重的地方主义倾向，但到 18 世纪时，米兰城已成了意大利启蒙运动时期的非官方首都。法军当中有较高修养的人都被它迷住了。亨利 · 贝尔，其笔名司汤达更为世人熟知，当时随着拿破仑部队来到了那里，他爱上了这个“能与一个人的全部梦想相媲美”的城市，爱上了那里美丽的建筑，尤其是斯卡拉大剧院，“全世界首屈一指的剧院”。[16] 然而，普通士兵不是这样看的。法军所看到的是一个软弱娇气、毫无防守之力的社会。他们很快就将这里看作是一个堕落的地方，尽管这里有无数的物质财富，但还是比不上法国，因为法国造就了一群能饿着肚子打仗、穿着烂靴子勇往直前的军人，而要是遇上没靴子可穿的时候，就靠着长满老茧的赤脚行军。他们对这座城市及宗教的轻蔑至今仍能从他们留下的涂鸦中看出来。他们用刺刀在大教堂西门边上的那些美丽雕塑上乱刻乱划。对拿破仑而言，他看到了属于自己的机会，这将使他不再只是一介军人。正是在米兰，拿破仑一夜之间将自己从一名受到感召的“掮客”变成了一个梦想家。他将米兰看成了他未来的首都。

然而，战斗仍需进行。对于博利厄仍对法军构成威胁这一点，拿破仑没对巴黎方面撒谎。他当即派军包围了曼图亚，并率军向东北部推进，追击奥军主力。这一次，拿破仑置自己于危局之中，正如之前在皮埃蒙特区时他使博利厄和科利处于危局一样——部队在低地干坐着，而隘口处的敌军随时能够发起突袭。他是第一次处于守势。他的对手们拥有更多的选择：他们不仅能从所在的阿尔卑斯山的个别或所有隘口处发起进攻，并能轻易地回撤到安全地带，而且他们发起的任何一次成功的进击都有可能导致曼图亚要塞多达 12 000 人的奥军突围出来，从而使法军后卫部队陷于混乱。更糟糕的是，博利厄能从奥地利那里源源不断地获得援军及补给，这是拿破仑无法相比的地方。所有这些都是拿破仑在评估胜算时所要考虑的。

拿破仑在 7 月份对曼图亚发起的第一次包围战在损失 179 门大炮之后被迫放弃。之所以要丢弃这些大炮是因为他要迅速转移军队，以反击从阿尔卑斯山扑过来的一支奥军。这次围攻的代价非常巨大，因为它使拿破仑失去了几乎所有的辎重。他们掠夺来的艺术珍品和奥热罗从托斯卡纳诸小国和教皇国勒索来的巨额赔偿金——在 6 月份的一次与野蛮入侵相差无几的南下远征中获得的——给督政府留下了相当深刻的印象，但这却导致前线缺乏急需的资源。经过惨痛教训之后，拿破仑认识到，他不能一边包围曼图亚，一边又同时遏制敌军主力部队的攻击。现在，来自阿尔萨斯的骑兵出身的维尔姆泽取代了博利厄的位置，并带来了 25 000 名援军，又从生活在阿尔卑斯山的蒂罗尔人那里和特兰托市周围征召了一些新兵，使奥军总数增加到了 50 000 名左右，虽然遭到拿破仑军队重创的那部分军队士气低落，并需要进行整编，但这位奥军新统帅将全部军队分成三支纵队前来驰援曼图亚：其中两支各沿着加尔达湖的一侧湖岸向下进发，而第三支则沿着布伦塔河流域向东进发。奥军将法国人驱逐出了维罗纳，而现在维尔姆泽又行将毁灭法军所取得的一切。

随后，法军不得不奋力最后一搏，但它再次证明了拿破仑着重强调的集中指挥这一思想的正确性。他现在唯一的希望就是协调好自己的防守兵力，挡住维尔姆泽发起的相对来说较为不合时宜的突击，而他做到了这一点。马塞纳首当其冲受到科斯达诺维奇纵队发起的首轮攻击，并击退了科斯达诺维奇；拿破仑谨慎地布置好了奥热罗的位置，让他保护自己的侧翼，而当维尔姆泽企图包围马塞纳并与科斯达诺维奇——此时他已不在战场上——会合时，奥热罗在卡斯蒂廖内高地拦住了他，时间是 8 月 3 日，这一战通常被认为是拿破仑作战方式的典型。将最优秀的司令官之一布置在因暴露而易受攻击的侧翼附近，从而确保自己两边侧翼不被打垮，这成了拿破仑战术的标志性特征。维尔姆泽不清楚科斯达诺维奇纵队的所在地，但拿破仑却完全清楚己方兵力的位置。他因而能够命令他的 3 个师——总兵力达到了 30 000 人——统一向现已孤立的维尔姆泽所率领的 25 000 人部队进逼。通过统一指挥，拿破仑将之前兵力上的劣势变成了现在的势均力敌，但维尔姆泽对此并不知情。马塞纳和奥热罗在急行军之后终于将部队会合在了一起，他们正面承受了奥军的进攻。与此同时，塞吕里耶封锁了维尔姆泽的左翼，这使维尔姆泽别无选择，只能沿着河谷回撤，即使后来艰苦作战，突破了马塞纳部的封堵，他仍有被切断后路的危险，假如那样，将进一步拉开与支援部队的距离。法军在 8 月 7 日夺回了维罗纳。拿破仑方面死伤约 6000 人，而奥军则死伤 16 700 人，4000 人被俘。[17] 在法军方面，上层决策迅速而清晰，与之相配合的有艰苦卓绝的行军和军队勇猛的战斗力。从各种意义上说，法军已取得了巨大进展，而且表明，他们不仅能应付由各方面都占优势的敌军造成的压力，还善于处理艰难局面下的复杂指令。大卫 · 钱德勒恰当地总结道：“拿破仑迅速形成了自己的那一套作战方法。”[18] 因此，从头到尾都是整个部队在作战。

然而，奥军还远没有完蛋，9 月底时，另一位奥军元帅阿尔文齐冲破法军防线，来到了曼图亚。拿破仑又一次精心调遣，通过艰苦卓绝的行军将阿尔文齐军队切断，将他困在了曼图亚。11月初，两路奥军在科斯达诺维奇和阿尔文齐的率领下分别从阿迪杰河河畔和特兰托市向法军发起了攻势，试图再次给曼图亚解围，这一次他们差点成功。最初时，法军的前进被阻住了，损失惨重，而阿尔文齐方面则获得了增援，现在他们在战场上共有 23 000 人的兵力。拿破仑这时则采取了他的标志性策略——“进击敌军后卫部队”。拿破仑沿着阿迪杰河向北直上，绕到了阿尔文齐背后，切断了他的交通线，逼着他停止了前进，敌人不得不在法军所选定的阵地上与法军展开了交锋，交战地点在阿迪杰河与阿尔彭河之间一片狭窄的湿地上。这就是自 11 月 16 日至 18 日发生的激烈的阿科拉战役，它持续了 3 天之久。尽管后人生动呈现了拿破仑在战争中的英勇形象，但战争却是以奥军全身而退而告终的，即使他们也受到了沉重打击。第一天时，拿破仑本人的确手握旗帜向桥头发起了冲锋——在敌军的顽强抵抗面前，这可谓是英勇之举，也是孤注一掷的表现——但遭到了参谋们的制止，因为实在是太危险了。

阿科拉战役结束了，而阿尔文齐依然安然无恙，他占据着高山上的几个隘口，仍能从 3 条线路向曼图亚奔袭而来，此时维尔姆泽仍在坚守着曼图亚；阿尔文齐又获得了支援，现在他的兵力达到了 45 000 人——与意大利方面军旗鼓相当——但拿破仑需要分遣 10 000 名军人去包围曼图亚。巴黎方面有着宏伟的计划，一心想要拿破仑率军向维也纳进军，但事实上，除了挖好沟壕，坐等奥军下一次发起进攻时勉力应对，拿破仑没什么其他选择。1797 年 1 月，奥军的进攻来了，阿尔文齐率领 28 000 人沿着阿迪杰河前进，与法军在利沃里相遇。那里是个有利的防御阵地，阿尔文齐只有通过狭窄通道才能接近。在主要战斗中，奥军起初成功切断了拿破仑的主力部队，但他的突围——当中使用了借助骑兵和步兵的突击战术——造成了奥军的分散，使他们与另一支直接奔向曼图亚的纵队隔断开来。拿破仑不得不返回对付那支纵队，而此时奥军仍在利沃里作最后的抵抗。拿破仑将利沃里的法军交给了儒贝尔指挥。事实证明他的信赖是有道理的：奥军被困在了狭窄的峡谷里，超过 11 000 名奥军被俘，与此同时还有 3000 名奥军阵亡或受伤。

撤退是奥军唯一的选择。这首先是属于步兵部队的一场胜利；通过旷日持久的近身战斗，意大利方面军击溃了奥军，原本总兵力达 48 000 人的奥军生力军到最后只剩下 13 000 人，这些残余部队四散逃走。这一次再也不是井然有序的战略撤退了。最终，奥军遭遇了彻底溃败。最后，2 月 2 日，曼图亚要塞连同 30 000 名奥军有条件地向拿破仑投降了。

现在，整个意大利北部都在拿破仑掌握之下。他做的第一件事就是袭击教皇国——他对近期“和平红利”的一种本能反应，借助法军的这次战事从教皇那里勒索了 3000 万法郎——并提醒巴黎方面，这么做是值得的。督政府最终同意了。意大利现在被视为是法军军事行动的主要舞台，因为正是拿破仑带领法军赢得了一系列胜利，使维也纳处于法军的攻击距离之内，而不是他的莱茵方面军对手奥什与莫罗他们。拿破仑本人在蒂罗尔外围属于威尼斯的阿尔卑斯山山区休整。意大利方面军的兵力已增至 80 000 人，他们翻过了阿尔卑斯山，再次处于攻势当中，“沿着山坡”一路往下进军，正如一年前在皮埃蒙特时的情况。奥军又有了新统帅，奥地利皇帝弗兰茨一世的儿子查理大公，他后来成了拿破仑最难对付的对手之一。他们第一次交锋时，他就逼着拿破仑冒着巨大风险从的里雅斯特大本营率军而出，拿破仑本人也差点被切断了与大本营之间的联系。拿破仑抵达了莱奥本，离维也纳仅有 75 英里远，但他知道他处于何等危险的境地，于是转而采取外交手段。他向奥军方面提出了停战协议并获得了同意。他认为，法军在莱茵河畔有可能发起的攻势将会给维也纳造成巨大压力，所以他打赌奥地利方面肯定会与他签订一个永久性和约。在暂时性停战的最后一天，随着奥什与莫罗准备就绪，随时能率军渡过莱茵河，奥皇弗兰茨一世终于同意与法国缔结永久性和约。直到 1797 年 10 月 17 日双方签署了《坎波–福米奥和约》。这一和平协议正式生效，战争就已结束了。很便宜的一点是，拿破仑的这场豪赌以一招极为漂亮的边缘政策手法而结束。

在阿尔卑斯山下发生了诸多事情，所有这些无论是对拿破仑，还是对未来的欧洲历史都有着极为重大的意义。正如拿破仑生涯中所常见的，喧哗的战争掩盖了另一些更有深远意义的事件。

“大后方”：意大利人的叛乱

与拿破仑军队闪电般突进到意大利相伴随的还有另一种完全不光彩但却永难消除的行为。行军中的法军部队所到之处造成了巨大破坏，引起了平民们的怨恨和抵抗，之后在战争后方这些事情再次爆发。农民们遭到掠夺、强奸和随意杀害；他们对法军做出了相应的报复——在地形允许的情况下——搞游击战，伏击法军，以及种种几近盗匪的行动。1796 年 5 月，随着法军进入“世界上最肥沃的平原”，就连在缺乏掩蔽、有重兵把守的中心城市，如维罗纳、帕维亚、里米尼和卢戈，都有人企图做出抵抗，即使这一后果——法军的残酷镇压——几乎是必然的。这也是法国大革命传下来的拿破仑从未能摆脱的一种作风，但在后来，为改变这一作风和安抚民心，他将投入相当多的时间与精力。一年的令人恼怒的军方征用和专横的军事占领，而且据传闻，地方保王党官员与亲法“雅各宾党人”在这一切当中扮演着同谋角色，由于这些原因，从 1797 年春季到夏季，在皮埃蒙特阿尔卑斯山区及亚平宁山脉的山谷里发生了一系列规模很小但却极为野蛮的暴动。阿尔卑斯山隘口的半土匪性质的地方民兵重新组织了起来，只不过他们是从山口出发向东作战的；利古里亚边境地区的土匪兼走私犯——一直以来是撒丁国王维克多-阿玛迪乌斯三世的肉中刺——这时成了撒丁国王的捍卫者了。虽然处在占领者的眼皮底下，中心城市也爆发了起义。波河流域的大城市维罗纳在反抗法国占领军方面最为凶猛。4 月时，维罗纳民众发起暴动，杀死了 400 多名法军。随后该城遭到了洗劫，这是不难预知的，但维罗纳起义将会带来更深远的影响。维罗纳是威尼斯的领土，而这次起义为拿破仑提供了一个借口，使他在仅仅几天之后签订的《莱奥本停战协议》中废除了整个威尼斯共和国。这一早期事件表明，除诉诸野蛮武力之外，拿破仑无法维持他所占领区域的秩序。

而这随着战事成了当务之急，拿破仑对平民抵抗行为的主要态度，简洁体现在他针对这个问题而说过的最有名的一句话：“烧掉一个村庄”。它并非是一句空话。这方面的一个不幸例子就是伦巴第的比纳斯科村。1797 年 5 月 25 日，法军来到这个村庄处理当地前一天发生的暴动，他们屠杀了 600 名左右反抗他们的农民，并将村庄夷为平地。它很难说是由社会革命的巨大力量所毁灭的第一个村庄，也不会是最后一个。但为了彰显他的意志，拿破仑使这个村庄变得无人不知。比纳斯科事件是了解拿破仑在那个春天心态的一个窗口，同样，它也是一项政策声明。他本人写给贝尔蒂埃的简洁明快的汇报最能说明这一点：

> 一场反对我们的巨大阴谋正在形成：米兰、帕维亚、科摩这些城市全都在同一时间发生了暴乱，要推翻我们……在返回（米兰）途中，经过一条通往帕维亚的旁路时，我们遭遇了来自比纳斯科的 1000 个农民，我们打败了这些人。杀死这 1000 人之后，我们烧掉了那个村庄，这是一个可怖的例子，但也是有效的例子。再过一个小时，我们将行军前往帕维亚，据说当地人仍在抵抗我们。[19]

帕维亚的确在抵抗，当地的民兵英勇无畏地反抗着拿破仑手下的老兵们。5 月 26 日，拿破仑对这个城市发起了猛攻，该城的武装男子很快被全部杀光。“照我看来，你杀死的都是战俘。”在信中他这样无动于衷地给他的一位下属德皮努瓦写道。[20]随后所发生的事情才真正令人不寒而栗。他将该城交给了手下的部队，放任他们在 24 小时内肆意妄为，其中包括强奸妇女、掠夺财物以及随意杀人。假如他不能像毁灭比纳斯科村那样毁灭掉一个大城市的话，那么他就挖去它的心脏。

乍看这只是一支身处异国险地的疲惫之师因震惊和恐惧而犯下的报复行径，但事情没这么简单。拿破仑在发给部下的指令里言不由衷地提到了诸如尊重“意大利东道主”的宗教信仰和风俗习惯之类的陈词滥调。他们毕竟是来解放意大利人的，但事实上，随着他们进军来到天主教信仰中心地区，对部下们亵渎教堂、男修道院，甚至包括女修道院的行为——意大利方面军尤其喜欢恐吓修女们——拿破仑却很少加以制止。正如蒂姆·布兰宁所说的，“怒火常常压倒了谨慎。”[21]

在拿破仑手下长期服役而又最冷酷无情的士兵当中，很多人实际上是巴黎无套裤汉（sans-culottes，法国大革命时期对民众流行的称呼——译者注）中的残余分子，信奉激进的雅各宾主义的冲锋队员。他们对教会有一种根深蒂固的仇恨。他们对信仰天主教的人和乡下人的残暴有其来源：早在恐怖统治时期，他们就曾为获取粮食而对巴黎郊区进行过大扫荡，而在收复像里昂和土伦这样的叛乱城市时，他们也曾血腥镇压过那里的联邦党人的叛乱。拿破仑既不去改变这些人的观念，也不去制止他们的行为，因为他也有着相同的观念。

他们对意大利文化的轻蔑总是显而易见的，而有时这种轻蔑也不乏确凿证据。1797 年 2 月时，拿破仑再次折转向南，对教皇国发动了袭击，一部分原因是想吞并属于教皇的亚得里亚海港口城市安科纳，并入他在 4 月份即将宣布成立的奇斯帕达纳共和国。该共和国是他对摩德纳公国和博洛尼亚附近的教皇领地进行分割而形成的。7 月份时，他又把奇斯帕达纳共和国合并到了奇萨尔皮尼共和国，这是他从奥属伦巴第区划出来的一个共和国。在 2 月 10 日写给督政府的一封信中，他称教皇国是“世上最荒谬的政权”。[22]这一看法并非是一种仇视教会的普通偏见，而是有具体原因的。就在前一天，或许是头一次，拿破仑偶然遇见了一群组织有序的犹太人，因为安科纳那里有一块西欧最大的犹太人聚居地。就如整个教皇国的情形一样，犹太人生活在指定的犹太人区，一到傍晚就实行宵禁，而且还被迫在肩上佩戴黄星布。正如当代犹太编年史所证实的，拿破仑当即派遣一支由犹太士兵组成的分遣队拆掉了犹太人区的围墙，并撕下犹太人所佩戴的黄星布。他使犹太人摆脱了教皇所颁布的各种限令，因而受到犹太人社群的热烈欢呼。后来，他邀请安科纳的一个犹太代表团去米兰拜访他，他在那里热情接待了这些人。[23]与此同时，他任命三位犹太人担任市议会议员，并通知巴黎方面说，“我的计划是尽量将所有犹太人集合在一起”，从而将安科纳变成奇萨尔皮尼共和国的贸易中心，与中东展开营利性的贸易往来。[24]不管后来拿破仑曾怎样努力地想要安抚教会，但他对安科纳的造访进一步加深了他对意大利天主教的蔑视。

人们经常认为，出身于科西嘉这一背景使拿破仑对意大利人有一种天然的好感，但与此截然相反的情况似乎才是实情。拿破仑熟悉那个信仰天主教的地中海社会，但他早已背弃了它，并开始鄙视那个世界。然而，他早已割断的联系却帮助他与下属们建立了一种有用的关系。他的下属们对他们周围的世界有一种根深蒂固的轻蔑以及某种新产生的恐惧。由于他想在伦巴第区实施自己的计划，这一点变得更加真实。他想要将那里的人民，无论贫富，无论是农民、中产阶级还是贵族，全部教化成法国人，正如他对自己家人所做的那样。这是他第一次将革命时期的法国对欧洲其他地区所怀有的“教化使命”融入个人政治生活中。在他所经之处，城市和乡村化为灰烬，但他征服意大利，并在那里建起一个新法国的决心依然坚不可摧。距离比纳斯科那里的腐烂尸体和冒烟火堆仅仅几英里之处，在他那壮观的新司令部蒙贝洛宫中，拿破仑将为他建立的新国家颁布宪法，展望一个新意大利，一个新社会——同时也展现一个新的拿破仑。

蒙贝洛宫：公共与私人领域的交汇处

《莱奥本停战协议》的议程表明，到 1797 年春天时，拿破仑和他的国家已经取得了多么大的成果，尽管协议的存在也表明双方各有弱点：作战双方拿破仑和奥地利方面不得不停止交战，后者原本稍占优势，但奥什和莫罗在关键时刻的出现打破了双方的僵持。他们战胜了莱茵河畔与瑞士境内的俄奥联军主力。不管怎样，拿破仑和他的上级们至少获得了充裕的时间，可以停下来思考一下，并巩固自己的所得。

拿破仑——而不是督政府——目前控制了意大利北部，假如奥皇弗兰茨一世想收复这些地区，那他就得在枢纽要塞曼图亚业已丢失的情况下进行战争。实际上，他已经失去了奥属尼德兰、莱茵河左岸地区以及对瑞士的军事控制。这并不是说弗兰茨一世再也无法夺回这些地区——很快，仅仅两年后，他将收复这些地区——

但拿破仑比他更清楚这一点。两个因素促使拿破仑从《莱奥本停战协议》生效时起直到11月份正式在坎波福米奥订立和约这段时间偏离了他在巴黎的上级们强迫他遵行的外交方针。两个原因里最显而易见的一个是军队的虚弱状况。在阿尔卑斯山长期作战之后，他的部队已经攻克了所有能攻克的地方，该是休整和补充兵力的时候了。因此，拿破仑比巴黎方面更清楚，现在不宜向奥方提出苛刻条件，也不宜过分招惹对方。督政府的政策总是变化不定的：假如军队打了胜仗，他们只想着在谈判中狠宰对方，但巴黎方面并不清楚战争的代价——他们也不想知道这一点：军队总得需要休整。正如史蒂文·英格伦所说的，“他很清楚，这场冲突最具决定性也是最重要的战场是在铺着绿毛毡的谈判桌上，而非某个阿尔卑斯山山谷里”。[25] 然而，对拿破仑来说，是什么令双方最后的交锋——对巴黎方面来说，几个月前在第二前线展开的这场交锋至今仍然还是次要的——变得如此重要呢？是拿破仑在议和方面学到的经验，这是第二个原因。尽管拿破仑在战场上多次取得胜利，督政府却从不对意大利前线正眼相看，但对于拿破仑，意大利前线就是他的一切。拿破仑，而非督政府，才是与意大利那里的情况息息相关的人。巴黎方面只想看到奥军死了多少人，法军从意大利抢来了多少战利品；而拿破仑现在在意大利北部建立了属于自己的国家——一块领地和权力大本营。奥地利方面在坎波福米奥的主要谈判代表，资深外交官科本茨尔曾这样问拿破仑：“为什么你更有兴趣处理那几个小共和国的事儿，而在与我们打交道时却兴味索然？”[26] 不久之后人们就将知晓答案，但饶有趣味的是，即使欧洲最睿智的政治家们当时也并不清楚这一点。拿破仑设法掩盖了他新获取的既得利益之所在，并学会了如何通过谈判来保护个人所得，同时又不显得过于自私。为保住他新获得的权力大本营的核心地带，他在和约中同意将威尼斯共和国——也许是当时历史最悠久的欧洲国家——并入奥地利。

对于拿破仑拿威尼斯来做交易一事，意大利的“雅各宾党人”深感震惊并极度恐惧，而拿破仑也为此遭到几乎所有历史学家的一致谩骂。然而，当时仅有一位督政官反对这一交易，而就政治上的讨价还价的本质或是拿破仑本人的行为而言，这根本算不上是史无前例。在必要时，他曾温和地对待过热那亚和皮埃蒙特人，而当巴黎方面渴望战利品时，他又对托斯卡纳和教皇政权施加过严厉手段。现在他再次顺应了环境。拿破仑似乎觊觎过威尼斯——他与教皇政权及撒丁国王维克多－阿玛迪乌斯打交道的整个过程揭露出，他是何等渴望扩张奇斯帕达纳共和国及后来的奇萨尔皮尼共和国的疆域，为此他不放过任何一个机会——但在坎波福米奥谈判时，他不得不拿出一些东西作为交易筹码。为了继续持有他能保住的一切，他需要拿这些他本人——而非巴黎方面——拥有赠予权的东西去交换。

在处理威尼斯的问题上，与其说拿破仑抛弃的是雅各宾主义，不如说他抛弃了雅各宾派所深恶痛绝的政敌——1793 年春遭到罗伯斯庇尔残酷处决的吉伦特派——的外交政策。法兰西共和国早已抛弃了 1791 年至 1792 年间近乎疯狂的理想主义作风。当时，法兰西共和国曾做出狂热的煽动性承诺——“为村舍带来和平，但要向城堡发起战争”，此外，还要将欧洲从旧秩序下解放出来。1792 年，当吉伦特派部长们向法国之外的整个世界宣战时，罗伯斯庇尔曾对这些人说，没有人喜欢全副武装的传教者，但当时几乎仅有他一人发出过这样的声音。经过维罗纳、帕维亚以及比纳斯科的惨痛教训，拿破仑切身认识到了这一教诲。真正令人惊奇的是，他到底还是将有关奇萨尔皮尼共和国的建设性计划坚持了下来。哪怕是要对这些改革做一番遐想，他也得保住伦巴第。

从拿破仑的个人角度来看，坎波福米奥谈判的关键是要将他军事上的弱点与他在意大利北部新获得的个人利益结合在一起。对后方来说，这一点同样适用。意大利民众极度憎恨法国人，而维罗纳起义就是这种憎恨的最激烈体现。当时存在一种非常实在的可能性——对此，拿破仑不愿承认，即使是对他自己——那就是，在当时的情况下，试图建立一个过于庞大的国家将会严重削弱他的掌控力。他将面临巨大的损失，而同时又无力保卫获得的一切。不管历史学家们是怎样冷嘲热讽地看待这两次谈判结果，从他个人的发展史来看，在莱奥本和坎波福米奥举行的和谈表明拿破仑是有能力做出妥协的。由于他在协议中将威尼斯割让给了奥地利，从此他一直遭人憎恨，尤其是意大利民族主义者。但假如 1813 年至 1814 年间，他汲取了最初时期的这些外交经验的话，历史可能会被完全改写。从 1805 年至 1809 年间他所取得的一系列令世人瞩目的辉煌胜利导致他失去了这一能力。看得太清晰也许会使人变得尖酸刻薄，但至少这么做是实事求是的，也是如实地看待这个世界，而非执着于愿望。坎波福米奥和谈的一个最大讽刺是，它与 1814 年反法同盟在维也纳会议上采取的外交及重新调整国际秩序的手段如出一辙，而正是这些手段导致拿破仑霸权四分五裂。

从阿尔卑斯山前线归来不久，精疲力竭的拿破仑将司令部设在蒙贝洛宫豪华的附属建筑，一座雅致的 18 世纪别墅内，那里离科摩湖不远，就在米兰的北边。在哈布斯堡王朝时，这里曾是政治家们的聚会地，类似于现代的会议中心。拿破仑在那里的所作所为既出人意料，又非比寻常，不亚于自他一年前翻过阿尔卑斯山以来在军事或外交上所取得的功业：他建立了一个宫廷的雏形。他的亲属们来到那里与他团聚在一起。对于生活在他所创建的奇萨尔皮尼共和国内的每一位有志之士，蒙贝洛宫极具吸引力，因为他们都想获得拿破仑的青睐和提拔。突然之间，用菲利普 · 德怀尔的话来说，“波拿巴开始接受人们的朝觐，仿佛他生来就该如此似的”，[27] 但话说回来，自 1796 年 3 月以来，他干了很多仿佛他生来就该干的事情，而接受朝觐算是其中最不费力的一桩了。很快一套严格的礼仪布置就绪，它将拿破仑与身边所有人分隔开来，对接近他的人实施管制。

他是如何得悉宫廷生活之道的？这仍是一个谜。从一方面来看，菲利普 · 德怀尔所做的推测或许最有道理，他认为，拿破仑是从深谙旧王朝礼仪的约瑟芬那儿学到这一套知识的。但德怀尔还另有一些看法。他认为，当权力基地似乎就在脚底下之时，没有哪一位在自己占领地上的革命将军曾如此行事。他还认为，这一套新确立的繁文缛节最明显的影响就是它“在王公贵胄与臣仆之间，或者就拿破仑目前情形而言，在将军与其部下之间人为设置了一段距离。这样一来，后者就不得不抬头仰望前者”，[28] 这与后来凡尔赛宫里的情形如出一辙——暗示着某种由极度的自高自大所驱动的心理动机。拿破仑的自信是显而易见的，但他的成就之巨大在西方史上也是史无前例的。在他之前的许多代人当中，有一些出身卑微的人也曾赢得伟大的胜利，征服了广阔的疆域，但没有一个人能随心所欲地统治或改造他们所占领的疆域。这就是由法国大革命所赋予的机遇带来的直接结果，与之一道到来的还有民主、混乱，以及现在终于取得的军事胜利。身为一介平民的拿破仑篡夺了属于君主的特权。他能做到这点，不单单是因为他征服了意大利北部，而更在于他设法使自己变成了意大利北方之主。

就现代或近代史而言，拿破仑或他那一代法国人所处的境遇是史无前例的。拿破仑那一代人的标志性特征在于他们认为自己是独一无二的。路易吉·马斯切利·米格里奥里尼的说法最为精辟，他说这一代法国人觉得他们唯一能认同的人类历史时期是古希腊罗马时代。[29] 突然之间，拿破仑和他的同伴们所组成的古典阵型变得特别有关联意义。他们全都读过那本能给所有人带来裨益的书，也即普鲁塔克的《希腊罗马名人传》，不过他们读到的是 18 世纪的法文版，它是从 16 世纪诺斯的英译本转译过来的。他们看的是用本国语言写的——并非原著所用的希腊语——简短传记，它刻画了性格鲜明的古代人物。这就是他们那个时代的基本读物，与之并列的还有恺撒、李维（罗马历史学家，著有多卷《罗马史》——译者注，下同）、西塞罗及古代诗人们的成套作品。

对于 18 世纪 90 年代的激进共和党人来说，民主制度下的雅典以及罗马共和国的历史与他们所处的时代实在是太相似了：民主制下的雅典遭到了波斯帝国的攻击，而新兴的罗马共和国也在艰难挣扎着，一方面它要抵抗迦太基的入侵，另一方面又要防范罗马本国的贵族攫取大权。古代的名人们——格拉古兄弟（指的是提比略·格拉古和盖约·格拉古两兄弟，罗马共和国时期的著名政治家——译者注）、辛辛纳图斯（古罗马政治家，曾任古罗马执政官，其事迹带有神秘色彩，是传说中的圣人）、老加图（罗马共和国时期的政治家、国务活动家、演说家，曾任执政官）以及阿里斯提德（雅典著名的政治家、军事家，曾参加马拉松战役）这些人的生活是他们学习的榜样。信奉卢梭主义的幻想家可以向罗慕洛（传说中罗马的奠基人和首位国王）、梭伦以及吕库古（传说中斯巴达的立法者）求教。

甚至连愤怒的、被剥夺财产的保王党人都有科里奥兰纳斯（公元前 5 世纪古罗马传奇将军）和苏拉（古罗马统帅和独裁者）可以效仿。

拿破仑的个人宣传往往借助于“非洲的征服者”西庇阿的形象，这位不苟言笑的古罗马共和国统帅最终击败了汉尼拔。但整个一生中，恺撒的《高卢战记》都对拿破仑有着巨大影响，正如普鲁塔克《希腊罗马名人传》中写恺撒的那部分。然而，普鲁塔克的《希腊罗马名人传》是平行列传，它并列讲述了恺撒与亚历山大大帝的生平，可以说后者对拿破仑的影响同样巨大，甚至他对亚历山大大帝的生涯更有共鸣。与亚历山大一样——但有别于恺撒——拿破仑年纪轻轻时就突然获得了新的疆域。亚历山大大帝不得不迅速转变角色，从一位军人领袖变成一个统治者，统治着一个曾拥有伟大文化，但已经退化并被他打败的国家，靠着天性中的高贵，他实现了这一点，推动他的还有那种将他从前的伙伴孤立起来的需要，令这些人不再参与粗鲁的士兵们所无法理解的决策与政治活动。在将恺撒与亚历山大大帝进行对比时，普鲁塔克对身为国家缔造者的亚历山大大帝给予了更多赞扬，拿破仑很有可能觉得这些语言对他而言，更富激励意义，也更贴切：

> 只是在美德的驱使下，亚历山大大帝才开始了一场无愧于国王身份的伟大战争，其目标并不是要将全世界人踩在希腊人的脚下，而是要将全世界组织起来，置于一个令人满意的和平政府的治理之下。[30]

每一个学童都曾读过普鲁塔克的文字，但只有拿破仑才能实践其梦想，过着像恺撒和亚历山大大帝那样的生活。他将经常求教于恺撒，但 1797 年在意大利时，他需要更多地向亚历山大大帝学习。他不得不迅速学会如何统治一个外国民族。对亚历山大大帝来说，他的解决办法是披上波斯专制王朝的那一套帝王服饰；对拿破仑来说，答案就在蒙贝洛宫中。

这种氛围——确实，也是一种生活方式——拿破仑在 1800 年任第一执政时就迅速将之重建了起来，而从这种行为中雅克 - 奥利维尔 · 布东看到了帝王意图近乎直接的显现。假如真是这样的话，通往皇帝加冕之路并不是 1800 年在巴黎，而是很有可能早在 1797 年的蒙贝洛宫中就已开始铺就了。[31] 这令人禁不住会把蒙贝洛宫中的宫廷雏形视为某种天生就属于拿破仑的东西——就像高超的军事指挥才能和外交手腕——因此，他这么快就开始着手，一有时机就将之建立了起来。

对同时代的人来说，正如对历史学家一样，拿破仑与之前生活习惯最突出的区别就是，他对手下军官们也以宫廷礼仪待之。军官们集体用餐的地方依然是向全体参谋人员开放的公共餐桌，在那里军人们相互交谈着，竭力想给统帅留下个好印象，不过在这里拿破仑却以一种非常注重礼节的方式主持着用餐。它是控制有序的聚会。如果说亚历山大大帝有一个致命缺点的话，根据普鲁塔克所写的传记，那就是他将太多时间花在了与手下军官们在一起无拘无束地狂饮作乐上。

在这一套繁文缛节的背后，藏着一种有更深意义的习惯，它贯穿了拿破仑一生的公众生活，但在与众人一起用餐时，他却不好过于明显地表露出来，所以他经常孤单地坐在餐桌的最前面。他不再只是一位军事统帅，而是一个非军事政权——奇萨尔皮尼共和国——的首脑，同时他还要处理与一个大国之间的外交关系。军方必须被排除在这个环境之外，而蒙贝洛宫中的宫廷礼仪实现了这一点：它将军事与政治领域截然分开了。在蒙贝洛宫中和随后的整个生涯中，拿破仑非常慷慨地将功勋与财富赐给他手下的军人们，但他从来不让他们治理政府或是经营外交。如果说奇萨尔皮尼共和国，或法兰西共和国，或后来的法兰西第一帝国，都是为了这些军人的利益而运转的话，那么它们并非是由这些军人治理的。蒙贝洛宫中的一切也许背离了法国大革命的精神，并助长了独裁统治的作风，但它防止了军事独裁的出现。拿破仑——而非任何其他人——掌管着蒙贝洛宫，主持着外交和在宫殿围墙之内进行的国家建设事宜。在《坎波福米奥和约》上，人们只看到了他一个人的签名，签名区那儿最重要的缺席者是他那些军事伙伴们的签名，而非法国外交家们的。

拿破仑让手下将领各司其职，分工有序，如果他也能这样对待他的家人，那该有多好啊！

他的新婚妻子终于来了。为说服约瑟芬来意大利，他可是费了相当大的功夫。她根本不像一般的新婚妻子那样急切地想要与丈夫团聚，且不说他们的分离是那样的突然。她很有可能是在巴拉斯的提醒下才去意大利的。巴拉斯比她更清楚有关他们的流言蜚语会造成什么样的后果，因为它是有事实根据的。最终，为了她本人的利益，她来到了意大利。拿破仑写给她的信无一例外充满了激情，但其中也掺杂着心神不定和绝望。他写给约瑟芬的一封回信的开头足以概括他们之间的不平等关系："你将你的健康状况报告于我，如此费神，我是千恩万谢。你今天将会更好些，因为我确信你已健康。我强烈建议你骑马驰骋原野，此举将对你的健康大有裨益。"[32] 这封信是拿破仑在战争期间抽空写的，是对约瑟芬罕见回信的一个答复，当时他正在竭力阻挡奥军主力部队给曼图亚解围。

他完全有理由感到心神不定。约瑟芬的态度不仅体现在她的行动方面，还体现在她懒于行动方面——他写给她的信对她来说简直就如同不存在一般，如果拿破仑的这些信件值得相信的话。鉴于她与一位青年军官，比她小9岁的希波吕忒·查尔斯——当她终于来意大利时，她实际上是和他一路结伴而来的——之间的风流韵事，她实在是没有什么可以向拿破仑诉说的。约瑟芬之所以这样行事，其中有她自己的原因——根据任何标准来看，她过去所过的生活都是创伤性的——但她的行为表现几乎无法为当时处境下的拿破仑提供他所需的支持和同情。可以说，拿破仑本该从她那儿得到的，她也无法给予。然而，一来到意大利后，约瑟芬对他报之以深情款款——这是她"只爱眼前人"的一个例子，正如后来拿破仑前往埃及征战后发生的情况所证实的——但也许是因为来到蒙贝洛宫之后，面对着他的成就最直接的证明，约瑟芬终于意识到，拿破仑身上确有非常特殊之处。她完美地扮演着自己的公众角色，用她从容不迫的风度与魅力热情款待外国来的外交家和外宾们，这使她深受人们的喜爱，也是波拿巴一家尚未熟悉的一面。她巧妙地将客套和热情结合了起来，令蒙贝洛宫里的生活运转自如，由此她成了这里的中心人物。

拿破仑的母亲莱蒂齐亚，他的3个妹妹，还有他的兄弟约瑟夫和路易，以及——最后到来的——妻子和继子尤金，都来到了蒙贝洛宫与他团聚。在那个时代，让亲戚们分享个人公共事业上的成功，并分享所得，不仅是正常的，也被认为是应该的。假如拿破仑将自己的亲人都赶走的话，那么他真的就是一个不近人情的怪物了。就连"恐怖统治"的实施者罗伯斯庇尔，艰苦朴素又狂热的他被人称为是"不可腐蚀者"——从来没有人指控他贪污腐败，或是偏袒徇私，就连最后处决他的那些人也是如此——也将他弟弟奥古斯丁带在身边，并把他派往了危险的土伦驻地。就拿破仑而言，给他带来问题的是这一群他要应付的客人，而非社会要求于他这个同胞的。第一个直接获益的波拿巴家人是路易，他作为军事参谋一路跟着拿破仑来到了意大利；约瑟夫是第二个受益的亲人，他当上了法国驻罗马大使。然而，真正使蒙贝洛宫中的拿破仑忙碌不停的还是他为满足他们的私人需求而慷慨付出的关注。为了给两个妹妹波利娜和埃莉萨筹备嫁妆，他不惜自掏腰包，当时，她们两人都已正式订婚。埃莉萨嫁给了费利克斯·巴乔基，一位同样来自科西嘉的中层军官，事实证明他们俩很般配。在整个家族中，他们对拿破仑的忠诚显得很突出；巴乔基从未试图利用姻亲关系为个人谋利。年仅16岁的波利娜在拿破仑与母亲的施压之下嫁给了维克托瓦尔-伊曼纽尔·勒克莱尔将军，一位来自土伦的战友。此举主要是为了遏制波利娜总喜欢与不适当的人谈情说爱的癖好。来到蒙贝洛宫时，波利娜已是一个堪与约瑟芬媲美的美人，由此产生了一大堆的琐碎纠纷。正如菲利普·德怀尔所指出的，这是波拿巴家族与博阿尔内家族第一次相遇，而在蒙贝洛宫的温室中，这两家之间的敌意和怀疑开始发酵滋长，双方各有胜负。而就波拿巴家族而言，他们收集了不少"弹药"，将在后来对约瑟芬发起迅猛攻击。[33] 在当时那段期间，他们对她的态度确实有理有据，但是未来的一切将证明，对他们幸福命运的主宰者，他们本人奉献的东西何其之少。整个环境由于拿破仑对约瑟芬的一片痴心而维持着团结，因为没人敢挑战拿破仑的权威。结果，在他和约瑟芬在蒙贝洛宫中相处期间，他对她与查尔斯之间的私通毫不知情。这一点也许使人认识到，他身上既有年轻人的脆弱，又有突然间因大权独揽，变成孤家寡人后与他人隔绝的一面。将他与亚历山大大帝作类比确实最恰当。

有关拿破仑的私人生活存在着两种观点：一种观点认为，假如他能得到更好的关爱，那他就会成为一个更善良的人；另一种则认为，假如他足够理智，能一辈子不结婚，又或者至少摆脱掉他那忘恩负义的妻子，并约束他那些贪婪的家人，那么他将取得更伟大的成就。后一观点似乎更明智，也并非说来容易做起来难，在他前面就有一位英雄榜样，也即普鲁士国王腓特烈大帝，当他不在战场上时，他过的是牛津大学、剑桥大学单身汉学监所过的生活。娶约瑟芬为妻不是个好主意；至于他弟弟路易，他把希望寄托在他身上完全是个错误，事实证明，哥哥约瑟夫无异于一个叛徒。一直到 1810 年，拿破仑才为自己寻得了一位佳偶，奥地利女大公玛丽·路易丝，她同时是一位配得上他本人的总督兼知己。然而，他与约瑟芬之间的爱情给他带来了尤金和奥坦丝——他们俩既聪明，又对他忠心不渝，以不同方式成了他生活中不可或缺的一部分。不过，在蒙贝洛宫中时，他不可能知晓所有这一切，虽然他手里握的证据足以让他离开约瑟芬。他作为社会活动家所具有的公私极度分明这一特质——他在戎马生涯及办公桌前所学到的所有人生教训——在他回到家时就消失无踪了。假如说犯错就是人之常情的话，这一行为使他显得像是一个常人。不管拿破仑在蒙贝洛宫的私人生活显得多么孩子气或甚至有强迫症之嫌，将他与诸如希特勒这样的人物做任何类比都是不合适的。但它的确造成了一种矛盾情况，而要解释这一矛盾，只需回忆一下当初他从科西嘉逃离出来后，被迫踏上的那一条危险而孤单的道路就够了。此外还有一个事实：他还不到 30 岁。正是在私人生活中，拿破仑才真正显得举止与年龄相符——一个有着麻烦背景的二十几岁的年轻人——而在公众领域，他出人意料地表现出了远超实际年龄的洞察力与专业技能。人们应该惊叹的是他在公众生活中的成熟表现，而不是他在私人情感方面表现出的迷惘与困惑。

一方面，拿破仑在意大利前线势如破竹，同时他又如此善于将军事上的胜利转化成多方面成果，但另一方面，他却无力巩固自己的情感后方，这两者形成了极大的反差。

阿尔卑斯山寒冷的空气把无数错综复杂的事物从拿破仑的视野中吹走。他的冷酷无情与敏锐的洞察力现已清楚表露于各个方面，无论是作战、外交、自我宣传，还是应对民众的暴力反抗，同样，这种能力也将要表露于建邦立国方面。在他的大多数行动中，不难看出有一种相当强烈的愤世嫉俗之情。这一点是无可否认的。他从思想狂热的 18 世纪 90 年代脱颖而出，对政治现实有着清醒的认识，而在蒙贝洛宫的堂皇奢华背后，以及他在法兰西共和国公众面前为自己精心编织的、魅力四射的光环背后，他是一个自觉凡事皆有可能的人。他看到了世界的本来面目，那里充满了前所未有的机遇。世界等着他去征服，但先须经过这样那样的战斗才能赢得它。没有什么是安全可靠的。历经惨痛教训，从过去的困窘处境下，从他当初在阿尔卑斯山的荒凉之地接手那支破烂得叫人绝望的军队之时，他才获得了这些洞见。然而，他却无法将这些实际的常识运用到个人生活中，无论是对他那不负责任的妻子，还是他那些贪婪的家人，他都无法理智对待。从此，私人与公共领域之间的差距变得日益巨大。到了后来，蒙贝洛宫沦为一所精神病院。

第四章　奇萨尔皮尼共和国

掌权者的学徒期和一个未引起注意的警告

精明的拿破仑传记作家史蒂文·英格伦曾总结说：“从 1796 年 5 月到 1797 年 11 月这 18 个月也许是拿破仑一生中最复杂的一段时期。”[1]英格伦的判断是正确的。

拿破仑在第一次意大利战役中所取得的军事胜利极其引人注目，但他真正天才的地方在于他利用这些辉煌胜利掩盖了他的真正成就。法国人民和统治者所看到的——和深深吸引他们的——是法军对奥地利军队所取得的辉煌胜利，意大利人抵抗运动的溃败，掠夺来的艺术珍品，以及最重要的东西，由拿破仑勒索来并运回国的巨额钱财。督政府的国库比以前充实多了，巴黎人尽可以直瞪瞪地盯着从威尼斯圣马可广场搬回来的铜马雕像，并以此洋洋自得，而同时，用马车装载的文艺复兴时期的伟大作品大量涌入法国。个中情形从拿破仑发给法国督政府的大量信件之一即可窥得一斑。这封信写于 1797 年 5 月 14 日——正值他如火如荼地筹备新成立的奇萨尔皮尼共和国的宪法与机构期间：

之前向你们提及的用于土伦海军工程的 100 万里拉将于明日运送；

> 另100万——其中一半是黄金和白银——将于后天运往巴黎。这笔钱款能用来重新装备布雷斯特港的舰队……自新战役以来，意大利方面军已筹集了7 000 000万（原文如此）里拉。25 000英担粮食和（价值）10万法郎的麻纤维，连同钢铁，已从的里雅斯特运往土伦。教皇给了我们800万（价值以里拉计算）的钻石……其价值应不少于450万法郎。（意大利）方面军在牧月、收获月、热月及果月这几个月里的开销是十分有保障的……从罗马运来的美术品已在里窝那完成组装……因事关紧急，海军部长必须派遣3或4艘战船（来接走这些美术品）。[2]

奇萨尔皮尼共和国的宪法是在7月份颁布的，当拿破仑开始源源不断向巴黎方面运送他们最想要的东西之时——不仅只是战争获胜的消息，更是这些胜利带来的丰厚诱人的成果，奇萨尔皮尼共和国的委员会成员正在辛苦地工作着。

拿破仑给巴黎的政客带来了不安，原因在于他在外交政策方面的独立性——他擅自做主，并以轻慢的态度对待维也纳方面和意大利地区的统治者们，有一次，督政府派遣克拉克带着指示来到意大利，试图遏制拿破仑在这方面的主动权，但却无功而返。甚至就连这些新萌发的担忧也因为拿破仑在战场上取得的闻名遐迩的胜利和他的新本领——他不仅解决了意大利战场军事行动的费用问题，还将之变成了一项有利可图的事业——而得到缓解。人们经常说拿破仑特别善于利用他人的弱点，假如说这完全是一种应受谴责的能力的话，而他在其本人于意大利取得的功绩方面对法国舆论的操纵很有可能是这方面的首个重要例证。拿破仑确实精心安排了对自己军事胜利的舆论宣传，正如菲利普·德怀尔敏锐指出的那样，他在这方面拥有一种不可思议、完全没有先兆的本领，以此实现其自我美化的目的。[3]他利用盛行一时的版画这一媒介向法国有阅读能力的公众以及数以百万计的文盲宣传自己，在塑造引人注目的个人形象方面他表现出了天生的才智。他确保法国人都把他看成是一个勇士兼英雄，而且是通过间接方式来实现的，因为拿破仑从来不会在公众面前自吹自擂——他花钱请来吹鼓手替他做这件事，可以这么说吧。他想造出一层烟幕屏障来掩盖自己的真实企图，而且他成功了。

这是一种掩盖计谋的计谋，不管这种计谋涉及拿破仑对自己用兵之道的美化，还是从字面意义来说，那些作为战利品被他送回国的美术品也好。面向法国人民及其统治者，拿破仑将自己描绘成一名军人兼外交家。这一做法使人们不再密切关注他本人视为真正成功的方面——他创建了一个属于自己的国家，并在塑造国家机构以及一切的运转都得贯彻他本人的意图方面展示出了杰出才能。到1796年秋天时，法国政府只看到了蛋糕上的糖衣——由拿破仑收集来的战利品，但真正的战利品其实是伦巴第肥沃的疆土和意大利中部地区。在建国方面，拿破仑首次相对来说无关要紧的尝试是建立奇斯帕达纳共和国，之所以给共和国取这个名字，是因为它位于波河平原的南边，但其疆土包括了富庶城市博洛尼亚——显然是最引人觊觎的教皇国领土——周围的公使馆区，也即今天的艾米利亚 - 罗马涅大区。然而，奇斯帕达纳共和国只不过是一个由几个地方爱国政府组成的松散的联邦制国家。关键的一步发生在几个月之后：该共和国与奥属伦巴第合并，形成了奇萨尔皮尼共和国。伦巴第区是哈布斯堡王朝最富裕的省份，它一直以来是财富的发源地，那里以水稻为基础的商业化农业生产极为发达，有获利丰厚的丝绸产业，还有非常吸引人的大城市米兰，为欧洲最繁荣、人口最多的城市之一。奇萨尔皮尼共和国是由法国军事力量所创立的几个“姊妹共和国”中最大的一个，它有350万居民，远远超过了赫尔维蒂共和国（即瑞士），也超过了低地国家中的巴达维亚共和国（荷兰共和国的前身）。获得该地区肥沃的牧场也就意味着拿破仑获得了法国东边权力真空地带最有价值的地域。拿破仑实际上成了欧洲最有价值的一部分疆土的主宰者。

很大程度上，拿破仑的时来运转是他本人促成的，但甚至就连他也无法单枪匹马造就这一切。拿破仑之所以在征服意大利的过程中占据了支配地位，也许要归因于法军所有司令官对战争特派员（commissaires de guerre）这一做法的抵抗。所谓特派员就是由督政府派往军队的文职特工，这些人的任务就是控制军方缴获的物资和占领区的平民。由于司令官们联合起来反对特派员，抵制其到来，督政府被迫采取行动，于1796年12月召回了各个前线上的特派员。这就使得法国军人们成了前线上的唯一主角了。正如菲利普·德怀尔所说的，“自16世纪以来头一次出现这样的情形：在法军的野战部队那儿，文官代表再也不会出现在总司令身边”。[4]

巴黎的让步使所有将军获得了前所未有的机会，使他们能利用征服地以自肥，但在所有人当中只有拿破仑知道怎样利用他手中的征服地，而这才是关键。换成另一个人，可能会一事无成。这是有先例为证的。奥什曾试图将他在莱茵兰地区的征服地合并成一个“莱茵河西岸共和国”，但以失败告终；而在更早时，皮什格鲁将军在比利时有过同样失败的尝试。拿破仑获得了成功，首先是因为他满足了法国督政府和公众的迫切需求，这为他赢得了时间，因而他能够通过谨慎运作将奇萨尔皮尼共和国变成了一个属于他本人的国家。因为奇萨尔皮尼共和国是拿破仑的成果，一个按照其本人形象与思想塑造出来的国家。总之，它是拿破仑政治理想在现实中的首次体现。拿破仑作为掌权者的这段学徒期源自他对国家应有形态持有的均衡而成熟的看法，在这个过程中他很少为疑虑所困，也没有思想上的胡乱摸索。拿破仑十分清楚自己想要什么，并已有能力得到他想要的东西，这是他在意大利的冒险活动中最令人震惊的方面。

如将他1796年5月抵达伦巴第之后在创建政府方面展露的本领，与他几个月前对待热那亚共和国及萨瓦王朝的态度放在一起看，人们会越发感到震惊。通过小心翼翼地对热那亚共和国保守派精英进行安抚，他不遗余力地巩固自己的大后方。他在3月末写信告诉督政府，那些想要破坏热那亚共和国稳定的企图是要不得的，如果要想整个意大利战役不以溃败告终，那就得谨慎处理好这个问题：

我们对待热那亚的态度是非常危险的。对这个问题的处理非常糟糕：我们要么做得太过分，要么就是做得太少，幸好，目前还没出什么事儿。热那亚政府的影响力和权力超过人们所想象的。处理它只有两个办法：

> 要么通过闪电一击夺取热那亚——虽然这有悖于你们的意图和人民的利益——要么与他们和平共处，而且不要试图从他们那里勒索钱财，他们只看重钱财。[5]

3天后，他根据督政府的政策要求向亲法的皮埃蒙特“爱国者们”发布了一条文告，煽动撒丁王国内的激进分子起来造反并与正在进军前来解放他们的法军会合，后者是拿破仑响应当地人的呼吁而派出的部队。[6] 尽管占领该地区之后，拿破仑一直保护着皮埃蒙特区的“雅各宾党人”，但在他与撒丁国王维克多 - 阿玛迪乌斯三世签订《凯拉斯科停战协议》之时，他彻底粉碎了这些人建立起一个姊妹共和国的希望。

他对自己首次邂逅的这几个意大利小国所采取的政策令人完全想不到仅仅几个月之后他会怎样处理伦巴第。确实，在占领米兰之前，他背离督政府政策的地方体现在他的谨慎和表面上对旧秩序的支持方面。相比于皮什格鲁和奥什，拿破仑——表面上看来——是前线司令官里面最缺乏雄心的一位。从拿破仑之前的所有行为都丝毫看不出他会建立起奇萨尔皮尼共和国。

建立奇萨尔皮尼共和国之后，拿破仑并没有就此撂下不管了。奇斯帕达纳共和国合并进来之后，奇萨尔皮尼共和国被分成了20个行政区，其宪法几乎与法国督政府的如出一辙。其立法机构也以法国为原型，分为上下两院，下议院为“少壮院”，它由100名左右选出来的代表组成，它有权批准由上议院，即“六十人元老院”提出的法案，在这两者之上是五人组成的督政府，与法国的执政机构完全一样。督政官有权任命政府的六位部长，即财政部、内务部、司法部、警务部、陆军部及外交部这六部部长。严格从制度层面来看，似乎没什么值得担心的——拿破仑不是一个创新者，他只是将法国政府模式原样照搬到了意大利北部，随便哪一位将军都能做到这一点，完全不需要政治独创性或想象力。然而，事物的表象往往具有欺骗性，其目的就是为了瞒天过海。在奇萨尔皮尼共和国表面制度的背后，笼罩着一层军事浪漫主义的烟幕，这绝不是督政府的翻版。拿破仑实际上是——假如说还半掩半遮的话——奇萨尔皮尼共和国唯一的首席督政官，将实际权力牢牢握在手中后来成了他的标志性特征。

拿破仑以他自己的方式统治着奇萨尔皮尼共和国。相比于法国在大革命的10年期间进行的诸多政治实验，他在政府行政和公共政治方面采取的实际手段显得既别出心裁，又史无前例。1797年3月，为批准只存在了很短时间的奇斯帕达纳共和国的宪法，他发起了一次公民投票；奇斯帕达纳共和国的立法机关采纳了以红、绿、白三色旗为国旗的提案，后来的奇萨尔皮尼共和国以相似票数采用了同样的国旗。

在创建政府的过程开始前，拿破仑总喜欢耍一点花招，人们对这一行为可以有，也确实有不同看法，但其真实意图却与此完全不同。拿破仑主办了一次竞赛——这是18世纪文学圈子里非常典型的一次征文大赛——以奖励最佳宪法方案。获奖者是一位稳健的共和党人梅尔基奥尔·焦亚。拿破仑的选择使激进派很满意，因为焦亚赞成意大利统一起来，但拿破仑之所以选中他的方案，是因为他信奉中央集权——而奇斯帕达纳共和国，连同那里扎根于地方主义的难以驾驭的政治生活，很快将要被一个截然不同的新共和国——奇萨尔皮尼共和国吞并。这次竞赛很受民众欢迎，但此类活动只不过是无关紧要的杂耍而已，对拿破仑来说肯定是如此。

奇萨尔皮尼共和国存在的时间远远超过了奇斯帕达纳共和国，面积也比后者大。拿破仑很重视这个新国家，他的独裁主义体现出了他的认真，而非那种导致督政府时期法国国力逐渐削弱的敷衍塞责态度。负责起草宪法的两个立法委员会完全是由他所任命的那些人组成的，他还严格控制这些人的工作。他在如何管理立法委员会这方面所积攒的经验教训将在未来发挥巨大作用，具体来说就是从1800年至1804年起草《法国民法典》这一方面，而从大的方面来说，其用处体现在他娴熟指挥参政院——他在行政管理领域的最伟大建树——的方面。那些事还很遥远，目前在他手头的任务是新成立的共和国。这两个委员会所制定的文件造就了奇萨尔皮尼共和国，从理论上说，它是法国几个姊妹共和国里面最民主的一个国家，但一如既往，表象往往是用来欺骗人的。巴达维亚共和国与海尔维第共和国这两国的宪法表面上看来要比拿破仑在意大利弄出来的共和国宪法更具精英主义色彩,但前者是荷兰人自己的成果,而后者则反映了瑞士人对联邦制的渴望。两者都倾向于保护当权的地方精英阶层,但它们都不是由外国占领者授权生效的。

奇萨尔皮尼共和国的宪法几乎完全仿效法国督政府的宪法。它明确规定应由地方选举大会来任命立法机关成员，但正如卡洛·扎吉指出的，那些文件本身就显示出拿破仑的个人干预到了什么的程度：他干脆将选举大会提交给他的名单重写一份，在上面添上自己人的名字。这方面最出名的一个例子是他勾掉了已当选为上议院议员的著名物理学家卡洛·卡普拉雷的名字，代替他的是一位忠诚的共和党人安东尼奥·阿尔迪尼，后者是拿破仑在巴黎的老熟人。后来阿尔迪尼为拿破仑效劳直到最后。[7] 拿破仑亲自任命了五位督政官，并一直与这些人保持着密切的通信联系，直到他 1797 年年底离开意大利时为止。这一做法从根本上改变了奇萨尔皮尼共和国的性质，它绝不是法国政府的翻版，因为唯一凌驾于奇萨尔皮尼共和国督政府之上的是拿破仑这位行政官。无法想象还有什么决定性的差异能超过这一点。相比于奇萨尔皮尼共和国，巴黎方面于 1798 年向罗马共和国颁布的宪法则有所不同，它有一个规模更小、权力更大的行政机关，它被称为“执政府”，仅由 3 名执政官组成。它预示了法国后来的政权形式：1799 年时，对原政府愤怒不满的法国政客们用执政府取代了督政府。现实情况，而非奇萨尔皮尼共和国呈现给人们的表象，展露出拿破仑对法国怀有的真实想法，但没有一位掌权者留意到这一点。

而少数几位对现实有清醒认识的人却又位卑言轻。唯一似乎了解拿破仑的图谋——及他的真正面目——的人是像博纳罗蒂（罗伯斯庇尔的一位信徒）这样的牢骚满腹的意大利激进主义者，又或者是法国那些愤世嫉俗的“克利希派”（该名称源自这些人集会的地点——巴黎郊区克利希）保王党人。在政坛主流人物当中，没人相信或听取这些人的意见，而这是拿破仑的幸运之处。最早一批领教了拿破仑时期审查制度厉害之处的是意大利北部的激进民主党人。在几个旧政府垮台后，出版业陷入混乱无序、各自为政的勃发状态，但随着拿破仑加强控制之后，这些人迅速站出来反抗他。对于像乌戈·福斯克洛——意大利作家，曾是拿破仑的早期支持者——这样的人来说，这是一段充满痛苦的长期关系的开端。他们曾对拿破仑抱有极高的期望，然而正由于这些人影响甚微，他们被他归入到边缘人群，他的权力大本营需要有影响力的人来为它造势。与此相似，1797 年年底的那几个月，在法国国内，唯一攻击拿破仑，认为他特别危险又野心勃勃的政坛旁观者是保王党人，具体来说，就是“克利希俱乐部”和他们办的报纸。然而，甚至就连法国的保王党人和意大利激进分子也并没有真正认清拿破仑。克利希俱乐部成员依然将拿破仑看作是罗伯斯庇尔的狂热信徒，一个信奉卢梭抽象理论的狂人[8]——事实上，这一观点与福斯克洛及他那些意大利激进分子同伴们持有的完全相反。然而，甚至就在拿破仑与这些意大利激进分子相处时，他也并不完全是这些人在幻想破灭而深感震惊时看到的那个样子。他虽然压制他们的意见和冲动行为，但却从没有抛弃他们，因为拿破仑既能迅速地把他们逮捕起来，也能迅速地把这些人从监狱里放出来，并为他们提供工作。福斯克洛本人在军方行政机构获得了一个职位，有了安全保障之后，他将对拿破仑的厌恶之情一股脑地倾吐出来。

拿破仑迅速认清了 1789 年大革命之后意大利政治局势的复杂性，其反应之敏捷令人难以置信。这或许就是他真正值得人们担心的地方。意大利激进分子和法国保王党人给他套上的刻板形象，不过是从各自的狭隘立场出发得到的。激进分子的观点也不无道理，但当中缺乏基本真相；保王党人看到的只是拿破仑希望他们看到的那一面——虽然在奇萨尔皮尼共和国内，面具可能已掉落在地，但在法国，人们并不清楚拿破仑的真正面目。在他竭力理清奇斯帕达纳共和国政治乱局之时，当时该共和国刚刚创建，他将学到的大部分经验无比清晰地勾勒出来，呈给了督政府。拿破仑向督政府汇报的那些信件内容时常被人引用，但这些信件有着深远的意义，它们显示出他多么迅速地以残酷手段掌握了复杂环境。他确认存在 3 大派别，至少从法国人的优势地位来看是如此：

> 1. 与以前的政府交好的人；2. 相当贵族化的独立宪法的支持者们；3. 支持法国宪法或纯粹民主政权的人。我会镇压第一派，支持第二派，限制第三派。我支持第二派，限制第三派，是因为第二派人的政党正是有钱地主与牧师们的政党，这群人归根到底将会赢得普通大众的支持，有必要将这群人集结起来一同参与法国事业。最后一派的组成人员包括年轻人、作家，以及那些想要更换政府的人和仅只是因为热爱自由而参加革命的人，正如在法国及所有其他国家都有的情况。[9]

这些内容揭示出拿破仑远非只是一个善于了解周围复杂的新环境的入侵者。仅仅几年之前，他还是个糊里糊涂的浪漫主义者，但他早已有了长足的进步，因为这些分析显示出远超他实际年龄的老练。

他的进步远不止于此。很快，拿破仑将不再迫害保守派，前提是他们要与他合作，正如他对待激进分子那样。现在，真正属于他的政治策略正在逐渐形成，它们显露出后来成为他在法国最初建立的政权的两条核心方针：归顺和混编。归顺意味着对新政权的归附，其主要表现形式是被动的接受和不反对，这是在旧制度中持有既得利益的极端保守的反对者们有望做到的最好的事情了。这一方针主要关乎消极地接受新政权，使反对派认识到游戏已经结束，唯一的选择就是跟在胜利者后面。第二条方针混编事实上更难以奏效——至少对文职政客们来说是这样——原因在于它意味着将从前的敌人集中在一起，让他们在新的政治框架下共同工作。这是一个非常错综复杂、同时极富雄心的构想，因为要是没有一个能够将敌人联合在一起的天才人物，这类政策方针绝不会开花结果。“天才”这个词经常被用于拿破仑，但就这方面而言，他完全配得上这一称谓，但这一点往往遭到忽略——因为在这个阶段他有意如此。“混编”方针源自实用主义与某种真实希望——但愿不久前那些可恶的棘手境况能随着政府的高效运转而宣告结束——的结合。它同时揭露出拿破仑内心的黑暗面。

奇萨尔皮尼共和国督政府督政官是乔瓦尼·加莱阿佐·赛尔贝罗尼，一位曾长期支持开明改革的米兰贵族。拿破仑向巴黎方面指出，还有别的一些并非出于理智的因素令这个人很可靠：

> 鉴于他在意大利享有的良好声誉及他的巨大财富给予他的权势，公民赛尔贝罗尼适合担任督政府督政官一职，而且，他已彻底得罪了奥地利人，因此其观点可以让我们完全放心……[10]

更早时候，1796年6月时，在谈到赛尔贝罗尼和他的“同志们”时，拿破仑就展示出了这种清晰的认识：“他们是这儿革命的领头人，而且他们很清楚奥地利皇室将永远不会原谅他们。”[11] 这并不是说拿破仑厌恶或是瞧不起赛尔贝罗尼，情况恰好相反，“他是个非常善良的人，他想使他的祖国获得自由、人人幸福”，拿破仑这样告诉卡尔诺，那位持怀疑态度的法国督政官。[12] 然而，还有一些更险恶的因素将意大利人与拿破仑联合在一起。在强迫所有意大利人站在自己这一边时，没有哪些措施起的作用能超过他在1799年因旧统治者短暂复辟而采取的残酷镇压。那些意大利旧统治者打击“通敌合作者”时往往既残暴又不分青红皂白。而拿破仑本人，当他有机会时，会将这一做法应用于法国国内以及整个欧洲。

当我们将“混编”的经历放置在拿破仑确实想要治理好奇萨尔皮尼共和国这个烂摊子的背景下时，可以看出，拿破仑已经学到了一个残酷的实际教训。因此，他不仅清楚自己需要做什么，他还清楚为实现他的理想，他需要哪些人。他还将这一经验推广到他初掌至高无上权力时的法国。环境条件将会发生改变，而一种非常不同的新理想也将形成于他的脑海中，但就当前而言，拿破仑已经认识到，激进的共和党人是秘密警察最合适的人选，同时也是最干练的地方行政官，尤其在那些很不稳定的地区。他选用加埃塔诺·波罗，一位狂热的拥护共和政体者[13]，担任奇萨尔皮尼共和国警务部部长一职，这一任命预示了他后来对约瑟夫·富歇——一位手上沾满鲜血的前恐怖主义分子——在1799年法国政府中的类似任用。相反，法国政府中最富于技术色彩的部门——具体说就是司法部和财政部——部长职位被交给了旧政权下那些思想开明的温和派改革者，只有他们才能遏制革命时代的混乱无序：拿破仑在法国掌权后，他任命曾进行过温和改革的朱塞佩·罗斯任大法官[14]，并任命温和派保王党人康巴塞雷斯担任司法部部长。他将奇萨尔皮尼共和国一塌糊涂的财政托付给罗多维科·里奇来掌管。里奇是18世纪启蒙运动时期一位头脑清醒的唯理论者，他在替摩德纳大公效劳时形成了富有改革色彩的精英政治思想。他既厌恶贵族享有的经济特权，又对民主政治怀有恐惧，[15]其思想背景与后来被拿破仑任命为法国财政部部长的查尔斯-弗朗索瓦·勒布伦不无相似之处。混编政策不仅是一种理想，它还是一种必需。随着时间的推移，甚至就连贵族出身的反动分子都将在拿破仑政权中发挥作用，他们将在驻外领事馆和军队里找到合适的职位。然而，从1796年至1799年，也即法军占领意大利的那3年里，这一切还很遥远。

尽管遭到态度更极端的激进派愤怒而雄辩的抗议，拿破仑还是将相当多的权力与信任交给了激进派当中“较为温和”并愿意替奇萨尔皮尼共和国效劳的人。这些人在新政府高层中占据的数量并不多，但他们把持的职位却很关键，任职时间也相对持久。督政官当中唯一的“不倒翁”是马可·亚雷桑德里，在拿破仑首批任命的激进爱国者当中，唯有他不是贵族出身。身为一位忠诚的共和党人，他对温和的民主选举制深信不疑，在督政官当中只有他一人从头到尾为奇萨尔皮尼共和国效劳直至其结束。[16]将混编政策运用于实际方面的一个很令人痛心的例子是拿破仑苦口婆心才说服激进的博洛尼亚律师安东尼奥·阿尔迪尼与伦巴第贵族梅尔齐·德埃里尔——一位支持神圣罗马帝国皇帝约瑟夫二世在18世纪80年代进行的开明改革的人——一起共事。将这两人整合在一起，或许是拿破仑所极为依赖的统御彼此敌对之人为己所用这一手段方面的首个例子：像赛尔贝罗尼一样，阿尔迪尼别无选择，只能支持法国人，不过他原本完全有可能走上福斯克洛的老路——虽被收编但仍心怀不满和仇恨。拿破仑确保了这一点不再发生，事实上，阿尔迪尼经常在上议院为新政权摇旗呐喊。梅尔齐同样如此，尤其在拿破仑离开意大利之后，他既支持里奇，又对他连哄带骗。在梅尔齐对奇萨尔皮尼共和国的归附当中，既有谨慎，但同时也有怀疑和不安全感。他憎恶阿尔迪尼，支持新闻审查制度，并怀疑亚雷桑德里的能力，他的理想是建立一个主要由地主组成的独裁政权。尽管这样，他还是选择了担任公职。

当拿破仑 1800 年再次归来时，这些人迅速集结到他身边：亚雷桑德里成了意大利共和国 / 王国——替代奇萨尔皮尼共和国而成立的国家——的一名参议员，而梅尔齐成了该共和国的副总统。1800 年之后，阿尔迪尼成了梅尔齐的眼中钉，但他仍继续担任政府部长要职，到 1806 年之后他真正跻身高位，不无讽刺的是，同一年梅尔齐辞职不干了，原因在于他觉得拿破仑太独断专行了。同样讽刺的是，阿尔迪尼没有辞职。这两人的经历可被视为是拿破仑混编政策的一个缩影，在未来的一段时间里，这样的故事将会在整个拿破仑帝国内反复上演。

尽管像福斯克洛这样的激进派不停地抱怨着，而极端保守分子们也闷闷不乐地退缩回去了，但只有那些公认的极端分子们才遭到了拿破仑所建立的共和国的驱逐。他所采取的制度性手段兼容并蓄，能最大限度地包容观点各异的人，他又很快学会了如何操纵这些组织机构，从而更好地控制这些人。奇萨尔皮尼共和国的上议院主要由较为温和的共和党人以及旧政权的支持者当中虽有牢骚但对新政治局面有清醒认识的人组成，而规模更大的下议院里则尽是更加激进的改革者。这些人聚在一起产生了冲突。每当这时，拿破仑及奇萨尔皮尼共和国督政府并不介入其中，而是提供仲裁，并在听取了各方意见之后按照己意解决纠纷。这是分而治之策略的一个典型例子，它依赖于一个强大的、权力集于一人的最高管理层。到 1797 年 11 月拿破仑被召回法国时，所有这一切分崩离析，因为由 5 位督政官组成的督政府根本无力控制两院，并很快与两院发生了冲突。拿破仑创立的制度虽具有包容性，但它却用权力制衡的假象掩盖了个人独裁的实质。真正的教训是要想真正实现兼容并蓄，就得让权力集中于拿破仑一个人手中。我们无法具体得知拿破仑是怎样在其日常活动中做到这一点的，尽管和他同时代的某些人在回忆录中明言他身上有一种巨大的个人魅力，并说他善于激励他身边的人，激励他们对他和他们自身产生信心。

拿破仑为奇萨尔皮尼共和国设计的政治框架的基础并不稳固，因为当宪法章程公布时，它有得罪所有人之嫌。奇萨尔皮尼共和国宪法对温和派来说太激进了，但对激进派来说，它又太保守了，不过这两类人却都主动响应，甘愿为之效劳，并戮力合作。然而，当拿破仑离开意大利时，不仅奇萨尔皮尼共和国，还有他的混编策略都宣告瓦解。由于对巴黎方面 1798 年 2 月强加于奇萨皮尔尼共和国的既令人屈辱、又带剥削性质的“联盟条约”深感愤慨，里奇辞职了。拿破仑也插手了该条约，其条款表明，他不仅善于创建，也善于剥削利用。他的目的纯粹是军事上的，因为该条约规定要在奇萨尔皮尼共和国驻防 25 000 名法军部队，一应开支由奇萨尔皮尼共和国负责，同时还要求奇萨尔皮尼共和国将其常备军扩充至大约同等规模。以后，拿破仑将多次按照这种条件缔结联盟，而这是其中第一次。然而，由于拿破仑无暇他顾，新任法国驻意大利代表特鲁韦废除了波罗的有巨大潜在影响力的警务部，并在几个月内对奇萨尔皮尼共和国进行了两次大清洗，还颁布了一部新宪法。

拿破仑走时撂下了一个烂摊子，其局面之乱，即使是他本人也未必能控制，但由于他 1798 年离开了意大利，不再领导奇萨尔皮尼共和国，所以他是幸运的：甚至早在 1799 年反法同盟成功发动反攻之前，奇萨尔皮尼共和国的财政就陷于崩溃，政坛乱得一塌糊涂，民怨沸腾。虽然如此，在那些被他纳入混编的人的印象中，相比于特鲁韦，他还不是那么残忍，至少他创立了一个革新秩序的大框架，并在离开之后为人们留下了希望。无论奇萨尔皮尼共和国所发生的一切是好是坏，没有人怀疑那不是拿破仑本人的业绩。

混编政策以及奇萨尔皮尼共和国取得的某些成功之处既不神秘，也非凭空臆想出来的。奇萨尔皮尼共和国是拿破仑个人意志的产物，但它并非是依靠着一位极富性格魅力的领袖的性格而建立的政权。拿破仑强制通过的核心改革很快就获得了所有意大利改革者——从梅尔齐到福斯克洛——的广泛支持，因为这些改革体现了 1789 年法国大革命的核心精神，而大革命本身也促使由约瑟夫二世这样的 18 世纪专制主义者发起的众多改革计划得以实现。1796 年至 1797 年时，拿破仑的这些改革措施绝大多数只是一纸法令，被人们束之高阁，但到了 1800 年时，这些改革措施被重新呈递给拿破仑，并在拿破仑的统治下得以实施。

新国家大杂烩的性质使其治理起来极为困难，但其中涉及的原理——长期以来被视为神圣不可侵犯的边界被彻底摧毁——将为未来确立一个令人振奋的先例。拿破仑订立的法规引入了面向公众的公开审判，它适用于共和国所有地区，并丝毫不考虑各城市、贵族或教士以前享有的特权；内部关税全部被取消，因而，启蒙思想家们最翘首以待的改革措施之一——国内自由贸易——得以成为现实。道德准则自主与宗教信仰自由原则也体现在宪法之中。这个国家现在是一个世俗国家，并且在所有疆土内实行统一的法律，以前各意大利邦国的法律一律作废。从总体来看，这些改革显露出拿破仑在未来视为重中之重的诸多方面。一种新的政治文化已经在意大利产生。拿破仑对司法改革的支持——在他的努力下，所有特权被全部废除，无论是封建特权、地区特权，还是个人特权——在 1796 年显得坚定不移，在未来同样如此。集权制政府和现代化财政管理成了他坚信不疑的普遍真理。而且，即使面临着最恶劣的环境，他还打算将这些措施广为推行，付诸实践。各种各样的进步人士将团结起来支持他的这一决定，要把它付诸实施的话，能聚集起来的人才虽然相对较少，但也足够了。拿破仑从意大利夺走了太多，但从长远来看，这些教训才是最宝贵的，对未来的欧洲史来说，它们也是最重要的。

治理奇萨尔皮尼共和国首次揭示出拿破仑决心在他能控制的政体内建立一个集权制现代化政府；对意大利改革者来说，奇萨尔皮尼共和国有望成为一个独立的、享有自治权的政府，它已有了自己的国旗和一支正在创建中的军队。拿破仑没能走得更远，但在这段学徒期结束后，他至少清楚了是哪些东西阻碍着他的理想。假如他的意大利领地不能组合成一个国家，一个帝国的雏形的话，那它就毫无价值而言。在其顶峰时，奇萨尔皮尼共和国的疆域由原先属于 6 个独立小邦国的领土拼接形成。其核心地区是奥属伦巴第，人口为155万；其次是以波洛尼亚为中心的原教皇国公使馆区，人口为95万；再其次是摩德纳公国，人口超过38万；接下来是以前属于皮埃蒙特人的几个省份，人口共346 000；它还包括原属于瑞士的少部分地区和短暂归属于奇萨尔皮尼共和国的威尼斯。这些小邦国有着截然不同的政治氛围，然而拿破仑却赢得了形形色色的意大利精英人士的支持，当他下决心要在如此复杂的疆域内建立一个法国式政权时，这些人的支持起了关键作用。但事实上，由于环境的制约，从1796年至1797年的那几个月间，他真正能做的寥寥无几，但谁都能看出他的决心和这一决心的明确性。“每个省务必不能超过18万居民。”他在1797年10月时这样吩咐奇萨尔皮尼共和国督政府，此时距离他离开自己的权力大本营还有一个月时间。[17]这一希望根本无法实现，因为共和国的地方政府乱成一团糟，然而，它表明了拿破仑在如此早的阶段就如此重视政府的细枝末节。这种事不会传到巴黎那里，而拿破仑本人也正有此意。他想要将此类政策马上在奇萨尔皮尼共和国付诸实施，然而却失败了。但更重要的是，在法国国内没人知道他在掌管着一个属于自己的国家，因此人们就会继续低估他。1800年之后，命运给了他另一个机会，利用更多时间去改造他的意大利领地。这是一个他绝不肯浪费的机会。

然而，现实是残酷的。拿破仑确实要求他的政府“将各部开支做一个简要汇报”，以及“将共和国的财政总方案”[18]呈报给他，但他本人的敲诈勒索使他的要求成了笑柄。它揭示出拿破仑多么渴望亲身实践，也表明了作为政府首脑的他是一位多么认真的年轻将军。但奇萨尔皮尼共和国的财政状况持续恶化，且责任完全在他身上。拿破仑在立国方面的初次尝试发生于一个意大利普通大众对他充满仇恨和敌意的政治环境中。在农民们身上根本看不到改革者们的那种渴望。他们憎恨意大利方面军的抢劫行为。法军来之前和走之后，他们接连不断地起义。对此，拿破仑一概残酷镇压。农民起义和他在像帕维亚和维罗纳这样的城市地区最初遭遇的城市抵抗运动使他明白了包容也是有限度的。这两者使他逐渐形成了一种坚定的看法：他建立的政权只能搞精英式统治。比纳斯科事件向他证明的，并不是农村地区需要安抚，而是总有一些村庄需要放火烧掉。在未来，被他烧掉的村庄将遍布各地，从立陶宛一直延伸到葡萄牙。

拿破仑于 1797 年底离开了意大利，这使他无须应付——或者说为此承担责任——1799 年随着反法盟军再次发动的攻势一道而来的大规模起义，但他听到的风言风语使他确信，他的理想绝不可能是普通大众的理想。这一认识并未使他踌躇不前。在此背景下，他那一心想要——根据他在奇萨尔皮尼共和国最初实施的方针——改革公民社会的决心越发地引人注目。

拿破仑在意大利学到了很多：怎样领导大部队获取胜利；怎样学会以新、旧两种方式处理外交事务；怎样操纵政府委员会和政府机构；甚至包括怎样创建政府和塑造新国家。他已清楚自己需要依赖哪些人来治理政府，以及为此需要对哪些人采取绥靖政策——他需要“混编”哪些人，又需要使哪些人“归顺”于他——正如他现在已熟悉了自己的士兵，在未来这些人对他有极大的用处。最重要的是，拿破仑现在将自己在艰难的思想斗争中学到的东西应用于公共政治和外交领域。他利用自己在意大利取得的胜利将意大利人改造成法国人，将肇始于法国大革命的大众文化与知识分子精英文化提供给他们，而不是任由这些获得解放的人为所欲为。他试图将待己之道施加于这些人头上。从那些反抗他改革的激烈却昙花一现的农民起义中，他已经认识到他对未来的设想实际上是那么狭隘，充满了精英主义色彩。他因此学会了不再关心普通大众的想法。他再也不是以前那个迷惘的愤怒青年了，那个他与西塞罗所描述的布鲁图是如此相似，他“不知道自己想要什么，但就是欲望膨胀”。至少从公众角度而言，拿破仑已经成了 10 年后歌德遇见他时所称呼的“时代之精神”。他在阿尔卑斯山南侧仅仅几个月时间就实现了所有这一切。在内心深处，拿破仑已认定，科西嘉人只是他过去某个时候的身份而已。他早已成了一名法国人。现在连意大利也知道了这一点，很快法国也将知道。他的漫游欧洲之旅是 18 世纪所有大旅行（grand tour，从前英国贵族子女遍游欧洲大陆的教育旅行——译者注）当中最恢宏的一次。然而，1797 年 11 月时，他所有的自我宣传和重绘版图的行为仍都是一种自我掩护，在这种情形下，成为法国人这一理想仍是他心中的秘密。当他再次向北进发时，这种局面正是他一心想要的。他现在需要面对当他待在阿尔卑斯山南侧时巴黎——及欧洲其他地方——所发生的事情带来的后果。

第五章　更广泛的教训

妄自尊大，1797—1800 年

1797 年底，拿破仑回到了素以雾锁金秋而闻名的波河流域。当时，这一带并未受到法国黑暗政治的影响。这里成了他新获得的权力基地。同年 11 月拿破仑向北进发时，他或许曾这样对米奥 · 德 · 梅利托说过，“我已经尝过权力的滋味，我不会放弃它的”，[1] 但在法国督政府时期那变幻莫测的世界，在未来 4 年绝大多数时间里，征战埃及的那 16 个月除外，他将不得不将自己对权力的渴望深埋心底。他通常总能掩饰得很好，这清楚表明他有绝佳的自控力，而另一方面，这或许更突出表明他善于让人在误解之下对他产生一种恐惧和怀疑。他面向有文化的法国都市民众所做的自我宣传已成功地将他塑造成了胜利的化身，接着又成了和平的化身和一个总能为法国带来丰富战利品的人。然而，拿破仑在意大利的时候并未对巴黎的上层政治不闻不问，相反，他精心谋划的干预——虽然总隔着一大段距离——既为他赢得了朋友，但也树立了敌人。然而，没人认为他懂得权力之道，尽管某些人越来越担心他也许的确觊觎权力。为了了解法国政界是如何看待拿破仑的，以及为何所有人都未能抓住要领，我们最好对他 1797 年 11 月返回法国之前的那数月时间做一番审视。

拿破仑在签订《坎波福米奥和约》的过程中所表现出的独行其是的专横作风也许使法国督政府感到不安，但该和约受到了法国舆论界的热烈欢迎。这揭示出法国民众普遍渴望和平。这一舆论趋势在 1797 年的选举中也得到了明显体现，明确倡导和平的温和派保王党人在下议院选举中获得了多数席位。更重要的是，在 5 位督政官当中，他们赢得了其中两位的支持，这两人是巴泰勒米和雅各宾派领头人拉扎尔 · 卡尔诺。

抵制保王党威胁的第一次行动来自两院中的共和派代表。为此，他们向拿破仑的朋友兼对手奥什求助。奥什冲动地接受了他们的提议。他命令自己的部队从英吉利海峡沿岸地区向巴黎进发，但在政府向他发出严正警告，提醒他无权率军向首都靠近之后，他却没了胆子，他乖乖地返回到营地，并于当年 9 月病死于结核病。

这使共和党人失去了他们的首位救星人选，也使拿破仑失去了一位最富魅力的军事对手，而约瑟芬则失去了她的前任情人。但这件事教会了拿破仑几条至关重要的政治教训。在法国，人们仍普遍将他视为是一位“雅各宾派将军”。巴黎的保王党报刊，其创办人集中在“克利希俱乐部”，一直斥责他是一个左翼狂热分子。因此，他从一开始就清楚，他需要特别当心新当选的多数派。同样，奥什发动政变的失败则向他表明，他不能依赖议会中的共和派代表。

然而，当遏制保王党人的行动由督政府自身再次发起时，以拿破仑的靠山巴拉斯为主导的 3 位反对保王党的督政官转而求助于拿破仑，想让他完成奥什未竟的事业。这时拿破仑还在意大利，他派遣手下以其雅各宾派立场而著称的奥热罗中尉去执行督政官们的命令。奥热罗带着自己的轻骑兵进入巴黎——官方宣称他在休假，这样一来就避免了违法之嫌——但首先他需要获得奥什部队的支持，因为唯有这样，拿破仑才能借助共和派代表对奥什所部的同情而成其事。结果，共和国五年果月十八日（1797 年 9 月 4 日）政变获得成功，与保王党有牵连的卡尔诺、巴泰勒米及皮什格鲁将军（他其实与保王党并无牵连）都被解除公职，而新当选的保王党代表则遭到清洗。至少就选举方面来说，法兰西共和国现在已清除了右翼势力的威胁。战争仍将持续，在这种情况下，没有人比将军和政治家们更如鱼得水了。统治法国的精英阶层，尤其是拿破仑，更加坚定了这一共同决心：即使要继续交战，也要保住自1795年以来所获的外国领土。

这次政变宣告军方势力开始进入上层政治。但在当时，人们并不认为拿破仑或其他一些将军企图为他们自己图谋权力。拿破仑是在他的政治靠山巴拉斯的要求之下才行事的，至少表面上看来是这样。的确，当这些将军密谋推翻果月政变之后建立的新政权时，他们是作为一个集体而行动的。这很关键，因为此前正是因他们未能形成共识，才导致密谋失败。从1797年年底至1798年年初，属于左翼的莫罗和出身贵族、与右翼有关联的德塞两人都曾找拿破仑商量过策划政变的事情，但他们现在的想法是将军们必须要一致行动，用另一帮立场有别的政客取代现有的这帮政客。果月政变后，当军方执意要干预政治时，督政官们及各政治派别都已摇摇欲坠。当保王派将军被卷入政变阴谋时，一旦他们获得成功，那么共和国也许会陷入危险，但没有哪位司令官真正地质疑这一种或另一种形式的文官统治。在所有了不起的司令官中，除拿破仑之外，没有人成功建立起了一个属于他自己的“姊妹共和国”。这一非凡成就本应该使那些利用拿破仑的人早就发现他才是带来真正威胁之人，然而却无人发现这一点。去世的奥什曾是一位与拿破仑同样成功的战地指挥官，尽管他的战绩不如拿破仑那样耀眼。1797年时，莫罗是一位真正挽救了法国的大救星，而到1800年时，他还将力挽狂澜，的在这两次战争中，他率领的军队都比拿破仑的要庞大，并在德意志南部和瑞士的主要战线上接连取利。然而，奥什和莫罗两人都没有学会将军事上的胜利转化成政治权力。如将奥什在这方面与拿破仑相比的话，差距更是惊人。奥什曾试图建立一个“莱茵河西岸共和国”，但到他去世之前，因缺乏进取心的缘故，他的权力基地已缩减到四个省的范围。就这一方面而言，拿破仑远远超越了其同侪。幸运的是，无论是他的朋友还是敌人都没有注意到这一点。

在1797年年底的整个政界看来，拿破仑看起来是一位将自己的命运与法兰西共和国系在一起的军事指挥官，他依旧忠于他的靠山巴拉斯，可能还忠于他的雅各宾派群众基础。最重要的是，他们看到了一位能够带来些许和平的征战英雄，而且他还不受诡计多端的政客们的摆布。拿破仑很快利用起这一形象，每当在巴黎时就身穿便服，表面上躲避公众的关注，但实际上却吸引了人们的注意力。[2]他这一点做得很对，因为新一届督政府看似感激他，但其实在怀疑他，他从意大利回国后督政府就企图对他加以利用这一事实将这一点表现得很明显。拿破仑只要去剧院，就肯定会引起人群的欢呼，这并不令人惊讶。这几个月以来，人们创作了许多部戏，颂扬他在战场上的胜利，以及他在谈判桌上的成就，而后者同样重要。他不仅赢得了战争，似乎也带来了保王派以投降为代价才能获取的和平。他的存在开始令那些掌权的人惴惴不安，他们终于认识到他们欠下他多么大的人情，于是他们连续几个月都犹豫不决，因为他们要为这位如此令人尴尬的英雄安排一个更保险的新位置。

拿破仑先是被派去参加拉施塔特代表大会，这是由神圣罗马帝国的几个邦国与法国共同召开的一个政治集会，它主要讨论战争带来的领土问题。他在那儿仅仅待了一个礼拜，这表明不管督政府的内部清洗如何成功，它依然忌惮他自作主张达成外交协议的本事。拿破仑的外交策略受到了史学家们的广泛抨击，他们批评拿破仑恃强凌弱，以及他那过分“军事化”的通过激烈的直接对抗获取优势的态度。然而 1797 年时，他在政界的上司们发现，他在谈判桌上取得的成就比他们还多，于是很快又改变主意，不想让他继续参加谈判了。而实际上，新成立不久的法兰西共和国自身处理国际关系的手腕也不见得有多么高明。拉施塔特代表大会就是这样的一个极端例子，它反映出法国仍在意识形态上将那些参与谈判的列强视为敌人。按照督政府的政策，凡是贵族出身的人一律不得在负责谈判的外事机构中任职，也不得担任驻外大使，这令其外交部部长塔列朗倍感无奈。相反，他们以抽签的形式从议员中选出了参加拉施塔特代表大会的法国代表团成员，其中没有哪一个人有外交经验，也谈不上有睿智之士。

拿破仑乘坐一辆豪华的柏林马车急匆匆地来到这群代表中间，但却悄无声息地离开了，他以普通公民的身份溜回了巴黎。这一收敛锋芒与自我克制的失策举动使他在重大谈判中失去了核心地位，但他再也没有让这种情况发生，至少在法国，在他的权力根深蒂固前是这样。然而，事实证明，他在拉施塔特的短暂逗留对未来有着巨大而持久的影响，虽然在当时完全看不出这一点。

在那里，他结识了德布里，后者不算是法国代表团中最老练的，但却是最机敏的。拿破仑使他与约瑟夫直接联系，而在整个代表大会期间，他本人与约瑟夫保持着不间断的通信联络，从而对局势非常熟悉。[3] 也正是这个时候拿破仑开始得到塔列朗的青睐。他们的通信表明，就意大利事务而言，拿破仑对外交部部长有着多么巨大的作用，比如在 1798 年 1 月时，他向塔列朗提供了一些机密的军事情报——意大利方面军的分布及兵力上的一些细节，而那时他已不再是该军的指挥官了。[4] 塔列朗在培养拿破仑方面表现出了明智的判断力，使他成了当时共和国拥有的唯一成功的外交家。毕竟，拿破仑和那些外省书记员及来自地方的前革命恐怖分子同样都是粗野之人。他因凑巧参加拉施塔特代表大会而与这些人成了同事。对拿破仑来说，他从约瑟夫及塔列朗那儿间接学到的知识使他在德意志政治事务方面大受教益。而当后来局势的发展使他能掌控外交政策时，他立刻就将这些知识派上了用场，那是 1800 年的事了。

随后又发生了一段类似的有教益的经历。督政府任命拿破仑为英格兰方面军司令官，当时，该部队沿着英吉利海峡海岸一路铺开来，正徒劳地为入侵英国做战备。像在拉施塔特一样，他同样没有浪费这次短暂的驻军任务。他巡视各个港口，记录下它们作为炮台的优势与弱点，并猛烈抨击现有的登船方案，尤其是政府打算用作登陆艇的驳船的质量。1798 年 2 月，在呈给巴黎的一份长报告里，拿破仑对入侵计划存在的问题及其可能性做了一番详述。他特别指出，布洛涅不适宜用作军事基地，但 1802 年之后，他得出的大量研究结果被立刻付诸应用，用于布洛涅军港的建设之中。

正如在拉施塔特以及 1794 年出使热那亚共和国时的情形，拿破仑学到了有关崭新未来的“课程”，从泛欧洲外交领域到南阿尔卑斯山及英吉利海峡沿岸的微观地理学等方面。然而，他却未能一直保留住这数月所收获的洞见，其中尤其引人注意的是他某一份报告的开头："无论我们怎样努力，在未来很多年里，我们在海上将不会占据优势。"[5]

对拿破仑为何在此期间开始沉迷于制定进攻中东的计划，人们有很多猜测。他显然对这一策略很感兴趣，而最初它是由塔列朗提出的。他本人的信件则显示，从 1797 年到 1798 年的秋冬季节，他开始迷上了另一种东西。然而，那些本该发现他真正的才华与权力之所在的人却没留意这一点。他依然是奇萨尔皮尼共和国的真正主宰，尽管他本人并不在意大利。他依然是意大利政治事务的实际操纵者，至少在他 1798 年 4 月动身前往埃及之前是这样。

到 1798 年 3 月，拿破仑的信件内容主要涉及埃及远征军的事情，尽管他一下子将关注的焦点从意大利事务转移到了远征埃及上，但在写给巴黎的首批公函中，他依然精确地向政府汇报了意大利全境的军队部署情况，以便实施新的远征计划。[6] 1 月时，督政府命令布律纳将军率领使团前往那不勒斯，但实际上该使团受命于受拿破仑。为保护法国在罗马的傀儡政权，他亲自向那不勒斯国王进行恐吓。第二个月时，为保护忠于法国的意属瑞士行政区，他通过意大利方面军名义上的指挥官贝尔蒂埃之手，事无巨细地管理起该军事务来，简直到了要重新划定这些行政区与奇萨尔皮尼共和国之间国际边界的地步。[7] 再一次地，尽管督政府担忧他的声望及在外交事务上擅作主张这一点，而右翼则为他的雅各宾派倾向提心吊胆，但似乎没有人注意到，他不仅创立了属于自己的国家，还从遥远的巴黎管理着该国家。远征埃及将很快使他与自己的权力基地相隔绝，而在他离开巴黎的这 16 个月期间，法国遭遇了军事上的惨败，并导致他暂时失去了自己的权力基地，然而，这一使他渡过地中海到达埃及的决定将再次为他提供一个在离法国千里之遥的地方学习立邦建国之道的机会，尽管这也把他带到了毁灭的边缘。

1798 年 3 月，督政府决定借道马耳他对埃及发起攻击，这使拿破仑将精力投入到新的方面，使他的抱负有了新起点。在前往东方的路上，他首先回到了土伦，这再次勾起了他对普罗旺斯地区的憎恶。这种憎恶早在1793年土伦包围战之时就已萌发，并在备战第一次意大利战役期间进一步加剧。现在，他发现该地区的邮政服务混乱不堪，[8] 而且地方政府非常喜欢包庇从他的远征军队伍中跑出来的逃兵。[9] 然而，该地区地方暴行及族间仇杀猖獗这一点更令他伤怀不已。他给当地的特别军事法庭写信，毫不含糊地抨击了普罗旺斯治安部队的残暴和他们对正义的肆意践踏：

> 公民们，我极度悲痛地了解到，有70、80岁的老人们，还有可怜的妇女——孕妇或带着一帮孩子的妇女——被射杀，而加给他们的罪名是企图移民罪。难道保护自由的军人变成屠夫了吗？难道说他们那曾在无数次战斗中显露过的怜悯之心现在已经死掉了吗？……我劝告你们，公民们，每当有60岁以上的男人，或女人，因违法而被带上你们的特别法庭时，你们都应声明，你们在战斗过程中都已对这些老人及妇女给予了尊重。凡是将手无寸铁的百姓处以死刑的士兵都是懦夫。[10]

放在法国东南部的当地背景下来看，拿破仑在土伦的逗留以及他在普罗旺斯地区组织埃及远征军的过程中所遭遇的实际问题使他深深明白，该地区依然是那么危险，而至少在他看来，督政府虽然为控制该地区做了一番努力，但却收效甚微。1800年之后，当拿破仑开始掌权且天下太平之时，他就立刻寻求平定该地区，他这么做绝非是巧合。

然而，极为讽刺的是，他对革命当局针对普罗旺斯地区所采取的残酷措施提出了严厉谴责。拿破仑援引法国军方骑士精神这一做法是虚伪的，但至少它反映了官方辞令的华而不实。他本人数月之后在埃及的行为却与这些官方陈词——不管有多么玩世不恭——所标榜的情感与道德标准完全背道而驰。再也没有比这更大的反差了：在局势不稳定的督政府末期，当时他还只是危险的政治游戏中的一颗棋子，拿破仑在国内竭力敷衍塞责，而等他到了地中海的另一头时，他却肆意妄为。菲利普·德怀尔推测说，埃及的经历改变了拿破仑，这次经历使他变得冷酷无情起来，就像一个毫无同情心的反社会分子：

> 他对人性的蔑视，这一点在他离开法国前就已有所显露，因他在埃及和叙利亚的经历而变得更加强烈。现在，他似乎满脑子都是愤世嫉俗的思想，这种思想在未来的年月里将随着他那扭曲人生观的进一步发展而变本加厉。[11]

虽然对这一断语，有人赞同，也有人持有异议，但拿破仑身上的确存在太多难以捉摸之处。不过，当将他对待政府严厉镇压普罗旺斯一事的态度与他后来在埃及的行为放在一起对比时，人们简直快要精神错乱了。他在土伦时，强大的克制力与全力以赴的干劲主导着他的行为。从他待在蒙贝洛宫到逗留土伦的这几个月充满了焦虑和忐忑，而拿破仑采取了普鲁塔克笔下的恺撒那样的应对方式——表面上镇定如常，暗地里却在精心谋算，露出一种对局势虽不是彻底掌控，却是知根知底之人才有的自信。

作为拿破仑公众形象显著特征的自我克制与举止谨慎同样也体现在他的判断和行动方面，而考虑到他荒唐可笑的婚姻状况，这一特征就更显得非同寻常了。可以公平地说，这几年里约瑟芬对待其丈夫的方式简直差到了极点。她和希波吕忒·查尔斯之间的私情时断时续，没准一直持续到了1798年——她仍喜欢他，并和他保持着密切联系——但她还是不急不忙地从意大利回到了巴黎。坎波福米奥和谈中的大赢家兼拉施塔特大会代表回到了巴黎家中的空房子，而对约瑟芬心怀不满的女仆路易丝·孔普安在遭到女主人解雇后也许曾将太太与查尔斯之间的私情告诉了他。无论有没有这回事，这几个月里，拿破仑都未得到任何家庭的慰藉。屈辱困扰着他，因为一旦他戴绿帽子的事曝光，那将对此刻的他造成极为恶劣的影响。而他对约瑟芬的痴迷与忠贞，依各人口味，要么可以理解为一件可悲的事，要么就是人性更深刻的一种体现。尽管如此，这件事似乎从未影响他在公共生活中的判断力，至少在他抵达埃及之前是这样。无论巧合与否，当拿破仑抛下蒙贝洛宫中相对安定的奢华生活，投身前途未卜的督政府上层政治时，约瑟芬对他毫无温柔之情。她意识到他的职业生涯太过于危险，以至于不愿对他从一而终，这一点与她的性格及以前的行为是相符的。她既没有跟随拿破仑前往土伦，也没有跟随他远赴埃及，但拿破仑从出海的旗舰上写的两封信，字里行间充满了哀婉之情，他盼望约瑟芬能和自己一道前往。其中一封是他写给兄长约瑟夫的，他告诉后者说约瑟芬将一直待在土伦，直到主力舰队安然抵达西西里岛彼岸的消息传来时才会动身离开。[12] 另一封是写给他母亲的，当舰队进入阿雅克肖港时，他未能回家看望她，在信中他对母亲说："我妻子很可能会过来看望您，她将路经土伦赶来与我会合。"[13] 入侵英格兰大获成功，或占领月球，都比这事儿更可信。

可以想象的是，手头的任务在接下来的一年半里将不知道有多么令人振奋。一直以来，中东地区深深吸引着拿破仑。像他这一代的法国人一样——确实，这是非同寻常的——他沉浸在亚历山大大帝的丰功伟绩当中，如饥似渴地读着 18 世纪的东方学者沃尔内的作品。更突出的是，1795 年时，他毛遂自荐参加一项法国的军事任务，主要是为奥斯曼帝国的军队改革建言献策，但却被征召回国应对葡月暴动。[14] 与埃及的情况不同，他在奥斯曼帝国的利益切身，原因在于他征服了亚得里亚海沿岸东北部地区，这使他开始直接接触巴尔干事务。这些事情早已被他留在了脑海深处，直到有一天新上任的外交部部长塔列朗说服了督政府向东扩张。塔列朗从美国流亡归来后几乎立刻就官居高位。在国外期间，他对埃及和英国，尤其是英国对印度棉花贸易的依赖这一点做过详细研究。塔列朗认为，如果法国占领了埃及并攫取了它的棉花，那么英国与印度的联系就将被切断，这样一来，逐渐主导纺织行业的就将是法国，而非英国了。在他看来，夺走英国在印度棉花贸易方面的收益将严重削弱其整体经济。

1797 年 7 月，塔列朗上任一周后，为这一目的接连向督政府递交了 3 份备忘录。拿破仑还尚未见过这位新任外交部部长，但他支持塔列朗的目标，尽管这更多是出于军事上的，而非经济上的原因。他深信，一旦法国夺取亚得里亚海的爱奥尼亚群岛，这将不可避免地带来奥斯曼帝国统治在巴尔干半岛的崩溃，紧接着下一步就是要夺取埃及。至于动机，正如他向上司们所陈述的那样，则是为了防御，而不是侵略："广袤的奥斯曼帝国，正在一天天地衰败，这迫使我们很快就将开始考虑该怎样保护我们在黎凡特的商业利益"，[15] 他在发自米兰的信中写道。然而，将这次远征变成现实的是塔列朗，因为一开始时拿破仑一心扑在意大利事务上，而后来他被从一个驻地调往另一个驻地。这一过程耗费了一些时日，但在与哈布斯堡王朝缔结的一系列不稳固的和约的有利影响下，1798 年 3 月，督政府终于采纳了塔列朗的计划。鉴于拿破仑对该计划的热情，他的军事威望，大概还有他出现在巴黎所带来的尴尬局面，他成了这支远征军领袖的当然人选。

在接下来的两个月间，拿破仑将一批成分混杂的军人与学者聚拢到麾下，准备参加这次至少在官方仍属于机密的远征。他擅长将政治观点各异的人吸引到自己身边，而更善于将这些人团结在一起，虽然远征的目的地和目标并不确定，资金也十分匮乏。这种能力正是他当初在意大利就已表露的"混编"本领的体现，后来成了他整个生涯的一个标志性特征。他的意大利方面军里的那些冷酷无情的共和派将军现在与贵族出身的诸如德塞和梅努这样的皇家军队的职业军人一同为他效劳，的确，新军队——大约有 36 000 人，是一支令人望而生畏的军事力量——由两支军队混编而成，一部分是他自己的非常激进的意大利方面军，另一部分则是雅各宾派倾向不那么明显的莱茵河前线部队，这一合并本身就包含了潜在麻烦。补给匮乏和拖欠军饷则是两者都有的共同问题。因拖欠军饷的缘故，部队中时常发生小规模哗变，但都被镇压了下去。普通士兵与军官之间的紧张关系在拿破仑为他们所展示的共同前景面前显得不再重要。

遵照拿破仑的吩咐，一群独特的、看似与军队格格不入的知识分子、学者和艺术家也被召集了过来。他们身上肩负着双重任务，一是要对古埃及和当代埃及进行研究，二是要在那里传播法国文明。为鼓舞手下的军队，拿破仑向他们承诺，他们将得到数不尽的战利品——正如他1796年在冰雪覆盖的阿尔卑斯山高处向他们承诺的那样——而为获得普通百姓的支持，他为他们提供了未来的展望，那就是按照法国革命时期的模式重建一个埃及殖民地。

拿破仑在远征军的组建过程中以及在航海途中展露出了其性格中最引人瞩目之处，那就是他在知识方面所具有的广度和深度，但更突出的是他善于倾听这一点。各有所长的知识分子都认为他思想开明，是一个富有同情心的倾听者。他的倾听对象不仅包括那些享有盛誉的知识分子，如军人兼学者卡法雷利，也包括年轻人，特别是成立不久的巴黎理工学院（巴黎综合理工学院）的毕业生。这是一群聪明的年轻工程师和考古学家，他们先是成了埃及远征军的先锋部队，而后来则引领了法国知识界的风潮。在组织远征军的过程中，拿破仑展现了他最卓越的一种才能，那就是发现、培养和擢升青年才俊，造就一批新人并委以重任的才能。一旦他将这些人聚在一起，他便有本事让他们团结协作。之前，他曾将伦巴第和博洛尼亚的“爱国者们”团结在一起，现在轮到他团结法国人自己了。

目睹舰队的那一刻，他们一定在心中燃起了希望和敬畏。舰队由13艘第一线作战军舰组成，领头的是拿破仑所在的旗舰“东方”号，在1798年时，该舰是当时世上最大的战舰，此外还有一些技术先进的战船。这一支堪称一流的舰队是波旁王朝的遗产，建造于旧王朝末年。在它们周围的是42艘各类小战船，以及300多艘运兵船。人们为组建远征军投入了狂热的努力。正如菲利普·德怀尔所指出的那样，这整个事业，特别是大规模舰队，令人们想到，尽管督政府存在各种缺陷，它仍有能力召集起相当可观的军事力量。[16]这一点说得没错，但1799年发生的诸多事件表明，为装备这支远征军，法国在意大利与德意志的防守力量已被掏空到了危险的地步，整个计划是在相对和平的那几个月进行构思和组织安排的，但到了远征军出发的前夕，也即1798年4月时，和平被打破。在维也纳发生的围绕着法国大使贝尔纳多特的一个相对次要的事件却造成了一连串外交关系的破裂，从而导致法国与新联盟——第二次反法同盟——之间战端重启。这一次的反法同盟由英国、俄国和哈布斯堡王朝组成，不久后，奥斯曼帝国也加入进来。不管怎样，5 月 19 日当天，拿破仑舰队还是从土伦出发了。人们一直将远征埃及计划视为督政府耍的一个手段，目的是借此摆脱掉拿破仑。的确是有很多人反感他待在法国，但如果说这只是为了摆脱某一个人，那么人们集中投入的努力与花费也太庞大了。假如对拿破仑的畏惧真是这次远征的动机的话，那么，以拿破仑的自大，想必他也是可以原谅的。

在创建远征军的整个过程中，对其目的，所有拿破仑的高级扈从人员以及广大的受教育的法国民众都只知道这一点：它是用来打击英国的另一种方式。拿破仑在发布的公告中总是援引迦太基战争，他将自己比作小西庇阿，迦太基的毁灭者。当他接过西庇阿的衣钵，并将他的新远征——无论它是在哪儿进行的——与发生于“正直”“只在陆上活动的”罗马与淫乱的海上强国迦太基之间的布匿战争相提并论时，他与一个根深蒂固的革命模范毫无二致。各个派别的革命领袖，从狂热的雅各宾党人圣鞠斯特到当时督政府中的温和派，都曾借用古代经典战例来比附法、英之间的斗争，他们从青年时代起就深受前者的激励。拿破仑没费多大力气就找到了触动人们心弦的办法。然而，随着时间的推移，普鲁塔克笔下的亚历山大大帝的形象越来越萦绕在他心头。在土伦时，他仍深受屋大维处心积虑这一面性格的影响，哪怕他曾有过一点儿进军印度的想法，他也知道该怎样深藏不露——到此时为止，任何与此有关的旁敲侧击都出自他的文官上司之口——将埃及建成自己的私人领地的想法同样如此，正如他曾将对意大利的图谋掩饰得如此巧妙那样。然而，他的首次登陆就使他身上原有的雅各宾派本性展露无遗，而更明显的是，他显示自己是一个高超的权力操纵者，正如当年在意大利他在这方面初露峥嵘时那样。

马耳他地处西地中海的十字路口，它是一块弹丸之地，是那些企图控制南欧和中东之间海域之辈的必争之地。拿破仑对此了然于胸。1798 年时，还没有人真正控制马耳他，这对法国远征军来说是幸事。当时，这座岛屿归圣约翰骑士团统治，说起来这是十字军留下的最后一批天主教骑士团组织之一，但实际上它是一个一心谋私利的——虽说要求不高——贵族集团，虽然他们的大师霍姆佩施是个德国人，其中大多数人都具有法国血统。从军事方面来说，马耳他可谓任人宰割，于是拿破仑欣然前往并夺取了它。6 月 10 日，远征军侵入马耳他及其毗邻岛屿，霍姆佩施接受了作为和谈前奏的停战协议。接着，拿破仑迅速而直截了当地颁布了类似于督政府面向所有“政治解放组织”颁布的政策，但要残酷得多。至于整个过程该如何操作，在入侵马耳他的前夜，拿破仑在传达给贝尔蒂埃的军令中做了一番概述，后者将负责管理这座岛屿：

> 雷尼埃将军将发布一条特别简单的公告……大意是，法国不打算以任何方式改变（马耳他岛上的）习俗与宗教，（军队中）将保持最严格的纪律，神职人员会受到特别保护……他将确保神职人员与僧侣受到特别的尊重，而所有马耳他骑士团的资金将会封存起来，他会将所有武器运送到某个地方。如果有村庄（向我军）表露出恶意的话，他将带走人质并将这些人带上他的快速战船。[17]

正如在大陆一直以来的情况一样——而且将很快在埃及发生——对土著习俗的尊重与宽容并没有持续多久，而贪得无厌和对不满分子的镇压很快就成了法国占领军生活的主调。几天之内，拿破仑就没收了骑士团的财富，其中大部分用在增加补给、舰队整修及填补远征军资金方面，同时，他还将数额可观的钱财及圣约翰骑士团的战旗一起作为战利品运送到了巴黎，而实际上战斗压根就没发生过。马耳他岛被直接纳入法国的统治之下，而且一整套法国的司法和行政体制也被引入，新政权的行政人员由法国军人和少数当地通敌者共同组成。当拿破仑于 6 月

18 日扬帆出发之后，岛上的局势迅速恶化，起义和镇压层出不穷。

甚至在他离开前，就已经有人对教堂进行掠夺，修道院制度也被废除。甚至早在英军抵达这里将法国人赶走之前，法国对该岛的统治就已摇摇欲坠。值得注意的是，大部分亲法的马耳他“爱国者”选择了与入侵者一道撤离了该岛，而不愿留下来承受本土人民的怒火。从各个方面来说，在马耳他发生的事件都与 1798 年之前在其他占领地所发生的如出一辙，也与次年将要发生的没什么两样，届时法军被迫从意大利和德意志撤走。在最重要的一个方面，虽然这一点经常被人忽视，马耳他遭受的待遇有别于法国以往的处理方式。6 月 14 日当天，拿破仑直截了当地向科孚岛上的法国政权机关宣布，不但法国的国旗已经飘扬在马耳他岛上空，而且“耶路撒冷圣约翰骑士团已被消灭”。[18] 他所做的不止于此，他还将马耳他的统治阶层押解出境。霍姆佩施被送上开往的里雅斯特的商船，后被指引回到了神圣罗马帝国的领土，而所有具有法国血统的骑士则被判定为法国公民，并被押解“回国”，在法国督政府末期日益紧张的氛围下，他们后来被诬蔑为贵族。或许更不正常的是，凡达到服役年龄的其他骑士都被拿破仑带到埃及服役去了。这是去本土化方面的一次令人震惊的演习。在某些方面，它也预兆了几年后神圣罗马帝国的条顿骑士团受到的粗暴待遇。像马耳他骑士团一样，他们显然是旧欧洲秩序硕果仅存的遗留物。而且，虽然有许多德国骑士经过长期不懈的法庭争斗后最终保住了自己的领地，他们也将面临名存实亡的命运。拿破仑在马耳他的所作所为充分展示了他的革命本色，这是一个有待摧毁的世界，而他是这一毁灭方案最认真的贯彻者。

拿破仑十分清楚马耳他的潜在战略价值。在短暂逗留该岛期间，他向地中海彼岸送去公函，向法兰西共和国驻那不勒斯大使宣布，法国已巩固了对当地的占领——他距离西西里海岸也大概只有几英里之遥了——催促后者提醒那不勒斯人，他们对马耳他的主权要求将根据他们拒绝承认在罗马新成立的“姊妹共和国”这一点加以判定。[19] 同样，他寄公文给北非的法国领事们，敦促他们提醒几位总督注意他的存在，并释放他们从马耳他虏获的奴隶，而且“要让他们知道，从今往后，他们必须尊重马耳他人”。[20]

在拿破仑于马耳他宣告“法国统治下的世界和平”的当天，西地中海英国舰队司令官，海军上将霍雷肖·纳尔逊确信法国舰队正向东挺进，很有可能是驰向埃及，而不是向西驰往大西洋，于是他开始朝这个方向进发。自 4 月份以来，英国一直怀疑有大量战船在土伦港集结，并相应地派遣战船进入该区域，1796 年时，英军从西地中海撤退后就专注于英吉利海峡的防御。然而，直到此时，也即 6 月中旬时，纳尔逊才推算出了法国舰队行进的大致方向，当他 6 月 20 日抵达西西里时，这一推测得到了证实。法国舰队虽然数量惊人，但它是一支护航舰队，而不是一支有能力击退英国皇家海军的作战舰队。拿破仑清楚这一点，于是在风速允许的情况下，法军以最快速度扬帆出发了。6 月 18 日，法国舰队起航前往埃及，于 7 月 1 日到达亚历山大港附近海岸。6 月 22 日晚至 23 日凌晨，两支舰队在雾中擦肩而过，险些碰个正着。纳尔逊的舰队比拿破仑的舰队更具机动性，他追过了头，赶到后者前面去了。纳尔逊于 6 月 28 日抵达亚历山大港，他对当地人进行了一番恐吓，企图迫使他们俯首听命，之后，他率舰队向北推进，沿海岸北上直到塞浦路斯，然后才折返到西西里进行整修。法军趁着这个短暂良机登陆埃及，因为纳尔逊的情报更畅达，加之他一心想要灭掉法军，很快他就将折返回来。然而，就此时而言，拿破仑和他的军队已经实现了他们的目标。

在航行期间，这些法国人大谈特谈有关此行目标之事，在筹备远征军之前和当中，他们早已仔细阅览过与此行目的有关的情报资料，但对即将发生的事情，他们却毫无准备。的确，他们顺着海水踏上的这块土地的风景和气候令他们感到如此陌生、如此令人望而生畏，以至于他们甚至还花了一点时间来领略埃及人与他们自身之间的文化鸿沟。拿破仑统率的主力部队在亚历山大港附近登陆，此时它只是一个人口不超过 6000 人的小城，但它曾经是地中海地区最大的城市之一，另一支部队在战略要地阿布基尔海湾以东的罗塞塔登陆，拿破仑后来就是在这里指挥其主力舰队入港的，还有一支部队登陆的地点则在东边更远处，即尼罗河干流边上的达米埃塔。法军很容易就攻陷了亚历山大港，不过是在与恶劣天气条件——烈日炎炎、缺水还有滚烫的沙子——展开了首次较量之后才攻陷的。这使得他们情绪暴躁，整个城市也因此遭受了蹂躏，正如之前西欧大部分地区同样遭受过的残酷对待一样，尽管这些军人们打着自由和平等的旗号。这些就是拿破仑向埃及人发布他那著名公告时的情况。他用法语和阿拉伯语——整个阿拉伯世界几乎都处于半文盲状态，如果埃及史学家阿尔 - 贾巴提所说可信的话[21]——向所有人宣布，他是来解放他们的，是来恢复真正的伊斯兰法律所说的公正与公平的，同时还要以他自己发起的革命所赋予的自由来激励他们。此后，这种不协调性将成为他治理埃及时期政策的标志性特点。

然而，在夏日可怕的热浪下，生存才是头等重要的事情。3 支独立纵队在尼罗河三角洲更北边的地方会合了，继而向埃及首都开罗挺进。起初，法军只是遭遇了零星抵抗。这一块法军毫不熟悉的陆地才是他们的头号敌人，而向开罗的进军，人人都这么说——拿破仑也不例外——简直是一趟地狱之旅。行进中，有人因中暑倒地而亡，有些人被炙热和缺水弄得受不了，最后甚至自杀了。通常，法军的军粮都是从行军途中征集的，但这里是沙漠，而不是肥沃、肥美的波河平原或莱茵河流域。在部队沿尼罗河北上向开罗进军的最初阶段，他们穿越了尼罗河三角洲地形环境相差极大的几个区域，法军对该地区的一无所知使推进大受影响。3 支纵队——分别在杜高、德塞、雷尼埃的率领下——按原定路线前进，他们的遭遇却各不相同。从 1792 年的革命战争一开始，法军就一直靠陆地为生，但却从未经历过这时在埃及所遭遇的一切。

杜高的部下发现他们的地图因尼罗河支流流向发生变迁而变得无用，而在行军的第一截路途中，他们发现有些支流已经变宽成了湖泊，但一旦渡过这些河流后，他们就发现罗塞塔镇周围的乡村盛产水果和面包，还有充足的水源，这是他们自登陆以来就十分匮乏的东西。据洛吉耶上校所说，杜高师通过了“由纵横交错的沟渠所灌溉的精耕农田，沟渠里都是淡水”，还遇上了友好的农民，他们允许军队采摘西瓜。[22] 德塞师的命运则截然不同。他们的行军路线需要他们穿越贫瘠的沙漠，他们身上的羊毛军服使所有人都痛苦不堪，地表根本没有水，拿破仑和他身边的参谋都没有想起来要给部队配备运水车。与杜高所部深受罗塞塔当地人欢迎这一点形成鲜明对比的是，德塞部下所发现的只有被舍弃的村庄和填满石头的水井。许多人开始产生幻觉，以为看到了海市蜃楼，但贝都因人对那些落伍士兵的侵扰却是不争的事实[23]。雷尼埃所率领的第三纵队的情况则更糟糕，缺水导致大部队解体成了一个个小分队，而该师臭名远扬的涣散军纪，以及雷尼埃将军不善治军这两点更是拖累了进军速度。[24]即使是相对幸运的杜高师也因对这片土地的丰富物产缺乏了解而付出了代价。地中海的水果饮食让他们很不习惯，这导致士兵们普遍得了腹泻。[25]“靠地吃饭”的做法使士兵们总是有什么就吃什么，而埃及的这段饮食经历虽别开生面，其教训却至为惨痛。更糟糕的是，很多士兵因感染了当地流行的一种眼疾而倒下，面对这种情况，军医也一筹莫展。[26]

然而，即使这片土地令他感到沮丧，人的谋算——或缺少谋算——很快就为拿破仑提供了军事便利，使他能发动一场他迫切想打的决定性大会战，他总是将这样的会战视为征服过程中的关键。埃及的统治与防御都掌握在马穆鲁克骑兵手中，而不久后拿破仑就将不得不着手解决其政治遗留问题。7 月中旬，他不得不首先对抗并消灭他们的军事力量。7 月 20 日，他的 3 支纵队集合在尼罗河西岸，而在河对岸往东就是开罗，在他们的南边，马穆鲁克军队已在沙土平原上摆好了队伍，而他们身后巨大的金字塔群则构成了这场战争恢宏的背景。马穆鲁克骑兵还从开罗带来了一大群看客，这些人往往通过吹奏乐器来鼓舞军队士气，他们来这儿的目的就是为了观看马穆鲁克骑兵屠杀外来入侵者这一场面的。法军操心的则是一些俗事。数周以来头一次，他们终于有山羊肉可以大口吞吃了，这好歹是他们了解的食物。

破晓时分，“映入法国士兵眼帘的壮观景象，就连那些坚强的见多识广的老兵也不曾看到过”，历史学家保罗 · 斯特拉森如是说。[27]他们亲眼看到，南边就是吉萨大金字塔群，而在东边，河的另一头，则是看起来更诱人的开罗。开罗是一个人口超过 25 万的城市，几乎比所有欧洲城市都要大，300 多座清真寺的宣礼塔耸立在城市上空。历经艰难困苦之后，终于等来了战利品。他们所要做的就是战而取之。7 月 21 日，在他发布的另一份当时几乎无人问津的公告中，拿破仑提到了金字塔的悠久历史，借此来鼓励士兵们。之后，他就在吉萨大金字塔群以北大约 20 英里的地方与马穆鲁克骑兵展开了交战。

马穆鲁克骑兵曾是历史上最优秀的轻骑兵之一，但事实证明，即使在自己的地盘上，他们也不是法军的对手，虽然这支法军经长途跋涉穿越陌生地带之后，已经因饥渴、炎热和疲惫而凌乱不堪，处于濒临崩溃的边缘。战斗持续了大约两个小时。法军主力部队组成了数个巨大方阵，而马穆鲁克骑兵则在其外围无望地兜圈子，与此同时，当他们在方阵之间策马移动时，新式火枪和炮火从四面八方向他们扫射过来。另外两支沿着尼罗河东岸向上游进军的法国纵队则从后面包围了马穆鲁克骑兵，而从后面撤军离开正是马穆鲁克骑兵的传统做法。尽管有许多人被杀死，随后又有不少淹死在尼罗河中，马穆鲁克骑兵主力还是幸存了下来，并逃离了尼罗河流域，逃到了不易进入的南方乡下。尽管两军在装备和战术上存在巨大差距，鉴于法军抵达吉萨金字塔时的糟糕状态，“金字塔战役”见证了法国军人的坚忍不拔和高昂的战斗精神。

不管法军的胜利有多么不完美，面对法军，开罗已是毫无反抗之力，尤其是那里的财物和物资更是等着他们掠取。7 月 24 日，留在开罗的文职政府人员主动求和，于是拿破仑和他的军队胜利进入开罗。法军虽收获了开罗，但它此时却如同一把双刃剑。这座城市早已过了其鼎盛时期，那还是 14 世纪时，当时它是伊斯兰世界的瑰宝，其了不起的大学和大清真寺就是在那时兴建的。不过，它依然还是一个繁荣的商业中心，是地中海东部重要的转口港。开罗的市场深受法军的青睐，因为他们终于可以在这里获取常规补给了。虽然这里的很多恢宏建筑物都是久远过去留下来的，但在 18 世纪 80 年代，总督埃勒非建造了一座美丽的宫殿，它位于开罗西北边，其园林和画廊享有盛名。拿破仑很快就征用了这座宫殿作为府邸：宫殿里铺着花岗岩地板，伫立着大理石柱子，正门前是一个大阳台，阳台前面就是壮观的艾斯比基亚广场，后来尼罗河泛滥，广场变成了湖泊。[28]

然而，还有另一个开罗。在开罗的总人口中，将近 6 万人是未充分就业的普罗大众，他们的生活往往要依赖清真寺的慈善救济，同时又处于原教旨主义教士的影响下。早在法军到来之前，这个“危险阶层”动辄发动起义，然后躲进普通居民区那蔓延滋生的拥挤又乱糟糟的迷宫一般的街巷当中。[29] 法军逐渐开始了解开罗的这一块，并对之产生了恐惧。他们的眼睛和鼻子首先就被刺激得受不了，因为这里的百姓将牲畜的干粪用作燃料，它们燃烧时会产生一股极令人讨厌的、臭味浓重的褐色烟雾，每当用餐时分，滚滚浓烟就会飘荡在城市上空。[30]

尽管这样，在那段匮乏期之后，占领开罗仍可以说是一场大捷。

然而，胜利却是短暂的。纳尔逊并没有忘记拿破仑。拿破仑本以为纳尔逊在追过来之前将不得不一路返回至直布罗陀，在那里进行整修和补给。但事实上，波旁王朝那不勒斯王国一直以来都在帮助纳尔逊，这等于是公然违反法国以前强迫他们达成的那些协定，虽然这样做也可谓明智。他们允许纳尔逊在西西里岛东部的锡拉库萨进行重新装备。这样一来，航程就少了一半，到 8 月 1 日时，英军舰队抵达阿布基尔湾。尽管法军奋勇抗争，但纳尔逊三下五除二就打垮了他们。而拿破仑之前指示舰队无须携带补给的命令更是成全了英军，因为这样一来，法国舰队就是想出海躲避英军的攻击也变得不可能。同时，他还命令舰队尽量靠岸停泊，以方便他在必要时折返法国。这又正中纳尔逊的下怀。

法军的损失极其严重。两艘战列舰被击沉，其中包括“东方”号，此外还有两艘护卫舰被击沉，另有 9 艘战列舰被纳尔逊缴获。只有两艘战列舰和两艘护卫舰成功逃脱。法军司令官布律埃斯将军，连同 7000 名水兵在战斗中阵亡，另有 1500 名水兵受伤。[31]

而另一个损失也许使法军感到更痛心。他们从马耳他劫掠来的财宝连同“东方”号一起沉到了海底——这些财宝原本是用来收买埃及精英阶层为法军服务，在埃及铸造一种新货币，以及最重要的一点，用作军费开支。[32] 拿破仑政治策略中的一个关键因素，以及他打算利用这笔财富制止部下不再抢劫的美好希望，如今都葬身海底。

数世纪以前，西班牙征服者埃尔南·科尔特斯在开始对墨西哥发起那次臭名远扬的征服时，为断绝手下打退堂鼓的念头，下令摧毁自己舰队的船只。纳尔逊擅自向拿破仑提供了同样的“便利”，这改变了这次远征的性质，也导致法国远征军统帅本人发生了变化。对此，亨利·劳伦斯的评价说得再好不过了：“他被困在了自己所征服的领地上，现在他除了建功立业外别无选择，他那征服东方的梦想重新萌发，这反过来让他鼓起了精神。”[33]除了亚历山大大帝的宏图远略之外，拿破仑已是一无所有，但为实现这些宏图，他身边所有人都将付出惨重代价，而付出最大代价的莫过于他本人。

塔列朗为远征埃及找到的外交借口是，通过法国武力推翻马穆鲁克政权并恢复奥斯曼帝国在埃及的直接统治。这次远征有双重目的，一是要保护法国的贸易，以摆脱马穆鲁克阶层过度的非法盘剥，二是要将埃及人从所谓的暴政下解放出来。但阿布基尔海战之后，就连这一拙劣托词也被抛弃了。拿破仑和他的合作者们不得不直接面对并统治这一非常陌生的文化区域，他们也尝试着去了解当地文化。然而，他们发现这种文化是如此难以驾驭，而他们自己又是如此地毫无准备，正如他们之前碰上的差点儿就葬身其中的沙漠一样。

埃及的统治者

塔列朗的外交政策在后来终于露出其虚伪本质。当拿破仑于1798年在埃及艰难登陆时，埃及已经遭受了将近25年的社会动乱。其经济一片混乱，社会秩序失常，政界暴力横行，而法国商人在那里所遭遇的问题只不过是其冰山之一角。1791年，瘟疫又席卷了这个本已伤痕累累的国家，而在法军远征埃及期间，瘟疫又再次降临。拿破仑有理由充分利用这一局势为自己谋利，但只有熟悉伊斯兰文明及埃及事务才有望做到这一点，而这正是他和所有同胞极度缺乏的。而他手下那一群领不到军饷又食不果腹的士兵则对此毫无兴趣。

马穆鲁克是奥斯曼帝国文化的独特产物。这是一个由来自高加索地区的切尔克斯人组成的军人阶层。从种族角度而言，他们有别于埃及人，而严格说来，他们属于苏丹的奴隶。马穆鲁克曾统治埃及达数百年，但到18世纪末时，他们实际上已脱离苏丹而自立。在拿破仑征战埃及前的那几十年里，埃及的政治动荡有两个最根本原因：统一的马穆鲁克阶层为争权夺利而日益解体，分裂成了众多互相敌对的派系；而土耳其人企图恢复他们对埃及的统治，但却徒劳无功。最后，这种分裂自上而下蔓延至整个埃及社会，随之而来的社会动乱使埃及贸易陷入中断。这使得埃及日益受到阿拉伯贝都因人的侵扰。随着马穆鲁克及奥斯曼帝国对埃及统治的日渐式微，这群掠夺成性的侵略者使缺少稳定统治的埃及弥漫着恐怖气氛，同时他们还在当地的某些殖民群体中找到了盟友。到1787年之前，整个埃及主要由马穆鲁克和奥斯曼帝国分而治之。马穆鲁克存在两个派系，其首领分别是穆拉德·贝伊和易卜拉欣·贝伊。他们一同撤回到了上埃及，并依靠他们的轻骑兵对统治下埃及的土耳其人发起了游击战。1791年的黑死病打破了这一僵局，因为受瘟疫影响的主要是下埃及地区，这使马穆鲁克重新夺回埃及的统治权成为可能。然而，他们需要解决埃及民众对其统治日益不满这个问题。在伊斯兰教宗教领袖乌里玛的煽动下，人民尤其痛恨马穆鲁克横征暴敛这一点。因遭到伊斯兰教神职人员的敌视，马穆鲁克越来越依赖诸如希腊人及科普特基督徒这样的少数族群的支持。在整个18世纪90年代，商业未能复苏，而法治和秩序也未能恢复，伊斯兰教神职人员和民众结成了联盟共同反对马穆鲁克的统治，该联盟受到了民众的欢迎，其态度也越来越强硬。

伊斯兰教有关合法反抗当局的理念为民众对马穆鲁克政权的不满提供了理论依据，在埃及的法军虽然知道这一点，但无法理解它。在这一众所周知的“动乱时代”，土耳其人和马穆鲁克统治者偶尔也诉诸这一伊斯兰教理念。只有当官方当局威胁到了信徒群体的生存，其行动触犯了人身与财产保护方面的教规时，人们的抵抗经宗教领袖认可后才是合法的。而这时，乌里玛，也只有乌里玛才能宣布该抵抗行为合法与否。因而，拿破仑自己发布的公告充其量只能算是擅自主张，他虽宣称马穆鲁克违反了教规，但他本人的公告却表明，他对这些教规根本毫不了解。这意味着法军试图加以利用的这些斗争不是他们所理解的那种。在卷入斗争的各方看来，这些斗争并非阶级冲突。它们也不是像法国大革命时那样，主要围绕着特权阶层与非特权阶层之间的对立而产生的斗争。就他们能够将这些理念融入其政治文化这一点来说，乌里玛所依靠的理念正是法国革命者所深恶痛绝的：反对马穆鲁克统治者的抗争主要与某个宗教群体捍卫其传统上的宗教权利——在其实际背景下，而非世俗背景下——相关。这场斗争与世俗诉求无关，也没有任何人要求进行激进的变革，相反，人们要求恢复宗教准则。

拿破仑从未真正领会这一切，尽管他相当迅速地察觉到了其政治后果。当他在埃及推进自己的改革时，对于他一厢情愿只想看到自己想看到的这一点，他甚至并不是乐得一无所知，也不是迷迷糊糊，相反，他是在更危险的、一知半解的情况下推进改革的。这是一种异域文化，对此他是清楚的。但他往往只抓住了那些貌似熟悉的方面，却没有意识到，其实这些方面才是他最陌生的。在拿破仑少年时，他这个外来者有的是时间一步步摸索着融入法国社会。而1798年时，作为埃及的实际统治者，在这样一个与法国迥然有别的地方，他得不到这样的喘息时间。

18世纪时，西方人对中东有一种憎恶情绪，因为在他们看来，奥斯曼帝国的统治专横暴虐、反复无常而肆无忌惮。这种政治文化助长了两方面的恶行：在个人举止方面，人们变得残忍、放纵和淫荡，而在公共领域，它则助长了民众的奴性。法国官方试图终结这种政治文化，希望通过大革命时期的价值观与制度，同时诉诸伊斯兰教的正义观——谁也搞不清怎么就与这一点扯上了关系——使埃及得到复兴，因为这种正义观赋予民众的反抗以合法性。讽刺的是，金字塔战役的获胜使法军征服了下埃及这一点，加上土耳其人无力向拿破仑发动攻击，而他自己在阿布基尔海战之后与法国本土完全隔绝了起来，所有这一切恰好将拿破仑变成了一个他本该推翻的那种统治者：一个东方国家的僭主。虽然他的地位尚不稳固，也不得人心，但这一点反而与此类僭主的通常遭遇更有共同之处。在当地名流不情愿的请求下，他率军进了开罗，因为当时除了他之外没人愿意接管开罗。他总还没有忘记这些事实。

如果说拿破仑现在是一个僭主的话，至少根据他所理解的西方人的标准，他正试图成为一个开明的专制君主。不过，他并不打算仅仅以“第一公仆”的身份过一种谦卑的生活，正如他所崇拜的普鲁士国王腓特烈大帝所拒绝的那样。从进入开罗的那一刻起，拿破仑就将开罗最富丽的宫殿变成了他的又一个蒙贝洛宫，然后又发布了几份公告，其措辞之直白大胆，就连当年他在意大利蒙贝洛宫时也不敢这样付之于笔。他很快便将开罗置于法军的军事统治下，下令解除所有当地人的武装，并对那些不服从命令的人实施肉刑——其中包括了斩首——同时他在所颁布的法令前都加上这么一句——“以先知的名义”。[34] 更令人不安的是他自比亚历山大大帝的那番话：

> 当亚历山大大帝抵达埃及时，人们奔跑着来到他身边，将这位大人物当作解放者加以欢迎。当女祭司宣布他是诸神之主朱庇特之子时，他的所作所为表明他理解这里的人民：他利用了这些人性情当中最深沉的部分，即他们对宗教的虔诚。[35]

与他崇拜的偶像不同，拿破仑没能找到一种操纵埃及人宗教感情的方法。相反，他在埃及宏伟的首都推行了大量改革措施，即使是放在其发源地欧洲，它们也能被列入 18 世纪改革者所尝试过的最开明、最先进的改革。

7 月 25 日，拿破仑下令设立一个新的开罗市政府机关，即九人政务委员会迪万。人选由他从宗教界及学术界精英中选取，前者即乌里玛，后者为沙伊克（Shaykh，伊斯兰教教长——译者注）。这样的政府几乎算不上是革命政府，相反，它与旧制度开明君主专制下那些最开明的方面相一致。拿破仑还亲自从这些精英中挑选成员组成一个咨询委员会，路易十六在位时最后一批锐意改革的部长们——卡洛纳、内克尔和布里埃纳——均提出过类似的构想，但随后到来的1789年大革命让他们的方案变得多余。拿破仑对埃及的政治构想很接近1814年之后取代他在欧洲出现的保守政权将要称之为“协商君主制”的东西。但在当时那种情况下，在他这样一位初来乍到而又拥有绝对权力的主宰者面前，所谓的咨询很快就沦为与聋子间的一场对话。

当拿破仑求助于文化界领袖并将他们安置在政府高层时，这表明他知道谁才是埃及舆论的中坚力量以及谁能够引领知识界潮流，但不久后发生的诸多事件表明，他并不清楚什么力量在真正推动着埃及文化，也不清楚怎样将其调用起来。起初，拿破仑试图将马穆鲁克从政府高层中一律排除，并用土耳其官僚取而代之，但迪万对这一政策有疑虑。拿破仑不为所动，他将这一制度从开罗周边地区推广到整个埃及：每个省都要设置一个政务委员会，尽管在开罗之外的地区，很多马穆鲁克官员仍继续留任。在进行所有这些尝试时，拿破仑所用的措辞表明，他企图将自己的政策纳入伊斯兰教有关合法抗争与革新的传统做法当中，但是不管宗主国的乌里玛会怎样反驳，埃及人的舆论却将这种法国思想视为典型的异端。此外，也没有任何人认真看待拿破仑的更关乎俗事的声明——它与塔列朗的那番陈词滥调别无二致——他宣称，作为奥斯曼帝国的盟友兼其官方意志的执行者，他来埃及是为了将埃及人民从马穆鲁克反复无常的暴虐统治下解放出来。

然而，这一点却几乎未引起法军的注意：法军的措施等于是将道德权威交给了当地的乌里玛，而在乌里玛眼中，这些法国人简直就是外来侵略者和邪恶的异教徒。乌里玛同民众关系密切，因此对军事管制下的残酷现实有直接的了解。在伊斯兰教的社会背景下，他们认为法国男人的行为是不道德的，而更不道德的是法国女人的行为。不知不觉当中，拿破仑切断了传统上的意见领袖与群众之间的联系，并将大众阶层——该阶层中的杰出者已逐渐将他看作是一个危险、迷信而又反复无常之人——交给那些最因循守旧的教士们加以控制。

法军推行的实用改革很快便激怒了民众，这又给了当地领袖以可乘之机。[36]法军预防瘟疫的那些举措中就涉及了对埃及人传统丧葬习俗的扰乱，因为当时法军禁止埃及人将逝者安葬于市中心区，并将墓葬统一安排在城墙外的公墓，这令开罗人不知所措，民怨开始沸腾起来——这一行为模式早前曾出现于法国乡下地区，后来又在意大利和西班牙重现。拿破仑很快创建了一个“埃及科学院”，这是一个本土版的法兰西科学院。该科学院完全由远征军中的文职专家组成，负责将西医及法国高雅文化引入埃及。当科学院成员就司法改革的问题与迪万当面对质时，困惑、不安及蔑视随之而来。[37] 甚至潜在的合作者也发现很难与法国人开展合作。迪万并不是出于真心才与法国占领军站在一边的，之所以如此是因为两者都担心发生民众骚乱。

尽管拿破仑没注意到舆论风向改变根源之所在，但实际上，他对开罗和埃及新领地的危险局势实在是太了解了。为防止民众暴动，他巩固了开罗要塞。但这原本旨在威慑民众的做法实际上却激发了社会动荡，因为他下令堵塞了人们常用的公用通道，将开罗市中心的很多地方变成了法军控制的禁区。而最糟糕的是，他未能控制住手下军人的暴力行径和屡屡发生的抢劫。

然而，从更宏大的战略角度来看，他要成功得多。通过与盘踞在南边的马穆鲁克达成协议，拿破仑迅速而明智地巩固了南部边界。后来他曾派军远征埃及南部，最远曾抵达阿斯旺，但在 1789 年夏天，他清楚对北边尼罗河三角洲地区的巩固要重要得多，因为，假如英军想回来对付他，或者土耳其人想调兵对付他，他们都需要通过三角洲地区才能进来。拿破仑击溃了三角洲地区处于孤立境地的马穆鲁克抵抗军残部，并开始在海岸筑起防御工事。

同时，他还把注意力转向贝都因人，当他试图消灭这一地方性不安定因素时，他或许打出了一张最受埃及舆论青睐的好牌。该沙漠游牧民族充分利用了马穆鲁克统治者治理不当这一点。他们干过的一桩最引人注目的事情是在当年 7 月，因开罗被法军占领，难民们纷纷从那里逃离，贝都因人乘机抢劫了这些难民。然而，在法军征服埃及期间，这只不过是他们多次掠夺中的一例而已。当拿破仑着手“平定”埃及的沙漠边疆地带时，他发起了一项后来将成为其政权标志性特征的政策。

1800 年之后，该政策首先在法国得到实施，后被推广至全欧洲，但其发源地是在尼罗河岸边，而在那里它差点儿就奏效了。拿破仑得出这样一个结论：要想赢得有产阶级的支持，最好的办法莫过于帮他们恢复法治和秩序，并将自己描绘成无政府状态下唯一能够保护他们的根本利益、人身及财产安全的政治力量。在阿布基尔海战之后与法国失去联络的情况下，拿破仑为恐吓、镇压和袭击贝都因人而精心付出的努力，表明了他意图为他现在唯一拥有的权力大本营奠定坚实的安全基础的决心。

然而，这一政策到底还是失效了，首先是因为他本人为了向部队提供补给而不得不向埃及人贪得无厌地索取——这一点因常规税收制度的建立而得到缓和——其次是因为他手下军人们不守纪律的行为。更糟糕的是，受环境的制约，拿破仑越来越依赖由信仰基督教的希腊指挥官率领的土耳其军队来执行他的命令，并将课税事宜委派给科普特人，后者是当地的一群被民众憎恶的基督教徒。他未能抓住伊斯兰教社会组织的本质这一点甚至破坏了他那些最有希望结出硕果的创举。这种对非主流族群的依赖以及甘愿冒犯绝大多数人的内在倾向将成为未来一些年里拿破仑统治的又一特点。在他控制下的很多政权从未失去对法国大革命提出的司法平等及民权平等这些诉求的信奉，于是他们只能获得那些最受主流憎恶的族群的支持。这完全有悖于拿破仑在埃及所企图实现的，但当法国的改革措施激起大多数人的反感时，这种本质特征为少数族群的统治大开方便之门，他们成了改革的受益者。拿破仑或许提起过皈依伊斯兰教，抑或接受民族服装这些事儿，但这些与那个将政治和行政权力交给非伊斯兰的体制相比则几乎一点也不重要。他陷入马穆鲁克统治阶层同样遭遇过的危险境地。

在所有这些动荡发生之时，拿破仑正经历他人生中最怪异、情感上最困扰的时刻之一。其原因——唯一可能的原因——是约瑟芬。拿破仑刚抵达开罗，有关约瑟芬不忠的消息就传到他耳中，是他手下军官亲口告诉他的。他给约瑟夫写信倾吐自己的感受，但这封信落入英国皇家海军手中，进而又传到了英国低俗报刊以及讽刺漫画家吉尔雷那里。拿破仑成了国际笑柄，因这些报刊和漫画的缘故，全世界都知道了他戴绿帽子这回事。所幸的是，被困在埃及的他没有看到吉尔雷的漫画原作，而只是有所耳闻而已。然而，这位深谙名人崇拜之道的大师现在觉得这一机制竟反过来对付起他自己来。菲利普·德怀尔将拿破仑人生中这一时刻，无论就个人生活还是政治生涯而言，视为一个决定性时刻，这是他抛弃身上所有的理想主义，只追逐赤裸裸野心的时刻，也是他发生彻底改变的时刻。[38] 如果这是实情，如果说他并不是真的不再爱约瑟芬了，那他至少也尽力而为了。换句话说，他的行为变得像周围所有人一样，他公开养了一个情妇。然而，这一从众的行为发生在埃及那令人迷失的氛围中，而这显然对他身边所有人的个体行为产生了巨大影响。

尽管各个等级的法军成员都没完没了地申请回国，但他们还是在埃及找到了尽情享受的办法。远征途中缺少女人为伴，这让普通士兵将目光转向了当地妇女。许多法国军官兴高采烈地蓄养起埃及情妇来。梅努还真的与一位在开罗拥有若干土耳其浴室的商人之女缔结了秦晋之好，并皈依了伊斯兰教，甚至还行了割礼。然而这是例外，而非常规。许多军官收获了一大群妻妾，因为他们统一“没收”了马穆鲁克统治者留下的女眷。平常很矜持的尤金购买了一些白人女奴，与此同时还将精力花在两个女黑奴身上。[39]

在这一过程中，拿破仑一开始也占有了一位埃及女奴（后来她因为与拿破仑之间的关系而遭到杀害），但很快就厌倦了她，并将目光转向波利娜·富雷斯，后者是他手下一位军官的太太。人人都夸波利娜秀外慧中，在拿破仑以拙劣的借口将她丈夫打发回国后，她俨然成了拿破仑公开的伴侣。她住在拿破仑于开罗的官邸附近，军人们都称她“埃及艳后”。拿破仑在征战叙利亚之时仍不忘给她写信，但他的好事被英国皇家海军给破坏了，后者竟俘获了波利娜的丈夫所乘坐的船。英军完全清楚这档子事，于是他们将波利娜的丈夫打发回埃及，后者到埃及后与拿破仑和波利娜当面对质，并和波利娜离了婚。波利娜似乎曾盼望与拿破仑永结同心，但他回到巴黎后却与约瑟芬重归于好了。不过，拿破仑一直照顾着她，在执政府和帝国时期，她靠着丰厚的抚恤金而过活。[40] 如果说这些经历的确改变了拿破仑，那么它们只是将他变成了一个司空见惯的军人而已，而他对待波利娜也绝非不近人情。

或许还应该将拿破仑的不忠放在另一个背景下来看：他是一群处于最艰苦形势下的男人中之翘楚，在他生涯中的这一阶段，这些人往往年纪比他大，而直到那时之前，军衔也比他高。他们中有很多人并不恪守夫妻间的忠诚之道，但如有人真能做到这点，这样的人或许仍是值得尊重的。假如他想继续保住自己的统帅地位，他就需要对公然给他带上绿帽子的妻子做出迥然不同的回应。拿破仑是否就是这样想的，人们不得而知，但这毫无疑问就是军人的行事之道。然而，以他自己的标准来看，这一行为代表着自我克制的严重缺失。

尽管他在 1798 年夏天遭遇了种种问题，这几个月其实只是暴风雨前的沉寂。10 月 21 日，开罗爆发了群众起义。两个月后，很明显土耳其人将要调动军队对付他。拿破仑仓促发动了攻势，开始向巴勒斯坦和叙利亚进军。1799 年 1 月，鼠疫再次在亚历山大爆发。

10 月 21 日，开罗发生了骚乱，一开始其导火线是法军的税收制度，特别是它将原本只针对非伊斯兰教徒的赋税范围扩大至所有其他人这一点。在居民区的清真寺里，乌里玛已经在每逢周五举行的祈祷会上连续煽动了几周，甚至在召唤人们去祈祷时都在煽动，但法军当中没有人能理解这一切。乌里玛还在散布由土耳其人交给他们的官方传单，其中将每一项法国改革都视为祸害，还将法军的这些改革描绘成一个摧毁伊斯兰教、使全埃及沦为其奴隶的阴谋。不过，土耳其人和乌里玛都确实触到了法军原已存在的痛处。当聚集的人群杀死了一位他们误当作是拿破仑的法国将军时，骚乱开始蔓延，并很快演变成了一场真正的起义。它受到了远在君士坦丁堡的苏丹的赐福，并被认定为是一场圣战。法国人、科普特人和希腊人一律被视为打击对象。整个白天及晚上，当法军试图进入要塞躲藏时，他们牺牲了不少人，开罗城内血流成河。这次起义打得法军猝不及防，也清楚表明，拿破仑视为舆论领袖的那些人，即市中心清真寺里那些重要的乌里玛及大学里的精英早已丧失了真正的影响力。

10 月 21 日当天，拿破仑并不在开罗城内，他正在城外对贝都因人展开军事行动，这本身是一个巨大的讽刺。他用自己最喜欢的方式，以他最拿手的看家本领镇压了这场叛乱。他吩咐炮兵部队猛烈轰击骚乱最严重的地方，并将古老的大学城区以及大清真寺作为炮击的主要目标。炮轰之后，他又下令步兵杀入各条街道，其结果可想而知：房屋和商店被掳掠一空，大学和那里的图书馆遭到洗劫和肆意破坏。开罗大清真寺实际上是在 10 月 23 日秩序恢复之后遭到法军洗劫的，有负责占领该清真寺的法国将军竟是骑着马进去的。伊斯兰教现在似乎与天主教一样令法军深恶痛绝。拿破仑向那些不是叛乱主谋的人颁布了一条特赦令，但在决定到底谁是主谋这一方面，法军的判断很随意。他将追捕叛乱头目的差事交给一位名叫巴泰勒米的希腊军人，这个人素以残忍而出名。6 位起义领袖被悄悄斩首，他们的尸体被丢弃在尼罗河中，而法军也适时加强了对北边位于三角洲地区的几个省份的控制。法军干脆将要塞附近的居民全部疏散，并把那里变成了法军营地。法军开始了赤裸裸的军事占领。

接着，仿佛受到老天爷的召唤似的，10 月 24 日，英军舰队出现在亚历山大港附近的阿布基尔湾。虽然英军的轰炸未造成什么实质性的伤害，但毫无疑问，法军已陷入包围。土耳其战船也参与了对法军的袭击，因而，再对诸如法军是苏丹的盟友，抑或苏丹并未与法军交战之类的谎言加以维护就毫无意义了。

尽管这样，即使经历了开罗的血腥杀戮之后，拿破仑仍十分执着于他的“协商君主制”的设想，并在 1798 年 12 月底重建了迪万，虽然这时他已开始为进军叙利亚做初步准备。正是在这个时候，正如亨利 · 劳伦斯所指出的，他的许多公告开始呈现出一种救世主的口吻。[41] 发生在埃及的事件说不定永久性地改变了拿破仑，这种变化当中既有个人的层面也有公共层面。但到 1798 年年底时，种种迹象表明，无论是从个人层面还是从公共层面来看，他已不再是原来的自己。12 月，就在他启程前往叙利亚之前，他在一份公告中这样反问道，“难道竟有人如此盲目，以至于看不到是命运之神在指引着我所有的行动？难道说竟有如此小心之人，以至于怀疑浩瀚宇宙中的一切并不是都受命运的支配？”[42] 假如说这真是拿破仑心中所想的话，通常他会将之闷在心里，但这一次他却没有。断绝了任何逃离埃及的念头之后，他现在日益强烈地意识到周围的危险。拿破仑充分利用了他的自信，而这很快酿成了一场灾难。

不管这种失常到底是不是在各种事件与环境的共同作用下而产生的，每当拿破仑面临威胁时，他的本能反应总是挺身而出，主动采取攻势，并寻求决定性的会战。1799 年 1 月时，凭借着相对来说极少且极仓促的准备，他向来自北边的日益升级的威胁发起了猛烈打击，并率军推进到了巴勒斯坦和叙利亚，正面遭遇了在那里集结的土耳其军队。

叙利亚之战

入侵叙利亚和巴勒斯坦将拿破仑及整个军队最恶劣的一面展现了出来，但定下调子的是军队的统帅。拿破仑在叙利亚战役中最了不起的成就是将部队从他一手酿成的苦果中解脱出来，进入到来日仍能继续作战的状态。埃及是一个天然要塞，不久后当拿破仑不得不撤回埃及时他就发现了这一点。但 1799 年 1 月时，他主动放弃这一要塞，率军艰难地向西奈半岛北部推进，在后勤支持十分匮乏的情况下越过困难的沙漠地带向前。叙利亚之战实际上是在缺乏交通线以及补给线的情况下开展的。它将革命时期靠地为生的“战略”发挥到了极致，尽管所处之地属于地中海地区最贫瘠、地形也最恶劣的区域。

拿破仑在那里与土耳其军队进行的首场大型遭遇战给了他非常沉痛的教训，当时他那战斗力遭到削弱的部队在加沙西部的埃尔阿里什与土军遭遇，时间为 2 月 7 日。土耳其军队虽然在对阵战中远逊于西方军队，但他们精通包围战。拿破仑费了两周时间才将一个小小的卫戍区拿下，并夺得了一些急需的储备物资。

这是拿破仑久攻不下的一系列攻城战中的首个例子。随后法军继续向北推进，沿海岸直抵雅法附近。

拿破仑此次远征的真正目标仍是有待争议的问题，这本身就说明了这次征战叙利亚不但谋略不周，且准备不足。似乎也没什么证据显示这是远征印度的一个起点，但他日益自比为亚历山大大帝的倾向使人们也不能完全排除这一可能。这一点貌似是他的想法：将该地区的非土耳其民族团结起来，形成一支反抗土耳其的起义大军，哪怕不是为了进军君士坦丁堡，也要尽可能地向北推进以威慑土耳其。

加利利周围的基督教民众是唯一支持他这项“阿拉伯民族国家对抗土耳其人”新事业的人，它取代了早前他诉诸伊斯兰教的做法。当地民兵组织和贝都因人都向他的军队发起了骚扰。为寻找补给，但后来却主要是出于报复，拿破仑对巴勒斯坦定居点发动了无情的突袭。他原本希望充分利用雅法城的土耳其总督阿尔贾扎尔统治残暴这一点。然而，他却为土耳其人“创立”了游击队。

3 月 3 日，法军从陆路一侧切断了雅法的供应并开始攻城。4 天后，雅法陷落，但随后发生之事在两个世纪之后仍回荡在人们的耳边。雅法遭到洗劫，当地人惨遭杀戮。对于这次大屠杀，拿破仑除了用自己不善处理大规模俘虏这一遁词加以搪塞外，未做任何其他解释。根据普遍公认的估算结果，大约有 3000 人遭到屠杀，其中包括妇女和儿童。

两天后，拿破仑向雅法当地居民发布了一条公告，其语气同样令人不寒而栗：

> 你们知道这一点也好：任何反对我的努力都是无效的，因为凡我所行，必然成功。顺我者昌，逆我者亡……如果说我对敌人很残酷，我对朋友却是友好的，而最重要的是，我对穷人总是宽厚仁慈的。[43]

这种救世主的语气令人毛骨悚然。它提出了一个问题：这种将自己描绘成一个仁慈的征服者的做法到底是出于玩世不恭——因为拿破仑是在模仿他想象中的东方僭主的做派——抑或其实是自欺欺人？然而，有一点是非常确定的。仅仅几个月前，这位司令官还斥责了受族间仇杀文化影响的普罗旺斯地方当局，而当年在科西嘉时，他本人也曾是这方面的受害者。但如今，这一影响是如此的遥远，远得仿佛在月球的另一边。拿破仑所处的陌生而又与世隔绝的环境扭曲了他，使他变得反常乖戾。同样，在这种隔绝状态下他所执掌的绝对权力也可能影响了他，即使他后来当了皇帝，他也未必拥有现在这样的自主权。但这一绝对权力却不断地受到他周遭一切事物的威胁，即人事、气候及战略方面的诸多威胁。也可能正是本着这一精神，他才不顾个人安危进入收容鼠疫患者的医院，并亲身接触那些染病的将士，试图使他们平静下来：根据西医的观点，人们的无端恐惧是导致瘟疫日益恶化的重要原因，此外，自信和乐观都是能缓解其症状的合理手段。拿破仑深谙这一切，但他失衡的心态也许导致了他的行为缺乏理性。

在整个战役中，下属的行为与司令官一般无二。法军向北推进到军事要地圣约翰阿克要塞，其中心所在地是令人望而生畏的十字军城堡。假如说在这一时刻拿破仑需要有人点醒他，使他回到当时现实中来，那么点醒他的人还真来了。来的是英国舰队。英军不仅能通过海路为阿克要塞提供补给，还俘虏了从埃及派来的一支法军中队，连同拿破仑所有的攻城加农炮。他现在不得不在缺少大炮的情况下向这一带海岸最坚固的要塞发动攻击，但未能成功，反而在放弃攻城之前遭受了巨大损失，这差一点就酿成了兵变。为寻求补给，法军对加利利地区发起了袭击，在那里缪拉所率领的骑兵部队开始仿效贝都因人的战术，这倒是给他们带来了巨大便利。攻城本身则陷入僵持局面，但在 4 月初，从埃及来的一支法军小舰队还真的突破了英军的封锁，运来了急需的攻城炮。拿破仑随即发起了攻势，但却未能奏效。到了 5 月，情况已经很清楚，为了通过海路驰援雅法，土耳其正在调动一支大军，而拿破仑对此无可奈何。5 月 17 日，他停止了对阿克城的围攻，并开始向埃及撤军。

对法军而言，这次撤军简直糟糕透了。这次徒劳无功的攻城给法军造成的兵员损失不亚于鼠疫。由于贝都因人的侵扰，他们越靠近埃及，处境反而越糟糕，因为事实证明，穿越西奈半岛的沙漠地区向埃及返回是撤退路上最不堪回首的一幕。拿破仑除了拼命逃跑外别无他法。他将摧毁巴勒斯坦的任务交给了由克莱贝尔率领的后卫部队，后者严格照办了。这是整个战役中唯一一场绝对意义上的胜利，它对该地区产生了持久的影响。在18世纪80年代，埃及低地地区才被重新拓展为殖民地，而尽管阿尔贾扎尔的统治残暴，那里的秩序似乎得到恢复，其土地才刚刚被人耕种，但现在却又被抛荒了，这种情况一直持续到了19世纪末。法军的焦土政策又方便了贝都因人在这些地区肆意横行。无论是在非洲的埃及还是在西欧，拿破仑皆是法治与秩序的倡导者，但临走时他却给圣地巴勒斯坦带去了毁灭。

当拿破仑的军队跌跌撞撞地撤回埃及时，他的公告直到最后都是谎话连篇，尽管无人相信这一套。但事实上，在征战叙利亚期间，埃及一直维持着良好的秩序。那里的法军政权推行了重要的金融和行政改革，而科学考察队则在继续进行考古学与人类学方面的重要研究。

7月中旬，一支英土联合舰队向亚历山大港发起袭击，并在阿布基尔湾附近成功登陆了一支大军，此时拿破仑的军队仍足够强大，他击垮了这支登陆部队。土耳其军队虽挖好了掩体，但其防线被缪拉的骑兵部队突破了，这支骑兵首次展示了拿破仑实战战术中最了不起的策略之一：缪拉整饬有序地向已崩溃的敌军发起了迅速追击，这扰乱了敌军重整队伍以实现有序撤军方面的任何重要企图。的确，在缪拉全力以赴的追击下，撤退的土军惊慌失措，这导致很多人在尼罗河三角洲地区的河中溺亡。

法军在阿布基尔湾的这次胜利为自己换来了数月的喘息时间，也终止了埃及国内的动荡，因为土耳其人仍在盼望着一支援军的到来。当拿破仑离开埃及很久后，一支法军仍在那里顽强坚持着。虽然其兵员已遭大幅削减，而且越来越依赖从当地招募的劣兵，但法军依然平定了开罗发生的起义，并挡住了新赶来的英土联军。即使没有1801年英国在和谈当中提出的撤军要求，他们也不太可能无限期地苟延残喘下去。这一和谈促成了后来的《亚眠和约》，而英国方面的要求也迫使拿破仑不得不同意撤军。

到1799年夏末之时，法国督政府在欧洲的军事处境比拿破仑在埃及的情况要糟糕得多。1799 年 9 月 10 日，拿破仑被勒令回国。不过，正如很多次发生的情况一样，这一次拿破仑抢先采取了行动：他早已认定该是他离开埃及的时候了，于是 8 月 22 日，他与少数几个陪同人员偷偷摸摸地离开了埃及。他甚至没有同克莱贝尔正式磋商过，后者是他亲自任命的继任者。他的出发地点也不是亚历山大港，而是市郊的一个小水湾，他从那儿爬上一艘小划艇，随后上了他自己的战船。不管拿破仑从埃及潜逃回国的举动显得有多么不体面，甚至是懦弱，它至少是务实之举。

事实证明，远征埃及是拿破仑整个不可思议的冒险生涯中最精彩的一刻。这次远征将他带到一个未知世界，这将他所有的天赋能力付诸考验，无论是作为一名军人、立邦建国者还是单纯的个人，就这三方面而言，他比职业生涯任何其他时候都更不够格。这次远征差点就使得他追求不朽的努力落空。那里的喧哗与骚动，再加上整个经历中纯粹的异国情调，蒙蔽了同时代人的眼睛，使他们对这次远征灾难性的失败视而不见，就连某些亲历者也是如此。而事后看来，除了承认它可能给拿破仑造成了某些心理创伤，影响了他的性格之外，人们往往视之为他整个生涯中的一个反常现象而不再理会。

叙利亚之战中出现了许多有用的细枝末节：缪拉从马穆鲁克骑兵那里学到了很多骑兵战术；梅努及许多其他负责埃及治安的军官，比如达马斯和雷尼埃，后来成了法兰西第一帝国治安队伍中的核心成员。萨瓦里和达武两人虽分工有别，但都成了拿破仑手下最得力的仆从，前者是安全事务方面兼调解纷争的专家，后者则是优秀的战地指挥官。

远征埃及最重要的影响其实早在远征之前就已初见端倪，因为远征的构想是塔列朗和拿破仑两人共同努力的结果。他们拥有一个共同目标——将共和国的力量投入到拓展东方殖民地上来，这为他们后来结成合作关系打下了初步基础。这一合作关系从来不是由衷的，而是充满算计和提防的。但它为拿破仑在 1799 年夺得大权提供了重大助力，而在未来 10 年里，无论是对他们两人自身还是法国来说，这一关系都将具有不可估量的非凡意义。

正如亨利·劳伦斯所言，远征埃及最重要的遗产是在科学和意识形态方面；科学委员会编写的《埃及记述》以及由罗塞塔石碑的发现及上面所刻文字最终的破解所推动的学术研究的意义，远远超过了拿破仑自己的任何努力。[44]

毫不夸张地说，这次远征在意识形态方面对拿破仑后期的扩张有着双重影响。企图按照法国大革命时期的方式统治埃及对所有法军相关人员产生了极大且完全是消极的影响。他们在身心两方面都受到极大摧残，再也不认为伊斯兰教或者其信徒能够被他们的政治文化同化，或是能够被纳入拿破仑及其合作者所理解的现代社会之中。无论远征埃及造成了什么样的私人恩怨，一种集体心理特征——对传播法国大革命持警惕和反对的态度——已在法军当中形成。然而，他们虽然对这种在他们看来是异己而又野蛮的文化既憎恶又害怕，却产生了一种此前从未有过的、不可动摇且实际上日益增强的信念：他们认为自己的文化远远优越于东方文化。埃及民众对他们的坚决抵制使所有涉事者深信，不管传播法国大革命会是一件多么困难甚至是不可能之事，它依然是人类唯一的真正希望。尽管拿破仑偷偷摸摸地抛下他们溜走了，但他和手下士兵们之间的文化纽带将随着帝国的壮大而日渐增强。

对拿破仑个人而言，他获得了一些更明显也更实用的教训。有些教训被他完美汲取了，另一些则没有。他终于能不受约束地对埃及实施直接统治了，即使以前在意大利时，他也未曾享有这样的自由。他在未来建立的政权所具有的四个特征就源于他这一段专制统治经历。从一开始，他就将重建法治与秩序当作吸引人们支持他的依据，而重建法治与秩序则是他未来重新布置文官政府的前奏兼基础。该文官政府是建立在常规、可预知的税收制度和专家行政制度之上的。最后，拿破仑在埃及享有的自由使他能有望按照自己的意愿来组建政权，他的选择权比在意大利组建奇萨尔皮尼共和国时还要大。他向当地和各个省的精英，以及那些受困于暴政和社会动荡的有产阶级伸出了橄榄枝。当他在埃及企图这样做时，他也许是在建造空中楼阁，但一等到他在法国掌权，他仍将拾起所有这些信条。在法国，拿破仑所接触的是那些被他称为“坚如磐石的群众”，即那些受益于他的政策也能欣赏这些政策的外省显贵们，虽然埃及人做不到这一点。他的政治实验在尼罗河两岸未能奏效，但在塞纳河畔、波河以及莱茵河流域，他的尝试获得了成功。他在意大利时就已展露出政治手腕，即使他在许多其他方面失去了往日的判断力，埃及那段时光使他的政治眼光愈发敏锐起来。他虽然未能当上一个善于建邦立国的开明专制君主，但这一失败没有使他望而却步，反而更坚定了他的决心。从军人的角度来看，埃及的经历对他并无助益。埃及的经历本应该使他明白这一点：一旦离开富裕而安定的乡村地区，来到地貌与气候迥异于西欧的地方，他就不再能够应付裕如。如果说他当时汲取了这个教训，那到了 1807 年冬天，当他率军入侵现在的波兰和立陶宛时，他却又忘掉了这一点。

在这一切背后隐藏着更为重要的东西。迄今为止，无论拿破仑证明自己在建邦立国、外交抑或战争方面是怎样的一个能手，他依然受到政府的随意摆布。自军校时期起，他就被迫四处奔波，从一个驻地被调往另一个驻地，这情况一直延续到他当上军官、甚至年纪轻轻就成为卓越将领之后仍是如此，后来他受命前往前线任指挥官，在不同的部队间来回调任，但始终都得听命于他人。他对远征埃及充满了热情，但它是塔列朗一手炮制的计划，将这一计划兜售给督政府的是塔列朗，而非拿破仑。或许这种屈居人下、受人摆布的感受令拿破仑在与世隔绝、自由似神仙的埃及彻底爆发了。在他一生当中，很少有哪些时候像他在埃及时这样，普鲁塔克笔下的亚历山大大帝对他的影响远远超过了恺撒。他后来在描写埃及战役时，相比于任何其他回忆录，其措辞更直接地模仿了恺撒的《高卢战记》。这一书写行为或许泄露了他内心深处的想法——他意识到自己已背弃了真正的导师恺撒而去效法英雄亚历山大大帝，而后者的榜样却导致他在埃及遭了报应：

> 他在欧洲销声匿迹已有 16 个月零 20 天。这段时间里，他夺取了马耳他，征服了下埃及和上埃及，消灭了两支土耳其军队，俘虏了他们的

将军、装备及用于战争的火炮，摧毁了巴勒斯坦和加利利，为今后那个壮观殖民地的形成奠定了坚实基础。他还把科学与艺术带回到它们的发源地。[45]

事实上，他迷路了，他不仅与部下迷失在沙漠中，更是迷失了自己。在相当长一段时间内，埃及的迷惘期将是他最后一次犯这样的错误。但他恢复了过来。拿破仑一回到法国，他身上“屋大维”的那一面就取代了“亚历山大大帝”的那一面，自我克制降服了他身上冲动的自大狂倾向。在经历了自己一手酿成的首次惨败之后，拿破仑成了自己的主人，但还尚未成为自己命运的主宰。

第六章　不祥之雾

夺权：1799 年秋，雾月政变

从被驱逐者到最高统治者：掌权之路

当拿破仑于 1799 年 10 月 9 日返回法国时，他被当作一位英雄受到人们的热烈欢迎。从他登陆的弗雷瑞斯一直到巴黎，到处都有人欢迎他的归来。罗讷河谷城镇的居民们夹道欢迎他，教堂钟声长鸣，人群围住他欢呼。但其实，所有这一切都是拜一个弥天大谎之所赐，对此拿破仑再也清楚不过了。除了 1812 年在俄国遭遇惨败之外，他此时比任何时候都更迫切需要宣传机器的渲染。菲利普·德怀尔认为，实际上是宣传机器挽救了拿破仑，在这一点上他是正确的。[1] 拿破仑绝不是傻瓜，即使法国民众不了解埃及的实情，他本人是一清二楚的。在内心深处，拿破仑觉得自己是夹着尾巴溜回法国的。他带领着这片海域最强大的舰队之一从土伦港出发，而站在他身后的是这个新共和国所能召集的最优良的陆军部队。然而，所有法国战舰不是被英国人俘获，就是葬身于阿布基尔湾。法国陆军则在叙利亚、巴勒斯坦以及西奈半岛遭受重创。其残部被困在离法国千里之外的地方。他在埃及唯一收获的实实在在的成果是考古方面的，但现在很多古董也已落入英国人手中。他也的确将异域的时尚、家具以及一些华而不实的装饰品带回了法国。他甚至还带回来一只大猩猩，但在运往巴黎的途中死掉了。

这和两年前拿破仑从意大利返回时的情形形成鲜明对比。但拿破仑迅速使民众的注意力转到了这次远征所取得的知识和科学成就上，而约瑟芬则很快将埃及风尚变成了自己的独特风格。正如帕特里斯 · 格尼费所指出的，拿破仑钻了当时邮递通信不及时的空子。英军在阿布基尔湾海战中获得大捷的消息传到法国后，在两天之后就因拿破仑对其陆战胜利的大肆渲染而显得无足轻重。直到雾月十八日政变之后，人们才从克莱贝尔的急件中得知拿破仑军队后来遭遇的惨败。但这时，他已夺取了大权。[2] 当拿破仑摆出凯旋的姿态一路前进至巴黎时，真相也尾随而至。故而，这些结论——他对自己所做的宣传坚信不疑，或者当时那段时光是他一生中最快活的，正如很多人所认定的那样——是草率的。[3] 他离开埃及回到巴黎，不是为了沉浸在公众对他的吹捧中，而是要寻找他急需的盟友。自从 4 年前他被囚禁于土伦险些被推上断头台以来，眼下是他人生中最无助、最危险的时期。拿破仑非常清楚，他是在自欺欺人；假如他真的被所有公众对他的吹捧麻痹了，那么他很有可能早就没命了。

或许情况真的会如此，直到 1799 年最后那几个月，他摸清了法国的局势。事实上，他在政坛的上级们和其他将军在战场上的表现要比他糟糕得多。他成功地向公众掩盖了自己的巨大失利，这是其他将军所无法做到的，后者的连连失利已使法国的边疆面临着敌人的威胁。他从其他同僚未能保住意大利这一失败当中所获得的益处是他自己的任何行动都无法比拟的。《监督者报》曾提出这样的问题：“波拿巴会丢掉意大利吗？”持有这一看法的远不止这一家。拿破仑因其在“坎波福米奥和谈”上的成就以及他那些所谓的胜利而地位大增，因为 1799 年的法国似乎太软弱了，以至于在谈判方面毫无建树。[4] 甚至当拿破仑出海远征埃及时，脆弱的和约就已经瓦解。反法同盟国组建起了第二次反法同盟与法国督政府对抗。反法盟军在 1799 年春取得了自 1793 年以来前所未有的大捷，导致法兰西共和国的领土及共和国自身面临险境。拿破仑在意大利的继任者丢失了他征服的所有领地。除了热那亚周围那一小块地盘外，整个意大利、瑞士及大部分莱茵兰地区又一次落入反法同盟国手中。人们纷纷谴责督政府的腐败、低效及无能。指责督政府的不仅有左、右翼这两个极端派别，还包括了政府内部人员。

拿破仑早在普罗旺斯时就已察觉的那股潜在的暴动倾向此时似乎预示着政府内部已出现了阴险的“第五纵队”，一旦反法盟军翻越阿尔卑斯山，这股势力可能就会起来发难。在拿破仑以胜利的姿态返回巴黎的途中，这件事或许最饶有意味：土匪们在普罗旺斯地区艾克斯的外围抢劫了他的行李。比起那些欢呼的群众，这一事件更能揭示现实：它表明并非所有人都支持他，也表明法国正处于什么样的混乱状态，不管最终是谁掌握大权，都将任重而道远。在政府新颁布的更有计划性的征兵令的刺激下，这一年夏天法国西南部爆发了一次农民大起义，虽然从根本上来说它是一次组织涣散又缺乏领导的起义。1798 年年底，一场比这严重得多的叛乱使得法国兼并比利时后新设置的几个省岌岌可危。这其实是一场由反法和亲奥势力策划的暴乱。此外，法国西部的旺代人及朱安党人依然是祸根。法兰西共和国也曾陷入孤立无援、四面楚歌的境地，但却从未像现在这样束手无措。在这种局势下，假如拿破仑征战埃及的真相大白于天下，他没准就得是一副惨兮兮的样子，然而他的表现却不大像一个惭愧得无地自容的输家。他在军事上的失利发生在遥远的异国他乡，无论他损失了多少手下和辎重，他的失利没有为外来侵略者入侵法国本土提供任何便利。至少在某种程度上，他能将他在埃及的失利掩盖起来，因为埃及仍处于法国的控制下，而他赢得如此漂亮而又如此重视的意大利却在其他人手上弄丢了。

直到拿破仑在弗雷瑞斯这个毫不引人注意的小港口登陆时，他才重新找回了自己的分寸感。登陆地点的选择是他谨小慎微的明证。他不仅将在督政府统治的最后几个月里继续保持这种谨小慎微的行事风格，而且在当权后的头几年里，他仍将如此行事。未来一段时间内，他仍将处于缺乏保护的危险境地。这位从与世隔绝的埃及返回的逃兵成了别人暗杀的对象。他曾经似乎是督政府的马前卒，但如今成了领袖，不过是一个内外交困的领袖，既要对付外敌入侵，又要解决国内的混乱。这位被遗弃的丈夫当起了家中的顶梁柱，尽管家人很难相处，也很靠不住。登陆弗雷瑞斯数月之后，拿破仑不是靠着武力，而是凭借精心的谋划夺权的；他也主要是通过和解，而非武力征服来巩固自己地位的。他以明察秋毫的目光小心翼翼地避开了即将来临的耻辱命运，夺得了实权。当年在翻越阿尔卑斯山前，他就曾以这种目光眺望过意大利。也许令人奇怪的是，居然是一本英国自由派杂志道出了他这几年能逢凶化吉的关键。1797 年时，《月刊杂志》是这样评说拿破仑的："他竭力并在很大程度上驯服了个人的激情。"[5] 如果说他在埃及时失去了驾驭自我的能力的话，那么现在他的这一品质将迎来一场关键的考验。

从抵达弗雷瑞斯到雾月政变的这几周时间是拿破仑一生中最不真实的一段时光。在返回巴黎的途中，他受到了市民们的夹道欢迎。与其他那些在欧洲战场上溃败的将军相比，他似乎代表着辉煌的胜利，是人们希望的灯塔，至少对那些盼望着法兰西共和国赢得战争的法国人是这样，虽然这样的人也许只是少数。然而，拿破仑对真相一清二楚，真相远不止他自己遭遇军事失利这一点。他身后再也没有一支忠于他的部队了。他孤零零地回到巴黎家中的空房子，而约瑟芬还在骑墙观望着，因为她也清楚实情，正如首都大多数政界高层人物一样。拿破仑清楚这一点，他也知道，他在民众当中的声望似乎是他唯一能依靠的支持力量，但和从东方传来的真实消息一样，这当中也潜伏着巨大危险。

对一个四面楚歌、被逼至绝境的政治人物而言，只有一件事比孤立无援和遭遇失败更糟糕，那就是大众的吹捧。对此了然于胸的拿破仑在巴黎韬光养晦，沉浸在相对无害的知识分子沙龙世界及其官方机构法兰西科学院当中，重拾起被远征埃及打断的兴趣。他也的确在埃及取得了众多科学成果，知识界对此也印象深刻，但这与上层政治的危险几乎没什么关系。在拿破仑刚抵达巴黎的那几天，政府希望通过一个官方晚宴来褒奖他，但因为害怕被下毒，身为宾客的他及随从们只吃随身带来的水果和奶酪。这件小事是当时氛围的一个缩影。1799 年秋那一场漫长而无情的对胆量的考验很好地培养了他冷静沉着的习性。

在这数月的争权夺利当中，拿破仑与他的主要竞争对手贝尔纳多特之间的鲜明反差相当清楚地说明了拿破仑在这种压力之下的性格特征。历史学家帕特里斯·格尼费在评估数百年前的历史人物方面有着独到的眼光，他是这样描述贝尔纳多特的：

> 他的魅力、能说会道以及真诚开放的性格……甚至连他的脸颊都透露出一种领袖的风范。很少有人不被他的魅力折服。然而，他这样一个似乎有能力平息自己对权力的极度渴望之人同时也是一个最为优柔寡断之人，并通过虚张声势和顾左右而言他来掩盖这一缺陷。[6]

与他结婚还不到一年的妻子——拿破仑曾经的未婚妻德茜蕾·克拉里在择偶方面的品位倒的确是不拘一格。

直到最近，贝尔纳多特一直是莱茵河方面军的战地指挥官，也是一位惹是生非的驻维也纳大使。他是一位消息灵通人士，对两个政治极端派有着包容的态度。过去他曾与保王党人有过联络，到 1799 年时，他一直与新雅各宾派相互来往，因为战争的不利似乎证实了新雅各宾派的看法。他这样做的后果是让自己沦为这两者的仆人，而无法成为两者之主。两面派作风是他后期生涯的标志特征，那时他靠着拿破仑的关系登上了瑞典王位，但在 1799 年时，这使他失去了先机。权力之所以不知不觉地落入拿破仑之手，恰恰是因为拿破仑完全没有贝尔纳多特的缺点。拿破仑寡言少语但机智精明。他不露衷曲，惯于以弱示人，不受任何人的要挟，不拉帮结派，但同时他决意要自立门户。1798 年，贝尔纳多特因顾虑重重而不愿领导一场政变，但这一次他再也没有机会了，因为当人们希望拿破仑担当政变的领头人时，拿破仑毫不犹豫地接受了。

拿破仑的孤立和不安反映了所有对共和国矢志不渝的人在 1799 年这个黑暗之年里的思想面貌。唯一能将这些政治领袖们统一起来的事情就是他们拒不承认新雅各宾派在 1799 年选举中大获胜利这一点。为遵守自 1797 年以来每隔一年进行一次选举这一惯例，这次选举结果被废除。千万不能让“恐怖统治”的历史重演。

不仅如此，甚至公安委员会的一位前委员对法兰西共和国的忠诚也变得飘忽不定：卡尔诺，一位有着这样经历的督政官，也开始动起了做一个温和派保王党人的念头，想借此度过危机。类似于贝尔纳多特这样的将军似乎有着与卡尔诺同样的倾向。贝尔纳多特在1792年时曾是一个共和派志愿者，他的整个事业也都要归功于大革命。1799年时，他实际上是陆军部部长。

当外敌入侵眼看就要成为现实，不仅是军人和雅各宾派代表们，这个体制内的政客们都意识到，腐败堕落的权力操纵者们的好日子到头了。像保罗·巴拉斯这样的人也将不复存在。当这些人在政治舞台上走向没落的时候，他们所维系的那个肮脏但一度行之有效的关系网也随之瓦解。腐败和投机倒把曾经是督政府政治的黏合剂。如今，督政府被视为未来的法兰西共和国的一个重要的政治实验室，但在当时，督政府是一个脆弱的政治团体，它不仅靠着腐败和镇压政治极端派别来维持生存，还靠着与不同的中间派结盟，反复更换拉拢对象来维系。在人们轮流担任督政官的情况下，其软弱无力的行政机关实际上使实权转移到了那些地位往往并不高的官员手上。督政府经受着内部的颠覆、地方上的投机以及弊病丛生的制度的考验，唯有赢得战争，它才能维持下去。如今却因为接连遭受溃败，腐败和妥协使它危在旦夕。巴拉斯身上集中体现了督政府的弱点，他那陨星般的命运是那个时代的写照。他已经成了督政府时期风气的象征。对此，帕特里斯·格尼费的描述再好不过了："对于那些研究那个时期舆论动向的人来说，那个时期有一个令人印象深刻的特点，稳定得超乎寻常。那一时期的主流精神是这三者的结合：困扰于过去，厌恶当前，畏惧未来。"[7]巴拉斯将这种精神体现得淋漓尽致，以至于到最后，他简直成了历史的化身。拿破仑很快就意识到，如要功成名就，而非只是幸存下来，他必须要消除对未来的恐惧。

与之相反，西哀士和塔列朗分别代表了拿破仑的现在和未来。在拿破仑从埃及返回后不久，塔列朗就将拿破仑和西哀士聚集到了一起共商事宜。他们所谋划的不仅是要推翻督政府的统治，还要建立一个更强有力的新政权取而代之。而这个政权将以他们为领导核心。他们的计划就是后来的雾月十八日发动政变，他们建立的新政权就是后来的执政府。西哀士在大革命早期也曾风光过。当路易十六似乎打算在矛盾白热化时解散议会时，他曾是第三等级的一位雄辩而英勇无畏的领袖。但从此之后，西哀士就被推向了政坛的边缘。1795 年时，他提出的宪法被束之高阁，此后他就开始没完没了地抱怨现有政权，抨击其制度和举措，并一边设计新政体。拿破仑开始意识到西哀士所起草的宪法越是荒谬和复杂，那么也就越容易颠覆它，1795 年宪法与之相比简直像是一个精简版。西哀士的构想和他提出的制度绵软无力，单薄得如同约瑟芬的晚礼服一样。但至少西哀士有自己的构想，并且有推行自己构想的决心，他要把自己的构想推销给那些最需要它的人，从政府内部成功地发起一场政变。事实很快就会证明，拿破仑很看不起西哀士以及他拉拢来参与政变的那帮人，但就目前而言，这些人还是他登上要职的关键，虽然可能不是他掌权的关键。要是没有如许之多的政客和知识分子的支持，这次密谋很可能就变成了一场赤裸裸的军事政变，正如人们在漫画里经常夸张描绘的那样。拿破仑，塔列朗，特别是西哀士都非常清楚，这种赤裸裸的军事政变在 1799 年是不可能成功的。拿破仑视议会里的政客为一帮玩着无聊游戏的蠢材。如果说西哀士是他们中最傻的那一个，那再好不过了。如此，他的声望才会更大，这样一来他就更加无法理解拿破仑的真正本性。西哀士只把拿破仑视为一个受人欢迎的危险军人，他根本没留意过拿破仑在意大利和埃及时在建邦立国方面尝试的那些演习，他认为这些演习只是他本人思想的一个拙劣仿品而已。当他称拿破仑为“所有将军中最有文官气质的一位”时，他根本就不知道自己在说什么。西哀士简直就是完美的人选——拿破仑政权中首个可堪大用的傻瓜。

然而，西哀士远非只是有用而已。在政变策划阶段，他是不可或缺的，而且富有理智。他所设计的新宪法方案在两个关键方面触及了督政府高层的神经。他现在的目标是要对他曾经尝试过但却没能成功的创制进行调整。从一开始，西哀士就对新行政机构的软弱无力提出了反对。现在，他要去纠正它，而非毁掉它。他这样做是在保护中间派，采取各种手段保护温和派政治活动免受极端派别的破坏。虽然最终还是要依靠武力，但这些手段本身并不是极端的。就其本身而论，这次政变的本意并非是要来一次政治清洗；它也并无害人之意，而实际上也没有人受到伤害。最重要的是，西哀士的改革计划始终围绕着处于政权核心的中间派政客的共同利益。自1797年果月政变以来，或许自他们在1794年推翻罗伯斯庇尔和公安委员会的暴政以来，他们最担忧的问题倒不是选举制度或立法机关，而是最高行政部门以及怎样使之有效运作这一点。人们越来越一致地认为，1795年宪法使督政府变得过于软弱无力。而西哀士的改造计划所针对的恰恰就是这一问题，当然，他仍是在1795年所建立的温和派共和政体框架内考虑这一问题的。皮埃尔·塞尔纳发现，督政府末期温和派“权威”媒体的报道主要存在四大主题：公民走中间派路线这一特征逐渐浮现；更强有力的最高行政机构这一问题；温和派政治观逐渐成形；某一党派是否能够为其采取的机会主义措施提供合理依据，从而团结共和派名人。[8]西哀士似乎找到了解决当前危机的办法，而且还是很多政坛内部人士希望听到的办法。然而，他没有察觉到的是，早在埃及和意大利时，拿破仑就比其同侪，无论是军方的还是政界的，更熟悉强有力的政府的运作之道，因为他本人先是打造了一个政府，接着又代理另一个政府的首脑。

然而，不只是“当权”的中间派有这种对强有力政府的需求。这就部分解释了甚至像贝尔纳多特和卡尔诺这样有着激进经历的共和派人士都越来越青睐君主立宪制了。新雅各宾派不断抗争并赢得了1799年大选，他们要求建立一个强有力的政府。包括西哀士在内的督政府要员都未能认识到强有力的政府所具有的广泛吸引力。他们的政治观就是形成一个防御中心，退缩防御，严阵以待。在1799年的政治环境下，这是一个完全可以理解也非常明智的反应。然而，拿破仑从中汲取了另一种经验。在时局紧张的那几周，他深深隐藏起自己的目标，他的目标不是为政变后将出现的新政权争取支持力量，而是尽可能地扩大其基础，将所有希望建立起一个更强有力、更高效稳定的政府行政机构的派别统统吸纳进来。与此同时，他不得不让塔列朗代替他处理大部分的“组织事宜”。他还被迫让西哀士充当政变策划的领头人。正如塞尔纳所评述的那样，“所有这一切并不完全出自这位从埃及返回的将军的军事头脑。启蒙思想已经在民众心中打下了基础，他们已经做好了接受一个拥有更强势政府的共和国的准备，哪怕它逾越了宪法规章的规定。”[9]另一个重要的准备因素是现任督政府的无能，这一点加强了反对派的势力，但保王党和雅各宾派在权力核心并无实权，而这正是拿破仑需要做工作的地方。西哀士在这一方面已经做了大量的前期准备工作，到1799年年底时，政变的谋划似乎尽在他的掌控之下。

讽刺的是，督政府在这几个月里展现了能干的一面，为应对危机它采取了一些实用手段。1798年底，法国通过《儒尔当法》开始了第一次大规模征兵，该法案是根据起草它的将军的名字来命名的。在1799年6月的“将军政变”中，军方迫使督政府实施了一些新恐怖主义措施，主要是扣押一些危险的保王派作为人质，还从有反革命嫌疑的那些人手中勒索了一笔“借款”，用以补充战争经费。由于失去了意大利，战时金库损失严重。然而，正如他们自1789年以来的履历所表明的那样，这些革命派精英依然是优秀的行政管理人才，但同时却是不称职的政治家。

正如过去一段时间的情况，将军们已根据其对政治形势的不同判断而分成了几个派别。如果领袖来自军方，那么他只能是一位得到其他将军暗中支持的指挥官。贝尔纳多特更倾向于向保王派靠拢，不是出于其坚定的党派信念，而是因为波旁王室的复辟也许能使英国退出战争，从而使反法同盟失去经济支柱。左翼的莫罗是六月政变的幕后支持者，他清楚自己的观点在权力通道那里难以获得真正的支持。马塞纳在瑞士的军队以及布律纳在低地国家的军队正苦苦战斗以扭转溃败的战局，这使俄国不得不重新考虑是否值得继续对法作战。马塞纳是军队中对政治最不感冒的人，也是最腐败、最贪婪的一个人。既无军事指挥权，又没有一支忠心部队支持的拿破仑几乎没有参与其事的份儿。其他将军都知道拿破仑从埃及返回意味着什么：他抛弃了自己的部队。如此一来，他似乎就成了所有将军中最无关紧要的一位了。军方是上层政治当中一股强大的势力，但同时它也显得联系松散，群龙无首，很难做到口径统一，更谈不上引领时局。尽管军方在1798年权势煊赫，但是1799年的溃败使它失去了权力，只有当一位候选人把它紧紧团结起来时，它才有望发挥出真正的影响力。

这是一种人人自危，互不信任的大环境，政府授予的最高荣誉勋章似乎是欺骗的一种象征。在这样的情形下，居然有足够数量的人团结在一起，并通过不懈的奋斗颠覆了旧政权，这也算是一个奇迹吧。改革愿望最明确也最一以贯之的政客要数西哀士，而真正清楚这场游戏是专为督政府而设计的人是塔列朗。他们二人都是革命政治的老手，分别从各自的经历中学到了不同的经验。塔列朗是一个老练的投机取巧者；西哀士希望自己也是同样的人，而 1799 年时，其他一些人似乎相信了这一看法。在这几个月里，西哀士必须拿出宪法改革的计划，他希望借此拨开迷雾，而为实现这一计划，他甚至准备冒险进行一场政变。

西哀士的思想很繁杂，但他周围的人只抓住了其中之一。共和国迫切需要的是权力无须过大的立法机构和成员更少、权力更大、任期时间更久的三人执政团，而非五人制的督政府。他还认为，他能从目前的行政当局挑选某些人进入他设计的新政权，这样一来，他的计划就会显得毫无威胁，除了这一方面，西哀士早已认识到政府“需要一把利剑”，正如他以自己独有的夸张方式所说的。换言之，政府行政机构必须引入一位将军，以确保战事能协调无误。这等于间接承认了新雅各宾派主张建立一个强势政府以度过危机的要求是合理的，当然这并不意味着回到“恐怖统治”的老路子上。西哀士首先找到了莫罗，一位有名的雅各宾派支持者，西哀士十分敬佩他的为人正直。莫罗对西哀士一伙人的谋划给予了关键支持，但他却不愿当领头人。据说他曾指着拿破仑对西哀士说：“他才是你要找的人。”如果事实真是这样，他们将很快为这一表态后悔不迭。

塔列朗这时也看到了自己的机遇。他与西哀士一度关系密切，曾为后者谋得了法国驻柏林大使一职。1799 年夏天，西哀士在顺利完成外交使命之后回到了法国，并当上了督政官。自第一次意大利战役以来，拿破仑就一直与塔列朗保持着联系。在拿破仑于拉施塔特代表大会短暂任职期间，他们曾亲密合作过。这一段短暂的外交使命的长期意义终于在眼下显现出来。要么通过直接的交往，要么是通过其哥哥约瑟夫——即使没有拿破仑的帮助，他现在也成了督政府外交使团的一名要员——拿破仑和塔列朗结识了彼此，并相互尊重。在这两人的字典中，都找不到“信任”这个词，但他们都在对方身上看到了坚忍不拔，以及誓要寻找到权力庇护所的决心。然而，西哀士和拿破仑之间却鲜有共同之处。他们俩都瞧不起对方。每当拿破仑提起西哀士时，他那温文尔雅的知识分子派头就荡然无存。在他看来，西哀士不过是一个自命不凡的沉浸在政治理论世界中的人，这个人还天真地认为，只要运作恰当，一部审慎无误的宪法就能确保新政权稳固。塔列朗认同拿破仑的看法，但身为一个登峰造极的外交家——从他的行为中根本看不出这一点——他使西哀士和拿破仑走到了一起，而一当他们三人形成了类似于并肩合作的伙伴关系之后，那些本来只单独寄望于三人中之一的人被他们一一拉拢了过来。

吕西安也发挥了他的个人作用。虽然尚未达到法定年龄，他早已当选为科西嘉代表。他并没有因哥哥的缘故而不思进取，相反，他在下议院，即五百人院，打造了自己的人脉关系，并引起了西哀士的关注。那年 10 月，他不得不动用他所有的说服本领去帮助塔列朗并证明自己是，用伊塞·沃洛克话来说，“一位坚忍不拔的协助者”。如果说策划者们多多少少赢得了新雅各宾派代表们的支持的话，这全是吕西安的功劳。[10] 确实，雾月政变刚过去的那几个月里，人们会发现吕西安竟与那么多的显贵人物有关系，他的人际关系竟是那么广泛。后来，正是通过他，拿破仑招募到了第一批总督和一些重要部门的许多官员。当他哥哥掌权后，吕西安就故态复萌，人变得放纵起来，经常搞阴谋，但就目前而言，他和塔列朗共同努力使拿破仑与西哀士团结在一起。

私人晚宴、紧张的上午喝咖啡时光——启蒙资产阶级对社交礼仪所做的一大贡献——以及完全见不得人的秘密聚会，是那错综复杂的几周的主要活动。在这段时间，正如那些被招纳进来的人，那些被排挤到边缘的人很能说明问题。保罗·巴拉斯此人已经过气，他的人际网早已垮掉，他再也找不到有利用价值的人来策划阴谋，这表明时代已经变了，虽然随着地位日益削弱，他本人倒是变得比往常更值得信赖。随着拿破仑和塔列朗走得越来越近，他将曾是其庇护人的巴拉斯蒙在鼓里，这使巴拉斯对他们的计划一无所知。

或许最熟悉时代潮流变化的人要算是约瑟芬。她曾是巴拉斯的情妇，也从未真正忠于拿破仑。利用她在金融领域的人际关系，具体来说是雷卡米埃家族的关系，她成功跻身于密谋者之列。对这桩黑暗中的新事业她起了促进作用。她丈夫的投机十分危险，但他的声望很高，值得支持，当她看到有影响力的才俊们纷纷投靠他时尤其如此。自从他从埃及回国后，他们的婚姻关系因激烈争吵而深受影响，随着强烈的情绪越来越难以控制，这一情况将变得人人皆知。拿破仑因她的不忠行为火冒三丈，这当中，肯定有一些是过去的事，而另一些他觉得就发生在当下；她憎恨他，也许因为他竟然没死掉，此外，她非常讨厌他家里人“监视”她。对拿破仑来说，在其他时候，波拿巴家人往往既不忠诚又忘恩负义，但至少他们看穿了约瑟芬的为人，并试图保护拿破仑不受其害。这几个月间的婚姻状况令拿破仑压力重重，而考虑到公共生活的气候，换做任何一个常人，也许早就垮掉了。不管私人生活怎样差点把他推到崩溃的边缘，他还是处理好了这一切。或许约瑟芬也从中汲取了某些东西，在这么多的危险面前，他仍能够泰然自若，表现出纯粹的意志力，对此她是不难察觉的。而且，约瑟芬是这些密谋者当中最善于自保的人，这一点一直持续到她生命的最后——1814 年时，她穿着薄裙子款待大获胜利的沙皇亚历山大时，因不幸染上风寒而死去。但当时，她比任何人都更清楚拿破仑的重要性。她的人际关系对政变的策划十分重要，而事实证明她本人的积极参与发挥了难以估量的巨大作用。

政变的主要策划者——西哀士、塔列朗和拿破仑——各自所招募的人手和采取的手段反映了他们之间的力量对比及督政府末期的政治气候。拿破仑很清楚，他在民众心中的光辉形象只不过是空中楼阁。西哀士早就是两院中左派议员们仇恨的对象。他从驻普鲁士大使一职回归法国，而普鲁士当时是战争中立国。西哀士因他的“绥靖政策”而出名，他总是开口和谈，闭口和谈，这一标签几乎不可避免地使他背上了保王党人的骂名。当他当上督政官后，他仍然坚持这一主张。

1799 年 8 月 10 日是紧张的一天，当天是推翻旧王朝 7 周年纪念日，在下院五百人院里，西哀士和新雅各宾派议员代表们借机向彼此发难，互相谴责对方破坏法兰西共和国的稳定。左翼代表们危言耸听，宣称祖国危急，这一措辞有着极为重要的意义。因为它是1792年至1793年间革命政府发布的官方敕令，彼时法国正遭遇外敌入侵，正是由于这一敕令，“恐怖统治”才得以确立。现在，新雅各宾派提出了同样的吁求。西哀士不顾另外两位督政官戈伊埃和穆兰的反对，关闭了议事大厅。随后，左翼人士组织了一次舆论宣传活动，污蔑西哀士是一位隐秘的保王党人。这一活动于9月15日达到高潮，当时雅各宾派将军兼议员代表儒尔当连同巴拉斯再一次谴责他。在议会外面聚集着一群气势汹汹的民众，儒尔当每说一句，这些人就跟着高喊一句。在此情况下，儒尔当在下议院召集了众多少数派代表。他们提议宣布“祖国危急”，但投票的结果是245票赞同对171票反对，因而未能通过。事后来看，人们很容易忽视这个小插曲，但对各方人士来说，当时五百人院里左翼势力强大这一点是再也清楚不过了。之所以没有回到“恐怖统治”的老路子上，主要原因在于上议院，即元老院，否决了直接针对西哀士的那个提案。该提案主张，凡是企图以放弃原有边境线为条件进行和平谈判的人一律判处死刑。[11]

西哀士没有被团结的表象所蒙蔽，也没受到随后于9月23日举行的个人庆祝活动的影响，那天正是于1792年诞生的法兰西共和国的国庆纪念日。相反，他对哪些人举足轻重，哪些人无关紧要，哪些人是友，又有哪些人是敌等情况一一进行了检视。他关注的焦点集中在五百人院中左翼势力强大、督政府领导层软弱无力及督政官各自为政这些问题，以及如何纠正这些问题，哪些人可以依赖等。这既是政治哲学家，也是政治家所采用的手段，而在当时的环境下，这样做是适宜的。对于哪些人既非敌人又有举足轻重的影响力，他现在已经有了清晰的看法，这些人被列入了参与政变的最后名单上。在这几个礼拜中，拿破仑一直在等待时机，他躲在西哀士最喜欢的一个地方，也即科学院内，而西哀士则以其独有的方式干起活儿来。夏天快结束时那几个炎热的礼拜令许多有可能反对政权更迭的人纷纷现形，局势现在变得更危险。对权力中心的稳定来说，戈伊埃和穆兰是危险人物，恰恰因为在雅各宾派民粹主义和街头暴力重新抬头之时，他们仍主张一切依法办事。西哀士没有求助于左翼人士针对的另一个目标巴拉斯，这一点很重要。像拿破仑一样，他认识到，在军事危机与雅各宾派势力死灰复燃的当头，与这位普遍公认最腐败的督政官联合将是一个不利因素。巴拉斯本人在最后关头试图加入政变的队伍当中，但遭到了拿破仑和西哀士两人的断然拒绝。西哀士开始着手建立一个新的人际关系网，一种新型的政治联盟，其指导原则是这一新需要：目前的任务是生存下来，而非飞黄腾达。

10 月时，西哀士做成了一些令人叫绝的事情。他不仅弄清楚了政变计划的核心组成部分，还引进了拿破仑打造其个人队伍所需要的大多数人才。在未来的岁月，这些人对法兰西进行了重建，使之焕发出新活力。拿破仑与西哀士都有一双善于发现人才的慧眼，即使他们往往对同一个人所抱的期待不尽相同。在 9 月的那次危机中，罗歇 · 杜科证明自己是几位督政官中唯一可靠的，而他现在也清楚了在两院中支持他的人主要是上议院代表。新雅各宾派提案表决事件使他清楚了哪些人是危险分子，他能依靠的又是哪些人，而这一点对他选择政变日期至关重要。在杜科的操纵下，吕西安 10 月份当上了下院五百人院的议长，而他忠诚的同僚勒梅西埃则当上了元老院的议长。

然而，当西哀士越过政府层面与其他人士进行接触时，他实际上将新政权的核心人物集合了起来。在将科学院的知识分子团结起来共同谋划政变方面，西哀士没什么要做的，因为拿破仑早已当选为科学院院士了，最有名望的院士之一沃尔内就曾追随拿破仑去过埃及。另一位是皮埃尔 - 路易 · 罗埃德雷，西哀士十分欣赏他的才能和清晰的头脑。然而讽刺的是，当拿破仑掌权后，是罗埃德雷，而非西哀士，成了拿破仑政权的“宪法缔造者”，因为到后来，他的主要职责就是为德意志诸邦和意大利的几个王国创建法国式制度，这些王国被拿破仑封给了波拿巴家族各主要成员。

西哀士对未来政权最大的贡献在于他将未来担任部长的那些人集合在了政变策划者一边。其中最重要的一位是未来的司法部部长让 · 雅克 - 里吉斯 · 康巴塞雷斯，他将是制定新的民法典的关键人物，他和西哀士有一个共同目标，即对督政府时期无效的制度结构进行重建。因才智而获得西哀士敬重的同僚寥寥无几，而康巴塞雷斯就是其中之一。布莱 · 德 · 拉 · 默尔特和克洛德 · 雷尼耶本是五百人院中的普通代表，但因政变的目的而被提升至高位，前者是民法典的制定者之一，后者后来当上了司法部部长。在五百人院中首先与雅各宾派针锋相对的是查尔斯·弗朗索瓦·勒布伦，他因与温和派保王党人有联系而受到西哀士的重视。在拿破仑统治时期，他创建了法兰西银行，终于结束了督政府时期以来的金融乱局。

在这个名单上，还必须加上马丁 - 米歇尔 - 夏尔·戈丹，虽然相对来说他名声不显，他可谓是拿破仑时期最重要的技术专家官员之一。他为纠正这一时期灾难性的财政状况做出的努力堪与卡尔诺在战事方面付出的努力媲美。在他自己的领域，戈丹同样是一位“胜利的设计师”。他本是巴黎一位潦倒的律师之子。旧王朝末期，他因在建设巴黎城墙方面的业绩而获得了良好声誉，他还在大革命早期立法机构的财政委员会里非常出色地履行过职责。在“恐怖统治”时期，他幸存了下来，当时他的工作是为军队和城市提供给养，他对欧洲贸易市场复杂的运行方式的了解使他很好地完成了任务。然而，到了督政府时期，戈丹不愿从事任何公职，只在 1798 年接手了邮政部门的一个次要差事。他正是在这个职位上引起了西哀士的关注，也正是熟悉其背景的西哀士劝说他在雾月十九日担任了财政部部长一职。他一直担任财政部部长直到 1814 年为止，而在“百日王朝”时再次任此职位。

当然，也有一些密谋者本来就是自己人。西哀士对约瑟夫·富歇玩起了非常狡猾的花招，后者是“恐怖统治”时期的核心人物，曾残酷镇压过里昂起义，目前是警务部部长。每当督政府觉得保王党人构成威胁之时，他们就求助于富歇，但最近的经历已使他确信，他那些左翼的老同志们才是目前问题之所在，宪法已不足以遏制这些人。他表示愿意效劳，并在政变那天兑现了承诺，但西哀士并没有向他吐露政变相关事宜的具体运作与时机安排。

如果说西哀士将这群人集合到了一起，并为他们考虑好了具体的任务，那么拿破仑则在政变之后继续任用这些人，并将他们纳入了自路易十四统治时期以来最了不起的政府部长团队当中。自从路易十四将科贝尔、卢布瓦及沃邦集合在自己身边以来，法国政府中还从来没聚集过这么多才华横溢而又干劲十足的领导人物。这次政变是集体努力的成果。这个小集体——西哀士被排除在外——在后来不仅将塑造一个新法国，还改变了大半个欧洲。

1799 年夏天时，塔列朗是三个核心密谋者当中唯一真正体验到左翼势力重新抬头之威势的人。另一方面，拿破仑虽然一直提心吊胆，甚至连吃的食物都要嗅一嗅以防有人下毒，他依然保留着司令官的军衔。严格来说，西哀士则是当时法国权力最大的人之一，虽然他同时也可能是最缺乏保护的人。与拿破仑和西哀士两人截然相反，塔列朗在 1799 年“盛夏”的经历则无任何隐秘可言。他早在 7 月时就被迫离开了外交部，起因是 6 月的“将军政变”，那些将军将战事上的失败归咎于他，并诬蔑他是保王党人。他于是躲到了阴暗处，这样一来他对督政府的威胁反而比他当权时更致命，而该政权曾那样赤裸裸地威胁过他。塔列朗继续将拿破仑与西哀士两人团结在一起——但也只是勉强做到。像约瑟芬一样，他充分利用了自己在金融家那儿的影响力，使他们认识到政变才是摆脱目前困境的唯一办法，因为没有人比那个时代做货币交易的市场商人更担心时局的不稳定了。最重要的一点是，拿破仑信赖塔列朗的判断。塔列朗的干预几乎微不可察，但他的影响力却无处不在。

拿破仑本人对这次政变所做的贡献相对较少。他的贡献与其说来自军方，不如说来自他的家庭关系。儒尔当依然认为他能将拿破仑拉拢到新雅各宾派一边，从而保全宪法；另一位左翼将军奥热罗实际上曾在政治俱乐部里公开宣称拿破仑已抛弃了自己的军队，为此他应该受到惩罚。贝尔纳多特未能被拿破仑争取过来——他们相处的那个周末差点以灾难而告终——而他很有可能已经将拿破仑真实的政治观点吐露给了那些新雅各宾派议员。贝尔纳多特因家庭纽带关系选择了“中立”：他是德西蕾·克拉里的丈夫，因此拿破仑的大哥约瑟夫和他是连襟关系。勒克莱尔当时是巴黎地区一位身居要职的司令官，他的忠诚是确定无疑的，因为他娶了拿破仑的妹妹波利娜。莫罗早就因坚定的信念以及对西哀士的敬重而被争取了过来。拿破仑真正能依赖的军方支持力量来自于与他关系密切的小圈子。到了雾月十八日（公历为 11 月 9 日）上午 11 点时，拿破仑依然没能获得巴黎一位十分关键的军方人物的忠心，这个人就是勒费弗尔将军，巴黎卫戍司令官。事实上，早在几天前，勒费弗尔宣称自己是宪法的捍卫者。那天上午，拿破仑做了一个大胆的表态，他会见了勒费弗尔，并将他在埃及一直随身佩戴的宝剑赠送给后者，这一举动差点将这位老兵感动得流泪。这也许是拿破仑唯一能做的事情了。

两天前，督政官们召见了拿破仑。这次见面使他非常清楚，戈伊埃和穆兰——很可能还有巴拉斯——都想要他离开巴黎。拿破仑于是假装自己生病了，因为他很清楚，他没法吓唬住这两人。即使他有西哀士和杜科为他撑腰，但要是与戈伊埃和穆兰起正面冲突的话，他无望获胜。接着，西哀士在勒梅西埃和吕西安的帮助下精心安排了一次立法两院的特别会议。拿破仑是这次政变的先锋，当雾月十八日的黎明到来时，他及他的部属将遭遇真正的危险。

前一天晚上是属于西哀士和其他政治家的良机，而他们也没有浪费它。参与政变的几位督政官打着安全的名义，援用法规将立法两院迁移至巴黎之外。这是政变步骤的第一步。两院的议长，下院议长吕西安和上院议长勒梅西埃在凌晨时分发出邀请函，邀请那些被认为是可靠的议员前往杜伊勒利宫参加一次特别会议。在这次会议上，他们将投票决定是否将两院搬迁至圣克卢，该城堡是密谋者为两院预先订好的临时所在地，而那些被认为是不可靠的议员则根本不知道有这回事。正如那天的事所证明的那样，就连这种保险措施也不足以确保政变的完全成功。按照原定计划，军方的任务是护送议员们至圣克卢，并确保这个新的会议场所的安全，不许任何人扰乱立法两院召开会议。甚至连西哀士都不知道这一点，同样不知情的还有统领巴黎警察力量的富歇。政治家们知道将有军方力量参与，但却不清楚到底有哪些部队参加，而军方本身也不清楚这一点。那些忠于拿破仑的掌管各分队的指挥官，及那些可能构成危险的指挥官——其中主要是勒费弗尔——都单独接到了通知，他们需要在6点时前往拿破仑在巴黎市中心偏北的住所。每个人都不清楚其他人的情况。甚至当他们全部各就各位，其中有些人先取道杜伊勒利宫前往圣克卢，或做好准备，以便在必要时控制整个巴黎，但这些密谋者——包括拿破仑本人——当中竟然没有一个人真正清楚整个计划的具体细节。由此可见，当时他们要联合起来摧毁的这一政治环境是多么的不堪。

假如说雾月十七日夜晚至十八日凌晨是属于密谋者当中的资深政治家的话，那么白天其他时间则属于那些忠于拿破仑的军人及支持政变的议员代表们。政变计划另一个相对琐碎但却非常重要的小细节在雾月十八日上午展开，它很能揭示拿破仑当时的生活状况。上午 8 点时，约瑟芬邀请戈伊埃去她家喝咖啡。共有两位督政官一方面既公开反对宪法改革，另一方面，具体来说，他们则反对西哀士和拿破仑，戈伊埃就是其中的一位。当军队集合时，约瑟芬首先设法使他置身事外，而与此同时让他相信，他似乎与拿破仑关系密切，因而已被牵扯进来。甚至当行动已经开始时，她还向戈伊埃保证，政变的唯一目的就是清除巴拉斯。戈伊埃企图把她弄上床这一点也起到了作用。约瑟芬的行动无可避免地将她本人与政变及拿破仑紧紧地绑在了一起，她对此是清楚的：现在没有回头路了。当月早些时候她与巴拉斯之间的交往对这次政变来说弊大于利，因为她试图操纵拿破仑，使他背弃西哀士，转而投靠她自己的旧情夫及他们俩曾经的庇护人巴拉斯。在此过程中，这个老练的、善于明哲保身的女人或许耍了一手以真作假的把戏。两天之前，巴拉斯见到了拿破仑，并明白他自己已被孤立了起来。随后约瑟芬做出了选择。当她邀请戈伊埃与她一同喝咖啡时，她的命运就已注定，她的选择已最后确定。这既是拿破仑情感世界的一个分水岭，同时也可视为是世界史本身的分水岭。

雾月十八日凌晨时分上演了多次有重要意义的来回奔走，每一趟来回都意味着新的转折点，但在当时，没有哪一趟能真正确保政变的成功，或者预示着真正变革的到来。实际上，所有人都在小心关注自身的安危，对他们来说，不久前的血淋淋的历史依然历历在目。为了使巴拉斯保持冷静，塔列朗整晚都与他待在一起，甚至还提出和他一起祈祷，仿佛他们两人中有人知道如何祈祷似的。巴拉斯终于同意对政变袖手旁观，这关键一步的成功完全靠塔列朗，因为一旦少了巴拉斯的支持，戈伊埃和穆兰就无法在督政官表决中占大多数，从而无法扭转修改宪法的举措。当巴拉斯拎着一只手提箱，里面塞满了密谋政变者用以收买他的大量钞票，悄悄从巴黎溜走，前往他的乡下别墅之时，他和他本人所象征的政治时期也一并从历史中消失不见。然而，在当时，他运用的依然是他百试不爽的生存伎俩，即在革命当天置身事外。当另一位政坛常青树西哀士于凌晨时分断然发起行动之时，他在赶往圣克卢途中同样携带着一只装满钱的箱子，这是他为自己准备的后路，万一政变失败，他就得迅速逃离。

当那些受邀的议员从床上爬起来仓促赶往杜伊勒利宫时，拿破仑已经将自己的军队聚集在周围，而贝尔蒂埃则召集了国民自卫队的指挥官到协和广场集合。一当军方人员完成集结之后，勒布伦和雷尼埃遵照立法两院官员们的决定行事，开始谴责雅各宾派阴谋推翻宪法，并提议将两院搬迁至圣克卢，无人提出异议，于是他们准备搬迁。正如菲利普·德怀尔正确指出的，所有这些愚弄不了任何人，因为到1799年时，此类花招“早就被人用过了……目的是使针对少数派激进议员的计谋的理由显得正当”。[12]

到这时，拿破仑和他的军队已到了杜伊勒利宫外面，他来到元老院，逗留了一会儿，发表了一个简短演说，说他是来保护他们的。幸亏有勒费弗尔支持他，他才没失掉他的信誉，而聚集在宫殿外的人群似乎感到的更多是开心和好奇，而非对他敌意重重。然而，即使在这样一个由“精心挑选”的议员组成的集会上，仍有几个议员指出，拿破仑根本没提他要维护宪法。当拿破仑向军人们承诺要对骗走了他们应得报酬的腐败政权来一次大清洗，从而将部队集结在身边之时，那些发难的议员才迅速安静下来。这或许是那天人们说过的唯一的实在话，也是后来唯一兑现的承诺。随着拿破仑的7000人的部队将西哀士挑选的议员代表们护送至圣克卢时，参与政变的文职人员及军方力量终于会合在一起。直到这时，那些政治家们才意识到，拿破仑借助贝尔蒂埃实际掌握了多么强大的武力。一当议员们抵达圣克卢后，两院的会议被推迟至第二天。

到了这一阶段——雾月十八日晚至十九日凌晨时——策划者们才有机会共同商议出一个应对议员们的计划。当晚，西哀士打算扔掉合法性的幌子，他提出直接逮捕40名雅各宾派代表。拿破仑制止了这一行动，他认为这么做等于回到了“恐怖统治”时期血腥大清洗的老路子，他也不希望造成任何一派共和党人政治家离心背德。他们唯一达成的共识是废除现有宪法，用一个新的行政当局取代督政府。

第二天乱糟糟的，与前一天有条不紊的情况形成了鲜明对比。雾月十九日上午的特别之处在于政变策划者们犹豫不决，而两院议员们，不包括那些参与政变的议员，则越来越认识到他们已沦为某个游戏的过河卒子了。到了这时，政变成功的希望才完全取决于拿破仑身边的军队，之所以出现这种局面，是因为那些政治家没能制订出一个可以操纵两院的策略。一群惊慌失措的观众，主要是好奇的有钱人，目睹了政变的全过程。这些人特意过来观看这场发生于乡下地区的政变。这也说明策划者们将立法两院搬迁到巴黎外的决定是正确的，因为这里的观众完全不同于那一群亲雅各宾派的暴民。西哀士、拿破仑还有其他人对后一群暴民既熟悉，又感到恐惧不已。

然而，将议员们迅速部署至圣克卢也产生了一个潜在问题。确实，围绕着督政府议会机构的最后一次集会而产生的混乱无序情况，不仅是这个注定要灭亡的政权政治混乱的缩影，也表明这次政变是何等危险。圣克卢城堡现已不存在，在1870年的普法战争中，它被普鲁士军队的炮火摧毁了。因此，雾月政变的实际场景已无法真正还原，但将两院从巴黎仓促转移至这里，也就意味着两个议事厅是临时匆匆拼凑起来的。元老院成员被安置在城堡内一个长长的画廊内，即现在的阿波罗画廊，它多多少少是现成的。它有一个匆忙搭建好的讲台，供议长和发言人在上面讲话，房间足够宽敞，能将议员们坐的长凳布置成扇形，这种安排方式是法国革命者在1789年大革命之后刚刚采用的，以区别于英国议会那种“对抗性”的座位摆放方式。当天上午，被分配给五百人院的橘园仍在修建中，这给下院代表们提供了充裕的时间，使他们能四处闲逛、相互协商并在受威胁的情况下联合起来行动。所有这一切缓和了政变阴谋带给人们的冲击力。橘园的整个环境不利于会议井然有序地召开，但要想有效地扰乱会议也不容易：其入口非常狭窄，只容得下两名代表——或士兵——同时并排进入，因此，无论是逃跑或者“入侵”都很麻烦。长长的橘园建筑群是圣克卢城堡的附属建筑，其样式类似于巴黎卢浮宫的附属建筑。橘园本来就是圣克卢城堡的温室，即使在寒冷的秋天，里面也很暖和。分配给五百人院的橘园中间有道隔墙，它还未被完全拆除。尽管匆忙找来的木匠已经为议长吕西安和其他发言人搭建了一个凸起的讲台，但代表们不得不挤坐在靠墙的台阶上，或者站在大厅中央乱转乱挤，在他们头顶上的是又长又窄的窗户。出席会议的还包括一些群众，看守者未能拦住这些人。大多数群众坐在议员们头顶上的窗台上面。当危急时刻来临时，这种现实环境将很难控制。事实证明果真如此。

西哀士、杜科和拿破仑在元老院议事厅顶上的房间里紧张地待了 3 个小时。他们等待着两院的盟友们控制住会议，说服议员们投票决定法国进入紧急状态，废止宪法，并将国家大权交给他们几人。当五百人院在吕西安的主持下开会时，事实证明那些代表们遵守了他们自身的原则。吕西安试图宣布政变策划者的议事日程，却遭到雅各宾派代表的反击。这些人获得了相当多温和派人士的支持，他们指控拿破仑为叛徒，并将吕西安轰下了讲台。他们做到了先发制人，早在大革命的过程中他们就学会了这一招。接着，转瞬之间他们却将胜利拱手让人了。有人提议代表们宣誓对宪法忠诚不渝，并获得通过，但这个步骤需要所有议员逐一宣誓。整个过程持续了很久才结束。

这时，由于代表们的愚蠢行为，时间终于变得有利于政变策划者。但拿破仑犯了同样的错误，他并不知道如何利用这个良机。拿破仑这时既急躁又烦闷，判断力也大受影响，他阔步闯入元老院议事厅，他前几周的自控力与有意为之的克制随着他脚步的前行荡然无存。接下来拿破仑与代表们发生的交锋显示出拿破仑头脑敏锐、对现实有着清晰的认识，但却丝毫未认清当时的环境对他的要求。他由沮丧发展到使性子发脾气，先是告诉那些议员说，他早就厌烦了人们称他是另一个恺撒或者是克伦威尔，然后他警告那些元老院议员说他们正“坐在一座火山口上”，但却没有详细说明照他看来哪些人才是危险人物，正是这种含糊态度与粗暴作风毁掉了热月政变前夕的罗伯斯庇尔。当时，罗伯斯庇尔用一份拟定中的“暗杀名单”来威胁国民公会，但当天他却未能拿出这份黑名单。接下来，有人拿这个问题质问拿破仑——正如过去有人借丹东之死质疑罗伯斯庇尔一样：“那难道就不用管宪法了吗？”拿破仑的回答显得发自肺腑。“宪法，”他嘲笑道，“你们自身早已把它毁掉了。果月十八日，你们违反了宪法；花月二十二日，你们再次践踏了宪法；而到了牧月三十日时，你们又一次践踏了宪法。从那以后，没人把宪法当一回事了。”[13]拿破仑的这一判断再真实不过了，它代表了从左翼到右翼所有人的观点。他一针见血指出了近期历史的趋向，但他说这话的时机与腔调却不妥当到了极点。情况急转直下。当有人催着他说出哪些人是“叛徒”时，他咕哝了一句“穆兰和巴拉斯”。说前者是叛徒，这是赤裸裸的谎言，而说后者是叛徒，这是对他昔日庇护人的背叛。当他大模大样离开时，他还咆哮着说，“胜利之神及战神与我同在！”这话说给士兵们听听倒也罢了，但显然不适合对议员们说。

等到拿破仑进入五百人院议事厅时，他的对手们——到这时人数大概相当多——早已准备就绪。吕西安已失去对这些人的控制。拿破仑遭到他们的嘲笑。有议员提出宣布他不受法律保护，更有人直接对他拳打脚踢。拿破仑和他手下的军人分两人一拨进入了橘园，从站立着的议员中间挤了进去，一路上遭到两旁坐在靠墙台阶上的议员们的辱骂。其中有些人对拿破仑动起了手脚，这时局势真可谓间不容发。哪怕在战场上，他也从未陷入这样脆弱的境地。幸亏他的保镖们护住了他，因为当他带领军队进入五百人院时，他已违反了法律规定。而进入元老院时，他所做的还没有越线。随着拿破仑和吕西安被赶出议事厅，有议员提议宣布拿破仑为罪犯，这条提议真要实施的话，它当时就能置拿破仑于死地。这是所有政变策划者最担心发生的事儿，而它终究是发生了。

实际上，到当时政变还只是发生于政权核心机构的外围。如果要想政变成功的话，那就需要诉诸武力，不管其持续时间多么短暂。3 件事在很短时间内挽救了雾月政变：五百人院的代表们未能在一位发言人的名义下团结一致；吕西安发挥了个人能力，他将那些并非忠于拿破仑的军队集结了起来支持政变，拿破仑手下的军队对他忠诚不贰；在五百人院内部，无人站出来直接反对政变的阴谋，也无人有能力迫使哪一项针对拿破仑的提议获得通过。当到处传播着一条虚假谣言，说五位督政官当中已有四人宣布辞职，宪法已名存实亡，五百人院中也无人出面平息众人的不安情绪。

在外面，吕西安以政变救星的面目出现在人们面前。用史蒂文·英格伦的话来说，他“即兴发挥了一场足以载入史册的演讲”。[14] 他所面向的“目标观众”十分关键，因为它令人们想起一件事：在督政府时期，军方几乎从来没有异口同声地发出过自己的声音。吕西安的讲话是以那些实际上并不属于拿破仑管辖的军人们为目标的。这些军人要么是立法两院的正规警卫员，要么是巴黎国民自卫队成员。按照职责，一旦他们觉得拿破仑是来推翻宪法，或者破坏立法机构的，他们本应该立刻对付他的。吕西安的实际发言也表明，还是老一套的中伤诽谤最管用，至少对共和国军人管用。吕西安告诉这些人，有一小撮议员是英国的狗腿子，他们持有武器，企图杀害他哥哥拿破仑，并且实际上已将大部分议员扣留起来当作人质，眼下正用刀子抵着那些人呢。他拔出宝剑，发誓说如果他哥哥胆敢背叛法兰西共和国的话，他将亲自宰了他。其实，这些话全部来自马拉在“恐怖统治”鼎盛时期办的报纸。吕西安的姿态不禁使人想起普鲁塔克笔下罗马共和国时期人们炽烈的爱国主义热情，虽然他有反复无常之嫌。不管怎样，这番话奏效了。这样也好，因为仅仅片刻之前，拿破仑本人试图激励这些军人，但却明显失败了。当时他骑着马来到这些卫兵面前，试图将他们团结在自己身边，而他骑的马差点儿把他从马背上摔了下去。这一点有可能帮了他倒忙。在他本人遭遇这些军人无言的漠视之后，正是他弟弟吕西安——他在五百人院里败得很惨——一举扭转了局势。正是这些卫兵对两院进行了清场，从而终结了督政府政权。

另一群在场的军人是拿破仑的下属。这些征战过意大利和埃及的老兵由忠诚的塞巴斯蒂安尼率领。他们在政变过程中一直保持着冷静而且坚定不移。这一点非常重要，因为午后不久，奥热罗和儒尔当就抵达圣克卢这边，并催促拿破仑放弃政变。与此同时，亲雅各宾派群众也跟着这两人从巴黎来到这边，而且当时就在大门外转悠。然而，这两位将军并没有公然反抗拿破仑，因为，即使此时吕西安还尚未前来说服那些法兰西共和国军人支持他们，两位将军仍还需要对付塞巴斯蒂安尼。

关于两院议事厅是如何清场的，人们的叙述各不相同。根据官方版本及很多军方人员回忆录的描绘，有些代表们丢脸地跳窗而出，逃往附近公园里去了，而那些忠心的代表们则围着拿破仑和他的队伍聚集在一起。然而，菲利普·德怀尔发现了一份报告，当中提到大多数五百人院代表们安静有序地撤离了会场。[15] 不管真相如何，随着拿破仑镇定自若地率领军队进入会场，所有人都清楚，政变已经大功告成，即使很少有人真正清楚政变到底是怎么一回事。1795 年宪法已被废除，由 3 名执政官——拿破仑、西哀士和杜科——组成的临时政府接管了一切大权。白天的工作已经完成，所有人回到了巴黎的家中。在回去的路上，拿破仑似乎一句话也没有说。或许——我们根本无从得知这一点——他也意识到自己那天话讲得太多了。

令人感到惊奇的倒不是拿破仑面对一群狂怒的议员一时慌了神，而是吕西安、勒梅西埃、雷尼埃以及其他人竟都能保持冷静。那些议员属于雅各宾派，张牙舞爪，激进而嗜血。仅仅几周之前，正是这些人要求重新回归"恐怖统治"。正是这些人再次强行通过了《人质法》，并要把凡是提出和谈的人一律处死。政变策划者共同信守的底线就是要防止回到"恐怖统治"的老路子上，而新雅各宾派之所以紧紧抓住督政府宪法不放，这完全是因为该宪法能为他们重返"恐怖统治"的老路子提供机会，而他们的对手们则不得不诉诸武装政变。仅仅 4 年多以前，那些敢反抗由雅各宾派领导的立法两院的人遭到了立刻处决。同样的命运完全有可能降临在雾月政变时期的拿破仑身上。政变策划者之所以将两院搬迁至巴黎之外，目的正是要将这种风险降至最低。要不是有这种安排，政变策划者就不大可能在力量对比中占上风。这一点在五百人院中尤其明显。过去的事尚历历在目，未来则充满了种种不确定因素，因此没人能睡得安稳。不管怎样，幸亏靠着拿破仑，而不是据说深谙节制之道的西哀士，这次政变才没有流血，虽然它欠缺一些合法性。中间派也反对雅各宾党人，而后者对政变的反应清楚表明，他们依然打算回到"恐怖统治"的老路子上。雅各宾党人之所以未能得逞，唯一原因是吕西安成功策反了那些原本支持他们的卫兵。拿破仑从政变当天学到一个至关重要的直接教训是，在未来不准军队进入巴黎，正如法国从1790年至1794年的情形。从此以后，只有他本人的直属军队，开始是执政官亲兵团，接着是皇家卫队，才能驻守在巴黎。

拿破仑在雾月政变中诉诸武力这一点通常被视为是他内在黩武主义倾向的体现之一，同时也是他生来就有的独裁作风的一种体现，但仅仅凭借他粗暴对待政客们这一点是难以证明这两种倾向的。施行暴力或以暴力威胁他人，这是18世纪90年代法国政权频繁更迭时期的常态，督政府对这一伎俩一点也不陌生。比起此前任何一次清洗，拿破仑对武力的运用要谨慎得多，而且在政变中无人丢掉性命。相反，由于拿破仑无力应付由选举产生的立法机构，未来变得更加清楚。置身议员当中，他就像一条离开水的鱼儿，他变得茫然不知所措，不知道怎样与这些人当面打交道。立法委员们为难他，他也极度反感这些人。雾月政变期间拿破仑在立法两院中的行为，而非他发布的那些命令，真正揭示了他的独裁天性。他对议会中“嘈杂喧哗”的现象深恶痛绝，但又非常热衷于密室中由委员会发起的严肃讨论及辩论，这两者形成了鲜明对比。无论是在蒙贝洛宫中，在“东方”号战列舰上，还是在开罗，拿破仑都显示自己是一个开明和乐于接受批评的人，他对知识和众多政治观念如饥似渴，其包容程度超过任何一个大革命时期的政治人物，更不要说他还将这些观点加以采纳与实施。然而，议会中的喧嚣与狂热完全是另一回事儿，而在雾月政变期间，拿破仑通过亲身体验认识到了这一点。一种新的政府模式将确立起来，前提是，他得活得够长，然后才能随心所欲。

第七章　当政的危险

刺客的阴影下，1800—1802 年

临时政府最初采取的措施反映了当局需要使公众普遍了解，“恐怖统治”有卷土重来的危险，同时也表明，虽然战时紧急状态已有所缓和，但在督政府统治的最后几个月里，前述危险仍在不断加剧。所有大权暂时集中于拿破仑、西哀士和杜科这三位执政手中，他们形成了政府最高管理层。当时，直到进行选举之前，由三位执政组成的“执政委员会”是新政权唯一的职能部门，但由于之前刚获得的那场险胜的原因，他们三人都谨慎地使用手中的权力。政府部长要职被交给了那些在政变中发挥了关键作用的人：忠心耿耿的康巴塞雷斯接受了司法部部长之职，塔列朗重新当上了外交部部长，贝尔蒂埃成了陆军部部长。富歇依然保留了警务部部长之职，原因是他在政变中没有插手干预。这些人选几乎是不可更改的，但也反映了某种调和的愿望。内政部部长的人选完全体现了西哀士的意愿。担任内政部部长的是拉普拉斯，这是对科学院支持政变策划者的一种认可。然而，饶有意味的是，他在内政部部长职位上没干多久，仅仅几个月之后就被吕西安·波拿巴所取代。

为了使政界不再怀有这样的疑虑，也即当局会不会在胜利之后大肆报复，新

政权采取了有效的立法措施。政变后仅仅几天，《人质法》与强制性公债被废除，政府派出新一拨“特派员”前往各外省，安抚各地的行政官员，同时也是为了贯彻新政权的意志。而那些受委派之人大多以其温和作风，而非其对几位新执政的忠诚而闻名。这种“安抚而非排斥”政策，正如让 - 丹尼斯 · 布雷丁所说，[1] 使一些在政变中犹豫不决或甚至反对政变的重要人物放下心来。曾是公安委员会成员的巴雷尔撰写了一封对新政权表示支持的公开信，它对巴黎政坛产生了广泛影响。儒尔当也与拿破仑重归于好。雅各宾派据点被迅速建立起来，至少在巴黎是如此：本拟于政变后立刻放逐的 34 名雅各宾派代表实际上仍留在巴黎；另外 19 名遭扣押的雅各宾派代表几天之后出人意料地被拿破仑释放了。

拿破仑通过一番努力，从几位重要的巴黎银行家那里获得了一笔 1200 万法郎的贷款。这发生在政变刚过去的两周后，它表明人们对新政权开始有了真正的信心。这也是他为稳定法兰西共和国摇摇欲坠的财政而采取的初步措施。就那些银行家而言，他们借此清楚表达了自己的立场，而此前他们中有不少人暗中对政变策划者提供了支持。1800 年 2 月时，拿破仑创建了国有银行法兰西银行，勒布伦是该机构的主要智囊。这一举措为结束自 1789 年以来一直困扰法国的金融混乱局面奠定了初步基础。

西哀士旋即发现，如今真正的权力掌握在拿破仑手中，但他认为，这是由于拿破仑的军事地位和他深受民众爱戴的缘故，而在随后围绕着新宪法的制定而产生的复杂的政治交易过程中，他的人气将有可能下滑。他错了。拿破仑在意大利时就已学会了这一把戏，现在他又开始着手运作。在随后的几个礼拜，拿破仑展示出他的强项之所在：他能娴熟地主持委员会，善于将形形色色的人才集中在一起替他效劳。他所领导的是一个由各种人才组成的政府班子，正是这种领导能力使他大权在握。经历了意大利和埃及两次战役之后，甚至就在组建埃及特遣部队的过程中，他就比那些所谓的革命政治游戏的主宰者更擅此道。那些人的世界里充满了政治交易、出卖和政治清洗；拿破仑的世界里则充满了妥协、结盟以及真正的领导地位，虽然这种领导地位常常被套上了一层伪装。

然而，还有一种更明确具体的政治游戏。政变后的上午，布莱·德·拉·默尔特，最忠诚的政变参与者之一，询问西哀士他现在准备推出什么样的宪法。西哀士回答说，他还毫无头绪，布莱被这一答复惊呆了。[2]根据他随后几天断断续续向布莱口授的内容来看，西哀士似乎对宪法思考得太多，他的宪法提案是如此复杂，他本人对此也非常慎重，没有将整个宪法草案付诸笔端。事实上，西哀士的宪法构思非常细致入微，但它恰好能够为拿破仑所用。拿破仑挪用了西哀士提出的宪法框架以及细节，但实际上他只是将之作为一个空壳加以利用，在里面兜售的是他自己的想法。

西哀士为保留议会制共和国政体而制定的计划中，最危险的部分倒并非是他那过分复杂的议会系统，也不是他那错综复杂的选举制度，而是他为新政府机构制定的方案。雾月刚刚结束时，所有人都赞同三位执政官当中需要有一位担任主席。根据地位高低的原则，这一职位本来已交给了拿破仑，但他提出了一个谨慎的主张，也即三位执政官轮流担任主席。所有人同意根据姓名排序轮流当主席，拿破仑这才接受。一开始是西哀士提出某一位执政官凌驾于其他所有执政官这一设想的，只不过他的设想非常特别。根据他的方案，应由某位执政官担任国家元首，也即“大选侯”，其地位严格来说高于其他两位执政官，国家元首由立法院之一选举产生，终身任职，但并无实权。另外两位执政官则是政府的真正核心，一位负责内政，另一位负责外交。拿破仑从两方面，以两种不同方式猛烈抨击这一设想。他毫不犹豫地贬低设置一个毫无实权的国家元首这一设想，在政府内当众嘲笑西哀士。罗埃德雷试图达成一个折中方案，他提出赋予“大选侯”一些其他权力。为了让新宪法的相关工作得以继续，塔列朗很快使所有人重归于好，拿破仑也同意加入其中。他现在巴不得一切按规矩来，因为这一重要原则已获通过：其中一位执政官的确应该凌驾于其他几位执政官之上。本来是西哀士创造了这一差异，而拿破仑充分利用了这一点。成为宪法筹备委员会主席之后，拿破仑立刻展示出他作为主席的娴熟手腕。他任命对西哀士一直以来持批评态度的多努担任自己的秘书，并驱使其他人飞快地干活。宪法筹备委员会成员晚上开会，常常通宵达旦地工作。

多努总是先将业已起草的文稿展示给大家看，接着拿破仑会作一个简短概述，随后大家展开讨论。开了12次会议之后，全部工作宣告完毕。西哀士似乎跟不上这个节奏。尽管他的很多思想表面上被保留了下来，但其实质已被掏空，别人借以从中另创一些崭新的想法。雾月政变之后，拿破仑在会议室内赢得了他的首场大捷。

第一场较量是要彻底改变“大选侯”这一角色的性质。拿破仑恰好是通过保留西哀士的设想——有了孱弱无力的督政府这个前车之鉴，为创造一个强有力的新政府，某一位执政官，也即现在的“第一执政”，其地位应该高于另外两位——来实现这一点的。与另外两位执政官一样，第一执政由立法院中的上议院即元老院选举产生，但其任期不再是终身，而是10年，所有执政官都有权二度参选。第一执政现在有权启动所有立法程序，有权任命和罢免政府部长及所有地方行政官及地方法官。第一执政还有权执行外交政策。西哀士曾提出一个他称之为将权力自下而上“纳入”政府的复杂理论。拿破仑对此进行了一番精明的改造，而西哀士很快也发现了真相。只不过他对此丧失了兴趣。[3]由于西哀士实际上已放任不管，于是一切都没了阻力。宪法筹备委员会保留了与西哀士的构想相类似的立法机构群，每一个立法机构都有其独特作用，但实际上，由于有一个如此强大的政府凌驾于所有立法机构之上，立法机构的性质由此发生了重要改变。

西哀士设想了3个立法机构：立法院、保民院以及监督院。立法院负责对法案进行表决，保民院的主要职责是审议政府提出的所有法案，而在这两者之上是监督院，其职责是实施法律法规，其成员由地方议会选举产生，而地方议会主要由各省的“名流”组成。[4]但实际上，最后一个立法机构并未建立，其立法权为第一执政所篡夺，其上议院职能为元老院所取代。元老院的作用与功能清楚表明，拿破仑并没有肆意践踏西哀士的原计划，而是对之进行了一番精心改造。现在，元老院成员由第一执政任命产生，其80位成员终身任职。不过，正如西哀士原先所设想的，元老院依然还发挥着宪法的维护者这一作用，只不过元老院的审议与商讨过程是秘密进行的，而另外几个立法机构是公开进行的。所有法律法规须经过元老院的商议方能通过，但现在立法权掌握在第一执政手中。对专制政权的建立来说，这一差异至关重要，而西哀士压根儿没想到拿破仑会建起自己的专制政权。拿破仑当时的工作主要就是通过精心策划谋得大权，并重建政府，而他做到了。立法院和保民院保留了其原有功能，但它们却受制于第一执政，后者拥有完全的立法提案权。西哀士和杜科继而被任命为“大元老”，每人有权任命 30 位元老院成员。之后，西哀士感到很放心，他告诉拿破仑：“我不愿当你的副官。”[5] 康巴塞雷斯与勒布伦接替了西哀士和杜科，成了执政官。拿破仑早在意大利时就已学会了这一些伎俩，但当时却无人留意他。

拿破仑比西哀士棋高一着，最明显的地方在于宪法筹备委员会对选举制度所做的改革。在选举问题上，西哀士几乎完全背离了多项共和主义革命信条，但拿破仑却从形式上将其保留了下来。西哀士提倡一种“金字塔式”权力结构，而拿破仑则提倡权力流动模式，使权力以委托统治的方式从民众那儿自下而上地流向政府行政部门。新宪法本身通过全民公决这种全新的政治机制被提交给人民予以批准，而选举制度虽然仍是精英式的，但相比于西哀士的方案，人民的参与度更高。他们俩在一点上——创立一种崭新的政府机构，即参政院——倒是想法一致。根据西哀士的设想，每当政府部门——根据他的方案，也就是监督院——觉得有必要起草并讨论法案之时，因此时法案还尚未提交给立法机构，可成立一个参政院委员会负责此事。这相当于是一个集结了最优秀专家的官方研讨会，在官方许可下对任何事关公众利益的问题进行调查研究，然后提交其调查结果。早在意大利和埃及时，拿破仑就曾设立过类似的机构，但对其做理论阐述的是西哀士。唯有在这一至关重要的问题上，他们俩的想法才不谋而合，于是在第一执政领导下的新政权成立了这个机构。到 19 世纪中叶时，所有曾是拿破仑势力范围的国家，不管受其影响的时间有多么短暂，都设立了参政院。参政院制度很好地平衡了权力与专家政治。1800 年 1 月，巴黎 73 家政治刊物中有 60 家遭查禁。同一年的 1 月至 3 月间，拿破仑废除了地方当局选举治安法官及地方议员的权力。在新闻审查日渐严苛，选举日益失去其意义的情况下，参政院为各种观点和意见提供了一个平台。

1 月 17 日，一种新的地方行政长官，即总督制度被创立出来，它后来成了新政权的缩影。第一执政根据内政部部长的建议直接任命总督，后者对地方政府各部门拥有全部的管辖和控制权。总督的初步人选问题主要由吕西安负责。所有这些改革措施将在 1800 年至 1804 年间法国迈入重新改造时期的大背景下得到检验。但这些改革真正异乎寻常之处在于，在拿破仑虎口脱险，刚刚掌权几周之后，他和他身边的团队就非常迅速而清晰地提出了这些改革措施。现在所有人都看得出，拿破仑不乏操纵政治、建立国家方面的经验，他早在意大利和埃及时就学会了这些。当他将自己那完全成型的设想付诸实践时，其作风之迅捷令西哀士望尘莫及。相比于其同侪，拿破仑更清楚如何建立一个国家政府，以及如何操纵委员会。最重要的是，在官方控制日益严重的情况下，参政院及新的部长队伍将开始发挥有效作用。在这段时间里拿破仑故作谦逊之态，这一点经常受到人们的嘲笑。但一如往常，韬光养晦才是拿破仑最拿手的本领。

1800 年 2 月 7 日，新宪法在全民公决中获得绝大多数人的赞同而通过，其实这是人为操纵的结果。在主持这项工作时，新上任的第一执政也许利用了公众对他的信任和爱戴，人们把他看作是一位凯旋的共和国战士，但他也采用了另一些政治与管理方面的高超手腕，从而创立了带有他本人独裁作风以及以技术官僚为特征的政府机器。

在所有重大事情方面，拿破仑都能为所欲为。如果他能继续生存下去的话，他已拥有了用来打造属于他自己的国家的一切工具，正如他在意大利时那样。的确，巨大的危险依然摆在他面前，但自从他心不甘情不愿地以一名困惑的法国臣民的身份来到布里埃纳军校之后，到现在才过去不到 21 年。现在距离波拿巴一家逃离科西嘉岛，身无分文、无依无靠地来到土伦也才不到 7 年时间。当将所有这一切考虑在内，拿破仑的崛起的确称得上是平步青云。然而，只有一场严重之极的危机才能造就如此非凡的事业，而拿破仑以及他周围的人之所以能掌权，是因为他们说他们有能力克服那场危机。在外省，反革命势力依然是个威胁，而更重要的是，战争仍在继续。无论是个人生活还是政治上的功成名就都完全依赖于军事上的胜利。要是无法取得军事胜利的话，雾月政变也只不过是一场室内游戏，而不久前才归化成了法国人的“波拿巴一家”也许将再次沦落为难民。

再次策马扬鞭：第二次意大利战役

这次危机之严重，所带来危险之迫切，令拿破仑不得不全力支持由塔列朗派往英国和奥地利的特使所提出的和谈提议。拿破仑的立场使许多雅各宾党人越发坚决地反对新政权，但这种策略反映了当时军方所处的绝境。一方面，军队虽然最近打了一些胜仗，但却付出了惨重代价，早已疲惫不堪；另一方面，督政府的腐败也使军队战斗力持续下滑，更别提之前的多次战败。与英国和奥地利方面的谈判毫无成效，但却为重振军事力量赢得了宝贵时间。奥地利已经夺回了许多失地，尤其在意大利地区，它根本不需要一场和谈。英国人则不信任法国新政府，以为它又是一个临时拼凑起来的、阴谋不断的由无名之辈组成的政府，十有八九也维持不了多久。

在执政府最初的两个月间，无论是外交还是军事都在忙乱地进行重建，与此同时，国家建设也毅然决然地进行着。虽然这种干劲源自绝望与恐惧，但同时人们对现实也有一种清醒认识。当初西哀士和他周围的人试图寻找“一把利剑”的主要原因是想让军方代表直接参政，从而恰当地协调战争事宜。在这一点上，拿破仑没有使西哀士他们失望。1800 年 1 月，法军共有五大军团，实际可作战兵力大约仅有 28.5 万人，兵员分配也很糟糕。[6] 拿破仑竭尽所能地纠正军队及补给方面存在的种种问题，其手段之酷烈不逊于罗伯斯庇尔。士兵们很多个月以来第一次领到了军饷。前线的军人现在知道，法国发生了真正的变革。一直以来，他们饱受文官们的敲诈勒索之苦，但现在终于有了一个誓要杜绝此类行为的政府。一开始，拿破仑不得不通过审慎的组织与重新分配来加强自己的势力，因为此时向群众征兵的法案尚未全面实施，对数量巨大的军队进行补给与武器配备依然是一件难事。接下来的战争依然需要依靠大革命时期留下来的部分军队。

莱茵方面军与多瑙河方面军进行了合并，合并后总兵力达到了12万。意大利方面军——由于撤退得如此之远，实际上应称之为热那亚方面军——人数增加到了4万，增加的兵员大多数来自布置在英吉利海峡沿岸的所谓的“英格兰方面军”，后者已经被解散。借助着与西部省份反革命势力协商达成的停战（其背景将在下文予以讨论），拿破仑得以创立一种全新的革命军，即后备军。最初后备军人数大约为3万，集结在法国东部的第戎，后来因新兵与预备役军人的加入，人数差不多翻了一番。之所以这样布置，是因为拿破仑能方便地随需要将后备军调遣至德意志或意大利前线。在随后的15年间，中央后备军是拿破仑时期战争及战区策略的主要特征之一。但在1800年，中央后备军的设想如此之新颖，虽然哈布斯堡王朝的情报人员知道它的存在，但却根本不清楚其作用。[7]后备军由贝尔蒂埃掌管着，这一情况使卡尔诺从德意志返回到法国。1799年夏天，时任陆军部部长的卡尔诺因遭到雅各宾派的威胁而逃到了德意志。俄国人已退出了反法战争，但由克赖率领的分布在瑞士与德意志南部的奥地利军人数已超过了10万，而在意大利北部驻扎着略低于此数的梅拉斯部。马塞纳和莫罗近期取得的胜利在一定程度上为法军赢得了先机。但从自己作为政府首脑以及最高军事指挥官的立场出发，拿破仑完全清楚，法军获胜的真正希望在于速战速决。而危机也由此产生。拿破仑将德意志前线这一主要前线交给了莫罗。尽管拿破仑对战争的运转有着无可置疑的控制权，但新宪法实际上禁止第一执政在战场上指挥军队。虽然马塞纳差不多被困在了热那亚，他对意大利方面军的指挥权依然被保留了下来。几乎一直担任拿破仑参谋长的贝尔蒂埃负责新建的后备军。莫罗则是这次新战役真正的先锋。

然而，除了政府换了个名字之外，如今的世界与督政府错综复杂的末期时没什么两样。权术之争与疑神疑鬼主宰着一切。拿破仑在大元帅的新职位上首次与卡尔诺展开了亲密合作。他为新战事制订的指导性战略尽管饶有趣味，能使人对他的军事思想有所了解，但却很快被政治需求压倒和破坏。他需要对付莫罗，这个目前经验最丰富、最成功的共和国将军。莫罗仍然是左翼共和派，仍然是新政权的潜在威胁，就算他并无取代拿破仑的野心，也有能力将其废黜。

拿破仑将因马塞纳重新夺回瑞士而给法国带来的优势作为其制订计划的关键。如能充分利用这一优势的话，瑞士能为在德意志南部与意大利北部分别展开的协调攻势提供一个连接枢纽，从而将部署在这两个区域的奥地利军队打散，而且还能及早打通两条通往维也纳的通道，并最终有望迫使奥地利迅速投降。为实现这一目的，拿破仑希望莫罗集结自己的部队迅速跨过莱茵河上游地区，而与此同时，贝尔蒂埃则需要进军意大利，他应该翻越瑞士的山口挥军直下抵达奥军背后，而不是沿着海岸去驰援尚在热那亚的马塞纳部。在莫罗看来，该计划是个阴谋，企图削弱他所在战线的重要地位，而同时增强贝尔蒂埃军队的地位。但莫罗依然拥有足够的影响力，迫使拿破仑不得不同意他按照自己的意愿发起他个人的攻势。莫罗选择了谨慎，为更好地保障自己的供给线，使己方军队有更大的调遣余地，他对敌军发动了较大范围的攻击。这么做也使他一直处于他所熟悉的地区。莫罗的所为不仅表明他谨小慎微，也表明他似乎对战争大局并无认识，因为他没有将速战速决视为当务之急，而拿破仑的整个战略恰恰有赖于这一点。拿破仑比莫罗更年轻，功名也比他逊色，但却对共和国的根本弱点和速战速决的必要性有着更深刻的认识。这或许就是他们俩高下有别的真正原因吧。

莫罗按照自己的意愿指挥军队前进，在这一点上他做得很成功，一路上他给予奥地利军队一系列沉重打击。但这场战争，以及重建拿破仑司令官声誉的关键所在是拿破仑本人创立的后备军。奥军方面，也许还有莫罗，都没有真正意识到后备军的潜力。部署在法国东部的后备军随后进军抵达瑞士西部，那里离日内瓦不远，到这时，后备军可以随需要北进或南下。拿破仑不出所料地选择了挥军南下:莫罗没办法阻止拿破仑计划中的这个细节，尽管他的确构成了一些妨碍，因为当拿破仑要求他为占领意大利提供支持时，莫罗在他的防御区业已巩固的情况下却没有尽力而为。更重要的是，拿破仑不得不调整作战计划，将瑞士及意大利防御区作为主要战区。在莫罗执意缓慢进军的情况下，拿破仑只得将攻势转移至意大利战场，但他手头拥有的资源却不如莫罗。从一开始，正如1796年的情况，当法军翻越阿尔卑斯山后，他们就将面临兵力处于严重劣势这个问题。事实早已证明，贝尔蒂埃是一个优柔寡断的指挥官。很明显，一旦战争爆发，他在战场上将无法应付裕如。5 月的第一周，拿破仑抵达日内瓦，亲自指挥起后备军来，虽然名义上贝尔蒂埃还是司令官。当拿破仑执掌后备军的实际指挥权并指挥军队作战时，严格来说，他已经违犯了共和国禁止第一执政带领军队这条法律规定。

鉴于此前几个月里焦虑重重，不管当时的局势怎样的艰难，再次回到前线对拿破仑来说肯定是一种解脱。拿破仑全身心投入到制订翻越阿尔卑斯山的精密计划当中。他决定利用北部所有关隘，即辛普朗关隘、圣戈特哈德关隘、大圣伯纳德山口及小圣伯纳德山口这几处，将他的 5 万军队以及大炮和马匹运送到皮埃蒙特区北部，而如何运送大炮和马匹是个大麻烦。的确，5 月份时他最不操心的就是奥地利军队的问题，因为奥军主力仍在忙于围困热那亚的马塞纳部，因而无暇他顾。为继续保持这一局面，拿破仑恳求马塞纳务必坚持到 6 月初，而马塞纳在糟糕透顶的情况下也做到了这一点。与 1796 年意大利战役截然不同的是，为了这次艰苦的翻越阿尔卑斯山之旅，拿破仑现在有能力妥善地为他的士兵们提供补给与装备，每个士兵随身携带着 9 天的口粮和 40 发子弹。为避免出现拥堵，士兵们在几个山口底下与日内瓦之间排成了 5 列长长的纵队翻越山脉，而军需物资紧随其后。拿破仑在后来的多次战役中将反复使用这一队形。炮兵部队爬山确实麻烦，为了将大炮从狭窄的道路运过去，他们临时发明了一些巧妙办法，比如将树干中心挖空做成“担架”来运输炮筒，还用上了雪橇。然而，大多数时候是步兵们聚在一起将大炮抬着走。整个过程比拿破仑预期的要长——第一批部队抵达时就在缺乏炮兵掩护的情况下遭遇了当地的奥军卫戍部队——但 3 周后，也即 5 月 24 日时，拿破仑和他手下将近 4 万士兵抵达都灵北部的山谷。他们已经来到了由梅拉斯统率的奥军主力部队的后方。奥军主力此时仍集结在意大利南部的亚历山德里亚要塞周围，该要塞位于热那亚北边。[8]

拿破仑并没有挥军南下与奥军进行正面碰撞，占领都灵，然后向南进军驰援热那亚，相反，他突然转向意大利东南部，并夺取了米兰，那里距离梅拉斯部队后方尚很远，防御也很薄弱。这使马塞纳失望之极，但它无疑是正确的，因为当时拿破仑就是要速战速胜。拿破仑已严重破坏了梅拉斯的供给线——他几乎被完全困在皮埃蒙特区——梅拉斯别无选择，只有掉转军队与拿破仑展开一场决定性大会战，而这正是拿破仑所谋求的。

拿破仑原本希望在他看中的拥有良好防守阵地的斯特拉代拉村与梅拉斯展开会战。斯特拉代拉村恰好位于北边的阿尔卑斯山与南边的亚平宁山脉之间，两山之间的豁口在这里最为狭窄，也就是说，这里是梅拉斯部的供给与支援最脆弱的地方。然而，局势却发生了剧烈变化。6 月 4 日，马塞纳投降了——他的部下早已疲惫不堪，同时还饿着肚子，陷于梅拉斯部与企图发动起义的热那亚人的双重围困——他根本不知道拿破仑就在自己附近。在被围困期间，马塞纳急得头发都发白了，但他最终坚守了下来，维持的时长正是拿破仑所要求于他的。

拿破仑在米兰受到英雄般的欢迎，但他不得不匆忙奔向梅拉斯有权主动挑选阵地的前线战场。不过，仍存在有利于拿破仑的因素：由于马塞纳支撑的时间够久，奥军的一个军团仍滞留在热那亚，这样一来就造成了梅拉斯的兵力稍显不足。这一点是拿破仑有意造成的。由于一个偶然的机会，梅拉斯的多封急件落到了法军手上。即使没有这些情报，拿破仑也清楚，梅拉斯本可以借助兵力上的优势尝试再次渡过波河，从而威胁他的防线。拿破仑不得不离开稳固的斯特拉代拉村，向亚历山德里亚推进。虽然法军整饬有序地渡过了波河，但当法军开始行军时，通信联系却总是出现严重问题：军令要么被弄丢了，要么忙中出错，有的军令甚至被完全弄反了。拿破仑将现场指挥过多地交给了贝尔蒂埃来负责，由此造成的后果是，军队分散得特别厉害。更糟糕的是，拿破仑又固执己见，他错误地以为梅拉斯一心想避免一场大会战，而实际上他正求之不得。

拿破仑仍然以这一假设作为自己计划的依据，即梅拉斯企图战胜他，并会退守热那亚，而实际上，在 6 月 14 日那个礼拜天，梅拉斯于黎明时向马伦戈的法军发起了大规模攻击，该村庄就在亚历山德里亚附近。正如大卫 · 钱德勒所说的，整个军团，从拿破仑到负责吹响归队号声的小鼓手，全部被梅拉斯机智的进攻打了个措手不及。[9] 奥军意外碰上了一支人数很少的法军先遣队，而直到 1 个小时之后拿破仑才真正意识到，他所面对的是奥军主力部队。于是他在附近的一块紧邻塔纳格罗河、周围是葡萄园的平地上集合起自己的军队。拿破仑试图在这一开阔地带遏制住奥军的推进势头。战斗进行得无比激烈，法军拼得很厉害，甚至连滑膛枪的局限性似乎都暴露了出来。据某个人的回忆录，法军向奥军持续开火，这使火枪变得过热，不过持枪的士兵们尚能保持镇静："我们的枪管太烫了，简直没法往里面装弹药，怕上膛时它自己就燃起来了。没办法，为了使枪管冷却下来，我们只好对着它撒尿。"[10] 这一粗俗不堪的描绘听上去像是真的，因为它使人身临其境地了解到战斗的激烈以及制式火枪的缺点。但由于士兵们正打得不可开交，他们很可能没时间喝那么多水，也就不大可能完成这所谓的"制冷演习"。在火力前线上，饥渴只不过是战争的另一个风险而已。据估计，到下午 3 点左右，拿破仑手下只剩下不到 6000 名仍有战斗力的士兵。[11] 在这种形势下，当拿破仑让士兵们重整旗鼓时，他那平淡的鼓舞之词更平添了一种绝望："士兵们，鼓起你们的勇气来！后备军马上就要到了。"[12] 他碰巧说对了。

就在这次袭击前，拿破仑刚好将德塞调离了这一区域。德塞率部离开后，在过河时遇上麻烦，这才使他的部队尚未远离新战区，所以到下午 3 点左右，他终于赶回来了。这一据说是德塞本人对拿破仑所说的话概括了整个战斗的情形——上午 10 点左右，战斗已经输掉了，但到下午时，扳回败局赢得胜利的时机又出现了。情况的确如此。然而，尽管拿破仑惊魂未定，他迅速将后备军投入战斗，以迫使奥军偏往右方。当德塞的部队投入战斗时，拿破仑的部队其实已被打败了，正是德塞的介入才遏制了奥军的势头，他的部队真正起到了后备生力军的作用。德塞的到来使拿破仑手下那些精疲力竭的士兵们重新焕发出士气来。这也表明当时拿破仑是何等的惊慌失措，以至于违背了自己的基本原则，过早地将后备军投入战斗。但幸好德塞弥补了这一漏洞。然而，德塞为此付出了生命的代价。他被一个狙击手，又或许是一颗流弹击中身亡。德塞的死令拿破仑深受触动并感到悲恸之极。"因一位我至为喜爱且尊敬之人的逝去，我哀恸之至，"[13] 他在信中这样向巴黎汇报，他的话是真诚的。因其唐突而备加感人的是他写给莫罗的那些话："他的家人及共和国蒙受了巨大损失，但我们的损失还要更巨大。" [14] 拿破仑一直铭记着德塞在马伦戈之战中对他的恩情。

当天，他们确实以一种不可思议的方式获得了胜利。在阵亡前，德塞发挥了巨大作用，但就连他的反攻也开始呈现败象，而奥军步兵部队向他的防线发起了虽散乱无章，但却非常凶猛的进攻。就在局面乱成一团之时，凯勒曼突然率领400名重骑兵出现在战场，这是最后一批后备军。凯勒曼部的进军被当地高高的葡萄藤给掩护起来了。当时葡萄花正在盛放中，这使他们能够立刻扑向离他们很近的奥军。这些骑着高头大马的大个子骑兵挥舞着手中的军刀，大肆杀戮已四分五裂的奥军步兵。有能力逃跑的奥军要么跑掉了，要么投降了。[15] 凯勒曼率领的骑兵一鼓作气斩获了胜利。在葡萄藤下，被杀死的士兵的鲜血与灰尘混在了一起。当尘埃落定，鲜血被烈日烤干时，拿破仑终于安全了。他不仅在战场上安全了，还巩固了他身为法兰西主宰的地位。他要是战败了，那就意味着执政府的结束。

马伦戈战役是拿破仑一生中最重要的战役之一，但其重要性更多体现在政治而非军事上，尽管从1800年6月14日晚的战场来看，情况好像不是这样。拿破仑后来说，就在马伦戈战役的前夜，他感知到了他伟大的命运，但尽管原有总兵力约4万人的奥军在战役中伤亡了1.4万人，而拿破仑手下可战兵力尚不满3万的后备军也损失了将近四分之一，而且已经精疲力竭，无力追赶向曼图亚要塞方向撤退的梅拉斯部。马伦戈战役使拿破仑深受打击：他失去了一位亲密战友，同时也意识到，照他自己的标准来看，他在战场上犯下了大错。此外，他也清晰地认识到，他低估了梅拉斯的决心及能力，与此同时又高估了他本人对奥军的威慑力。不过，仅仅24小时之后，拿破仑对梅拉斯所做的揣测都一一实现了，虽然这时战事已结束了。在其主力大军依然健全，意大利中北部几个大要塞的驻军毫发无伤的情况下，梅拉斯主动提出签订停战协议。拿破仑完全赞同这一提议。随后奥军撤离了意大利，将军队从威尼斯西部撤走，并将原属于奇萨尔皮尼共和国的疆土还给了它原来的主人。奥军同时承诺停止交战，直到拿破仑向维也纳方面提出的和谈有了结果为止。6 月 17 日，拿破仑匆忙赶回巴黎，与此同时，马塞纳和意大利方面军重新占领了利古里亚地区。意大利方面军与后备军进行了合并，而马塞纳现在负责整个南方战区。

但来自国内外两方面的危险还远未结束。在巴黎上层政治圈中，拿破仑相对来说依然还是个局外人。战争仍还没有结束——12 月时，莫罗在霍恩林登战役中大获胜利，这才结束了战争——但为了速战速决，此前拿破仑已前去意大利，并获得成功。拿破仑这次返回巴黎，与他 9 个月前的那次返回情形大不相同。马伦戈战役是一场险胜，但不管怎样，它终究是一场胜利。仅仅过了几个月，法国重新成了意大利的主人，并牢牢控制了瑞士和德意志西部。雅各宾派所渴望的军事胜利兑现了；另一方面，法国占据了实质性的优势地位，使得温和派保王党人一心希望的和谈得以进行。但整个局势仍不明朗，除了这一点：拿破仑办成了他声称自己能办成的那些事。

对欧洲实施绥靖政策

马伦戈之战的胜利促使法军出乎意料地迅速重新占领了意大利。梅拉斯同意了停战协议的条款，即除了意大利东北部威尼斯领土之外，将所有其他领土交给意大利方面军掌管。拿破仑将镇压托斯卡纳、教皇国及那不勒斯的任务托付给了下属，而他自己匆忙赶回了巴黎。尽管莫罗在阿尔卑斯山地区取得了几次胜利，但拿破仑本人以及整个执政府的地位还绝非是确定或稳固的。严格来说，战争仍在进行中，虽然先前双方曾承诺要停战，但几周之后在德意志防御区的确又战事重起。只要这种情况一天不解决，国内动荡就将一天天恶化下去。在接下来的几个月间，与旺代叛乱分子的停战协议破裂，其中一位起义领袖，乔治·卡杜达尔将企图杀死拿破仑，此外还有几人也想要拿破仑的命。马伦戈战役胜利之后的耀武扬威是演给公众看的。拿破仑完全清楚，他以及执政府都绝不能有一丝的麻痹大意。

拿破仑如此清楚和平的必要性，以至于他想马上达成和谈。6 月 16 日，他甚至直接从马伦戈战场向奥皇弗朗茨二世发了一封急件，“以此结束整个大陆的不幸与哀伤”。在信中，他提出了一个人道主义吁求，呼吁双方结束这场毫无意义的杀戮，同时以法国实际上并不拥有的军事力量来威慑奥皇。他警告弗朗茨二世说，他原本能够俘获梅拉斯全军的，不过他还是选择了放他们一马任其打道回府，但实际上，拿破仑的后备军已遭受重创，全军精疲力竭，迫切需要增援。这封信真正的关键在于，既然战争之前《坎波福米奥和约》的条款奥皇可以接受，那么，他再次接受这些条款也是完全说得过去的。问题出在英国方面，拿破仑在信中精明地争辩道：

> 至于欧洲的势力均衡，上一次战役已清楚表明，法国并未对欧洲的势力均衡造成威胁，而过去几天已经证明，强大的英国人（才是真正的威胁），他们垄断了全球贸易，并建立了海上帝国。如今，英国已强大到了以一己之力抗衡由俄国、丹麦、瑞典、法国、西班牙及巴达维亚共和国等国舰队组成的联合舰队。[16]

拿破仑在这里暗指的是针对英国人所开辟的第二战场。在第二战场上，其他几个国家联合起来猛击英国的薄弱之处，即破坏英国的贸易往来。俄国沙皇保罗一世听任奥军在战争中自行其是，随后他迅速通过经济战争来对付英国人。俄国、丹麦及瑞典都对英国拦截并搜查中立国船只的政策感到愤愤不平。当这几个国家在沙皇的领导下联合起来，组成武装中立同盟时，对英国皇家海军来说至关重要的补给品——木料、沥青、麻纤维及柏油——大受影响，因为波罗的海各国盛产这些补给品，此外受影响的还有食品供给。拿破仑试图使奥皇弗朗茨二世明白他现在处于何等孤立的境地。紧接着，拿破仑从里昂写信给丹麦国王，向后者保证他已获得了法兰西共和国的全力支持，[17] 同时他还在低地国家补充了兵员，并下令军队向法国与神圣罗马帝国接壤处进发。与此同时，拿破仑正忙着创建另一个后备军团，其大本营依旧设在第戎。他从米兰写信向卡尔诺强调，所有这一切务必保密，尤其是法军向德意志边境集结这一点，因为要想实现这一计划就得从旺代抽调军队过去。[18]

拿破仑比任何人都清楚，法国的兵力已快要枯竭了。正如他命令布律纳接管意大利方面军时向后者所坦白的：

> 从军事上来说，它是共和国的主要军队，从政治角度来看，更是如此……有许多个团特别虚弱……你会发现意大利方面军的情况还是相当不错的，但腐败尤为猖獗，在这方面最受人们指责的是马塞纳的那些心腹。[19]

拿破仑从后备军团调拨了一部分军队给了布律纳，以巩固因马伦戈战役而受削弱的前线，此外，马塞纳督政府式的牟取暴利行为也进一步损害了前线军队。在主要前线那儿，还有其他一些需要操心的事情。拿破仑告诉卡尔诺说，为做好战争准备，奥热罗的北方军团因需要将许多军队部署在德意志西部，从而遭到了严重削弱。奥热罗不得不带领下属占领了莫罗之前被迫放弃的一些要塞。莫罗之所以放弃这些要塞，是为了巩固自己的防线。拿破仑想让莫罗拿出 5 个营送给奥热罗，因为这时已没有可用的新兵了。[20] 回到巴黎后，拿破仑对局势已有更清晰的认识，所以他写给奥皇弗朗茨二世的另一封信——写于他视察旺代和英吉利海峡附近海岸途中——不再含有恐吓之词，这并不令人奇怪。相反，他向奥皇保证，“法国也希望与英国言归于好”。[21] 对拿破仑来说，这个教训再也清楚不过了：如果战事重起的话，德意志战区速战速决是必需的，为实现这一点，国内安全就不得不受影响，因为共和国的兵力已经耗竭了。法军要是无法在阿尔卑斯山北部取得决定性成果的话，那么意大利战役就将是一场无足轻重的小打小闹。

在法国等待奥皇的答复期间，时局特别紧张。给他们以最大希望的莫过于武装中立同盟向英国方面施加的压力。1800年夏天至初秋，拿破仑真心盼望着和平。他催促塔列朗为他争取到普鲁士的支持，但不是与普鲁士结成军事同盟共同对抗反法同盟，而是想让普鲁士充当中间人向奥皇传话，以达成一项涵盖德意志前线和意大利的停战协议，从而为官方和谈打通道路。[22]到了9月最后一周时，此时离拿破仑几乎已不再指望能从奥皇那里收到有利的回复已有10天，10天前他吩咐莫罗进入战备状态，[23]这时他又派人请另外两位"熟人"为他斡旋，他告诉他们说法国现在想要和平。[24]这两位熟人是黑森-卡塞尔伯爵与黑森-达姆施塔特伯爵，他们是拿破仑1797年在德国拉施塔特逗留期间结识的亲王。在这几个月期间，拿破仑唯一主动挑起战争的欧洲地区是伊比利亚半岛。他在该地区费尽心力地想与西班牙重新结成同盟，目的是将英国人赶出葡萄牙，并将葡萄牙置于法国与西班牙的共同控制下。在他吩咐莫罗为进攻德意志战区做好准备的一个月后，他又敦促在吕内维尔负责和谈事宜的约瑟夫必须坚持这一点，即将英国排除在和谈之外。此外，谈判的初期目标应该是促使哈布斯堡王朝同意《坎波福米奥条约》的条款，以及拿破仑近期在巴黎提出的那些条件。[25]到11月，拿破仑的态度变得强硬起来，他越来越确信在英国资金支持下的奥皇如今想再次挑起战争，他之所以在拖延时间，只是为了"利用这个冬天"完成军队重组，正如拿破仑对卡尔诺所说的。[26]雾月政变前，考验胆量的致命游戏主要围绕着巴黎上层政治展开，到这时，游戏场所转移到了国际外交领域。拿破仑依然像在走钢丝，他的决心与镇定再一次受到考验，而他所冒的风险比以往更大。7月14日——这一天实际上已成了共和国举国庆贺的国庆日——在马伦戈战役中缴获的奥军大炮及军旗被展示在巴黎群众面前，但那些居于权力中心的人却丝毫没有感觉到凯旋的喜悦。

即使在国内也仍需谨慎。有时，在他本人的核心圈子内，拿破仑似乎是唯一对这一点有深刻认识的人。1800年11月，吕西安发布了一个名为《恺撒、克伦威尔、蒙克与波拿巴之比较》的小册子，并且还不遗余力地到处散布传播该小册子。身为内政部部长，他的职位给了他诸多便利。这本小册子强调说，拿破仑与另外几人没有什么可比性，说他并不是一位像恺撒或克伦威尔那样一心想当国王的将军，也不是一位像蒙克那样的支持保王党人复辟的急先锋。然而，这本小册子——它很可能是由吕西安和另外一些人执笔的，但却宣称由匿名作者所著——同时还强调了拿破仑作为个体的重要性，并提出了一个敏感的、容易引起争端的问题，即“假如没有拿破仑，法国会怎么样？”继任者问题突然成了公众争议的核心问题。争论中提及了恺撒，不管这名字是以何种方式提及的，它都引发了一种恐惧：像恺撒一样，拿破仑也许会设法当上终身执政，又或者像克伦威尔那样，一旦有权任命继任者就任人唯亲。所有人都清楚这意味着什么，然而最为此深感烦恼的却正是拿破仑本人。

当富歇当面向拿破仑提出有必要禁止这本小册子时，他发现拿破仑非常乐意采取这一措施，并愿意就此事与他弟弟——他仍是拿破仑的得力助手——当面对质。随后，当吕西安当着他哥哥的面大肆攻击富歇时，他发现自己已孤立无援。吕西安的部长职位被解除，他被派往马德里任法国驻西班牙大使，从此被逐出了权力中心。“我唯一的法定继承人是法国人民，他们就如同我的子女一样。”这是拿破仑对这一事件的公开回应。唯有做出这样的回应，他才有望幸存下来。尽管这样，拿破仑的反应不但显得冷酷无情，而且几近疑神疑鬼，虽然这么做也不无道理。他将自己的弟弟当成了牺牲品，后者在雾月政变中发挥了巨大作用，并在推出总督的首批人选上也起了重要作用。这件事也许使人想起了吕西安在土伦时对保利进行不当的抨击这一往事。正是吕西安的不当举动使他们全家遭遇族间仇杀，并被迫逃离科西嘉。但这一事件也无比清楚地表明，即使他已掌权一整年了，身在巴黎政治圈的拿破仑依然觉得自己是那么不安全与脆弱。他不相信权力已尽归己有。

拿破仑对这本小册子的反应同时揭示出，在这几个月期间，对他起到最深刻的指引作用的是古代史而不是近代史的事例。如果说在历史上真能找到一个与执政府初期政治环境相类似的时期，那就是罗马元首制早期。雾月政变虽已结束，但拿破仑面前的重重危机并没有随之烟消云散，然而正是罗马元首制这一范例引导他安然度过了这些危机。裘力斯·恺撒或许曾是拿破仑在第一次意大利战役时效仿的楷模，正如亚历山大大帝曾是他在埃及时期效法的另一个危险而令人不安的榜样一样，但拿破仑作为奇萨尔皮尼共和国的幕后主宰早已认识到，困难时期最能帮上忙的导师不是前述的两位精力充沛的超人，而是屋大维。像屋大维一样，拿破仑很年轻，相对来说仍是局外人，与那一群手腕娴熟、阴险狡猾而又两面三刀的老一辈政客相比，他仍是个新手，不得不依靠那些依旧忠于共和国旧制度的将军。他之所以被推到了前台——通过另一些人的密谋——主要是因为，这些人需要一个傀儡。拿破仑熟读古典作家的作品，他清楚，假如这一代有文化的法国人对罗马共和国历史的回忆被唤起，后果将不堪设想。在那个小册子一再强调拿破仑在共和国中所占据的无法替代的地位之时，所有人都会记起，当普鲁塔克将恺撒与亚历山大大帝放在一起进行直接对比时，恺撒是那么差劲：

> 亚历山大大帝发起的战争并没有为希腊人带来苦难；恺撒则使其国家充满了泪水与火灾……恺撒毁掉了他自己的某些朋友，并遭到另一些朋友的抛弃，他使军方的傲慢盛行于罗马，并播下了永久动荡的种子，自他本人在血泊中倒下之后动荡就开始了……恺撒的放纵……以及他那不知餍足的野心，要比亚历山大的狂怒或挥舞的拳头危险得多……刚通过一条歪路抵达那可耻的荣耀巅峰的恺撒也招致了罗马共和国卓越人士的仇恨，不久他就被那些热爱完善的法律及国家利益的人打倒了，这导致了内战的爆发。[27]

所有学童都知道这一点，拿破仑也不例外。

路易吉·马斯切利·米格里奥里尼对那个时代的人们深受其影响的知识分子文化有着敏锐的认识。他曾这样说，拿破仑青春时期崇拜的古典英雄像幽灵一般经常萦绕在他心头，“他们对他谈起了为一位军事天才所扼杀的古罗马的自由权”。[28]米格里奥里尼并不是唯一提到这一点的人。特龙谢，一位对拿破仑无比忠心的支持者，曾帮助拿破仑组织了一次对保民院的大清洗，据说他曾告诉蒂博多，说拿破仑

“还只是个年轻人，但他已经像恺撒那样崭露头角了，而他的结局将会是恺撒那样。”[29]对目前这一时期的拿破仑来说，屋大维是一个更合适、也更保险的学习榜样。像屋大维一样，拿破仑也认识到，不管顺利穿越眼前的重重危险需要多么巨大的决心，这一路上肯定不会一帆风顺。瓦莱尔·于埃以其历史学家的冷静意味深长地指出，与屋大维一样，拿破仑清楚，僭取共和国为已有要比恢复君主制来得高明。[30]

谨慎压倒了一切，甚至在新闻审查方面也是如此。随着政权变得更稳固，这一点是毫无疑问的：政府的目标是要巩固其自身的合法性，避免出现政治对立局面——不管这种对立是发生在敌对派别之间还是宣传小册子作者与政府之间——而不是要促进现代意义上的公众舆论的发展。尽管如此，经过 18 世纪 90 年代大革命的洗礼之后，粗暴的实施手段已不再是恰当之举。在当时的环境下，新政府对社会治安进行了重新评估。在法国陷于各种侵略势力的包围的情况下，雾月党人赞同对报纸进行管制，监视甚至钳制文人们的文学活动，特别是巴黎就不足为怪了。即使这样，在所有雾月党人的心目中，“历史”仍是复杂的。马拉、埃贝尔及布里索曾肆无忌惮地宣泄其怒火，善于煽动乌合之众，所有人都对此记忆犹新。然而，人们依旧对早前 1789 年战胜皇家新闻审查制度一事怀念不已，同时也怀念“恐怖统治”时期恢复的专横古老、恶毒且充满政治色彩的审查制度。当时，每当山岳派完成一次大清洗，他们就去查封由失势派别开办的报纸。

督政府末期时，这种作风又死灰复燃，虽然流血事件不再因此而发生。每一次政变——或者，更精确地说，政变前出现了不能接受的选举结果——都要对报纸进行查禁，先是 1797 年查禁了保王党人办的报纸，接着从 1798 年到 1799 年，雅各宾派报纸也遭到取缔。时代的动荡不安使新领袖们就不受约束的报纸具有潜在危险这一问题达成了共识。在新政权的胁迫下，那些被视为危险的报纸要么关门了，要么被迫与另一些更可靠的报纸进行合并，因为以前的督政府未推出任何法律来杜绝此类事情的发生，而雾月党人谁也不想阻止这一过程。如果说执政府与从前的督政府有所区别的话，那就是雾月党人更有耐心一些。

执政府时期，有两家报纸在进行着激烈竞争，其一是由罗埃德雷任编辑的《巴黎日报》，另一家是暗中支持保皇主义的《论坛报》，由路易·弗朗索瓦·贝尔登两兄弟创办并经营，后者一直是巴黎最畅销的报纸，直到1805年“改版”为止。《论坛报》提出了一种反思辨的思想主张，它用带有鲜明天主教色彩的观点来阐述传统价值观。1802年，该报称民法是一种不完备的抑制人类激情的手段；1805年，该报呼吁烧掉伏尔泰、卢梭及达朗贝尔的作品。1804年《民法典》刚颁布不久时，该报认为民法侵扰家庭生活、损害了家长权威，从而对该法发起了一系列抨击。[31]尤其是当那些曾参与雾月政变的人担心有人企图复辟时，该报却似乎对波旁王朝越来越持赞美态度。[32]到1805年，拿破仑终于彻底失去了耐心，他查禁了该报。他痛斥贝尔登是海外流亡者的傀儡，并终于认同了罗埃德雷的这一“有趣的”主张：《论坛报》是王权复辟的急先锋——“人们能从该报上找出1000篇图谋不轨的文章来”，他告诉新闻审查处处长非耶韦，后者曾试图为该报辩护。[33]拿破仑下令将该报更名为《帝国日报》，这个名字听上去更温和。但两年后，他依然抱怨说该报还在美化波旁王朝。《论坛报》在官方的打压下逐渐变得驯服起来。1807年，夏多布里昂在该报上将拿破仑比作罗马暴君尼禄，拿破仑才查抄并封禁了该报，而其创办人自1804年起就开始激烈反对拿破仑政权。[34]

在这些年，新闻审查制度将越来越严格，到帝国末期时更是变本加厉。1810年时，拿破仑终于强制实施了一条几乎无所不包的审查条例。但在执政府时期，钳制反对派言论的做法反映出雾月党人缺乏安全感，而拿破仑就是其中之一。虽然一方面担心报刊可能会刺激雅各宾派暴民闹事，另一方面又担心它会煽起为数众多的中产阶级读者复辟王权的情绪——1805年时，拿破仑向富歇指出，法国报刊的总销售额仍有1.2万法郎——在这一领域新政权并没有明目张胆地诉诸武力。甚至到1805年时，拿破仑在他写给富歇的那封信中除了对《论坛报》发行量巨大这一点表示担忧之外，他仍然强调新闻审查的局限性，而就在他强制推行新闻审查制度时，他还一边大发雷霆：

……因此，除非《论坛报》在出版前已被送至审查官处审查，否则将不予出版…只有在这些条件满足的情况下，我才会允许该报继续出版。切勿对系列小说或有文学色彩的文章实行审查制度，而只应对政论或可能含有政治目的的文学作品实行审查。[35]

1805 年，拿破仑的地位比以往任何时候都更为巩固，他于 1804 年 12 月加冕成了皇帝，欧洲大陆此时也处于和平状态，他还是喜欢对新闻审查采取“具体问题具体分析”的办法，并提醒富歇注意新闻审查的局限性。然而，更名一年之后，《帝国日报》“还是那个老样子”。拿破仑觉得有必要通过富歇向审查官转达自己的意见，让审查官吩咐《帝国日报》“别再没完没了地谈论亨利四世及波旁王朝的旧事了……我不想看到舆论被人导向错误的方向” 。[36]

针对言论自由的战争是一场消耗战。的确，到 1810 年法国通过了一条正规的、带有惩罚性措施的新闻审查法时，巴黎的报刊只剩下了 4 家。这 4 家都是通俗报刊，而且被置于严格控制之下，不过这是长期削弱造成的结果。当新闻审查法被提出来后，它在参政院较年轻成员的催促下才得以强行通过，而这些年轻人既不了解旧王朝的教会审查制度，也不熟悉 18 世纪 90 年代的意识形态狂热。不管怎样，从 1800 年跨入 1801 年这段时间，拿破仑在新闻审查事宜上的犹豫不决更多体现了他内心的恐惧而非宽容。

“狩猎期”

在执政府最初的几年里，拿破仑如同猎物一般惊恐不安。从他本人及与他关系亲密之人的角度来看，虽然在拿破仑着手日常事务时，时有子弹飞来，而有时炸弹就被放置在新领袖身边，但国内秩序已开始恢复。人们经常将这些未成功的暗杀行为忽略过去，但对暗杀的对象来说，这些暗杀行为极为重要，而对理解拿破仑的思想，它们也十分关键。觉得自己是个“猎物”的那种感觉从未真正远离拿破仑，正如他从未放下过律己一样。这两者已密不可分地融为一体了。在拿破仑生涯最辉煌的时刻之一——这时奥斯特里茨大捷才刚过去几个月，奥地利已被迫卑躬屈膝，而拿破仑也巩固了自己在德意志的霸权——1806 年 5 月的最后一天，此时离他迫使弗朗茨二世宣布解散由其家族统治了数个世纪的神圣罗马帝国也才仅仅几天的时间，拿破仑依然写信告诉他哥哥约瑟夫以下内容，后者在几个月前已被他封为那不勒斯国王：

> 我亲爱的兄弟，不要像以往那样在安排警卫时只任命一位指挥官。再没有比这更危险的了。你迟早需要更换一位，而从一开始就防患于未然当然更好……在贴身保镖和饮食方面，我必须告诉你这一点，否则，你将有可能面临暗杀或被下毒的风险。特别是，我希望你继续任用你的那些法国厨师，并确保由你自己的管家负责安排就餐。此外，务必安排好住处的安全工作，确保你一直处于法国警卫的保护之下。你和我生活在一起这么久了，那你肯定知道，即使是在法国，我也总是处在那些最忠诚的老兵们的保护之下。[37]

拿破仑的贴身保镖并不是他手下的那些军人，而是他从埃及带回来的马穆鲁克。其中一位名叫卢斯坦的马穆鲁克成了“拿破仑传奇”的一部分，他总是伫立在拿破仑身侧，晚上就睡在拿破仑的卧室门外。他是法军征战埃及期间为法军效劳的约 300 人的马穆鲁克轻骑兵分队的成员。后来，他跟随撤离埃及的法军一起回到了法国，他要是继续留在埃及的话，肯定会被其同胞视作叛徒加以处决的。走投无路的人往往最值得信赖，后来的波兰枪骑兵也是如此。这位马穆鲁克负责拿破仑卧室的安全，就连拿破仑的精英兵团，即禁卫军当中的大多数成员都不得跨越他负责的警戒线。

雾月政变及随后的多年里，拿破仑过的生活与恺撒遭刺杀后那几个月期间的屋大维的生活倒是十分相似，而与征战四海的英雄人物亚历山大大帝却不尽相同。在拿破仑刚刚掌权的那几个月期间，裘力斯·恺撒的命运总是令他心神不安，为此他驱逐了自己的弟弟吕西安。

一年之后，也就是1801年，拿破仑最忠诚的支持者之一罗埃德雷提议他称自己为皇帝。虽然罗埃德雷的建议很有预见性，但在当时，拿破仑清楚，他最不应该做的事就是称帝。这并不是说他能抗拒帝位的诱惑，而是他只要一想到自己有可能像恺撒那样在元老院遭人暗杀就不寒而栗。

在第三执政勒布伦的回忆录中，我们可以看出拿破仑在这些年里的某些性格表现，而勒布伦几乎是那个时期与拿破仑在工作方面关系最密切的人了："波拿巴总是和蔼可亲，在他身上看不出有丝毫的急躁冲动，而我过去曾以为这是他性格中的主要特征。"[38]当然，也有一些人及政权，如斯塔尔夫人、梵蒂冈及英国，能把拿破仑气得差点儿七窍生烟，但这些是特例，而非常态。假如说拿破仑的克制是一种表演的话，那他也演得像模像样，他甚至对至交密友也是这样。身处政治老手与刺客的重重包围之下，拿破仑在这些年里展示出了他的标志性特征：钢铁般的自律。

雾月政变之后，并不是只有拿破仑一个人看到了早期执政府与末期罗马共和国之间的相似之处，以及他本人的处境与最脆弱时期的恺撒的相似之处，因为在他任执政官的这些年里，他所走的每一步都受到了很多企图扮演布鲁图斯角色的人们的追踪关注。伊塞·沃洛克虽是一位同情雅各宾党人多于拿破仑的历史学家，但他却指出，从雾月政变一开始，拿破仑被此类担心与恐惧所困扰是不无道理的，当时"即使这些代表没有对波拿巴拔刀相向……光是他们怒斥他是法外之徒这一点无疑就是致命一击"。[39]在执政府成立的最初几个月，屡屡有来自巴黎及其他地方的左翼分子向他发出过激的威胁，虽然大半都是徒劳之举，比如有一位来自朗格勒的雅各宾党人曾这样说起雾月政变："当时我要是在巴黎的话，我会像杀猪那样将波拿巴开膛破肚。"[40]

并非所有威胁都是唬人的话。拿破仑从意大利前线归来仅仅几个月后，也即

1800年10月24日，有一些人在巴黎歌剧院外企图行刺他，而4天前他刚刚对流亡海外的保王党人发布了特赦令。刺客从未被找到，尽管在当时及后来，富歇一直宣称是雅各宾派极端分子干的。不管富歇所言是真还是假，这一阴谋在历史上从此被称为“匕首阴谋”，而当年杀死恺撒的武器也是匕首。后来又有几次刺杀发生，最严重的一次发生于1800年圣诞节前夜。当晚在圣尼凯斯街发生了一场大爆炸，造成26人死亡，但乘坐马车前往歌剧院的拿破仑与约瑟芬未被炸到。富歇的情报相当清楚地表明，这次刺杀是保王党人的手笔，很有可能与受英国人资助的朱安党人领袖乔治·卡杜达尔有关，但拿破仑将此事归咎于左翼分子。他将130名无辜的雅各宾党人流放到有着“杀人不见血的断头台”之称的法属圭亚那，另有9名雅各宾党人遭处决。

这次爆炸令拿破仑惊魂难定。两个月前“匕首阴谋”发生后，他的官方通讯依然照常进行着，他的各项指令继续被送往军方及吕内维尔的外交家手中。与此形成鲜明对比的是，在圣尼凯斯街的“可怕阴谋”发生后，拿破仑的政令中断了5天之久。当他恢复过来之后，他开始利用自己在非常时期拥有的权力严厉打击全国范围内的雅各宾党人。他抓捕了很多人，并关闭了所有雅各宾派俱乐部及报纸。

然而，这并不意味着他已将保王党人忘在脑后了。虽然拿破仑利用圣诞前夜的暴行除掉了一群试图扮演布鲁图斯之徒，但就在他批准放逐这些人的前两天，在袭击事件发生后首次写给富歇的官方信件中，他又恢复了镇定，并对自己真正的敌人做了一番猜测：

> 公民部长，在巴黎尤其需要监视以下三类人：
>
> 一、意大利难民；
>
> 二、外国侨民；
>
> 三、那些曾受到特赦的西方人。
>
> 我希望你能让我清楚知道每一类人的具体数字，而且我想要你拿出一个方案，将这些人全部从首都赶走……[41]

拿破仑在标示与界定敌对政治版图方面所采用的方法有一个引人注目的先例，这就是他几年前对奇萨尔皮尼共和国动荡不安的根源所做的概述。在意大利的“学徒期”当中，他学会了明辨威胁的来源所在及其产生的形式。

在拿破仑所列举的三类人当中，第一类人主要是那些因拿破仑出卖了威尼斯而愤愤不平的亲共和派人士；第二类人是从加勒比海地区移居法国的移民们，他们因拿破仑未能解决发生于海地的大规模奴隶起义问题而愤怒不已；第三类指的是卡杜达尔的党羽们，即朱安党人，他不久前特赦的就是这些人。甚至早在他因个人利益的原因对付起左翼分子之前，他的目光早已对准了真正危险的来源，即右翼分子，但这一次和往常不同，他多费了一番功夫才镇定下来。这也向所有人表明，新政权依然是那么的脆弱。

为获得他所需要的速胜，拿破仑完全依赖于某个人及某件事。这件事发生于秋去冬来之际。

《亚眠和约》：转折点

法国之外发生的一些事件使拿破仑获得了他所需要的机会，他借此将法国在吕内维尔及坎波福米奥这两个和约中取得的成果——它们承认了法国对比利时及莱茵河左岸地区的兼并，以及法国从哈布斯堡王朝那儿获得的意大利领土——转化成实实在在的领土，进一步扩大了法国在欧洲的殖民地版图。在1800年马伦戈战役获胜的喜悦当中，他也许曾向丹麦人保证，他将竭尽所能向他们提供支援，但当英国人炮轰丹麦，并破坏了武装中立同盟之时，他其实毫无办法。19世纪的帷幕刚拉开之时，英国就成了海上霸主，而此后英国的霸主地位持续了一个多世纪之久。即使是在最平静的时期，英国也以高压手段维持其海上霸权。当英国的盟友奥地利被打垮，英国与法国再次激烈交战之时，英国人在海上变得更加霸道。英国宣称其有权“拦截和搜查”船只的做法激怒了欧洲所有靠海的中立国，而到

1800年时，为抗衡英国皇家海军，丹麦采取了行之有效的护航行动。这一举措的成功促使武装中立同盟于1800年12月正式成立。1801年4月，纳尔逊犯下了一桩堪称当时最无耻的国际恐怖主义暴行，其行径与拿破仑攫取埃及的做法不无相似之处。他摧毁了中立国丹麦停泊在哥本哈根港口的舰队，并借此胁迫俄国与瑞典退出了武装中立同盟。这一举动虽然导致了武装中立同盟的解体，使那些反对英国的国家不再有能力封锁波罗的海并拦截英国海军所依赖的海军物资，但另一方面却使其他国家越发地憎恶起英国来。西班牙也十分反感英国的“拦截和搜查”政策，并对英国企图将西班牙在南北美洲的殖民地据为己有这一点感到惶恐不安。

大家都害怕英国——他们的懦弱经常令拿破仑怒不可遏——但到底出现了一种愿意团结在法国的外交手腕之下的集体意志，以遏制英国在海上的侵略行为，尤其是当拿破仑在陆地上占了英国上风之时：随着奥地利在霍恩林登战役中被莫罗击败，英国在欧洲大陆上的软弱彰显无遗。普鲁士方面早已退出反法战争成了中立国，它也是第一个于1795年实际上承认法兰西共和国地位的欧洲强国。而事实早已证明，沙皇保罗一世是反法同盟中的一位反复无常又靠不住的盟友，他从武装中立同盟成立之时起就一直是其成员，直到他本人于1801年3月遇刺身亡。被孤立起来的英国极不情愿地来到了谈判桌前，但英国政府高层仍为此犹豫不决。1801年7月28日，英国与法兰西共和国签订了初步协定，该协定同意谈判继续进行，但过了半年多，和谈才开始启动，因为武装中立同盟的分崩离析使英国觉得有希望不再举行和谈。而拿破仑一开始又拒绝向英国就预备条款做出任何让步，这导致和谈一拖再拖。因为拿破仑觉得，整个欧洲开始弥漫着一种仇恨英国的情绪，这加强了他本人的影响力，此外与奥地利的交战中他也占据上风。

当英、法两国在法国北部城市亚眠开始谈判时，可以看出双方之间明显缺乏友善，但拿破仑的首席谈判代表，他的哥哥约瑟夫在塔列朗的支持下表现出妥协的倾向。约瑟夫和塔列朗不得不依赖他们任神职人员时的经验引导和谈继续进行，而与此同时拿破仑从遥远而安全的巴黎强烈谴责他们。而在首相阿丁顿领导下的英国内阁也因内部鸽派与鹰派之间的分歧而摇摆不定。此前，顽固的主战派首相威廉·皮特因国王强烈反对“天主教解放法案”而辞职，当时爱尔兰1798年起义运动刚结束不久。皮特辞职的原因与英法之间的冲突没多大关系，因为解放天主教一直是英国许多自由派精英分子的夙愿。但相比于奥什入侵爱尔兰未遂及1798年的爱尔兰起义，这一事件对法兰西共和国产生了较为有利的影响。因为它为阿丁顿内阁的上台铺平了道路，而阿丁顿内阁是愿意举行和谈的。最终，该内阁接受了与法国之间的和约，尽管此前英国一直在妖魔化法国。

英国人很快意识到，他们在欧洲是多么的孤立无援。参加亚眠和谈的国家除英国和法国外，还包括所有北欧沿海国家，西班牙、葡萄牙、巴达维亚共和国——其前身是荷兰共和国——以及德意志的几个小公国。英国代表团很快看出，高卢雄鸡已带领着一群有着坚硬尾羽的秃鹫在等着自己。最终，由于这些国家的加入，《亚眠和约》产生了另外几个协定，它们导致法国结束了对埃及徒劳无功的占领，埃及重又回到土耳其手中。除了英、法就殖民地问题达成和解之外，巴达维亚共和国、西班牙和英国之间也就同一问题达成了和解。

在最重要的战争问题上——只有英法两国在交战——拿破仑觉得缔结和约是不可避免的，他继而将这一认识转达给约瑟夫，尽管为达成和约，人们不得不千方百计地迫使他做出让步。这是他和谈期间从头至尾一直持有的态度，他的好斗十分有悖于他在巴黎政界与人打交道时表现出的谨慎。甚至在和谈还没开始之前，他还向塔列朗发出了这样的怒喝：

> ……必须要让英国人知道，我们绝不会将那两个美国岛屿割让给他们……假如他们一再强求的话，那他们就是毫无诚意，因此也有悖于法国政府的意愿。我们不想再听到任何与和谈有关的谣言……到蒲月上旬时（大约在1801年10月1日），务必要保证签订初步协定，否则谈判将宣告破裂。[42]

“假如不能马上达成和约的话，我也不畏惧战争。”[43] 在和约于 1802 年 3 月 27 日签订前 3 周时拿破仑这样宣称道。拿破仑的信心，以及双方都怀有的疑虑，使得双方在谈判桌上争论不休。这并不是说拿破仑认为英国不愿做出妥协这一判断是错误的，也不是要指责他不肯达成谈判的预备性条款。1801 年 10 月，拿破仑按和约要求将法军从托斯卡纳与教皇国撤走。当英国拒不承认托斯卡纳公国改组成为“埃特鲁斯坎王国”之时，这一撤军行动在他看来更显得意义重大。根据拿破仑与马德里方面达成的安排，“埃特鲁斯坎王国”由一位西班牙裔的波旁王室成员当国王。拿破仑从一开始就接受了法国必须放弃埃及这个条件。他也想同英国就某些问题达成一致意见，但却发现怎么也无法控制自己的疑心病。1801 年 11 月时，他让塔列朗代他向英国方面做出保证，说他会派出远征军从杜桑 · 卢维杜尔手中重新夺回圣多明各——即现在的海地——使它重新回到法国的统治下，并使当地恢复奴隶制：

> 要让英国内阁知道……我之所以站在消灭圣多明各的黑人政权这一立场上，倒不是因为商业及金融上的考虑，而是我觉得，无论世界上哪个地方出现动乱及纷争，我们都必须去制止……能给英国带来重大利益的和约莫过于在法国承认黑人权力之前与法国达成和约；而假如法国承认了黑人政权，那新大陆的权杖将落入黑人手中；这将给英国带来无穷后患的动乱风险，因为人们会把发生在黑人王国的动乱与法国大革命相混淆。[44]

尽管拿破仑在杜桑手上吃了败仗，但是他在与英国人打交道时还是显得信心满满。他一方面表明自己坚决反对大革命——身为维持剥削现状的新任“世界警察”的他不得不如此——但同样地，他也表明自己摆脱了潜在的种族主义问题，而同时他完全有能力与海地的黑人新政权交好。他认为种族主义问题盛行于英国这一点也是正确的。这本是一张很好的外交牌，但他的行文却十分欠缺外交技巧。

1802年2月，他吩咐塔列朗向英国内阁提出一条由英、法两国牵头，联合俄国及西班牙共同打击北非伊斯兰教地区海盗的新提案：

……以终结阿尔及尔、突尼斯及的黎波里的强盗行径，这一行径是欧洲及我们所生活的世纪的耻辱……当然，本提案的签署人（拿破仑）高度尊重英国部长及英国人民，他相信他们能为此找出一个事关欧洲人之尊严及公共道德这一问题的动机，因为归根到底，上帝已赋予那些强国以力量，通过他们之手来保护弱者。战争已带来诸多灾难，若这一给人带来希望及慰藉的行动能终结战争，善莫大焉。[45]

存在一种适用于黑奴的国际法，但适用于白人的却是另一种国际法，至少在取悦英国人时是如此。

外交——或者更恰当地说，近距离地监督外交活动——将拿破仑身上只顾自己不顾他人这一方面最清楚地显现了出来，然而这只发生在他和英国人打交道时。随着拿破仑企图夺回圣多明各的努力以惨败而告终，“海地牌”化为泡影。他再次呼吁对北非海盗发起一场“圣战”这一点也遭到英国方面的忽视。讽刺的是，英国海军对地中海西部地区发起了旷日持久的封锁，而法国人也对他们占据的沿海地区进行严密巡逻，这对双方的“经济战争”都是有利的，但这种无意造成的联合行动使地中海西部地区一直处于较安全状态，该地区较少受到北非海盗的侵扰，直到1814年为止。不过，这是英、法冲突意外造成的连带后果，而不是巩固和平的手段。1802年时，拿破仑的提案似乎是可行的，但一年后，他的提案就显得近乎妄想。

尽管如此，拿破仑从未忽略他在亚眠和谈时绝不让步的那些最重要的问题。

有一个问题特别揭示出了拿破仑在国内政治中千方百计加以抑制的好斗本能。意大利共和国问题是拿破仑在亚眠和谈时需小心应付的棘手问题。当谈判还在进行时，为筹建这个新共和国，身在里昂的拿破仑将一群政治精英召集到身边，就在那些还尚未承认意大利共和国的大国代表们眼皮底下起草意大利共和国的宪法，重建其公共机构。当他于1802年1月设法使自己当选为意大利共和国的总统时，他所玩弄的这一手外交边缘政策使塔列朗试图将这个新国家描绘成一个自治实体的努力变得毫无意义。它似乎也将这个问题变成了拿破仑的私人问题，而实际上它的确是。让其他大国承认新成立的意大利共和国对他来说至关重要，而是否承认意大利共和国几乎成了他借以判定他国是可靠还是奸诈的试金石。

在亚眠和谈行将结束的那段时日，拿破仑借着承认意大利共和国这一事宜来提醒英国注意自己所处的孤立局面。3月12日，他吩咐约瑟夫：

> 你务必直接向康沃利斯勋爵宣布以下内容：
>
> 一、普鲁士国王已经承认意大利共和国……
>
> 二、一位来自维也纳的侍臣已于今晚5点亲自向我宣告，（神圣罗马帝国）皇帝对意大利共和国从可怕的混乱状态中获得拯救这一点深表欣喜，并表示他乐意接纳意大利大使……
>
> 三、所有的意大利大公都已经承认意大利共和国。
>
> 四、沙皇亚历山大比以往任何时候都更愿意与法国就欧洲所有重大问题展开密切合作。[46]

这当中既有实话，也夹杂着谎言，充分体现了拿破仑专门针对英国人所采取的虚张声势，但也表露出他在和谈中最关心的问题，也即他想让他创造的意大利共和国在国际法框架内合法化并巩固下来。不到一个月前，他还满腹牢骚地向塔列朗抱怨，维也纳的奥皇拒不接纳意大利共和国派出的大使，新国家受到如此待遇，“简直把《坎波福米奥和约》视若无物”。他对奥地利人的不信任因为法军从意大利中部撤走而变得更加强烈。像英国一样，事实证明奥地利也不愿履行协议中的承诺，“那么这个和约只不过就是一个停战协定而已？这是一种令人痛苦的看法，它使一个心怀善意的人感到气馁，但同时它很可能会带来无法估量的后果。”[47]

拿破仑要求务必将上述意见转达给英国内阁。即使在这种情况下，他处理这重中之重的事情时仍夹带着不合时宜的怒火，而当奥地利方面专门派来信使承认意大利共和国时，他又洋洋得意起来。而在最终与英国缔结的和约中，新成立的意大利共和国压根儿没被提及，这表明英国根本不愿承认它，而它本身也过于弱小，无力就此提出异议。拿破仑借着意大利共和国问题与其他列强展开了一场胆量的比拼。他得到了他想要的结果，但也付出了代价：他的举动既使英国惊慌起来，也引起了其他陆上强国的不安。

当需要明辨哪些事情对法国的利益至关重要，哪些事情又需要他本人做出妥协时，拿破仑有着非常清晰而又具体的目标。然而，他对英国人的态度往往使谈判陷入困境，而他哥哥有效地阻止了他干预和谈事宜。但身在家中的拿破仑能感觉到他的个人事业日益发达，也能感到有一股仇英的情绪在涌动，因为法国商界人士尤其担心法国会在和谈中对英国做出太多让步。早在 1786 年，法国与英国订立了一个不得人心的贸易协定，这令路易十六的信誉大大受损。他们害怕法国会重蹈覆辙。拿破仑十分乐意地向法国商人做出了保证，使他们安下心来，但这却使他的信心膨胀得到了危险的地步。约瑟夫不得不设法遏制这种倾向，他在信中这样警告他弟弟道：

> 我对谈判取得成功没有疑虑，只要我们再多忍耐、多坚持几天，成功是肯定的，要打败这些人，只能以其人之道还治其人之身，也即诉诸无动于衷及惰性。此前他们与法国协商所有协定时，总是利用所谓的法国人爱耍性子这一点而获得了胜利。现在，该是让他们的这一指望落空的时候了……再等待一段时间，我们就能每天通过一项条款。[48]

在同一封信中，像塔列朗一样，他也告诫拿破仑“千万不要直接抨击英国政府或英国人民”。约瑟夫说得不错。正如以马内利·德·瓦雷斯杰尔在思考塔列朗的生涯时所说的，“好的和约几乎总是取决于签署双方之间是否存在一种公平意识。”而亚眠和谈时英、法两国之间正缺乏这种公平意识，他总结道。[49]

亚眠和约签订几个月后，拿破仑就吞并了萨伏伊王室在大陆的几个公国，从而造成了地中海西部地区的动荡局势；当他得知萨伏伊王室与维也纳方面暗中勾结从而有可能破坏他意欲重建萨伏伊王室的计划时，他才不情愿地实施了这一行动，但在当时英法两国的氛围下，伦敦方面忽略了这一事实。18 个月之后，英国拒绝从马耳他撤军，拒绝将马耳他归还给圣约翰骑士团，《亚眠和约》宣告彻底破裂。有意思的是，当参政院就继续维持和平还是与英国再次开战这一问题进行表决时，约瑟夫和塔列朗两人提倡和平。[50]

亚眠和谈为拿破仑实现自己的短期目标及巩固长期目标带来了近乎难以估量的巨大好处。《亚眠和约》给了他迫切需要的休整时间，使他能重建自己的军队，但同时也给他提供了一个重建国家的机会：他借机迅速行动起来，巩固并扩大了自己的权力，同时和约也为他替法兰西共和国创造出一套几乎无所不包的新政治体制赢得了时间。同时，该和约也允许法国将它自 1795 年入侵比利时以来一直占领的——及短暂丢失的——那些疆域合法地纳为己有。尽管如此，亚眠和谈的胜利并不是他一个人的功劳。他屡次干预和谈的行为，以及围绕着和谈时他唯一完全掌握的因素，即利用意大利共和国所玩的那一手边缘政策差点使谈判陷于破裂。对他兄长约瑟夫及塔列朗而言，亚眠和谈是一次大捷，但对于拿破仑却并非如此。

在与德意志几位大公及新沙皇亚历山大一世打交道的过程中，拿破仑展现出了截然不同的另一面，而这一方面以和平解决争端取得的成果完全源自他的努力。他和这些人打交道时远比和英国人时要精明。早前他在拉施塔特时就与德意志西部几个大公国的统治者建立起了外交联系与互相了解。自那以后，约瑟夫和塔列朗就一直致力于培养这种关系。而在亚眠和谈上，这种关系得以开花结果，它给法国及德意志的大公带来了利益，而同时它对奥地利的势力和影响力造成了持久的不利影响。拿破仑开始对德意志的秩序进行重新调整，这标志着他开始重新调整其战略愿景，他将目光从大西洋地区——18 世纪时英法对抗的发源地——转移到了中欧。

紧随普鲁士及奥地利之后最重要的德意志国家要数巴伐利亚了。其新任选帝侯为1799年上台的马克西米利安·约瑟夫。1799年之前他还是莱茵河小国茨魏布吕肯的统治者的时候，他就已经证明自己是开明的改革者。在拉施塔特逗留期间的拿破仑及随后前往的兄长约瑟夫都认为他可能会是法国的盟友，而他本人是被迫无奈才加入到反法同盟中的。当亚眠和谈开始时，他坚决站到了法国这一边，首相莫约拿斯也支持他。莫约拿斯曾在维也纳为约瑟夫二世效劳过，他对奥皇弗朗茨二世并无崇敬之情。拿破仑知道怎样利用巴伐利亚害怕奥地利以损害马克西米利安·约瑟夫的利益为代价扩充自己的权势这一点，因为这位新任选帝侯在1799年仍是假定继承人之时曾强烈反对一支奥地利大军出现在巴伐利亚领土内，他认为这将威胁到该国的独立自主。

1801年夏天，当维也纳方面试图获取巴伐利亚领土时，拿破仑做出了阻挠。然而，他之所以成功做到了这一点，是因为他与沙皇亚历山大建立了合作联盟关系，后者对奥地利同样持警惕态度。1801年10月，他写信告诉沙皇亚历山大：

> 巴伐利亚选帝侯已经就奥地利皇室想让他将巴伐利亚部分地区让渡给奥地利这一提议征求过我的意见，而我建议他不要拿自己的世袭邦国与他人做交易……我认为我的建议是与陛下您的意见相一致的。[51]

这一合作取得了成效，而沙皇亚历山大不仅在巴伐利亚的事情上帮助了拿破仑，还在决定巴登、拿骚及符腾堡等几个公国的归属方面也向他提供了帮助。拿破仑虽摆出了一副新任“世界警察”的姿态，也展示出了充任新大陆大革命先驱的苗头，但英国人对此无动于衷。但他似乎坚决维护神圣罗马帝国现状的这一新立场对沙皇亚历山大起到了作用，使拿破仑达成了自己的目的，因为到1804年时，这位新沙皇就掉过头来与他作对，与奥地利、英国一起组成了反法的攻势同盟。

拿破仑同几位德意志大公的关系既建立在积极因素方面，也建立在德国大公对奥地利的恐惧这一消极方面。奥地利方面只知道咄咄逼人地对待这些大公，而拿破仑则为他们提供了扩大势力的前景。拿破仑的托词实际上源自法国当初对这些公国造成的损害。当法、奥批准《吕内维尔和约》，同意法国吞并莱茵河西岸地区时，这些公国都曾被法国夺去了部分领土。拿破仑承担起了向神圣罗马帝国索要赔偿的责任，他向这几位大公承诺，他们将获得一些毗邻他们国家中心的领土，而且国土面积将大大增加。实际上，这一“斡旋”政策并未尊重德意志传统，它破坏了古老德意志帝国原有的边境线。但拿破仑向沙皇亚历山大陈述的却是另一回事：他宣称他们负有保护盟友这一共同责任。1802 年年初，拿破仑向沙皇提出了巴登问题：

> 陛下您与巴登王室之间的同盟关系在这次战争中受到严重影响。我希望弄清楚陛下愿意给予该王室何等程度的援助：现在或许是合理地扩充其领土的恰当时机，扩充地的大小以匹配陛下盟国的荣誉为宜。如能安排妥当的话，法国将以此举来报答这位非常值得尊敬的大公……一直以来他的表现堪称得体。[52]

甚至早在他向沙皇亚历山大提出巴登事宜之前，拿破仑与巴伐利亚于 1801 年 8 月签订的条约当中第 3 条就已申明：“法兰西共和国将利用其所有的影响力”为马克西米利安·约瑟夫谋得赔偿，以弥补他在《吕内维尔和约》中的损失。[53]《亚眠和约》签订两个月后，即 1802 年 5 月，拿破仑与符腾堡公国签署的和约更具体地提及他将帮助该国统治者获得什么样的赔偿：“法兰西共和国将竭尽所能为亲王阁下谋得领土方面的赔偿，我们将尽可能地索要对阁下有利的临近领土作为赔偿。”[54] 在随后的两年里，拿破仑履行了他的诺言。

这一赔偿方案导致了德意志诸小邦的覆灭，但法国却把它说得冠冕堂皇，人一些曾属于神圣罗马帝国的自由市、亲王 - 主教辖区以及帝国骑士的封地被割让出来以偿还“法国的债”，而这些被割让的地区都与巴伐利亚、巴登、符腾堡以及拿骚等几个公国接壤。法俄间的合作行动，第一次但并非最后一次，将哈布斯堡王朝撂在了一旁。巴伐利亚获得了极大的赔偿：它一跃成为二流国家中的强者。它在《吕内维尔和约》中失去了4600平方英里（1平方英里≈2.59平方千米）的领土，以及7.3万人口和价值约相当于400万基尔德（一种金币单位）的财政收入；在拿破仑的催逼下，到1803年时，巴伐利亚共获得6600平方英里的领土、84万人口以及650万基尔德的财政收入。在后来的一些年，随着拿破仑的扩张，它又获得了更多好处。相应地，巴登获得的补偿更加惊人，原本它只是一个拥有1400平方英里的蕞尔小国，而现在面积增加到了5800平方英里，到1809年时，其人口与财政收入翻了两番。符腾堡公国主要从斯瓦比亚的帝国骑士及教皇那里获得了好处，它获得了700平方英里的领土及75万弗罗林（一种金币单位）的财政收入。它原先失去了一个小得可怜的蒙贝利亚尔封地，但它获得的赔偿却大得与其损失完全不成比例。到1803年时，对这些小邦国的大公来说，拿破仑已是一个极能帮上忙的保护人。为报答他，这些人对他一直忠贞不贰，直到1813年的最后关头。在未来的一些年里，他对这些小国的内部发展也有着巨大影响。

这是一场静悄悄但却实实在在的胜利，因为拿破仑所做的不只是援助其盟友而已：他巩固了法国在西欧的霸权，而且不费一枪一弹实现了这一点。法国趁着削弱奥地利之机壮大了自己，而奥地利不仅在神圣罗马帝国内部失去了影响力和信誉，而且还失去了诸多资源。神圣罗马帝国的一些小邦国或地区——亲王-主教辖区、帝国骑士封地、帝国的自由市——曾为哈布斯堡王朝及帝国的军队源源不断地输送优良的新兵。从这些小地方涌现出了一大批借着为帝国服役之机进入奥地利军方的优秀人才，梅特涅只不过是其中之一。这些实力大增的中等邦国的统治者确保了这些人才与劳动力在未来不再向奥地利及神圣罗马帝国内部输送。很快，德意志西部的人力及物质资源——该地区富庶、人口众多又高度发达——将源源不断地流向拿破仑那里，而不是流向维也纳。这些德意志大公们的“殖民”是拿破仑最了不起的外交成就。与赤裸裸的征服相比，这种收获更不易察觉，但它也巩固了拿破仑的权力。因为这是依靠和平手段取得的成就，法国在德意志西部的霸权地位更显得名副其实。用军事术语来说，现在在东欧强国与法国之间有了一个能有效发挥作用的缓冲地带，也就是德意志和意大利北部地区。法国的边境线这下安全了。这种情况将一直持续到 1813 年。

路易吉 · 马斯切利 · 米格里奥里尼曾提醒人们注意拿破仑在《亚眠和约》最终达成时所发出的近乎伤感的感慨。他引用了拿破仑的原话——“像这样能左右多国命运的胜仗、大捷和铿锵有力的谈判，在未来许多年里将不会再有了”，而同时他也承认，在未来一些年里，虽说法国不再那么荣耀辉煌，但法国人民无疑会更幸福。[55] 就短期而言，他的话无疑是正确的。不管怎样，和平还是到来了，而这段和平岁月大大促进了法兰西共和国的发展。《亚眠和约》使拿破仑的声望达到前所未有的高度。他将自己的声望转化成了实实在在的权力。《亚眠和约》使他得以停止对共和国的篡取，并开始创建真正属于他自己的国家。也就是说，他将自己的权力扩大到了雾月政变时除他之外任何人都难以想象的地步。对他来说，鬼鬼祟祟地操纵权力的阶段已经结束。共和国已经在真正的意义上被他攫取了，现在到了另有所谋的时候了。他又迅速行动起来。

第八章　掌权

走向政治的终结，1802—1804 年

“走出丛林”：从恐惧到信心

雾月政变由当时动荡的巴黎政界发起并为之服务。在当时情形下，政变的策划者面对的直接威胁来自左翼，而相当一部分政变支持者在某个时期对君主立宪颇有好感。拿破仑已经学会在与高层政治打交道的过程中如何表现得高人一筹。作为具有一半外国血统的野心家，拿破仑与一些法国人打起交道来游刃有余。考虑到当时的国际环境，法国国内和平已稳固，拿破仑的个人权力在当时也达到顶峰。拿破仑对他选择移居的法国到底有多少了解将得到检验。亚眠和谈上兵不血刃的胜利使他无须再担忧自己的政治生命，他终于成了权力的真正代理人。在这几年里，他有时似乎比土生土长的法国人还更了解他们自己。

拿破仑在初掌政权的几个月内学到了很多。他发现，革命政治于他而言，于成千上万的法国人而言，其危险丝毫不亚于战场。因此，革命必须终结。就像任何其他事情一样，这事关他的生存，就是这么简单。同时，他亲身体会到巴黎就好比法国境内的一座孤岛，这座岛与他逃离的科西嘉岛一样浸透鲜血、危机四伏。

这里派别林立，相互间宿怨不断。保王党势力在巴黎西部——他在那儿被斥为“葡月将军”；桀骜不驯的雅各宾派势力在东部，在某些政客看来，他们仍是扰乱上层政治的一股不可或缺的力量。拿破仑从未与“孤岛”西部的保王党达成妥协。在他整个统治期间，他总是尽量从东边进入巴黎，同时避免与当地居民接触，在那里他以政权的“执行官”而闻名，但后来他解散了这一政权。他与东边的雅各宾派交往密切，对他们给予较低的征兵份额，他在1812年前往俄国参战前，动用自己的皇家卫队搜寻附近的村庄食物，从而确保雅各宾派所在的近郊在他离开期间给养充足。无论是罗伯斯庇尔还是巴黎的议会都无法像他那样把“无套裤汉”照顾得这么好。

在拿破仑心中，巴黎当时的情况就已是暗藏杀机。除了杜伊勒利宫和卢浮宫这两座文艺复兴时期就已修建的王宫，以及17世纪在路易十四统治下铺就的宽敞的林荫大道——香榭丽舍大道——之外，当时的巴黎和如今完全是两样。现代巴黎标志性的林荫大道和巨大的广场当时还不存在。当时的巴黎市中心仍由密密麻麻、相互交错的由鹅卵石铺就的狭窄街道组成。这些小街很容易挖壕坑，当暴乱发生时，它们能发挥巨大作用。在这些小街上，中世纪样式的房子彼此紧挨在一起，遮住了阳光。在摇摇晃晃的普通建筑中时而会出现典雅的建于17世纪的贵族府邸，其窗户窄而高，大门气派。然而，这座城市的真实生活就在这些小街的一扇扇大门后的封闭庭院里。巴黎人聚集在这里，或为工作，或为社交，避开了外人的窥视和官方的监视。这样的世界现在已经消失得差不多了，虽然还能在夹在市政厅与巴士底狱之间的时尚的玛莱区，以及拉丁区的那些半木质房子和类似小巷的街道上看到少许残留。在拿破仑看来，随着针对他的刺杀越来越多，巴黎的城市景象日益成为他的梦魇。潜在的刺客从这些阴暗隐蔽的角落里动身袭击他，接着又轻松地潜回这里。旧的市中心已成为他最大的对手。巴黎东部郊区——亲雅各宾派“无套裤汉们”的大本营——可能会被敌人争取过去，而巴黎西部具有颠覆倾向的富有的保王党人拥有明亮的街道，典雅的公寓，他们容易被吓住，但一想到在城市中心地带藏有“毒蛇巢穴”，这种危险对他而言也似乎十分棘手。

掌权之后，拿破仑不再试图向巴黎报复，而是以一种微妙的方式对巴黎进行改造。用推土机把巴黎老城区夷为平地，或推倒重建非拿破仑力所能及，因此在他权限范围内，他转向对城市公共场所进行重建，他尤其关注城市里的公园、广场和公共绿地的建设。随着公众的注意力自 18 世纪 80 年代以来首次被引向这些公园和广场，这些公共空间周围的都市气氛深深吸引了巴黎人以及外来游客。在新政权手中，公园是启蒙的工具，它与巴黎由封闭而黑暗的“哥特式”街道组成的世界形成鲜明对比。在拿破仑看来，私人园林、贵族密谋者的专属渔猎场是单调乏味但却充满危险的旧秩序的遗留产物。虽然不能将铺着鹅卵石的街道消灭干净，但该是取缔封闭型园林的时候了。[1] 拿破仑把杜伊勒利宫的花园和广场翻新后向公众开放，这与以前君主制下的做法形成鲜明对照，但他保留了这些公园 17 世纪新古典主义风格，正如他对卢森堡公园所做的那样。拿破仑治下的巴黎公园和广场以实物体现了平民意愿，它使专属于特权阶层的文化现在得以惠及全国民众。然而，巴黎的这些公共场所还被用来强化新政权的权威。它以温和却不容置疑的方式诱哄巴黎人走出家门，走向有益健康的公共绿地，在那里他们能够被置于密切监视之下。

像公园、阅兵场这样由拿破仑兴建的公共场所数量翻了一番。巴黎是拿破仑的嫡系部队，也是精英部队——皇家卫队的大本营，因此首都的一些公共场所正好用来展示其风采。巴黎民众现在成了这些阅兵仪式的观众，而不再是令拿破仑深为恐惧的大革命时期暴力事件的参与者。

巴黎的公共场所，尤其是公园，集中体现了新政权的理想及矛盾。它们既展示了新政权开放与进步的一面，也令人想起新政权严酷的无处不在的军事化控制。拿破仑对巴黎市中心的真正复仇只有等到他的侄子拿破仑三世——路易与奥坦丝的次子——统治期间才得以实现。拿破仑三世吩咐他的总设计师豪斯曼将这个他伯父如此畏惧的城市中心夷为平地，清除了所有“讨厌的哥特式建筑”，从而奠定了巴黎今天的市貌。

然而，拿破仑不得不待在巴黎这座危岛，他所能做的就是越过巴黎，到达深久的法兰西（la France profonde，即代表永恒的法兰西心理文化和人口地域——译者注）内陆地区。这就是拿破仑制定颇为关键的两手政策——归顺与混编——时的情况。这两种政策最初萌发于拿破仑在意大利的那段时间，后在法国经受了初步考验。归顺，也就是对现有政权的被动接受，允许人们悄然置身事外，而无须决定站在哪个阵营；混编则意味着与从前的敌人一起共同服务于现政权。按照拿破仑的设想，归顺就如同一个安全阀，它避开了直接对抗；混编则标志着一个新的开始。如今，这些政策是否达到了目的还有待观察。[2] 这一策略的目的是尽可能吸纳更多的人进来，这一点与已下台的督政府的态度迥异。拿破仑更多地将这一策略用于外省而非巴黎。这成了决定他国内政治视野的关键。

雾月政变还尚未尘埃落定时，拿破仑就试图走出巴黎，摆出与政治极端分子和解的态势，他们可以说是法国国内又一座岛。简言之，拿破仑要解决当时国内的暴力问题。1799 年 12 月 14 日，政府对旺代省的叛乱分子实施特赦，两周后，这条特赦令的适用范围又扩展到西部各省所有的叛乱分子。然而，安抚并非新政权的唯一政策。富歇本人就曾清楚表明，地方上的保王党人仍然还是反革命的代言人。很快，人们就看出来，对任何共和制政权而言，不管是激进的雅各宾派政权，又或者是精英式的督政府政权，真正挥之不去的危险来自地方省份的反革命势力。每当政府遭遇一次军事挫折，他们的力量就增强一分。国内的平定——无论是夺回对法国南部和西部许多地区的控制权，还是恢复地主阶层的信心——对任何共和制政府的存在都至关重要。

在解决法国严峻的现实问题的过程中，法国执政府专横独裁的一面越发明显地表现出来，法国左派和右派的知识分子对此既厌恶又失望，此时政府越发需要支持。著名作家斯塔尔夫人，路易十六时期最后一任首席大臣雅克 · 内克尔（中间派）之女，是一个品位高雅的学术沙龙的核心人物。而好争斗的保王党人勒内 · 夏多布里昂（右翼分子）则是一名虔诚的天主教徒，同时写有若干本畅销书，其中《基督教真谛》尤为出名。邦雅曼 · 贡斯当（左翼分子），斯塔尔夫人的旧情人，则是崭露头角的政治评论家。这些人都是 1799 年巴黎知识界的潮流人物，但纵然这些风雅才智之人未能看出这一趋势，拿破仑却看到了。斯塔尔夫人很快就对拿破仑产生了憎恶，她对拿破仑的归顺与混编政策极尽嘲讽之能事。但有一点她说得非常有道理：

> 在拿破仑所有的政治任命中，他几乎遵循同一原则：要么任命右翼人士，要么就是左翼人士。换句话说，他选择的官员分别来自贵族阶层和雅各宾派。而中间派却不那么受他的青睐，事实上在法国只有很少一部分人属于中间派，拥护自由理念，对法国有自己的看法。他更愿意和与王室利益息息相关之人，或是那些因滥用民意而声名狼藉之辈打交道。[3]

斯塔尔夫人对拿破仑的看法很有道理，但更重要的是，对于像她这样的人，拿破仑可谓一眼看透。拿破仑深知，知识分子是极不可靠的政治盟友，不管他要建立什么性质的政权，一旦这些知识分子幻想破灭，提前为自己留条后路倒不失为明智之举。然而，即使敏锐如斯塔尔夫人也未能看出拿破仑思想的精妙之处。另一方面，拿破仑对“中间派”的吸引力比她想象的要大，一个她不愿面对的残酷现实是：经过 10 年的政局动荡之后，很多这样的中间派发觉，他们与拿破仑更有共通之处，而不是与斯塔尔夫人。不仅如此，对于拿破仑的诸多举措，她也没有认真详查其细节。当她对拿破仑执政末期——1810—1813 年——的混编政策进行精准剖析时，她本应该看出，拿破仑当时推出混编政策的确煞费苦心，目的是摒弃那些老一代人员，而任用他亲手打造的一批年轻人。在 1800 年时，它还属于未来之事，但甚至在如此早的阶段，拿破仑就已开始培养一群不尚空谈而又能干的人，而他们早已将派系之争抛之脑后。除了塔列朗和富歇，这批人当中还包括康巴塞雷斯和勒布伦。在未来，这群人将奠定新政权的基础，而不是对大革命留下的废墟进行翻新。随着来自革命派极端分子——其中包括斯塔尔夫人所在的“极端中间派”——的支持日益式微，属于这一群人的时代即将来临。

包容的局限，1802—1804 年：镇压右翼势力

尽管如此，巴黎的政局依然不稳。在未来的几年，阴谋及阴谋的谣言一直纠缠着拿破仑不放，尤其是来自军方的。右翼的贝尔纳多特，甚至连左翼的奥热罗都不满于雾月政变的结果，于是被调离到远离巴黎的地方。1803 年，一起由雷恩市部分军官所酝酿的阴谋被富歇扑灭，贝尔纳多特涉嫌参与其中。然而，真正的问题是莫罗心怀不满，而更令形势雪上加霜的是，英国特工局执意要取新政权首脑的性命。就莫罗本人来说，他虽然有着坚定的共和主义信念，但缺乏政治头脑，因此拿破仑是不怕他的。关于拿破仑对他的态度，史蒂文·英格伦总结道，“莫罗更多的是激怒拿破仑，而不是要和他一决高下。”[4] 可谓一语中的。而当莫罗最终与真正的危险人物掺和在一起时，这一点表现得尤为明显。

1804 年 1 月底的那几天，富歇发现了一起由英国人策划的阴谋，其核心人物是旺代叛乱领袖卡杜达尔和皮什格鲁将军，后者在法国大革命战争的早期曾叛变过。在他本人于 2 月 15 日被捕之前，莫罗曾与他们有过接触。按照计划，他们打算让莫罗充当推翻拿破仑的马前卒，但很快他将被一位贵族所取代，后者将充任“王国中将”之职直至路易十八复辟归来。

在接下来的一个月，拿破仑下令逮捕了昂吉安公爵，他是位年轻而狂热的贵族，但软弱无能，靠着英国特工局的年金住在境外的巴登。拿破仑认定他就是那个被委任的中将，而即使流亡宫廷再昏庸也会觉得这个想法太荒谬了。拿破仑直接介入了对昂吉安公爵的追捕。他亲自下达了绑架的详细指令，这涉及侵犯巴登的领土主权。他委托贝尔蒂埃全权负责此事，由科兰古率领不久前由拿破仑重建起来的一支精英部队——宪兵队实施抓捕。[5] 鉴于昂吉安公爵不仅与英国人，还与杜穆里埃将军有勾结，后者如皮什格鲁将军一样是大革命的早期叛徒，拿破仑可能的确对昂吉安公爵心怀恐惧。[6] 3 月 21 日，昂吉安公爵被处死，卡杜达尔被吊死，皮什格鲁则不明不白地死于狱中。而莫罗只是遭到了流放，后来去了美国，1812 年

他再次露面时已是沙皇的军事顾问。作为督政府时期最坚定的共和派将军，到头来他竟成了一位自封的专制君主的亲信。莫罗于 1813 年死于德累斯顿战役中。

然而，昂吉安公爵的死却具有重大历史意义。他的死分化了真正的保王党人，它把温和派和顽固分子有效区分开来。夏多布里昂最初把拿破仑幻想为“一位强大的天才、消灭了无政府状态的征服者和深受爱戴的领袖”。[7] 这时他的幻想也破灭了。这一事件“像晴天霹雳一般落在我身上”，也使他开始了自我流放的生活。另一些不那么有名的贵族也纷纷效仿他。夏多布里昂声称这一事件使得欧洲整个宫廷都与拿破仑为敌，这种说法当然有待商榷。但夏多布里昂对这一事件的个人反应标志着拿破仑与右翼保王党人本已脆弱的关系到达了真正的转折点。拿破仑下台后，在以夏多布里昂为核心的圈子里，夏多布里昂比其他人对现有政权的支持都要更加长久。与很多贵族不同的是，在拿破仑于 1801 年 6 月与教皇签订的政教协定日益显露其弊病后，夏多布里昂并未躲开政府。对主教们和流亡皇室对他的蔑视，他视而不见，而对法国 1803 年与英国重新开战一事，他也毫不感到丧气。事实上，如果他的回忆录可信的话，夏多布里昂之所以与拿破仑携手，恰恰是因为后者代表的不是“一个篡夺来的君主国的墨守成规的国王”，而是代表着某种真正的新生事物和与过去的决裂。而随着昂吉安公爵被无端处死，这一点就被打上了污印，标志着拿破仑开始依靠威慑进行统治。[8] 许多贵族不顾拿破仑的再三恳求退守到个人的小天地里，正如他们在 18 世纪 90 年代中期的情况。而拿破仑对这一点早已做了准备。

与夏多布里昂的决裂证明了一点：种种事件累积之后，拿破仑仅能为旧贵族在公共服务领域留下合适的岗位。随着军队的胜利越来越多，欧洲各国王室纷纷臣服，军方与外交使团频频向旧贵族示意，但这样的前景只能吸引新一代人；儿辈们可能会响应他的号召，但其父辈却不大可能。

有一点夏多布里昂是对的。处决昂吉安公爵，就像在圣尼凯斯街爆炸袭击后对共和派的流放一样包含偏见，处心积虑，但却残忍得多。拿破仑的事后报复呈现出一种特点：共和派遭到流放而保王派则被处死。通过 4 年时间，他现在学会了随时根除他真正的死敌，但他不能也不愿把自己和共和派的过去一刀两断。然而，随着他一步步走向王位，他不得不“把他的命运和波旁皇族的命运坚定地区分开来”。[9]

与极端保王派的决裂不仅体现在意识形态上，它是一种真正意义上的决裂。相比于圣尼凯斯街那次险些取了他的性命的“定时炸弹”阴谋，1804 年的密谋令拿破仑忧心得多，因为他是从他的归顺政策的大背景来看待该事件的，此外，他还认识到他早前特赦流亡者的做法效果十分有限。在处决昂吉安 3 天前，他告诉塔列朗：

> 给法兰克福和汉堡写信，（让法国情报部门）递交给我们那里的流亡者的名单、他们的年龄、具体情况、教名，如有可能，弄清他们来自哪些省，告诉他们你需要在两周内弄到这些。同时有必要请慕尼黑（的巴伐利亚政府）逮捕夏隆大主教。[10]

在执政府最初的几年里，正如我们将要看到的那样，拿破仑采取了很多措施来安抚法国的天主教徒。但昂吉安公爵的阴谋事件影响巨大，使拿破仑坐立不安，他意欲抓捕这一有地位的神职人员这件事就清楚表明了这一点，哪怕他是个流放者。处决昂吉安公爵的次日，在写给他妹夫缪拉的信中，他对保王派与日俱增的恐惧和仇恨表现得更明显。缪拉时任巴黎军事首脑，他怀疑贝里公爵——王室的高级成员，素以强烈憎恨大革命而闻名——正与他的贵族同党们潜伏在巴黎。拿破仑大发雷霆：

> 如果（他们还待在城里）……我今晚就要逮捕他们，我要枪决他们，我还要逮捕那些外国大使，并处死他们，国际法也保护不了他们……逮捕向你提供该消息的那个倒霉蛋……谁都知道，大使馆只是国家犯罪分子的避风港。不要被那些对此说三道四的人所误导，不要让任何人对你

指手画脚。[11]

当时巴黎谣传好几位王子正躲在巴黎的外国使官家里，等待着刺杀第一执政拿破仑成功的好消息，拿破仑也信以为真。幸运的是，波旁王室的王子们当时不在巴黎，只有昂吉安公爵领教了拿破仑的滔天怒火。

这些接二连三的事情把拿破仑推到了边缘，但他还未垮掉。昂吉安公爵与其说是一只替罪羊，不如说是向其他阴谋叛乱的保王派传递了一个警告，这是很残忍的一招，但它达到了目的。他近乎偏执地流血清洗，是为了避免在首都出现更大的阴谋。随着他向王位步步靠近，拿破仑有必要安抚一下共和派的情绪，而几起未遂的暗杀事件本身则经常被人提出来作为“将共和国托付给一位世袭皇帝”的理由，但保王党人并未做出类似的讨好举动。针对拿破仑的“定时炸弹”阴谋的结果是，拿破仑告诉参政院说，“朱安党人和流亡派只是肌肤之患，那些主张恐怖政策者才是心头大患。”自此以后，拿破仑以几何般的精确倒转了他的立场。

政治现实：接受中间派

事实上，昂吉安公爵之死是以例外的形式证明了规律的存在。虽然被刺客追杀，同时还是英国政府公开的敌人，还需在大革命所带来的牢骚满腹的各派别之间小心地把握分寸，拿破仑从未忘记自己追求实权的目标，但他也未陷入盲目而疯狂的报复当中。即使是最残酷的举措，也是精心谋算的结果，带有明确的政治目的。他与上一代的革命派政治家形成了鲜明的对比，既没有造成风声鹤唳的局面，也没有无端地发起血腥清洗。

他既谨慎又沉着果断，善于从不同角度看问题。他的这种能力是在与政权内部的反对派打交道时形成的，这些人曾在雾月政变中支持过他。当拿破仑先是在具体的立法问题上，接着又在政府新机构的设立上推行专制作风时，那个推翻了督政府的、本质上并不协调也不稳定的同盟开始分崩离析。很多人——其中最有名的是西哀士——可以通过为他们提供丰厚的闲职予以收买，但其他那些靠不住的雾月党人就没那么容易解除武装了。虽然面临一小撮有影响力的对手和一大批对他的很多行为心怀不满的政客，拿破仑并没有真的冲他们发火，而是设法挫败和压制他们，这是不足为怪的。执政府时期充斥着各种明争暗斗，政治压力与钩心斗角并存，不时互相打打嘴仗，但从没有发生过大清洗，这与督政府时期形成了鲜明对比。最重要的是，没有哪一位当选议员或记者曾受到伤害。暴力手段只针对那些政治上的极端分子——这一点是要切记的，因为在每个人，尤其在那些雾月政变支持者的脑海里，对于恐怖统治仍还记忆犹新。

而这一点在拿破仑与中间派政客们打交道时起了很大作用，后者对拿破仑的所作所为开始变得忧心忡忡。卡尔诺和拿破仑在战争的众多方面均见解一致，却在和平可期之际闹翻。卡尔诺被逐出陆军部后，担任保民官一职，其任务是对由议会和参政院递交的法案进行辩论。尽管由于和保王派的牵连，在督政府时期他曾被流放，但卡尔诺选择了重新拾起他的雅各宾派根基，反对成立荣誉军团。更重要的是，在 1802 年选举拿破仑任终生执政时，他投出了仅有的一张反对票。虽然卡尔诺的个人见解广受推崇，但他曾经是声名狼藉的公安委员会的一员，这使得他在共和派圈子里地位尴尬。“作为民选政府孤单的守护者，他的道德权威性现在隐隐受到怀疑。”[12] 拿破仑从未伤害过他，他保留了卡尔诺的保民官职位直到 1807 年议会被解散。1807 年至 1814 年，卡尔诺淡出公众视野，拿破仑也没去打扰他。事实上，在拿破仑复出的“百日王朝”期间，卡尔诺作为内政部部长曾与拿破仑携手战斗，随着君主制的复辟，他也被流放。尽管卡尔诺曾对拿破仑严厉谴责，但拿破仑却成了他政坛的挚友。

卡尔诺的立场阴晴不定，这使他成了一个麻烦人物。皮埃尔·多努则是政权内部持异见者的主要代表。多努曾反对过雾月政变，这是毫不为奇的，因为他在 1795 年宪法的制定中起了关键作用，而这部宪法却因雾月政变而遭废止。被任命为保民官后，他想尽方法扰乱新的法律。1802 年他在 40 寿辰之际当选为保民院主席，这可能代表了执政府时期司法独立的一个高峰。他的年龄也恰好使他有了进入元老院的资格，甚至有可能成为拿破仑身边的一颗更为尖锐的眼中钉，只是由于拿破仑本人对元老院施加了巨大压力，他才未能入选元老院。拿破仑特别恼怒，他向同僚勒布伦和康巴塞雷斯发出的警告就预示了这一点：

> 我要亲自出马，告诉元老院我们所处的形势。当我们任命的权力部门由我们的敌人组成，我不敢想象后果。目前我们的制度的最大敌人就是多努。[13]

拿破仑提议撤换20名有异议的保民官，并付诸实施，代之以20名思想正统的人。在盛怒之下，他称呼这些持异议者为元老院议员，这可能是他因挫折感加深而发生的弗洛伊德式笔误，他还设想了最糟糕的情况。这一切都是在法律的程序下完成的，多努就是其中被撤换的一员。但拿破仑曾一直想要与多努合作，他尊敬多努，用他来制衡委员会里制定1799年宪法框架的不幸的西哀士。他承认多努备受爱戴，在他当选为保民官主席后，在名副其实的权力中心参政院为他安排了职位。但拿破仑抛出的这根橄榄枝在一次为二人和好安排的宴会上被直接拒绝了。这两个自负的人语带机锋，互相暗讽。最后，多努败下阵来，先是成了法兰西学院图书馆的负责人，后来又被安排负责法国国家档案馆，他一直担任这一职位直到执政府终结，而且卓有成效。拿破仑1804年指定由他终生任此职。当有人对此提出异议时，他在秘密写给内政部部长的信里说道：

> 我的意思是这个职位应该是终身制的……多努先生在此职位，应可以充分享受这个职位能带来的任何权利和特权，这一点无人可以质疑。我希望你采取措施保证这一目标的实现。[14]

同一天，拿破仑给多努写信道：“当前形势下，我诚挚希望您为了国家利益，能在一个极其重要的岗位上发挥您的才干，为我所用。”[15] 把多努和另外19位“眼中钉”从保民官的岗位上撤下来，如此扭曲法律恰恰是他们最为担心的。但正值拿破仑初掌政权的多事之秋，他的影响力本还可以带来更糟的结果。拿破仑对多努的处理显示出，作为统治者，他并非只有独裁的一面。拿破仑的本意是把多努吸引到这个“体系”内，正如他对他最亲密的同僚所称呼的那样，这样可能会超越他自身的好恶，为他的政治思想打开一扇更加敞亮的窗户。最终，他牢牢控制住了多努。尽管他鲜明地反对归顺，但在拿破仑的混编的阵营里，多努刚好处在边缘，但还不完全属于这阵营之外。拿破仑对这类异己并没有大肆打压，表现得很有分寸，而这一点，在法兰西共和国统治下的他的前任们身上却都看不到。

以卡尔诺和多努为核心的保民院并不是唯一对新政权颇有微词的。围绕着《哲学十年》（*La Décade Philosophique*）期刊聚拢了一群共和派的精英知识分子，其中有些是议员和领事。他们与拿破仑虽有意见抵触，但更多是与其共谋，这清楚表明了其政坛中间派的属性，也揭示了拿破仑为何能忍受批评。这些知识分子自然对针对报业的压制很敏感，并且他们也采取行动证明了这一点。他们和多努一起公开反对正在拟议的《民法典》头两条，因为该条款没有直接援引1789年的《人权宣言》。面对如此巨大的反对声音，拿破仑被迫撤回对《民法典》的公众讨论，虽然这还不足以改变他推行法令的决心。在然格内的领导下，该期刊一直以倡导在法兰西共和国安全的前提下与不同势力讲和。这一表态使得二人深受拿破仑喜爱，尤其在他统治初期正需报界支持之际。

随着1803年法国与英国重燃战火，拿破仑不再对报界持纵容态度。1802年拿破仑试图从杜桑·卢维杜尔领导的奴隶政权手中重新夺回圣多明各，《哲学十年》旗帜鲜明地予以反对。拿破仑的首席殖民顾问莫罗·德·圣梅里，从法属西印度群岛时就受约瑟芬的庇护，他主张奴隶制复辟并大获成功，《哲学十年》对此也表示了强烈愤慨。然而有意思的是，该期刊主要并不是反对奴隶制本身，而是主张在当地的克里奥尔人领导下，实现这块殖民地的独立。

这可能是聚拢在这本杂志周围的男士们天生的精英性的最明显表现了，因为他们在雾月政变时就以极大的热情主张让群众从政治中脱离出去。事实上，当拿破仑那些年设法通过签订协定来修补与教会的关系时，他们大声抱怨，认为这是从国家层面上认可迷信和愚民。与这种观点作为呼应，该杂志刊登了数篇长文抨击天主教的头号辩护者夏多布里昂，尤其是他出版的畅销书《基督教真谛》。总之，到 1804 年为止，处死昂吉安公爵使得夏多布里昂成了拿破仑的死敌。

《哲学十年》尽管言辞激烈，却没有被查禁，而这家杂志的编著者最终还是站到了拿破仑一边，即使他们并没有察觉，可拿破仑对此却心知肚明。这本杂志的大多数篇幅用来倡导改进农业，根除公共管理中的腐败，建立以有责任感的有产者为核心的政治体制。让拿破仑对他们大为恼火的是他们对某些问题的立场，而非他们坚持的旨在最终提高下层人民开明性的哲学理念。现实层面上他们深知这只是一个愿景，一个梦想，而与生俱来的精英性又使得他们要依附于一位强大的靠山，无论他们愿意与否。他们的目标是一种精英的、开明的专制主义，这正是拿破仑在公共生活中一直追求的目标。拿破仑和精英知识分子志趣相投，其程度超过他们中有些人的认识。这也解释了为什么虽然他们对于现存政权的怨恨如此深厚，却一直，如伊夫斯·贝诺所言，“隐忍未发”。[16] 拿破仑拥有这份能力来掌控这份阻力，而非像蒂博多担心的那样，大加蹂躏。这使得拿破仑从三位执政官之一脱颖而出成为皇帝。通过在委员会里对席位的精心安排，而非仅靠武力，他的权力迅速积累起来。

在关于拿破仑的众多书籍里，其中一本最伟大的著作是由荷兰的一位天才学者彼得·盖尔写的。当时“二战”余波未尽，着眼于当时的形势，盖尔引用了拿破仑的同时代人和后世的历史学家、思想家的评论，编辑成书，书名简单而直接:《拿破仑的功与过》。这个标题集中体现了对于拿破仑的讨论，很多人认为他们从盖尔这里深受启发，但仔细阅读会发现，盖尔在下一盘比他们认为的要精妙得多的棋。盖尔发现，很多后来反对甚至痛恨拿破仑的人一开始其实都是他的忠实拥趸，其领头人正是斯塔尔夫人和夏多布里昂。对于拿破仑的个人能力，他们从未停止仰慕，也从未蔑视过他的惊人才智。

无论功过，在与拿破仑具有相当的智力或创造力的同龄人中，几乎没有人怀疑拿破仑是个非凡之人。相反，很多在执政初期一直支持他的人往往低估了他，或是以为他缺乏主见。像西哀士或卡巴奈之流只看他们想看的。坦率地说，他们很多都是平庸之辈，随着他们对权力的渴望与日俱增，自我开始膨胀，从而事实上把宪法武器拱手交给了拿破仑，而这正是后者所需要的，以便最终摆脱掉它。他们绝不是“支持”拿破仑，因为他们评价不了拿破仑，但他们也没有能力真正反对他，因为一旦拿破仑打乱了他们自己的安排，他们也提不出一个可行的替代者。还有以卡尔诺为代表的一些人，他们非常想反对拿破仑，但常识告诉他们，用现代的说法就是：闭上嘴，忍一忍。塔列朗和富歇不像卡尔诺表现得那么明显，但后来的事件表明，他们足够现实，知道至少在当时，反对拿破仑于己于国都是愚蠢的。勒布伦和康巴塞雷斯代表了真心实意的合作者，他们把开明的专制主义视为创造力，把议会制度看作已被证实的危险做法。拿破仑把他们置于国家权力的顶端位置，并一直维持。拿破仑统治期的法国政坛，拥护派和反对派一直都在互相变化，逐步发展。无论是支持还是反对他，同时代人越靠近拿破仑，其意义就变得越发复杂。

法国执政府采取的政策中，设立特殊法庭这一项最为人诟病，招致所有的自由派齐声谴责。这一新式法庭的成员部分来自士兵，部分来自民事法官。面对外省的叛乱动荡，相比普通的刑事法庭或纯粹的军事法庭而言，特殊法庭处理起来更加冷酷，且始终如一。特殊法庭没有陪审团，这一点激怒了多努，但有意思的是没有激怒同为《哲学十年》撰稿人的卡尔诺，以及斯塔尔夫人。这些法庭体现了暴君的本性，而且他们怀疑拿破仑就是法庭的靠山。但他们的反对也表明他们与法国外省的现实多么脱节，面对各种混乱，有产阶层的成见得以最大限度地凸显。无论他们的本性多么高贵，这些声音都只是巴黎政坛的泡沫而已，要想得到巴黎以外的有产阶层的拥护，拿破仑就得抵制这些泡沫。来自外省的武力事件一直困扰着巴黎的政客们，即使在边疆取得和平之后依然如故。因此拿破仑那些年一直把国内的和平置于首要位置。

拿破仑深知他的首要任务就是把这些人争取过来。随着“定时炸弹”的阴谋败露，来自外省政府的请愿书和自发的支援信如潮水般涌来，证明了他的观点：他的政策正在吸引地方精英——他的政权的可靠基石——和各级政府统治下的普通百姓。早在 1801 年 1 月，拿破仑就预见到他掌权第一年所做的工作将为他在深久的法兰西建立权力基础，无论巴黎的政客或精英知识分子会如何看他。他的那些政策压根就无关高贵或微妙。在阴晴不定的政治风云下，在躲避刺客的炸弹中，国家得以形成，并且迅速定型。拿破仑在意大利收获的教训被运用到了法兰西民族身上。

终身执政，《共和十年宪法》：权力稳固

拿破仑从《亚眠和约》中获益最大，该条约于 1802 年 3 月 27 日签订，到了同年 8 月的第一周结束时，他已是终身第一执政，新宪法最终使他获得了一心想要的政治制度。这年 4 月 8 日，为迎接双喜临门——《亚眠和约》胜利达成，官方接受与教皇达成的协议——新政权彻夜狂欢庆祝，虽然协议在前一年 6 月即已达成。4 月 18 日这天恰逢复活节，新当选的终身第一执政在教廷使节枢机主教卡普拉拉的陪同下，从杜伊勒利宫动身前往巴黎圣母院做弥撒，沿途鼓号齐鸣。拿破仑由领事护卫队护送，后者很快发展为拿破仑的私人部队。他们穿着崭新的制服，武器闪闪发光，掷弹骑兵们“似乎让他们的马都保持步调一致”。[17] 拿破仑身着全新的红色醒目制服，那是他就任的新官服，佩戴着一把仪式用剑，剑柄上镶有皇家金库里最宝贵的钻石：巨大的摄政王钻。但他的风采完全被约瑟芬盖过了，她佩戴着新的钻石首饰，光芒四射艳压全场。帮第一执政驾驶马车的新车夫也首次露面，尽管这标志着这个皇室职位的回归，但他们的制服颜色已变，变成了绿色和金色，“象征着年轻与权力，而这个颜色很快就会被全欧洲认识”。[18]

这次仪式标志着文化上和政治上的双重和平。仪式的主角拿破仑和卡普拉拉，

在各自头顶深红色的华盖顶端覆盖有白色羽毛，这是感恩节的传统符号，意味着和解。[19] 拿破仑不失时机地用军队的战旗来装饰巴黎圣母院，战旗在众多的和平旗帜上方飘扬，向世人警告：和平来自于强权。在马车和车夫一边的是拿破仑的私人护卫马穆鲁克骑兵，他们的制服“闪闪发着金光”。[20] 他们的出现提醒人们，拿破仑依然很害怕，他的生命安全只有放在像他们那样被追捕的流亡者手里，他才放心。

拿破仑任终身执政很重要的一个原因是他的生命受到与日俱增的威胁，但事实是，虽然《亚眠和约》签订后，他依然是政敌眼中的一大目标，但他完成了一份全面、有利的和平方案，这是一份盖世伟业，奠定了他在政坛上的稳固地位。面对这样一个结束了十年战争的政权，现在除非是最激进的政治分子才会想到推翻它。夏多布里昂来自右翼保王派，他在他的新畅销小说《阿塔拉》中对拿破仑表示欢迎（虽然支持的时间不长）。就左翼而言，即使是一直以来惹人讨厌的保民院也提议向拿破仑献礼以示感谢。新政权的变化迅速而直接，并由新的宪法所体现，这些都预示拿破仑认为刚刚安定下来的局面并不稳固，还远远没到可以停下来的时候。而送给拿破仑的礼物就是成为终身执政与《共和十年宪法》，而后者最终体现了拿破仑的视野。

而随着元老院提议把他的任期延长为 10 年，对拿破仑的奖赏也正式成形，但很快拿破仑就在委员会里动用所有能力把这场争论拉到参政院。他这样做是为了把这个提议的内容变为终身执政，然后指出这样的变动太大，只有通过公民投票才具有法律效力。就技术层面而言，参政院修改元老院的提议是越权的：参政院的任务是起草新的法律，供立法两院投票表决，并对自己提议的合法性进行评估。为了实现终身执政，拿破仑开始了一系列的策略，在法律的边缘游走，但由于设计得当，颇有效果。对这些事件有过详细叙述的伊塞·沃洛克说道，这是“偷偷摸摸的策略”[21]，这充分表现了拿破仑在外面对一路看涨的民意，在内对专家智囊时，作为一名战略家的天分。

拿破仑采取的措施甚至在参政院就面对一定的阻力。好几位成员对此进行抨击，但无人投票反对，5 位对这一提议持保留态度的议员当投票时机来临选择了弃权。参政院里的态度最能代表国家机关的态度，这也向拿破仑提出了一个有益的警告：他想要独揽实权的努力会在元老院遇到更大的阻碍，更不要说在保民院那里了。卡尔诺公开反对拿破仑的提议。发生在参政院的辩论展现出了拿破仑当时敏锐的政治眼光，甚至在他的声望达到空前高度时，对于在巴黎的议会制度下什么才是可能的，他依然有清醒的认识。

在这场关于行政部门属性的争辩中，关注的焦点，即拿破仑的家人和臣民所关心的，就是继承权的问题。从参政院指派一个委员会起草终身执政官制度的提议，到次日清晨可能在委员会主席康巴塞雷斯的默许下对此进行的辩论，似乎一夜之间，拿破仑扫清了一切障碍，可以自己指定接班人。而关于这个话题的所有讨论曾让大多数参议员不停地讨论宪法的变化，而今这些阻碍都不复存在了。与身边的人相比，拿破仑表现得更理智，自雾月政变以来，这已不是第一次了。他知道，继承权的问题是个陷阱，虽然它事关新政权的未来，对很多政治家而言很重要。它让人想起君主制和复辟的幽灵，恺撒的鬼魂。在这个阶段拿破仑深知时机尚不成熟。这是令人印象深刻的，因为很多他最亲近的人——有些他依然认为不可或缺，比如罗埃德雷和塔列朗，有些与他渐行渐远，比如吕西安——都和很多参议员想法一样，希望在拿破仑的统治下见到君主制的回归。相反，拿破仑的两位最为重要的合作者——同时也是拿破仑未来国家的最伟大的设计师——对在此阶段讨论继承权的问题持审慎态度。勒布伦和康巴塞雷斯无疑希望加强拿破仑的行政权，但他们也预见到如此千辛万苦才赢得的法兰西共和国尚未做好转变身份的准备。

拿破仑的这个提议，即终身执政问题和新宪法问题提交全民投票表决，又返回立法机构、保民院和元老院讨论。1788 年，对于最高法院和名人会议这类旧秩序的代表机构中拒绝变革的人，路易十六被迫揭穿他们，召开废弃已久，已不为人所知的三级会议。然而，他的政治赌博失败了。14 年后，拿破仑通过全民投票，再次面向全体国民，但他的基础之雄厚远非昔日可比。具有典型意义的是，在巴黎似乎没有人记得——甚至知道——拿破仑曾在 1796 年成立奇萨尔皮尼共和国时学会了如何利用全民公投。他在意大利时的经验正好派上了用场。

如我们所见，部分的靠偷偷摸摸，拿破仑实现了终身执政。但由于《亚眠和约》的签订让他最终掌握了实权，拿破仑有信心公开展示他的执政能力。相比之前的公投，这次的投票更具真实性，因为是就单一问题进行投票，不同于 1793 年、1795 年和 1800 年的是对整个宪法进行公投。[22] 拿破仑有信心等到公投并且操纵它。全民投票也清楚表明，他已经准备扩大国家的政治基础，从而颠覆了督政府的假设，即只有巴黎的精英阶层的一部分才值得被信任来治理国家。正如史蒂文 · 英格伦所言，“这是民主的权威主义政治的一种形式”。[23] 1802 年 8 月 2 日举行的全民投票有造假，有腐败，并且它对一个更加独裁的体制秩序予以放行，但这次投票产生于政府的信心，而这种信心自 1790 年以来任何其他政府从未真正感受过。因为选举投赞成票的占民意的大多数，因此关于选举舞弊的争论也变得无足轻重了。

宪法没有经受同样的检验。两天后由康巴塞雷斯领头，宪法在参政院起草，经元老院颁布的特别命令——元老院法令——予以生效。也就是在此时继承权的问题悄悄地重新写入了宪法。元老院法令赋予拿破仑任命自己的继承者的权力。拿破仑终于显露出了他的真实意图。甚至宪法颁布的方式也都预示着一种新的独裁体制即将产生。

《亚眠和约》签订之后，拿破仑开始按照他心目中的形象来改造国家。他的举措大多披着恢复旧秩序的外衣，但如果只看到表层价值，那就低估了拿破仑的野心和自信。拿破仑极为自负，自然不屑于照搬前科，正如他狡黠机灵，不会甘于效仿一个已经失败了的政权一样。在《共和十年宪法》里有很多旧秩序，但只有那些拿破仑认为经受过大革命洗礼，证明过自身价值的成分才会得以保留。很明显，一个波旁王朝的皇帝并不在其中。

新宪法师承了奇萨尔皮尼共和国宪法的精神，而非雾月政变以来的制衡原则。奇萨尔皮尼共和国偏弱的行政能力是督政府理论效仿的对象。事实上，拿破仑指定了意大利督政官，而他自己作为最高行政长官，地位高于他们。这些督政官被不断清洗筛选，直到符合拿破仑的需要，就像他后来对像勒布伦和康巴塞雷斯所做的那样。关键在于这套运转模型要发挥作用。之前在奇萨尔皮尼共和国的经验使得拿破仑可以检验这套行政管理方法。该方法基于雾月政变后由西哀士递交的框架并有所改进，现在又来经受《共和十年宪法》的磨砺。按照此管理方法，拿破仑成立了一个名为“秘密委员会”的新机构，由另外两名执政官，参议员、国务委员、部长各两名组成。除了那两名执政官，其他人选均可由拿破仑视讨论的问题而定。问题林林总总，包括宪法的变动，宪法可能的暂停，正常的司法程序可能的暂停（例如在冲突地区陪审制的暂停），因需成立特殊军事法庭相关的方方面面，这些均在讨论之列。最后一点在内部和解的运动中尤为重要。这一切都是效法奇萨尔皮尼共和国的现实运作，如果不是它们的官方框架的话。

在奇萨尔皮尼共和国，地方议会向拿破仑提交提名人选，拿破仑审视后，有权指定两大立法机构——长老委员会和大议会——的人选。在《共和十年宪法》下，这一角色由各省选举团担任，其成员为终身任命。按照新宪法法国元老院有了很大的修改：其成员为 80 位，均由拿破仑从选举团提名的候选人里直接指定，其名单由拿破仑亲拟，虽然现存元老院的很多成员被吸纳进来。[24] 与西哀士的视野相比，甚至于雾月政变以来演化的政治体制相比，这是一次歪曲和扭化。但蓝图一直在米兰，所有人都可以看到。1796—1797 年间，没人注意过这点，仅仅 5 年后，他们为此付出了代价。

秘密委员会的设立在一定程度上改变了参政院的角色，但如果认为参政院已沦为清谈之所，那就错了。相反，参政院会更加关注于 1802 年的重组。自此以后，参政院变成了技术官僚的保留地，但它一直得到拿破仑的强烈关注。在拿破仑缺席时，尤其是 1805 年，战争重启后，常常由康巴塞雷斯主持，有时是勒布伦。对于这些技术专家的意见，拿破仑非常珍视，并且对于参政院提供的自由讨论的安全环境极为珍惜。成立专门的委员会是他一贯的手法，拿破仑创立了一套带有两个关键委员会的体系，他们各司其职。

1802 年后的参政院在很多方面开始履行西哀士曾为保民院所设想的角色：保

民院提出议案交由立法议会讨论，而立法议会则决定新法律的通过与否，无论新法律是由立法议会产生还是由公众请愿产生。西哀士心目中的保民官是“有才华的开明人士”，能够生成、阐述、精心组织新的想法和计划。[25] 这些品质现在局限于委员会这一层面，而非标志新秩序的议会这一层面。为了胜任这一角色，西哀士自然强调演说的能力，但在拿破仑的体系里，他更强调能把问题以书面形式呈现出来，公开讨论。讨论的氛围无拘无束，甚至不太正式，就像在驶向埃及的“东方”号上进行的充满智慧的、紧张但公开的讨论一样，而且没有晕船之虞。

至于保民院本身，随着拿破仑信心的增强，他悄悄地对此开始了复仇。保民院已被拆分为 3 个常驻机构，其成员已降至 50 名，每 3 年更新三分之一，以 6 年为一任，进一步被划分为 5 个机构。其提名受元老院和终身任命的选举团控制。简言之，保民院已被判定为一群弱者，他们的成员资格是暂时性的，等级也不稳定，还要听命于其他机构。它任何时候都会被元老院解散，而且在 1807 年它也被适时地解散了。[26]

为了与新政权的气质相符，拿破仑开始了他冷酷的复仇。他清除异己的方法往往不是流放或死刑，而是给予对手一份清闲但报酬丰厚的职位，就像他处理西哀士和多努那样。虽然集国家大权于一身，拿破仑却没有镇压过那些反对过他的人，他们中很多人，比如罗埃德雷，因为缺乏判断力让拿破仑烦扰，而非他们的观点。这些人被赋予了其他的职责，而且后来都找到了新的、重要的事业。即使对拿破仑颇为敌视的学者，比如伊塞·沃洛克，他也关注到拿破仑政权和其领袖在这方面的特点：“拿破仑选定的侍从很少会完全失掉他的信任。”那些被辞退的人里，完全永远地失宠的只是极少数，而在这极少数人里，最差的也不过是流放。[27] 事实上，最差的惩罚他留给了他的兄弟，因为与传说的不一样，他对待他的近亲比起他的合作者而言要无情得多，这从对吕西安的处理就可以看得出。他对亲戚的处置只有对将军的处置才比得上。他的亲戚里任何一位如被认为对政治过分关注，不论是什么流派，都会像吕西安一样，立刻被打发到外国大使馆待一段时间。这样临时的命运安排发生在亲雅各宾派的拉纳和奥热罗身上，还发生在总让人信不过的贝尔纳多特身上，保皇主义一直以来都是他的一个污点。从拿破仑对将军的处置可以清晰看出，无论他的统治将会多么专制，多么独裁，它也绝不会是军事独裁体制。军队及其领导被小心地与参政院和秘密委员会分开，只有军务部由军人掌控，并且是拿破仑最忠实的、最顺从的将军贝尔蒂埃。

拿破仑掌握了实权。作为终身执政，他不仅保留了执政的所有权力，还获得更多，尤其在外交方面，他的行动范围拓展到外交领域，对于他而言，面对战火纷飞的岁月，这具有极重要的意义。这意味着他签订的条约无须批准即可生效，所有的对外政策均在他掌控之下。相比之下，君主的赦免权就显得不那么重要了。

在 1802 年后西哀士建构的体系里，元老院是唯一有所斩获的部分，但在整体改革的背景下，元老院所获得的新地位难以掩盖它失去权力的现实。其成员一旦选上即为终身职位，并且报酬可观，官方身份也高于参政院成员。元老院可以分散保民院和立法院的权力，但后两者已丧失实权了。如果政府——也就是第一执政——要求的话，元老院可以修订并解释宪法，但仅仅是在拿破仑有此要求之后。元老院保留的为数不多的权力将会在 1814 年对拿破仑产生致命影响，但这一切要等待一连串的时机来临，等到拿破仑的行政权暂时脱手之际。

拿破仑在提升元老院地位的同时，也没忘记提升自己的位置。第一执政很快设立了适合自己的宫廷，就像他在蒙贝洛宫做的那样，但这次是在杜伊勒利宫。他重新招募波旁朝臣，恢复了正式的宫廷礼仪。约瑟芬官方的身份是“女执政”，这个头衔在其他一些效法旧制度（ancien régime）的尝试下，显得格格不入。拿破仑的面孔现在出现在钱币上，而这是废除君主制以来无人敢做的，但幸亏有了戈丹在财政部的帮忙，第一批法国钱币在很长时间里都是有价值的。越来越多地，拿破仑开始只用他的教名。然而，拿破仑一直躲开凡尔赛宫，任其衰败。巴黎以外他更喜欢位于东部的枫丹白露宫，以及后来的位于北部的贡比涅。他选在杜伊勒利宫是有象征意义的，因为正是在此国民议会特意把路易十六强拉出宫，置其于巴黎人民和国家的监视之下。[28] 即使在效法君主，即使身为皇帝，对于他的法国大革命遗产，拿破仑可不愿轻易丢弃。

有必要提醒的是，这并非旧王朝的复辟，而是在安全统治的前提下，拿破仑信心的一次展示。他知道这骗不了保王党，这不会让他们安心，反而会触怒他们，这向流亡的王室传送了一个清晰的信号：他可绝不是蒙克（后者是克伦威尔时期的一名将军，他一手主导了1660年斯图亚特王朝的复辟），他们只能是以私人身份再回到法国，富有却默默无闻。早在1803年拿破仑曾提议只要路易十八返回法国，宣布永久放弃王位，将会被给予一笔虽不奢侈但绝对慷慨的年金。对路易十八而言这无异于羞辱，拿破仑也深知这一点。贵族的特权不会恢复。于1802年3月设立的新荣誉勋章，代表了国家层面的荣誉，却没有免税或任何类似旧制度下的阶层特权。

拿破仑政权的属性将会在后面的章节予以讨论，但即使他复兴了宫廷，拿破仑也清楚表明这的的确确是一个新政权。虽然呈现出王室的外饰，但也是当时的政治气候使然。这可能是昭告天下的最好的办法：政权一旦开始就不会走回头路了，既不会回到大革命时的激进阶段，也不会回到君主专制的老路上。

外在的表象说明不了什么，它们只会欺骗人。大多数工作时间里，拿破仑在忙于翻修以前的王宫，如圣克劳德宫、杜伊勒利宫，来表现他日益增强的行政权，在约瑟芬要求下，拿破仑也对自己的房子进行了翻修，但对这个过程中的高昂花费颇有微词。因此，当他雇用同样的这两名建筑师佩西耶和方丹，为他设计办公场所时，他对预算盯得很紧。不管怎么说，这都是公款。[29]这可不是波旁王室的风格，尤其不是凡尔赛宫的缔造者路易十四的风格。

拿破仑的行事与最为依赖的旧制度的做法渐行渐远，这样的例子还有很多。最终到了1802年，政府的实权部门就是两个委员会及其主席——第一执政。1802年真正意义上的恢复可能是恢复依靠委员会统治。拿破仑对这种权力的运作方式信赖有加，这与其说是对旧制度方法的有意回归，不如说是对行政管理的本来方法的自然回归。自路易十四以来，御前会议一直都是波旁王朝政府不可或缺的组成部分，并且在恐怖政治时期，当两大委员会、公安委员会与大众安全委员会作为共和国的高效政府出现时，它也曾再次露面。与以往的任何政权相比，拿破仑对他的政府体系的打磨和架构大不相同，它更加合理，超出了人们的想象，但在由值得信赖的专家组成的紧密的委员会里，政策形成和决策制定的归属权在法国政治文化中已经根深蒂固，无法忽视了。这两大委员会的出现代表了法国政治阶层的群体政治遗产与拿破仑个人喜好的折中，但其前景却已在《亚眠和约》签订后的其中一个看上去微小的变化中可见端倪了。

在 1803 年 4 月 9 日，新宪法颁布一年后，拿破仑在参政院设立了 16 个见习员（auditeurs）的职位，旨在把这些年轻人培养成明日的领袖。这些人后来都直接从 1806 年成立的新式大学和精英学院挑选，首先在参政院任助手，做些文字工作。除非被要求解释某一点内容，他们是不能参与辩论的。经过一番训练筛选后，其中表现稍次些的选手会被安排到政治形势困难，距离巴黎遥远，国民性格不友好的外省。对于此举措的重要性，似乎没人了解，也没人愿意去了解：拿破仑这样做就是尽可能地避开整个革命的一代——无论是敌是友，青睐于根据他自己的训诫受过教育的更年轻的一代。对于他们的父辈，拿破仑悄然放弃了，他们要么回避着他，要么不能被信任，无法尽释前嫌，所以他转向他们的下一代。

1802 年拿破仑批准颁布的另外一部宪法是意大利共和国的宪法，为了该宪法，拿破仑在亚眠谈判期间冒了极大的风险。在 1802 年初拿破仑直接召集他最忠诚的重要人物到里昂，指导新宪法的条款。事情如此进展出乎很多意大利革命者的意料，他们一直坚定支持 1796 年至 1799 年间的原来的奇萨尔皮尼共和国。但拿破仑在意大利的地位比起他在法国更加关键，他是他们反对旧秩序复辟的唯一防御，并且他们中的大多数也知道这一点。拿破仑很清楚要相信谁，由谁来负责宪法的框架：梅尔齐 · 德埃里尔，安东尼奥 · 阿尔迪尼，费尔南迪诺 · 马雷斯卡尔奇，吉奥 · 加莱阿佐 · 赛尔贝罗尼。在奇萨尔皮尼共和国期间，他们都作为保王派出现过，现在他们又再次出山，回归政坛。这四人几乎就是混编政策的体现。梅尔齐是一个开明贵族，曾效力于约瑟夫二世，支持他为人诟病的中央集权政策；阿尔迪尼是一位前激进共和主义者，来自于博洛尼亚境内的一块激进地；马雷斯卡尔奇是梅尔齐的朋友，有着类似的社会政治背景；赛尔贝罗尼是位公爵，哈布斯堡女皇玛

丽亚 - 特蕾西亚的一位前宫廷大臣，同时也是新政权里最富裕的人之一。随着拿破仑逐步削减意大利共和国的自治权，把它置于法国控制下，事实证明，雅各宾党人阿尔迪尼才是拿破仑在米兰最忠诚也最干练的大臣。当梅尔齐在 1805 年意大利王国成立之初辞职时，阿尔迪尼接替了前者的职位，虽然压垮前者的最终因素是他反对拿破仑为了新王国的缘故而与教皇签订政教协定这一点，梅尔齐觉得拿破仑对教会太宽容了。然而，在 1802 年冬的里昂，这 4 人很好地完成了他们的工作。他们对新宪法所持的观点正是拿破仑所迫切需要的。[30]

意大利宪法的总路线遵循了 1802 年晚些时候在法国实行的宪法。意大利宪法于 1802 年 1 月颁布，比元老院颁布法国宪法整整早了 8 个月，但在一个细节上，它表现得更加克制：拿破仑自封为总统，但只有 10 年任期，并且还有重新选举的可能性。拿破仑任命梅尔齐为副总统，一个日益乏味的职位，因为随着时间的推移，这种授权委托的艺术对拿破仑而言，变得尤为困难。共和国的两大议会大致对应法国的情形：下议院由 75 名成员组成，立法机构成员由行政机构起草名单，由总统选举团挑选产生，上议院由 15 名成员组成，全部由拿破仑任命，此外，拿破仑还增加了 8 位国家咨询员，这也是法国私人委员会的前身。[31]

相比法国的宪法，意大利的宪法的一个重大区别是拿破仑对意大利共和国的选举团的影响更大，宽容度更高。意大利选举团并非基于外省，而是以意大利共和国的 3 块主要区域为基础，选举团以米兰、博洛尼亚和布雷西亚为基地，每个选举团由 700 名成员组成，对重要的问题进行辩论，拥有广泛的权力。拿破仑把每个选举团分为 3 个部分，分别包括大地主、工商业界以及知识分子阶层。很明显可以看出，相对于法国的城市精英们，拿破仑对于意大利北部的城市精英阶层要有信心得多，也更愿意在觉得安全的前提下，与当地的精英阶层保持一致。

嵌入于这种权力组织形式下而显现的是一种对于社会的愿景的看法，一扇他心灵的窗户，一种他在法国绝对发挥不了的作用，在那儿，即使在权力与名望处于巅峰之际，他也要借助别人来发挥影响。对于路易十六治下的最后一批部长，即卡罗纳、布里埃纳和内克尔来说，有一条真理是不言自明的，拿破仑对此也心知肚明，这就是：自拿破仑上台以来，负责管理税收，辅佐地方长官的地方议会不得不吸纳那些交税者，否则这套体制就会垮掉。就在法国大革命的前夕，这些互相憎恶的部长们就提出一系列改革，其中心就是围绕着经营税收的地方议会。这是一个专制独裁政权的真实表示。而相比在法国的谨慎，拿破仑对于意大利国民大会的前景不屑一顾，不但把讨论局限在小的委员会里，他赋予地方精英的角色也是处于中心地位，相对不受限制的。

在意大利，工商界利益和所谓的知识界在信息的流动中被赋予了一个很重要的位置，而这种信息的流动将会影响行政决策。在拿破仑看来，二者的地位等量齐观。在信息的流动中，他们是社会的基石，是最为关键的部分，他们由三大选举团的地主阶层所代表，其所占份额较大，清晰地表明了拿破仑对于这些财富的源泉——地方的影响力多么看重，在他看来，这些才是最可靠的。但仅有这些还不够，这些为数庞大的笃信财富的前贵族们还需要精英社会的其他阶层来平衡，但不可被他们超过。为此拿破仑设法复兴一个新的精英阶层，他选择把他真正的信任投放给一个更广泛的人群，而不仅仅是地主阶层。特别是在意大利，拿破仑对于地方知识分子尤为重视，加倍留心。

在法国地方政府层面，从没产生这样的成果。拿破仑的意大利三大选举团制度是具有完全独创性的。从他对意大利共和国的整个的政权组织来看，他对政府这个理念有着很强的洞察力，这不仅是因为相比法国，他在意大利有着更大的行政自由度，还是因为比起法国，他更了解这片土地和生活在这片土地上的精英阶层。拿破仑曾经统治过这片土地，在先后成立奇斯帕达纳、奇萨尔皮尼共和国的过程中，他与这儿的政治、经济领袖都有过近距离接触。在这片土地上，拿破仑进行过战役，与最基层的官员打过交道，刚开始是作为军事入侵者为其军队搜寻粮草，后来是作为平民的统治者。这在他面对梅尔齐、阿尔迪尼和在里昂的其他官员时的及时与信心可见一斑，因为相比他的法国合作者们，甚至那些他信任的合作伙伴，比如勒布伦和康巴塞雷斯，他对他在意大利的人和团队的了解要深得多。然而这种亲密无间还不止于此。对于意大利北部的地方精英们，拿破仑觉得既亲切又有信心，而这种感觉他从未在法国感觉到；在1802年的法国，对于拿破仑，“政权的基石”还只是一个抽象的概念，而意大利共和国的地方知名人士却更为拿破仑所熟悉，至于那些他不太信任的，比如贵族，至少他可以读懂他们的心思。

在机构这个层面上，意大利的选举团的特点和承担的角色可能是最能体现拿破仑信仰的了。拿破仑相信，在选举团内，首要的是要确保作为社会的基石，说不上暴富的地主阶层占一个稳定的压倒地位，而为工商界与知识界设立各自的会议厅，让不同的见解得以自由表达。这也在表达一种理念：无论是在巴黎还是米兰，知识分子的生活和创造性并不仅仅为宗主国保留。其次，工商界的新生力量在国家中占据重要地位。拿破仑就是在这样的环境下涌现出来的。对于尚未开化、落后的山区和内地而言，这幅愿景谈不上胜利，而他断言，在这片欧洲的繁荣发达的区域，中小城镇才是人们关注的焦点，这才称得上是胜利。对拿破仑而言，这才是社会的核心。

乔治·勒费弗尔，最伟大的拿破仑传记家之一，从经典马克思主义角度对拿破仑的行为背后的动机进行了深刻的探讨，在这一时期的历史学家里，他最早坚持从拿破仑的政治改革背后挖掘深层意义。他坚持认为，对拿破仑而言，社会经济阶层具有统揽全局的重要性。勒费弗尔的视野可能过分局限了，但他清晰地洞见到拿破仑设立羸弱的议会和强大的委员会的用意，那可不仅是为了把个人权力集中于他一人。这是为了使新政权扎根于社会，而且是社会中最稳定的阶层，评估的依据并不总是天性不稳定的金融投机积聚起来的大量财富。在意大利的选举团里，对于勒费弗尔所谓的诸如商人和制造商的“典型的资产阶级”，拿破仑给予他们重要的位置。他让本地的工商业人士占据头等位置，这些工商业处在一个确定的微观市场下，而非一个充满了不确定性的国际投机市场，运作环境相对安全。

一旦放手大干，拿破仑更多的是从社会阶层考虑，而非仅仅是现代社会的经济阶级。他设想通过社会精英阶层完成对普罗大众的社会控制，这就远远超出了勒费弗尔的所谓雇主对其雇员的权力压迫的马克思主义非难的范围了。处在18和

19世纪的交口，社会变得更加复杂，拿破仑通过对意大利共和国的指挥和组织，表明了他对这个社会的透彻了解。尽管如此，勒费弗尔凭着非凡的才智敏锐地意识到，拿破仑一直在寻找有效的适用于全社会的社会控制之道，他相信除了一个职业的，集权制的国家权力之外，社会还需要间接的影响力。勒费弗尔认为雾月政变是上层资产阶级的产物，这观点基本正确。但拿破仑很快就看出仅靠他们是无法统治好的，[32]而且他也不想这样做，正如他在意大利的行为所清楚表明的那样。勒费弗尔看出，拿破仑越来越害怕由于大革命导致的社会的分解——社会被分解为“沙粒”，因此“不得不往法国的土壤里投入大量花岗岩”来凝聚沙粒。就目前来看，意大利代表了拿破仑的设想的一次最纯正的实验。

《共和十年宪法》从根本上来说，代表了拿破仑对政府的构想蓝图和他喜好的权力运作之道。这一点即使在法兰西第一帝国成立后也未改变多少。随着1804年12月加冕仪式的完成，至高无上的权威的象征终于到手了。但强大的政府引擎——它由拿破仑设计、制造并驱动——早在1802年就已准备妥当，它是根据拿破仑的意大利宫廷这个原型而建立的。现在，对外无战争之忧，对内又摆脱了议会的纠缠，这正是拿破仑放手大干的时候。权力机器终于能派上用场了。

第九章　伟大的改革

新政权的力量之源，1800—1804 年

短短时间内，拿破仑完成了公共生活里 3 次截然不同的见习。他学会了在战场上作为高层军官指挥作战，虽然直到 1805 年他才能在主要战区号令法军主力；他学会了在高层政治里生存下来、运用计谋、并且将高层政治娴熟地运用起来；最重要的是，在意大利，拿破仑学会了如何成为一个统治者。通过这 3 次见习，他理清了头绪，变得冷酷，有时甚至愤世嫉俗，他拥有了优异的性格判断力，能够在不太显眼的候选者中很快发现人才，并委以重任。现在，积累了这么多经验后，他瞄准了法国。迄今为止，他尚未超越亚历山大大帝，但他像屋大维一样生存了下来，令人钦佩。现在开始，他可以小心翼翼地开始成为奥古斯都大帝了。

新国家的出现

在拿破仑任内，经常挂在各个责任层面的管理者嘴边，并被大加推崇的就是“分权”理念，这一理念决定了国家机器的属性。然而，提到分权，他们指的可不是

类似于“权力制衡”的这类东西，这一理论在18世纪早期由孟德斯鸠提出，还一直被英语国家的宪法专家们奉为经典。它与立法和行政的相互牵制平衡毫无关系，完全不是一回事。它是指在公共管理领域的不同分支间界限分明，但都服务于拿破仑和参政院。

这意味着作为民间的官僚机构，警方的两个分支——富歇的行政警察与宪兵队——的财务管理和司法都是完全独立的，执行日常事务时只听命于各自的部门。这也意味着权责明确，从而尽可能避免责任的交叉和重叠。在一定意义上，这套体系的构成元素更像我们通常理解的权力的分割，因为它建立了一套独立的、没有行政权的司法制度，与旧政权下的议会制形成鲜明对照。这套体系没有避免各个部门间的摩擦——远未做到——但新政权决心从一开始就要确保每个部门及其下属各司其职，避免干扰。这并不是说行政当局无法调动警力——例如，在征兵征税期间，宪兵队就归地方行政长官直接领导——而是意味着，像旧制度下那样，个人占据多个岗位从而可以大权在握、呼风唤雨那样的情况现在不可能出现了。事实上，任何人如果在政府任职，又被选入立法团，他就必须从政府辞职。

实际上，这样就会产生一张由各自地方政府组成的蛛网结构，各股蛛丝在国家政权的顶点处汇合。如果不是拿破仑，而是由其他那些不那么理智清醒、勇于承担的人来操控这张网，这套体系会被操纵摆布，沦为国家元首手中的分而治之的犬儒游戏。拿破仑不是这样做的。他不会利用政府机器玩这种无聊的权力游戏。在这一点上，他依然更多地保留了军人的气质，而后来想效仿他的那些军事独裁者都远不如他。在个案上，这并没有避免冷酷甚至是残忍的行径，但拿破仑首要关注的是如何让他的国家机器运转起来。

这样做倒也无妨，因为法国的管理一向积弱。不同于治安法官和警察的是，公务员的数量实际上是受拿破仑控制的。[1] 这套体系能否运转，是由运作这套体系的人的素质决定的，至少在该体系的中上层尤为如此，尽管其中很多市长和治安法官的能力往往受到质疑。事实上，历史学家玛丽-塞西尔·托拉尔已经向我们展示，这个高度集权的官僚体系在地方层面多么依赖于志愿者的服务，诸如为拿破仑引以为豪的路桥设施提供维护。[2]市长和治安法官都没有薪水。考虑到当时法国的复杂的地形，和19世纪初还落后的技术条件，在这样的大背景下，新政权依然能完成诸如征兵征税这样招人怨的苦差事，颇为令人钦佩。

拿破仑赋予了他的官僚机构一系列野心勃勃的现代化任务，但它们能支配的技术却依旧落后，难望下一个世代的项背，比中世纪晚期好不了多少。无论航海设备有多么精良，船只依然只靠帆甚至桨来驱动。无论拿破仑的地形局绘制的地图多精确，铺好的路面、穿山的隧道依然很少。军队和宪兵依然骑马或是步行。作为交通工具的蒸汽机还在襁褓之中。这就是这个强势的政府所要面对的世界。然而，尽管有这么多阻碍，拿破仑统治下的国家不仅胸怀大志，还取得了长足发展。

拿破仑的政府依靠职员以及领导人设计的制度取得成功，而非依靠技术。这是人力资源的胜利。对于法国大革命后形成的地方政府的基本结构，执政府很快就予以确认了，并针对各省的内部组织做了一些调整。1790年设立的基本行政单元予以保留，将不会有旧省的复辟回归，至于大革命前法国各省盛行的乱七八糟、相互重叠的机构更不用说。随着权力由选举的机构转向中央任命的官员，可以预见，真正的变革来临了。各部门委员会负责税额的分配，就地方问题向政府建议，其成员资格依旧由选举产生。同样，治安法官也由选举产生，虽然市长事实上是由内政部部长任命。这些选举是通过多层的特许选拔来进行筛选，但对政府并不具有约束力，同时把一般群众"筛除"在外。巴黎有权挑选各地的公务员，但选举本身是各地民意十分重要的风向标，其结果当局也极为重视。

尽管如此，对官员的任命是从督政府到执政府以来最明显、意义最为重大的变化。它传递了一个强烈的信号：在地方层面，变化已经产生。国家现在已变为仲裁者和指挥官，而非选举意志的储存库。地方官员很久没有称呼他们治下的人民"公民同胞"了，一直以来都是称他们为"被管理者"（administrés）。[3]现在，他们要正式这样称呼了。

该体系的中心内容是地方行政长官，由法兰西共和八年风月二十七日（即1800年3月18日）颁布的法律设立。地方行政长官由国家元首在内政部部长的建议基础上任命。事实上，不止在法国，在整个西欧也都是如此。地方行政长官掌控他部门内部一切政务，直接向中央政府负责。地方行政长官几乎都不是本地人，警官和公诉人也是如此，他们有赖于直接下属，即地方次级行政长官来获取当地信息，后者在部以下级别的政府，即区一级（arrondissement），接受地方行政长官的命令，主动权很少。在这二者之下是最低一级行政单位，公社社长。在一个部门之内，的确存在一条很清晰的指挥链。然而，地方行政长官的角色在历史学家看来还是一个争论中的话题，虽然拿破仑本人一直毫不怀疑自己最终能够统揽全局，随心所欲地调遣他们。他们不同于王室的地方行政长官，后者往往有很大的自由度，而他们几乎天生从来不会带头行事。

至于这些地方行政长官如何通过选举产生，这是权力委派方面又一个典范的天才之举。吕西安在担任内政部部长的短暂任期内，经常向塔列朗和康巴塞雷斯请教。拿破仑个人对地方首席长官所知甚少，虽然也有明显例外。他把来自欧坦的老同学于格·纳尔东——此人在罗伯斯庇尔统治时就是他家乡勃艮第有名的恐怖主义者——派往动荡的曼恩-卢瓦尔省，该省位于旺代省和布列塔尼-诺曼底边界上的朱安县的轴线上。他们中的大多数曾在督政府时期担任副职，为吕西安所了解，在雾月政变期间的行为也被吕西安仔细监督过，多数在政治上属温和派，但就纳尔东的例子来看，前雅各宾派在他身上也有影响。在 1800 年到 1814 年期间，担任过地方行政长官的 300 人里面，虽然大多在 1795 年前就已在当地政府任职，只有 21 人参加过早期大革命时的议会；这些首次任命的长官，有 240 人在督政府时期做过副手——因此吕西安对其有所知晓——只有 26 人没有在一定层级的政府的任职经验。这些第一代的地方长官们年龄往往过了 40 岁。但部队里的变化，虽然数字上看不算大，依然可以看出拿破仑如何打算，想往哪去。到 1814 年，60 名地方行政长官还是参政院的审计员，这些年轻人在拿破仑的密切注视下快速成长，超过了革命的一代。[4]1811 年，所有区（arrondissement）政府所在地的区长（chefs lieux）及其副手都得是审计员。当然会有用人不当的情况，但很大程度上，拿破仑任内的这些总督已被证实是得力而敬业的。吕西安为他的兄弟很好地挑选了合适人选，因为他对督政府期间的从事政治工作的人士非常熟悉。这使得他能为拿破仑挑选出一套全新的行政人才，这些案头工作者和蒙塞的宪兵一样优秀，而纪律性又远胜于他们。

1800 年 3 月，吕西安对第一批行政长官做了如下的训诫：“你们要完成的任务极其伟大，你们的职能又是多方面的，你们的任务涉及公共财政的方方面面，关乎国家繁荣，人民幸福。”[5] 他没有提及还需要强制征兵，帮宪兵队维持秩序，也没提及他们有可能在任内殉职。

另一场战争：内部平定叛乱和镇压策略

“尽管为了调试新政权大费周折，然而日益加剧的暴力事件清楚表明：比起督政府，法国人民并不多爱波拿巴的共和国一些。”[6] 对于雾月政变后法国的状况，霍华德 · 布朗比大多数历史学家说得更加清晰，也更好。法国执政府的最初两年饱受战争之苦，随着政府注意力转到如何凭武力生存下来，地方政府在面对土匪行为和一般违法行为时，往往坐视不理，因为看上去雾月党人不会执政太久。在 1799—1800 年战争的最后阶段，混乱进一步加剧。督政府于 1797 年开始的残酷镇压要么停滞，要么上升到残酷暴行的程度，而这只会起反作用。

直到 1801 年签订《亚眠和约》之后，拿破仑的政权才可以用自己的方式恢复国家秩序。执政府不得不等待“和平红利”，以便在面对法国东南部的严重匪情和西部的死灰复燃的反革命行为时，发动攻击，予以迎头痛击。但当它这样做时，不只怀着报仇心理，而是相比之前的革命政府更有方向性和整体性。拿破仑甫一当权就看出这种方式的潜力。在雾月政变与 1800 年春天战火重燃之间的日子里，拿破仑指示他在旺代区的指挥官继续解除农村的武装：

> 继续不遗余力地推进此事，因为它于我们而言最有价值，也是我们

最大的凭依，因为不久我就会把西边战场上的军队撤回相当一部分，因此利用这段时间巩固现有的安宁局面就显得尤为必要了。[7]

拿破仑把对新政权而言情况最危急的区域作为他的目标。他把最残酷的镇压手段留给特定区域，同时又让全新的、职业的司法机关掌握对全国其他区域的控制权。罗纳河谷、普罗旺斯、以旺代为中心的西部诸省、6 个新的皮埃蒙特区、比利时诸省，都曾在 1798 年爆发过大规模的抗法暴动，现在，这些地方都感觉到新政权的雷霆怒火，突出表现为特别军事法庭拥有广泛权力，有权逮捕，有权审判。

刚一开始，拿破仑不得不依赖名誉扫地的属于当地共和派的国民警卫队来执行特别军事法庭的旨意，但和平局面的取得使得新政权能改变执法部门的属性。现在，拿破仑把南部和西部的特别军事法庭从基本上静止的法庭改变成为流动的司法单元。对于督政府时期设计出的位于各省中心的快速突击队，他继续使用，派遣它们到动荡的农村地区，但对每支突击队，他都安排特别军事法庭成员随军，由他们在现场做出判决，通常会在 24 小时内做出判决。然而，在新成立的皮埃蒙特区，拿破仑保留了督政府时的做法，依然把特别军事法庭放置在主要的区域中心，即都灵市和亚历山德里亚市。特别军事法庭在 1801 年 4 个月内处死的人数就超过了督政府两年多时间内处决的人数，但新政权并不认为这些人的所作所为是公然带有政治意味的。这并不是政府帮助当地的共和派报复牧师、贵族，或其他知名的保王派，这些被处决的人都被纯粹归为刑事犯，因而在具体指定的地点对他们实行了粗暴的判决。

然而，这些方法都或多或少带有临时性，或是沿袭以前的方法。到 1801 年，执政府形成了属于自己的方法。法国的宪兵队创立于大革命伊始，但一直是头无牙老虎，疲沓腐败，成了军队事实上的渣滓混迹之地。拿破仑对它进行了改造，短短的时间内就把这支队伍打造成了精英之师，这其中，拿破仑可谓居功至伟。他发掘新人，成功地复兴了这个奄奄一息的机构，使它去完成那些艰巨的任务。宪兵队的总检察长是蒙塞，一位大革命前的职业军人，拿破仑从他身上找到了他所要的能干、聪明、无情的领导潜质。蒙塞作为武装宪兵队司令参加过两次意大利战役。他来自于一个律师世家，[8]这使得他在执法时可以做到兼顾军事和民事领域。这个例子再次表明拿破仑有能力选择杰出的合作者，并有信心委派他们治理。

与很多其他事情一样，督政府在执政的最后几个月里也发起了一连串的举措来试图振兴宪兵队，但1798年4月17日颁发的法令除了号召军团行动起来，几乎毫无用处。宪兵队改革的雏形在维瑞安将军和拉代将军手中进一步成形，这两位将军在1798年分别被派到新设立的比利时诸区和罗纳河谷组织警力，镇压暴动，当时拿破仑尚在埃及。特别是维瑞安，他设想过把宪兵队发展成一支精英队伍，并强调其成员要对所驻扎地的人情地貌有细致了解。拿破仑欣赏他们所做的工作，他于1800年派维瑞安整顿西部各省，并于一年后在新设立的皮埃蒙特区设立部队，而拉代将前往科西嘉岛继续工作，并在1805年后横穿意大利。然而尽管如此，真正的、天才的第一步，依然出自拿破仑本人。

1800年11月，拿破仑已为他心目中的这支新生力量勾勒出其指挥结构和地区分布。就像他的很多卓越的洞察力一样，人们很难知道拿破仑是如何想到这些方法的，但在第一次意大利战役期间，当他率队跨越阿尔卑斯山时，他曾经历过游击队的骚扰，亲眼见证过罗纳河谷与普罗旺斯的动荡不安。可能正是在此地，拿破仑形成了他的平定暴动的策略和原则，当然蒙塞忍受着游击队的骚扰也不为奇，作为武装宪兵队的司令官，他的主要任务是保护军队在意大利的交通线。对于宪兵队的角色和属性，拿破仑做了清晰明确的展望，只是在一些细节上还有待完善。他坚持宪兵队要设立到选区这一级，这也是地方政府的倒数第二级，即市镇以上，区、省之下，地位等同于治安法官。[9]

对于自己的独创，拿破仑一直倾力维护，对于其构成和运作，他也表现出强烈兴趣，不放过一点细节，尤其在他执政早期尤为如此。1802年，他对时任战争部部长的贝尔蒂埃说："我要你递交给我宪兵军团的具体情况，告诉我他们在各省的驻军情况，他们的后备力量的情况，以及在他们的组织中，哪里还有遗漏的地方。"[10]一个月后，他派古维翁将军去诺曼底省和布列塔尼省检查那里的驻军情况，“检查他们的行为，官员及其下属的职业操守，完成任务的方式，以及队列的分布是否合理。”在他写给古维翁的命令里，可以看出拿破仑对真刀真枪地镇压土匪表现出很浓的兴趣。在最近一次对诺曼底省的巡视中，他注意到很多防御牢固的农舍，因为担心有可能会被土匪作为基地，拿破仑命令古维翁予以拆除。[11]无疑，他对宪兵队的高层官员是信任有加的，即使在蒙塞坚持为自己从富歇领导下的民事警察中脱离出来而辩护，导致双方关系紧张之际，依然如此。[12]当拿破仑开始为他后来中途放弃的入侵英国做初步准备时，他把向他汇报英吉利海峡周围诸省的地方管理是否可靠这个秘密任务托付给宪兵队的一位高级检察员拉格朗日。[13]

宪兵队还远谈不上完善，相比政权为他们设立的高标准，他们往往相形见绌，比如薪水、前景、装备等不尽如人意。尽管如此，在蒙塞的率领下，宪兵队还是取得了长足发展。从一开始，拿破仑就视宪兵队为精英部队，其成员必须来自正规军里尚无委任状的军官，拥有良好的纪律表现，受过教育，身材高大，至少在现役期参加过 3 次战役。总之，他们的要求与公认的军中精英，后来的帝国卫队成员是一样的。

很快宪兵队就表现出与 18 世纪 90 年代纪律散漫、一心复仇的国民自卫军截然不同。别动队依然保留了下来，但其实践表现已不再粗野而业余，而是变得强硬、坚毅、更加专业化。暴行也会有，残忍也是家常便饭，但说到底，别动队由军令控制，听从命令指挥。别动队以 6 人为一队，主要是步兵，也有骑兵，住在远离他们服役的社区的营房，系统而全面地分布在全国各地。负责其费用的是中央政府而非地方当局。政府努力做到确保其成员不是本地人，虽然并没取得多大成效。

宪兵队让政权有了一副利齿，真正的獠牙，现在中央政府直接掌握着一支有经验、有武装的职业警力，他们分布在全国各地，只效忠于国家，随时准备执行执政府的意志。只有到现在，通过这支部队，在迄今依然孤立的农村社区的专制统治才成为现实。法兰西共和历九年热月十二日，即公元 1801 年 7 月 31 日，在这一天，执政府颁发了最重要的一则法令，在全国成立 2 500 支六人别动队，使得别动队人数达到了 1.65 万人。[14] 截止到 1801 年为止，对法国的敌人而言，无论是真正意义上的政敌，还是普通的罪犯，抑或是介于这二者之间的任何麻烦，政府已经锻造好了一把利剑，来确保他们再也不能无法无天。政府平定内乱的“另一场战争”现在有了军队的保驾护航。

然而，这支部队的意识形态或政治形态远非中立。第一批成员主要来自经历过法国大革命的老兵，他们在海外，在西部的旺代等省为共和国奋战过，如果他们在入伍时不是坚定的共和派，对教士、农民表示怀疑甚至痛恨，那么，经过成为宪兵必经的 3 次战役后，他们就会成为坚定的共和派。无论政权如何吹嘘自己没有派别内讧，但在政权最为倚靠、最有效率的基层政府雇员那儿，情形往往相反。拿破仑对此心知肚明，而且他依然喜爱这支队伍。归顺也好，混编也罢，都是针对城市精英的。当要干脏活累活时，才发现敌人还是那个敌人，各种反革命的联合，现在打着土匪的旗号借尸还魂，误导人们。而摧毁这一切只能交付给大革命的穿军服的后代们，像拿破仑这样的人。

宪兵队是拿破仑的杰作，拿破仑的此项天才举措为后人广为模仿，对于欧洲未来的历史也产生了举足轻重的影响，除了满足早期执政府的眼前需要，它的重要性还远超于此。通过拿破仑执政初期对宪兵队的改造，欧洲农村的生活发生了巨大而深刻的变化。他先是塑造了宪兵队，后又发挥其职能，在宪兵队里，拿破仑的影响无人可及。在常规战争领域，拿破仑无疑是战术大师，但在平定叛乱领域，他的方法也堪称大师级，比如宪兵队的领域覆盖。在别动队快速机动地进入事发区域后，领域覆盖就是一劳永逸的解决之道了。别动队传播恐惧，把来自城市中心、交通干线的叛乱者赶回去，而覆盖到该地区的军队则使得宪兵队可以获知必要的当地信息，来进一步摧毁抵抗网络，提供日常监督。

在执政府初期，从拿破仑与蒙塞的通信可以看出，对于宪兵队的调度策略，拿破仑十分关注，既注意要保护公路、城市中心和相互隔绝的乡镇，还要进入最难进入的农村，那里一向是叛乱分子的天堂。从拿破仑时期开始，宪兵队的重点就发生了转变，以前主要是骑马在马路上巡逻，就像旧王朝时的宪兵那样，现在，则是以步兵为单位，更加能够适应土匪频出的困难地形。

这种通往法制和秩序的有效方法在拿破仑之后的历史中清楚表明，它一再被模仿。而对它的模仿的确代表了一种发自内心的赞美。宪兵队的成功经验被介绍到法兰西帝国以外的地方和附庸国家，更重要的是，拿破仑分布在奥地利、俄国、普鲁士，以及后来的西班牙的死敌，连他们都迅速地模仿学习了宪兵队的经验。总之，在 1814 年之后，在帝国的继承国，以宪兵队为模版或是直接沿袭的做法一直继续着，尤其是荷兰王室宪兵队、皮埃蒙特宪兵队以及南德意志国家的各种州警察。[15] 拿破仑设立的这种工作模式极大地改变了欧洲国家的实力。

另一种拿破仑引进的定期严格镇压暴动的机构是特别刑事法庭体系，它创立于法兰西共和历九年雨月十九日，即 1801 年 2 月 8 日颁发的法律。特别刑事法庭的前景在温和中间派的领导中引发了极大的恐慌。他们处理严重犯罪也足以胜任，原本通常由宪兵队高级长官出任的法官，后由士兵出任，而陪审团这一法国大革命的备受青睐的创新也被摈弃，从这些方面看，这新成立的法庭在一定意义上代表了一种回归，对旧王朝下的军事重罪（prévôtal）法庭的回归。然而，其办案程序基本等同于常规的民事法庭，其法官也大多由平民担任。雨月十九日颁发的这项法律受到了保民院的激烈反对，但这项法律最终还是轻松通过，这传递出一个清晰的信号，法国执政府决心长期地系统地处理国内的混乱局面，这得到了来自巴黎政治界的强有力支持。

特别刑事法庭类似于一开始和它并存的军事委员会，但比它存在的时间更长。刚开始只是在法国被认为最不安全的省份引入此类法庭，截至 1803 年，这些省份已约占法国的三分之一。1805 年后，随着帝国急速扩张，新纳入版图的意大利、荷兰、德意志诸省也先后引入特别刑事法庭。然而，正如霍华德·布朗所说，这种“正义与革命经验的混合”与 18 世纪 90 年代广泛采用党派性严重、专业不足的临时机构相比，确实是进步不小。[16] 特别刑事法庭，再加上宪兵队，这代表了镇压策略的出炉，它由法律调节，使得国家在最不安全的穷乡僻壤依然具有震慑力。

1801 年这些新的机构开始发挥作用，此时正值“拿破仑时期”的一个特殊节点，国家正在享受“政治红利”的余荫，出于种种原因签订的《亚眠和约》为拿破仑赢得了难得的喘息契机。在掌权以来，拿破仑第一次，也是唯一一次，可以遣散军队。大约有 27% 的军人复员，征兵制的执行也暂时到了一个非常缓和的水平。这使得霍华德·布朗所称的“执政府恐怖”早在襁褓时期就拥有了 3 大优势：与外国战争结束，使得更充裕的兵员可以投入到警务；复员的老兵——他们大多从 1792 年战争伊始就入伍——为扩张中的宪兵队提供了丰富的人力资源；最重要的是，征兵制的放缓暂时从根本上解除了公共暴力事件的发生。在 1801 年初夏，全面和平即将达成的前夕，据估计由于执行征兵制，每天就有两起针对宪兵队的攻击。[17] 这些现在暂时都没有了。

随着负担减轻，政府可以把它新的镇压力量集中在一般的违法犯罪上，比如拦路抢劫、其他形式的土匪行径、中西部长久以来残存的反革命据点。每一次的群体反抗都被定性为普通犯罪——土匪行为，从而剥夺了其潜在的合理合法的依据。[18] 这与执政府早期的政策非常吻合，后者被断定为超越派别，但坚决否认反革命正在法国的南部和西部大得人心。在写给驻旺代司令官的信里，拿破仑告诫他处事尽量公正，避免更多的流血事件，还是在这封信里，拿破仑提到有必要“消灭这些声誉败坏的人，还有利用群众的愤怒，诱使他们犯罪的那些土匪恶棍”。[19] 真相只有富歇的秘密警察可以道出。即使是拿破仑，他也得按剧本来，甚至还得带上他的司令们。政权初期的“和平红利”至少使得各种土匪行为，无论是否具有政治性，都被镇压下去了，而无须担心抵制征兵带来的问题。从任何方面讲，这对新政权都是个好消息，它可以好好整治国内秩序，而这在以前是想都不敢想的。

拿破仑从他法国大革命的前辈那继承了战争，还有征兵制。随着 1798 年《儒尔当法》的颁布，共和派政权时零星的大规模强制征兵最终让位于常规的征兵制。每年依据户籍部门认定的各省人数，为各省设定征兵的份额，但只有借助于执政府的新的国家机器，这才能成为现实。这项工作由各省总督协调，由宪兵队负责实施。虽然县级官员起草征兵的名单，但总督会在正规部队的陪同下，在宪兵队的辅佐下，巡视全省，强制那些被选中者参军。如遇反抗，宪兵队就会采取相应行动。此外，这样的巡视自 1804 年起，每年至少 3 次，而在帝国最后的岁月里，往往每年会有 4 次。总督们需一方面注意农村的需求和不满情绪，一方面又要大力镇压反抗，从人民中找出年轻力壮者，充实到军队中去。

在这过程中，流血是常态，但最终都是以征服告终。这一点从拿破仑的历次战争的统计就可以看出。军队的入伍人数成千上万，源源不断，其中仅大革命和拿破仑战争时期，就有 300 万到 350 万法国人被征兵役，更不用说那些来自占领地的士兵了。没有哪个法国家庭可以不受征兵影响。[20] 国家机器还远不完善，但足以让军队满员，同时，尽管有这些缺点，国家机器依然强大，足以驱散对这种广为人知的"血税"的痛恨。理论上的各地区的征兵份额缺乏精确性，在一些地方的确造成不公。[21] 但无论在哪儿，强制入伍服役本身都会激起民众对政权的深恶痛绝，尤其是这个负担落在农村时更是如此。这个制度显得格外残忍，因为一年一次的征兵通常只征走一部分符合条件者，而非全部，而新的征兵制下，即使被征召入伍一次，也不能保证以后不会被再次征召，一旦有需要——到帝国末期，这种需要就变成长期需要——就可以进行再次征召，人人自危。因此，拿破仑时代法国也一直饱受土匪劫掠之苦。为了有效整治国内频生的混乱局面，执政府自 1804 年起，一直依赖征兵制充实军队，这样也导致各种骚乱从未停止过。

然而，虽然降生时命运多舛，新政权依然实现了海外和平，在此基础上，新政权也不回避恢复国内秩序这一棘手问题。新政权为进一步的改革创造了虽谈不上平静，却切实可行的条件。相比平定内乱，这些条件虽未必跌宕起伏，但却依然不可或缺。

社会根基的稳固：重组公共财政

督政府从早期革命政权继承下来的是一个巨大的财政烂摊子，财政危机也因此取代旧王朝下爆发的其他危机，成为头等大事。对于这个问题，革命党人从3个方面予以缓解：首先，他们发行纸币，即臭名昭著的指券（assignats）。发行指券的初衷是为了销售被充公的教会资产，却并未实现。发行指券导致国家经济生活的方方面面发生了动荡，形成了通货膨胀；其次，他们开启了一场欧洲大战，却没有为战争提供给养，因而无法结束战争；最后，受大革命影响，法国外省发生了大规模的骚乱，导致国家的征税体系近乎崩溃，这样的情形一直持续到1793—1794年恐怖统治阶段才告结束。即使到了督政府期间，征税也无法做到常态化。面对这些国内情况，拿破仑这样的常胜将军对海外的掠夺，对共和国的生存就显得尤为必要了。

出于长久的信用考虑，督政府开始系统解决国家政权的根本问题。然而，为了这份解决问题的勇气，在18世纪90年代后期的情形下，督政府付出了惨重的政治代价，人民对政府的敌意与日俱增，尤其是普通民众。到1795年，指券已经一文不值，产生了恶性通货膨胀，督政府开始回归到紧缩银根的政策，而这反过来又造成拿破仑上台时的法国经济萧条。虽然拿破仑政权会把解决财政危机的功劳归于自己，但事实是，先期工作是督政府做的，而吞下其直接后果的也是督政府。督政府和后来的政权开始意识到，除非法国重新恢复基本的经济平稳秩序和繁荣程度，否则，无论他们做什么都不会有太大区别。它与恢复国内秩序一起成为解决其他问题的根本。

然而，就像在法律与秩序、教育和改革的领域一样，督政府只是采取了一系列先期动作，而执政府则在根本的机构改革的基础上提出了具体而系统的政策。1802年以后，这些改革措施开始在和平环境下生根、确立，即使1803年法国恢复与英国交战，也没有对国内形势造成什么影响。由于天然屏障的阻隔，与英军的对抗局限在海上，因此，财政部部长得以把国家财政的债务恢复到可接受程度，并形成了相对平衡的经济预算。这种局面持续到了1806—1807年间，当时法国与欧陆战火重燃，对国民经济的需求再次升温。

1800年1月6日，法兰西银行宣告成立，随后不久，财政部和税收制进行重组，这些都是改革的关键。在 18 世纪 20 年代，苏格兰金融家约翰·劳就曾试图效仿英格兰银行建立一家中央银行，却以失败告终，因此雾月党人的首创举动是同样有风险的，因为这类项目有恶名在先，因此，从一开始，法兰西银行就不是个政府机构。在一位名叫奥沃拉德的金融家的糟糕建议下，法兰西银行试图对美洲西班牙殖民地的皮阿斯特货币进行投机交易，结果却几乎破产倒闭，最终政府直接介入，为银行注入大量资金，巩固了银行的基础，加强了调控。然而，法兰西银行成立时还是私人企业。雾月党人对于这次金融政变投了信任票，因为这是对新政权的一次切实的效忠宣誓。本质而言，他们是用钱包投票的。银行成立时的 3000 万法郎来自当时主要的策划者们，在超过 1000 法郎的主要投资者里，就有人为这次政变投资，如雷卡米耶、勒库特和佩雷戈，以及波拿巴家族。到 1803 年 4 月，法兰西银行垄断了纸币的发行，其他从事相同业务的银行纷纷被收购，其资金也增加了 50%，到 1805 年为止，它的前 200 名股东囊括了巴黎最重要的金融巨头。

主导法国经济走向复兴的真正设计师是戈丹，他在督政府时期一直在不安地观望，但在雾月政变一结束后，他接受了西哀士的建议，担任了法国财政部部长一职。实践证明，这是迄今西哀士对新政权做出的最大贡献，这对国家前途意义重大，为后世留下了深远而长久的影响。拿破仑尽管数学很好，但他承认并不了解经济领域。对于他不熟悉的领域，如何委派他人完成任务，他深谙此道。拿破仑用人不疑，他让戈丹完成如此重要的工作而从不干涉。在财政管理方面，戈丹有着一套完整的策略。上任伊始，他就把负责税收的征集和管理的财政部门与新成立的负责财政支出的财政部门分离出来，[22] 后者由一位名叫巴贝马霸的年轻贵族负责，他最初为新政权所赏识，被认为是混编政策的最好体现。1806 年，莫利安接替了巴贝马霸的职位，并像财政部的戈丹一样，在这个职位上一直做到 1814 年。莫利安在法兰西银行成立之日起就负责管理偿债基金，很快他就把复式簿记引入到这两家机构。1800 年春天，经过戈丹的辛勤工作，加上拿破仑的大力支持，要求各中央机构配合戈丹，终于结出了硕果，所取得的成就虽然枯燥而被低估，但绝对是历史性的。那年 4 月，拿破仑要求戈丹就法兰西共和八年的头 6 个月 (也即从 9 月至来年 4 月) 的财政情况起草简报，“以一次性建立起法兰西共和国的实际财政预算，统一计算国债，并进行日常管理。”[23]（当第一部长，国家财政总监卡洛纳对由精挑细选的名人组成的显贵会议坦白道，旧制度下法国财政管理极为混乱，已经无法做出一份像样的预算。此时，导致旧王朝倒台的政治动荡已经演变成一场危机，且有愈演愈烈之势。随后的革命年代，虽然督政府做了一些努力，但这种动荡没有减缓。）虽然在拿破仑伟岸的军事功绩和非凡的行政和立法改革面前，这项成就显得平凡，但对于政权的运作，它具有举足轻重的作用，并且，这一成就是在极短的时间内就取得的。

征税从来都不受欢迎，戈丹与拿破仑一样都是现实主义者，只要达到一定程度的公平，努力做到诚实和透明就心满意足了。戈丹并没有一开始就在现有税种基础上增加多少新税种，而是对征税的方式进行全面整合。与 1799 年相同，税收的大头依然来自土地税，这一块负担主要落在农民身上。然而，其他由大革命带来的，针对个人和企业收入的直接税却主要针对城市，且很难征收上来。在大革命时期已被废除的很多直接税又恢复了，这些对消费品所征的直接税主要来自城镇。在 1804 年至 1806 年间，入市税以及许多广受诟病的老式的对酒、香烟、盐征收的直接税也都被恢复了。现在，所有这些税收都以一种更好的方式征收上来。直接税总是备受诟病，但税收的中心来源即土地税却以比以往更加透明、公平的方式予以征收。能做到这点，关键在于成立了一个全新的、综合的土地登记入册制度。

拿破仑对 18 世纪萨瓦人为萨瓦和皮埃蒙特地区所做的土地登记印象颇为深刻，但在像法国这样大的国家，做这样的事，工程量可谓巨大。然而，在军队地形局的帮助下，戈丹还是取得了长足进展，绘制地形的工作在 1814 年后还在继续。虽然直到 1827 年，地籍图（cadastre）才绘制完成，[24] 但很快所绘制的地图已足够戈丹开展工作了。有了地籍图，国家不仅可以更好地征税，还使得公众对征税体制的运作的准确性，甚至公平性有了信心。历史上第一次，法国的每一寸土地被登记，其价值被设定，并且这些结果都被公之于众。18 世纪 90 年代的革命党极为推崇公众生活领域的透明性，但只有戈丹才在国民生活的最重要领域为普通百姓实现了透明、公开性。

戈丹留给后人最大的贡献是恢复了一个健全的金属货币体系，在 1803 年 4 月那个具有革命意义的月份第一次发行，金属货币有了“芽月法郎”的绰号（因为发行的月份按共和历是属于芽月——译者注）。事实证明，金属货币很难击退 18 世纪 90 年代悄然进入法国的其他硬通货，留住本地市场的信心。但这种新法郎可兑换金和银，很快就成为一种稳定的货币，一直到 1928 年才退出货币体系。从一开始，拿破仑就意识到他要归功于戈丹，他也从不隐瞒这一点。在 1800 年 3 月末他写给戈丹的热情洋溢的信里，既有感谢，又有鼓励，生动地表现了拿破仑的人力管理能力：

> 正是因为我们的需要如此紧迫，而我们的形势如此微妙，因此您的才能，您的诚实，您对公共利益的热情才显得越发重要。您已经做得非常好了。虽然前方还有障碍需要逾越，还有痛苦需要忍受，但光明正在来临！[25]

拿破仑是对的，当光明来临时，戈丹的确在其中尽了自己的一份力。

要恢复公众对政府理财的信心，仅靠技术层面的改革是不够的。这一点，拿破仑比他身边的技术专家看得更清楚。拿破仑作为政治家的才能常常被忽视，但考虑到他憎恶公共演讲，对议会政治的鄙夷又与日俱增，这是可以理解的。但他的政治家才能是不容置疑的，这无关乎公众曝光率，而是关乎如何以公共利益为出发点去有效地行使权力。根治腐败就是这样一个例子。他不仅关注那些影响国家税收的腐败案子，也关注那些导致巨大民愤的案子。1800 年 11 月，他要求戈丹调查法国北部城市瓦朗谢讷高级税务官的行为，对此“有很多投诉”。几个月后，他又请戈丹调查法国第二大城市里昂与他地位相当者的行为，对此“涌现出很多投诉”。[26]1801 年 9 月，他提醒戈丹不要仅仅注意到瓦龙的征税官的懒惰和疏忽，还要注意在莱芒的他的同事的“极度的严苛”。[27]尽管拿破仑对戈丹信任有加，但一旦公众舆论被惹恼，他还是会毫不犹豫地指责戈丹。1801 年 8 月，他直截了当地对戈丹说：

> 巴黎正在抱怨，说几个人减税的请求……八九个月都没有受理，这让人们背上了沉重的负担。对此，我希望你提交一份报告给我，告诉我在一个月内解决这些问题的步骤。[28]

拿破仑对政府的高级官员也毫不手软。1801 年 9 月，司法调查发现 25 名财政部小吏犯有欺诈罪，但拿破仑继续调查，当他们的上级被证实犯有疏忽之罪时，他命令戈丹通知这些人，在他看来，他们的疏忽“为犯罪提供了便利条件”，虽然技术上没有过错，他们“不再配得上政府的信任”——这就是政权要解雇他们的委婉用语了。[29]对于从前任政府继承下来的财务管理，拿破仑一直心存怀疑，作为战场上的一员，他见过他的手下和他的作战计划因为官员腐败而吃的苦头。他大力打击财政和金融领域的渎职行为，同时开始悄悄清洗陆军部的人事。他坦承——只是在回忆录里——恐怖统治的始作俑者罗伯斯庇尔对于行政部门的猜忌是有道理的。罗伯斯庇尔喜欢采用断头台来解决问题，拿破仑则不然，如法庭的裁决支持他的决定，则官员入狱；如只能证明是过失所致，则辞退官员；如无法证明是过失，则养老金保留。然而，反腐斗争关乎民众对新政权的信心问题，拿破仑对反腐的介入时间说明，在第二次意大利战役结束回到巴黎后，这已成为他的当务之急。

他志在根除腐败和可能滋生腐败的土壤，这个决心不只是局限在他掌权的头几年，就连富歇的警察力量那样有权势的部门也逃不过拿破仑的法眼。1804 年 9 月，他对富歇说：

> 公安局的局长们通过（合法化的）赌博赚了很大一笔钱，民众对此很有意见。我认为……赌博的获利应该用在城市上……我要把这些钱用于公共用途。在波尔多的20万法郎的获利我将用来为这座城修桥或是灌溉水渠，在其他地方也是如此。一位局长有钱之后就会变成一股势力，在众多手下的怂恿下对抗市政当局。而眼见这么巨大数额的金钱脱离了为公众造福的初衷，只会引发后者的强烈不满。[30]

比起那些抽象的政治事务，拿破仑的这种不偏不倚、往往无情的解决之道满足了人民的要求，因而更加富有感染力。

财政改革要解决的是影响国家和纳税者之间关系的深层次、长期性的问题，而不仅仅是政府税收这样的眼前问题。在这个也许平淡无奇，但却绝对重要的方面，拿破仑通过戈丹和勒布伦的辛勤和智慧，真正让革命回归到它最初的原则，就像执政府曾经宣誓过的首席声明说过的那样。1789年曾经召开三级会议，来稳固国家的财政基础，解决国家面临的危机。在这一点上，革命党人也引人关注地失败了，税收几乎停滞，直到18世纪90年代中期才稍有好转。这期间纸券疯狂发行，使得法国这样一个世界上最发达的国家倒退到物物交易长达数年之久。拿破仑充分利用这些年的和平形势，休养生息，努力实现革命的承诺。虽然随着战事加剧，他也开始穷兵黩武，但他设立的机构和管理实践，以及由他开始的土地登记制，却超越了他的时代，奠定了现代国家的管理基础。拿破仑最好的改革有这些特点：目的明确，机构有力，立足当下，面向未来。改革本身由专家承担，不受过往政治的牵绊，但这些专家也处在年富力强、精明能干的国家元首的密切监视下。这就是拿破仑对待改革的方法，但随着他的教育改革和教会改革的进行，他的方法并不总是能产生他想要的结果。

针对未来的政策：公共教育的重塑

拿破仑在公众生活中的每一步都是带有政治意味的，在当时严酷的现实面前，这意味着紧握权力，以便把权力转换成创新力，先改革法国，再伺机改革欧洲。当1802年5月1日的中等教育法在各级议会轻松通过——甚至在经常意见不一的保民院那里，也以80票赞成、9票反对通过——拿破仑对于未来，自有他的打算，虽然这要一步一步来。直到1802年左右，他依然要通过督政府的人发号施令，不仅国会议员，而且还有富歇、塔列朗，他们占据着关键部门。随着《亚眠和约》的奏效，拿破仑本人开始崛起，并不多出现在公共领域，而是在通往参政院的真正的权力走廊上。康巴塞雷斯和勒布伦从这里走向政治前排，而重整国内秩序的艰巨任务落在蒙塞的肩头，培养财政的清偿债务能力就由戈丹负责。参政院把督政府时期的梦想一样样化成具体的政策，拿破仑和他的人在做这项工作时，心里都谨慎却坚定地想着政权的未来，法国的未来。

拿破仑的改革雄心万丈，往往会超出他的控制，教育改革就是其中之一。他的教育改革的尝试始于1802年，清晰地展现了他对国家未来的一个宏伟展望。拿破仑先后对中等教育和高等教育表现出强烈兴趣，表明了他的一种政治智慧，即万物皆变。拿破仑对世界及其运转方式的思考，如果贯穿着一条关键线索，那就是：他认为他所处的时代变化不息，而关乎他个人政治生存和他统治的国家生存的最好办法就是努力去控制这个变化的过程：接受必然要来的，并且利用好它。在英国的自由主义的文化氛围里，这种思想被理解为拥抱工业革命带来的物质世界的翻天覆地的变化。拿破仑生活在一个截然不同的文化、政治环境里，现在又统治这里，他更多时候会从代际变迁的角度来思考问题，并希望能把控这种变迁，而非任其演变，不闻不问。1802年5月1日的这项法令被历史学家普遍称作“公立中学（lycées）教育法”，如果这称呼有失偏颇，至少它清楚表明了这样一种对下一代的干预意识。[31]

旧王朝下，各级教育几乎都由教会控制，经过大革命的冲击，教会对知识的垄断、教会的收入都烟消云散了，教会的权威性及其资助学校的能力也都不复存在。18 世纪 90 年代革命政权充斥着豪言壮语和宏伟蓝图，却鲜有切实行动。这意味着拿破仑的努力会远远达不到他的宏伟计划，但也意味着，从长远来看，他所取得的微小成就依然会在法国教育体制的未来留下难以磨灭的印记。中学教育法废止了督政府时设立的中央学校（Écoles Centrales），代之以公立中学，每五六个省设立一所，与上诉法庭的路线毗邻，全国共设立 45 所，4 所在巴黎。对于督政府的国家经营和控制中等教育的设想，拿破仑予以继承，虽然他试图把这种严密控制延伸到小学教育阶段，但由于师资和资金问题而进展迟缓。1804 年，他注意到 40 所女修道院进行了重组，修女们不顾法律的阻拦，又开始了以前的修道院生活。由于她们同时还为女孩提供免费小学教育，拿破仑不得不让步，他告诉康巴塞雷斯："这表明要为妇女教育做好准备，你去和波塔利斯（宗教部部长）好好谈谈如何处理这个问题。"[32] 就像他的前任政权一样，拿破仑在小学教育上没有太多选择，但比起很多的雅各宾派，拿破仑更加关注女性的教育。大学的彻底改革直到 1806—1808 年间才跟进，但公立中学在特点上留下了拿破仑的印记，这表现了他不仅仅是对教育，还有对社会的想法和打算。

私人教育并没有被法律禁止或是废除，但此后国家主导着法国的教育。除了公立中学，还有"专门学校"——即精英大学（Grandes Écoles）的前身——由综合工科学校和新式军校领衔，它们让后世的法国普通大学相形见绌。这两类专门学校的目的是把职业精神带回给法国的精英阶层，快速造就一批受过现代教育的新一代技术专家。

拿破仑坚定推行新课程的规划，具体由富克鲁瓦设计。在指导课程的规划时，拿破仑表现得更像一位杰出的科学家，而非古典学者，这并非偶然，因为新式的公立中学在很多贵族家庭看来，是对教育的传统的、真切的、决然的反叛。虽然经典作品予以保留，教育的重心已然转向科学和现代语言。学校更青睐于现代的东西，而天主教支持下的传统的人文教育则被贬低到可有可无的地步。对于把传统人文主义赶下神坛，拿破仑颇有兴趣。拿破仑邀请勒内·阿维，当时最有名的矿物学家，大革命期间引入公制度量衡的主要幕后推动人，为公立中学编一本全新的数学课本："我期待从中获得最好结果，把人类如此重要的一部分知识进行普及，启发民智。我希望你全身心投入到这份工作中去。"[33]

观念更加传统的父母并不喜欢这样的安排。相比旧制度下的大多数大学那种修道院的气质，公立中学里的军事氛围形成了鲜明对照，这进一步加深了父母的厌恶。学生的制服就像军服一样，上课下课均以敲鼓示意，学生列队行走，从一个班到另一个班。从公立中学的基本精神来看，它显示出一种根深蒂固的专制性，但又带有确定无疑的进步性，带有鲜明的军事思维的特点。与同时期的所有指挥官一样，拿破仑欢迎技术进步。无知招灾，这样的人没工夫背时逆势。

如果说拿破仑的哪项改革使他背离了传统，并且能够反驳那些说他反动，一心只想恢复旧文化的指控，那就是他的公立中学改革。这不仅体现在公立中学的特点上，还体现在其接受程度上。政府提供了6400份慷慨的奖学金，但大多数贵族家庭都拒绝了，同样拒绝的还有很多中产阶级父母。其中大约2400份奖学金是留给国家公务员子女的，另外4000份本想按照考试成绩择优发放，但他很快就看出，只有那些附属于现政权的人才对此有兴趣。实践证明，第一执政的强烈的创新眼光对大多数民众而言有些超前。波旁王朝复辟后，剔除了公开的军国主义，又回归到熟悉的天主教氛围下，他们颁发的现代课程与传统人文题材相一致。国家控制的公立中学进入了法国的主流精英文化，并成为培育精英的摇篮，时至今日依然如此。

虽然被它想要服务的阶层所躲避，拿破仑的眼光依然在公立中学改革中得以体现无遗。西塞罗的精美散文和奥维德的优美诗歌淡出学校，代之以计算尺和化学实验室。神父的教诲渐渐远去，德语和英语的学习正在兴起。几所虽然比不上公立中学、但类似于它的女子学校也于1805年成立。新的精英们要娶的太太，就算比不上她们的先生，也至少不能像传统观念下那样无知，要能够凭智力生存下来。新一代是全新的一代，他们受的教育不再是拿破仑所认为的，除了无用过时，用处甚少的教育。教育将要发生一场变革，人们需要的是快捷迅速的教育。人类及其精英文化都要随着世代交替大步向前。政坛新人将从公立中学走出来，并尽快在有实权的委员会站稳脚跟。执政府在颁布的第一条法令里即已宣告它已经“结束了革命”，拿破仑在第一时间把教育过程放在一个新的立足点上，拿破仑通过这样做表明了自己是认真的，而且是从教育的根本出发的。如果公立中学和专门学校都做好本职工作，按照他的理念来塑造人，那他从过去继承下来的人——无论是保王派还是革命派、朋友还是敌人——都将离开，取而代之的将会是完全不同的新人。

在对法国劳动力的再度职业化的过程中，建立起全国范围的教育网络殊为关键。当革命党人宣称“职位聘任唯才是举”时，他们特意废除从事任何职业所要的各种基本资质，少数行业例外，如医学、工程、法律等。在对教会的资产和其他收入来源国有化充公的过程中，革命党人无意间加速了这些提供职业训练的机构的瓦解。革命党人真正的目标是手艺人的行会和企业，他们限制竞争的做法已经确实阻碍了很多工匠的发展，他们正在拖垮整个行业。执政府即刻开始改变这一现状，相比旧王朝的做法，这次更加雷厉风行。

乔治·勒费弗尔注意到“在各级官员手中的职能越来越专门化”，[34] 这种趋势业已延伸到各行各业。拿破仑对医生和律师的怀疑众所周知，此想法与他治下的大多数人不谋而合，但他依然努力在法国劳动人口中振兴他们的地位，执政府和后来的法兰西帝国逐步提高这两个行业的准入门槛，但拿破仑一直坚持教育过程和进入行业要由国家控制，而非像旧制度时那样，任其发展成为独立的，不受国家控制的行业。在这个过程中，必然会有徇私舞弊，搞裙带关系，尤其是在法律行当里，比起大革命时的自由市场，现在能从事法律行业的人数大大减少了，对这些人资历的认证专属于国家，这些资历是统一的，全法国通用，后来变成全法兰西帝国通用，不像旧秩序下地方要求不一，各自为政。1810 年，高等师范学校在巴黎成立，旨在为公立中学培养合格师资，该学校无疑是奉行精英教育的，它规定了价值的标准，并不完全排除仅凭美德就可发迹的可能，当然法律行业可能是个例外，最重要的是，在国家的监督下，人文行业的复兴代表了一种正常化，一种与 18 世纪 90 年代的异态的背离，但又不同于复辟时期。

关于过去的政治：政教协定及调解右翼的失败

拿破仑多次承认，1801 年与罗马天主教会达成协议是他做过的最难的事，他完全有理由这么说，因为他的改革倡议很少像这样，如此一败涂地。他与庇护七世签订的宗教协议不仅很快就流产，还产生了事与愿违的效果。这个残酷的事实，即使是他最激烈的抨击者也很少承认。对一直以来的左派而言，这个协议的存在本身清楚地表明，革命已被抛弃，秘密君主派的复辟正在进行，在左派看来，拿破仑将会是绝对的传统维护者，他不思变革听天由命，想要把教会作为君主制的支柱予以恢复；而对于右翼的政治传统而言，同样的逻辑却不受待见。协议的签订表明与拿破仑作对的反革命强大如斯，拿破仑不得不做出妥协。与他的教育改革类似，拿破仑与教皇的协议在他的时代流产了，而且带来了惊人的、灾难性的后果。

拿破仑是抱着一些成功的希望来从事这项艰巨的任务的。如果不是需要教会的支持去完成平定内乱这个更大的任务，他是不会与教会谈判的。倘若与教皇接洽时，不准备将天主教信仰上升到国家的官方层面，那他所谓与保皇右派和解的关键政策也就沦为一句空话。最重要的是，拿破仑是反对把法国的过去统统抛掉的，他意识到天主教依然在法国文化中占据着核心位置。拿破仑做任何事情都是有原因的，因此与教会改善关系对他来说是很正常的一件事情。新达尔文主义者这样解读拿破仑，他尊敬——虽然并不太欣赏——创伤后的幸存者。18 世纪 90 年代，风云变幻，弱肉强食，他见证了教会经受住在恐怖统治时期来自革命派的迫害，以及督政府时期隐隐的苦恼。教会有贵族的拥护，更重要的是，又有深厚的民众基础，因此对待教会马虎不得。

拿破仑登上帝位后，需要对旧秩序下最为有钱有权的人保持绝对权威。他的权威植根于大革命，他也深知这点，同时实践又证明，在归顺于政权的各股势力中，教会是最为棘手的。因此，问题就在于是坚持国家垄断一切权力，还是与教会达成真正和解。在现实层面，拿破仑无法忍受这样的选择，革命后的法国也不会答应这样的选择。在他与教会这一最大的健在机构接洽时，他对彻底回归君主制的有意识抵制表露无遗。

然而还不止于此，拿破仑的整体世界观让他想到教会一旦拥有实权，在全社会独立发挥影响，就会非常抵触。如果这一切成真，那意味着他在公立中学的改革，希望建立一个更加务实现代的专业化社会的这一切都会泡汤。被迷信束缚的农民是令拿破仑惧怕的心头阴影，无论他多么需要民众服从，他从不愿意他们盲从。第一执政在他的政权里吸纳了更广泛的政治阶级参与进来，因为普通民众对教会和贵族的土地充公也都同样害怕。

在与教会关系闹僵后，拿破仑很快又转而寻求当时的共和派支持。宗教问题使得拿破仑又回到督政府里的共和派阵营。出于需要也出于信仰，面对教会未来绝不可能为新政权所用的前景，拿破仑有些畏缩。他想出了一种方法来置教会于其控制之下，但对于新政权而言没多久教会就不再具有进步意义了。如果真的回到旧制度下，由神学来操纵国家的知识分子阶层，将会使开明的知识阶层和专制的统治者同样反感，这在以前是不可想象的。

没有哪个革命者引发的对抗会像 1790 年的教会改革那样在全国产生深远影响，无论是就领土还是意识形态而言。寺院的教士——僧侣、修女和男修道士——都被废除，他们的大量财产也悉数充公，此外，新的代表大会通过决议，要求所有的主教和教士都必须通过选举产生，这就意味着可能会有非天主教人士担任教职，而且，他们还必须像公务员那样宣誓效忠于新宪法，这些都给教会带来了创伤。罗马教皇庇护六世禁止这种做法，法国的教会也分为接受宣誓的宪法派和拒绝宣誓的顽固派。后来上任的政府均支持前者，而把后者视为叛国予以取缔。教会里的顽固派经常受到死刑威胁，并经常被追捕，随着督政府下的法国变为一个世俗国家，教会里的宪法派也被政府放弃不用。因此，随着政府对教会财产的冻结没收，以及18世纪90年代政权对教会的普遍排斥，在法国的天主教内部出现了严重分化，但无论是宪法派还是顽固派，他们对天主教的爱都是一致的。前者视后者为危险的煽动者，几乎与革命派口中的土匪相差无几；而在后者眼中，前者就是异教徒。在督政府最后几年的统治期间，尤其是1798年果月十八日政变后，在政府镇压反革命的大背景之下，对教会的迫害其实是加深了，教会的顽固派再次受到死亡威胁，而宪法派也受到越来越多的猜忌，因为他们与在1798年被中止的选举中获胜的温和保王派有着千丝万缕的联系。这就是拿破仑1799年上台时面临的政治局面。

虽然树敌很多，但在法国历任政府期间，教会依然存活了下来。而对于教会里的顽固派而言，他们得到穷苦农民们的秘密资助，成为现任政权下一股活跃的敌对势力。眼见这股势力难于收服，拿破仑必须与其接触，否则所谓的和解谈判就将沦为空谈。早在第二次意大利战役和与教皇的谈判开始之前，拿破仑就开始接触法国教会里的这两派。1799年11月他走马上任仅几周后就下令，允许宪法派收回那些还没有被作为国家财产廉价出售的教堂。对于仍然违法的顽固派，只要他们承诺不违反新宪法，就大赦他们，恢复原职。他还恢复了周日的宗教庆典。此前政府只允许每10天的最后1天作为假期，这一做法拿破仑保留到1806年。恢复在周日的宗教假日是拿破仑的首创，他深知没有教皇的支持，一切都是空谈。当1800年9月谈判开始时，真正的工作才刚刚开始。

1799年，一直被囚禁在阿维尼翁的庇护六世死去，1800年初伊莫拉的主教基亚拉蒙蒂担任庇护七世，这些都间接地帮助了拿破仑。就拿破仑所知，基亚拉蒙蒂曾督促他的教区不要反抗法国人的占领，这似乎提供了对话的可能。但实践证明，这种可能并没有真的带来友好和善意。1800年教皇的代表从罗马来到法国，谈判开始了。但在他们还没开始进入谈判之前，拿破仑就提出他认为不容置疑的两点：一，在18世纪90年代期间作为国家财产出售的教会财产，没有谈判的余地；

二，法国的主教要重新任命，从头开始。拿破仑在意大利北部见到谈判代表时——当时他还率领着军队，而谈判代表还在去巴黎的路上——这样说道，除非同意这两个条件，否则没有必要谈下去。教皇不得不接受条件，随后 3 个月，这些谈判代表们表现得就像意大利的征服者那样顽强，因为双方不断生成提议和反驳提议，而且双方互不买账。

于是拿破仑亲自介入谈判，要求谈判双方必须在 5 周内达成一个确定的书面协议。他的确很有办法。庇护七世于 1801 年 6 月，拿破仑于同年 9 月分别批准了此协议。拿破仑的心腹波塔利斯受命让协议得到国民大会的通过，却几乎把事情搞砸，他没想到在大会代表中反教会的情绪这么强。波塔利斯预见到代表们会不喜欢社会上充斥着宗教氛围，因此他的提案是从纯实用角度考虑的，他提出有组织的宗教也是社会稳定不可缺少的一部分，是平定内乱、实现稳定的一个组成部分。

即使做出了这样的表述，政教协定在议会那里依然引起了强烈抵制，直到 1802 年 4 月才勉强通过，尽管《亚眠和约》有着耀眼的光环，政府却不得不对协定的文本进行修订，强调教会将由国家控制，这样《亚眠和约》才得以在立法院通过，即使这样，也有三分之一的代表或弃权，或投票反对与罗马教廷建立正式友好关系。[35]

这里包含的信息是耐人寻味的。教会的温和中间派很多人都是农民起义出身，即使是拿破仑执意要保护的教会里的宪法派也不满意。其中一位一直以来的宪法派领袖阿贝·格雷古瓦就争辩说，执政府为了恢复公众信仰已做得足够了，没必要再去与罗马教廷打交道。[36] 如果富歇的回忆录可信的话，他也是持类似观点，他声称虽然“圣坛的复兴”是社会稳定的基础，然而，让罗马教廷直接介入法国的事务只会带来麻烦。[37] 拿破仑不得不两线作战，腹背受敌。

此时，拿破仑的谈判代表正与罗马教皇进行艰难的谈判，这是法国议会代表们所未能意识到的。如亚眠和谈的情况一样，实际的谈判工作可能主要由约瑟夫承担。参与谈判的还有阿贝·贝尼耶，他曾是旺代省的首领，也是一位拒绝宣誓效忠的牧师，在雾月政变后不久团结在拿破仑周围。塔列朗则站在幕后，事实证明他的经验和手腕起了极大的作用。在谈判期间，拿破仑与庇护七世之间的直接通信完全中断，他对约瑟夫和波塔利斯的训诫即使在谈判即将结束时也未停止。这些都表明作为一个世俗领袖的急不可耐。他通过与教会建立友好关系，将积累起大量的政治财富，但要达成此目标，他对要接触的人又一无所知。1801 年 7 月，他告诉约瑟夫，希望教皇尽快颁发诏书来正式批准协议，从而能够赶得上国民大会的新会。[38] 10 月，他又命令波塔利斯督促教皇起草诏书，以便能及时送给他，随协议和《亚眠和约》文件一起在全法国发行。[39]

拿破仑从来没有学会与罗马教廷打交道。正如尼采所说，“帝国的雄鹰绝不会安于做上帝的羔羊”。他不得不由约瑟夫来面对教皇代表团的团长孔萨尔维，讨论宪法派主教的地位问题，他坚持对宪法派于 1790 年宣誓效忠政府一事，教皇不能下令撤销，否则这将会是对宪法派的侮辱，更重要的是，对于自立法议会以来一直忍受着宪法派的当局而言，这也是侮辱。[40] 在此时，拿破仑表现出他对于革命理想的执着，而拿破仑的原本是想通过谈判，令教会归顺和混编在他的政治大厦之中。但他对梵蒂冈越发恼怒，对于天主教心怀鄙夷，这些当然会搞砸谈判，但这反过来也能让法国政界放心。拿破仑坚决支持那些拥护革命的主教，他的做法得到了旧政权下 37 位主教的强烈反击，即使有教皇的命令，他们也拒绝辞职，反对协议的签订。其中 35 人流亡在海外，[41] 这对拿破仑来说算是好消息，但他们对各自的教区依然发挥着影响。总之，他们对于教皇批准的和解非常气愤，这意味着所谓的归顺，甚至混编政策，在宗教领域依然任重道远。

双方阵营的人们从协议里只看见了相互制约的两个死敌。1801 年签订的协议对双方来说，与其说是同意教会可以做什么，不如说是禁止教会可以做什么。从协议的条款可以看出教皇为何不得不在胁迫下接受条款。关于教会在未来社会中扮演何种角色，拿破仑的设想更为清晰地表现在他不允许恢复什么，而非允许恢复什么。而教皇和他的法国的信徒们对于他们想要的全面恢复也已经不抱幻想了。常规骑士修道会也不会得到恢复，实际上教堂依然保持 1790 年时革命派设定的目标：主要由主教和牧师组成，作为国家的一个部门发挥作用，旧秩序下的神职人员则承担有限的教学和护理的任务。教会的节日也被缩减，其庆祝也同其他公众信仰一样被局限在教堂内，除非其庆祝包含了法国军事胜利，或者后来的庆祝帝王家庭的新成员的诞生，才可以破例。在法国教会施行了几个世纪的盛大宗教游行和狂欢，也都如革命派所愿，一股脑被取缔了。仅有的没有被安排进周日的宗教节日就是圣诞节和圣母升天节。世俗的协会几百年来都是大多数法国人社会生活的重要支点，现在每个教区只允许保留一个，也变得不再重要。设在田间地头的小教堂，一直以来都是劳作的农民虔诚习教之所，依然被禁，18 世纪把天主教会的卫理公会复兴传播到乡村的做法，也同样遭到禁止。

总之，在拿破仑强有力的干预下，梵蒂冈在一个关键问题上做出了让步：天主教不再是法国唯一的、官方的宗教。所有现存的宗派——路德教派、加尔文教派、犹太教，都被视为平等的教义，都在国家的统一领导和保护之下。罗马天主教会只不过被官方认定是“大多数法国人的宗教”，他们不得不接受这一点。信仰自由就像国家财产（biens nationaux）一样，不容置疑。任何希望传统天主教信仰复辟的人很快就会清醒过来，抛掉这种幻想，就像保王派已经对拿破仑不抱幻想一样。这是革命带来的胜利。

而对神职人员的任命办法、教会的地区分布重组，教会相对于国家政权而言的整体地位，这些都是路易十四旧政权的胜利，也是法国传统天主教徒的胜利。路易十四虽然是虔诚的天主教徒，却一直主张法国天主教独立，摆脱罗马教廷的插手，尤其是在主教任命上的干涉。这一态度被拿破仑很好地继承了下来。协议重申了 1516 年弗朗西斯一世和罗马签订的协议，那个协议使得法国元首可以提名法国主教人选，并且罗马教皇必须批准。而现在所有的主教职位还有待填补，每个人都在重新申请教职。拿破仑还迫使教皇同意重要的教区边界变化，从而大大减少了主教的数量。当拿破仑坚持要把所有这些改革扩展到仅在协议签订的前夕才刚吞并的皮埃蒙特地区，并且如愿以偿时，拿破仑就揭开了未来与庇护七世冲突的序幕。

对于协议的结果庇护七世全盘收下，因为他知道，虽然协议令他不快，但相比起 1799 年前教会在法国的脆弱不堪的处境而言，这已是一个巨大的进步了。但把这些条款推过界，推到革命派肆意迫害教会的年代，将会是一个非常危险的先例。皮埃蒙特教会以前从未受过这样的蹂躏，在那里，协议实际上是在侵害教会的地位。庇护七世别无选择，只好退让。这使他大感苦涩，但随着拿破仑的版图一再扩充，教皇已经做好了应对类似冲突的准备。

如果说拿破仑从这次协定收获了什么政治资本的话，那就是它提供了一张“全权委托书”，拿破仑可以借机通过大规模混编来重组法国的神职人员。雅克 - 奥利维耶·布东对拿破仑的想法总结得很好：“他的原则很简单；他设法合并这两个主教区，把其中一半的主教改由新人担任。”[42] 作为回报，一些教会的顽固派将会被释放，而教会里的很多宪法派也会因此获救。但拿破仑希望在他的新教区里，占统治地位的既非顽固派也非宪法派，而是他的人。至少他是这样设想的。然而，当拿破仑把对流亡者的大赦延伸到这些不听话的主教时，事情就并非像他设想的那样进展。在新任命的主教人选里，32 位是顽固的反革命派，只有 12 位宪法派，另外还有 16 位是法国大革命前的主教。在新任命的人选里，拿破仑任命他的叔叔约瑟夫·费斯奇任里昂的高级主教，成为法国教会的首领，他的几位将军的亲戚也分别担任主教。[43] 他们就是拿破仑的枢机主教，负责教区神职人员的任命与监督，每年要在各自教区进行乡间巡视 3 次，就像各省总督要对各省巡视一样。

很快拿破仑就失望了，他对桀骜不驯的教士一再忍让，却没有为他带来什么收获。他不得不依赖于富歇的警力和他所信任的宪兵来打听教士的举动。从拿破仑的书信就可以看出，协议的墨迹还没有干，各地牧师的意见就都很大。布东的话可谓一语中的：“对于宗教信仰的保卫可谓意义丰富，在政权的从始到终，宗教问题一直都是对政权不满的源头之一。”[44] 不久，这种维护治安的职责就由波塔利斯领导下的公共信仰部转交到富歇和他的前雅各宾分子所在的警察总局。对于协议签订后民众对公共信仰的这种普遍狂热情绪，富歇及其手下事实上都被吓坏了，他们绝不会像个傻子那样坐视不理。

种种证据表明，除了对不听话的主教重新安置，边缘化教会中的宪法派，在教会大力安插自己人之外，协议的签订并没有减轻业已存在的宗教界的抵制。拿破仑也遭到过教士的蔑视。1802 年拿破仑访问鲁昂，该地因其温和的政治气候和活跃的经济而为拿破仑所喜爱，他向康巴塞雷斯说："大主教先生在此地受人爱戴和敬仰，他很想给我们做个弥撒仪式，但他却没给我们圣水，没有祷告，也没有布道。明天，即万圣节，我们将为自己做个弥撒。"[45] 人们不免揣测，拿破仑写信给富歇是为了作为一个雅各宾人，向牧师提出一个"不给糖就捣蛋"的警告。

1802 年 11 月，费斯奇在里昂就职，当时拿破仑要求他帮助当地宪法派的牧师，不要让他们边缘化。他没有这样的错误想法，认为在法国这个第二大城市有很多牧师与国家誓不两立。因此他命令费斯奇雇用其中一些牧师，并把他们的一举一动都告诉自己。而拿破仑有权随时辞退他们。[46] 里昂一直以来是集中了牧师不满情绪的核心地带。当拿破仑命令蒙塞派遣手下完成乡间巡视时，他特意叮嘱要密切注意牧师的一举一动。还不止于此，1804 年 5 月，拿破仑通知他的司法部部长雷尼埃说："在德塞夫勒省，很多牧师引起了我的注意，他们既叛教又叛国。这些人要由宪兵队进行逮捕，地方当局不得干涉。"[47]

拿破仑明白无误地告诉雷尼埃，这些人犯的都是最重的罪。到了下一个月，就轮到了附近的普瓦捷的 14 位牧师，他们的被捕在当地引发不小的震动。[48] 这样的逮捕行为连续不断地发生，到 1809 年当政府与教皇的关系彻底破裂时，事情就变得更糟了。

除了这些靠不住的牧师，还有些教会里顽固派的余孽，他们依然拒绝接受协议。这些人想方设法留在了法国，或是趁谈判双方关系放缓时，从海外结束流亡回到法国。他们又被称为"小教会"（Petite Église），一直为政府所通缉却一直坚持到了 1814 年才消亡。不出所料，小教会最大的支持来自旺代省，在那里，尽管政府给出了高额的金钱予以奖励，宪法派牧师依然不接受政府的任命，这从而提高了小教会的地位。小教会的支持还来自里昂，他们利用古老的詹森派对罗马教皇和国家的怨恨发展起来。在其他一些分散的区域，小教会也有信徒，主要是受当地支持他们的主教和牧师影响所致。小教会的信徒始终在 10 万人左右，[49] 从来都构成不了威胁，却总是令拿破仑如鲠在喉，提醒他在这场关于宗教的赌博中他已是一败涂地。拿破仑曾希望协议能帮他把西部反对革命的农民、地方上的旧贵族都团结起来，但事实并非如此，小教会最坚定的支持者就来自于拿破仑想团结的那些地区和阶层。

旺代省的反叛者中有一位非常重要的贵族领导拉罗什雅克兰，该地区的小教会在他姑姑的保护之下。[50] 1805 年，政府下令逮捕了这里的牧师们。这件事本身是不足为奇的，但它折射出拿破仑对于协议的失望情绪，以及在这片多事之区重振协议的真切之情。1800 年 5 月，他告诉当时的西部军队司令贝尔纳多特，该地区的牧师看上去为人正派，“有必要尽可能让他们开开心心，要实现宗教的完全自由。”[51] 但他的想法落空了。拿破仑往往被认为是通过协议来平定旺代内乱，但事实上，拿破仑在他 1800 年 1 月刚上台时就向该地派出增援部队，比起为这些极度保守的当地人提供不受欢迎的宗教解决方案，在这些省份施行较低的征兵份额更加有效地“避免了法国人流血”。[52]

随着越来越多的军队来到旺代省，充实了一直以来兵力不足的驻军，此时再来说服当地人放下武器就是相对容易的事了。[53] 但如何说服他们、团结他们就没那么容易了。1803 年年底，在该地区爆发了一场 400 多人的暴动，其中有 7 人刚从英国流亡回来。拿破仑随后在一次谈话中，称这 7 人为“无家可归的可怜虫，凭着内战期间的免罚许可应运而生的坏孩子（mauvais sujets）”，同时下令往该地区派遣“相当数量的部队”，他也承认敌方很有组织，能迅速融入当地而不留半点痕迹。[54] 两天后，他向雷尼埃抱怨当地的市长配不上总督给予他们的信任，否则，“他们的下属，还有擅离职守的，以及其他阴险的人”本该受到处置。拿破仑觉得越来越有必要来迫使市长们交出“这些暴民的名单，以及最重要的是，由于这场内战被吸引过来的那些外国人的名单”。[55] 如果协议的初衷是为了解决类似这样的问题，那么在协议的缔造者看来，协议没能做到这一点。

尽管宗教改革以失败告终，拿破仑的创举依然值得称赞。他是真心想要结束旺代的流血冲突。并且，与他之前的政权不同，拿破仑为了达到宗教和解的目的，很好地掩饰了对反叛者虔诚信仰的鄙夷。虽然对于他们的原则未必赞同，但他已开始尊敬他们的领导，他后来称呼这些人为“旺代的巨人”。他做了退让的准备，也准备与教会妥协。斯塔尔夫人这样评价拿破仑：“别人在良知驱动下才会做的事情，他凭着智慧就可以做到。”[56]她的这番评价说明她对拿破仑还不是特别了解。作为巴黎开明的沙龙里被宠坏的孩子，她和其他革命者——无论属于什么派系——的良知都使得他们不会伸出手去安抚敌人，在他们看来，这些敌人大都只是粗野的野兽罢了。拿破仑继承了他们的这种偏见，虽然他们很多人不愿承认这点。但通过失败和成功的反复经验，他展现出作为一名政治家的气度，做出让步。虽然眼见妥协无效后，他立刻就放弃了这种方法。1795 年在罗伯斯庇尔下台后，法国西部很多叛军领导寄希望于新政权，有的甚至来到巴黎希望与督政府对话。但他们很快就失望了。君主立宪派选举获得胜利，却被认为无效，于是他们回到地方，重新拿起武器。当拿破仑执政时，西部叛军拒绝与拿破仑接触，但那主要是因为他们对拿破仑开出的条件不满意，而并非拿破仑不愿妥协。就镇压的过程而言，这没多少区别，但相比以前，重要的是拿破仑政府对和解表现得更加真诚。协议的失败要放在精英文化与大众文化的斗争大背景下加以考察，教会与法国大革命的冲突只是这个大背景中的一部分。

协议的破产最明显的表现不是在反革命的社会意义或领土意义的割据上。卢瓦尔 - 谢尔省几乎称不上是个动荡地区，该省的总督却依然在抱怨：“令人感到生气的是，在旺多姆，宗教异议依然备受各个家庭的青睐，尤其是深受妇女的欢迎。”[57]与夏多布里昂不同，他们没有等到同伴有人死去才抵制归顺，拿破仑也不会像手下的官员那样对此采取听天由命的态度。1804 年 7 月，他命令宪兵队对旺多姆的宗教异议领袖进行逮捕，“他名叫杜阿尼埃，我要旺多姆市的市长对此做出解释，他在妻子的影响下，对该牧师采取了庇护，我想要知道，为什么这位市长会任由他埋葬一位刚死之人，而不是把他交给教区牧师处理”。[58]

旺多姆离巴黎不远，一直以来都是个很安静的地方。在旧政权时的主教是名海外流亡者，按照协议要求本该辞职，但他一直拒不辞职，不过没有因此爆发冲突。

这里既不是像旺代那样的“难驯的西部”，也不像中部那样心怀恶意，但拿破仑依然觉得那里的牧师威胁到了他，考虑向那里派出军队。可以预见到倔强的主教会有一定程度的反抗，但拿破仑对此反应过度，这才是关键。现政权并不信任与罗马教廷签订的协议，哪怕是在协议的一开始阶段。

拿破仑对协议的信心在一点点消失，这不光是他的死硬顽固的对手所致，协议的失败也体现出拿破仑自身的局限性，他对当时的宗教文化，尤其是民间普遍的宗教虔诚认同度不高。他对梵蒂冈和高级神职人员的精神感受不闻不问，由此产生的后遗症他通过选择优秀的外交官并报以厚望加以抵消。但拿破仑想象中的教会在普通民众看来显得太进步，太精英化了，而不像保王党和教士了。这不是拿破仑一个人的问题，他与同时代的几乎所有法国人都持同样的理智观点，都接受启蒙主义的信仰（虽然其中有人并非如此），都认为普遍的宗教虔诚掺杂了太多的迷信因素，这种过火的宗教崇拜受到耶稣会的帮助、鼓励和支持，他们影响极坏，已经威胁到社会秩序，因此在18世纪60年代就已被禁。绝大多数受过教育的人——从斯塔尔夫人到拿破仑——面对一个充斥着地方圣徒的世界都会惊恐退缩，他们繁多的宗教节日、具有强大震慑力量的宗教遗迹，自17世纪以来一直在边远的农村社区灌输正统古板的天主教形式——旺代省就是这样的情况——都让他们心生恐惧。根据协议的条款，拿破仑不可以去接触天主教弥撒，即使他想去参加弥撒，也不能带上任何权力圈内之人。协议以法律的形式立起了一种宗教观，这种观念应该是温和的，在很多方面不同于大众流行的宗教虔诚，并且必然会把大批的农民排斥开来。在17世纪末到18世纪间在天主教下有一个分支叫作詹森主义，格外强调个人虔诚和宗教清修，与社会上普遍流行的肤浅热闹、一味复古的宗教崇拜形成了鲜明对照。协议就与詹森主义有很多近似之处。事实上，甚至对夏多布里昂来说，协议一开始是很好的，当时他欣然受命担任法兰西共和国驻罗马大使，满怀希望能构建出双方的一种新的关系出来。除了一小部分完全反对基督教，大部分的法国精英阶层预见到教会在宗教形式上将更多地打上詹森主义的智性严谨的精神传统的烙印，同时又与詹森主义反对国家控制的政治立场截然不同。未来教会的核心价值观在协议的那些关于镇压传统的大众的宗教虔诚方面得以表现出来。这一点拿破仑即使在面对他最钟爱的家庭成员时也心知肚明。他的叔叔枢机主教费斯奇出任里昂主教一职，也因此一跃成为法国教会的首领。拿破仑在写给他的一封信里警告说："如今的主教和大主教绝不同于 1789 年时的情况，他们更接近于初期教会……你要注意我在信中给你讲的情况。"[59] 同时，他劝诫费斯奇要团结教会的各个派系，但看来并没取得效果。

这是包括拿破仑在内的法国精英界的共识。在此共识下，新詹森主义的天主教与世俗主义并存，最终是为了凸显新政权的精英性。换言之，如果所谓的归顺政策旨在兼容并蓄的话，那么拿破仑的宗教政策却是竭力不去争取这个国家最大的一批人。拿破仑既要安抚右派阵营和农村的天主教民众，又要忠于在精英阶层盛行的詹森主义的传统，这令他骑虎难下，他的这种两难境地在他 1804 年底写给富歇的信里表露无遗。拿破仑深知，无论富歇和他的大部分由前雅各宾派组成的警力如何怀疑，如何想把他们从地方议会剔除出去，虽然需要对他们密切注意，对这些大赦过的前流亡者们只能听之任之：

> 政府的解决方法是惩罚恶棍，奖励善人。你知道这些流亡者很多都是自己愿意回国的，因此我们不能剥夺他们享受的政治权利……基本原则是除了那些行为得当的神职人员以外，所有其他的人和事都要密切观察。[60]

然而同时，拿破仑在如何安抚右派阵营的问题上，又暴露出局限性。在协议签署后有谣言盛传，说它可能会让耶稣会教士——其成员从保王派改革家到偏激的雅各宾派不等，让知识阶层大为头疼——回到法国，拿破仑对此反应甚为激烈，近乎崩溃：

> 我的主要目的就是为了阻止耶稣会教士在法国卷土重来，他们会

采取不同的形式，我不管他们是耶稣圣心会也好，还是神圣圣礼的团体，[61]或任何类似于宗教民兵的形式，我绝不允许他们存在，除了现有的神职人员，我也绝不会采取措施来允许存在其他神职人员。同时我还要禁止女修道院存在……然而，让那些修女在自己的教区了结余生或保持以前的习惯倒也不麻烦，但她们不可以再招收新教徒……她们不可以由牧师监督，也不可以与主教联系，因为任何团体一旦偏离轨道就一定要冷酷无情地加以处理。[62]

其中一组巴黎的修女们崇拜耶稣圣心会，这对拿破仑来说，无异于双重噩梦。他命令富歇先去悄悄调查一番，如有必要再采取行动。另有一个宗教团体在经营一所拿破仑批准过的女子小学，富歇也受令对其予以调查。于是问题产生了："你怎么知道哪些是新教徒，哪些只是学生呢？"对于协议，开明的精英阶层没有什么害怕的，倒是教会对此心存顾忌。同一天，他命令塔列朗告知西班牙政府，对于其重新接纳耶稣会教士的决定很难理解，建议马德里要三思："这样的事情我绝不允许发生在法国，或是意大利共和国。"[63]

在朱诺女士的回忆录里，记载了拿破仑在听到当时"圣罗什事件"暴跳如雷的反应。这反映了当时他对于牧师的官方印象。当时在巴黎有一位受人爱戴的舞蹈家沙默卢瓦小姐，她不幸死于难产，由于没有结婚，葬礼的随行人员，以及大批人群被圣罗什牧师拦在教堂之外，从而险些酿成一场骚乱，在警察的干预下，葬礼改在另外一家教堂举行。这起事件让拿破仑很少见地大发雷霆，据朱诺女士回忆："拿破仑当时破口大骂，他只有在被真正激怒时才会这样。"拿破仑对巴黎大主教施压，要求对圣罗什牧师公开警告。他的施压奏效了，圣罗什被停职3个月，并且其处理意见发表在国家的官方媒体《箴言报》上。朱诺女士注意到，在《箴言报》上的处理意见，其措辞与拿破仑独特的散文风格颇有几分相似。对于这位执拗的牧师，处理意见上这样说道："它会让我们在沉思中找回一丝责任感，他会记住，那些或是产生于蛮荒年代，或是产生于宗教狂热分子的发昏的头脑，抑或是轻浮堕落的宗教仪式保存下来的所有的迷信行为，都是为协议所禁止的。”[64]

1805年8月，正值拿破仑为他的“袭击英国”战役准备正酣之际，当教会试图把其权力触角向百姓日常生活延伸，就像法国大革命前的教会那样时，拿破仑在他位于英吉利海峡沿岸的总部，依然不忘向教会开火。当有几位总督支持教会决议——教堂以外禁止跳舞时，拿破仑不无讥讽地问他的内政部部长：“我不知这项规定会在哪里废止，难道现在跳舞也变得大逆不道了吗？我们是不是还要回到过去禁止跳舞的年代？”然后他彻底爆发了：

> 如果主教们的话都当真的话，我们还要禁止舞会、娱乐活动、各种时尚，把整个欧洲变成一个大修道院……请向他们说清楚：本政府绝不愿参与到这类事情中来……直接给那些愿意跟着教会干的地方长官们写信。[65]

成千上万的被征兵员被迫参加各种操练，但在和平年代，他们如何消遣则由自己决定。拿破仑奋力维护世俗社会免受神权的悄然掌控，就像法国的海岸线阻挡英国人的“新迦太基”。

朱诺女士对拿破仑的自控力时有评论。在她和丈夫——拿破仑的老友兼战友——看来，这种自控力是拿破仑性格里最为鲜明的部分。据她记载，拿破仑另外仅有一次大发脾气，那是当《亚眠和约》被英国人撕毁之时。[66]就拿破仑而言，教会和英国人一直都是他的心头大患，其他东西很少能让他如此烦扰。

正是因为协议的双方狐疑重重，心怀不满，使得协议没有像它所宣称的那样修复战争与革命的创伤，而是看上去像拿破仑与英国人达成的脆弱的和平那样不可靠。就像《亚眠和约》一样，协约也会因为双方的敌意而瓦解，只是因为教皇无法部署军队来反对拿破仑，这种瓦解需要更多时间。无论是在哪种情形下，拿破仑都要与他不喜欢也不了解的人和政治文化打交道。梵蒂冈的处事方式捉摸不定，让他困惑不解。他无法理解为何教皇的诏书不可以催促，也理解不了罗马教廷要进行深度的反思才可以同意做出让步。而威斯敏斯特的议会与内阁的兴与衰也同样让他困惑不已。在谈判过程中途的直接介入都会导致灾难，其结果对双方都是令人厌恶的，重新让双方树敌。对英国而言，这种情形发生在1803年，对梵蒂冈而言，在经过一段长时间的“虚假战争”后，这种情形还是于1809年发生了。最终，在这两场争斗中，拿破仑都输了，但从短期来看，他所取得的一些局部胜利为他争取了宝贵的时间。这些胜利都因为他知人善任，留心手下之人，有必要时可以用来帮助自己。如果说《亚眠和约》和协议暴露了拿破仑的局限性（无论是文化上的还是个人上的局限性），那么它也表明了拿破仑的巨大才能，绝不让身边挤满谄媚之徒。

协议的签署过程中，拿破仑发现了他一位最为得力的助手，虽然协议最终流产，意味着归顺与混编政策的破产，但它把阿贝·艾蒂安·贝尼耶带入拿破仑的视野。贝尼耶一开始是旺代反叛的领导，是1793年春季起义爆发几周后成立的非军事的“最高委员会”成员之一。1796年，在经过一系列灾难后，他依然劝说一些军事领导继续战斗，声望日隆，他亲手为束缚在土地上的农民起草了大量宣言，甚至在农民抛弃了他之后依然如此。在斗争的始终，贝尼耶都是保王派权威和教会的一个聚焦点。直到起义失败后，他依然坚持抵抗到1799年，并试图与在英国的流亡者建立联系。[67]然而，就在雾月政变刚结束。他就与拿破仑通过书信接触，很快就与西部的军事司令埃杜维尔将军联系上，充当他与叛军之间的调停者，拿破仑没有让这个机会溜走，这就是此时此地他最需要的归附。

拿破仑是这样描述贝尼耶写给他的第一封信的：“这是一位开明人士的来信。值得与他为祖国的幸福和荣耀而合作，告诉他我很乐于见到他。”[68]当贝尔纳多特接替埃杜维尔上任时，他告诉这位新司令官“贝尼耶很有能力，在平定内乱的过程中作用很大，要充分信任他”。[69]贝尼耶也不负重望，帮助实现了叛军的停火，并说服绝大多数叛军接受政府大赦。拿破仑意识到他的才能并不局限于区域影响力，而是可以高度迁移转化的，他是可以被很好地融入自己的政权的。

事实证明贝尼耶就是块谈判的好材料，在协议谈判中，拿破仑把他和他的政权内一些最资深的谈判专家一起使用，贝尼耶也证明了自己的价值。1802 年，他被授予奥尔良主教作为表彰。1807 年正当局势极其需要他出谋划策之际，他去世了。但对于拿破仑而言，他无异于无数教士黑袍汇成的茫茫黑海上的一小束希望之火。

拿破仑在埃及的时候也接触过神权政体，他时常发狠说要转信伊斯兰教来巩固在埃及的统治，他对协议的看法也是同样的。他的这些说法既对又不对。这既表明了拿破仑在精神世界里愤世嫉俗，无动于衷，也说明他高估了自己对所谓的落后和愚民的容忍力。不久当拿破仑发现埃及人的宗教比不上他从伏尔泰那继承下来的视野时，他就对埃及的教士及其信徒进行抨击。1801 年后，天主教牧师们重整旗鼓，卷土重来，他们有的是地方上的传统牧师打着反对革命的旗号；有的是主教试图恢复以往教会在社会上的特权地位，对此拿破仑采取了先退让的办法，以便能够更好地考虑如何予以痛击。然而与在埃及不同，对于他所厌恶的东西，他不能转身一走了之，在法国国内，协议就是拿破仑为了应对 18 世纪 90 年代严重的各阶层裂缝而施行的混编与归顺政策最大胆的尝试，但这个尝试失败了。

《民法典》

1802 年 1 月 21 日，在向参政院汇报新的民法典工作进展时，让 - 艾蒂安 - 马里 · 波塔利斯的言语掷地有声：“法律是为人服务的，而非人为法律服务。”[70] 与他的杰作里的很多警句一样，这句格言在欧洲法理界一直被奉为圭臬，也是一个委员会成员们的心声。雾月政变后不久，参政院的这个下属委员会即开始着手立法。1800 年 8 月，该机构正式成立，1804 年 3 月 21 日《民法典》正式颁布。法典服务的人民和国家都是具有高度政治性的，而编写法典的人也不可能超脱于当时的政治风云，但即使如此，他们在努力之下成功写出了一部具有恒久价值、简洁清晰的法典，在西方世界，其不朽性比肩于美国的宪法，英国的《权利法案》。

与美国宪法类似，《民法典》——1807 年改名《拿破仑法典》——就本质而言反映的是启蒙运动中保守派的立场。它对人类状况的认知是悲观却现实的，矢志于为其解释提供一个模板，而非一系列具体不变的约束措施。1804 年颁发的《民法典》措辞简明，既精确又灵活，以清晰明了的语言写成，任何受过一些教育的人都能轻易读懂。撰写此法典的初衷就是为了把民法从模糊的语言与难懂的法律术语中解放出来，它也做到了这点。编纂委员会为后人撰写法典树立了一个典范：既清晰又全面。自称为波拿巴主义者的司汤达称该法典为“迄今最好的家族小说”。拿破仑时期的法理学家在编纂过程中参考了前人的作品，但不可否认，他们成功创做出了现代历史上最经典、最有影响的文件。

委员会的各位成员做到了这点，他们编纂的《民法典》不但在法国经受住了考验，而且在依然保持其基本形式的情况下风靡欧洲和全世界。拿破仑一直把《民法典》视为他最大的也是最有用的成就，相比军事上的胜利，它对社会的影响更大更持久。然而，一开始编写法典时，法国革命风云变幻，编纂人员必须要跳出此时此地的局限，从这团迷雾中走出来。《民法典》的撰写是政治的产物，用波塔利斯的话说，这是一场新旧之间的交易和对话。

法国的参政院虽然刚刚成立，却已经在正式开始工作前就学到很多，这主要是以康巴塞雷斯为代价换来的。康巴塞雷斯在参政院的 107 次例会中主持了 52 次（其余 55 次由拿破仑主持），主要负责原则问题已定之后的一些细节商讨。甚至在拿破仑主持的例会上，康巴塞雷斯也要出席，往往还要掌控会议。18 世纪 90 年代，在任第二执政官期间，康巴塞雷斯曾 3 次向大会提议编纂一部民法典，最后一次，也是准备最充分的一次是在 1796 年。在数次提议的过程中，他和同事意识到改革的局限性，虽然改革得到了现政权里的后恐怖统治时代政治精英的支持，他们希望回到以前的熟悉的年代。在这个意义上，《民法典》成功了，因为它反映了 19 世纪初普通大众及其代表的体验和经历。拿破仑与其说引导了他们的经历，不如说是放大了他们的偏见。他所认为的法律哪些方面最为百姓看重，与百姓自己的看法不谋而合，就像他了解对于法国主流阶层什么才是最重要的，知道哪些尽可交给法律专家操心一样。他的个人干预反映的是稳定富足的阶级的关注，而这一点，以前从没有领导人做到。正是这一点，而非对法理学有何见解——拿破仑对此知之甚少——才解释得了为什么这部法典会以他的名字命名，再加上他作为会议主席的机敏能力使得它能带领委员会达成想要的结果。

拿破仑主持的会议一般从中午开始，一直持续到晚上 7 点，讨论的话题非常广泛，不像康巴塞雷斯主持的会议上讨论的那样井井有条，而且他身为第二执政，必要时可以把会议讨论拉回到既定的轨道上来。[71] 虽然不吝于发表自己的意见，但事实是拿破仑极善于接受专家的意见，面对细节问题时更是如此。当康巴塞雷斯要求他放弃他自己为法典第一部分的“人与法”所做的一系列不实际的定义时，他听从了他的意见。拿破仑不是从“社会”的角度来思考的，而是从与他人有 3 重关系的“个人”角度来思考。每个个体都与国家、配偶、亲戚保持着关系。康巴塞雷斯认为这样的概括不可行，委员会分成 9 类的做法则予以保留。[72]

波塔利斯所说的“交易和对话”是在两种观点下较量的。第一种是再一次强调，作为 1789 年大革命的神圣遗产，革命果实不容篡改。督政府对此深信不疑。当然，法典也包含一些旧政权下的法律，因为这些即使在革命者看来也与保王派关系不大，而是一些普遍的真理。第二种观点是旧秩序下的传统智慧，即使革命派也无法视而不见，它是法国法律文化的分支，存在于南部罗马成文法的传统与北部习惯法的传统之间。法国政治精英觉得有必要融合新与旧的观念，因此“交易和对话”的概念就被接纳下来，这传递了一个清晰的信号：至少在法律领域，人们是愿意妥协的。革命派政权足够强大，可以整合旧政权下的精英，而那些保守势力也不得不承认，革命派的很多改革是躲不掉的。

关于法典如何被执行下去也达成了一致意见。法典的法律框架要扎根于开明进步，而非拘于传统，为此最好的办法就是编一部简明扼要却全面的法典。这部法典的基本理念就是简明、统一，适用于全国，这是不言自明的。波塔利斯从不讳言如何在立法实践中调和地区差异是份艰巨任务，他在会议上说：“我们如何才能不被特权或习俗所束缚？我们如何才能不把它们看作是制止权力滥用的壁垒？”问题的答案在于法律面前人人平等，这就需要有统一的法律，过多强调各地差异无异于回到黑暗的过去。法典要想办法同化不同的实践方法，而非设定一些特事特办的“特区”：“我们已经在成文法与习惯法中间进行了中和，对法律条款进行梳理或修正，同时也不会改变整个体系的完整，以及法典的总的精神。”正如波塔利斯 1802 年刚开始编写法典时所说，“统一性也是一种完美”。

除了统一性，还有很多其他东西。法典的原则是法律面前一律平等，这可能是早期革命派最为人称道的举措了。这意味着旧制度下各种形式的社团主义、自立山头都统统作废了。区域自主权以及贵族特权一去不返了；工人组织的权利被禁，教会也不再具有法外特权。法典确认并规定了建立在个人权利基础之上的社会秩序。作为公民只对国家负有法律责任。他不可侵犯他人权利，也不可对任何人、任何事提出特殊要求。委员们团结在拿破仑周围，如此迅速达成这样的共识是不奇怪的，因为这是他们 1789 年以来一直的目标。

法国大革命 10 年后，早期执政府把拖延多时的法国法律改革提上日程。拿破仑不得不想方设法完成这项工作，他会尽可能快地绕开壁垒，迅速推进。但关于改革的框架或是“总体精神”，人们没有什么异议。法典在一个层面上证明了新秩序的达成需要多少共识。这使得拿破仑可以驯服不听话的保民官，剔除掉其中与这项伟大工程气质不合的成分。[73] 作为政治领域的一种行为，它对政权是极有价值的，但其中也不乏讽刺。拿破仑本人，以及编写委员会的很多成员们在面对生活时从不相信什么“永恒不变”的东西。拿破仑最为卓越的见解之一就是把生活看作是永远流淌的河流，他对法典的观点也是如此，即使 1807 年法典以他的名字命名，他的观点也没改变。《民法典》是为了应对当时社会的情况而生的，它有其诉求和政治背景。如果说他的框架是为了具有普世性，那么它的内容并不是。随着时间的变化，拿破仑预见到其具体条款也会相应变化。

波塔利斯对《民法典》的浑然天成大为赞赏，但做到这一点并不容易，法典也并非天衣无缝，因为其内容是兼收并蓄的。[74] 但法典有一个指导精神，波塔利斯称之为“总体精神”。然而，这个指导法典的“总体精神”更多是来自于法典编纂中的即时的政治共识，而非来自寻找折中时涌现的不相干的各个法律原则。统一性，还有一致性，这构成了这部关注世俗世界的《民法典》的“总体精神”。作为一名信仰坚定的天主教徒，波塔利斯已做好准备代表他的同僚向这个国家宣告：“法律是为人服务的。”即使是他的信徒看来，这种世界观的转变也无异于一场地震。它标志着整个 18 世纪在法国城市里的知识阶层的渐进的、无意识的世俗化达到了顶点。正如大卫·贝尔所言，文明正在经受悄无声息的世俗化的洗礼。[75]如果在特定的有文化气息的区域，这种世俗化更是业已实现，而民众对此的反应也是可以期待的。路易·德·博纳尔德，勒内·德·夏多布里昂都在为法典“目无上帝”而大为恼火，就更不用说教会了。然而，他们有此反应，只是对于掌握实权的人们的共识的一种反应。

保民院否决了《民法典》的初稿，这种行为在拿破仑看来无异于灾难。这口气他直到 1807 年撤销保民院才出。但法典在保民院那里遇冷，主要是因为初稿里技术层面的问题以及措辞不够严密所致，而非保民院对其中的理论或内容有意见。事实上，在大会上围绕着法典的主要方面还是达成了相当多的共识，真正的争论发生在编纂委员会内部。当需要中和一下特龙谢或是波塔利斯的偏保守的观点时，拿破仑和康巴塞雷斯就在参政院里引入一些亲革命派论点，比如贝利埃的观点，他本人曾是雅各宾大会成员；同时又可以先利用再抛弃掉某些真正极端的观点，比如梅兰·德·杜埃的观点，利用他们的观点和学识，但不给他们以决策权。《民法典》是专家学识和集思广益的产物，但由拿破仑的权威所控制。

首先，《民法典》的初衷是为了反映法国精英阶层的诉求，比起对公民投票或舆论工具的操纵，这代表了政府协调民意的一种更好的方式。最终出现的是三方“交易”的结果，正如委员会所看到的那样。用让·路易·阿尔佩兰的话说，第一种是革命派观点，它建立在财产的神圣性基础之上，以此作为社会的根基。此外，公民作为个体拥有财产权不受侵扰，这直接体现在法典里关于合同和财产的条款里，这些条款建立在康巴塞雷斯 1796 年方案基础之上。第二种是保守派观点，保守派渴望回到旧王朝的规范下，当然在 1792 年至 1793 年立法措施的打击下，其基础已摇摇欲坠。保王派议会代表自 1796 年到 1797 年以来一直要求的等级森严、以家长统治为中心的家庭制度又重新确立起来。但这种家庭制度也得到了自由派名人的支持，特别是本杰明·康斯坦特，他赞成父亲对孩子要管得更严，“以便让孩子学会服从”。鉴于他是一个最直言不讳的自由捍卫者，他的这番关于自由底线的评论倒颇为有趣。[76] 然而，完全地照搬罗马法律的话，孩子是终身置于父亲控制之下的，这遭到了人们的抵制。21 岁被定为成年的标记，虽然结婚要等到 25 岁，还要得到双方父母同意。按照《民法典》，家庭成员间会形成一个清晰的等级体系，这其中父亲无疑是最高一级，母亲其次，再往下是平等的子女们。作为父亲，可以为一个孩子留下最多四分之一的家产，但长子继承权以及对于男女继承人的区别对待都被废除了。根据法典条文，家庭成员里损失最大的不是妻子，而是长子，这可以说是很有道理的。

这种和解还体现在对婚姻法和继承法的务实的妥协上，它们综合了立法中传统的一面和革命的一面，调和了北方和南方的立法传统。[77] 在这些问题上达成一致相对容易些，但对委员会乃至参政院而言，家庭法被证明是最难也是最有争议的工作。

事实证明，离婚这个问题特别棘手，虽然从现代人的眼光看来，《民法典》在此问题上的立场有些保守，但在当时的情形下，它采取的措施就是中和两个极端，从世俗的角度考量婚姻，把它看作一张民事性的、法律意义上的合同，这在任何一位法国革命者看来都比女性的权利更加重要。执政府的绝大多数立法者对于离婚是持保留态度的，但很少有人打算放弃这项制度，因为这意味着对旧秩序极大的退让，即使是那些最保守的珍视“家庭价值”的委员会成员也是如此。在各种关于妇女在家庭和离婚中地位的争论背后，人们形成一种共识，它来自于人们共有的一种浪漫的情感。社会上有一种普遍感觉，现代婚姻的状况已经开始腐烂了，问题在于如何应对。波塔利斯，毫不夸张地说，并不热衷于社会事务的改革创新，即使这样他也赞同这样一种普遍观点：从旧制度下继承而来的婚姻制度出现了大问题，革命派试图去解决它是有道理的。他举了很多不幸福的婚姻为例，很多这类婚姻是出于利益的考虑才缔结的，而当事人的感受也被忽视。但他又指出，18世纪90年代的立法又走到另外一个极端了："如果说数个世纪的无知导致婚姻出现了过多的家庭暴力，那么几个世纪的哲学和启蒙又往往让婚姻变得过度。"离婚法的放开引起了财产和继承权的大混乱，很容易受到大家庭的操控，破坏社会秩序。委员会一致主张，如果将婚姻看作民事契约的话，就不可轻易签下，也不可随意反悔。

无论波塔利斯的个人观点里掺杂了多少传统的天主教思想，他都知道他不能这样发言，而是用坚定不移的世俗化的措辞表达了他的观点。如果他不这样做，他也就不会对拿破仑有影响了。对于女性在共和制社会的地位，18世纪90年代最为激进的革命派罗伯斯庇尔以及圣-茹斯特的看法都是极为传统的，他们怀疑共和派就离婚或已婚女子的财产权的立法撑不久——如果他们没有在1794年被推翻的话。这场1792年改革开始后的这个方面的问题在督政府时期就已讨论过，当时由康巴塞雷斯表达的开明观点并没有受到多少人的欢迎。呈现于《民法典》之中的的确是一种"交易"，但与愈发不得人心的1792年改革相比，它显得保守得多，而与一些称得上激进的立法者的诉求相比，也远谈不上是倒退的。拿破仑时代的离婚法仅仅因为其存在本身就成为欧洲最开明的法律。随着1816年君主制复辟，出于种种原因，离婚就被禁止了。

正是在平衡这些"交易"上独有一套，拿破仑在反映民意这一方面与以往总想塑造民意的领导区别开来，高下立判，这也促成了他的成功。拿破仑在公众视野里是一个拥护财产权及其行使和道德来源的激进革命派；他对社会事务持保守态度，但这一态度并非出自天主教的看法；他虽然对罗马成文法的传统有个人偏爱，却是北部和南部法律传统的调停者。拿破仑继续平衡着左派和右派的力量，这也是他当政那些年时的特点，但他更愿意就一些最为敏感的话题发表意见、坦露心声。1792年一种旧政权下被称为"租让"的做法被废除，它事实上不与贵族特权挂钩，因为任何财产拥有者都可有此权利，作为一种收入来源，它与封建制很像。委员会对此颇为踌躇，因为很多人都希望"租让"做法回归。在此情形下，拿破仑直截了当地表现出对旧秩序的否定，强势介入，粉碎了任何想要恢复“租让”的言论。[78]在私生子继承权的问题上，拿破仑显得极为保守，他说：“这个社会对于承认私生子女没有兴趣。”因此，“私生子女”这一敏感字眼在法典里不复存在了。[79]然而拿破仑的这番表态也代表了很多家庭的心声，他们害怕将来合法的孩子在继承权上将会被推到一边。然而，令人感到矛盾的是，很少有人能像拿破仑那样承认，爱护他们的“私生子们”，但在革命派的立法里，这种想法只是边缘化的，因此拿破仑更多地考虑了主流家庭的忧虑。

法典为妻子的权利以及私生子的处理所规定的条款与后来几代人们的情感是相冲突的，这相当耐人寻味，但考虑到当时讲究实际的标准，对未来几代而言，这样的立法代表一种常态的回归，它也受到革命年代新经验的影响。如果说对于离婚的保守改革是丈夫们的胜利——在他们的姻亲及妻子面前——那么，把“私生子”排除在继承权之外——姑且不论拿破仑怎么直接称呼他们——则是妻子们的胜利，她们再也不用担心，自己孩子继承的家产会由于丈夫的不忠而缩水。

如果说在拿破仑的任何观点里能看到他的个人经历的影子，那么这可能在离婚的讨论中可以清楚地看出来。拿破仑支持委员会里保留离婚的一派，但主张离婚要比 18 世纪 90 年代的条件更加严苛，这些条件主要是由康巴塞雷斯制定。拿破仑与督政府时期参政院的蒂博多的观点一致，主张在双方同意，且有确定的证据的前提下保留离婚的许可。比起现在带有悔意的康巴塞雷斯，他们以更强的信念促成这一主张实现。拿破仑为此 6 次坚决干预法典的起草，直到在这一问题上委员会达成妥协。这是一次罕见的拿破仑下定决心向主流社会挑战，后者已经开始害怕这种对实际事务以及道德层面的革新了。[80]拿破仑还主张对旧制度下“人身分离”的做法进行更加广泛的运用。在大革命前，能够采取此措施的只能是教会，对于有暴力倾向的丈夫，教会可以强制他们离开妻子居住，他们往往采取宵禁的形式让丈夫离开妻子一定距离，但并不会引发离婚。拿破仑希望在警局和法院的监督下恢复这种做法。约瑟芬就是通过这种方法从她第一任丈夫的暴虐下解放出来的。

因为参政院把法国人民看作一个活生生的社会群体去加以认真倾听，而不是把他们看作一个理想化的或是宗教信仰者的群体，因此比起变动无常的法律章程，政权找到了一个更为稳固的基础，因此《民法典》也得以超越政权的更迭而不朽。第一执政官在这过程中扮演了他的角色，但他承担的并不是领导的角色。在看上去无休止的会议中，拿破仑涌现出来，其角色有些像法国地方有产阶层中的“任意一员”。凭着直觉和偏好，当然还有操纵控制，拿破仑让《民法典》沿着大多数国民意愿的轨道行使。如同最终呈现出来的那样，它代表了普罗大众赖以生存的愿望和渴望。拿破仑凭着本能就能感觉到这些人希望从这部法典里面得到什么，这再一次证明了他对法兰西民族心理有着深刻了解，而这种了解标志着他的阿雅克肖精英根源的回归，以及对原始、反叛的保利的科西嘉岛的有力拒绝。人们忍不住会说，克拉里家庭开启了一段过程，其顶点就是我们这个时代最重要的文件之一。拿破仑把他篡夺的新政权建筑在了坚实的法律基础之上。这个法律基础延续至今，但对当时的拿破仑而言，它只是个跳板。

没有人比热尔曼娜·德·斯塔尔更恨拿破仑的了，但有时她对拿破仑的看法之精辟无人能出其右：

> 这个人骨子里是缺乏耐性的，但有必要时却可以坚定不移，他从意大利人那里学会了如何用自控来达到自己热切期望的目标，仿佛这目标是自己在冷静得无懈可击的情况下选定的。[81]

这是一个年轻人的时代，职位的任命者可能比被任命者还要年轻。一些士兵早在马伦戈战役中就已经开始上了年纪，但他们的司令官却要比他们在1792年时还要年轻得多。大革命的巨人们互相屠杀，旧秩序下的老一代纷纷带着恐惧和诅咒移民他乡，把战场留给了年轻人。这些年的成就无一不打上了年轻活力的烙印。改革就像一阵强烈的旋风，它是由一位30出头，充满活力的年轻人完成的——这一切都是拜革命所赐才成为可能。这样的人只有在法国才会夺得政权。法兰西共和国如此精妙地利用好和平的力量，其独一无二的能力大多直接来自拿破仑的天才般的青春岁月。这一切都来自于他本人，而他本人也只有在革命的乱世中才会脱颖而出。斯塔尔夫人只比他大 3 岁，夏多布里昂则只比他大 1 岁。带着年轻人特有的热情，他们先是支持，继而唾弃拿破仑的事业，而拿破仑也用同样的热情来驱使自己和身边的人不停前行。斯塔尔夫人独具慧眼地展现出拿破仑的急躁和抱负，这些主要都是由于他的年纪所致。他的耐心和自律——其强烈程度斯塔尔夫人尚未完全领会——的的确确带有地中海文化的特点，只不过在险恶的革命政治环境下加以发展成熟了。

到 1804 年为止，等待的时间已经将近结束。热望也好，实权也罢，都距拿破仑只有一步之遥。只有像拿破仑一样的机敏精明者，例如斯塔尔夫人，才会看出拿破仑距离权力的巅峰是多么接近。

第十章　阳光灿烂

信心与挫折，1802—1804 年

尽管管理有方，但新政权远没到可以长舒一口气的地步。截至 1804 年，出于对保王派流亡分子的忌惮，拿破仑处死了昂吉安公爵，而随着政教协定的签订，他与教会的关系非但没有好转，反而恶化了。当然，《亚眠和约》的签订为他赢得了时间和民心，他也很好地利用了这一点。

对于敌友以及所有伺机而动的人来说，形势越来越清晰了：拿破仑就是法兰西共和国的主人，而法兰西共和国正在按照独裁政权的模式进行重建。犹豫不决者依然可以不带任何附加条件地“团结”在他身边；对他更有信心者则尽可融入其中，参与新国家的塑造。安定的局面对所有人都有利。至于拿破仑的反对者，在《亚眠和约》签订后到 1805 年最后几个月欧洲战火重燃的这段日子里，他们只有走开的份儿。无论是卡尔诺还是夏多布里昂，他们只能耸耸肩——一个耸左肩，一个耸右肩——偷偷溜走，手无寸铁的他们无法与拿破仑相抗衡。出于天生的不安全感，拿破仑镇压起针对他的阴谋叛乱来毫不手软，但对那些举棋不定的人，则放他们一马。1805 年 5 月，他差不多是泰然自若地与英国再次交战，因为他不再是一个羸弱国家的根基未稳的元首了。变动不安的政治活动现在有了稳固的制

度根基。该是用一种更招摇而坚决的方式进一步稳固权力的时候了，这在雾月政变那个时期是不可能的。拿破仑早已成了他自己安保工作的真正的设计师。然而，随着拿破仑掌控全局，新问题也出现了。因为他没有子嗣，国家的未来依然悬而未决。共和国依然需要树立在西欧的霸主地位。面对战争的威胁，有必要加快重建军队的步伐。然而，拿破仑现在可以随心所欲地以自己的方式来解决这些问题了。行动的时候到了。

西欧：新帝国轮廓的逐渐浮现

对拿破仑在权力之路上所使用的政治词汇的变化情况，史蒂文·英格伦做过精巧的记录。他注意到，“共和国”这个对革命派而言完全正确的词汇出现得越来越少，而代之以“国家”这个术语。虽然拿破仑清醒地意识到它指的是“法国”，但其所有权的含义隐隐指向过去的君主制。英格伦对此敏锐地评论道，拿破仑并不真想抛弃共和，但他觉得这一字眼会引起不和，政治意味过重，阻碍了他把国家团结在他周围，吸纳最优秀、最聪明的人进入他的政权。[1] 这种侧重的变化不仅仅意味着是政治派系之间的和解，它还体现在执政府虽然很平淡无奇却很实用的改革中：教育改革第一次设定了国家标准；开始酝酿全国范围的土地登记；继续推进革命派一直推行的公制计量法，作为全国的计量规范；拿破仑 1803 年后开始打造的新军队在同一队伍中掺杂不同地区的人；通过征兵，把农民变成法国国民，军队变为“国家的学校”；宪兵队正在转变成一支得力的国家警察力量。各种旨在推行统一性的政策层出不穷，其触角延伸到莱茵兰、比利时，越过阿尔卑斯山，一直到意大利的皮埃蒙特。这种对于统一性的追求由来已久——法国的精英已经享受过语言统一的成果，而这在欧洲是不多见的——但这种统一性是直接服务于新国家的，其推进的力度也是前所未有的。

新政权不仅在政治事务上讲究包容，其包容性还体现在文化、法律、行政和宗教事务上，包括对新教教徒和犹太教教徒的包容。路易十四时期了不起的两位司令官，胡格诺派教徒蒂雷纳和孔代，前者皈依了天主教，后者把自己的道德良心看得比国王和国家还要重要，他们二人的半身像被并排放置在第一执政所居住的杜伊勒利宫中，[2] 这是一个重要信号：宗教歧视以及强制性的告解规矩都不会再有了。拿破仑的政权希望未来能将民族与国家相匹配，而不是创造出一个适合该国国民的国家。拿破仑采取的每一个措施都打上了兼收并蓄、力求统一的烙印，他为法国社会锻造了一个法国人不得不接受的模板。

然而，对于这个他一心想要征服的国家而言，拿破仑还有很多地方没有去过。他犹如流星般异军突起，其足迹遍及意大利北部和中部，甚至远至埃及和叙利亚，但他对法国的直接经历仅局限在从巴黎经罗纳 - 索恩走廊到普罗旺斯的两点一线之间，而且对于多数他所看到的，他都不喜欢。巴黎他是熟悉的，却危机四伏：东边有暴徒伺机而动，西边作为富裕的郊区，在那里他第一次留下了血腥的印记。那些富裕的街区充斥着势利之徒。普罗旺斯和罗纳只不过是他开始厌恶的科西嘉岛的翻版，充斥着狂热、迷信与反革命，以及让他噩梦成真的仇杀文化。索恩相对安静些，但文化贫瘠，只有一些乏味的边塞城镇，很难称得上是一个伟大民族的孕育之所。

然而，作为第一执政，拿破仑开始探索他自己的这个国家，里昂一直以来都只是那条两点一线路线中间的一个落脚点，但在 1802 年年初，拿破仑前往里昂进行为期两周的访问，主要目的是重建并巩固意大利共和国。但他在里昂的逗留使得他得以与民间领袖交谈，评估该国错综复杂的经济。他与教会关系依旧冷淡，但在里昂期间，他重新赢回了这座法国第二大城市的信任："我有理由为里昂人对我的忠诚感到高兴，在里昂这座共和国主要的制造业中心，所有店主，所有工场，我都能看到这样的忠诚正在复苏。"[3]

拿破仑的话语虽然简短，背后的故事却说来话长。虽然里昂有着坚定的共和倾向，但它与雅各宾派掌权的共和国素来不合，也因此成为 1793—1794 年的联邦党人叛乱的大本营，坚持抵抗的时间也超过了土伦。当里昂最终被政府攻陷后，巴黎的司令官科洛戴尔布瓦和富歇开始计划把这座城市夷为平地，并下令屠城，成千上万的人因此丧生。在抵抗对里昂的围攻中，里昂的共和派与当地的保王派一起联手，这使得即使在罗伯斯庇尔政权覆灭后很长一段时间里，在督政府很多领导人眼里，里昂的形象都不太好。也是在督政府时期，桀骜难驯的牧师开始在里昂这座城市扎根。

在拿破仑当政期间，他开始着力扭转这个局面。他以牺牲意大利共和国的利益为代价解决了这个问题。里昂的财富主要来自纺织品，这是一个脆弱的产业，周期性地经受着“旺季与淡季”的循环，以至于很多地方长官一想起就头疼，为了解决这个问题，拿破仑在他的意大利领土里施行经济殖民政策，以专门保证里昂的利润。为了在法兰西共和国范围内实现重商主义的回归，他无情地摧毁了意大利北部的丝绸制造业，让里昂垄断了丝绸商品的制造，同时又保证意大利生产的生丝能以优惠价卖给里昂。在 1815 年百日帝政时期，里昂就是支持拿破仑的大本营之一。在拿破仑倒台后，他的意大利王国也土崩瓦解，再也没有便宜的丝绸制品了，在复辟君主制这派眼里，里昂很快就成为一根危险的肉中之刺，这座城市在 19 世纪三四十年代爆发了数次流血叛乱。

1802 年秋天，拿破仑访问了诺曼底，从他自述的第一印象来看，他的好奇是很明显的，他自己感觉就像一名游客那样，“在我看来诺曼底人并不像勒布伦告诉我的那样……我依然不了解诺曼地区，我以极大的兴趣在这片肥沃富饶的土地上游览”。[4] 勒布伦是如何向拿破仑描述他的同胞的，我们无从知晓，尽管鲁昂地区牧师的接待有些笨拙，对于靠近西部边界的反叛分子，拿破仑也十分警惕，但很明显拿破仑喜欢上了这片郁郁葱葱、富裕发达的土地。这与他对普罗旺斯和罗纳的厌恶形成鲜明对比，还是在这封信里，他谈到诺曼底制造业的良好状态，“这些部门看上去都很讨人喜欢。”他次日对财政部部长这样评价。[5] 这样的印象一直保留着。拿破仑认识到自己真正的追随者源自何处，——源自一个繁荣的北方法国，其工农业高度商业化，其地方商业蓬勃发展，法国的这一面绝非雅各宾主义的温床，保王派并不靠躲进山林来吹嘘他们的反抗。凭着他敏锐的眼睛，拿破仑开始把这一切尽收眼底。

在此后的岁月，正如加文·达利在对鲁昂本土研究中指出的那样，塞纳河下游诸省一切业务都正常运行：总督与普通行政人员可以真的主导地方政府，而不需总是借助军事法庭和别动队来维持稳定；征兵也正常进行，不用担心会引起反抗；尽管后来面对来自英吉利海峡的经济封锁，这里的有产阶层总体还是忠于政府的。[6]尽管这些地区最后几年经济不景气，政府依然获得了他们的广泛的支持。[7]

拿破仑在诺曼底如沐春风，但这样的感觉在西部和中部地区是没有的，其中还包括科西嘉高地，但在德意志西部他又找到这样的惬意感觉，他曾在意大利北部一些地区以及比利时行政区有过这种感觉。比起与法国多数人民接触，拿破仑更加擅长应付德意志贵族以及瑞士行政区，其收效也更大。国家中心地带的轮廓——不同于他想要通过政策团结在一起的法兰西民族——开始浮现出来。

如果说东诺曼底体现的是拿破仑中意的模板，供全国仿效，那么他对瑞士（1797年之后叫作赫尔维蒂共和国）一劳永逸的处置，则体现了精英阶层的混编政策如何辅助他实现他更大的、征服欧洲的目标。18世纪90年代末期的瑞士行政区，还远不是人们今天眼中和平富饶的庇护所，由于1797年到1800年的革命战火，这里成了欧洲争夺最激烈的地区，经济生活因此受到极大破坏，军队的需求也对当地的资源造成重创，更重要的是，战争使这里一直潜伏的政治紧张态势和社会不安情绪演化成公开冲突，具体体现在对法国大革命带来的的改革，以及是否应当效仿之，人们意见不一。

在瑞士，分歧不只体现在是否接纳法国的公民自由观念，还体现在国家是该继续保持一个松散的联盟，还是成为像法国那样的中央集权制。致力于保留传统特权的保守派——当然这些特权是因地而异的——异口同声地主张保留地方自治权。他们又被称为联邦党。而另一派叫一元派，他们是社会、经济方面的改革派，希望瑞士仿效法国的国家统一与中央集权政府。由于法国的占领，在1797年，一元派暂时取得优势，随后成立了法兰西的姐妹共和国——赫尔维蒂共和国，其宪法直接以法国督政府时期的宪法为模板。但法国人对瑞士的控制是脆弱的，在

1799年反法同盟期间，他们几乎丧失了控制权，但1799年9月马塞纳在苏黎世的胜利，使得一元派的权威又得以树立，虽然还不稳固。根据《吕内维尔和约》的条款，拿破仑从瑞士撤军，但几个月之后，就在1802年1月，他应瑞士这两派请求，给瑞士提供了一部宪法。在宪法中，拿破仑试图把联邦制与法国改革的本质加以中和，但他的努力失败了。

因为没有法国的驻军，在不到一年的时间，赫尔维蒂共和国就爆发了4次政变，国家也因此处在内战边缘，这时拿破仑再次出面干预，他请双方派代表70人来到巴黎，谈判的结果是1803年的《仲裁条例》，因此赫尔维蒂共和国得以享受了一段和平时期，直到拿破仑帝国覆灭。该条例反映了拿破仑对和解政治的思考。由于第一部宪法流产——该宪法又叫《马尔梅松宪法》，以其起草的地点命名的——拿破仑不愿意看到他的对手直接联手，然而，他也不会把法国的宪法直接空降到瑞士，强行推行。相反，凭着经验以及磋商，拿破仑得出结论：按州进行划分才是瑞士政体的正确方式，只有在此基础上，才能解决好问题。然而，混编策略不成功并不代表归顺策略就一定不行。拿破仑目光精明而老到，看出在当时形势下要分别使用这两种方法。一元派力量太小，无力推行他们自己的意愿，也无法按照拿破仑的意思来妥协折中，所以拿破仑转向联邦党，亦即传统精英们，认定一元派看到他们的对手集合在他周围时，就会不得不顺从于他，因为除了法国人，一元派是孤立无援的。[8]除了瑞士，拿破仑在其他地方不敢如此大胆，因为瑞士保守派在外交上是孤立的，就像亲法的改革派一样。反法同盟的盟友对他们并没有表现出真正的兴趣，这与意大利各区不大一样，在那里，哈布斯堡家族还在坚持描绘复辟的前景，也与巴达维亚共和国情况不同，英国人在那致力于奥兰治王室的回归，甚至也与法国不同，英国人还在试图煽动旺代叛乱，而波旁王室总在宣称反法同盟大获全胜之日，就是自己卷土重来之时。

正是由于这些情况，拿破仑可以把赫尔维蒂共和国的控制权放心交给保守派，而在瑞士以外的其他地方他都不敢这么做。在瑞士的19个州里，以前的精英纷纷恢复职位，作为他们派遣相当数量的军队（这一点他们觉得几乎做不到）和资金来支持拿破仑的一种回报。而在各州内部，拿破仑允许他们按照自己的方式管理。因此，在有的州，旧政权下的残酷的刑法被恢复，而1797年之后业已废除的封建特权也有死灰复燃之迹。当然还有些州继续按照自己的方式改革，把自己的想法与法国的影响进行融合。虽然拿破仑在说服瑞士保持宗教宽容上并不太成功，但无论如何，拿破仑始终坚持一件事：法律面前人人平等。

然而从拿破仑个人观点来看，《仲裁条例》是一场胜利，因为它是实用主义的罕见的一次演习。瑞士的各州相互分割，力量薄弱，就像法国的普罗大众一样，它们得不到外国的支持。因此，最为安全的办法是把地方权力交给保守的贵族，而这些贵族除了对拿破仑言听计从，没有其他选择。在这样的情形之下，他不需要直接统治，也可以保持住这块战略要地。他这样告诉路易·德阿弗莱——后者是弗里堡的贵族，在《仲裁条例》完成后，被任命为瑞士联邦助理——“要经常告诉瑞士人，忘记他们的仇恨，平复他们的激情。”[9]《仲裁条例》堪称一大成就，在1814年拿破仑倒台后，尽管很多瑞士贵族开始竭力恢复旧制度，它依然屹立不倒，这更加体现其卓越之处。拿破仑真的配得上那个他自封的头衔——“瑞士联邦调停者”。

这些城里的贵族作为严格的清教徒，他们迅速行动，在很多地方恢复了周日的加尔文教祈祷，[10]拿破仑对这些人，已经树立起了尊敬和亲近之情，这是很少见的。拿破仑的司法大臣雷尼耶，就是一位信奉路德教的阿尔萨斯人。罗埃德雷，一直以来是拿破仑的得力助手，也是同样情况。对于这些新教徒最为鄙视的天主教分支，宗教协定置之不理。拿破仑被冰冷的理性所吸引，同样吸引他的还有这些加尔文社区的自律精神，以及它们官方宗教所培养的极有素养的文化。在意大利北部，在瑞士，在德意志西部和南部的王公贵胄中间，在法国东北部，拿破仑都找到了他的权力基地。比起旺代，瑞士是个更好的庇护所；相比巴黎，里昂也让他觉得更加亲切。他的愿望在意大利的宪法中得到了最多的反映。1803年6月，他这样告诉在伯尔尼的委员会：“公民们，我很高兴地看到，你们新的安排正在悄然发挥作用……你们现在的富裕能持续多久，取决于你们是否忠实于法，是否忠于你们自己创立的宗教协定的精神，是否能忘掉过去的分裂。”[11] 他的踌躇满志由此可见一斑。

在与英国缔结的《亚眠和约》宣告破裂 10 周后，拿破仑在写给伯尔尼的领导人物的信里，深刻分析了哪些人他可以共事，在哪里合作，还指出哪里的人他确定不会合作，这其中尤其是英国人，还有很多南欧人，拿破仑都绝不愿与之合作。拿破仑对地中海国家子民的厌恶越来越深，这种厌恶远胜他早期对山民的厌恶。当他为一些小事大发雷霆时，这种厌恶就会表露出来。在写给时任法国驻意大利总司令缪拉的信里，他早年形成的对伦巴第贵族的厌恶倾泻而出：“在你置身的国家，你必须……再一次把所有的爱国者团结起来。”这些“意大利的雅各宾派”，只有他们能真的让人信任。此外，从遣词造句上，拿破仑还对意大利精英的善于交际表示出了深深的厌恶，当被问到重开赌场——贵族最喜好的赌博场所——的请求时，还是在这封信里，拿破仑大发雷霆：“赌场害了许多人，法国人是绝不会允许它出现的。”然而，最让他恼火的还是剧院里的私人包厢，当缪拉对此表示宽容时，他的怒火升级了：

> 剧院里的包厢仍带有任何外部装饰（盾形纹章）都是让人无法接受的。意大利人的性格里充满了谎言和阴谋，你对此毫无防备……看到你被这些鸡毛蒜皮之事卷入其中，我已经很失望了……你不可以参与其中，不要参加晚宴，或是跳舞，除非是官员同僚的家里，哪里也不要去。[12]

这番话体现了宗教皈依者的热忱。赌博不是法国人的方式，意大利人沉溺其中的外在浮华也不是法国人的方式，它们就像拿破仑的所有偏见一样自相矛盾，但它们都很真实，他对国内的科西嘉人更加宽厚，这可能是一个征兆，表示他对于当年被科西嘉人驱逐出去有了更加成熟的理解。他对他在那里的军事指挥官说：“科西嘉人是固执的，但他们本质是好的。因此，要和他们耐心交谈，倾听他们的想法，但在执行任务时要稍微严格些。”[13] 建立在共同文化基础上的地理疆界在他这样一位越来越强大的领导人脑海里一点点成型。地中海世界是邪恶的，充斥着家族仇怨、迷信，以及巴洛克式曲折的阴谋；大西洋世界商业盛行，议会空谈成风，是背信弃义的。至少对于前者拿破仑控制得越来越紧，但后者一直都是巨大的威胁。

英国人：与聋子的对话

《亚眠和约》在很多方面卓有成效，但唯独在最关键的英法冲突方面没有达成解决方案。这是有实际原因的，其根本原因在于两国过去百年间的权力斗争政策。而直接原因则是1801年两国政府均十分自负，无法互相理解。对于英国的两大支柱，拿破仑并没有什么真正的了解：英国建立在自由贸易和工业基础之上的商业经济被拿破仑与生俱来的商人本性——这清晰地表现在对里昂的调整，让其垄断丝绸业——憎恨不已；对于英国政府的议会制度，拿破仑也极为恼火，他以为原本不用如此大费周折。英国政府方面也不了解新上台的拿破仑政权的性质。无论是在波旁王朝，还是在共和国时期，法国一直以来都是英国的老对手，但现在拿破仑的上台，在英国人看来，这个老对手又多了一丝看不清的意味。斯图尔特·泽梅尔研究了当时的英国报纸，发现拿破仑在英国人看来就像谜一样的人物：

> 他在历史上从无先例可循，无法归入哪一类……从一开始，他就狡猾而又难以捉摸，就像个谜……他散发的信号形形色色，使得人们不能将法国仅仅看作英国的对手……拿破仑变得模糊不清，难以捉摸，令人生畏，就像弥尔顿笔下的撒旦一样。[14]

英国人察觉到了拿破仑与以往共和政权的一点区别，他们在拿破仑身上感觉到一种共和与独裁的混合，这让他们大吃一惊。在两国短暂的和平阶段，曾有人在访问法国回来后如释重负，法国看起来又恢复到了1789年革命前的样子。而当权者则会注意到那些不为人知的地方。对于法国执政府，没有哪个欧洲国家像英国看得这样清楚，但这种清醒的意识只会恶化而非缓和两国的关系。

把拿破仑比作撒旦的说法既贴切又令人信服。在英国人眼里，拿破仑的确是自力更生，白手起家。他发迹于军队，虽然炙手可热，却表现得不像个暴发户。他就像没有了加尔文主义道德感的克伦威尔，对他继承的体制没有一丝敬畏。在哈布斯堡王室，罗曼诺夫王室，以及罗马教皇庇护七世看来，拿破仑只不过代表着法国大革命的又一个阶段，从他们的角度看，这样说也是有道理的。但在英国复杂的政治版图里，拿破仑越发明显的独裁倾向不可能不引起他们注意。拿破仑影响日隆，以至于他都忽视了议会制度。辉格党里的福克斯派与荷兰王室联手——后者指责拿破仑背叛了自由——从而扩大了“主战派”的基础。拿破仑后来为此疏忽付出了代价。在1808—1809年间，在鼓动英国舆论加入到以西班牙为首的反法同盟中，荷兰王室发挥了关键作用。[15] 英国人察觉到了这位新领导人的不同与复杂之处，却无法对此做到准确掌握。

以吉尔雷的讽刺漫画打头阵，英国的庸俗小报从未停止对这位“暴发户”的嘲讽。但直到《亚眠和约》签订为止，这位带着傻气帽子、被妻子背叛的滑稽的小个子却笑到了最后。在英国权力走廊，人们有一种普遍共识，这位“科西嘉下士”在谈判桌上击败了他们。英国人原本至少希望迫使法国人签下不平等的贸易协定，就像他们在美国革命结束时做的那样，却不料拿破仑早已准备提高对英国的商品关税。在英国，政府、领导人更迭频繁，商业利益永远有赖于无休止的扩张和在世界每一个角落无尽的攫取。从拿破仑的角度看，这样的国家他也不知如何应对。他不希望挑战英国海军的力量，至于英国，如果没有其他国家帮忙，不敢在陆地上与法军开火。

两国之间长期的对手关系，在当时的国际环境下，显得越发复杂。拿破仑和当时阿丁顿领导下的英国政府为此努力过，力图避免两国间重燃战火，却均以失败告终。拿破仑政权是过去一个世纪以来，英国第一次——无论是在印度，还是在美洲新大陆上——不用害怕的法国政权，至少在拿破仑执政初期是这样。早在1803年，拿破仑曾对他的海军及殖民地部部长，海军部部长德克雷发布长篇指令，从中可看出拿破仑对于英国人是多么紧张，也可看出法国在印度的真实目的是多么实际。拿破仑派遣一位高级军官到法国在印度零星的殖民地，去准备最终与英国一战。然而，他强调这一举动其实将会是一个战术性撤退，因为“我们必须假定我们不是海上强国，我们可倚靠的资助将会很少”。这项政策绝非咄咄逼人，但拿破仑依然猛烈抨击英国，因为他相信英国人也被印度的王公们所痛恨，他们“不耐烦地忍受着英国人的束缚……他们是印度的暴君，暴躁不安而又心怀嫉妒……”[16]用词精简而信息丰富；它们植根于雷纳尔的帝国开发的远景规划中。

对拿破仑而言，英国国民的性格嫉妒成性，贪得无厌，这主宰着他们的政策。他们很是讨厌，但更要命的是，他们绝不安分。在很多历史学家眼中，拿破仑只能靠战争和掠夺才能维持统治，同样，在拿破仑眼里，英国的资本主义也必然会导致扩张，掠夺他人利益。在他看来，充斥着商业和殖民地的“大西洋世界”就是魔鬼的漩涡，为此，他的实际政策就是尽可能让法国工商界利益远离这个漩涡。

新世界的坟墓：一个帝国的终结

出于保护某些行业利益考虑——这其中包括支持拿破仑的大西洋港口上的大商人，以及巴黎的金融家们——拿破仑遭受了1812年远征俄国前最为惨痛的军事和政治溃败。是时候召集金融家来兑现他们雾月政变时的承诺了，但事实证明这是一笔巨债。虽然这次失败就像他远征埃及一样悲惨，但他本至少可以在亚眠和谈期间就如何把他的残余军队有序撤出进行谈判。他试图在加勒比殖民地圣多明各重新确定法国的控制权，结果却一败涂地。后来在流放到圣赫勒拿岛上时，拿破仑也亲口承认这次失败。他对他的一位助手古尔戈说：

> 圣多明各的事务，是我生涯里的一大蠢事……这可能是我管理国家中犯的最大的一个决策错误。我应该像接触地方领导那样去接触那些黑人领导，指定他们管理好自己的军队，让杜桑担任这里的总督，而不是派遣什么军队来。让黑人们自己做主，只要少数白人顾问，也许，还加上一位白人财务官员。并且我应该鼓励他们娶黑人为妻，这样，黑人见不到白人凌驾于他们之上，就会开始信任我的制度，那样，这块殖民地就会释放奴隶，还他们自由。[17]

从这番话可以看出，拿破仑可能对自己有些苛求，不肯认输。这只是事后聪明。但当时杜桑同英国人、美国人，还有法国人玩起了一对三的外交游戏，拿破仑不得不首先考虑如何为法兰西帝国保住这块有价值的殖民地，这座小岛盛产着整个加勒比地区最多的糖和咖啡。

根据1794年雅各宾国民公会决议，法国所有的殖民地一律取消奴隶制。执政府来到圣多明各时，那里一片混乱，正是因为突然取消奴隶制而引发的。在圣多明各发生了严重的骚乱，至于那些更小的法属岛屿，比如瓜德罗普岛、马提尼克岛则一度被英国占领。英军很快就对圣多明各进行疏散，但岛上居民不久就投入到一系列复杂的内战中去了，这些内战起因是奴隶起义，向奴隶主施压，要求废除奴隶制，随后演变成不同派系间的权力斗争，其中种族扮演重要角色，但并非斗争的关键点。

截止1799年，在圣多明各岛上，两位最有实力的军阀脱颖而出，成为该殖民地的最强者，其中一位名叫杜桑，祖籍非洲，曾经当过奴隶。他控制了岛上的北部地区，手下握有一支数量庞大、令人生畏的主要由黑人组成的军队，但其中最精锐的士兵是黑白混血儿。到雾月时，杜桑已经获得了岛上白人少数派——有法国人，还有本地出生的克里奥尔人——的勉强支持。他的对手，也是昔日盟友安德烈·里戈，他的权力基地在南部，他的混血官员们在白人奴隶主四散奔逃之际迅速接管了他们的种植园，当上了奴隶主。杜桑的很多黑人司令官在北部也干过同样的事情。[18]作为对海地叛乱最有研究的历史学家，洛朗·迪布瓦是这样说的："混血儿虽然在岛上南部的统治阶层里占据了很大一部分，他们的利益需求与在北部、西部新崛起的黑人有产统治阶层没什么不同。"[19]这一共同的利益需求就是让圣多明各的农业和商业回到正轨，而这意味着要保留种植园制，以及在田间的黑人劳力。这些劳力虽然名义上不叫奴隶，但在杜桑一系列的残忍法令下，他们备受压迫，被牢牢束缚在土地上。迪布瓦把这些法令称作"基于过去奴役行为的一种法律身份……对于他们辛苦劳作的种植园的原样保留和继承"。[20]对于岛上的白人而言，在这两个恶人之间，杜桑可能还算稍好的，因为他保护他们不受里戈及其手下欺凌，但他们的地产和收入都被没收了。

岛上的克里奥尔人在巴黎也有人支持，康巴塞雷斯在海地有商业利益，塔列朗一度支持解放奴隶，却主张全面恢复奴隶制，以此来安抚英国人和美国人。约瑟芬就算对她丈夫拿破仑没有直接的影响，至少也有充足理由来反对任何安抚奴隶反叛的举动，或是赞助除恢复奴隶制以外的任何事情。在这个特殊问题上，她可以为拿破仑提供来自本地的信息。在约瑟芬的帮助下，塔列朗给拿破仑秘密推荐了一位约瑟芬的远亲作为他的顾问，事实证明这是拿破仑雇用过的最差的一位。此人名叫梅代里克 - 路易 - 埃利 · 莫罗 · 德 · 圣梅里，他的家族自 17 世纪以来一直住在马提尼克岛上，曾作为岛上代表参加过革命集会，强烈反对取消奴隶制。（莫罗后来成为法国行政官员，负责帕尔马 - 皮亚琴察领地与法兰西帝国的融合，却没想到由于他的政策在当地引发了严重的农民叛乱，拿破仑不得不请当时还在日内瓦的勒布伦，以及朱诺、拉代等有能力的旧伙伴来收拾残局。从此莫罗淡出公众视野，直到 1819 年死于贫困）

一开始，拿破仑是抵制这些亲克里奥尔派的，他把这些新涌现的黑人和混血种植园主视为类似于法国国内的普通民众，1800 年 8 月，在参政院的内部会议上，拿破仑说：

> 问题不在于废除奴隶制是不是一件好事……我坚信，如果这些黑人

不从属于我们，他们就会倒向打着保留他们自由旗号的英国人那边。也许他们生产的糖没有在奴隶制下生产的多，但这终究是我们的，而且在有需要的时候，他们将会成为我们的士兵。如果我们少一座炼糖加工厂，我们就会多一座要塞，上面还会有我们的士兵驻守……[21]

在这个阶段，拿破仑首先要关注如何保住这个岛，从实用角度考虑，他认为杜桑是合适的人选。还是在这次会议上，在关于法国在印度洋殖民地问题上，他的提议则截然相反。在那里，从来没有实行过废除奴隶制，他授权对此予以确认。保持殖民地的现状才是他最为关心的。拿破仑给杜桑写信加以鼓励，授他为海军上校兼法兰西共和国驻圣多明各总司令，这也是与拿破仑的混编政策一致的。杜桑成功地让英法为利益相争，从而坐收渔翁之利，他还通过恢复国内秩序，吸引美国商人回来。与在此阶段，与任何拿破仑不太可信的将领相比，杜桑并没有什么不同，只不过被拿破仑以更加慷慨的手笔收买了而已。

然而事情并不像拿破仑预想的那样，在拿破仑和杜桑——后者现在直接把他视为导师——之间，3 个关键因素使得他们之间的关系最终恶化，兵戎相见。第一个因素，杜桑怀疑法国人一旦有可能，还会在岛上重新施行奴隶制，根据《亚眠和约》的条款，在重新占领马提尼克岛和瓜德罗普岛之后，法国人就曾允许当地指挥官恢复奴隶制。关于法国对圣多明各岛的管理方法，拿破仑主张应该是基于当地“风俗、气候及利益”考虑的“特殊法”，拿破仑尽力向杜桑解释，这不等于恢复奴隶制，而是要他自己制定政策，但在杜桑看来，这种恢复奴隶制的可能性还是很明显的。

第二个因素主要来自于杜桑自己的野心。1795 年，法国人已经从西班牙手上夺回了该岛东部——即今天的多米尼加共和国。但法国人无法实际控制该地，而英国人又控制着海上，战争也还在继续，因此岛上的西班牙行政机关和奴隶制都维持原状。杜桑跃跃欲试企图东进，部分原因是这片区域恰是他敌人的庇护所。1800 年，里戈不相信杜桑的大赦，于是逃到了那里。而拜他的法国导师所赐，杜桑也有了扩张的欲望。1800 年 12 月，杜桑越过边界，控制了整个岛屿。然而他并没有废除奴隶制，而是在他权力基地以外，成为莫罗·德·圣梅里一样的“渐进主义”追随者。拿破仑在他姗姗来迟的命令里明确指出，“黑人军队”不得跨越原先的边界。具有讽刺意味的是，在拿破仑随后的命令里，他要求放过在原先西班牙区域里的白人地主，而这与杜桑的想法正好吻合。[22]

第二年，为了巩固他的地位，也为了向圣多明各百姓保证他绝不会恢复奴隶制，杜桑成立了立宪会议，起草了一份法式宪法，并且早拿破仑一年宣称自己为“终身总督”。这对拿破仑实用至上的做法是一种考验，也挑战着他对杜桑纵容的底线，要感谢后者的是，通过对种植园进行无情的军事化管理，咖啡和糖的生产得以恢复。然而，这部宪法大大偏离了拿破仑统治圣多明各的根本思路。拿破仑坚持认为，关键决定都必须由巴黎方面做出，而不是由当地来做。决策对地方的“风俗、实践和惯例”的认可并不意味着要当地人来做决策。对于岛上新解放的黑人和混血精英，以及白人殖民者，拿破仑意图维持现状。对于 1789 年以来白人要求把权力下放到地方的呼声，拿破仑充耳不闻。如果他们想要恢复自己的地位，那得按照拿破仑的要求来，而非按照他们提的要求。杜桑可以当他的总督，但不允许觊觎拿破仑在他的意大利属国的那种地位。往岛屿东部的入侵，以及随后公布自己的新宪法都让拿破仑觉得杜桑太独立了，这是公然的违抗指令。当然还有消息误报的因素在里面，拿破仑曾经收到报告——最多只是夸大——说杜桑正在威胁到岛上原先位于西班牙区域内的白人地主。

现在《亚眠和约》已经生效，在得到英国人的同意后，拿破仑开始干预圣多明各的问题。杜桑被从军队中解职，地位也被剥夺。他所做的就像拿破仑自己 5 年前在意大利所做的那样一无所获。拿破仑，就像杜桑一样，迄今一直在玩着两面派游戏。一方面，他一直通过在圣多明各有实力的人来进行统治，维护法国利益。1801 年 10 月，杜桑残酷地镇压了岛上北部的黑人反抗，保护了该地区依然依赖的白人种植园主的利益，此举维护了巴黎的利益，因此很难称得上是“危险”行为。[23] 同时，拿破仑还在努力安抚传统的殖民地的财政和商业上的利益，这些都是仰仗于他的。

现在他开始倒向他们这边。

拜和平所赐，拿破仑得以在西部的港口上集合了超过 50 艘舰船的舰队，以及由 2 万名久经沙场的士兵组成的军队，由他的妹夫维克托 · 勒克莱尔——他于 1797 年娶了波利娜——统领。这将会是一支 8 万人大军的先遣部队。拿破仑依然希望杜桑能为他所用，而不是去反抗这支大军，但很快他就醒悟过来。雅克 · 诺尔万 · 德 · 蒙布雷东是拿破仑政权最忠实的仆从之一，他写了第一本拿破仑传记，对拿破仑进行了肉麻的歌颂。他也参加了勒克莱尔的远征大军，后来在他的回忆录里，他很肯定地说，拿破仑派遣勒克莱尔绝对是个错误，因为杜桑对逃到法国的白人种植园主提供了大赦，这些人在雾月革命前很多都受革命派的骚扰；他还说，杜桑是位很有能力的领导者，他本可以成为一位忠诚的总督；他还指出，拿破仑没有做到“在更广泛意义上明察秋毫”。他说：

> 如果今天有人问我，第一执政是否该下令远征……我会回答，不，不应该，一千遍也是这样回答……不需要派出 54 艘舰船载着 2 万人的军队……只要派一艘轻帆船载着一名副官，带着第一执政的信或命令……就足够解决巴黎与它的殖民地的关系问题……当初只要承认杜桑的权力，确认他的终身总督职位，就可以拯救法国。[24]

拿破仑也开始认同他的说法，“我责备我自己……想要武力征服，这是个错误决定，我本应安于通过杜桑作为中介，来对当地进行治理”。[25] 尽管如此，可能是因为在杜桑身上看到了自己的一些影子，拿破仑觉得只有阻止他才是明智的。

通过给勒克莱尔下达的命令，拿破仑的政治策略显露无遗：分而治之。只有法军在当地显示军威，才能把当地的不同派系团结在法国周围；勒克莱尔将以同盟者和保护者的形象出现，以便为当地人提供除了杜桑之外的另一种选择。他要团结混血儿，尤其是位于岛上南部里戈过去的支持者们；岛上西班牙领域的人对杜桑心存恐惧，勒克莱尔将会对他们产生吸引力；而黑人小农场主，由于杜桑支持种植园制度而饱受挫败，也是可以被他争取过来的。虽然忠于杜桑的所有黑人官员都将被捕并送到法国，以便让叛乱群龙无首，而愿意效忠于勒克莱尔和拿破仑的将会成为未来新政府的核心成员。[26]这依然与殖民部盛行的主张奴隶制的游说团体存在分歧，但它无法阻止拿破仑以完全不同的面貌把这次远征呈现给英国人和美国人看——尤其是给托马斯·杰弗逊看。拿破仑把这次远征比作一次不太经过伪装的种族主义征讨，旨在把世界从黑色混乱中拯救出来。杰弗逊曾公开表达过他的担忧，他认为一个独立的、黑人统治的圣多明各将成为“美洲的阿尔及尔”并且将会大肆“向我们发起掠夺性的远征”。[27]

由于《亚眠和约》带来的和平，勒克莱尔的舰队首先得以起航，但英国人之所以乐意支持拿破仑，是因为他让英国人相信自己背后有美国新任总统杰弗逊在撑腰，杰弗逊对于在美国家门口可能出现一个独立的黑人国家近乎抓狂。杰弗逊更多的是作为一名南方奴隶主而非副总统来持续密切关注圣多明各的事态发展，他在 1797 年对一位朋友说，“只要一点火星”，叛乱就会蔓延到整个大陆，在那样的情形下，“我们将成为断送了自己子孙后代性命的凶手”。[28]他支持法国介入其中，害怕国内爆发种族战争，这种担心随着 1800 年在弗吉尼亚发现一起大规模奴隶叛乱的严重阴谋——加布里埃尔阴谋，与圣多明各有联系——而进一步加深了。

当杰弗逊于 1801 年 1 月成为总统，他的想法就是：让杜桑下台，让法国人重新确立统治。正如一位历史学家所说，“叛乱可能会传染至其他地区，这种忧患一直在他的心头挥之不去”[29]。关于奴隶问题，杰弗逊一直在与他的良心做斗争，但他很聪明，能够克服这种纠结。赞同奴隶制的宣言、杰弗逊秉承的亲法情绪，以及他公然支持加勒比地区法国势力以便制衡英国的表态，都使拿破仑得出结论：他可以依靠杰弗逊来为勒克莱尔提供实际帮助，也可借此获得外交支持。杰弗逊总统批准拨款 15 万美元来帮助装备勒克莱尔的军队，也证实了拿破仑的观点。[30]

然而，当杰弗逊看到勒克莱尔的军队规模时，他的想法很快就改变了。1802年4月，美国国务卿詹姆斯·麦迪逊出其不意地质疑为什么这支舰队规模如此之大。[31] 杰弗逊开始担心拿破仑在美洲有更大的野心，他可能会以救星的姿态出现；他可能会安抚转变立场的黑人，建立起一支黑人军队来对付美国。在这两方面，他的担心大有道理，但当时，勒克莱尔已经率军起航。事实上，杰弗逊越来越相信，法国人赢不了，还会对他们美国人产生适得其反的效果。[32] 有这样担心的不止他一人，甚至还没起航前，勒克莱尔的远征就在美国南部引起了恐慌，有消息说拿破仑为杜桑提供高官职位，为他的黑人官员颁发委任状，这样的说法不胫而走。[33]

拿破仑和勒克莱尔依然希望不必同杜桑交火，他已经向法兰西共和国表达了忠诚，虽然他后来又违背了这份忠诚。他们还残留一份幻想，认为杜桑会轻易投降，这在勒克莱尔的战术上得以体现。他计划进行一系列的小规模登陆，迫使杜桑同时在数条战线开战，从而使一些军队有可能遇到较小的抵抗以便成功登陆。1802年1月29日，勒克莱尔率主力部队于北海岸的海地角策划了一次登陆，结果让他如梦初醒。杜桑在那部署了他最为骁勇残酷的一位军官克里斯托弗，击退了勒克莱尔。法国人只得转往西边，从条件很恶劣的丛林地带上岸。至此杜桑的意图已经很清楚了。然而，勒克莱尔的多地登陆还是收到了成效。在几周之内，主要的海岸中心悉数被远征军攻下。然而接下来的战事才是法国人面临的真正考验。杜桑直接把军队撤到了山脉众多的崎岖内陆，真正的战争，残酷的游击战正式开始了。1802年2月17日，勒克莱尔最终宣布杜桑为罪犯，杜桑也进入到人生的一个新阶段，而他的所作所为也配得上这个阶段。埋伏、可怖的酷刑以及对肢体的残害，这些都成为法国人的梦魇，杜桑还实行了焦土政策，从而断了法国大军急需的给养；热带地区任何欧洲入侵者的最大敌人——黄热病——也帮了对手的忙，到5月为止，死于黄热病的士兵已达2000人，占法国军队的十分之一。然而由于人数的优势，勒克莱尔的军队还是取得了胜利。1802年5月6日，杜桑被迫投降。拿破仑为他提供了一份舒适的退休生活，然而——这几乎诡异地预示着拿破仑1815年的行为——杜桑很快又开始策划卷土重来，随后被捕，送到法国，第二年在狱中寒病交加而死。

但这场战争远未结束，反叛是由来已久的，人们被躲避奴隶制的强大愿望驱使着，这超越了一个人的力量。杜桑的前副官们和助手们继续进行游击战。而同时法国的后方也不安定。拿破仑不理解，经过18世纪90年代的这些事件后，黑人已经改变了。他们经历了短暂的真正自由，更重要的是，很多人意识到，杜桑的种植园管理再残酷也比奴隶制好。也许拿破仑最大的错误就是在临近的马提尼克岛——约瑟芬的故乡——和瓜德罗普岛允许恢复奴隶制。这是法国的指挥官们在白人精英的支持下一手造成的。这并非是拿破仑的命令，但他接受了这种做法，而这对圣多明各岛的影响是灾难性的。岛上占多数的黑人会想，这样的事也会发生在他们身上，对此拿破仑无从体会。所有这些想法积累着，发酵着，直到在城市里爆发起义，参加者都是本应已得到安抚的城市人口，1802年9月13日，诺尔万对此进行了叙述：

> 暴动策划了有一个月……刻意选在那一天；所有的黑人，无论男女，所有的一直都很和蔼的街头商贩……所有人，不分年龄，无论性别，大家都知道了，然而由于极度狂热的忠诚，即使是孩子，面对死亡的痛苦，也不会把他们的血腥阴谋泄露半分……这是一场血腥的停火协议，我是其中的目击者。[34]

诺尔万的讲述让人惊叹于杜桑的把岛上3个族群团结在一起的能力，因为即使是白人也认为，比起法国人，杜桑是个更好的保护者。里戈也与杜桑费力地结盟了，这大大出乎拿破仑的预料。现在，杜桑团结人们的能力，终于在他死后结出了果实。

随着法国指挥官的更迭，这种镇压也越发难了。勒克莱尔在经历了9月的暴乱之后，于11月死于黄热病，他的继任者罗尚博被证明是一台残忍而又愚钝的机器。他对反抗者的镇压，其残酷性更胜一级。他用特训的狗来追踪他们，用可怕的方法在监狱里折磨他们。到 1803 年春季，罗尚博只控制了岛上的一小块，被大多数白人所抛弃。随着与英国战火重燃，罗尚博断了所有等待增援的念头。同年 11 月，他向英国人投降。

尽管岛上原属西班牙的区域依然在法国人的掌控下，但他们已经无法组织其独立了。杜桑的一位指挥官让 - 雅克 · 德萨林，出生在非洲，做过奴隶，成了新独立的“帝国”元首，即国王雅克一世。不久各军阀纷纷解散，1803 年至 1806 年期间还爆发了一系列流血冲突，但拿破仑已无力干涉。1808 年当他与西班牙交战时，在加勒比的西班牙殖民地已不再是那里的法国军队的安全庇护所了。当英国人 1809 年 1810 年分别夺下马提尼克岛、瓜德罗普岛时，拿破仑只有坐视的分。也是在 1810 年，他与约瑟芬离婚。

甚至如诺尔万这样赞赏拿破仑的人，也不否认这个错误有多大。越来越多的军队涌入圣多明各以增援勒克莱尔。最终超过 5 万名法国人——有男有女——死在了这里，其中 4.5 万人死于疾病。诺尔万把热带的破坏力比作 1812 年俄国的雪那样可怕。[35] 在死去的士兵里，有些是当时最优秀的老兵，因为勒克莱尔军队大部分都来自桑布尔 - 默兹军营，而这支部队在奥什和莫罗的率领下，首当其冲地经历过历次革命战争。法国唯一真正有价值的殖民地就这样永远失去了。

这次后来史书上所称的“海地革命”，也对拿破仑自身提出了几个重要问题。最明显的就是种族歧视问题。要理解他的想法就要分清种族歧视与奴隶制的区别。拿破仑本人对奴隶制总体上是持无动于衷态度的。在法国于印度洋的殖民地，他的政策是维持奴隶制原貌；在马提尼克岛和瓜德罗普岛，他允许恢复奴隶制；在圣多明各岛，奴隶制可能会破坏他再次征服这里的希望，但他却总是不废除奴隶制。他身边围满了赞同奴隶制的游说人士，以莫罗 · 德 · 圣 - 梅里为首。但他们控制不了他，就像他的其他合作伙伴也影响不了他一样。在这些问题的讨论中，他们的确有很多人出席，主要是因为废奴制最坚定的拥趸是空想家（比如沃尔内，雾月革命忠诚的拥护者，早年曾和拿破仑一起去过埃及），而他们中大多数到 1801 年已经边缘化了。尽管如此，拿破仑并不反对杜桑，直到觉得对方开始公然反抗才改变想法，他下令勒克莱尔要多与不同的黑人领袖接触，说服他们改变立场。运到法国的黑人叛军最终都被收编进法国军队，其中很多人表现优异。具有讽刺意味的是，有些被送到意大利南部，镇压那里的土匪，在那里他们战功赫赫。对于被抓的或投降的杜桑的部下，拿破仑也执行同样的和解政策，就像他对放下武器的旺代叛军所做的一样。（1803 年，他设立了一个新部门，“成员必须由在旺代战争中与我们交战的官员和指挥官组成”，这个部门的领导是拿破仑十分尊敬的一位叛军指挥官德·奥蒂尚，他于 1800 年向拿破仑投降[36]）对拿破仑而言，关键的差别与种族无关。黑人长官只要像德·奥蒂尚一样能干，投降后依然能保住自己的位子；条件差些的可以先做军士，以后再见机提拔。圣多明各的降军大多属于第二种，在处理中，种族不是问题。拿破仑不像莫罗·德·圣-梅里，或是英国首相阿丁顿那样表现出尖刻的人种偏见，更不用提像杰弗逊那样了。他决定要击垮杜桑，因为对方是名危险的下属。杰弗逊把这些新的黑人领导描述为“恐怖共和国里的食人族”，[37]拿破仑则从不用这样的称呼。

就奴隶制而言，他的态度是冷嘲的，麻木的，实际的，虽然他很尊敬杜桑和他的黑人军队。即使在当时的标准下，拿破仑的行为也让人不敢恭维，当时法国废奴运动方兴未艾，而他却在很多地方都予以破坏。但他的观点从不掺杂任何真正的种族歧视。杜桑和他手下是他的一大威胁，但绝不比他低等，他对此心知肚明。

在圣赫勒拿岛，据他的秘书拉斯卡斯说，拿破仑是这样评论他的黑人对手的：

> 即使当时对他的描绘多有偏颇，杜桑也不是没有美德的，必须得说他的性格让人无法真正信任，他锋利而狡猾，我们尽可以责怪自己，但我们有必要去抵抗他。[38]

拿破仑的自律往往在类似的场合下发挥作用，但面对美洲新大陆的新领导人时，他的这种自律却适得其反。他太拘谨，无论是对杜桑，还是对他在巴黎的顾问，他没有明确表明对奴隶制的立场。杜桑与他交战，杰弗逊坐山观虎斗，轻轻松松就把法国人甩开了。一方面任由勒克莱尔饿死，同时又允许美国商人为黑人叛乱分子提供所需的一切。[39]

勒克莱尔远征失败的一个很重要的影响，就是进一步强化了拿破仑天生的重商主义思想，这对法国的未来产生了深远的影响。他就是被西部港口和巴黎金融家的商业利益一步步带入加勒比泥潭而无法抽身的。正是这些人使得英国看上去既陌生又令人生厌，他也开始同样讨厌在法国的这类人。他们给他提供糟糕的建议，派他出去执行危险的差事，未来他的经济政策可不能让他们舒服了。很多殖民地的商人都是有名的保王派贵族，无论如何，他都会想："即使我打了胜仗，"他在圣赫勒拿岛对古尔戈说，"也只不过让诺瓦耶和拉罗什福科发了财而已"。[40] 1806年他发起了对英国的封锁，大陆体系的本质即由此而来——关注于欧洲大陆的市场策略——这些都对商业利益产生了影响。对于这些利益，拿破仑比对奴隶制更加无动于衷。在封锁开始时，他公开对约瑟夫说，来自殖民地商人和西部港口的赞助要被注销掉。他们不是他的天然拥护者，圣多明各可能又强化了他的这一认识。他从此再也没理过他们。

拿破仑还学到了重要的一课。除了西班牙以外，他再也不会让他的下属拥有他短暂授予杜桑那样大的地方权力和权威。他的帝国将是高度中央集权的，遵循严格的法国模式，再也不会有什么针对特定省份的"特殊法"。虽然圣多明各的一幕在拿破仑波澜壮阔的一生中只能算是个小插曲，但这段经历让他确信，中央集权的独裁统治是有必要的，对帝国的治理进行一般的解释也是必要的，他以后再也没有偏离这样的认识。当他被软禁在圣赫勒拿岛时，他哀叹没有对杜桑展现出更多的回旋余地，对帝国没采取一种支持地方分权的态度，他活跃在政治舞台上时，从没这样做过。

圣多明各战役前所未有地直接触动了波拿巴家族。波利娜·波拿巴陪同她丈夫勒克莱尔出海，参加战役，面对艰难险阻，她表现得足智多谋，勇敢而富有生气。在1802年9月的城市暴动里，诺尔万惊叹于她在组织疏散海地角妇女儿童中表现出来的领导气质，但更惊讶于她自己拒绝撤离，决心指挥所有的殿后工作。他说她对军队说："你们可能会死，你们这些人都可能会，我也会。但我无所畏惧！因为我是波拿巴的妹妹！我和我儿子的尸骨，就等着敌人来收好了。"在诺尔万眼里，她看上去就像"斯巴达女人"一样。她的告别辞里没有软弱，她表现出的风度和勇气让她的天生丽质变得带有某种超自然的美。诺尔万想把她拉出人群，让她坐到轿子里面，但她甚至在战火已经烧到港口之际，也不愿离开丈夫。[41]

对于这个家庭，诺尔万是仰慕的，在这场真正的危机里，波利娜表现出的非凡勇气是毫无疑问的。这颇耐人寻味。拿破仑曾命令波利娜与她丈夫同行，让她盯着海湾的一举一动，她曾费尽心机来摆脱这项差事。她谎称怀孕了，拿破仑让他的御用医生来给她检查，结果自然可想而知。她说受不了从巴黎到布雷斯特的鞍马劳顿，拿破仑送她一台轿子。作为报复，临走前，她在巴黎挥霍无度，并把责任推到拿破仑身上。[42]然而一旦到圣多明各，她就与丈夫一起四处巡视，甚至深入战火区。她的美丽，她的活力，均极大提升了士气。她尤其关注黄热病的受害者。她回国的信里依然显得语气轻松，她告诉拿破仑除非像对约瑟芬一样给她10万法郎，她才回国。[43]拿破仑把这记在心里，因为他深知，这场战役把波利娜最好的一面展现了出来，1802年3月，他在给波利娜的信里，表现出真诚的爱护和关心：

> 记住，任何困难，任何障碍，当与你的爱人一起面对时，就都烟消云散了，记住这是为了国家的利益……通过你的仁慈和蔼，举止大方而绝不轻浮，让你赢得人们的爱戴。同时寄去的还有一些箱子，里面装的是新潮服装，由"小妖（La Syréne）"号船长带给你。我非常爱你，你让身边所有人感到快乐，我知道你配得上你的职位。[44]

在那危险的几个月里，她的确让她哥哥引以为豪。对于他们夫妇而言，危险是致命的。拿破仑在7月份写给她的信里，更多地袒露了心声：

> 我很高兴地得知，随着战争的进行，你克服了一个又一个困难。我听说你丈夫病得很重，请照顾好他，不要做任何让他嫉妒的事。[45]对于男人，在压力下，再小的事也是难以容忍的，在这个时候，妻子就要陪着他……因为他所赢的荣耀，你丈夫现在真的可以称得上是我的兄弟了……让我们团结在爱和温情的友谊里。我妻子会寄给你最新的服饰。[46]

他希望这次战役能造就他的妹妹，事实证明他是对的。更有证据表明——虽然这些证据都很主观——他渴望拥有像勒克莱尔在热带沼泽里锻造形成的那样的婚姻。夫妻共同面对危险，共赴难关，这深深打动了拿破仑，约瑟芬做不到这点，他得等到他的第二任妻子玛丽 - 路易丝，在 1814 年他人生的倒数第二场战役中，才有机会让妻子与他携手作战。

拿破仑请波利娜照顾她病中的丈夫，这个请求悲剧性地一语成谶了，这是他没有料到的。勒克莱尔于 1802 年 11 月 2 日死于发烧。波利娜照顾他直到最后一刻。拿破仑所喜爱的那个“小波莱特”已经离他越来越远了。虽然他一直都喜欢着她。她是拿破仑家族里唯一见证他第一次流亡厄尔巴岛，替他整理住所的人。在丈夫去世后，波利娜带着他的遗体回到法国，沿途她始终把自己关在船舱里，默默而又伤心地抵达了土伦。按照罗马风俗，她剪掉了一头秀发，以示哀悼。她的这番姿态在一位据说是她朋友的回忆录里引来了讽刺回应。这个人叫朱诺夫人，笔锋尖刻。她认为这既过激又招摇。还声称即使是拿破仑也嘲讽道：“她也知道，头发剪掉了，只会长得更加繁密。”这番针对波利娜的评论，如果当真的话，那就不符合他在妹妹人生最黑暗阶段的行为了。[47]她在撤退时被刺伤，伤口依然还未愈合，这就是说，她一到达土伦就被隔离起来，只得乘坐驿站马车前往巴黎，参加不了丈夫的葬礼。波利娜当时还只有 22 岁。她与约瑟夫待在一起，拿破仑尽可能多去看看她。[48]当她恢复后，她以一个虚荣冷酷的社会名流的形象出现。她依然放纵购物，奢华无度，甚至达到了病态的地步。不久拿破仑重新为波利娜施洗礼。

拿破仑亲眼见到，被圣多明各黄热病毁掉的不只是殖民帝国复兴的希望，还有他更为珍视的其他希望。

如果说他对波拿巴家族遭受的家庭悲剧进行利用的话，那就是利用勒克莱尔之死恢复了宫廷哀悼的王室礼节。米奥·梅利托，一位政府顾问，在他的回忆录里说道："这种对以前王室风俗的回归轰动一时，其重要程度也许比不上第一执政其他一些事务，但它就体现出的勇气而言更胜一筹。"[49]

虽然利用勒克莱尔之死，拿破仑重新确立了他的公共权力，但很快就可以看出，他在家庭生活方面却斩获甚少。拿破仑、约瑟夫、吕西安都很难制止波利娜与不合适的男人来往。随着他们信任的勒克莱尔的去世，他们更加做不到这一点了。1803年8月，尽管兄弟姐妹都反对，波利娜还是嫁了一位有钱的罗马人，卡米罗·博尔盖塞。他出身高贵，但道德品格低下。婚后不久他们就分居了，她身后跟着一长串年轻军官追求者。当听说其中一位追求者在西班牙断了一条腿时，她冷冰冰地回复说，太遗憾了，因为他的舞本来跳得很好。尽管如此，她身上的变化可能与丧偶的经历有关。这不再是一位年轻漂亮享受生活的女子的行为，哪怕这与她的身份多么不符。这是一种病态的颓废美。卡诺瓦把她雕塑为维纳斯的形象，从而使她的美得以不朽，洛朗·迪布瓦不禁想道："波利娜……将无动于衷地继续生活下去，对于圣多明各的惨败，她是一个沉默不言的见证人。"[50]波利娜是战争的受害者，像成百万其他人一样，战争让她成了寡妇；但作为拿破仑的妹妹，她的经历被完整记载了下来，而她又有着富贵的命运，这与其他众多的受害者完全不一样。

在19世纪的曙光来临之际，西方世界最有才华的两位领导人就是拿破仑·波拿巴和托马斯·杰弗逊了。这二人之间的互动——首先是在圣多明各岛，但更多是在路易斯安那领土上——给各自国家的未来均留下了不可磨灭的印记。他们互相打交道时把各自身上最好和最坏的一面都揭示了出来。留给他们的是毁誉参半的评价。

在圣多明各问题上，他们利益相左。杰弗逊态度突变，抛弃勒克莱尔任其覆灭，对于法国的战败打击甚大。但对杰弗逊而言，圣多明各——如果黑人暴动被控制在岛上而不扩散——比起尚年幼的美国的领土需求，根本就无足轻重。在圣多明各问题上，他战胜了拿破仑，但付出了极大代价。结果就是在美洲出现了一个独立的黑人国家，这是他不愿看到的。随后，美国对它采取了经济封锁、外交孤立等政策，终于使它落入英国人手里。他用低得令人反感的价格从法国人那里收购了路易斯安那，阻止了拿破仑在美洲的扩张，使他无法从西班牙手里再次夺回广袤的路易斯安那领地。在这起收购中，杰弗逊笑到了最后，但也是因为拿破仑最终决定，法国只是想做欧陆霸主，就像美国只想称霸美洲一样。1803 年 4 月 30 日，随着法国出售这片土地给美国，两国的严重冲突得到了解决。这两个新世纪的大国从此背朝对方，各自发展。杰弗逊忙于对美国西部的殖民扩张，而拿破仑则致力于征服西欧和中欧，并把他的政治体制在那些地方贯彻实施。前者是为了新生的国家开疆拓土，后者是为了在古老的国家间嵌入一种新的政治文化。在他们下台后，人们提出这样的术语“昭昭天命”，因为出现在两位领导人和他们的人民面前的，的确是天意使然。

1799 年拿破仑上台时，法国在北美大陆所有的领土都已丢掉。法国曾经占据加拿大，阿巴拉契亚山脉和密西西比河之间的土地，以及路易斯安那的广袤土地——它位于密西西比河以西，包括位墨西哥湾河口处的新奥尔良港口。法国革命以来，历届政府极少的一项共识就是从这迷失的帝国里尽量多榨取些资源。结果加拿大划到大英帝国版图里，密西西比河以东归属于新生的美国，路易斯安那也于 1795 年割让给了西班牙。1800 年，拿破仑成功地挤开西班牙，让路易斯安那与法国结盟。塔列朗在美国时，十分热心于收回路易斯安那，他看到机会来了，并且在几个月内就实现了。1800 年 10 月，路易斯安那又变成法国的了，但依然由一位西班牙总督管理，直到 1803 年春季，法国才算真正占据了路易斯安那。

拿破仑对路易斯安那很有兴趣，视之为法国在美洲新大陆殖民开拓的宏图远景的一部分。他希望通过农业殖民者的开发，能够为圣多明各以及其他加勒比岛屿提供基本需求，减轻这些地方对美国的依赖。在帝国这幅极为重商的综合规划图中，新奥尔良将是意义重大的贸易中心。当然，这一切都取决于勒克莱尔能从杜桑手里夺回圣多明各，而这在1802年大部分时间看来，是极有可能的，当时他的远征军连奏凯歌。拿破仑为另外一支远征军装配了3000名久经沙场的士兵，他们在维克托将军率领下，占领了新奥尔良和密西西比三角洲。他甚至任命了民事行政人员来对这片区域进行管理，这次远征据说花费不菲，总共耗资两百万法郎。[51]

拿破仑迅速占领路易斯安那是有充足原因的。美国对这块土地，尤其是对密西西比三角洲垂涎已久。由于这片区域边界不规则——在欧洲人和美国人看来，一片荒芜——使得美国移民者可以涌入“法国的”区域而不受盘查。1801年，杰弗逊成为美国第三任总统，他的帝国野心完全可以比肩拿破仑。杰弗逊渴望扩张领土，想越过密西西比，把殖民地一直推进。对于在那里的非法定居点，哪怕再靠近三角洲和新奥尔良，他也不闻不问。这大大激怒了西班牙总督，后者于1802年10月颁布法令，禁止美国人经过新奥尔良进行贸易，从而引起了美国开拓者的不满。

然而，在1801年晚些时候，杰弗逊开始通过他在法国的代表罗伯特·利文斯顿，就购买路易斯安那探询法国人的口风。他的首期请求是有限的：利文斯顿被告知，不要提新奥尔良或是三角洲，只要问询向北和向西的荒芜地带的购买。[52]谈判停滞不前，对此杰弗逊早有心理准备。他的谈判风格与拿破仑颇有几分相像，在强硬与安抚间摇摆。随着勒克莱尔阵亡，他的远征也宣告失败，拿破仑开始考虑减少损失，开始考虑放弃路易斯安那，因为没有了圣多明各，路易斯安那似乎也没什么用了。到1802年11月，在这个问题上他已经没有了主动权。当时早冬的风雪封锁了荷兰海岸，维克托的军队无法出海，同时在密西西比三角洲的边界上，聚集了成千上万的装备精良而好战的美国移民，随时准备入侵路易斯安那，拿下新奥尔良，来预先阻止维克托，却浑然不知他来不了。杰弗逊此时对密西西比的危机十分警惕，他制止了这次战争，派他的亲信詹姆斯·门罗前往法国。门罗不仅是绝顶高明的外交官，还深得拓荒者信任。

门罗抵达法国时，正值拿破仑对他整个殖民政策的看法发生根本改变之际，于是这起收购就于 1803 年 4 月 30 日完成了。通过出售，法国人获得了 8000 万里弗，少于拿破仑的 1 亿里弗的开价，但已经远高于他的实际期望。在美国人看来，这是一大笔钱，但杰弗逊毫不犹豫。利文斯顿在 3 月初对谈判还处于绝望之中，坚信必须要展示武力。[53] 因此拿破仑的立场突变让美国人大吃一惊，于是他们立刻履行收购，生怕拿破仑又会变卦。

在谈判桌下，两人的隐隐角力还在继续。拿破仑命令维克托与北美印第安人结盟，他相信他们是亲法的，就像其他任何东西一样，这种信念可能源自雷纳尔。为了达到这个目的，维克托的远征军为他们携带了大量枪支、军刀、火药和军需品，为他们的首领准备了一批最新的来复枪。[54] 正如威尔逊 · 里昂评论的那样，“清单上的数字是冷冰冰的，但也精确揭示了一旦维克托抵达的话西部的美国移民的命运将会如何。”荷兰的冰雪使美国免受拿破仑染指，就像在同一时间，英吉利海峡拯救了英国免于拿破仑侵略一样。[55] 如果杰弗逊的噩梦是奴隶暴动再席卷古老的南方，那么他的美梦就是建立一个自由、自足的共和国，白人自由民可以向西扩张。他眼中的地狱是圣多明各的黑人被解放，而他的理想则是盎格鲁 - 撒克逊白人从奴隶制的必需中解放出来，在法属路易斯安那拥有大量新土地。为了实现后者，他准备好面对会出现前者的风险。毕竟，他已做好准备，不得已时，他会为他的梦想不惜一战。为了防止拿破仑阻碍他的梦想，他已做好了忍受噩梦的准备。最终，双方各让一步，各取所需。杰弗逊得到了土地，拿破仑拿到了钱。这样，法国和美国得以保持合理的关系。

在出售法国在北美最后一块立足地的过程中，还有一些深层涌流在发挥作用。1802 年秋季，拿破仑已在圣多明各损失了 2 万名精兵，他们都是奥什和莫罗留给他的来自莱茵河前线的身经百战的老兵。当时情况很危急，到 1802 年底，这支陆续打了十几年仗的军队已经疲惫不堪：士兵都老了，要退役了，而当战争重启时，人数还会更少。拿破仑知道，训练有素的士兵会打败比他们数量多得多的乌合之众。而当时军队中的主体，都是极不情愿地被征来的新兵。他也眼见他的妹夫丢了性命，妹妹则一度心智失常，再也快乐不起来。1803 年 1 月，在一次普通的谈话中，他突然大叫："该死的糖，咖啡，还有殖民地！"罗埃德雷在他的回忆录里强调，这是拿破仑的原话。他很震惊元首如此失控的情绪爆发，觉得有必要尽其所能记录下来。[56] 如果杰弗逊就像新大陆里的图拉真，其梦想就是扩张，扩张，扩张。那么此时的拿破仑就好比那个奥古斯都，如果苏维托尼乌斯和塔西佗的记载是可信的话，他在德意志损失了 3 个军团之后，深夜在走廊徘徊，对着他死去的中尉哭诉："瓦鲁斯，还我的军团！"这些军团被诱入今德意志境内的原始森林，在那里遭到军队伏击，领头的名为阿米尼乌斯，是一位日耳曼族酋长，曾在罗马服役，学习战术。这样的历史教训，拿破仑和杰弗逊尚在襁褓中时就被灌输。1803 年，拿破仑依然还是那个本可以选择回撤到守备更好的阵地的奥古斯都。

英法深渊

拿破仑的野心是做欧陆霸主，他在地中海以西，尤其是在意大利北部的利益，与英国对地中海航道的控制并没有直接冲突。但英国人对此无法理解。当战争来临，他们拒绝按照协议的条款疏散马耳他。对英国人而言，该岛是经由地中海到达印度路线上的一个枢纽，必须确保万无一失。同样的情形也在"二战"期间重演过，当时也是出于战略考虑，该岛承受了长时间、毁灭性的围攻。英国人拒绝疏散该岛的一个理由是：这样做的话，拿破仑小小要塞的 2000 名守卫就是该地区唯一的其他军力，这样的话，马耳他的中立性无从谈起。

拿破仑则对马耳他另有看法。事实上，他感到很受打击，虽然英国人还驻扎在那儿，但他们对于维护海上航线、打击巴巴里海盗完全采取不闻不问的消极态度。虽然后来几年这种态度有所变化，但在 1803 年，拿破仑依然向塔列朗抱怨说，就在皇家海军眼皮子底下，抢劫就在发生，最北可到教皇国的海岸。葡萄牙人进出马耳他的船正在被肆意抢劫。为了解决这个问题，拿破仑违背了法国的传统政策，开始帮助利古里亚共和国建立自己的舰队，但他之所以如此，唯一的原因是英国拒绝接受条约中的某项条款，该条款约束北非的总督们必须尊重利古里亚国旗："纵容这种荒唐可笑的不义之举的正是英国人。"[57]拿破仑呼吁英国派遣战船对付这些总督，但在英国政府看来，这只是拿破仑用来分散英国地中海舰队的诡计。英国也无意帮助很多饱受海盗船之苦的国家，比如参加了1800—1801年间毁灭性封锁的葡萄牙。他在利古里亚的举动只不过是他在北部意大利扩张主义的又一部分而已。拿破仑好战的态度也给他帮了倒忙。拿破仑往往被认为是欺凌弱小者，这是情有可原的，但他的动机，正如他1月份表达给塔列朗的那样，如果伦敦方面了解他的话，就会认为是欺骗而予以驳回：

> 利古里亚部长强烈呼吁我来干预巴巴里势力，让他们尊敬热那亚国旗。请通过我们在热那亚的部长明确转告他们：只有当利古里亚的战舰和海军力量均优于阿尔及利亚人，当它们可以向阿尔及尔公开展示时，这才成为可能……迄今为止，法国一直反对建立热那亚海军，但今天，法国却第一个赞成这样做，而我也将敦促此事。[58]

拿破仑试图在这个问题上利用罗曼诺夫王朝对马耳他骑士团的一贯支持，来赢得俄国人在马耳他问题上对他的支持。1798年拿破仑在前往埃及的路上，曾满怀热情地推翻马耳他骑士团的统治，但现在却急于恢复它，以便削弱英国。他写信请求亚历山大一世帮他把巴巴里海盗从海上赶走，"把他们赶回老家去"，"这是为了全世界的利益，更重要的是，也是为了所有文明国家的利益"。他接着又强调说他如何遵照约定，疏散了意大利口岸，而英国人却固执地不予合作。[59]还是在这封信里，他提到他们曾经在神圣罗马帝国的重组中有过多么良好的合作，后者曾见证了南方各国的崛起。同一天拿破仑还向普鲁士国王做了类似的呼吁。[60]拿破仑的沮丧可能是真的，但他的种种举动让他确信，他的请求没人应和。这不是说曾与他一起实施封锁的亚历山大一世是亲英派了——完全不是这样——虽然他面对着宫廷派系强大而潜伏危险的压力，要求他对拿破仑更加强硬。普鲁士也没做好准备反对拿破仑，但柏林方面不愿意放弃它1795年一直采取的中立政策。因此，在1803年，英法都孤立无援。

与塔列朗和约瑟夫不同，拿破仑还一直认为英国想构建一个针对他的新联盟。在1803年三四月间，他增强了从英吉利海峡一直到低地国家再到德意志地区的军力部署，开始在诺曼底海岸布置兵力，准备应对英国人的直接入侵。在旺代人和朱安党人新一轮叛乱的影响下，他愈发坚信，领头的就是“英国人从泽西岛运输到我方海岸上”的回国的叛乱分子。[61]他脑海里一直萦绕着这样的想法，挥之不去。1803年早些时候，奥尔良市长写信请求他支持在市里树立一座圣女贞德的雕像，以纪念英法百年战争期间她第一次在那里大败英军。他的回信中可以感到他对英国越来越多的仇恨：

> 这个提议很好。杰出的圣女贞德向我们表明，当国家独立受到威胁时，法国总会涌现这样的天才拯救人民，这并非奇迹。只要团结起来，法国人民就从来没有被打败过；但我们的邻居们——他们更工于心计，也更加精明——一次次利用我们性格里的坦率和忠诚，在我们中间制造纠纷。我们那个时代的一切不幸，我们历史上的所有灾难，皆源于此。[62]

他自己掏腰包负担了雕像费用。

具有讽刺意味的是，英国人在这些年里也是这样说法国人的：背信弃义，狡猾算计，通过邪恶的外国人来算计一个善良民族，滥用他们的诚实和信赖的天性，就像托马斯·潘恩在《人的权利》里谴责诺曼人的枷锁束缚一样。法国人也可以玩这样的游戏，有各种历史隐喻可以借鉴。

当现代政治家援引类似的刻板印象时，往往会毫无保留地大加挖苦。作为领导人，拿破仑常被誉为在民主外衣上点缀个人独裁的第一人，他当然也会竭尽所能地冷嘲热讽。然而从个人角度而言，拿破仑这样大发脾气只是再次表明，他像热爱自己的理想那样热爱法国的理想：他颂扬他所有的政策都在倡导的阶级价值观，赞美小农理想的价值——敬业努力，自给自足，这也是《民法典》所大力推崇的精神。拿破仑的情绪爆发表明，共和派最为优雅的博爱价值观，植根于一个自由民族的内在的慷慨，与英国人的贬值了的重商主义形成了鲜明对照。

政治上的夸大其词姑且不论，拿破仑对英方保持警惕是对的，但英国的政治地形对他来说如同一片荒野，毫无头绪。英国的情况他是不了解的，就像英国的议会也无法了解他们一样。虽然相对友好的阿丁顿内阁在《亚眠和约》后的下台主要是经济原因——由于恢复和平，导致了制造业的危机——然而拿破仑却从中只看到，皮特和格伦维尔主导下的主战派卷土重来，其唯一目的就是置他于死地。这进一步加深了他诉诸武力的嗜好，并非因为他想要摧毁和平，而更多可以说是为了在第一时间进行报复。拿破仑把圣女贞德描述为法国人的“约翰·保尔”，在政治文化冲击的大背景下更具讽刺意味。拿破仑努力通过妥协以及相互容忍来铸造一个政权，但在此过程中，他对于交战的派系行使了权力——以国家为仲裁者——这与英国政治截然不同。拿破仑急切地想在法国精英间找到共识与合作，就像绝望的辉格党要人在丧失了北美洲的10年里努力为冲得七零八落的众议院收拾残局一样急切，在此混乱的情势下，小威廉·皮特成为平息各方分歧的唯一指望。然而，所谓的忠实的反对派的概念，即要求公开反对，进行激烈争论的制度是拿破仑所无法理解的，对很多见证过其在18世纪90年代结果——当时这套制度正被试图引进法国——的法国政治家而言，也是令人厌恶的。拿破仑费尽心力想要把法国人揉为一体。归附，甚至混编都是大胆而真诚的实践，但通过议会体制把法国人集合起来，这是拿破仑无法想象的。如果说英国人觉得拿破仑无法归类，反之亦然，双方无论哪一方在任何层面都理解不了对方。

由于双方的弱点，英法彼此间的紧张越发加剧。双方得以坐在谈判桌前，是因为都知道自己的军事弱点。英国由于法国的封锁，已经快到弹尽粮绝的地步了，它的海军战线拉得过长，使得来自波罗的海的补给无法覆盖。而拿破仑也知道自己的军队已经疲惫不堪，无法支持一场长期的战争。双方同意和平只是为了暂缓一阵，重新武装部署军队，以便做好重新开战的准备。条约签订还不满 18 个月，由于双方相互不信任，最担心的事还是发生了。

与很多历史学家假定的不同，双方重新回到敌对状态，并非是由于拿破仑一味好战。在实际宣战的前夜，当双方还在为和平做最后的努力时，拿破仑对塔列朗抱怨道：

> 我不想让会议沦为一味的饶舌…让它显得冷酷，傲慢，甚至带点凶狠吧！如果他们的会议记录含有“最后通牒”这个词，那要让他们知道，这个词意味着战争，所谓谈判就是强势一方与弱势一方对垒，如果记录里不包含这个词，那就把它写上去。[63] 让他们知道在和谁打交道，我们对这种焦躁的状态已经受够了，他们不可能像对波旁王室那样，从我们这得到什么。[64] 让他们知道我们不再是接受敦刻尔克掌管的民族，[65] 让他们知道一旦再使用“最后通牒”这个词，就意味着两国正式决裂。[66]

这封信是早上 4 点半由拿破仑亲手写的，因为他一贯薄弱的拼写已经开始出现错误。5 月 13 日他脾气暴躁地最后一次提出妥协，宣称只要能允许法国人保留他们在那不勒斯王国的基地，他就会允许英国人占领马耳他 10 年。[67] 但他心里对这一问题其实已经有了答案。拿破仑对英国人的怒火，只有通过建立一支新的军队才能发泄掉。然而，在 1803 年，双方都孤立无援，就像在陆地上的大象和在海里的鲸一样，无法对对方造成实质伤害。

英军先采取了行动，1803 年 5 月 16 日，双方战火重燃。英军俘获了在他们港口的所有法国船只，作为报复，拿破仑逮捕扣留了所有在法的英国国民。他还占领了英国国王尚有选举权的汉诺威。对拿破仑而言，战争的来临是对压力的释放。在这个阶段，无论是鲸还是大象，也只能做到这一步，他们竭尽全力想找到其他办法来打击对方，但收效甚微。

第十一章　走向帝国

心照不宣的野心，1802—1804 年

黄金时代

在最初两年，战争并不意味着什么。新政权越来越踌躇满志，战争对它来说不算什么，随着执政府大刀阔斧的改革，国内广泛出现的稳定的局面连战争也无法改变。在人的一生中总有这样一段时间，无论是在公还是在私，均没有什么重大事件，但事后回顾却发现这段日子是最幸福的。对于波拿巴家族，《亚眠和约》签订之后到 1805 年夏季奥地利与俄国开始与英国联手，这之间的几年就是这样的好时光。随着勒克莱尔的死亡，这样的好日子戛然而止。这起悲剧永远改变了波利娜的性格，但同时还把波拿巴家族团结了起来。拿破仑试图在法国早日恢复常态，他的家族成员在一定程度上也都有同样想法，但他们过于激动，无法完全放松下来。

波拿巴家族关系的核心在于拿破仑与约瑟芬的婚姻，这是毋庸置疑的。家族里没有人喜欢她或是信任她。现在随着拿破仑权力得以巩固，他的家族成员也被纷纷委以重任，他们觉得可以把约瑟芬一脚蹬开了。尤其是在继承权的问题被越来越公开讨论时，更是如此。他们很快就想了各种方法来对付她。在执政府时期，

吕西安和约瑟夫是做这件事的最佳人选。约瑟夫在亚眠和谈时作为一位优秀的外交官崭露头角，他曾经不遗余力地帮助过吕西安，后者在任驻西班牙大使期间，曾帮他哥哥拿破仑撮合过一段西班牙婚姻。但他们都是在浪费时间而已，拿破仑经常不由自主地爱着约瑟芬，与他生活的其他方面截然不同，似乎他所有的压抑了的非理性，所有埋藏于心底、紧紧控制的激情，都通通投入到这段感情中去了。在圣赫勒拿岛上时，拿破仑说了很多，但当他告诉贝特朗："约瑟芬是个骗子，凡事她都先说不，好留下时间思考，她累积下的债务，还得我来还……但凡她能有个孩子，我也不会和她离婚！"他的这番话可能是真心的。在正式离婚之际，他在公开场合做过一番精彩评论，也再次印证了这一观点。他说："她让我和她的 15 年的生活变得精彩纷呈。"[1] 他也一直没把约瑟芬请出皇宫，只是在他的新皇后玛丽·路易丝的一再要求下才这样做了。此外，让他的兄弟们感到沮丧的是，他们婚姻最牢固的阶段正是执政府当政期间。

约瑟芬一直在追求安全感，她接近权力，不是为了行使权力，而是希望置自身于权力的庇护之下。在雾月政变后的几年里，待在拿破仑身边完全谈不上安全或稳定，她自己就曾遭遇暗杀，险些被炸飞。随着《亚眠和约》的签订，国内政局开始稳定，在随着成立帝国而产生继承权问题之前，他们的婚姻是稳定的，他们至少可以在和平富足的条件下彼此欣赏。约瑟芬被尊称为"女执政官"，她的家族是来自于中世纪最古老的骑士贵族，祖上可以追溯到十字军时代，她竭其所能为新皇宫培育这种古老的骑士贵族精神。她在新的环境里应付自如，就像拿破仑在英吉利海峡港口训练新军一样。他们经常携手在各省巡视，一旦分开时——她要去做水疗，他去开拓疆域——他们对于这种离别也是相互信任，不像以往那样疑神疑鬼。拿破仑会经常给她写信，就像他经常给其他人写信那样。虽然约瑟芬没有拿破仑那样善于通信，但拿破仑对此也很理解，并且也接受了这点，但这并不是说他们的通信一直都是顺畅的。当拿破仑准备在加来开战，而她还在温泉里沐浴不愿写信，这也引发了拿破仑尖刻而幽默的抨击："我不知道在普隆比埃的河水和忘川的河水是一样的。"[2] 在古希腊人看来，忘川就是象征遗忘的河流。

拿破仑说这番话，语气中玩笑的意味大于生气，比起几年前的一心哄骗，更多了些忍俊不禁。这表明双方即使在争吵时，也依然在一起没有疏远。

在当代从不留情面的评论家看来，他们之间的婚姻似乎牢不可破。朱诺女士提到过一幕在拿破仑和约瑟芬之间善意的戏谑，这是极为难得的，因为话题是围绕约瑟芬随意花别人钱的棘手问题。拿破仑告诉她，要注意公共场合的形象，衣着要华贵，对此，约瑟芬面带微笑地回复道："是的，好让你来挑错……也许你可以把我从我的债务里解放出来。"朱诺女士回忆，"她噘着嘴，就像个小女孩样，但很明显心情不错。"[3] 这一小插曲充满了熟悉和温馨的感觉。表现出他们在朋友们面前感情牢固，相处愉快，与他们在公共场合下大气正式的亮相相得益彰。

随着他们财富的变化，越来越有必要对约瑟芬性格里的这一方面加强监控。正如他的秘书布列纳所说，约瑟芬更喜欢获得奢华享受而非占有，她不仅仅是想要拥有东西，她过于乐意分发礼物，而这本身就是个问题。拿破仑作为执政官之一，后来又成为皇帝，坚持要随时了解约瑟芬的活动，这仅仅因为她对于别人的请求往往不假思索，就像她对待钱的态度一样。每当年老的女士恳请她为她们的孙子找份工作时，她总是心软应允，这一点远近皆知。朱诺女士曾在宫里多年，她曾目睹这一切：

"约瑟芬长长的清单上，什么她都不会忘，只是忘了如何对这些不情之请说不……拿破仑意识到妻子是如何广撒恩惠的，她有时甚至在仅仅一餐饭或一次宴会的工夫，就会许下 15 个承诺……"[4]

对拿破仑而言，约瑟芬如此的慷慨大度，比起她奢华无度的购物更加具有潜在危险。她尝试赚钱的手段与花钱截然不同，非常具有破坏力，有她参与的很多计划都是可疑的，她总是与腐败的军队承包商搅在一起——这对拿破仑来说尤为不可饶恕——此外她还参与销售假冒良种马；在《亚眠和约》公布之际进行外汇投机生意，结果毁掉了作为她代理人的那个男人。[5] 她新获成功，带出了她性格里最让人担心的部分，虽然也带给她天然的优雅和魅力，以及贵族的自然做派，这些有力地诠释了她作为统治者拿破仑伴侣的角色。拿破仑通常迅速还清约瑟芬的债务，并且承担那些更加任性的家庭成员的债务，虽然对于他们的生意始终存疑。在个人财务上，拿破仑树立了一个清廉的榜样，然而，约瑟芬却在这方面毁了自己。在拿破仑努力培育择优录取的精英管理理念时，约瑟芬却在一次午餐席上许诺庇护，或许下类似诺言。尽管如此，在这几年他们的婚姻是变得更加牢固了。他们开始互相了解，并且有种潜在的信任，而面对一个不友好的家庭，这是尤为必要的。然而对拿破仑家族而言，无论是对他的兄弟姊妹，还是他的母亲来说，他们的婚姻看上去又危险又奇怪。

当然任何婚姻的内在如何，外人都很难把握，即使是像拿破仑和约瑟芬这样的公众人物也不例外。1804 年拿破仑还在出征时，他还从法国城市加来给约瑟芬写过很多信，从这些信件看来，他们还是相爱的，因为拿破仑花费了不少时间来写这些信：

“我的爱妻，我自午夜起就一直待在加来，今晚我就要去敦刻尔克了。我所见到的都让我愉悦，我的身体也很好……尤金去了布卢瓦，奥坦丝也很好……我很想见你：我的幸福快乐离不开你。祝你一切都好，并向你的亲戚朋友问好。”[6] 他非常喜欢她的孩子，并把这种喜爱毫无保留地表现了出来——让尤金成为他的心腹，把奥坦丝嫁给了他最心爱的弟弟路易——这些对她而言都是弥足珍贵的。

无论约瑟芬对她丈夫是何想法，面对在同一个月这样给她女儿写信的人，她除了和他团结起来别无他途。在信里，拿破仑说：

> 我亲爱的女儿，我渴望你来信告诉我你的消息，我已经一个月没收到你的消息了，你的健康我很关注，你怀孕了，现在一定很虚弱……我欣赏你对我的感情，你也知道，什么也改变不了父母对子女的感情，从你小的时候，我就在尽可能给你最好的。你和你兄弟的健康、幸福、快乐，都是我心里最为牵挂的。有空请给我写信……请代我吻蒙斯·拿破仑（她与路易的长子）。[7]

实践证明，这些话是发自肺腑的。1805 年春季，当拿破仑前往米兰监督意大利共和国向意大利王国的转变时，约瑟芬心甘情愿与他同行，她这样做，不仅是作为王后和皇后，还是作为拿破仑的意大利总督尤金的母亲：拿破仑对她的两个孩子视同己出，她对此是感激的。他从未让离婚成为他与约瑟芬的孩子之间的阻碍，无论是奥坦丝和路易的失败婚姻，还是他们夭折的第一个孩子，都无法改变拿破仑和这些孩子的感情。

约瑟夫和吕西安不断的密谋，结果只能让他们走得更近。拿破仑在任何情况下都很难听人使唤，但眼见尤金和奥坦丝冉冉升起，他们无疑被激怒了，因此费尽心机策划拿破仑离婚。为了阻碍这二人的发展，吕西安在马德里的举动已带有一丝不计后果的搏命意味。从他们的角度看来，波拿巴家族面对约瑟芬子女的发展有足够的理由感到恐惧。吕西安在执政府早期就由最重要的部门被放逐到次等重要的大使馆去了，虽然热罗姆被授权指挥一支中型舰队，但当尤金被委任为意大利——拿破仑帝国王冠上的明珠，他最初的权力基地——的总督时，他的兄弟们只能眼巴巴地看着。这是他们自找的。拿破仑曾向约瑟夫提供过该职位，前提是当拿破仑死后无子嗣时放弃对法国王位的争夺，随后又提出修改的建议，即只要他放弃意大利转而支持路易，他就可以继承拿破仑在法国的王位。但这两条建议约瑟夫都拒绝了，甚至一贯顺从的路易也不愿意代替约瑟夫任意大利总督。

拿破仑知道找谁求救，而这一点约瑟夫并不了解，在这些年奥坦丝先后生了两个儿子，谁都看得出来他们是拿破仑的继承者，但还不止于此。随着波利娜变得越发自毁，卡罗琳变得越发贪婪，埃莉萨退出这个家庭，奥坦丝凭着她的智慧和机敏，不仅成为拿破仑的宠儿，也成为新一代精英骄子。据朱诺女士回忆，她虽然长得不像波利娜或她母亲那样美艳，但是十分可人，“是宴会上的焦点，她兴高采烈，脾气又好，讨人喜欢，能感染她身边的每一位人”。她像她妈妈一样和蔼可亲，但不像她那样轻浮，她心地善良，头脑冷静。然而从朱诺女士对她的描绘中还能看出一些让波拿巴家族害怕的东西，“年轻人都围在她身边，注视她，爱戴她，仿佛他们会一直追随着她”[8]。她在年轻一代领导人中具有号召力，她有能力使得他们变成不只是一个小圈子。

吕西安想让拿破仑娶一位西班牙公主，这说明他对于时局完全缺乏判断。米奥·德·梅利托，当时是参政院一位冉冉升起的新星，他与约瑟夫走得很近，如果他的回忆录可信的话，据他记载，一贯谨慎的约瑟夫是被弄得心烦意乱，才同意他们的做法的。梅利托的回忆录是在他与约瑟夫就拿破仑离婚和再娶密谋的基础上，经过结构重组而写成的，因此具有相当的真实性。然而，尽管梅利托这样做事出有因，但他没有看出，所谓的“西班牙计划”完全是政治自杀：把波拿巴家族和波旁家族的一支分支相连，仅仅想想这种可能，就知道这对拿破仑而言是最危险的一条路：“对于让波旁家族重回法国仍有很强的异议”。这样说还是轻描淡写，如果真这样做的话，后果将会是致命的。[9] 吕西安后来的失宠往往被认为是由于他潜在的共和主义倾向所致。[10] 这种说法纯属无稽之谈。在督政府时期，那时吕西安还是一位有影响力的众议员，他以一种愤世嫉俗的态度参与到权力的游戏中，并崭露头角。在 1799 年遭遇到军事溃败时，他把自己比作新雅各宾派，试图当选，而一当掌握了权力，他又转而成为政府的维护者。雾月政变后，巴拉斯接替拿破仑，对吕西安赤裸裸的野心予以约束，并且比拿破仑做得更有成效。吕西安第一次与拿破仑发生冲突，是因为他在时机尚不成熟时急于给执政府打上个人烙印，那次冲突让他丢掉了内政部部长的位子。现在他满脑子都是王朝的野心，不再掩饰。如果在波拿巴家族有谁是反政府的急先锋，有谁把法国看作自己家族的封地，想要家族接管治理法国，那个人就是吕西安。他的野心直接针对约瑟芬，这使得其他波拿巴家族成员在母亲莱蒂齐亚的带领下，得以团结在他这边。在此阶段，除了他的弟弟路易，拿破仑在家族里是被孤立的。

当拿破仑要求吕西安和热罗姆做件他自己都不会做的事时，这场家族内部的战争进一步加深了，他要求他们各自放弃自己不合适的婚姻。在恫吓之下，他最终逼得热罗姆就范，但他无法拆散吕西安与货币商人的女儿亚历山德里娜·雅各布·德·布莱尚的“不合适的”婚姻。吕西安得到了其母亲的支持，当吕西安被拿破仑驱逐时，她离开巴黎，来到罗马，待在儿子身边。然而，吕西安对于约瑟芬近乎病态的仇恨，也导致了他们兄弟间的渐渐疏远，并且把拿破仑置于与他的母亲和姐妹为敌的境地。

布列纳描述道，约在 1802 年，约瑟芬曾向他吐露过，吕西安曾威胁她说，如果她生不下孩子，或不能让拿破仑与其他女人生下孩子，并将其视为她自己的孩子，那么她就会被撇到一边。还是出于对家族的无私和冷酷的野心，吕西安在雾月政变后，一再插手拿破仑的婚姻。如果布列纳的叙述是真的，那么约瑟芬对吕西安提议的回应——狸猫换太子的想法是疯狂的，这样的丑闻是瞒不住的，会毁了拿破仑[11]——也与吕西安谋划着与波旁王室通婚的失当举动相呼应。

无论布列纳提供的证据多么不足，吕西安在马德里有所举动是肯定的。约瑟芬已经是身居官位，也是拿破仑真正意义上的伴侣，不再是那个危险事业当中模棱两可、不情不愿的参与者了。1797 年，这对夫妻似乎只是为了遮掩约瑟芬的通奸丑闻才待在一起，她不愿意被人们看到她亏待了国家英雄，给他戴上了绿帽子。当吕西安无情地指向那个不可回避的问题时，他们反而团结起来，考虑这个继承人的问题。拿破仑对于吕西安的考虑一定心知肚明，也可能因此决定与他这位过分忠诚的弟弟决裂。不管什么原因，当吕西安被遣派到马德里时，他的心情是沮丧的。随后他前往罗马，从此以后他的政治生命也就画上了句号。布列纳也很快步其后尘。他与约瑟芬走得很近，他们俩曾卷入过一起由腐败的军队供应商库隆兄弟操作的财政图谋中，这场计划以丑闻告终，库隆兄弟其中一位也因此自杀。拿破仑不得不斩断他与布列纳的密切联系，虽然后来他还在海外，主要是在德意志，为拿破仑政权服务。

当热罗姆的婚姻在拿破仑的威逼下得到解除后，拿破仑利用吕西安为例，吓唬热罗姆说：

> 为了一个不体面的女人，吕西安赔上了他自己和家族的名誉，他这样一个才华横溢、天授大任的人因自视过高而失其天命，从责任和荣誉的正道上远远地偏离出去，这真是极大浪费，我对此唯有痛惜。[12]

这位威胁到热罗姆前程的美女名叫伊丽莎白·帕特森，她的父亲是生活在美国的爱尔兰移民，是巴尔的摩最有钱的人。面对又一次婚姻危机来袭，吕西安的黯然结局对这个家族而言，明显是个前车之鉴。热罗姆是在海军服役时，在该市的一次舞会上见到她的，当时她还叫贝特西，他于 1803 年圣诞夜就在当地娶了她。当他们 1805 年春季回到欧洲时，拿破仑竭尽全力想阻止他们上岸，他尝试通过一年 6 万法郎，终身享有的年金来收买“帕特森女士”，让她离开热罗姆，再也不回来。[13] 但想要收买这位有钱的美国人，拿破仑的算盘打错了。但这次，至少拿破仑的行为得到了家族大部分成员的支持：热罗姆还有他的使命要完成。拿破仑让母亲随时了解他是如何让热罗姆到米兰来看他，如何把帕特森女士送回国的。正如他所说：“这个浪子……我要狠狠教训他一下。”[14]

他们的婚姻是完全合法的，但拿破仑捏造出法律依据来使这场婚姻无效。他告诉他的法律专家康巴塞雷斯，由于这场婚姻不是在法国举行，因此在法国没有任何记载，它就是无效婚姻。[15] 可以说，这只是他一厢情愿的想法。拿破仑为此还给时任罗马教皇的庇护七世写了封信，信上满是谎言，说帕特森女士是新教徒，法国天主教会不认可这种婚姻，他请求教皇颁布一纸诏书，宣布婚姻无效——但运作时请保密。[16] 对拿破仑而言，这封信去的极不是时候，对于法国合并越来越多的意大利领土，拿破仑把宗教协议扩展到热那亚和帕尔马 - 皮亚琴察，以及把新协议强行在意大利王国推行，凡此种种都让教皇越发忧虑和不安。

1804 年 7 月 31 日，在他就热罗姆之事给教皇去信两个月后，拿破仑收到教皇从罗马的回信，信中他对拿破仑进行了激烈的指责。出于尊重，拿破仑回信解释了他这么做的原因，请求教皇原谅，但态度依然坚定。[17] 教皇同时心中窃喜，告诉拿破仑他无能为力，也算是为拿破仑最近接二连三让他蒙羞，小小出了口恶气，这其中就包括最近拿破仑在加冕礼上让他遭受的羞辱。拿破仑还有一张牌可打：热罗姆未到结婚法定年龄，仅仅 19 岁，要想结婚需得到家庭的同意才行。莱蒂齐亚在此事上支持拿破仑，但拿破仑倒霉的是，贝特西的一位兄弟来到法国告诉波拿巴家族，对于这桩婚姻，帕特森家族无异议——他们一开始也像拿破仑一样反对，但现在也都退让了——他见到的波拿巴家族成员是吕西安，当时他很显然在这件事上不想帮助他的哥哥拿破仑。[18] 因此，吕西安赞成了他们的婚姻，这样拿破仑的“封锁”就成为横亘在他们婚姻路上的唯一障碍了。

热罗姆最终还是服软了，帕特森小姐离开了，虽然不久她即产下一子，被迫在伦敦上岸。针对一个孤零零的女子，拿破仑史无前例地关闭了欧洲大陆各大港口。拿破仑告诉热罗姆，这起事件“在英国人那里引起了轩然大波”。[19] 热罗姆得到了原谅，但他在帝国的任何收益都被剥夺，拿破仑派他出任海军军官，指挥一艘船。当他们的姐夫缪拉建议给予热罗姆海军元帅的礼仪等级时——事实上他后来也被授予此职——拿破仑几乎要告诉他的老部下不要傻了。[20] 但至少热罗姆还是拿破仑可以控制的家庭一员。

虽然法国政府 1805 年宣布这场婚姻无效，但贝特西 · 帕特森直到 1811 年才因配偶遗弃被美国当局宣布离婚。1807 年热罗姆“娶了”符腾堡国王之女，在教会眼里，他的这次婚姻成为波拿巴家族的第一桩非法婚姻，但绝不是最后一桩。在波拿巴家族下台后，贝特西回到欧洲，她美丽依旧，成了上流社会的名人。[21] 值得赞扬的是，拿破仑和热罗姆一直和她保持着联系，并主动提出把她的儿子热罗姆 · 拿破仑带回法国。贝特西每年还从拿破仑那里拿到一笔可观的年金，一直拿到 1813 年。他们还为她授予了一个头衔，在热罗姆的威斯特伐利亚王国里，赐予她一块相当大的土地，授予她儿子帝国王子的荣耀。[22]

以前拿破仑给人感觉是喜欢随意干涉别人，但随着热罗姆 · 拿破仑的出生，他这样一种脸谱化的形象发生了很大变化，这种转变是与他的行为完全符合的。从此以后，他再也不驱赶贝特西了，而是设法把他们母子都带回皇室。这对吉尔雷来说只是小事一桩，但它与拿破仑对自己的两个私生子表现出的慷慨和温暖，承认和接纳如出一辙。[23] 拿破仑把尤金和奥坦丝当自己孩子一样养大。他一方面表现出如此的宽宏大度，但另一方面，他一开始对于热罗姆婚姻的干涉也自然为他招来骂名。虽然在这场较量中，他赢了热罗姆，但在英国媒体眼中，他却成了欺凌弱小的可笑的漫画形象。然而，通过他对吕西安的处置，我们可以看出，他为了保护妻子不受欺凌，不惜站在自己家族的对立面上。

面对别人对他们的婚姻的攻击，这三位波拿巴兄弟的回应值得我们在不同层面再三回味。拿破仑逐渐认为，吕西安是可以牺牲掉的，但热罗姆不行，这样说既有政治因素，也有个人因素在里面。吕西安虽然还相对年轻，但不是所谓的新雅各宾派，而是 18 世纪 90 年代革命的遗老，而热罗姆则不同，他还未满 20 岁，他就是未来，他和路易、尤金一起，代表了拿破仑为了绕开旧政权的各个派别和大革命，大力提携的下一代人。在皇室看来，他们可以是参政院的旁听生，或是圣西尔军校的年轻军官，或是重点大学里的学生。无论是吕西安还是拿破仑，他们都要求对方做他们自己不会做的事情：以国家利益为托词，撤销与妻子的婚姻。在吕西安看来，拿破仑的婚姻不仅与国家的存亡息息相关，还违背了对家庭的忠诚。前者只是用来促进家族利益的工具，具体到拿破仑的情况而言，个人的因素要占得更多些，在事关个人意愿上，双互不相让。有人说，这就是为什么拿破仑要摆脱吕西安，这种观点有待商榷。至于热罗姆，他的举动可轻松解读为年轻人的一场放纵行为，拿破仑徒劳地给庇护七世写信寻求帮助时也是这么说的。也许他是对的。

尽管如此，对这三兄弟的匆匆一瞥之下，我们可以看出他们从自己喜爱的文学作品中如饥似渴般汲取营养后形成的一种新的文化感觉。说到个人幸福，他们都把感情放在第一位，或像热罗姆那样，当他和贝特西从一个被封锁的港口辗转到下一个时，他也试图做到感情至上。最终，最小的也是最软弱的热罗姆屈服了，而他的两位兄长则互不相让，都想降服对方。结果吕西安失去了他一直孜孜以求的对权力的掌控，而拿破仑最终也不得不承认吕西安是对的。吕西安对妻子不离不弃，表现得像一位真正关心妻子的男人。拿破仑在圣赫勒拿岛常说他是真心爱着约瑟芬的，至少从他的表现看来，他似乎是当真的。后来的贵族，无论是哈布斯堡家族，霍亨索伦家族，还是罗曼诺夫家族，都是冷酷无情的，面对类似的感情选择，都不会表现得像这三兄弟一样，他们阿雅克肖城的祖先们也不会这样。

只有已经高度资产阶级化的英国摄政王，即后来的乔治四世，在与天主教徒菲茨赫伯特女士的离经叛道的秘密婚姻上与波拿巴兄弟有些类似。

这几年里，拿破仑的众多兄弟里，似乎只有路易是他可以倚靠或控制的。虽然拿破仑很快就会否认这点。路易娶了奥坦丝后，对于那些对他岳母极不友好的波拿巴家族成员，他是不会言听计从的。一开始这二人的结合，典型地反映了从《亚眠和约》签订到1805年战火重燃期间的乐观情绪，加在他们身上的众多希望似乎就要成真了。一方面拿破仑几乎是把路易当自己孩子一样抚养，另一方面他对奥坦丝也是喜爱有加，这使得二人的结合在他看来就好比天作之合，尤其是奥坦丝那出众的才华更是让他惊叹不已。这在1805年8月，他从位于英吉利海峡的军营给奥坦丝写的信上表现得极为清楚：

> 我亲爱的女儿，和以往一样，我怀着喜悦读着你的来信。你让我觉得仿佛我已经做了外公了，你信中告诉我小拿破仑聪明可爱（拿破仑·路易，他们的次子，卒于1831年），让我看见第三代人正向我们走来。因为你的丈夫还小，我把他看作第二代人……很高兴你给我写信，你还带着小拿破仑过来看我，真是太好了……这给沉重的军营生活带来了一丝轻松……吻小拿破仑一千遍……我会很高兴见到你。请不要怀疑我对你的爱恋。[24]

她从不怀疑拿破仑对她的爱，她也是拿破仑身边极少的从没让他失望过的人之一。这二人是拿破仑的幸福和信心之源，路易是一笔投资，奥坦丝则是上天赐予的礼物。

这几年他们见证了一个又一个婚礼，其中有贝尔蒂埃的，内伊的，还有达武的，他们还目睹了军队精英家庭——1804年后的新元帅们——奢华的洗礼仪式。在这些仪式上，拿破仑和约瑟芬总是作为孩子的教父教母出席。关于当时活泼的早餐和午餐会，家庭野餐和男人的狩猎之旅，各种回忆录都有很多记载。和以往一样，朱诺女士也生动地记载了当时的场景：

我的诸位年轻已婚的同志们，如果可以的话，我把这个称呼用在朱诺同袍弟兄的妯娌身上……她们都正值青春年华，貌美如花，我们这一桌可谓美景无边，在我们周围是一张张年轻开朗的笑脸，个个出类拔萃。[25]

这是拿破仑政权的黄金时代。

绝对权力

早年的担心并没有就此烟消云散。拿破仑经过这些年刺刀、炸弹、暗杀子弹的威胁后，对《亚眠和约》后的相对安宁并没有多大的信心。但他身边的人都认为，比起 1804 年春季，现在形势已经好转了。如果说富歇不是最可靠的历史的见证者，那恰恰可能是因为他的信息渠道最多。对于 1804 年最接近权力的老共和派激进分子的情绪，以及他们所认为的 4 月莫罗退位、5 月拿破仑第一次宣告有意重拾帝国头衔这二者之间的联系，他都有如实记载。远不仅是因为处死他们共同的敌人德 · 昂吉安，还因为莫罗的阴谋可笑又无能，富歇和像他这样的人开始意识到，只有拿破仑才是他们仅有的希望：

经过大革命的人们为了捍卫原则，不惜百般迁就，却没意识到我们已经一无所有，只能保护现状，这岂不荒唐？到那时，只有拿破仑才是唯一可以保住我们财产，影响，以及工作的人，他有这些优势，并会从中受益……[26]

这番朴实的话把时局的软弱无权状态坦陈了出来，这话语出自可能是继拿破仑之后法国最有权势的富歇之口，因而越发引人注目。由于反对终身执政官，富歇的警务大臣的职位被罢免，现在，他已准备好回归政坛，并口头支持帝国世袭制。对于富歇这类人而言，赞成建立法兰西帝国并不是因为害怕拿破仑会被莫罗之流杀死，而是因为，无论是莫罗还是像他自己这样的都不可能取得成功。来自右派的反对至少还有英国人的帮助，虽然很拙劣，而左派看来已是孤立无援了。

左派里还有行动自主权的就是那些将军了，一旦拿破仑称帝后，他们就是元帅，虽然他们依然对共和主义怀有留念之情。这样的将军还有几位，但他们远没有团结起来，他们都被尽可能的慷慨收买了——以共和国所能允许的慷慨程度，更重要的是，拿破仑和他的绝大多数指挥官凭借忠诚紧紧联系在一起。马塞纳和贝尔纳多特主要是通过贿赂收买过来的，而贝尔蒂埃和拉纳这样的则主要是出于忠诚而站到拿破仑一边的。他们是拿破仑夺权之路的最大受益者。拿破仑毫不犹豫地恢复了旧王朝下的元帅军衔：他和他的指挥官们就是第一批受衔者，无论过去政治立场如何，他们所有人无一拒绝。1804 年法军取得的一系列巨大胜利又把他们进一步联系在一起，但那时拿破仑已经有了另一种方法来防止英吉利海峡军营里的元帅互相勾结。1804 年，他在各军团及其指挥官之间刻意培植对手，这一政策经实践检验具有极大的政治意义。结果是，他手下的指挥官都极度忠诚于拿破仑，但互相之间往往不信任。这在多大程度上影响他们对 1804 年法兰西帝国创建的意见，我们无法精确知道，但可以肯定的是，这些指挥官们，无论是共和派还是潜藏其中的保王派，他们在军事政变中都不会充当傀儡。中层军官阵营支持拿破仑最为狂热，他们从士兵中组织请愿书，支持建立法兰西帝国，并涌入议会请愿。此时拿破仑冒着不仿效屋大维而仿效罗马最腐败无常的皇帝们的风险——他被军队颂扬，被强行置于元老院之上——但这依然证明了军队的政治心态与指挥官的心态是一致的。

在《亚眠和约》签订到法兰西帝国宣告成立的这期间，一贯偏执多疑的巴黎政界处于一种混乱之中。此时那些长期占据权力走廊的人发现他们不再主导全局了。马蒂厄 - 路易 · 莫莱，一位年轻的贵族，是拿破仑倡导的“混编”政策活生生的例子，在他的回忆录里捕捉到了当时的政治气候：

> 从那时起……没有人凭着良心说话，这已成为一种常态，我们处在精神堕落的最后阶段，无神论者在鼓吹一种虚假的宗教，基督徒对哲学产生了兴趣，共和派讨论君主制，专制主义的信徒拥护自由理念，大革命的受害者自称公正，杀害路易十六的凶手们赞美受害者的美德……这就是拿破仑想要带我们去的地方，他认为我们都受骗了，这是没错的。[27]

从 1799 年到 1804 年，拿破仑处处比法国政界更胜一筹。就像在战场上打胜仗一样，他在政坛取得一系列战术胜利，直到战略上大获全胜，十分了不起。在雾月政变前，拿破仑一直害怕被一些所谓的他的支持者毒死，更不用提他的那些死敌对他的暗杀企图了。他被选中承担他的角色是因为他不够强大，没有可识别的政治势力基础。现在对每个人来说，局势都得到了扭转。可以清楚地看出来，赢家也好，拿破仑也好，都不是 18 世纪 90 年代以来的以富歇和塔列朗为代表的权力掮客，西哀士和巴拉斯从革命伊始就被甩在身后。而和他自己类似的人，比如勒布伦和康巴塞雷斯，他们早早就采取了大革命的措施，然后等待机会。

比起日薄西山的巴黎政治界，莫雷描述的政治气候似乎引起的反响更大。从执政府向帝国的转变过程并不遵从政治逻辑。这个过程刚开始应该是进行全民投票，其结果由元老院公布，最终通过加冕礼予以确认。然而这样做的话，就有可能投票通不过，因此，拿破仑把程序颠倒了一下。在他 1804 年 12 月离加冕不到一个月时，也即当年 5 月官方宣布建立帝国的整整 6 个月后，拿破仑强制对即将建立帝国的新宪法举行全民投票，其结果以被认可的方式进行了操纵，结果有 357.2 万人对建立帝国投了赞成票，2579 人投了反对票。然而，真正的问题是 65% 的选民投了弃权票。[28]

无疑在拿破仑身边有很多人，尤其是罗埃德雷和他的弟弟吕西安，从一开始就主张君主制的解决之道，他们的建议都被断然拒绝了，对于前者是小心回绝，而后者则是粗暴否决。对于拿破仑的行动只从表面判断当然是不对的。雅克 - 奥利维耶 · 布东认为，甚至早在雾月政变之前，拿破仑已经在考虑恢复君主制了。[29] 然而，同样明显的是，面对如此不稳定的局势，投机主义在其中的重要性不可忽视。终身执政只是进一步加大了拿破仑的继任者到底是何人的不确定性。来自德 · 昂吉安和莫罗的威胁被精心操纵以达到此目的。富歇心有余悸地回忆道，拿破仑采取行动，不是因为他害怕了，而是因为知道他已经胜券在握了。无论拿破仑有多令人生畏，他已是掌握大权的不二人选，他自己也对此心知肚明。

拿破仑成功了，成功的关键不仅仅在于他对权力的渴望，还在于他做好了承担责任的准备，而其他人没有。督政府那帮人也渴望权力，但他们不敢走出来，只躲在自己的小团体里密谋策划，却不敢大胆规划。他们要么疯狂报复，一顿猛击，要么执拗于内部的妥协和争斗。只有拿破仑才能当机立断，做出决策，把细节留给他信任的专家解决，暂停计划是最明智的策略，使拿破仑挣脱了革命派政治纲领越发缩小的局限，把手伸向罗马教廷和朱安党人。虽然拿破仑无耻地鼓吹自己，但他对于自己的政策和行为还是负责的。他推动了与教会的协定，重整了公共金融，他对自己部长级团队能力的足够信任，使得这个团队一直保持稳定，唯一的主要牺牲品是被他撤免的弟弟，这本身就表明了他决心甚笃。大多数的改革都有其不得人心的一面，但拿破仑从不为害怕失去民心而牺牲他的合作伙伴。因此人们团结在他周围，不仅是因为他对身边的人不离不弃，还因为就算可行的时候，也没人愿意承担反对他的领导重任。

拿破仑在时间的选择上是事先仔细考虑过的，从中我们可以看出，他如何在坚定明确地推进根本改革中获益，从而实现个人理想。《民法典》的颁布和拿破仑称帝是在同一天，法兰西共和八年花月二十八日，即 1804 年 5 月 18 日。这个时间选择堪称妙举。它让人们放心，新的君主制会受到法律约束，向他们保证法律对所有人一视同仁，那将是一部简洁而保持不变的法典。对所谓的“行政君主制”——即置专制国家于准确的法典之下，予以控制——拿破仑在历史上第一次做出了明确的示范。君权神授的理念也未受任何影响，可以说从理论上在新旧君主制之间架起了一座承前启后的桥梁。

然而，如此强调这二者——法典和皇冠——同时进行，还有其他考虑。虽然元老院很快就同意建立世袭的帝国，但在其内部有人主张仿效英国立宪制建立新的君主制，并为此四处奔走呼告。路易十六曾语带讥讽地说过，他宁愿死也不愿像在英国那样当国王，此番话流传甚广。拿破仑也深有同感。受法律约束是一码事，而处处被议会掣肘就完全无法接受了。因此成立一个受制于法律但又高于立法机构的帝国，正好可以堵住那些主张走英国路线议员的嘴。

然而，古罗马帝国曾经经历了共和时期和帝国时期，这段历史深深地铭刻在精英们的记忆里，令人难以忘却。受过良好教育的阶层注意到，罗马共和制的灭亡也往往被看作罗马衰落的开始，标志着自由以及公民道德的终结。拿破仑也不想完全抛弃共和制，因此，在从共和制向帝制的转换过程中，他必须非常小心。卡尔诺任保民官——该职位让人想起古罗马的平民主义，在此影响下，他们曾把塔尔坎国王驱逐——时期，曾援引历史反对建立帝国。拿破仑如果没有认真准备好自己立场的话，他在执政府时期亲手培育的这个经典名称“保民官”将会很容易被用来惩罚他。孟德斯鸠在他著名的《罗马盛衰原因论》——一本 18 世纪表达其政治思想的经典作品——里说道，当正直的共和制转变为由腐败的将军控制的帝国时，罗马的衰败就已是注定的了。这对拿破仑时代的法国人来说是让他们倍感不安的根源。为此，拿破仑允许莫罗去逃亡，两名策划杀害他的贵族，波利尼亚克兄弟也由死刑减为无期徒刑。他还把富歇请回来，授以高官；对参政院里反对成立帝国的 7 位成员也既不降职，也不侮辱。最终投票时只有 3 位参议员反对建立帝国，他们是西哀士、格雷古瓦和沃尔内。他们都已是过气之人了，拿破仑也没有迫害他们。在政权更替期间，除了卡杜达尔和他的 12 名同伴被处决以外，唯一的重大损失来自拿破仑的弟弟，吕西安和热罗姆。两人都被剥夺了世袭继承权，虽然后来热罗姆表示悔改，离了婚，准备如他哥哥所愿再娶，因此继承权得以恢复，但吕西安则绝不低头。拿破仑从不耽于仇杀政治，正如史蒂文 · 英格伦所言，“科西嘉式的冤冤相报、世代结仇并非拿破仑的风格”[30]。

从执政府到帝国是拿破仑所经历的最危险的一次转变。虽然事实很快就证明了他已变得多么强大，但这个国家不到10年前刚把国王送上断头台，又在流血的革命狂欢中瓦解了上千年的君主制，如果世袭统治重新回到这里，其结果谁也不敢预先判定。拿破仑的称帝不关乎权力，这里掺杂有意识形态和感性因素。因为根据宪法，终身执政官已拥有近乎君主的权力。这最后一步看上去风险极大，所以拿破仑从不直接介入。整个过程与其说不透明，不如说是躲躲闪闪的。每一种赞成世袭制帝国的意见都来自旁人，虽然有很多声音都在支持他的这次转变，但拿破仑从没就此表过态。对于他的下一步，他害怕公众的反应，尤其是军队的反应，与其说他是小心翼翼地前行，倒不如说是根本就止步不前。虽然有人提出，至少从雾月政变起，拿破仑就想要建立一个世袭君主政权，但即使是对这种观点最确信无疑的人，其证据也只是来自对拿破仑累积的行为的观察，而非他所说过的话。[31]如果他们的观点是对的，那么拿破仑要么把这个心思埋得很深，从没向人吐露过，要么就是听到他心声的人，发誓把这个秘密一直带进坟墓。

在法国政界精英里，有两种心理暗流在涌动，一种是依据古罗马历史来考量从共和到帝制的转变，另一种则更加根深蒂固，认为法国只有在一个强大的君主的领导下才会繁荣昌盛，法国大革命以来的事件都已证明了这点。拿破仑作为执政官为法国带来了安定，但这种安定是不可靠的，因为无法保证其连续性。对此，保民官卡里翁-尼萨在给卡尔诺的回复里，迅速而又发自肺腑地表达了他的想法："过去的经历已经告诉了我们答案，只有在世袭的权力机构领导下，法国才能真正享有安宁和平静。"[32]在元老院集体写给拿破仑的回复里面，表达了官方的立场："仅仅需要一个世袭制的政府就可以保护公众自由、维持自由。"[33]君主制是法国政府制度的天然之选，但君主制不用依附于某个特定王朝，关键还是在于政府的管理之道，早晚君主制会盛行，否则——就像已经出现的那样——就会出现混乱。

在这段时间，另一个历史先例开始浮出水面，即查理曼大帝的遗产。拿破仑不得不接受皇家头衔，而非王室头衔，因为原因很明显，他不是，也不能声称是"真正的"国王——出于种种原因，国王这个头衔已经在法国变得人人避之唯恐不及。

“皇帝”这个头衔相对还好。所有受过良好教育的人们被古罗马共和国和其后的帝国初期的历史，以及二者的相关性如此熟悉，因此为拿破仑这样一位实行世袭制的统治者另外想出一个合适的头衔倒显得假模假样，因而查理曼大帝在法国历史上的地位是必须要考虑的。对于这个问题，拿破仑对传统采取了一种折中的态度，不仅仅利用一种历史先例。早在 1803 年，他就在旺多姆广场的一根柱子顶上树立起查理曼大帝的塑像，从而激起人们对他的回忆。到了 9 月，他大张旗鼓地前往卡洛林王朝时的首都亚琛进行拜访，并大受感动，为之动容。在帝国成立头几年里，作为卡洛林王朝的继承者，拿破仑更强调，法兰西帝国是一个全新王朝，而非古罗马帝国的回归尝试。查理曼大帝被提升到凭着个人努力复兴法国的高度，他代表了拿破仑想要把法国和革命前的历史连接起来的愿望。然而，比起卡洛林范例，罗马范例占据了统治地位。这在加冕仪式那天漂亮的勋章上即有体现。勋章的一面写着“拿破仑，皇帝”，另一面写着“元老院和人民”。随着时间的推移，越来越多的卫星国归附于法国，拿破仑的版图扩展到了全欧洲。他有必要提醒他的兄弟姐妹：他们都是他的属下，因此他开始更多地效法查理曼大帝。到 1810 年，他们的领土大小极为类似。

向帝国的转变已经就绪，甚至共和八年宪法也不用做什么修改，这就可以看出端倪了。到 1804 年拿破仑已经独揽行政大权，他的另两位执政官勒布伦和康巴塞雷斯，一度还担心他们的职位会消失，但他们发现职位不仅保留了，还分别有了更加气派的头衔——大司库和大法官——进入了帝国最重要的六大高官之列。他们的影响没有减少。拿破仑的团队已经组成，他准备带他们大干一场，在部长级人员上只有一个变化，内政部部长不再由夏普塔尔担任，而是改由尚帕尼担任。虽然是用一个旧政权下的技术专家来代替一位共和派知识分子，这其中却丝毫没有什么政治含义在里面。拿破仑觉得夏普塔尔在 1803 年应对巴黎的生存危机时表现很差，在民众中引起了恐慌和混乱。拿破仑一直把首都的秩序和安宁放在第一位，为此夏普塔尔付出了代价，但并不惨痛。拿破仑把他的解职归因于健康问题，而这也是实情。因此拿破仑准许他荣誉退休。[34] 除此以外，中央政府均保持原来人员配备。

事实上，世袭原则的建立与其说为政权解决了不确定性，不如说给它造成了新问题。它凸显了继承人这个问题。拿破仑没有子嗣，他的4个兄弟其中两位已经被解除了继位权。大哥约瑟夫是位很有能力的大使，一位不可或缺的谈判专家，但这些职位使他常年在公众视域之外，作为波拿巴家族的兄长，如果硬要由他继位，只能说明传统的合法形式在此情景下多么不合时宜。至于路易，他在拿破仑的羽翼下呵护成长，接受教育，他对任何东西提出要求，都只是因为他是拿破仑的弟弟，总有一天，他甚至会败坏掉自己的继承权。对政权而言，路易的妻子奥坦丝更有意义，因为她才华出众，拿破仑极为珍视她，但更重要的是，她已经生了两个儿子(1808年她产下第三个儿子路易·拿破仑，即后来的拿破仑三世)。但是1804年，她的两个孩子都尚在襁褓之中，如果指定他们继承的话，可能会有一段长长的摄政期，容易引发动荡。于是拿破仑宣布，在紧急情况下，元老院可以提名他的继承人选，这就是求助于罗马宪政了。但那些年里，由于权力真空，军队有造反继而分裂国家的可能，这样的忧虑一直都有。众人皆知约瑟芬无法生育，帝国的建立不仅没有解决问题，还把问题加剧了。

从短期看，他和他的家庭，以及这些政治精英可以欢庆他的胜利，波拿巴的姐妹和新皇后生活奢华，竞相斗艳。从购买高级女士时装到坐上最新式的马车去巴黎市中心购物，她们花钱如流水。领事法庭的建立，拿破仑对巴黎精英部队的检阅，庆祝《亚眠和约》的盛大游行和公众宴会，类似这样的公共仪式喧闹又浮华，都体现了这个时期弥漫在全国上下的国民信心。与宪法一样，自1804年帝国建立伊始，政权的公众形象已经变得如此庄严，宫廷几乎不需要什么大的变化，瓷砖都进行了装饰，官服也都比起波旁王朝时更加招摇。在塔列朗的帮助下，到1804年为止，拿破仑已经在宫里开始落实一套严格的，主要是沿袭波旁王朝时期的宫廷礼仪。这些礼仪规定明确，都有严格的等级界限。皇后约瑟芬有自己的仆人和宫廷侍女。拿破仑也把他的住所从马尔梅松的家搬到巴黎西郊的圣克卢宫。他的办公场所也从卢森堡旅馆搬到了杜伊勒利宫，并对其重新翻新，大加装修。这一举动是极富象征意义的。随着在他的计划里，宗教协定的谈判开始占据核心位置，他开始每天在杜伊勒利宫做弥撒，在官方场合下，他开始采取一种皇家式样的步伐走路，左右摇摆着身体，昂起头，伸长了脖子让视线在人群的肩膀之上，模仿以前的波旁王朝的国王们。只有这样，国王——或是拿破仑——才能看到谁在那里。尽管共和派口头抱怨，保王派怀恨在心，皇宫还是有其作用的。对拿破仑和他的人来讲，这会让他们产生一种胜利感，他们拥抱浮华，觉得是自己赢来了这一切。

对于自己的同胞，拿破仑传递了一个清晰的信号：新政权志在长远，不会今天在，明天走。拿破仑终身掌权，这是为了稳定必须付的代价。新政权还有些其他方面也透着新意，从最明显的到最小的细节都有，从而使其与波旁王朝的复辟区别了开来。在重大的场合下，穿着全套制服的仆人又出现了。他们穿着丝袜，带着扑粉的假发，这样的打扮在 18 世纪 90 年代曾很受人们憎恶。他们的制服与旧王朝时不同，是绿色和金色，代表革命的本来颜色，代表了希望、青春和活力。

拿破仑没有回凡尔赛宫，他选择了位于巴黎中心的杜伊勒利宫，他的这番选择与久远和晚近的历史都相呼应。他不想把自己和颓废的君主联系在一起，而凡尔赛宫却能给人这样的消极联想。它令人想起失败，对于一个工作中的帝王，它离权力中心巴黎又太远。拿破仑把自己视为一位有一定年纪却活力充沛的君王，后来当他翻新枫丹白露宫时，他又再次证实了这种看法。枫丹白露宫是亨利四世最喜欢的地方。亨利四世是法国历史上最受爱戴的国王之一，人们普遍认为他把法国从宗教战争的创伤中解放了出来。

然而，对于拿破仑这一具有象征意义的举措，最近的历史也同样重要，可供参考。路易十六当年为了躲避巴黎的暴徒，躲入杜伊勒利宫，被革命政府软禁在那里。在试图逃往瓦雷纳未果后，王室家庭事实上就被囚禁于此了。巴黎人民与路易十六的数次暴力冲突，最终导致了法国大革命时期的大屠杀，令人瞠目。1792 年 8 月 10 日，就在杜伊勒利宫华丽的阶梯上，国王的瑞士卫队与全副武装的巴黎自卫队战斗到了最后一兵一卒。杜伊勒利宫见证了这一切：随着瑞士卫队被歼灭，国王一家也落入监狱，等候审判处决。当拿破仑搬进这里，他也拥抱了这黑暗的过去。它表明拿破仑成为“法国人的皇帝”，而非“法国皇帝”，后者会让人想起君权神授、权力世袭。正是在杜伊勒利宫，对于“法国人的皇帝”这个新别称，路易十六先是心底里拒绝，后是逃之不及。正是从这里，拿破仑豪迈地欣然拥抱从 1789 年开始设想的新的君主制。

如何宣告称帝还需要决定下来。在从执政府到帝国的过渡中，无论拿破仑计划准备得多么细致，都难免会百密一疏。这次问题出在参政院内部，这里以前一直都是支持拿破仑的大本营。争论集中在称帝如何确认上。这种对细节的纠结表明那些在权力中心的人们意见出现了分歧，而且也害怕出现分歧。

拿破仑知道自己要什么，并且有自己的一套方法，但还是引起了一些争议。他想在巴黎圣母院举行宗教仪式，罗马教皇可以出席，但不用主持，他希望加冕仪式牢牢控制在自己人手里。即使他最好的朋友也没看出，他其实想利用这个机会把教会的位置摆正，回到那镀金的闪闪发亮的笼子里，而不是让他自己或共和国在教会面前俯首。关于加冕的种种争论，从长远来看，表明政权一直都在证明自己的“合法性”上纠结。自 1791 年宪法代替国民议会以来，作为共和派国家元首，某种形式上的选举总会给任何政权以极大的安全感。实际上，大多数议员认为，通过元老院法令宣告帝国成立，再加上全民投票就足够了。但拿破仑认为，元老院的决定也可能被推翻。（1814 年，当元老院宣布他们罢免他时，历史证明拿破仑颇有先见之明。）

参政院通过其发言人，最忠诚的雾月党人勒尼奥 · 德 · 圣 - 让 · 德安热利表示，希望加冕典礼会是一个革命的、完全世俗的仪式，露天举办，地点可以选在战神广场——即今天的埃菲尔铁塔所在地。同样在这里还庆祝过 1791 年宪法，路易十六也曾在此宣誓忠于新政权。对此提议，拿破仑的回答是，如果在这里举行加冕仪式，会让人把帝国与大革命犯下的大错联系起来，把他和路易十六等同起来。拿破仑还坚持认为“公众”应该指的就是巴黎的群众。在恐怖统治时期，罗伯斯庇尔和马拉始终向城市人灌输的理念就是：你们就是法国人民。这使得他们有了一种优越感，认为可以随意组成政府，解散政府。这种想法产生了灾难性的后果，现在拿破仑的提法又与之呼应了。拿破仑还补充说道："当时人民地位至高无上，任何事情都要在有他们在场的情况下才能完成。现在我们要小心别让人民抱有那种想法了。如今，人民由法律机构代表。"[35]当拿破仑说到大革命时，他指的"人民"是一个群体的最高权力机构，而在法兰西帝国，"人民"指的是一个由个体组成的群体，而非一个整体。通过这番表态，可以看出他对法国最近的历史的准确把握，但同时也反映出他对巴黎人的害怕。这样拿破仑把问题又踢回到提出者手里，从而为自己赢得一局，因为他不是唯一一个承受因恢复过往而带来的后果的人。

当有人建议把仪式放到巴黎以外举行且很可能选在亚琛。他也以同样的方法应付。拿破仑唯一的真正盟友波塔利斯说，如果加冕是在巴黎以外的任何地方举行，拿破仑还要举行返回巴黎的凯旋典礼。因为这是几个世纪以来法国国王的一贯做法。当新国王离开巴黎去兰斯参加加冕礼，他还是被认为是王太子，只有被教皇施行涂油礼，亲手戴上王冠，回到首都，才算完成王权的交接。要指出的是，事实上没有人考虑选址在兰斯，在巴黎以外的任何其他地方加冕都会让人联想起王室的复辟。

最终，参政院建议仪式放在巴黎荣军院，那里最近刚刚设立荣誉军团勋章和元帅军衔，但拿破仑说，荣军院要成为真正具有全国影响的举办场所还有待时日。而且这里与他个人联系太紧密了，不太适合。至于巴黎圣母院，自 18 世纪 90 年代以来，它是很多事件的发生地，有好有坏。在恐怖统治时期，以及随后在罗伯斯庇尔对至高存在的狂热崇拜阶段，它成为"理性的神殿"。但从 1802 年起，那里已回到天主教信仰。巴黎圣母院是法国人国民记忆的一部分，最终拿破仑说服了其他人，不是靠武力，而是指出其他的地点会有哪些不足。加冕地点的讨论是公开的，结果也综合了各方意见。在这样重大事件的决策上，拿破仑无法凌驾于参政院之上。仪式也放弃在室外举行，改为在传统建筑里进行，这带有一丝与革命背道而驰的意味，尽管他们也都尽量避免让典礼直接照搬旧政权的做法。拿破仑确保了仪式在具有全国意义的地方举行，在那里历史属于所有人。

然而，拿破仑也未能事事如愿。他希望在绘制的标准像上，能描绘出他身披皇袍，左手坚定地握着剑把，右手托着皇冠举过头顶的样了。这个姿势看上去孔武有力，威风凛凛。他的御用画师大卫对这样一幅带有挑衅意味的画作踌躇再三，但还是画出了草图，并得到了参政院的同意。拿破仑在整个过程中一直表现得老练持重，但突然就失控了，决意要按自己的想法把自己刻画成一个向全世界开战的士兵。很快他又冷静下来，结果就是安格尔的那幅名画，画中拿破仑坐在王位上，手握权杖，不动声色，画面似乎带着拜占庭风格，皇帝本人看上去遥远，甚至有些心不在焉。这幅画可能反映出了拿破仑更深层的心理。自入住蒙贝洛宫之后，他一直都很注重公共场合下的威严，在成为终身执政后尤其如此。拿破仑的自我感觉在安格尔的这幅标准像里可见一斑，他看上去神秘莫测而不可动摇，但又遵循程序和法律。当然得到他赞许的肖像不止这一幅——在 1812 年大卫给他画的肖像中，他看上去更像个凡人，头顶变秃，大腹便便，一副为人民操劳过度的公仆模样——但他选择以这样的形象开启他的帝国以及自己的皇帝生涯。

下面就是教皇的问题。拿破仑到最后才抛出这个重大问题："问问教皇可以吗？"贝尼耶向他保证可以。约瑟芬很快展现出强烈的宗教热情，令世故的教廷驻巴黎使节、枢机主教卡普拉拉深深陶醉。罗马提出的条件正中拿破仑下怀。他将不用在教皇面前宣誓忠于宗教协定，那些他可以在加冕仪式后，在巴黎圣母院外举行；在加冕仪式过程中，可以不提宗教协定。如果要教皇离开罗马，拿破仑得亲手写封邀请函。尽管如此，主教费斯奇警告拿破仑，教皇还是希望他亲自去罗马接受王冠，就像查理曼大帝那样。最终还是塔列朗和拿破仑的实力政策发挥了作用，说服了教皇。塔列朗向教皇暗示，假如他接受邀请，拿破仑可能将会向教皇归还一些教会领地，即博洛尼亚周围的一些公使馆。拿破仑最终没有这么做，但这样的暗示起了作用，但凡有一点机会恢复他的合法领域，教皇是不会放过的。[36]

拿破仑和教皇都赞同一点：教皇是作为贵宾参加仪式，但不是参与者，更不是主持者，教皇不愿意碰那顶新的帝国王冠，拿破仑也不愿教皇的手碰到。参政院不愿意教皇参与加冕仪式的任何环节，勒尼奥总结得好："授予皇冠的是人而不是神。"[37] 拿破仑认为，教皇之所以对加冕之事保持距离，是因为共和国的强大所致。

然而，在加冕仪式上，拿破仑的母亲莱蒂齐亚却没有来，为此他十分尴尬。他采取的措施对于他这样一个位高权重者而言非同一般。独裁者把那些令人尴尬的人或事予以粉饰美化是常见的做法，但拿破仑则不同，他下令，在大卫所绘制的加冕典礼里，他的母亲要占据最突出的位置，位于拿破仑正上方的阳台上。莱蒂齐亚当时在罗马，这就更加具有讽刺意味了。她被这个想法吓坏了，尤其没想到，她最讨厌的风流成性的约瑟芬，在令拿破仑伤心，给这个家族带来耻辱之后，居然当了皇后。当她得知在官方安排里没有她的位置时，她就更加失望了。费斯奇直接向拿破仑报告说，他的母亲莱蒂齐亚觉得自己没被给予一个官方头衔，显得很尴尬，因为波拿巴家族其他成员现在都是亲王或是公主了。[38] 在罗马，莱蒂齐亚有更重要的事要做：吕西安的妻子刚刚生了个女儿，并且跟她姓。母亲大人直到 12 月 19 日才抵达巴黎，此时仪式已经过了整整 17 天。拿破仑对此默然接受。

随着加冕仪式的安排逐渐成形，还有些家庭问题需要解决。教皇来到巴黎后对拿破仑说，他和约瑟芬的婚姻不合教规，"无论我们双方过去有多少分歧，我们都要遵守一定的礼仪"。[39] 教皇的这番话绵里藏针，他只要一个点头，全盘都有可能因此大乱。就算约瑟芬生下一子，他的继承权也将作废，此外，整个仪式也会沦为一场笑话。因此，一方面由费斯奇在罗马负责幕后牵线以及案头工作，另一方面由塔列朗找把离杜伊勒利宫最近的圣 - 热尔曼 - 欧塞瓦教堂的神甫召来，在加冕的前夜为拿破仑夫妇完成了合规的结婚仪式。

拿破仑盛大的加冕仪式于 1804 年 12 月 2 日在巴黎圣母院举行，仪式时长 3 个小时，引起了人们很多对于法国王族历史的记忆，但这种记忆里一定不包括以下这类事情：母亲出于家庭荣誉和个人好恶原因，没有出席皇帝的加冕仪式。这对"半婚姻状态"的夫妻力求体面，却被告知他们的婚姻本身就不合规定，加冕仪式前出现这样“现代”的难题，这也是没有先例的。从很久之前开始，法国历任国王在加冕仪式前夜都是在深深祈祷，而拿破仑却在仪式前结婚，从这个意义上说，这是一个非常具有当代性的君主制政权。

在各种争论平息之后，拿破仑身边的人就开始忙碌起来了，正如蒂埃里·朗茨所说，“勒尼奥负责组织工作，康巴塞雷斯负责检查，勒布伦负责记账，富歇负责警戒，贝尔蒂埃选择出席的军队代表，波塔利斯和尚帕尼选出平民代表，马雷负责向拿破仑通报最新进展，因为拿破仑对任何事情都有自己的看法”。[40] 大家都意识到这是他们的大日子，因此没人抱怨。拿破仑知道如何领导并激发大家，而现在正是这样的时刻。大家一起走到这天都历经千辛万苦，拿破仑让大家都感受到这一点。但在他的兄弟姐妹中，这种相亲相爱、亲密无隙的情感却没有了。对于约瑟芬的上位，他们和母亲一样都气疯了。他的妹妹们听说约瑟芬要拽着裙裾登上巴黎圣母院的圣坛，纷纷表示了轻蔑。她们这样做不仅仅是出于嫉妒，她们深知，对于她们一直深爱的拿破仑，她伤得有多深。因此产生这样的情绪也是可以理解的，但她们无法理解的是，导致约瑟芬的种种行为的是多么纠结复杂的不安全感。在她们眼里，约瑟芬就是个拜金女，水性杨花，在她们兄长处于危难绝望之际只会奚落他，而一旦危险过去，丈夫无虞，则又与他“重归于好”。在黑暗的时代，做有权之人的情妇是一回事，但公开向一个无足轻重的叫伊波利特·查尔斯的人调情，闹得甚至英国的下流小报都对此津津乐道，这就让人难以容忍了。拿破仑的自制，尤其是形势所逼时表现出的自我约束，他的兄弟姐妹们都没有学会，而这才是拿破仑成功的秘密。

拿破仑知道，目前的形势巴黎民众是不满意的，共和派也好，保王派也好，都同样反感他的登基，虽然从杜伊勒利宫到巴黎圣母院的路上挤满了前来观看的人群，但观察家们一致认为，大家到场是出于好奇而非热情。这都是在预料之中的，加冕仪式后，立场截然相对的两派都发出了无数的小册子，对此表示抗议和谴责。正如蒂埃里·朗茨所观察到的那样，对于拿破仑登基，公众的反应与 1804 年 5 月的全民投票如出一辙，这当然不是标志着公众的抵制情绪，但体现了他们是冷淡待之，“更多是出于对拿破仑个人魅力的接受，而非对新的君主制原则的接受”。[41]对于直接参与的人，对于真正“融合起来的人”，尤其是对于新成立的帝国卫队而言，这是胜利的时刻，他们的长官已到了权力的高峰，他们鲜衣怒马，盔甲鲜明，列队在杜伊勒利宫到巴黎圣母院的路上。至于皇家卫队的精英，宪兵队和骑兵队，他们骑着焕然一新的军马，护送拿破仑夫妇，这对未来的帝国统治者。本应是法国全民狂欢的节日变成了圈子内部的庆功会，当然这不是说仪式没有可取之处，人们费尽心力操办了一场既不基于宗教，也不基于传统，而是基于归顺和混编的登基仪式，事实上，拿破仑根深蒂固的反教权思想一直渗透在仪式之中，当然他对教皇的很多承诺也没有兑现。

教皇一行从杜伊勒利宫动身要比拿破仑早得多，因此，教皇不得不在寒冷的巴黎圣母院等了几乎两个小时，拿破仑夫妇才姗姗来迟。这对新婚夫妇坐着至少8匹马拉的马车，车上还坐着约瑟夫和路易。教堂的大门早已打开，各路权贵也都已就位。拿破仑已经身穿帝袍，最重要的是，他戴着罗马式的桂冠，表示他在法律上已经是皇帝了。在他身边的约瑟芬没有戴着王冠，但穿着长袍，她的裙裾一直被拿破仑3个妹妹破坏。在这对她深怀敌意的人群中，她唯一的盟友是女儿奥坦丝。所用的各种象征性标志经过了精挑细选。新政权的象征是金色的雄鹰，在仪式上随处可见——拿破仑曾想用狮子作为帝国的象征，还曾戏称要用大象，但都被参政院否决掉了——在皇袍上还绣着梅罗文加王朝的蜜蜂。而各位高官，尤其是作为巴黎市长的缪拉，他们的服装模仿法国文艺复兴时期的伟大君王弗朗西斯一世时的宫廷服饰。为了激起人们对法兰西光荣历史的记忆，拿破仑的登基仪式甚至不惜冒着搞成化装舞会的风险，但大多数同时代的观察者被深深感染。教皇为二人做了弥撒，按照事先说好的，拿破仑夫妇不会领圣餐，只是由教皇给予祝福。虽然在仪式上，几位元帅佩戴着来历存疑的法国卡洛林王朝的旧徽章，但帝国的徽章是全新的，并没有刻意去把旧君主政权的老物纳入仪式里。新的皇冠已经放在高高的圣坛上，时辰一到，拿破仑拿起皇冠，面向人群，举于头顶，为自己完成了加冕，随后他也为约瑟芬戴上了皇冠，教皇庇护七世宣告对他们的祝福，唱起了赞美颂（Te Deum），然后退回到圣器安置所内。这个时刻拿破仑背叛了对教皇的许诺，而教皇直到最后一刻才被告知这一变化，他也只好接受了。拿破仑没有像他承诺的那样，在巴黎圣母院外面宣誓就任，而是在圣坛的台阶上宣誓，而此时教皇躲在一个侧间里。拿破仑的誓词十分的具有共和意味：

> 我发誓保持共和国的领土完整；尊重宗教协议，尊重宗教信仰自由；提倡权利平等，政治自由，公民自由，国家财产（biens nationaux）实行有偿转让；除非由于法律缘故，既不征兵也不征税；保留荣誉军团；以法国人民的幸福和光荣作为统治的出发点。

当拿破仑宣誓完毕，管弦乐队奏响乐曲，全场高呼皇帝万岁。

那天没有发生的和发生的一样重要。拿破仑拒绝在他的加冕礼上恢复旧制。在任何条件下他也不会下跪祈祷，他进入教堂时已经戴着皇冠，穿着帝袍，而非像波旁王朝成员加冕时那样，穿着不起眼的单薄的衬衣。他也没有领圣餐，也没有放飞和平鸽。拿破仑还拒绝让教皇触摸淋巴结核，他痛恨这种迷信行为，认为这是对现代科学的侮辱。他并不祈求他子虚乌有的祖先保佑。虽然登基仪式包含有宗教因素——弥撒布道词是教皇做的——但这远非一场圣礼，因为在圣礼中，皇族加冕是最为核心的。在加冕仪式全部结束，皇帝和皇后走出巴黎圣母院后，教皇才从侧室走出，自行离开。虽然加冕典礼后紧跟着 12 天的公共假日庆祝，但典礼于当天下午 3 点结束后，每个人就直接回家完事。

这场仪式是非常具有自我意识，工于心计的，在一定程度上实现了它的目标。无论加冕典礼做成何样，它绝不是，也不想是一次复辟。来自拿破仑和法国革命派的共同努力，使得旧政权与未来之间很好地联系了起来。1827 年，查理十世在他的加冕礼上试图复兴中世纪精神，把仪式迁到了兰斯举办，在加冕前夜举行涂油仪式，坚持使用传统装束，那次加冕礼仪式一塌糊涂，为他招致了革命派和非革命派的一致嘲笑。相比之下拿破仑的加冕礼堪称成功，因为他是作为胜者加冕的，那些嘲笑者也只敢在海外流亡的安全地带来嘲笑他，因为无论这个加冕礼多么不自然，矫揉造作，甚至粗俗，对于他本人，他的家庭，以及和他在早期一起出生入死的同伴来讲，都是一场来之不易的胜利。这场加冕礼名曰“圣仪”，它荣耀辉煌，它是能力、努力、智慧，以及非凡勇气的胜利，在最好的意义上，可以说它是对美德的褒奖，据说一走进巴黎圣母院，拿破仑就转向约瑟芬说：“如果我们的父亲能看到这一切该多好。”这可能只是个杜撰的故事，据大部分观察者所见，拿破仑当时脸色苍白，一语不发，直到宣誓才打破沉默。但这个故事也有其真实性。

这场加冕礼想要生成一个新的、合法的王朝，但这只是一厢情愿的想法。在这一点上，拿破仑并不比晚他一代的查理十世做得更好，而事实上这一点他也知道。当时之所以建立一个世袭制的帝国，是为了在一个对等的基础上应对欧洲的君主制国家。如果是这样的话，这次加冕礼却事与愿违，尴尬地让人注意到了不同政权间的不平等，因为除了教皇以外，出席这次加冕礼的国家首脑都是一些最小的德意志邦国统治者，这些邦国里最大的不过是巴登。其实巴伐利亚公国的马克西米利安·约瑟夫本打算前来，但还是选择待在待产的妻子身边，拿破仑也赞同他的这个决定。[42]

别人的认可须在战场上或谈判桌上赢得。世袭制原则的确立进一步激化了内部问题，亦即国内的问题：帝国继承人仍须继续寻找。约瑟芬跪倒在拿破仑面前接受皇后的桂冠，这似乎是她最辉煌的时刻，但看上去却恍若被斩首的前奏。最近的 18 个月，她一直待在不同的温泉浴场，希望能在那个医疗的原始时代寻找治愈不育症的办法，但毫无效果。同时，约瑟夫和吕西安则设法陷害她，造谣说她通奸，还背着她企图为拿破仑撮合一位西班牙公主。贝多芬曾一怒之下把他为拿破仑写的献词从第三交响曲乐谱上删掉，但相比之下这些对法国而言是更为重大的事件。

从这次加冕礼上人们还可以发掘出更深层次的东西。正如拿破仑所愿，这次加冕既不会导致旧政权回归，也不会像查理十世想象的那样，通过巫术起死回生。比起旧政权下最后一次加冕，即路易十六的加冕，拿破仑和查理十世的努力都徒劳无果——对前者这认识是深刻的，而对后者而言则有些矫情。当时路易十六由于处身安宁，对祖先的惯例漠不关心，在兰斯举行加冕礼时身着当代服饰，演奏当代音乐。但拿破仑则不然，他以一些不同的方式取得了成功。他的加冕礼向世界表明——哪怕是半有意识地表明——政权不会再走回头路了。更重要的是，对于他的政治集团，对于他的家庭，对于作为个人的他，以及对于伟大法国所有选择参与他事业的所有人而言，它都是现代神话故事的顶点，这样的事情空前但并不绝后。不到一年之后，加冕的荣光就将被无法想象的军事胜利盖过了。

第十二章　与英国的战争

拿破仑大军的诞生及法国海军的覆灭

朱诺女士叙述道，在大约 1803 年，拿破仑曾对一群年轻的社交名流说过这样一个故事：一天，一位富裕的马赛商人接待了一位家世良好的年轻人，年轻人随身带着一张推荐信。商人读完这封信后，发现信纸很昂贵，但其中四分之三都是空白，于是他就把这些空白信纸撕下来，放到一个纸夹子中以便回收利用，对于这种看上去似乎很小气的做法，年轻人毫不介意，接受了商人的邀请去他家吃饭。在他家，年轻人被商人家里优裕的环境、良好的品位惊得目瞪口呆，一切都与糟糕的账房形成了鲜明对比，商人那博学文雅的谈吐与他工作时务实直接的方式也截然不同。年轻人承认这次家宴让他倍觉愉快，但无法掩饰他的困惑和不解，商人是这样向他解释的："你还太年轻，不了解群众——这一唯一的，真正的权力——是如何组成的。物质的集合，无论是金钱、水流，还是人的集合都是类似的，它是个巨大的运动的中心，但首先它要开始动起来，并保持运动。年轻人，今天上午那几张小纸片可能会引起你的嘲笑，但对我而言，它只是我获得物质集合的方式之一。"朱诺女士回忆起当时她的反应："他认为群众是权力的基础，这一点让我印象颇深，这就是拿破仑政策的特点。"[1]

她这样说是深有体会的。就在他讲这个故事时——这可能是他在克拉里家庭里第一次听到的，在那里他第一次接触到这样的文化——拿破仑已经开始创建一支史无前例的庞大军队。在 1803 年 6 月到 1805 年秋之间，他在英吉利海峡沿岸的军营里开始创建他的军队。拿破仑曾经把法国所有民政改革的目标都指向实现群众的归顺，如今他开始让法国民众武装起来，而对此拿破仑是公认的大师和首创者。这是一点一滴开始做起来的。每个省积少成多地征招上来的兵员，聚成了一支令人闻风丧胆的大军，堪比后世所谓的“大规模杀伤性武器”。这种人员的集合是在动态中完成的，刚开始是叫作大洋海岸军团，准备入侵英国，后来变得声名大噪，所有人开始把它视作一支大军。当奥地利人和俄国人加入英国人的反法同盟，在欧陆重燃战火时，拿破仑已经做好准备让他的大军开动起来，他的军队一直打到了波罗的海海岸。如果说这之前的相对和平是很好的时光，那么击败第三次反法同盟则开启了伟大的年代。

就像那个带有劝勉意味的故事一样，拿破仑开始一点点地积聚他的实力。军队的诞生——他个人的第一支队伍，由他自己一手创立——始于大规模征兵的严酷现实：伴有无情恐吓和繁文缛节的征兵在法兰西土地上大行其道。征兵从总督及其手下办事人员开始，还有地方执法官和市长一起翻阅征兵名单，找出其中不顺从的，往往以暴力逼其就范。在此过程中，他们还经常得到士兵家庭和社区的支持。然后宪兵突击队降临征兵区域，执行征兵。即使是朱诺女士这样自认为拿破仑崇拜者的人，也认为“这些应征入伍的士兵就是从他们家庭里给拽出来的”。[2] 很少有人能像她的发言这样具有权威性，因为她丈夫就负责训练这些不听话的新兵，她眼见这些人来到她丈夫在阿拉斯的仓库，被训练成掷弹兵师，成为拿破仑大军里的精英部队。对于丈夫的辛劳结出的硕果，她的笔下流露出自豪，但这一切是如何开始的，她依然看得很清楚。

拿破仑冒了千难万险来创建自己的军队，为了这支军队，他把戈丹的金融体系几乎掏空，而且可以预料的是，征兵的过程也是见证他平定法国中部和西部诸省动乱的过程，在一些地区——尤其是崎岖的中央高地和比利牛斯山——人们甚至开始嘲笑所谓的平乱，据一位来自塞文山脉的历史学家描述："宪兵队突然出现在征兵现场，就不仅仅是保卫征兵，更像是一种宣战。"[3] 抵制征兵的各个地区也有不同，但这种不同更多是由于地貌不同所致——躲藏的地方或多或少，伏击宪兵队的位置有好有坏——但没有人赞成这种"血税"。[4] 在很多地方，不夸张地说，随着 1803 年恢复大规模征兵，都爆发了抵抗运动，并有愈演愈烈之势。新政权鼓足精力来面对规模前所未有的武装人民，征兵这种"血税"现在由政府以更精确的形式完成，辅以更有组织的武装护航。当然一定会有暂时的困难，政府的错误也无法避免：1804 年，战争部在指定征兵份额时，没有考虑到位于吉伦特省波尔多地区的海军，同样的错误他们还在布列塔尼犯过，[5] 但人员的征召确实做到了，而且做得很快。

为了征兵的顺利开展，宪兵队这把新武器发挥了很大作用。虽然宪兵队还在疲于应付反革命残部，但考虑到拿破仑给他们的任务非常庞大，他们依然完成得非常好。早在拿破仑开战之前，他的宪兵队和政府公务员就在征兵这场战役中先赢一局，虽然在此过程中失去了很多人心。这突出地表现在，当新招来的士兵在英吉利海峡军营集合时，比起那些只是不听话的士兵，逃兵的现象更加严重。虽然也会出现骇人听闻的大规模逃兵现象——比如在沿着与西班牙交壤的比利牛斯山，在靠近诺曼底英吉利海峡军营的厄尔省[6]——但事实是地方政府已经提高了他们的征兵份额，且取得了实实在在的进展。拿破仑认为问题出在政府管理上，出现逃兵这种现象，对已经集合起来的军队士气是一个很坏的影响，他觉得针对逃兵的罚款存在问题，对有钱的逃兵来说，这不算什么，而对没钱的逃兵则又太重，无法还上，因此也没有威慑性。然而这一切都是可以改变的。[7]

巧合的是，拿破仑把大多数新招的士兵集中在英吉利海峡军营，再加上他又频繁出现在那里，他得以目睹了 1803—1805 年间的大规模逃兵现象。随着 1804 年 6 万人的征兵，大批新兵蜂拥而来，那时他就很快意识到其中的弊端并紧抓不放。1804 年 8 月，他告诉贝尔蒂埃给地方征兵委员会的指挥官写信，警告他们，在征召入伍的士兵中，有太多的残疾人，这是对公共财政的一种浪费，估计"负责征兵的总督在其中动了手脚”[8]。在他去莱茵兰的某部队视察时，他大声呵责法国中部阿列省的总督，他在征兵中负责的是专门前往科隆的58团，“在他负责提供的400名新兵里，100人没来，100人逃跑，所以只剩了200人，而其中就有一半是瘸子和聋子，派不上用场”。[9]对于下一次征兵，他是这样警告时任参政院征兵局领导的拉屈埃将军的：

> 现有的征兵管理条例没有达到我们的目标，这个事实无法掩盖，在征上来的8.2万名士兵中，只有6.4万人来到军营，其中有1.4万人是逃兵，因此从征兵过程来看，它只达成了一半的目标。[10]

在这些年的非常形势下，拿破仑对此问题空前关注，如果说他的判断往往片面的话，他看问题的目光依然敏锐。很快征兵数字进行了调整，征兵配额也得到了满足。然而，对于其中渎职的人，拿破仑也没放过。因为在征兵过程中对于逃兵的纵容，总共有8位总督，主要是来自崎岖的法国中央高地，被痛斥为“帝国的耻辱”。[11]而事实上，对于这几年征兵工作的第一线，拿破仑没什么好抱怨的，比起征兵工作的规模而言，他的指责是微乎其微的。新政权下的大多数地方官员、宪兵，以及公务员都听从了拿破仑对拉屈埃将军的劝告“夜以继日地攻克这个难题”。[12]海岸护卫队的规模日渐庞大就是最好的证明。

征兵工作给国家金融带来的风险使得政府的人气和群众基础面临考验。农民中由于征兵引发的仇恨在城市的商业社区——下至不起眼的小店主，上至金融巨子——也均有所反映，只是表现得不那么激烈而已。他们不仅仅是因为“征服英格兰”所付出的代价而愤愤不平，还因为拿破仑为了达到目的而采取了激进手段。拿破仑阻止了旧秩序的复辟，成立了自己的军队，同样地，截止1803年，他也把勒布伦和戈丹精心培育的稳定的金融秩序悉数打破。《亚眠和约》的废止在军事上并没有多么切实的影响，但它极大地破坏了商业的发展，紧接着又是农业歉收，情况变得更为糟糕。这些就是拿破仑坚持进行有史以来最大规模的军事备战的背景：他不得不在英吉利海峡的海岸建造新的港口，对战舰和大型船队进行建造和维修，以便将他的大军穿过海峡运到英国，并补充陆海两军的装备和给养。

而更糟的是，拿破仑坚持这一切都要立即以现金付清。这是对督政府时欺诈手段的一个逆反，在原则上而言是令人钦佩的——它反映出拿破仑对公共金融的观点是多么传统——但这样做需要国库里要有前所未有的巨大的流动资本。这把勒布伦、戈丹，以及尤其是现政权下主管现金发放的巴贝马霸逼到了很为难的境地。随着 1803—1805 年间政府的预算赤字加剧，可以越来越明显地看出，政府的常规收入已经无法应对日益膨胀的军事需要了，截至 1804 年，政府已经开始想方设法找寻新的收入来源。明显不得人心的间接税制，曾经在大革命期间被废除，现在也恢复了；而政府买单中的一大笔钱也强加在意大利共和国财政部头上，这也是第一次；对于法国政府的收入，法国的盟国西班牙，巴达维亚共和国和瑞士联邦也有所贡献。1804 年 2 月，政府对某些硬币施行贬值，引起了很多商人和店主的不满，这一举措使得公众舆论对现政权声讨不断。硬通货变得非常稀有，在巴黎尤为如此，结果导致假币横行，成为政权灭亡的一个原因。企业破产越来越频繁，甚至一些法国最大的企业都受到波及。巴贝马霸不止一次向拿破仑发出警告说，法国从 1801 年以来一直备受外国投资青睐，而如今这些投资都已撤走。[13]

就是在这样的金融危机状态下，法国正面临一场大战——它设想的敌人是英国，但后来，战火转到了中欧。由勒布伦和戈丹设立的税收基本制度以及稳定的金融管理方法在其后 100 多年里一直得以保留，同时期由蒙塞、维其庸和拉代锻造的强大有效的监管机构也同样在后世流传。但在当时，虽然他们努力在法国恢复良好秩序，法国却变得一片混乱，这种情况直到拿破仑政权倒闭才有好转。直到 18 世纪 20 年代，公共财政才在维莱勒的努力之下重新步入正轨。

征服英格兰

这一切都是为了征服英国。和平的坍塌虽然早在拿破仑意料之中，却依然无法减缓他的无尽怒火，现在他的愤怒终于有了一个发泄的出口。无论是出于地理位置考虑，还是出于理性考虑，为了实现他的侵略，他都要建立一支海军，制定出策略来直接有效地对付这个既诡异棘手又危险万分的对手。拿破仑迅速而坚决地开始了他的行动。1803 年 5 月 16 日，英国对法宣战，拿破仑亲自前往布洛涅市，开始对那里的港口进行整修，以便能够容纳下登陆所需的舰艇，布洛涅是恺撒大帝当初征服英国的起点，这一点没有人会忘记。

摆在拿破仑和法国人面前的任务极为艰巨，他最初的入侵英国的想法胎死腹中，而重新建立一支军队所取得的成功也是有限。后来在圣赫勒拿岛上，拿破仑颇有前瞻性地说道，他这一生最大也是最持久的贡献就是《民法典》。当时，在 1816 年到 1821 年他去世期间，该法典的长寿和广泛传播还远未体现出来，然而它的确经受住了岁月的考验，从法国传遍欧洲甚至更远。《民法典》要恒久得多，而拿破仑的大军则随着他的命运而起伏，他的军队到了滑铁卢之役时走向了终点，那时它已经是强弩之末了。然而在它全盛时期，拿破仑的军队在欧洲所向披靡。如果《民法典》真的是拿破仑最大的贡献，那么建立自己的大军则是他收获乐趣最多的事情。虽然他在很多领域都有杰出贡献，但建立军队则是最为自然的事，是他钟爱之事。他待在英吉利海峡军营里，从位于蓬 - 德 · 布里克堡的总部发出指令，见证这支军队的发展，这可能是他危险的生活里最快乐的时光，无论是在公开场合还是私底下均是如此。面对离婚，不听话的议会，乏味的委员会，丢掉的殖民地和对他的暗杀企图，所有这些，拿破仑通过备战来加以摆脱。他的这些辛劳，全是为了能够除掉他痛恨的对象、困惑的来源：英国。虽然战争本身残忍而单调，有时甚至有些肮脏，随着战争开始，拿破仑却迎来了值得大书特书的时代，他的业绩也已载入史册而不朽。

拿破仑为了入侵英国制定的战略清晰地分成了两部分：海军的准备和陆军的重组。对于第一部分，拿破仑常常表现出理解有限，力有不逮，而对于第二部分，他则是真正的大师。他不得不从零开始他的宏大计划，尤其是海军部分更是如此。拿破仑对于海军所知甚少，并且在组建海军的过程中也几乎没学到任何东西。如果有什么值得乐观的理由的话，那也大多只是停留在纸头上。就数量而言，法国的海军看上去很强大，而这也是拿破仑组建海军的唯一原则。在军舰数目上，拿破仑占有优势，但舰艇上的船员都是刚征召来的新兵，由于英国成功的封锁，他们几乎都没有海上作战的经验。据估计在特拉法尔加战役中，几乎半数的法国船员都是中途调来的，而领衔这次行动的“土伦”号总共在海上待过 5 个月，则是法军舰队里最有经验的，比其他军舰待在海上的时间都长。[14] 然而拿破仑还为表面上的数据而沾沾自喜，这清楚地表现在他对船员的组成提出了不切实际的要求。1804 年 5 月，他给海军部长下令：

> “勇士”号会在罗什福尔就位，我深信不疑，我希望到这个月末，“阿米德”号也能就位，由于船员一时难以找齐，我希望你能从步兵部队抽调 200 人来到罗什福尔的军舰上，用 200 名水手来充当勇士号的船员……这样我们就有 5 艘战列舰，4 艘护卫舰了。[15]

拿破仑虽然没有把这些甲板上的士兵看作专业的海军，但他当然希望这些人去冲锋陷阵，率先登上敌舰。他以为这些士兵——对海军的职业技能一无所知——可以胜任海军士兵。还是在这封信里，他试图把他建立陆地部队的金科玉律运用到海军上，暴露出对船员工作的无知。在他看来，士兵与水手几乎可以随意互换，而且他还想要把最好的水手集中在最好的船上，他是这样说“总统”号的：“我的目标是用最好的水手成为这艘船的船员。”这样就剥夺了其他船只所急需的经验。没有训练有素的船员，舰艇就无法操作。拿破仑希望在海上集中最优秀的人员，就像他在陆地上一样，建立皇家卫队和宪兵队这样的精英部队。这样做至少是不合时宜的。

这不是说在这场英军最终胜利的海战中，英军占有明显优势，拿破仑还没有传递给他们这样的信号。《亚眠和约》签订后，英国人故意对包括海军在内的法国军队进行指责和批评，对此拿破仑在 1803 年大发脾气："我们的海军很明显在走下坡路……我们没有利用和平的时间来征召海军，导致了海军的衰微。"拿破仑在陆地上经常经历重大战役，他自然也想拓展到海上，而一旦海军在战役中遭到重创，将会非常被动。[16]随着英法开战，英国对布雷斯特的封锁岌岌可危，一旦西班牙加入到拿破仑这边，他们的战列舰就会达到 102 艘，而英国只有 83 艘。但数字并不能代表全部，虽然法西联军船只数多于英方，但它们的舰队分散在 7 个港口，最大的舰队位于土伦，与欧洲为敌。把这些舰队集合起来将对英国造成巨大的麻烦，因此纳尔逊对于即将与法国的交战，并非一味乐观。如何把这些分散在各地的舰队聚合起来，非拿破仑力所能及，虽然他应该看到这个问题，而不去制定如此庞大的战略。英军可能力量弱些，但他们手握英吉利海峡天险，非法军全部战舰无以挑战。为了让他的军队通过英吉利海峡，拿破仑需要控制海峡 7 到 10 天，且天气良好。并且在布洛涅和多佛之间的东部狭长地带，英军有重兵把守，有 218 艘船只在此巡逻，主要是小型武装船，适用于海岸防卫。[17]在这里，英军的优势是压倒性的，而这恰恰是阻挡入侵所必需的。反过来说，英军要袭击法国海岸则相对容易些。

这些就是他的对手摆下的难题，但为了准备入侵，拿破仑也有自己的问题需要解决。在英法会战层面上，如何把自己的舰队团结起来，拿破仑对于他手下的舰队司令们没什么信心，只是把他们当作手中的棋子。正如尼克 · 罗杰所指出的那样，在拿破仑眼里，他们每个都有致命的缺陷。在阿布基尔海战失败后，拿破仑可能就再也不相信海军高层的指挥了。尤其是在 1805 年夏天，当他意识到英军的优势他再也无法企及时，他就毫不留情地谴责维尔纳夫。在 1805 年 8 月 15 日，当他得知英军已经集合起了兵力，在若干港口封锁了法军后，他大发雷霆："维尔纳夫的指挥操控一塌糊涂。"[18]一周后，也就是 8 月 22 日，在他正式取消对英入侵的前一天，他最后一次对维尔纳夫大发脾气："我认为，维尔纳夫不具备指挥护卫舰的能力，他没有决心，缺乏勇气。"[19] 拿破仑对维尔纳夫的评价并非完全没有道理，即使是同情维尔纳夫的专家也承认，他有着与生俱来的悲观主义，这使得他"性格中缺乏主动，一事无成"。[20] 拿破仑自然不愿从这样的人那里获得建议，但他需要这些建议。

对于登陆固有的潮汐、风向、天气问题，拿破仑并不了解，他认为自己可以按照时间表任意调动舰队。他先入为主地假设，对于他的行动英军不会有所反应，对于他的战略意图英军无法察觉。在与舰队司令们的通信中，他很少问到目前状况，即使问到了，他也会认为这些会一直不变，直到军事行动结束。1805 年 7 月，更多是由于没有提到的部分，而非提到的部分，拿破仑大为恼火："我一点也不理解为什么冈托姆（"布雷斯特"号司令）没有动，这怎么可能？他明知道我的意图，还任由敌军出现，自己却待在原地？"[21] 他从没想过问问天气，或是敌军的优势在哪儿。1805 年 6 月 26 日，当他向罗什福尔舰队下令时，他坚持"微观管理"，而对天气、风向不管不问，这一点表现得尤为突出：

> 在你收到这封急件后，立即与维尔纳夫司令联系上……如果到法兰西共和历热月 15 日维尔纳夫还没有出现，那他一定是在 20 天内到了圣地亚哥（位于佛得角岛群），然后接着前往加的斯。如果在佛得角没有见到维尔纳夫，就去加的斯……如果在途中遇到 4 艘以下的敌船，你可以攻击它们，如果在 5 艘以上……建议不要攻击。如果你要撤，往维尔纳夫那边撤，他的航路你应该能猜得到。[22]

通篇都是假设，还坚持要精确，有时又含糊其辞，殊不知面对海上不可知因素，这些都不具备可操作性。

总之，拿破仑只是依据双方舰船数量来考虑战事，很少对战列舰与护卫舰做区分，如果在某个时间和空间，法军数量占优，那为什么不进攻呢？1805 年 8 月，拿破仑对德克雷说："我是这样打算的，如果维尔纳夫面对的英国军舰在 25 艘以上，而他手下拥有 18 艘法国军舰和至少 10 艘西班牙军舰，他就应该对英军发动进攻。"还是在这封信函里，他认为英国舰队依然分散在各地，而事实上，英国人正在集合。[23] 这再次证明拿破仑海上作战的一个缺点：他以为了解，有把握，但事实上并非如此。拿破仑靠着英国的报纸来了解英军的下落，并且认为，从他收到消息，到把消息送给德克雷，再到各个海军基地，消息依然有效。最要命的是，拿破仑会不断地改变和取消计划，他会派出一支舰队，但立刻又会改变主意，把它撤回。他有时一厢情愿，有是又朝令夕改，让他的海军无所适从。他不愿接受海军方面的建议，也把自己搞糊涂了。[24] 拿破仑唯一信任的海军高级指挥官拉图什 - 特雷维尔于 1804 年去世，也让这变得更加糟糕。对于主力土伦舰队的司令官维尔纳夫，他更是极不满意，导致后者在 1805 年 1 月，拿破仑尚未对他凌骂之前就提出了辞职。

在这几个月里拿破仑想要进攻英军，也并非全无道理，因为他理解了一些他的舰队司令们没有领会的东西。当时正值英国政局动荡之时，在 1804 年末 1805 年初的大部分时间里，英国海军大臣都一直空缺，因此作为维尔纳夫在地中海的主要对手，纳尔逊在 1805 年的头 5 个月都无法从伦敦获得直接的指令。[25] 而也正是在这方面，拿破仑对海军的错误指挥凸显了出来。纳尔逊在地中海，基思在英吉利海峡的关键防御区，其他高级指挥官，比如科灵伍德和卡尔德在大西洋，甚至包括在不利形势下守卫布雷斯特和西英吉利海峡的康沃利斯，这些人至少都没有上司的政治干扰。而与此形成鲜明对照的是，维尔纳夫和他的同事，尤其是德克雷——这个倒霉人在海军的角色相当于贝尔蒂埃——都快被拿破仑逼疯了。拿破仑对当时的形势做了错误的处理，为英军赢得了时间和回旋余地，而这是他不愿意看到的。就在法国的舰队从港口出发，又由于拿破仑一时兴起而撤回之际，纳尔逊、卡尔德和科灵伍德却一直把保卫英吉利海峡作为他们任务的重中之重。拿破仑曾希望用维尔纳夫把英军吸引到西印度群岛，从而能够强化法军在马提尼克岛和瓜德罗普岛的防御，打通英吉利海峡，解除其对法军大西洋港口的封锁。但这个计划是不可能完成的。[26] 事实上，当法国舰队离开大西洋上分散的港口时，英军并没有上当，纳尔逊只是派出了10艘船只来骚扰和尾随维尔纳夫，主力舰队则按兵不动。当维尔纳夫试图与其他小分队联络时，却由于天气恶劣不得不退回港口，整支舰队由于暴雨而被分散，从而使得英军得以继续其封锁，这些都是拿破仑爱莫能助的，正是在这种情形下，他希望能打败英吉利海峡舰队，甚至希望能把他的军队完整无缺地运到这里来。

后人对此有个描述，这是由一位非专家在微观管理下所做的事倍功半的军事运动，比起他无论在埃及还是在俄国的彪炳战绩，这次海战都让他黯然失色。在那些战役中，他即使行动出现错误，至少还表现出了理智。作为从内战中走出来的军事独裁官，带有天然的威权，并最终走向君主制，拿破仑经常被用来与克伦威尔比较。这样的比较虽然有趣，但并不对等，然而拿破仑对海军的指挥不善，却与克伦威尔试图把他的军事经验运用到17世纪50年代的英荷海战中几乎如出一辙，并且这两次结果都令人失望。这两个人都不信任自己的海军，原因也都惊人地相似：无论是17世纪中期的英国海军还是18世纪末期的法国海军，在政治上都是属于保守派，在他们的军官里，都有大量的保王派成员，其中很多都移民了，还留在国内的，也都不可信了，而那些空缺的职位都由那些比他们效忠的共和政权更激进的人担任。对这两位领袖而言，他们对海军的猜疑是根深蒂固的。尼克·罗杰曾经这样评价克伦威尔与海军的关系："士兵们不喜欢也不信任海军，但是他们又离不开海军。"[27]这番评价也同样适用于拿破仑。因此，无论海军对他们实现计划多么重要，无论是克伦威尔还是拿破仑，他们都没有像信任陆军那样信任海军。[28]这带来了很严重的影响，导致每当他们面对自己并不了解的战争时，往往会拒绝别人的意见，面对问题时只从自己的角度考虑解决。

与克伦威尔一样，拿破仑让他的海军指挥官继续指挥，但在他们放手之前，他们都会对军队的行动、位置以及队形有着详尽的了解，而这恰恰是海上作战无法做到的。当克伦威尔下达命令时，"通篇都是军事术语，在海军背景下，显得令人费解"[29]。拿破仑也是如此。他们二人对海军的指令极为精确，就像他们花费长时间去调动装甲骑兵一样，令人担忧。船只与骑兵可不一样。罗杰对克伦威尔的断言十分犀利，他说克伦威尔“完全不知道在辽阔的海上，想要拦截任何东西有多难”。[30]这番话也适用于拿破仑。他们二人都在加勒比海发动了海陆两栖进攻，结果都是灾难性的。当我们把他们作为军人或统治者的伟业置于一边时，他们在海上作战时都犯了一系列不可思议的愚蠢的错误。很明显，这是克伦威尔职业生涯的一部分，这也让拿破仑深深着迷，以致犯了同样的错误。

然而，这二人最大的区别是，虽然克伦威尔准备委派代表来指挥海战，但他所托非人，而拿破仑则亲自指挥，不委任他人指挥。他没有让他的元帅去担任海军指挥官，这与克伦威尔不同，后者把新模范军长官派到海上，给予的正式名称是“海上统领”。而拿破仑则试图告诉手下如何征服海面。在1803—1805年期间，那时拿破仑还拥有海军，他在指挥海军时，暴露了一系列的问题——有个人好恶方面，也有专业素养方面。对拿破仑和克伦威尔而言，由于他们在镇压叛乱方面冷酷无情，卓有成效——或更准确地说，善于把任务分配给有能力的人完成——因此，被入侵的威胁在他们掌权的头几年就消退了，但他们的海军探险却只能搁浅了。

在拿破仑迎接他在海上覆败的命运之前，他还要建造一个对英军发动进攻的基地，而这也是问题多多。入侵英国这个任务本身，要求陆地上有着复杂昂贵的工程施工，要建造一大批登陆艇，同时还要战舰和天气的配合协调。而这些在那个时代，可能任何军队都做不到。甚至让人忍不住想，英军——他们的海上专业技能依然举世无双——会不会大胜法军，反过来入侵法国？人们还可以更加尖锐地问道，拿破仑是否足够清醒，有没有从这些方面考虑过布洛涅，埃塔普和若干其他港口，甚至一些小的港口都不得不耗费巨资改成大港口，以容纳入侵英国的军队。结果都是以失败告终。布洛涅还留下了一个港口可供和平时期民事商贸使用，但法国人无论在哪儿也找不到足够容纳这么多士兵的港口。他们建造的浅滩只够容纳1000艘登陆艇——这是远远不够入侵的——而主要的港口到潮退时，海面几乎就会下降一半高度。罗杰已经表明，在经过一年耗资巨大的努力后，趁着一次潮汐能够出海的登陆艇最多不超过区区100艘，[31]还不够运法军一个步兵师，而且只有不到一半所需船只在布洛涅被组装起来。总之，事实证明，要及时建造出那么多船只是不可能了，可以说，拿破仑在入侵英国这个非常宏大的计划里白费了力气。

然而，还不止于此。这些登陆艇本身无异于自杀机器。当时法国已经没有可能用战列舰来运送大军，但事实证明，法军的登陆艇哪怕面对英军最小的巡逻艇也不堪一击。它们只装备了一门火炮，吃水很浅，只有一张帆，主要靠划桨驱动，在水面上容易成为被击中的目标，在穿越海峡时，无法避开与对方战舰的接触。此外，这些登陆艇非常不结实，在恶劣天气下显得极为脆弱，这在1804年7月20日本就可以清楚看出来。当时，拿破仑不顾德克雷的亲自建议，坚持在糟糕的天气里进行演习，结果导致超过200人丧生，12艘登陆艇报废。这极大地打击了海军司令们的士气。但拿破仑虽然也很关注他的部队，却依然坚信他自己的战略。[32] 然而，还有更深的问题，这次演习本该证明：这些登陆艇无法应对强风，当它们抵达海岸时，强风会形成高高的海浪，把这些船只在最后时刻推回去。而想要穿过英吉利海峡，法军需要的是良好的风向。登陆艇需要从南向北吹的风，以便可以靠近英国海岸，即使如此，法军舰队——如果能联合起来，抵达多佛海峡——也需要从西向东的风才能及时赶到，对横渡海峡进行掩护。[33] 而对这些，拿破仑从未了解过，也从未留心过。正如罗杰所说，“对于这次军事行动必需的时间和条件，他的认识完全是脱离实际的”[34]。

直到1805年的夏天，拿破仑一直对这个入侵英国的计划非常认真，同时他还面对来自欧洲大陆的越来越多的威胁。到了7月，面对奥地利的军队在意大利边界进行活动，他明白地告诉尤金，必须要对此加以警惕，“我希望不要有战争，并为此而努力”。[35] 同时他还在给维尔纳夫下达具体而无望的指令，希望他能把法军舰队集合起来，控制加来海峡4—5天——这个时间并不长——并告诉他，“整个欧洲正处于焦虑之中，等待一个标志性的大事发生”[36]。他还忙着把能调动的荷兰运输船集中到奥斯坦德市，一块运来的还有来自莱茵兰的炮兵部队，并且要求要迅速完成这一切。[37] 7月20日，他向贝尔蒂埃保证：“好的局势在某个时间点，一定会来的。”并且他还做了一系列假定，假定贝尔蒂埃已经准备好出海了；炮兵已经在船上准备就绪了；内伊会领衔第一拨攻击，然后是达武，再然后是苏尔特；他们会在4个不同但却相邻的地点登陆；最重要的是，“已没有时间可以浪费了”。[38]

然而，到了4月，英国人已经完成了与俄国人的结盟。到了7月，俄国人与奥地利人达成《战争公约》，亚历山大一世发动了一支近乎20万人的大军进入德意志，而奥地利人在8月初也开始集合军队。从这时候起，无论拿破仑优先考虑哪里，他都要考虑面临一场陆地大战。在这样的形势下，他还尽可能坚持他对英国的入侵计划，这真是令人印象深刻。当8月9日奥地利加入英俄反法同盟时，欧陆战争就变成拿破仑主要的关注点了。那不勒斯也有可能步奥地利后尘，加入反法同盟，那样英国在意大利南部就有了重要基地，俄国军队也有可能抵达那里。在奥地利正式向法国宣战之前，拿破仑已经下令富歇逮捕所有在巴黎的奥地利人。[39]然而，尽管确信在莱茵河上会有战争爆发，在7月底和8月初时，拿破仑基于极为有限的证据，依然认为英军舰队已从英吉利海峡撤出前往西印度群岛支援纳尔逊，因此他下达了一系列很难实施的命令，要求把分散的法军舰队集合起来进入英吉利海峡，有的舰队甚至还远在西班牙东部海岸。[40]8月2日，拿破仑连夜离开巴黎，前往布洛涅。一周后，他断言英国人不敢应战，法西联合舰队已经完成了任务，他对富歇说：“英国人察觉到，他们的目的没有达到，[41]维尔纳夫完成了把舰队联合起来的任务。”[42]他还使德克雷相信，从普利茅斯出发的英国舰队已经被维尔纳夫折腾得遍体鳞伤，无法作战了。[43]

在写给各色人等的信里，拿破仑都表现出了高度的期望以及不可思议的、甚至是歇斯底里的乐观情绪。但很快，胜利的光环就消退了。他没有意识到7月22日法西联军与英军在西班牙的非尼斯特雷角的交战，虽然联军没有战败，但也没取得决定性胜利。到了8月15日，拿破仑终于知道，维尔纳夫无法进入英吉利海峡。更重要的是，他发现，即使他开始进入海峡，英军现在的兵力远优于他，这表明战场上的平衡已被打破，局势对他已然不利，无可挽回。[44]然而一周后，拿破仑依然希望能在布雷斯特重新集结部队，卷土重来，但他知道，只有维尔纳夫能从加的斯回来，这才有可能实现。[45]就在同一天，沙皇亚历山大一世命令他的皇家卫队离开圣彼得堡，往中欧进发。[46]

如果在这之后拿破仑还坚持自己原先的计划，那他就是完全不顾现实了。拿破仑没有这样做。入侵英国的希望之火已经燃尽了。第二天，也就是1805年8月23日，他对贝尔蒂埃说，入侵推迟了，还是在这一天，他对战争管理处主任下达了一份更世俗但确定得多的命令，要求他为整支部队准备好充足的口粮，因为3个星期后，军队要开往莱茵河上的斯特拉斯堡。[47]他告诉贝尔蒂埃，计划有变是由于风向不利，他还对德克雷说，维尔纳夫真是个耻辱。[48]

拿破仑要塔列朗评估莱茵兰的德意志王公的忠诚度，并开始秘密地把军队从巴黎调出，派往东部边界，当他这样布置时，他已经开始准备从入侵英国转向8月15日之后向莱茵河进军了。[49]然而，对于他的入侵计划，他依然念念不忘，直到一周后，他终于彻底相信了，在英吉利海峡，他的军事力量处于劣势。在8月中旬时，当他的希望之火还在最后一次摇曳时，他下达了一系列考虑欠妥的命令，对有限的证据进行了一厢情愿的解读，对手下的高级官员一再重复他的乐观情绪，这些都不过表明，这是他在溺水前最后的挣扎而已，他开始从无谓的探险中走出来，面对现实中的危机。

拿破仑对于入侵英国的狂热是不一致的，有时甚至到了非理性的地步。例如，8月13日，他很清楚地告诉塔列朗他的打算："我主意已定，进攻奥地利，我将在次年11月之前占领维也纳，这样如果俄国人出现的话，我们就可以加以应对。"[50]在8月初，他曾承认，与俄国和奥地利的战争才是关键，但他又忍不住最后一丝希望：英国会沦陷。从战略层面而言，拿破仑的行为是愚蠢的，但从当时的大局来看，这也并非全无道理，因为英国的确是拿破仑的心腹之患。

维尔纳夫和西班牙人在加的斯的港口坐等了几个星期，直到9月10日，拿破仑向他们下达了最后一条不可能完成的命令：回到土伦，镇压在南部意大利的一场可能的俄英军事行动。由于对法军的封锁十分成功，纳尔逊不相信法军会这样行动。人们普遍猜测，拿破仑希望一些糟糕可怕的事情降临到维尔纳夫身上，事实上，一开始维尔纳夫是拒绝执行这个命令的。然而，在维尔纳夫于 10 月 19 日开始突围的两天后，他在特拉法尔加附近被纳尔逊和科灵伍德拦住，在经过一场非常激烈的战斗后，纳尔逊战死，法军大败。近来的研究也表明了这场战役的惨烈程度。[51] 从这场战役的结果看来，拿破仑的海上力量永远地丧失了，英军的胜利则一般被认为是由于炮火更占优势。[52] 这对于炮兵大师拿破仑而言，真是具有极大的讽刺——一直以来，他为提高法国舰队的炮火数量和准确性下尽了功夫。

特拉法尔加海战结束当天，拿破仑在乌尔姆刚刚获得 1805 年的第一场大胜，在随后数月，法军还收获了一系列大胜，在此背景下，海战的结果很快就被人们忽视了，但它依然对法国打击很大。自《亚眠和约》和法西结盟以来，英国一直到这次海战前，都还没有恢复对拿破仑的海军优势。事实上，在特拉法尔加海战中，双方舰队数量分别为 33 对 27，维尔纳夫的舰队数量是超过纳尔逊的，但那天法军损失惨重，死伤人数难以统计。英军在战斗中有 449 人丧生，而西法联军的死亡人数可能十倍于此。[53] 有一支法国舰队没有参加这次的海战，他们在海上漂流了 161 天。在回家的途中，他们擒获了 3 艘英国军舰和 43 条商船，最终在 1805 年的圣诞节这天回到位于罗什福尔的港口。[54] 在拿破仑的辉煌的奥斯特里茨大捷的光环之下，没人注意到这支被遗忘的法国军队的英雄壮举。

英国在欧洲一直以来都握有海上霸权，但法国和西班牙在整个 18 世纪也都是相当厉害的海上强国。路易十六不惜一切代价，复兴了法军舰队，从 18 世纪 80 年代开始，由于他的努力，法军舰队已经超过了英军，从而可以帮助美国人在约克镇取得最终胜利，使得英国人失去了最大的一块殖民地。这些都使雄心万丈、才华卓越的法国海军成为拿破仑的选择。这支海军年轻而骄傲，承载着建立法国大西洋海上霸权重任，然而，特拉法尔加海战却成为他们的绝唱。海战的过程极其残酷，虽然法军舰队面临很多物质、人员、领导的不利因素，然而，他们依然对英军实行了顽强，有时还非常机灵的抵抗，与英军舰队相比，法国舰队，以及西班牙舰队，虽然在枪炮数量上居于劣势，法军船员训练也极为有限，但他们都坚持抵抗，在这样的决斗中，英军舰队往往不得不先行撤退，找寻其他猎物。大多数被擒获的法国舰船和西班牙舰船，都不是在一对一的交战中打败的，而是被包围所致。超过三分之一的舰船杀出一条路来，回到了加的斯，[55]但在那里遭到英军优势兵力的封锁。纳尔逊的阵亡全是由于一艘顽固的小型法国军舰所致。这艘军舰名为“可畏”号，可谓名副其实，它紧跟着纳尔逊的“胜利”号巨大的主舰不放，就像巴塞特猎犬——一种典型的法国犬种——闻到松露那样，紧紧咬住，绝不松开。正是由于这支法国海军——到1804年已是到了濒死边缘——的不懈努力，使得他们在英军强大的炮火下，射杀了在敌舰甲板上的纳尔逊。从而对维尔钠夫赢下了现代海战史上代价最为惨痛的胜利。“可畏”号舰长卢卡把他的船员训练得非常好，[56]他的这艘小船逼得英军两艘大得多的军舰——其中一艘绝不比主舰“胜利”号小——退出了战斗。[57]“可畏”号的命运是当时的时代命运，也是整场法国海战的命运，因为在个人的英勇之后，还是免不了被包围，火力被压制，最终因缺乏弹药而被迫投降。仅有英雄主义的气概是不够的。

特拉法尔加海战并没有完全在海上摧毁法国，但它使得英国在舰只数量上领先于拿破仑，拿破仑最终也没能扭转这一态势。更重要的是，这次海战的胜利，表明虽然法军的勇气以及他们的指挥官能力都与英军不相上下，然而，英国海军在训练上、战术上、船艺上，均大大优于对手。特拉法尔加海战的结果对拿破仑的野心轨迹产生了决定性的影响。拿破仑天然地倾向于欧洲大陆，而非大西洋世界，他是重商主义者，更喜欢地方贸易保护，而非面对海上广泛而公开的经济生活与世界贸易。比起港口的生活，他更愿意与陆地上的精英们和工商界打交道。特拉法尔加海战把他的本能变成了他的使命。

正如罗杰所言，特拉法尔加海战后，英国拥有了独一无二的海上霸权，无论在物质层面，还是在心理层面，均是如此。拿破仑抛弃了他费时费力建造起来的海军，这使他的未来产生了巨大损失。对于他自己的帝国的海岸，拿破仑已经无力控制。从此以后，英国皇家海军可以在欧洲横行，对于它的主要盟友，以及在西班牙和南部意大利的未来的反叛，英国都可以轻易加以援助。对于拿破仑的欧陆禁运英国货物政策，伦敦也尽可大加嘲笑，西西里的硫黄储量冠绝全欧，对英国作战极为重要，现在也置于英国皇家海军的保护之下，拿破仑的军队对此无能为力。诚然，特拉法尔加海战之后，法军舰队的确还有相当一部分完好无损——事实上，很多舰艇都没去那里参加海战。[58] 但绝大多数优秀的水兵都或阵亡或被捕了，最好的军舰也已不复存在了。即使是拿破仑也很快意识到这不是数量问题，而是质量问题。拿破仑开始疯狂重建他的海军，计划在 1805 年后，建造 150 艘新的军舰，并开始翻新安特卫普和热那亚的海港作为海军港口，但这不是关键。自特拉法尔加海战之后，英军占有了战略优势：法军被封锁了，法军只有通过激战挣脱封锁，而 1805 年法军尚未对此做好准备，英军则继续咄咄逼人。1806 年后，英军损失的舰队更多是由于天气所致，而非法军。[59] 当拿破仑向勒德雷尔发牢骚，诅咒殖民地、糖和咖啡时，他还应该谴责大海和海上通道。他既然已经认识到法国掌控不了大西洋，就应该在这片公开海域上放弃海军力量，转而关注于海岸防御。这一点拿破仑后来意识到了，但在 1803—1805 年时，他一心想着入侵英国，变得失去了理智。

纳尔逊被给予了英国有史以来最隆重的国葬待遇，成了一位差不多能与拿破仑相媲美的传奇人物。1806 年 4 月，维尔纳夫在其舰队折戟沉沙 6 个月后，在雷恩的一家旅馆里自杀身亡。拿破仑时常因他 1798 年埃及战役中的指挥而备受批评，这并非没有道理，而他最大的惨败还是 1812 年的俄国战役。然而，在 1804 年至 1805 年间，他对海战的指挥可能是他这一生最失败、最耻辱的一次了。幸运的是，他同期在陆上取得的战绩掩盖了这一点。

第十三章　杰作的诞生

布洛涅军营，1803—1805 年

如果拿破仑真的入侵英国的话，那将会毁掉世界上最精良的军队。

在英吉利海峡军营的备战，对拿破仑而言是个独一无二的机遇，他可以把不情愿的新兵转变成一支职业军队，但它同样对 18 世纪 90 年代的军官和老兵影响深远，这些人经验丰富，是军队的核心。拿破仑抓住了这个机遇，取得了很好的效果。从 1792 年与英国战争爆发到 10 年后签订《亚眠和约》，暂时休战，在这期间，法兰西共和国的士兵经历了很多深远的变化。

刚开始，参战的士兵里有相当一部分来自旧时王朝军队，他们依然忠于现政权——截止到 1791 年，其军官中超过 60% 的人已经逃跑——还有约 10 万名志愿参军者，随着战争爆发，团结起来保卫共和国政权。后者的出现是这时期的伟大特例，这也是新政权历史上唯一一次——无论是在革命派领导下，还是在拿破仑时期——有大批公众自发支持政府的战争。他们穿着廉价的蓝色上衣，与身着白衣的王朝军队明显地区别开来。这些志愿者主要来自城市，多为工匠，中下阶层背景。虽然尚未从政治上全部动员起来，但是他们作为一个阶层，已经有了自己的意识形态。随着战争的进行，它们分布在军队的各个层级上。到《亚眠和约》

签订为止，共和国的军队的主要构成在拿破仑的领导下发生了变化：来自农村的不情愿的征召兵成了军队的主流，这与军队的核心截然不同。

截止到“入侵英国”时期，军队里这3股力量都在增长，但一开始的传统的军事文化和早期革命派出于意识形态激起的热情都已不复存在。王朝军队是属于18世纪的传统力量，专业的军官几乎都是贵族出身，他们率领的军队成员复杂，有外国雇佣兵，应征入伍的罪犯，还有来自穷苦人家的因前途无望而志愿入伍的人，这其中有些人是真正向往军事生活。这些来自底层的力量为18世纪90年代的新式军队带来了职业精神和荣誉感，但军队职业精神一直以来的标准——忠于王朝，尊重贵族——却为新政权所唾弃。

而对于新的职业精神“美德”——即由政治委员和代表们提出，经由政府带到军队的对革命，对国家无私奉献的精神——绝大多数职业军人只是鄙夷而已，对于这样愤世嫉俗的态度，拿破仑也有同感，虽然这样对他出任军官的贵族兄弟可能是种蔑视。人们打仗可不是为了抽象的道理，这一点拿破仑十分清楚。他在第一次意大利战役前夕对意大利军队所做的著名演讲中，就没有提到这些抽象的东西，然而，他在演讲中特别强调愤世嫉俗、冷酷无情的态度，指出他们自己的政府忽视了这些士兵。拿破仑抓得住军队的情绪，他不用向军队反复灌输道理。法兰西共和国的军队已被告知：他们既是士兵，也是国家公民，他们的责任和这个国家任何健全的公民没什么区别，有需要时就要保护国家。在1793—1794年间雅各宾派的恐怖统治时期，政府千方百计从实际角度，从官方言辞上支持军队，让军队相信，在他们身后就是法国，公安委员会通过对战争的无情控诉——哪怕这种方式不是为传统军事文化所推崇——当然珍视军队的努力。这就是这支“美德之师”的最高点了，一种植根于现实的妄想，但至少拿破仑为军队提供了一种值得奋斗的理想。

在督政府时期，把美德作为激励士兵作战的理由已经行不通了。士兵们——现在大多数在法国本土之外作战——也不再觉得自己是武装起来的公民。军事管理领域腐败横行，但这只是军队和政府深层次隔阂的表现症状而已。恐怖统治逼迫得法国这样一个原本对军事满不在乎的国家开始关注军队，当恐怖统治倒台后，公众期待军队能够自给自足，能够以战养战。对军队士气的影响是军队精神迷失，这时旧政权下某些军队职业精神的回归就部分地弥补了这个精神层面的缺口。因此对于军队而言，对譬如像奥什，莫罗，拿破仑这样的指挥官忠诚不贰就成为最高准则，这些指挥官会照顾手下士兵，或任由他们掠夺战利品。这是对这个问题唯一清醒的回答。这支“荣誉之师”在老兵中间，实现了对过往的部分回归。而军队中还有一部分维持现状，因为这里面大多数军官的快速晋升取决于法兰西共和国，其中就包括成为国家元首的拿破仑。他们深知不这样做的话，他们的职业生涯将会一事无成。到 1803 年军营里的大多数军官得到委任，就像大革命时期，由大批群众对国家土地进行购买一样，从此他们的命运就和新政权绑在一起了，对于从中获利的新政权，他们的效忠也是经过个人的计算的。

然而，这些对于新组建的海军都无关紧要，他们感觉不到军队在过去 10 年建立起来的那种同志情谊，对于旧的荣誉军团或新的美德军团也不了解，他们需要一些截然不同的东西来驱动。拿破仑做到了，但不是通过全盘复兴旧政权的做法，更不是通过呼吁公民的爱国情绪，他对军队的了解不是基于他最近的经验，而是基于对来自农民的新征士兵的深入理解。如果他会引入传统军事文化的一些元素——奖章，荣誉，盛大的仪式——他也只在触及男性内心深层需要时，才会动用这些东西。过去军队的很多元素，其中最主要的是社会尊重，还停留在过去，拿破仑在建立海军时决定以每一位历经艰难的职业军人为基石，但他使其贴合他认为的“高卢人”返祖性的本能。这也表明拿破仑如何把握深层国民心态来完成他的任务。

这么做对这支军队的主体——来自农村的新征上来的士兵来说，极为重要。对这些新兵而言，他们对被野蛮地从各自家中拽出来入伍还记忆犹新，他们所经历的转变可谓非常巨大。抛开爱国情绪，代之以荣誉感来激励士兵，但这实际上只能影响军队的一小部分人：军官团，以及 18 世纪 90 年时代的老兵们。对于 1800—1801 年，根据《儒尔当法令》征召上来的新兵，那段经历对他们意义不大，而对于1803年后被拖上战场的广大农民子弟而言，那些经历更是毫无意义。对于如何处理这些人，拿破仑表现出非凡的心理洞察力，他灌输给他们的都是非常具有他的政权特色的东西，但他的角度被许多历史学家误解了。他在英吉利海峡的军营里传递给这些新兵一种全新的责任感和高昂的士气，这的确与共和国大多数的革命政策——高度政治化、完全脱离实际的政策区别开来。这些政策是要创造出一代公民士兵，对祖国有无私奉献的责任感。这种想法在老兵看来，一直是可笑的，这其中就包括拿破仑。现在由于手下军队大多本能上排斥革命，有必要换些其他东西来激励他们。

拿破仑的自信并非来自海上，而是陆地，他知道自己在哪方面强于同时代的其他任何军人。这种信心也传递给了他身边的人，虽然他不信任他的舰队司令们，但在陆地上，他对他的元帅们和他们的属下极为信任，他还极为信任他的精英部队：皇家卫队，掷弹兵旅，以及重骑兵旅和炮兵旅。虽然谈不上对陆军具体事务完全放手，他依然给予了他们相当大的自主度，与他写给海军的公文不同，他给陆军指挥官的公文上很少有对细节的反复批评，吹毛求疵。

这全是因为信任所致，这种信任体现在拿破仑军队的核心支柱——军团制上，它是在英吉利海峡军营中形成的。英吉利海峡军营是以军团自给自足的精神为核心构成的，每个军营都由一个军团守卫，由元帅或是将军统领。在英吉利海峡，总共有6大军营，6大兵团。位于荷兰境内最北边的马尔蒙的乌特勒支军团，位于布鲁日的达武军团，位于圣奥梅尔的苏尔特军团，位于蒙特勒伊的内伊军团，位于奥热罗手下的最西边的布雷斯特军团，以及由拿破仑亲自统领的核心军团：布伦军团，皇家卫队驻扎在此。此外，朱诺在阿拉斯指挥掷弹兵旅，贝西埃统领皇家卫队的骑兵旅，巴黎的军事长官缪拉也负责训练骑兵。贝尔纳多特和凯莱曼指挥位于德意志北部的部队。拉纳和马塞纳被借调到意大利，分别在那里训练意大利王国部队和指挥法国部队，而战争部部长贝尔蒂埃则一直都是拿破仑的参谋长，负责协调军队管理。

军团的指导思想是授权制，组成秘密的战斗单元，能够独立承担军事演习，单独与敌军交战一段时间，直到增援来临。在战场上，军团的数量差别很大，但在军营里，每个军团人数在2.5万人到3万人，然而，每个军团都是完全自给自足的一个单元，这真是不可思议。军团主要是由线列步兵组成，还有少数的轻步兵单元用于接触战，以及用于搜索和掩护的轻骑兵，此外还有些中型火炮单元和一些重型火炮。[1]在18世纪90年代的王朝军队里，很多步兵兵团都配有两门小型火炮，但拿破仑不这么做，他集中建设大型火炮单元，配备给军团。[2]军团再往下继续分为师、旅、团、营。拿破仑的命令下达到营一级，要经过4层指令。[3]重装骑兵，重型炮兵和掷弹兵——往往都是身材高大，擅长投掷当时很危险的手榴弹——都集中在他们特定的部队，虽然他们中有些人被分散在军团各处。军团的指挥官有责任熟悉军团里的不同部门，训练他们协同作战。这种军队组织体系并不新鲜，并非拿破仑臆想出来的一个全新的想法，莫罗、奥什，以及拿破仑本人在18世纪90年代的军事生涯中，都一直在对它进行发展和完善。到1803年为止，它已经在拿破仑以及他的指挥官们脑海中成熟起来了，英吉利海峡军营当时特殊的形势使得这种军队组织体系很快在全军流行起来。

拿破仑对军团的指挥官们不停地下命令，但主要是关于四处调动作战单元，确保各个单元都人强马壮——而非像征兵早期那样下达想当然的命令——他还会经常露面检查工作及人员配备，监督演习。他对这些一丝也不马虎，记载了这些信息的大量笔记总是随身带着。笔记里包含了军队里每个单位的员工详情，并由他和他的员工每2周更新一次。每个团都有记载，内容包括：军官的名字，任意指定的时间里多少人还适于服役，多少人生病、受伤或在请假，以及这些新兵是从哪个省征来的，而这样的团部署在全国各地。[4]

贝尔特泽纳男爵在他的回忆录里叙述道，拿破仑在奥斯特里茨战役数天前，还特意去视察他远征埃及时极为了解的一个骑兵团，他拿出他的笔记对照，厉声质问它的指挥官莫兰德将军："这个团登记人数有1200多人，我数了只有800人，其他人到哪去了？"贝尔特泽纳也承认，由于拿破仑只关注登记的纸面数字，他们会尽可能地伪造数字来欺骗他。[5]因此，一位历史学家，雅克·加尼耶忍不住怀疑至少在出征时，拿破仑究竟有多了解他的军队的规模。[6]

只有在炮兵部队，尤其是在具体事务时，他才会直接对人员的训练进行干涉。然而，他对一个军事单位的亲身视察会产生直接的结果，正如他在视察位于莱茵兰的第 58 团后所说：

> 第 58 团的军官总体是很好的，军队的士气也很高，但我对陆军少校很不满，他对军队的演习毫无头绪。只有当我确信他完全理解了军队的演习，他才能回到少校的岗位上，我会在巴黎会见他，亲自做出判断。如果他无法在 3 个月之内证明他熟悉军队的演习，贝尔蒂埃将会将他回到自己单位的时间推迟 6 个月。[7]

如果贝尔蒂埃没有给出拿破仑需要的消息，那么拿破仑也总会敏锐地捕捉到。当他看到第 4 轻骑兵团的报告时，他对他的心腹大臣贝尔蒂埃——在军队里，贝尔蒂埃被称为“皇帝的妻子”——说：“此处有误，你应该知道，交给我的报告不应该有这样的错误。”问题是有多少健康士兵，又有多少病号。[8]

坚持了解信息，与他后来所谓的微观管理并不能画等号。总体而言，拿破仑会让他信任的手下放手去做。只有一次，他对一位曾经当过炮手的军营指挥官马尔蒙温和但直接地提出意见：

> 对大规模的步兵演习的细节，要熟悉起来，很快就要到你开始操练军队的季节了，演习在战争中有多重要，你也很清楚，毕竟这是他们第一次荷弹演习，非常重要，你要为其他军官做个榜样，让他们都动起来。[9]

对拿破仑而言，让自己忙起来是极为必要的，这样他才能使在这些年组建的军队取得辉煌成绩。而这支新式军队的性质决定了拿破仑清闲不得。在军营里的

18 万士兵，其中只有刚过一半的人为现役士兵，这其中大部分是 1799—1801 年间的征兵，因此缺乏战斗经验，虽然军队中还有一定数量 18 世纪 90 年代早期的老兵，但据估计，他们中来自职业的王朝军队的，只有三十分之一还不到。[10] 在第二次意大利战役中，拿破仑意识到，他的补充兵员要从新征召的士兵中抽调，而他们的训练都很不充分，因此在 1801 年他不得不花大力气在短时间内训练好他们。在《亚眠和约》签订之后，拿破仑制定了训练模式，后来成为英吉利海峡军营的惯例：持续的操练，再加上每隔 10 天进行 3 天的全面阅兵。就总体看来，军队内部还是迥然不同，互相隔绝的，而军队现在拥有的，从各级指挥官到普通士兵体现出来的则是青春与活力。[11] 拿破仑利用好了这一切。然而，士兵的队伍正在稀释，这带来了新的问题。

截止到 1803 年英吉利海峡军营建立之际，军营里的主体还是 1799 年之后被强征入伍的士兵，因此训练他们的任务就变得更加紧迫了。很明显，这些新兵急需训练，但也需要把他们从情感上争取过来，让他们接受自己的新身份。这些新兵们要学会如何打仗，同时他们还要喜欢自己的新生活，要做到这些，首先就不能让他们厌倦军营生活。对于营房生活的乏味无聊，拿破仑比谁都清楚，当他还是名年轻的军官时，这样的军营生活几乎毁了他，因此他不允许这样的情况在英吉利海峡军营里发生。如果有什么区别的话，那就是拿破仑太善于鼓动士兵了。他在士兵中锻造起高涨的集体精神（esprit de corps），往往在军团之间引发激烈的争吵，尤其是在军团内部引发内讧，炮兵部队里的资产阶级知识分子对轻骑兵营里的“时髦有钱的公子哥”是极度憎恶的，这种偏见深深地扎根于拿破仑本人。和谐的军营氛围对于应对潜在灾难，不失为一剂良方。成千上万的年轻人被迫离家，应召入伍，被困在临时住处，几乎 2 年的时间里都在等待行动的命令。他们收入微薄，虽然拿破仑竭尽全力，依然供给不足，被带着外国口音的军官支使得团团转。看来军队似乎陷入了极为混乱之中，然而，就是在这样的环境下，产生了欧洲有史以来最伟大的军队，征服四方。关键就在于拿破仑。他有能力让他的指挥官们在训练中灌输激情，最重要的是，避免了士兵的无聊情绪，然后，他会放手让指挥官们以自己的方式来各显神通。

这种权力下放的方法，正如拿破仑所做的，表现了他的高明之处。他向指挥官们表现出信任，从而赢得了他们的信任，通过他的书信，他在最高级别上培育起互信，这在很大程度上与纳尔逊类似，这一点，科林·怀特已经指出来了。他们二人都已证明，当他们身居高层指挥时，都是极具胆识的，而胆识是任何指挥官都要具备的一项素质。他们二人知道何时恰如其分地赞扬部下，培养友谊。在拿破仑给将军们的信函中，在纳尔逊给他的船长们的信件中，这些都体现无遗。虽然纳尔逊统领的作战部队规模较小，加之他本人对船上生活极为熟悉，使得他更容易做到以上这些，“他通过与船员的天然的融洽关系和信任，而非精心设计的管理策略来达成他想要的结果”。[12] 而拿破仑则不然，他在面对前所未有的庞大的英吉利海峡军营时，显示出对于“出色完成的工作”的独到眼光。他告诉夏普塔尔：“将军对士兵的一句温暖的话……足以让他忘记各种不利，帮助将军跨越最艰难的障碍。”[13] 拿破仑是这样说的，也是这样做的。1804 年夏天在布鲁日视察达武军营后，他给达武写信说道：

> 告诉索尔比耶将军（拿破仑在瓦朗斯就认识这位年轻军官）和 48 团驻军，我对他们非常满意，在与英国袭击者的屡次交战中，地上炮兵部队在我们取得的各项胜利中，发挥了他们的作用。[14]

为此他特意要专门感谢这位老朋友，以及他的部队。

从拿破仑本人与达武的关系，可以看出他善于从不顺利的开端中建立友谊，更多通过无私的精神，而非威权，来建立自己的威信。在埃及时，他们二人的相处并不愉快，当时，达武不修边幅，令拿破仑颇为不快，也据朱诺女士——他的先生与这二位过往甚密——回忆道，拿破仑曾严厉地说过：“达武，顺带说一下，你是当时最邋遢，衣着最糟糕的。”而达武喜欢讥讽，经常抱怨，则更让拿破仑不满。因为达武留在了埃及，他们的关系本可能就一直这样糟糕下去，很多与达武类似的人，出于可以理解的原因，一生都没有与拿破仑达成和解。然而，拿破仑真诚地做出努力，认识到达武是一个好人，一位优秀的战士。最后，达武娶了波利娜丈夫勒克莱尔之妹，开始模仿起拿破仑的着装品位来，穿着显得挺拔但不招摇的军服，同时还注意个人的卫生。[15] 回到法国不久，达武就被赋予了训练和指挥刚开始组建的领事馆步兵护卫队的重任，这是拿破仑对他的至高信任。这些充满自信、意志坚定的年轻人每天都承担着重要的任务。1806 年，达武几乎凭一己之力在奥尔施泰特战役中击败普鲁士大军，拿破仑特许他带领凯旋之师横穿柏林，大方地承认自己对战局判断有误，承认达武英勇非凡。由于拿破仑性格大度，他们之间的关系取得了重大进展，而这种友谊也没有因为拿破仑战败而消减。在拿破仑卷土重来的百日王朝里，达武与拿破仑结盟，1815 年后，他还坚持拒绝向复辟的君主制阿谀奉承，终其余生，他都待在土生土长的勃艮第的庄园里。

和纳尔逊一样，拿破仑十分清楚何时放权和收权。纳尔逊"让他的船长们大概了解他的总体目标……准备好让他们以自己认为最好的方式来完成他的命令，并且他确保他们都理解了他的命令"。[16] 拿破仑的军团制把这种方法常态化了，他对达武的信任使得他在耶拿会战中，收获他职业生涯里的一场大胜；他开始在英吉利海峡军营里建造信任。在 1798 年尼罗河战役时，他把身边的士兵称作"兄弟连"；拿破仑开始着手在英吉利海峡军营里培养自己的心腹，在他称帝后，他把其中的十几人提升为元帅，但是这并不是说，他会和他们一起指挥。拿破仑下达明确的命令，其他人最好遵守，他们只是在执行的过程中有自主权，但命令的生成则无从插手。乔纳森·莱利将军，本人就是一位出色的战地司令员，正如他所说："拿破仑似乎在集体决策中意识到了危险，从他的军事生涯一开始，他就把决策权留给了自己，并且始终没有改变。"[17] 在军营的情况下，这意味着日常权力的下放很关键，而这一点拿破仑做得很好。

尽管如此，在实际操作中，这种做法有喜有忧。苏尔特、马尔蒙、达武都很仔细地训练各自的部队，他们给手下的军官下达具体精确的指令，指令会一直下达到营一级别，每 2 周会举行一次大规模的演习，这样不仅各个作战分队可以学到些基本作战技能，也使整个军团可以相互协作。[18] 事实上，苏尔特被历史学家誉为拿破仑大军的真正缔造者，雅克 · 莫尔万是这样评价苏尔特这位不朽战士的:“尤其是对于苏尔特将军，法国是要感谢的，他是建立布洛涅军营的核心军官，他的成功经验随后被帝国其他军队纷纷效仿。”[19] 奥热罗、内伊则不同，他们自己训练很少，在意大利的马塞纳也是如此，他们都有很多战斗经验，手下的军官和士官也都战斗经验丰富，因此他们的结果与苏尔特、达武、马尔蒙也不同，经过了 9 年的战争，他们很少相信作战手册，而是自有自己的方法，有些自己设计演习，来自自身的经验不同，使得他们各显神通。[20] 尽管如此，鉴于英吉利海峡军营的情况，拿破仑得以在军队的基础训练上占得重要先机，他一直坚信，要让这些步兵掌握作战基本技能，至少要 3 个月的训练，而要训练骑兵，无论是对人还是对马，则要训练 3—4 年。拿破仑在布伦待了几乎 2 年，因为就日常训练而言，在同样的军官指挥下，稳定很重要。但 1799—1802 年间，以及 1814 年之前的大部分时间，由于政权更替频繁，日常训练经常被打断。而军营里为军队提供难得宝贵的时间，可以不受打扰地训练，让士兵和军官得以互相了解，了解各个作战部队的不同的演习。

在布洛涅军营这种独特的环境下，这种演习包括两个层面，一方面是常规的、基本的训练，拿破仑对此是极为重视的；另一方面是独一无二的两栖登陆训练。前者是当代军事的基石，而实践证明，后者的作用和影响比它看上去要大。最重要的训练就是学会如何在编队中开火，当时所有的火枪——尤其是法国军队的——都不太精确，制作得很差。[21] 大多数的火枪只能在 100 码内保持精度。[22] 因此，拿破仑十分明智地强调士兵们要学会散射，尽可能连发，而非努力培养一群拿着精度不够的火枪的神枪手，这一认识被各级指挥官很好地加以贯彻下去。

然而，为了实战而进行的训练远不止这些，队形也很关键，从这个角度而言，军营提供给士兵们足够的时间，不受打扰地训练，这很重要，法军为了弥补火枪精度差的弱点，就要在队形和协调上下足功夫，才能在战场上生存，进而取得胜利。这包括两个方面：静止状态下的端枪士兵的队列和前进中队伍的行和列的保持。

对于前者，拿破仑明确告知他的军官们他的看法，通常情况下，队形要保持3行，但拿破仑认为，第3行的士兵往往没有前2行的射击有效、准确。因此，大多数情况下，阵地指挥官就只是第3排士兵负责为前一排火枪上子弹，这种习惯做法要废除，还需要时间，此时距离拿破仑提出二阶队形论还有些时日，而战争已进入末期，[23]这既表明了拿破仑思维明确清晰，也说明他对于最基层的训练的控制力不从心。在18世纪90年代法国大革命的第一阶段，新征召的士兵被草草加以训练，新的作战技术由军官们临时拼凑，战斗中的复杂的队形保持问题被搁置，代之以简单的纵队训练法，每个士兵只要跟着前面领头的就可以了。这样的纵队以前被用来带着亮闪闪的刺刀突袭敌军。如今在军营里，这样的纵队还有，但所有的老兵也好，军官也好，大家都知道，纵队训练只是权宜之计。现在，拿破仑的军队有了经验和时间，因此有必要对更加复杂的队形进行训练了。纵队用于向前推进，然后军队会排成行进行战斗，这样可以更好地利用火炮集体开火。随后再用纵队使用刺刀来突破敌军防线。

刺刀是步兵的又一项标准配备武器，就像如今判断士兵的伯乐一样，拿破仑认为，培养士兵的战斗精神极为重要，其重要性绝不亚于杀敌的武器。虽然在战斗中刺刀的杀伤力有限，但挥舞的刺刀会给对手心中造成恐惧。拿破仑喜欢他的士兵，其中一个原因就是因为他们喜欢用刺刀，他强调："刺刀……一直都是勇者的武器，也是制胜的主要武器，最重要的是，它最为适合法国士兵。"[24]很快，拿破仑学会了在队伍中综合运用纵队和行队，使用刺刀攻击，把纵队沿营地分散开，向敌人薄弱地带猛攻，这样的作战策略是极具杀伤力的。[25]对刺刀的喜爱依然是一名优秀士兵的标志，即使它已经不在战斗中使用了。刺刀在士兵手中，是一把充满了矛盾冲突的武器，它可以表示绝不后退的决心，但拿破仑看中的是它咄咄逼人的进攻一面，它既冷酷无情又热情似火，可以让法军发挥到极致。

阅兵场上的艰苦训练并不是为了展现一时兴起的战斗意志。把纵队和行队相融合，在队形中学会开火，这些都需要严格的纪律，这种对细节的关注体现在训练中。拿破仑决心改掉士兵们从18世纪90年代不知不觉染上的坏习惯。每位步兵都分配了一个口袋，里面装有 50 发子弹和食物。拿破仑一再强调，每个士兵都不可离开这个口袋，或是遗失它，这样，每个士兵就会坚守岗位，而不会四处闲逛，找寻弹药或食物。[26]

在进攻中新旧战术融合，尤为强调旧战术，这是极为复杂的，需要艰苦而集中的训练，但这都已经成为拿破仑步兵的特征了，直到战争后期，面对死伤越来越多，战役频发的情况，来自布洛涅军营的影响才逐渐消散。到 1809 年，纵队在战场上的使用更加频繁，甚至影响到了行队，但当时尚未达到这样的情况，对营和连一级的指挥官而言，最关键的品质是能够灵活运用队列中的行与列，而在军官一级，则要对这两种队形都要十分熟悉。至于把步兵和炮兵混编在一起，这样还有一个明显的好处，训练有素的炮兵可以迅速给步兵以支援。事实上，罗里 · 缪尔已经把这看作军队作为一个整体运转的标志。[27]

军队的刻苦训练，导致骑兵有了突飞猛进的发展。每个军团都有 2—3 支轻骑兵，但军队最大的成就是建立了一支大型的轻骑兵预备队，并把重骑兵分为两部分，一部分是也能作为步兵参战的重骑兵，另外一部分重骑兵则因身穿护胸甲而闻名。当时的骑兵部队由身着华丽制服的轻骑兵和猎骑兵组成，配有剑和卡宾枪，主要用于侦察，追逐，以及巡逻。拿破仑并不想设立长矛轻骑队，直到后来，普鲁士军队里的长矛轻骑兵让他印象深刻，他才改变了想法。重骑兵则完全不同，他们身材高大，全副武装，是一等的突击队员。他们可绝不是中世纪的老古董，他们与步兵纵队类似，但要致命得多。重骑兵之所以存在，就是为了在关键时刻整体投入战斗，颇有组织地进攻冲垮敌军的阵形。对重骑兵的训练着重放在如何在初次进攻后迅速恢复阵形。在这方面缺乏纪律性，已经导致他们在 18 世纪 90 年代的大败，而这些正是军营的训练所要纠正的。[28]

拿破仑认为，与其他兵种相比，重骑兵更加需要秩序和纪律，因此，他派遣了更多的相应军衔的军官加入重骑兵，因为战场上的胜利与他们在战场上的反应息息相关，而这只有通过艰苦的训练才能达到，因为无论对人还是对马，技巧才是关键。拿破仑一直坚信，重骑兵作为后备部队存在，直到关键时刻方才上场，他们已经成为他取胜的决定因素。[29]重骑兵是一支精英力量，地位仅次于皇家卫队，甚至比宪兵队还更受青睐。他们手下集中了最高大，最强壮的士兵，以及优秀的战马，因为重骑兵的精髓不在于他们的铠甲，而在于这些士兵和战马的尺寸和能量大小。“他们的外形、大小、名气都占据优势，会给对手以心理上的恐惧感，这一点是其他部队无法胜任的。”[30]重骑兵造价不菲，无论是骑兵还是战马，其训练都非一朝一夕可以完成，因为就骑兵而言，骑手与战马是一体的。在1805年，法军还面临战马奇缺的问题，直到1807年，骑兵才迎来它短暂而辉煌的年代，当时普鲁士宏伟的种马场落入法军之手。到了1812年，这儿大多数战马又落入俄军手中。截至1805年，法国骑兵依然处在旧的君主制和革命派的联合控制下，尚未成为战场上一支令人望而生畏的力量。当拿破仑重启陆地战争时，这一切已经令人刮目相看了。重骑兵，就像用刺刀冲锋一样，处在技术日新月异的年代里，看上去几乎与历史潮流格格不入，如同回到了工业革命初期相对原始的阶段。然而，这种论断忽视了这二者所需的高度精确性，无论是就战斗纪律还是训练而言，更不必说他们给戍守生活和战场厮杀注入了原始的攻击性。

军营还为部队提供了机会来好好训练轻步兵。法国大革命时军队刚开始的一项战术就是小规模的战斗，把轻步兵沿扇形展开，保卫前进中的纵队。轻步兵一度被认为是最不受尊重的兵种，然而，整个18世纪90年代的经验表明，轻步兵是军队不可或缺的一部分。到了英吉利海峡军营时，轻步兵已训练有素，能够密切配合战斗部队，受到高度赞扬，被认为是敌军最想模仿的法军的一项创新。所有这些都需要时间。拿破仑在他职业生涯中唯一一次，手握如此丰富的兵源。炮兵在马尔蒙和拿破仑指挥下，虽然有了很大进展，但依然饱受武器滞后之苦。虽然炮兵的军官都已达到很高水准，但直到1805年，炮兵还未达到理想的专业级别。

军队中唯一一支不需要经受军营经历的是龙骑兵，这些多面手骑兵的大多数——24个骑兵中队[31]——被用于平定旺代省的叛乱。虽然并不缺乏战斗经验，但拿破仑认为，他们在奥斯特里茨战役以及随后的普鲁士战役中，表现得并不好，因此把他们中的大多数调到了诸如西班牙这样的次要战区[32]，或让他们承担类似于宪兵队的任务。

军营里对征召兵员的严格训练还在继续，而每个军团又都面临同一个问题，即在海上的上船和登陆问题。整支部队不得不在1803年夏季学习游泳和划船技巧。承担第一拨登陆任务的“突击队”——来自达武军团和朱诺的掷弹兵旅的6.7万名士兵——能够在17分钟内全部上船启航。[33]曾经有人认为，这方面的训练用时太多，占据了本该用于常规训练的宝贵时间，随着入侵英国被取消，这方面的训练也变得毫无用处。[34]这种说法失之片面。由于游泳，军人的健康程度大大提高，为对手所不及。学会上下船——虽然在入侵英国时付诸实施无异于自杀，因为法军的登陆船只如此脆弱——却向军队灌输了团队精神和协同作战能力。骑兵和马拉的大炮都能够井然有序地过河，这些在他们跨越莱茵河时帮了大忙。那些没有经过海上作战演习的部队相比之下，就显得应对不足了。更重要的是，这种新形式训练，打消了士兵的枯燥感，因为还没有哪支部队，在尚未打战前，训练如此繁重，时间如此之长。

当拿破仑带着皇家卫队来到布洛涅军营时，对于在大西洋沿岸的法军而言，这是个令人振奋的时刻。在把军营里这支毫无吸引力的新兵锻造成一支令人惊叹的武装力量的过程中，这一举动有着极大的振奋心理的含义。在拿破仑的统治下，皇家卫队作为军队的精英出现，旧政权下的军衔在军官中得以恢复，这对于改变军队的气质十分重要，尤其对士兵而言，更加重要。皇家卫队的性质，甚至其存在本身，就在其中起着关键作用。由于皇家卫队在各个可以觉察到的方面享有优惠——薪水、制服、各种物质补助、近距离接触到总司令——这些使得它招致了其他部队的怨恨和妒忌，哪怕他们面对的是共同的敌人。皇家卫队的军官比其他军团的军官收入高35%，其士兵收入几乎比那些征召入伍的士兵高出了3倍。[35]反过来说，这又是最好的激励手段，这才是关键所在。皇家卫队精英荟萃，每个优秀的士兵，只要没有不良记录，有过3次战役经历，从士兵晋升到军士的，都希望加入进来。宪兵队的招人条件也是如此。与军团不同，皇家卫队是一个完全秘密的作战单元，它包括有步兵，这是其主导兵种，同时还有炮兵，多种骑兵，从 1804 年 7 月起，还有了自己的宪兵。他们从头到脚都是精英中的精英。从实际角度而言，这意味着军队中的任何军种都可能加入其中。

虽然被其他部队所厌恶，皇家卫队成为士兵的标杆，还成为一种理想和抱负，而这对于大革命时期信奉平等，承认作为士兵同时也是公民，对国家负有兵役义务的军队而言，这种抱负是没有的。比起当时的政客们，拿破仑当然更加理解他的士兵。这些几乎被绑架来的新兵，被塞到一个陌生的环境里，现在他们有了目标，不再怨天尤人，而是变得满怀希望。随着战争的进行，他们觉得士兵们的界限变得越来越模糊。在布洛涅军营，似乎一切都变得有可能了。正如一位历史学家所言："皇家卫队与普通部队是截然不同的两个世界。"[36]士兵们想加入皇家卫队，他们的军营生活就有了动力，拿破仑善于领导的天分由此可见一斑。

即使如此，拿破仑还不忘给普通部队注入一些精英精神。轻步兵部队被分成了各个专门的作战单元，相应给予精英地位，这尤其是为那些易被忽视、无足轻重的士兵而设置的。对于什么地区产什么步兵，拿破仑是有自己的清晰认识的："山区多出轻步兵，平原多出战列步兵。"[37]与当地的地形地貌相应。正如不那么重要的士兵也有他们的精英意识一样，掷弹兵往往是士兵里个子最高的，他们相应的精英地位，就像轻型部队一样，来自于他们在战斗中的作用。战斗时，散兵冲锋在前，面对最大风险，随后是轻步兵，紧随其后的是掷弹兵，他们一起位于攻击列的最前沿，"各个连队要互相联合，在攻击连前沿占好各自位置……并且通过他们的举动，给军队传递信心……"[38]轻步兵和掷弹兵都是每个军营不可缺少的，"会在士兵演习中创造出最好的模拟效果"。这就像来自拿破仑内心的呼声："身材高大的士兵会瞧不起矮小的士兵，因此，矮小的士兵要证明给他们看，通过勇气和胆量，他们也可以同样瞧扁高大的士兵。轻步兵是了不起的，让他们这些矮小的士兵去对抗高大的士兵，这是我独创的全新想法。"[39]拿破仑的身材也如轻步兵一般矮小，因此，他对此深有体会。

无论是轻步兵还是掷弹兵，他们都属于身材外形特殊的士兵，然而，任何士兵都想加入皇家卫队，对他们所有人而言，这都犹如护身符一样。到 1804 年，皇家卫队人数已达 1.15 万人，其中 6800 人来自布伦的军队，以及那里的支援部队和侍卫部队。[40] 皇家卫队的起源是极具政治性的，当拿破仑还是执政官的时候，他就深深感到，作为一名将军，他却没有自己的部队，于是他就从意大利军队里的老兵中挑选，成立了一支小型的领事卫队，更多是为了抗衡莫罗的部队，而非保护自己的个人安全。在亚眠和平期间，拿破仑利用自己新获的权力把这支部队扩张，并送往布洛涅军营，其主要的角色是作为那里部队的预备军而存在，既不会派他们在关键时候上场扭转局势，也不会在胜局已定时派其上场予以最后一击。在拿破仑的构想中，皇家卫队还是部分带有常规军事思维色彩的，然而，由于他对皇家卫队要求苛刻，以至于他们成了其他部队的一个全新标准。在《亚眠和约》带来的和平期，拿破仑把他最好的一些将军派来，指导监督皇家卫队的诞生。达武来监督其中的掷弹兵，苏尔特指导其余的步兵，贝西埃指导它的骑兵，莫尔捷监督其中的特种武器，萨瓦里指挥其宪兵队。这些将军被赋予了这些职责，这代表了拿破仑对他们无比的信任，然而，他们谁也没有对皇家卫队的总指挥权。不久，皇家卫队就成为唯一能进入巴黎的武装力量，这样就可以确保拿破仑的政权不会因为一场军事政变而垮台。因此，这个最富有军事色彩的机构却成了这个根本上具有平民性质的政权的担保人，这符合逻辑，又不乏讽刺意味。

这些军官被派往皇家卫队，都是有目的的。他们在《亚眠和约》带来的和平期在巴黎的营房训练皇家卫队。这些操练和日常工作，在英吉利海峡军营里，被其他部队奉为模板予以效仿。当各个军营被设立，指挥官们被指派到各自军团时，他们就把这些价值观带到各自的军团。在这其中，达武和苏尔特的工作尤为出色。在布洛涅，拿破仑直接指挥皇家卫队，它在 1804 年 12 月皇帝加冕时，就以军事形式存在了。他们回到布洛涅时，身着光鲜的制服，装配全新的武器，给其他部队留下了深刻印象，尤其是他们的专业操练，为其他部队设立了一个标准。此外在那个夏天，那些刚从军士提拔上来的中尉每人都收获一笔奖赏，每个人还被额外奖励两双鞋，[41] 而即使是步兵里唯一能与之相抗衡的掷弹兵旅，他们的鞋也得自己买。[42] 对于其他部队而言，其意义在于，他们的这些待遇都是靠自己挣来的。

他们拿着像样的薪水，衣着光鲜，穿着钢靴，又有地方住，好吃好喝，却不用上战场，而只要坐着马拉的大车。但他们个个都是久经沙场的老兵，这一点与军营里的大多数士兵截然不同。他们的精英地位使他们免受流血之苦，但他们的优越地位是面向所有士兵开放的。

从皇家卫队对其他部队的影响，可以看出拿破仑思维的一些端倪，这与他随后创建荣誉军团和恢复帝国的贵族是相一致的。姑且不论这对法国平民社会的影响有多深远，其对人性的洞察力就像他在战场上作为一名炮兵军官一样的专业而精准，然而，在军营还有很多工作有待完成，即使像皇家卫队这样的军中模范也无法完全做到。

拿破仑的大军就其本身而言，体现了拿破仑的混编政策。虽然士兵中来自旧王朝下的军队已经大大减少了，然而，革命年代下，新的师团，新的对手却随之产生，这点从拿破仑当时的改革中都可见一斑。年轻的军官们刚刚从枫丹白露的新式军事学院毕业，而部队里的老兵和军官与之相比都多经历了一段难熬的日子，对这些年轻的军官们，本能地就会瞧不起。但这些老兵自身年纪也不大，因此双方间相互的较量以不同方式激励了拿破仑的新式军队。由于有了军营生活，双方得以互相取长补短，正如历史学家所言：

> 老兵们对自己有信心，而这些军校生对未来有信心，他们之间有很多不同，但在他们共同努力下，拿破仑这支大军——由年轻人训练和驱动——在擒拿敌人时，总是一往无前，令人生畏，难以抗拒。[43]

这些刚毕业的军校生提升了军队的总体教育水平，帮助那些老兵适应拿破仑引进军营的新的策略和战术。而因为这些军校生自身的受教育经历，老兵们也对他们抱有信心。拿破仑也想些办法让新兵的生活能过得更好一些，虽然他所做的只是把督政府被迫答应的事系统化而已。革命派曾经想利用军队来锻造全新的法国人的认同感，为此，他们把来自同一地区的士兵分开，与来自不同地区的士兵混编在一起，正如阿兰·福里斯特所言，“这样做是希望冲淡他们各自的地方痕迹，强调作为法国人的国民性格。”[44] 拿破仑一劳永逸地终结了革命派这种一厢情愿的想法。

这并不是说，拿破仑不再设法把这些士兵从各自的家乡解放出来，给予他们一个全新的身份，当然不是这样。他只是对如何完成这一点有了更为清醒的认识。军队的最基层单位约由 15 人组成，大致相当于现代意义上的一个排，拿破仑要确保同一个基层单位的士兵都来自于同一地区，这与革命派的想法大相径庭。通过对现存的法军家信的仔细研究后，福里斯特认为，这种把同一地区的士兵，往往是同族和好友，安排在一起，尤其是在服役初期，很好地帮助新兵适应了陌生的环境。作为一位受过良好教育，很有智慧，勤于思考的政治家，拿破仑还很理解士兵的忧愁和思乡之情，这种基层组织方法极大地缓解了这些问题。在信中，这些新兵自己的话就证明了这点。他们不得不适应他们老练的军官和军士那或多或少标准的法语，但最终在他们之间，在下班后，他们还是讲自己的方言。拿破仑深知，军队的士兵，无论是生活还是作战，都是以基层组织为单位的，他们就是这样生存的，他把这些常识性的认识贯彻到演习训练中，还灌输到士兵的内心中，这是革命派未能做到的一点。通过艰苦的训练，再加上朝夕相处，士兵们之间能够做到心有灵犀，而这在战场上是很关键的。[45]

排这一军队的最基层级别，是拿破仑最致力于培养士兵忠诚感的场所。一个排的士兵们，在军营里同吃同睡，在这里，士兵们一开始的思乡之情——这在军队看来，是很严重的问题——以及普遍的孤独和隔绝感，被一一治愈。排这一基层单位，是他们的家，也是他们的归宿，因为大多数新征兵员说起对法兰西共和国的感情，都是厌恶居多的，而且他们对于皇家军队的旧式价值观也一无所知，因此，如果排里面有来自家乡的士兵，这个排就成为他们生活的中心。虽然在战场上，这种共同生活往往会瓦解，因为随时会有袭击，掠夺，以及临时露营，但这种兄弟情谊从未真正消逝。[46] 此时就可以看出，法军在英吉利海峡军营的训练的重要性了，通过这场超长时间的训练及日常演习，新兵们之间结成了很深的纽带联系，这样的相互间的忠诚使得他们能够经历过战役里的风云变幻，当基层士兵之间这种兄弟情谊向上延伸，成为更大一级作战单元成员之间的忠诚时，这就成为这支脱离了平民生活主流的新式军队的核心精神支柱，并随着它的南征北战被带到法国和法国以外的其他地区。

而在革命派之间，也有裂痕需要弥补。英吉利海峡军营集中了来自莫罗的手下和拿破仑的老部下，此时，莫罗正被起诉试图谋杀拿破仑。然而，这二人的合作却似乎没有因此产生任何障碍，二人之间关系真正开始变得紧张，是因为莫罗的军官们。他们比起拿破仑从意大利军队带来的军官，看上去更有纪律性，也更加简朴，因此他们的士兵在训练场上更有纪律。从法国大革命中成长起来的各支军队，相互之间保持独立，各自都有对荣誉的定义和对日常训练的安排，拿破仑对此既不强求一致，也不阻碍从士兵到军官之间的激烈竞争。一旦发生这些事情，其惩罚很大程度上只是停留在纸面上，看上去很严格，但极少实施。[47]

拿破仑很好地平衡了这种集体感和个人野心，这样旧军队的传统影响开始恢复。法兰西共和国曾一度对授勋不屑一顾，也瞧不起像皇家卫队这样专门建立起来的精英部队，因为这些与共和派的平等理念背道而驰。在战场上的很多将军，其中就以拿破仑最为突出，早在建立英吉利海峡军营很久之前就对这样的观点不予理会，当时部队主要是由革命派志愿者和以前的王朝职业军人组成。例如，在意大利战役中，对于在战场上表现英勇的士兵，拿破仑就授予他们“荣誉之剑”勋章。现在，拿破仑进一步规定，战场上的勇气要大张旗鼓地予以表彰。这对于士兵来说，是他们努力的目标，因为在他们的周围，这样的表彰所有人都极为珍视。个人表彰总体上是以排为单位的。拿破仑也不放弃自我牺牲的价值观，但他把它定义为为自己的同伴和指挥官牺牲这样一种美德。老兵们都已经知道，外面的世界并不在乎他们，但他们的长官和同伴在乎。对于士兵的晋升和嘉奖，也往往是由于他们的英勇作战，而非文案工作做得出色。[48]这些士兵从田间地头走出来，闯进战火纷飞的世界，他们对军队的价值观深有体会，并且因此与他们的领导同仇敌忾。个体的私利能够刺激士兵，但如没有群体道德的指引，其作用将无从发挥。

现在，这种道德观就是真切不虚幻的。士兵们走出了村庄，来到军队，但在这里他们收获了个人的荣誉，在这里，由于拿破仑的大力倡导，新旧社会交融碰撞，旧时的荣誉感，精英性，以及军衔晋升，都等待士兵去发掘。这些反映出革命派的理念，即欢迎所有才俊选择军人这项职业。

然而，还有些东西往往被后人忽视，但在同时代人看来，确是极为真切的，而这些东西，拿破仑也不失时机地在敌人面前鼓吹。虽然军队的主力是被迫应征的新兵，他们也许是被武力所迫，背井离乡，但他们并不是奴隶，这些法国士兵现在就是国家公民，而不像对手那样，还依然是普鲁士或是俄国农奴，被一些贵族军官的皮鞭不停地驱使。在法军看来，这些军官无论怎么凶残，与士兵都是平等的。在法军军营，鞭打士兵是被禁止的，因为“这样做会让士兵觉得沮丧，这样就无法笼络军心了”。拿破仑曾经对时任法军精英中的精英，皇家卫队中的宪兵队指挥官萨瓦里说过，这点优势使得他的军队比起英军来要好上不少，英军的纪律就像封建时代的东方一样混乱。[49]这些新兵虽然是被迫入伍的农民，但他们不是社会渣滓，也不是从监狱里放出来的罪犯，到军队来凑数。拿破仑警告尤金说：“那不勒斯人，或波旁王朝有一点做得不好， 就是国家没有强有力军队保护。”[50]据蒂博多回忆，拿破仑在他的回忆录里说道：“法兰西共和国的军队之所以伟大，就是因为它的成员来自于佃农和小农之子，而非来自推翻旧秩序下军官的暴民们。”这些士兵都是体面人，他们面对个人荣誉不可能无动于衷。[51]拿破仑的这些手下绝非贵族，但在新形势下，他们对于荣誉的坚持不比任何贵族要少。军队里，伴随着一些传统军事价值观的回归，士兵与军官之间也再次强调尊重与服从。但这种服从只是针对上级，而在军队之外，则不受此约束。在训练和战斗中表现出的个人主动性，则会受到鼓励和嘉奖。

来自军队的请愿是被允许的，并会被上级认真对待，上级相应采取措施。只要采取合适的手段，在尊重上级的前提下，士兵们可以发出自己的声音。在军营从上到下弥漫着这样一种互信的精神，哪怕观点相左也依然如此。虽然这种信任的源头平淡无奇，但其表达途径却同样影响深远，因为毕竟军营生活就本质而言，就是平淡无奇的。截至1804年8月，当拿破仑还在军营之时，他就意识到越来越多士兵希望更换制服：摈弃帽子，改穿裤子而非马裤，冬天穿上连帽外套，脱下鞋子改穿靴子。他注意到法军以前也试图改过，但往往又放弃了，还是沿袭以前的制服。尽管如此，拿破仑还是细心倾听士兵们的呼声，因为“这些变化的呼声，其根源很有可能来自于军队在不同时期的管理问题”。他向军团司令下令，召开上尉一级委员会，由后者召集士兵开会，问询他们的意见，然后起草一份报告交给拿破仑考虑，这样就能权衡考虑士兵的需要和牵涉其中的成本问题，拿破仑的命令是这样结束的：“把这一切完成后，下个月的第一周结束之前把报告送到巴黎给我。”[52]拿破仑对他的士兵有足够信心，认为他们的呼声是合理的，应该得到妥善处理。这一事例生动地体现了军队内部是如何变得熟悉起来的，军官与士兵之间相互信任，而这在以前的军队中从没出现过。

与以前包括法国在内的旧政权不同，拿破仑的军队不是唯利是图的雇佣军，它不像波旁王朝那样，征用外国雇佣兵。在1789年，外国雇佣军曾经被王室用来镇压巴黎人民。在士兵通过英勇作战赢得的荣誉里面，从来就不包括金钱，因为对于旧政权下的雇佣军文化，拿破仑一直是不支持的。在1804年，随着他的新式军队开始展露，他对贝尔蒂埃说：“英勇无法用金钱来衡量，军人的服役不能指望获得额外收入，那样唯利是图，会玷污士兵高贵的责任感。”[53]在这里可以看见作为军人的荣誉守则，而这对于早期的革命派看来则是不可思议的，但它与拿破仑从小就厌恶的贵族军校学员的荣誉观又截然不同。在军队上下，从高级指挥官到普通军官，都弥漫着信任的空气。关于拿破仑大军有很多被美化的故事，其中很多就出自军队里面的老兵之手，但军队内部的相对开放却是不争的事实。

这是一种非常实用入世的道德观， 这些来自农村的新兵能够因此有所倚靠，但对于军队也好，外面的平民世界也好，它也不是没有缺点。现在军队就像个自足的世界，它的运转也表现得自给自足，这反映了一种更大的现象，它提醒人们在这个阶段的军队多么危险而易变。拿破仑总是小心翼翼地处理与士兵的关系，他也许会鄙夷任何形式的散漫，考虑到他从小就表现出很强自控力，这一点也是很好理解的。而有时一旦他的自控力瓦解，他就会充满活力，带来胜利。纪律究其根本只是他的第二属性，这才是关键，对于他自己和他的士兵而言，纪律并不是自然而然就形成的。拿破仑对他的士兵的心理和性格有很深的洞察力，这让他对法国士兵的本质有着深刻把握。在他的回忆录里，他说得很清楚：

> 只要打着危险作为诱饵，法国人就会倾其所有支持国家，这是法国人的传统。在法国人中，对于荣耀和勇气的热爱近乎本能，就像他们的第六感一样。多少次，在战火正酣之际，我目睹这些年轻的士兵投入战斗，他们身上每个毛孔都散发着荣誉和勇气。[54]

如果说他的想法有些老套，但他是如实产生这些想法的。为了塑造好这支军队，深层次的问题是处理好昂扬的斗志与有序的行动之间存在的张力问题，为此，拿破仑让他的士兵们拥有自己的“宣泄阀门”。

拿破仑和他的军官团在训练军队时要求的纪律和日常操练并没有超出军营的范围，事实上，都只是局限在阅兵场内。军官们不仅互相比赛，还在与周围的平民社区打交道中暗暗较劲，从而为军队的训练定下了基调。在所有的法国革命军队伍里，掠夺的习惯已经蔚然成风，对此拿破仑只是坐视不理，因为他知道在战场上，恰恰需要这种觅食的“黑暗艺术”——使用武力掠夺的委婉语。这是这些新兵向老兵学习来的又一项“生存技能”，并把它运用到弗兰德斯人民身上。拿破仑虽然竭尽所能改进军队管理，并取得很大进展，但仍无法应对提供如此庞大军队的任务，当战争真的开始时，军队管理就会崩塌。军队在意大利由拿破仑指挥时，在阿尔卑斯山以北由奥什和莫罗指挥时染上的野蛮习惯，一个都没落下。拿破仑对此很少去治理，因为他十分了解这些士兵的两点本质：他们在驻地有多野蛮，在战场就有多勇敢，按他们的理解，他们的残忍恰恰表明了他们的责任感。[55]当危急时刻来临，他们都会身先士卒，不甘人后。

在阅兵场上或演习中犯了错，将会受到严格惩罚，但如果该错误是针对平民或是其他单位，其严厉程度往往就会流于形式。18 世纪 90 年代的革命派政府，尤其是在 1793—1794 年，雅各宾派实行恐怖统治期间，曾试着从严治军，将其作为培养士兵 - 公民的意识形态项目的一部分，希望在这些新兵身上发掘出一种对国家的更大的责任感。表现在实践上，出现了由平民组成的“军队特派员”，以及来自中央政府和前线的任务代表，由他们执行对士兵的处决，这在很大程度上承认了，面对部队里无法控制的暴行，军队的处置无力。但这些文职官员则不同，一旦逮着机会，他们就对此大加抨击。[56] 在拿破仑任内，他对此进行了约束。士兵针对平民的大规模暴行会招致死刑，但总体而言，拿破仑在军事会议上认定的最严厉的惩罚是针对战场上当逃兵，做懦夫，以及违抗命令。从布洛涅军营起，以后每逢士兵犯罪，都会由士兵来处理，通过军事法庭，而非文官或地方官来审判他们的罪行，军队的问题由军队解决。

这些措施把军队凝聚在一起，与社会其他部分区别开来，在被迫陷入与地方社区糟糕，甚至不乏残忍的关系之后，士兵们开始把眼光投入到军队内部。因此，形势所迫也好，刻意为之也好，军队都与社会隔绝起来，皇家卫队凭着特权，其他部队以搜寻粮草为名，与平民交恶。通过与部队以外的社会渐行渐远，部队以一种更加曲折的方式锻造自己的军团精神。这些情况其实从法国大革命伊始就一直存在，只是革命派一直在想方设法调和士兵与公民在建设国家的共同事业中的作用。拿破仑则利用这些情况，完全地改变了军队与市民社会的关系。大卫 · 贝尔在雅各宾派的恐怖统治期间就看出这种转变已经初露端倪，当时，雅各宾派更青睐于专业能力，而非意识形态，但这样就会把纯粹的专业精神——它一直在政客们的注视之下——与一丝丝的等级制度混为一谈。只有在拿破仑的执掌下，经过英吉利海峡军营的实践检验后，引用贝尔的说法，这些新兵才“离开平民社会，进入军事社会”。[57]

当然，还有些其他方法来强化这种军队与地方的区别。革命派不允许军队里有随军牧师，这一做法拿破仑予以沿袭——并在“一战”时的法兰西第三共和国得以复兴。很久之后，只有波兰和瑞士军队才有此特权。[58] 做出这样的决定是有原因的：在军队，士兵得到的是同乡的陪伴，但这种关系实质上不带有农民的那种交际性，或者是成长环境中的精神文化传统。士兵们要去做弥撒，必须得到长官的许可。在“一战”期间，为了规避这一限制，天主教牧师应征入伍做担架员，但这样的情况在拿破仑时代不会发生。教会与法国的宗教协定在军队鞭长莫及。革命派曾经梦想建立公民士兵，拿破仑终结了这个幻想，使得军队成为一个独立的阶层。他不希望他的士兵把他们过去的身份过多带入军队，这其中就包括他们的宗教信仰，如果有的话。没有了一种对抽象的国家的责任感，他给士兵们灌输了一种真正的同志友谊，一套全新的价值观，其表现形式为相互忠诚，忠于战友，忠于拿破仑本人。士兵们现在是宣誓效忠拿破仑皇帝，拿破仑不再是一个抽象的实体，而是他们战场上的雄鹰。士兵们不再追随基督教的天堂，而是向往加入皇家卫队这个地上的天堂，而且这只能通过勇气达成。来临的战争会被认为是达成梦想的良机，士兵们不会退缩害怕。换言之，当士兵们从两年的营房生活中挣脱出来时，他们都群情振奋，士气高昂，这就体现出拿破仑的领导有方。

具有讽刺意味的是，在军营里锻造出的新式军队和拿破仑想要摆脱的旧王朝下的教会之间，有着真实的可比性。法国天主教会之所以能成为法国地产第一大户，是有原因的：它是个封闭的世界，是建立在垄断基础上形成的社会上最具特权的机构，自己的成员在自己的法庭上审理；不用交税，却能够通过他们的宗教服务，从国家攫取大量财富；教会成员从他们的衣着和生活方式，都与社会上其他人区别开来；对于相对弱势的群体，教会是他们晋身的最佳机会。现在这些都成为拿破仑的大军特权。还不止这些：作为旧王朝下的地产第一大户，教会的内部分化也与新的军队等级相似颇多。有权有钱的主教们就相当于新式军队里的元帅，占据教会主体的教士薪水微薄，工作超时，想着尽可能往上爬，他们就像是军队里的各级军官，而皇家卫队就相当于教士里最富裕，最有特权的一派，从不用为教区的事务劳神，只在教会里担任特殊的精英角色。无论是旧的神职人员还是新式的军队，他们都有自己的一套法律，有自己的行为准则，有各自的家庭宿怨，最重要的是，各自都有一种与众不同的优越感。现在各种官方场合下，都是元帅优先，就像历史上的教士一样，每逢国事场合，庞大的军队都会出现，极为抢眼。军队从不治理国家，也不会控制权力杠杆，就像波旁王朝时，教会也不会控制国家一样，国家的治理，利益才是其出发点。公民士兵的年代，在英吉利海峡军营就已终结了，拿破仑在法国社会创造出了一个全新的精英阶层，旨在给全社会设立一种新的风气。他给这些离开了家园的新兵提供了另一种世界，一种他认为无限接近天堂的世界。

很明显，拿破仑从军营中收获到了快乐，这一点在他私下的书信里强烈地表现出来。1804 年 6 月他从巴黎给苏尔特的信里写道："如果不是为了这场可怜的审判，我此刻已经置身军营里了。"[59] 这场"可怜的审判"是关于谋划刺杀他本人的卡杜达尔和莫罗的。此时拿破仑正事务缠身，刺杀的阴谋非但没有吓到他，反而让他大为光火，这体现出他自身心理训练的强大之处。在他离开军营几周前，正值他对海军及其表现大为恼火之际，当时军营训练即将结束，他对康巴塞雷斯说——后者对步枪一无所知，不太关心——"我刚刚抵达布洛涅港，一小时后，我将检阅 10 万名步兵……这些军队非常棒，我对我在这所看到的一切极为满意"。[60] 大喜之下，他似乎忘了是在给谁写信，自豪感洋溢在他的字里行间，这是极有可能的。

到 1805 年，拿破仑这种乐观的情绪似乎感染到全军上下，对此有例为证：当拔营出发，向德意志南部进军的命令下达如此突然时，加上保密工作做得好，可以想见，士兵中出现了阵阵混乱，大多数的军官和士兵都不清楚他们要去哪里，甚至皇家卫队也以为是要回到巴黎去，很多人猜测军队要前往荷兰，以便为入侵英国打好基础。这本是士兵开小差的大好机会，但在这场历时数周的行军中，只有极个别的士兵当了逃兵，在达武军团的 3 万人的队伍里，逃兵只有个位数；而在苏尔特军团，逃兵的数目也只有三四十人。[61] 考虑到当初征兵时的千辛万苦，拿破仑对新兵的调教无疑是有效的。

拿破仑已经创建出了世界上最精良的军队，而且是按照自己的想法创建的，从马伦戈大捷到建立英吉利海峡军营的期间，他已经仔细考虑过自己的计划。正如他在圣赫勒拿岛时回忆道，当他在意大利时，他已经想好了整幅蓝图：

> 当奥地利人占据意大利时，他们曾想从意大利征兵，但这些意大利人入伍快，开小差也快，他们每当被迫向敌军冲锋，只要一听到枪声就会逃之大吉，这些意大利人连一个团的兵力都凑不上。而当我征服意大利，提高征兵数额时，奥地利人在嘲笑我，说我绝不可能成功……他们认为，战斗就不是意大利人的性格……尽管如此，我还是招收到了成千上万的意大利人，他们和法国人一起英勇作战，每逢我在困境时，从不舍我而去，为什么？我废除了奥地利人使用的皮鞭和棍子，士兵只要有才，我都会加以提拔，其中就涌现出数位将军。对士兵，我不是采取恐吓与体罚，而是用荣誉和竞争来激发他们。[62]

意大利的部队于 1805 年在意大利前线，在西班牙、俄国，都表现得非常好，他们也是拿破仑从没有经验的、不情愿的新兵中，按照自己的方法训练出来的第一支军队。

当时还有人对英吉利海峡军营的成果嗤之以鼻，到现在还依然有人持此观点。1804 年 8 月 15 日，这一天是拿破仑的生日，后来这一天成为帝国的节日——“圣·拿破仑日”，在这一天，他在布洛涅附近的山坡上进行了一次盛大的检阅，检阅的部队达到 6 万人，接近他三分之一的兵力。军队置身在法国军事遗迹之中，接受拿破仑颁发的荣誉军团十字勋章，还有为即将到来的“英国战役”接受奖章。英国观察家觉得这十分荒唐，历史学家们也持类似观点。尼古拉斯 · 罗杰认为，拿破仑是在以牺牲别人为代价，来成就自己的梦想。[63] 当时，这是一种非常危险的自满情绪。拿破仑的军队在面对海洋时，也许是不够强大，但一旦他们转向内陆，则可以说是所向无敌。当拿破仑坐在宝座上，目光前视，似乎注视着多佛港时，他也不是在白日做梦。检阅部队之后，拿破仑还对部队进行了一次细致的视察，对部队的几个分区的总部进行了一次整肃，[64] 随后，把皇家卫队调到布洛涅。拿破仑对于遍布海岸沿线的英国间谍十分忌惮，但他本不用如此烦恼，这些间谍完全不了解他们所看见的，否则他们也不会如此乐于加入战争。再一次，拿破仑因为他的对手——这次是英国人——的轻视而获得大胜。而英国人的欧陆盟友，奥地利和俄国，很快就不得不面对真正的战斗，它们可能不想与英国走得太近。对于那天的检阅仪式，朱诺女士的热情赞美与英国报纸的冷嘲热讽都是可以预料到的。朱诺女士称“这是最为壮观的一幕”，[65] 虽然她还远未知晓拿破仑军队的威力。无论是在米兰的集会，在阴暗的波河流域，或是在雾月政变后，他当政后的第一个冬天，在卢森堡大公宫殿的会议室里，拿破仑总是在不被看好时，却能做到最好。而这次在弗兰德的沼泽地里，却诞生了拿破仑个人最伟大的创举，一把真正的重武器，这真是件神奇的事，他在一穷二白的情况下，真正地创立了一支军队，而他的对手们对此还浑然不知。

第十四章　第三次反法同盟的形成

大战的临近，1803—1805 年

几个月来，拿破仑及其敌人们都在频繁进行外交接触，但方式各有不同。拿破仑竭力巩固他对西欧的控制，这一行动反过来也加剧了其他列强的不安。然而他的行动规模不大，因为他无法建立起势力强大的联盟。除了巴达维亚共和国、瑞士、西班牙及德意志诸小邦这些盟友之外，新成立的法兰西帝国是孤立的。相比之下，英国开始着手与其他列强再次结盟，而所有列强至今仍称呼新加冕的皇帝为“法兰西元首”，这乃不祥之兆。这显露出，他们不相信他的皇位能维系长久，也体现出对拿破仑称帝的僭越之举的有意冷落。

那时拿破仑还没有让自己的政权招致战火，跟欧洲大陆列强反目成仇。但是，他对国际关系的处理方式既别出心裁，又令人不安。这种令人不安的行为与赤裸裸的军事威胁截然不同，在他敢于如此行事之前，他仍需集结起自己的“拿破仑大军”。蒂埃里·朗茨曾指出，在重整欧洲国际秩序的过程中存在两种鲜明的、彼此冲突的策略，在当时所有政治家看来，它们是 18 世纪 90 年代战争之后必须采取的。这两种策略中，一种是传统的 18 世纪势力均衡——或曰平衡——理念，另一种则是拿破仑思想的驱动力，即有关一种“体制”或数种体制的想法。根据

这一体制设想，各大国将欧洲大陆划为不同的霸权阵营，或者在自己周围形成势力范围圈。[1]拿破仑的策略既是对过去，同时也是对雅各宾党人激进民主制的一种决裂。这是老一代外交家的看法，而拿破仑自己的外交大臣塔列朗也越来越认同这一观点。

《亚眠和约》签订之后，在当时欧洲形势下只有一种霸权主义约定能实际可行，即由法国与俄国来共同瓜分欧洲大陆，而俄国是拿破仑能指望与之建立合作关系的唯一强国。他很快看到了这一点，并从1801年10月的法俄在巴黎签订友好条约开始就着手行事。其时拿破仑刚刚担任第一执政，新沙皇亚历山大一世也刚刚在3月份自己父亲保罗一世遇刺身亡后登基。两人在正式条约下的秘密协议第一条中大言不惭地宣称自己“矢志在霍亨索伦家族（普鲁士）和奥地利之间达成完美均衡”；而第十一条则更进一步，拿破仑与亚历山大赋予自己以“在世界各地重新构建一种完美平衡”的权力。[2]这里套用的是老式的外交辞令，但表达的却是新外交的首个明确宣言。亚历山大一世对这个做法有所犹豫，因为实际上就传统的利益而言，俄国很难接受明晰的边界划分。通过同意帮助拿破仑“管理”这两大德意志邦国来让双方实现互利，这对亚历山大一世来说并不太难。出于各自的不同缘故，法俄两国都不喜欢哈布斯堡王朝，而且也都鄙视普鲁士的孱弱。但是，一些德意志小国家与罗曼诺夫家族已有联姻，所以要背弃当初保护这些国家的承诺更是让亚历山大一世为难；萨伏伊王朝的统治者查理·艾曼努尔四世王位已被法国废黜，困在他名下仅存的领地撒丁岛上，但他与俄国之间也有暧昧的联盟关系，此时要与之背离也非易事；而拿破仑在进军埃及途中亲手推翻的马耳他骑士团，对亚历山大一世来说则是一个更有实际意义的问题。

一个多世纪以来，俄国政策的核心一向是寻求并掌控一个全年气候温和的港口。到18世纪末之时，随着俄国巩固了对黑海的控制，先是沙皇保罗一世，随后是沙皇亚历山大一世都力图打造一个沿地中海的走廊，但土耳其人随时可能在达达尼尔海峡对它进行攻击；其后俄国又须依赖中部地中海区域的航行安全，而这里的航行安全又要仰仗马耳他，并且要与那不勒斯的波旁王室搞好关系。拿破仑觉得，他很难做到迁就俄国的这一野心，哪怕在一开始时这样做并非完全不可行。但在 1805 年之前，他一直没有恢复督政府企图将法国在意大利的统治势力扩大到南方那不勒斯王国的政策，尽管他在那里一直设有驻军，正如英国在马耳他设有驻军一样。这使得亚历山大深感不安，也让英国大为光火。另一方面，他从未真正理解亚历山大为何非要干涉远离国境之地的事务。

不管怎样，拿破仑仍竭力与新沙皇交好。尽管他在 1805 年之前未能做到这一点，因为这一年俄国成了第一个加入由英国发起的第三次反法同盟的大国，但两年后他还是使沙皇相信了他所提出的“体制”的巨大威力。迫使亚历山大一世折服的是战争，这对古今帝王而言都是屡试不爽的一招。同时，亚历山大一世坚信不疑的谋士们汲汲于传统的“均衡”和俄英之间利润诱人的贸易，而这种传统上的“均衡”已被西边崛起的法国新霸权所打破。

拿破仑高度重视法俄之间的贸易协定，虽然他主要只是借此表达善意而已。与之形成鲜明对比的是，俄国却将原材料源源不断地输送给英国皇家海军，同时俄国的粮食也涌入英国无比巨大的都市市场。另外，这些出口贸易几乎整个儿被操持在亚历山大一世身边的宫廷贵族手中。之前这些贵族就曾参与了导致亚历山大一世父亲暴亡的密谋。[3] 1803 年冬至 1804 年，英、法两国为获取俄国的支持而展开了争夺，英国靠着沙皇近臣的关系大占上风。

无论亚历山大一世向哪一方倾斜——而且他的倾向仍悬而未决，并且不断变化着——在战前这几年里，他根本不愿采纳这种在全欧洲实施新体制的新外交政策。当 1803 年亚历山大一世提出一项和平方案时，整个局势到了紧要关头。在方案中，他表示愿意承认法国的所有附庸共和国，即意大利、巴达维亚、赫尔维蒂这几个共和国，但前提是法军要撤出这些国家，并要求意大利其他地区向萨伏依王室做出领土赔偿。拿破仑拒绝了这一方案，就连对他态度最为激烈的批评者保罗·施罗德也认为拿破仑此举十分有道理——“拿破仑断言俄国提出的条件比英国的更差劲，此话不假”。[4] 就拿破仑来说，他对沙皇因昂吉安公爵被处死而恼羞成怒这一点感到震惊。沙皇之所以愤怒，一部分是因为他的贵族团结精神，但主要是因为他觉得自己有义务保护巴登的统治者，但其领土却遭到了拿破仑的侵犯。这件事情是双方缺乏相互理解的体现，这种缺乏理解最后虽得到了克服，但为时已晚，已无法阻止战争的进行。

英国是个不可忽略的敌人，当 1803 年与法国的战争开始时，它就和过去一样开始在欧洲大陆上寻找盟友，以便在陆上与法国交战。即使在法军已差不多全被赶出了加勒比海地区之时，拿破仑仍保留着对英吉利海峡沿岸的控制，并在 1803 年之后将自己的控制范围扩展到了德意志北部。同时，出于对外来袭击的担忧，拿破仑占领了乔治三世治下的汉诺威选侯国以及北海沿岸的汉莎港口。另外，当《亚眠合约》作废之后，英国就回到了以前的政策，坚称唯有在波旁王朝复辟的情况下才能与法国媾和。

奥地利在这些年里十分不情愿参战，而且对于巴尔干地区的兴趣意味着它有可能从俄国身边孤立开来。尽管拿破仑已从过去的威尼斯共和国获得割地赔偿，他仍认为奥地利对意大利北部形成持续的威胁，而且奥地利也对拿破仑抱有同样的戒心。新意大利王国曾一度是哈布斯堡王室最为富庶的行省，如今是拿破仑皇冠上的明珠和实力的根基，只有阿迪杰河把它的领土跟这两大国一衣带水地隔开。把局面弄得越发严峻的是法国对于南部德意志诸省的用心培养，以至于弗朗茨二世自己也在 1804 年间清楚地认识到德意志已不再是奥地利的坚强堡垒，而是它的一个危险之地。

一旦欧洲恢复“均衡”，奥地利从中大有好处可取，因为这意味着可以削弱法国在意大利的势力及其在德意志的影响力，理论上这些目标也许能通过谈判达成，但实际上唯有通过英国斥资、俄国支持来组建一个联盟，以此发动一场战争才有可能真正实现。只有满足了这些条件，弗朗茨二世才愿意参战。那些最了解其兄查尔斯大公所统率的军队情况的人则根本无心参战，并在 1804 年警告说，军方只能召集起 4 万有战斗力的部队，因为部队仍没有从 1796 年至 1800 年期间的战役中恢复过来。另外，查尔斯大公派出一个使团到俄国，结果探明亚历山大一世也根本没做好战争准备。然而就在同一时期，弗朗茨二世于 1804 年 11 月与俄国签订了一个初步协议，奥、俄两国计划分别派遣军队 23.5 万人和 11.5 万人，并打算由英国提供资助。查尔斯大公对此毫不知情，他只能用自己的情报加以应对。[5] 主要研究查尔斯大公的史学家冈瑟·罗森堡指出："查尔斯大公已直言不讳地说出真相，然而此时皇帝及群臣宁愿装作不知情。"[6]

甚至查尔斯大公也不知道接下来会发生什么，他的报告几乎全然关注于他自己和俄方力量的薄弱。他并不知道拿破仑的生力军正在集结，而且他和维也纳所有人对英俄两国合谋做出的充满讽刺性的计划也都了解得不充分，准备在与法国的交战中让奥地利负责实际战事的绝大部分。另一方面，英俄两国达成默契，双方既不愿意也不会去从战争胜利中夺取任何直接利益。这其实是一场旨在恢复欧洲均衡的战争，尽管它们协议所构想的战果是让一批二流国家共同执掌领导权，[7] 非常类似拿破仑式的"体制"概念，而且法国被排除在外："它们决然反对这一霸权主义的目的，尽管这是它们结盟核心的一面……双方都觉得欧洲需要它们，而不是它们需要欧洲。"这体现了一种置身事外的态度，而拿破仑就算有心这样也无力做到。这也是一种犬儒做法，几可与拿破仑自己的犬儒风格媲美。尽管高傲，它们所做的计划是让奥地利出力——普鲁士若要参与也是欢迎的，但它们都认为这不大可能——而这也被刻意向维也纳方面隐瞒起来。[8]

这局面中处处险恶，拿破仑的外交努力无法长久洞察欧洲的主要国家，而奥地利的外交则完全做不到洞察这点。亚里士多德说，有些人生来注定为奴，在拿破仑、皮特和亚历山大眼中，除查尔斯大公之外的哈布斯堡的仆从们多半也是这样。到 1804 年，奥地利已经强硬起来，但其周遭环境极为恶劣，既被盟友蛊惑，自身弱点又很明显。在建立新同盟的第一阶段谈判中，奥地利已经开始谨慎对待自己向亚历山大一世做出的承诺，但在维也纳出现了一批坚决的"主战派"，为首的是科本茨尔和科洛雷多，前者"再不济也算是个熟练老道的侍臣"，后者曾担任皇帝的老师。他俩竭力抹黑查尔斯大公对军队状况所做的批判性报告，而且得逞了。渐渐地，他们说服弗朗茨二世信任麦克将军，此人在 18 世纪 90 年代任战地指挥官时表现极差，但他宣称军队是可以进行改革和扩充的，并且能够迅速扭转颓势。

弗朗茨二世听信了他的话。至于科本茨尔和科洛雷多，他们觉得俄国的加盟和英国的 40 万英镑资助实在优厚，不可忽视，尽管俄军还要好几个月才能抵达，而且也不够时间把英国的钱恰当地用在军队身上。[9]

弗朗茨二世预料战争将会到来，于是开始动员军队。他的做法都正中拿破仑的下怀，也显示出其扩张野心——尽管这是一种传统的而且不难预料的野心——只能使法国得以壮大，它对于法国的利益也至关重要。哈布斯堡王室长期以来一直想让作为一个国家的巴伐利亚覆灭，将之直接纳入自己的德意志附庸行列。1780 年代，约瑟夫二世曾提出干脆拿他的巴伐利亚选侯国与奥属荷兰交换。维特尔斯巴赫王朝从中世纪开始就一直统治巴伐利亚选侯国。这个计划在亚眠改头换面后重新露出水面，当时维也纳提出把巴伐利亚接收过去，作为奥属荷兰被法国夺走的补偿。

1804—1805 年之间，弗朗茨一世显得侵略欲望膨胀，尽管查尔斯大公建议他最好把兵力部署在别处，他把他能集结的所有兵力都集中到巴伐利亚边境。结果此举把马克西米利安 · 约瑟夫进一步推入了拿破仑的阵营。在早已从重整德意志中获得巨大利益之后，马克西米利安 · 约瑟夫仍然因害怕战争而犹豫着不肯完全加入任何同盟。但在 1805 年夏，不是塔列朗而是马克西米利安 · 约瑟夫派驻巴黎的大使塞托指出了这一点：在约瑟夫于 1798 年成为选帝侯之后，哈布斯堡王室至少 5 次给巴伐利亚以致命威胁。[10] 奥地利的妄想使得本就小心谨慎的维特尔斯巴赫变得恐惧起来，而从中获益的只有拿破仑，而且在战争一触即发的 1805 年的局面下，拿破仑的这一获利方式正是他自己最为需要的。其他更小的德意志王公们心中的疑虑并不像巴伐利亚那样多，因为对于巴伐利亚而言加入拿破仑阵营就等于失去它作为旧帝国第三重要诸侯国的地位，无论它从法国同盟当中会获得多大的好处。然而弗朗茨一世本人做出了保证，说这不再是个问题。

拿破仑的德意志盟友先遣队并不大，其前线部队的质量也不高，最大的先遣队来自巴伐利亚，共 2.5 万人，[11] 它很快就显示出自己的价值不高。当时是 1805 年 9 月，整支大军撤向北方，往法国前进，而奥地利军队进入巴伐利亚，导致慕尼黑空虚，马克西米利安·约瑟夫不得不离开首都。[12]之后数年中，在法国的指导监护下，南德意志诸邦的军事能力大大改观，而且更重要的是，拿破仑的军队现在能自由通过巴登、拿骚、符腾堡等莱茵区域诸邦以及巴伐利亚境内他最为垂涎的、由马克西米利安·约瑟夫要求他取得的用兵基地。除了拿破仑，各大国领袖当中无人能在战争爆发前数月内用现实的军事头脑思考问题，例外的只有被边缘化的查尔斯大公。随着战争临近，拿破仑一直努力去巩固他的战线和后方，但是在这一件残酷的事情当中，替他做到这一点的却是维也纳。

事实上，除了发展他的霸权阵营的思想，拿破仑几乎别无选择。法国没有什么实质性的盟友，也没有什么势力会出于现实考虑而主动拉拢他。这是他突出的弱点，英国也正是把希望押在这上面。保罗·施罗德认为拿破仑的影响力范围是专门针对英国而设置的“附庸国加盟友的强大同盟”。[13]事实绝非如此。拿破仑努力巩固他对大部分西欧地区的控制，这无疑被视为对实力均衡的一个威胁。然而对拿破仑而言，所有这些步骤——不算他对巴伐利亚共和国和汉诺威的占领，此二者为重要例外——并没有直接威胁到英俄两国。拿破仑把这两个国家看作是针对奥地利极为重要的缓冲地。放在一起看的话，这些集中到法国手里的诸多领土确实多少已经变成颇为可观的人力物力资源储备库，但并没有构成各大国势力大联盟所具备的潜力。拿破仑获得的唯一“现成”的军事资源是西班牙海军，但也在特拉法尔加战役中被打垮。拿破仑清楚自己的实力有多微弱，而这也促使他创建一支新军队，并对法国进行更大范围的改革。他的大军中唯一征到的兵员并非来自所谓的“旧法国”或“内地”，而是来自莱茵河地区、皮埃蒙特和比利时，因为他对各地区的大吞并是在1805年战争之后而不是之前。来自上述地区的各路兵员数量自不可小觑，但它们没有一支能够跟俄国和奥地利的强大兵力相比，而后者的同盟领袖相信自己的兵力足以上阵对付拿破仑。

拿破仑能把控的兵力不足以抗衡同盟，但是就在扩张的法国与哈布斯堡王室之间的权力真空当中，他从实力微弱、心怀畏惧的各小邦中倒是获得了利益。其中的主要关键在巴伐利亚，但其他所有从拿破仑庇护下受益的德意志王公也惧怕奥地利领导下的重整的德意志诸邦。哈布斯堡王室的转变很可能是拿破仑在外交上的最大成就，而且它也在1804年至1805年得到了回报。这一过程的第一阶段是随着1802年达成共识的领土大洗牌一起到来的，其时所有宗教国家进行了世俗化，51个帝国自由市中有45个随之消亡。结果，不仅中等邦国以蕞尔小国为代价得以壮大，而且拿破仑与从中获益的诸侯们之间建起了更为紧密的关系。付出代价的并不仅限于消失的国家，也有哈布斯堡王室，这体现在两方面。

第一个是单纯现实的方面。包括采邑主教辖区、帝国自由城市和帝国骑士小封地等德意志诸小邦将成为第二批消亡的对象，尽管这要到1806年拿破仑在战场上击败反法同盟之后。这些小邦是哈布斯堡王室重要支持的来源，它们为奥军提供了大量官僚和人员。理论上，他们服务于神圣罗马皇帝，但事实上他们是奥军士兵——维也纳的许多主要政治家（其中最有名望的是梅特涅）并非奥地利人，而是来自这些小邦。在这局势越发紧张的形势下，奥军遭受损失的影响尤为严重，其时弗朗茨二世坚决拒绝允许在自己领地上征兵，认为这会给针对法国革命的干涉带来不稳定因素。除此之外，1802年5月，弗朗茨一世不大能控制的匈牙利议会，即贵族院拒绝同意他提出军事援助的力度要求。

哈布斯堡王室付出的第二个代价在一开始时尚不明显，但很快就变得比上述代价更为严重。弗朗茨二世身为神圣罗马皇帝，但他较为偏袒的是奥地利。与他的前任一样，他不仅是确保小邦不受中等邦国侵害的保护者，也是个防止德意志诸邦相互侵犯的保护者。小邦的消失不光使得奥地利失去其最忠心的支持者，也破坏了帝国所有成员对其领导者的信心。弗朗茨二世在1804年8月自称“奥地利皇帝”，比起拿破仑所下的任何法令，此举既不合法，又没有事先征得他方认同，于是帝国成员对这个领导者的信任跌到了低谷。他自命的“奥地利皇帝”头衔完全没有先例，显示了他对旧帝国不再抱有兴趣，然而他的这种兴趣失落并没有在同时代的其他人身上发生。按规定，德意志王公不得在帝国境内称帝，只有神圣罗马皇帝例外，这也是为什么霍亨索伦家族自命为普鲁士国王而不是勃兰登堡国王，因为勃兰登堡是其中心地带。就法理而言，弗朗茨二世的称帝完全藐视了这一规定。神圣罗马皇帝的首相达尔贝格曾经做过尝试，用“第三德意志”基础上的帝国的概念（摒除普鲁士和奥地利在外）为旗号，召集帝国骑士和其他德意志王公。但所有人都知道与拿破仑结盟后不久将会发生什么，而拿破仑对于达尔贝格的求助兴趣索然。当战争在 1805 年爆发，大部分德意志王公都清楚自己的立场所在，即与奥地利决裂。

所有这些都已达成，因为拿破仑得以独自步入那个权力真空。亚历山大一世曾在关键的最初数个阶段中与他合作，为历来与罗曼诺夫王朝关系紧密的德意志诸王室寻求壮大实力的机会，并且他还在为时未晚的时候就与他断绝关系、抽身而去。哈布斯堡王室一时忙于竭力重新赢回在意大利的优势，同时它对拿破仑做出了极为短视和狭隘的分析，正如保尔·施罗德指出的，英国“很少注意（德意志），更不会将之挂怀”。拿破仑在德意志事务上搞了一场实实在在的革命，但这并没有促使英国回归战争。[14]

仅次于奥地利的最重要的德意志邦是普鲁士，因其在军事上享有盛名。克里斯托弗·克拉克如此概括普鲁士的政策：腓特烈 - 威廉二世在 1795 年采取的中立政策，到了他的继承者、消极的腓特烈 - 威廉三世在位时固化成为一种制度。[15] 总的来说，它对普鲁士起到了良好的作用。在德意志通过两个有效方式进行的领土重整中，普鲁士在两个方面收获了利益：一方面它直接地获取领土，另一方面，随着神圣罗马帝国议会下许多天主教国家的消失，它成为德意志新教国家的主导。所有的这些都无须像南部诸邦那样通过投靠法国去实现。因为法、俄两国的存在，普鲁士将是任何同盟中地位最为次要的合伙人，而比自己丈夫更为强势的皇后仍然认为有俄国结盟的话，普鲁士就会完全依赖于自己那硕大无朋的邻国。若是与法国结盟，这个同盟将会“任由法国对奥地利为所欲为，只要它不理会普鲁士”。[16] 此外，腓特烈 - 威廉三世充分意识到自己不同于维也纳的弗朗茨二世，根本打不起仗。[17]

然而，当英法于 1803 年再次开战、他不得不战略性地关注北海沿岸地区时，拿破仑难以放任普鲁士不管。这一点早在 1800 年至 1801 年针对英国的泛欧洲封锁期间就已经初露端倪。当时法俄制造的压力迫使腓特烈 - 威廉三世占领汉诺威，以帮助所有其他势力去封锁沿海区域。他这样做，是因为拿破仑放出话来，说如果普鲁士不这样做的话，他就会亲手去做。腓特烈 - 威廉三世因与英国的关系恶化而不安，于是迅速撤出，但是两年后当拿破仑需要确保同一条海岸线地区的安全时，他向腓特烈 - 威廉三世显示自己是在做出一种承诺，而不是施加威胁。贝尔纳多特率领下的一个法国军团迅速地驻扎在乔治三世的故居所在地，这里正好坐落在普鲁士边境。此举被认为是“完全无视普鲁士的情感”，[18] 但是根据其近期经验，腓特烈 - 威廉三世对这事早有预料，并且，假如拿破仑在 1803 年的环境下没有那样做，就等于任人攻击。在拿破仑的心目中，普鲁士已经从重整德意志当中获得大量利益，所以它至少可以容忍一下这个不难预料的举动。这一举动也许让普鲁士承受了英国方面带来的压力，但拿破仑假如不在海岸设防以抵御英国的话，他自己的麻烦会比普鲁士这次面临的大得多。他做得对：普鲁士在 1805 年置身战争之外，强自忍受了拿破仑对中立状态的破坏——他赤裸裸地做出了侵犯之举，让法军跨过安斯巴赫和拜罗伊特这两个普鲁士的地盘。

拿破仑变本加厉。就在他放弃入侵英国的计划，在布洛涅发兵之后，他立刻把汉诺威送给了普鲁士，以便确保其中立，哪怕这个做法有损他与英国的关系。发兵那天他从布里克桥城堡写信给塔列朗，他对普鲁士的恼怒之情是显而易见的：

> 我把汉诺威交给普鲁士，是帮了普鲁士人一个大忙。毫不夸张地说，我是帮他们把兵力增加到 4 万，并改善了他们国家的形势，就好我比用热那亚去改善皮埃蒙特的状况（也就是说，我帮助普鲁士获得更好的出海口和港湾）。另外，因为我保证了它的领土安全，所以普鲁士也保证我现有诸邦的安全……我正在向普鲁士主动提供这一好处，但他们必须听我的：半个月内我不会第二次向他们做出这样的示好。我这次把汉诺威当作送给普鲁士的一个礼物让这国家宣告站在我这一边，如果这唬住了奥地利和俄国……并让我不必担心要打一场海战的话，我自认从

这一大大增强普鲁士势力的举动对我来说是值得的。但是一旦我拔营发兵……我就不能再次停下，我关于海战的计划已然落空，那样我就不会从把汉诺威送给普鲁士的做法中获得任何收益。普鲁士必须立即做出决定。[19]

普鲁士的确接受了下来，但是就跟它之前的做法一样，它保持了中立，而拿破仑也一直无法对它采取报复，直到一年后普鲁士在同盟方参战为止。他最优先考虑的是保住内部阵线，其中包括汉诺威。事实上，他并不在乎普鲁士是否帮他交战，因为他说自己最重视的是保护自己于北侧的海上不受攻击，好让贝尔纳多特可以腾出手来作战。中立是好事，而且回报不可谓不丰，但正如他所希望的能防止他国与英国结盟，其实只不过延缓了这一结果。虽然拿破仑是以咄咄逼人的口吻提出将汉诺威移交给普鲁士的，但这只是虚张声势而已，大家都清楚这一点。

把腓特烈 - 威廉三世纳入他的计策只不过是出于对自身弱势地位的考量，因为这整个做法等于承认，无论拿破仑大军有多强大，他都无法做到在别处作战的同时守住北海沿岸地区。一旦交战，他手头就没有可用于威慑普鲁士的兵力，尽管拿破仑在给塔列朗的信中口吻强硬，法国在英吉利海峡防线上早已只剩下少得不能再少的一点孱弱之师。至于英国和俄国，它们认识到普鲁士决心保持中立。在“主战派”似乎已经占了上风，赢得了弗朗茨二世的支持时，它们集中发力的对象是维也纳，也都明白普鲁士是个靠不住的盟友，它尚与法国合作的同时是不会冒险跟奥地利联手的。

在别的地方，控制意大利和巴伐利亚附庸国的亲法精英知道自己已经无法从第三次反法同盟许诺的复辟中指望什么了。他们对于 1798 年到 1799 年间法国形势大扭转中自己的命运还记忆犹新，不管现在在某些事情上有多么不情愿，他们还是站在了法国这边。拿破仑影响力笼罩下唯一一个算是具有相当力量的是西班牙，而它的衰落是人尽皆知的。拿破仑要求广大诸方对他效忠，但他们对他的支持却起不到多少作用。他在权力真空中乘虚而入，却没有在战场上打垮敌方势力，所以出现了这种尴尬局面。这在他 1805 年秋挥师挺进莱茵河的过程中一直让他不能释怀。

所有这些使奥地利不得不独自在未来的战争中对抗拿破仑，直到俄国终于发起战争动员。只有在那不勒斯的波旁王室与他们一同上战场，而且跟奥地利形成鲜明对比的是，他们从俄英两国那里获得了直接的军事援助，因为其领土与这两国息息相关。弗朗茨二世被其他国家抛弃了，尽管俄英两国想要他应其召唤参战，他在这些年里还是害怕拿破仑会通过选举产生新皇帝，因为拿破仑到 1804 年可能会在王公当中赢得大多数人的支持。这正是看到拿破仑 1805 年 5 月 26 日于米兰加冕成为意大利国王时，他大为惊恐的真正原因。拿破仑用伦巴第铁王冠为自己加冕，这件遗物与查理曼大帝渊源很深。当年身为神圣罗马帝国皇帝的查理曼大帝就是戴着它加冕伦巴第国王的。拿破仑此举与意大利的亲法派和亲奥派之间的紧张局势并无太大关联——尽管战争爆发很大程度上要归咎于这两国间的紧张——倒是被认为是威胁了哈布斯堡王室所把控的帝位。[20] 神圣罗马帝国离覆亡的日子不远了，就算这不是由于 1802 年的世俗化，也肯定与 1804 年的弗朗茨二世自称奥地利皇帝脱不了干系。他在军事上被法国击垮，这时已无法阻止拿破仑为所欲为地决定帝国的未来走向了，于是只好马上在 1806 年 8 月 6 日正式放弃帝位。在 1805 年秋，这一噩梦仍然在前方等待着弗朗茨二世。

然而，拿破仑还是觉得这些年里他急需巩固自己手里所拥有的一切，而且他的行动激发了伦敦和维也纳等方面的恐惧，在这两个政权以及圣彼得堡的眼里，他在任何情况下的举动都令人生疑。

事实上，拿破仑此时最讲究实际，正忙于整顿他业已控制的领土，为的不过是两个最为重要的目的：一是在广阔的欧洲战线上确保他后部和侧翼的安全；二是利用自己的霸权统治储备尽可能多的金融和物资。拿破仑在 1805 年对自己附庸国内政的态度决定于它们对他要求给予支持的反应是否得力，而这种支持更多的是在财政上而不是军事上。瑞士响应他的要求，提供了可观的金钱以及一定人数的兵员，拿破仑因而并不干涉瑞士的内政；拿破仑并没有干涉《仲裁法案》下各种事务的企图。

然而，在巴伐利亚共和国和他自己的意大利王国，情况较为复杂。荷兰人开始还显得没那么成问题（但后来几年里就没那么让人省心了），拿破仑和荷兰许多派别的政治精英同样因为这个国家缺乏方向性而深感不满，即使这些精英的意愿与拿破仑严重相悖。他们也为自己国家的观望态度而痛心疾首。对于激进派而言，由于惧怕战败和奥兰治王室复辟，许多人达成了思想上的团结一致，这情形让拿破仑得到了与荷兰人达成协议的一个脆弱的契合点，这也正是他本来就有意寻求并加以利用的。

1801 年，拿破仑迅速而无情地干涉荷兰内政，当时激进的共和主义者和各温和党派之间关系越发紧张，拿破仑深感忧虑，派法军在 9 月份强行关闭了巴达维亚议会。他强加在荷兰头上的新政体——“摄政状态”——不光努力安抚温和的共和主义者，也安抚革命前的奥兰治王室支持者，其方式是至少在理论上重新建立基于传统行省制度的某种程度上的地方自治，并创造一个平权的执行机构，这让人觉得它比较与荷兰的政治文化相一致。在这种理念下，巴达维亚共和国一度暂时更名为“巴达维亚联邦”。事实上，政府的中央集权化和职业化进程在继续；真正的改变是拿破仑在奥兰治派精英恢复权力和影响力的情况下，通过尝试把“归顺”与“混编”的精神引入到荷兰的各个政治阶层中实现的。长远来看，这是一个影响深远的政策，因为“摄政状态是一个首次在旧政权和革命之间寻求一条中间道路的尝试”。[21]

然而在短期内，荷兰的温和共和主义者和激进共和主义者都认为该政策的和解努力是失败的，并且一种“政治上和观念上的混乱”思潮因此在 1801 年至 1805 年发展起来了。对于荷兰人而言，这是由于强加在他们头上的拿破仑政治文化的外来异族性质，而不是因为新整体非其族类。正如一位荷兰学者所说，他们认为拿破仑把旧帝制与法国革命混杂起来的做法越来越被军国主义染上了“莫名其妙”的色彩，因此“从 1801 年就开始一直声称要做到的各方和解仍然有待实现”。[22] 拿破仑也有自己的实在理由去为他把自己的政治愿景引入荷兰这一举动感到不满，但是摄政状态无法作为一个有力可行的政体成功运作起来，这对拿破仑的唯一影响是导致了 1803 年之后英法两国重新开战。当他于 1803 年 7 月，即开战的头一个月在布鲁塞尔的时候，他对荷兰赴伦敦代表团中的康巴塞雷斯说："我和巴伐利亚（赴伦敦）的使团共处了很久。他们做出了很多承诺，我们且看他们是否能守信。"[23] 之后两年中，他对行政上的混乱大加抱怨，说这阻碍了他的进攻计划，还让英国的违禁货物大量涌入了荷兰的仓库和藏匿地。他在 1805 年春向荷兰做出的首批要求中就包括要荷兰想办法处理一下"荷兰的农庄和马厩……那里充斥着英国货"，并威胁说要把法军巡逻队派去处理此事，"这是侵犯领土，但也是对付这种可耻走私行径的唯一办法"。[24]

拿破仑把这类问题归咎于自己交给荷兰的孱弱的平权政体，这一政体是他对荷兰政治传统做出的让步，当时一部分荷兰人已开始出现担忧情绪。[25] 然而，拿破仑在 1804 年 4 月写给塔列朗的一封语气严厉的信中坦白承认自己将"归顺"与"混编"政策输出到荷兰的尝试已经以失败告终，并说奥兰治支持者已经是英国的囊中之物，而且对他把持的该国，以及激进、温和两派的共和主义者来说都是一种损害。他向塔列朗列出了极为令人警惕的几点内容，荷兰的政府、议会以及所有级别的行政机构中都没有天主教徒，而天主教徒的人数在整个人口中却占据了三分之一，包括像各处的宗教少数分子那样"毫无矛盾地与法国最有关联的那部分人口"在内。而且在上述拿破仑觉得人口受到歧视的地区里，他察觉出一种对于旧秩序的回归，令他感到毛骨悚然，负责运营荷兰海外帝国的"亚洲理事会"一直在鬼鬼祟祟地把忠于法国的成员清理掉，换上"全部资产都在英格兰的著名亲英人士"；通过 3 月 6 日颁发的一条法令，阿姆斯特丹地方政府把教堂里所有的专用长椅进行调整，原先这些长椅是指定给曾经为法国和巴达维亚共和国服务的政府官员及其家人使用的，现在"用于那些曾经投身服务于英国并几乎在同一天里得到大赦的人，而一向支持法国的人则被加以羞辱和驱逐"；在过去 3 个月里，当地政府静悄悄地进行了一场大清洗，此举"全然偏袒英人，他们把地方政府联合起来同声谴责法国同盟"。

拿破仑也许随着与英国的战争的展开而变得偏执多疑，但这种情绪也反映出他对外国合作者的恐惧，并显示了他对它们的依赖。如果法军撤离巴达维亚，这不仅会招致英国陈兵边境，而且谁知“荷兰国家最优秀的部分”又会有什么际遇呢？他告诉塔列朗，这就是为什么他要干涉荷兰内政，“以便让荷兰的亲法分子清楚他们的影响力和考虑”。然而在他这样做之前，他需要知道两件事情：假如荷兰不愿意接受他们当前的政体，该做些什么调整或修改？领导者的位置该由哪些人占据？拿破仑对此十分认真。

荷法关系的未来走势带来了经济上的萧条和军事及政治上的压迫，但是拿破仑在 1804 年至 1805 年之间决心不光保护自己的北侧，也保护他的盟友，而这意味着让“那些自从（1795 年）法国进入一直坚守岗位、而今却失业了的清醒者”[26]恢复其权位。在 1804 年最后一天，拿破仑让塔列朗授意巴达维亚驻巴黎大使，律师和荷兰共和主义“讨厌鬼”——拉特格·扬·希默尔彭宁克去为他的国家起草一个新宪法，[27]希默尔彭宁克照做了。这从中创生出一个名叫“大议长”的单人任职的执行官，这一古旧的职位名称是拿破仑和塔列朗从旧共和国发掘出来的。希默尔彭宁克这位曾经为法国和旧政权服务过的温和派改革家被授予了这一职位。新宪法大大限制了民权，并加强了中央集权，另一方面，尽管它产生了一个更为强大的执行官，它仍承认荷兰共和政治文化的传统，在这一传统的旗号下，甚至连亲法激进分子也曾在不稳定的摄政时期里团结起来。[28]

希默尔彭宁克的任期只维持了一年，在一系列战役尘埃暂定之时，拿破仑取而代之——他并没有被残酷地夺走职位、打入冷宫，而是被“另遣他职”，其实就是运作他那广阔的领地去了[29]——包括他兄弟路易名下的一个附庸国。另外，这一政权变动既触及了人，也牵涉机构。希默尔彭宁克在他的短暂任期中召回了许多温和的共和派分子，其中地位最突出的要数金融专家伊萨克·戈格尔、教育改革家阿德里安·冯·登·埃内和效忠法国已久的约翰内斯·戈德堡，除此之外没有什么真正的激进派。他们大多坚持到最后，为路易效命，同样做到这一点的还有执行力强大的新制度及其必然产物，即一个更统一、更集权化的国家，它与荷兰历史格格不入，但此后这制度成为这个国家的核心支柱。希默尔彭宁克让一些公然自称奥兰治分子的人身居要职——其中一些甚至身居警察部门的要职[30]——但是旧秩序支持者针对1805年政权变动的公开反对[31]，现在使得戈格尔这样的人把自己跟新秩序牢牢地结合在一起，而在此之前他们还对拿破仑抱有很深的疑虑。

当路易在1806年走上他新颖的、既不合法也无先例的——此话分毫不假——王位时，“拿破仑交给他的宪法只是把帝制硬生生地强加到先前就已存在的共和传统之上”。[32]拿破仑还没为自己这一手高兴多久，路易就开始暴露出过去10年内当地无人能比的不靠谱、不得力盟友的真面目，于是他很快后悔自己扶持出这么一个强大的执行官。他已经受到过一位自己最为忠心也最受宠信的荷兰支持者卡雷尔·威尔惠尔的警告。此人是由海军上将晋升的海军大臣——这一职位对拿破仑来说非常关键——和海军中大部分人一样，一直是个忠实的奥兰治分子，但由于直接在拿破仑麾下任职，他转变为一名坚定不移的拿破仑忠实分子。[33]他把一切向拿破仑和盘托出，说新宪法“赋予政府首脑的权力远超以往的任何君王”。[34]当路易用权不当时，拿破仑剥夺了他的权力，其手段之杀伐果断几近于残酷，而他做的决定是把荷兰变成法国的直接附庸国，但那是4年之后的事情了。

同时，他不必后悔自己行为轻率。荷兰人在军事上没有什么可以支持拿破仑的资本。诚然，他不得不承诺希默尔彭宁克说，他在开战后留下的兵力薄弱的军队会驻扎在布洛涅和北部莱茵地区以保护这个国家[35]——但他主要担心的不是怎样让荷兰出钱支持战事，而是荷兰会给骚乱出钱。他已经对巴达维亚共和国——这地区现在重新使用这个名称——越发严重的危机做出应对，为自己也替法国的朋友保住它；这高调证明了他1806年在自己的意大利王国获得新的胜利时向尤金所说到的对同一批合作者的诚意——“要善待爱国者，他们一向是法国最为健旺有力的一部分”。[36]无论帝制能带来多大的荣光，战争的危险和保护自己霸权的需要在某种程度上使得拿破仑回归到他的根本所在。然而，到1805年12月，拿破仑警告荷兰人说他们必须在本土上支付法军军费，“我承担了巨大开支，荷兰必须予以帮助”[37]。这些话是1805年战役胜利后写于申布伦的哈布斯堡宫的。胜利的代价十分高昂，而且这也多多少少会打破不止一个长久以来运作良好的关系。

需要加以巩固的只剩下意大利王国了。拿破仑已经自称该国国王，受此举震动的不光是其他势力，也包括他在米兰的许多忠实支持者。这标志着更为严厉的控制——而且因此也标志着对法国更为谦卑的顺从——比以梅尔齐·德埃里尔为首的，一些最突出的勾结拿破仑者所企图的更甚。

拿破仑在意大利王国已经是自己的主人，自主权比他霸权所辖之内的任何地方都大，甚至比在法国本土还大。与之前的荷兰共和国或法国都不同的是，意大利王国是一个新兴的复合型实体，其组成部分的大多数要么曾受外族统治，要么就像之前的博洛尼亚周围的各个教宗国北部辖地一样，对水蛭一样贪婪的罗马大都会自认附庸，但对它没有任何忠诚之意。唯有摩德纳的前公爵领地算得上是有自己的政治身份，或曰一种明晰的政治文化，其影响力尚超出城墙之内，这在意大利被称为“campanilismo”，意为“对教区教堂尖顶的忠诚”。

初次身居最高领导人的位子，拿破仑深感防卫的需求和大战开支的压力。当初他在王国的精英阶层中实际上培养起了一种并不算强烈的国家团结感，现在他开始对此感到不安了。在王国核心所在地伦巴第有一个亲奥派系人数众多，但它的追随者既没有制度之积累，又不像荷兰奥兰治分子那样有其资金来源。在米兰，拿破仑的麻烦源于他自己的所作所为，但这些问题仅限于梅尔齐周围的政治阶层偏保守的改革。梅尔齐汲汲关心的主要是如何加强意大利王国的自治权。当约瑟夫和路易先后拒绝带上那顶铁王冠、使得联合王国成为现实的时候，梅尔齐的这一忧虑随之加重。确切地说，他实质上担忧的是拿破仑可能会越来越让意大利屈从于法国的利益。

梅尔齐摊上的时机坏得不能再坏了。在亚眠谈判过程中，拿破仑显然确实押上了几乎全部身家去保住国际上对意大利共和国的认可，并继续以此作为他与所有各方进行交易的条件。随着战争终于打响，他在1805年8月向普鲁士递交的条款中明确要求柏林充分承认意大利共和国。外交成本之高昂可想而知。这不啻一场旷日持久的战斗，它并没有使得拿破仑心甘情愿地去牺牲掉自己一向珍视的、真正的权力根基。塔列朗站在梅尔齐这一边，认为至少国家独立带来的表面光鲜能更好地赢得国际上的承认。拿破仑以这一模式开头，但他的兄弟们却让他的这些努力以失败告终。

然而不归之路的真正开端，是战争爆发后带来的越来越庞大的开支，这使得梅尔齐和拿破仑之间长期存在的问题达到了危险的程度，而梅尔齐的不逊态度此时受到了最为严重的恶评。这些问题包括从具体层面上的到更为根本性的那些。在 1800 年光复奇萨尔皮尼共和国的领土后，拿破仑一直维持他之前在督政府下被鼓励做出的举动，即把法军驻扎在那里，而且在意大利共和国存在的和平年代里也继续这样做，那时正是梅尔齐担任副总统的整个任期当中。这些部队的兵员数量达 4 万，本身并不算庞大，但开支由米兰承担，而且指挥官缪拉自视自己的威权凌驾于梅尔齐之上，不听命于后者。这就触及了梅尔齐的底线，尽管他承认需要法军在该地保护共和国不受奥地利的威胁。[38]

不难预料，梅尔齐与缪拉的关系非常不愉快，而且希望国家能创建一支属于自己的军队。这支军队的创建工作在 1804 年至 1805 年就紧锣密鼓地进行了，并且在 1805 年人数达到了 7 万，同时驻扎在这个国家的领土上的法军人数则相应有所削减。[39] 战争一打响，这个形势顿时化为乌有：出于现实的考虑，拿破仑不可能在与奥地利接壤的前沿地带削弱自己的势力。在 1805 年夏，驻威尼斯和蒂罗尔的达 1.25 万人的奥军威胁着意大利王国，而在与巴伐利亚接壤的地区只有 8 万士兵，[40] 所以弗朗茨二世倾向于在何处集中发力就显而易见了。

梅尔齐盼望着减少法国对意大利共和国的财务要求和军事势力，亚眠和谈之后他的这个期盼更加强烈了。但是当他在 1805 年重新调整自己更广泛的改革要求时，随着王国的创建，这些长久以来旗帜鲜明的要求在战云密布的笼罩下不复存在。梅尔齐继续试图在共和国改制为王国的过程中修订宪法，然而与对待荷兰事务的方式截然不同的是，拿破仑在 1805 年几乎没有采取任何行动去改变意大利王国的宪法框架。他没有理由去做出这种改变，正是在这里而不是在法国，他具备了实现自己政治理想的能力，而且他也无意把自己一手缔造的成果加以破坏。梅尔齐触动了宪法中拿破仑最为珍视的方面，他想创立更多的选举团，把它们的分量提高到百分之五十，[41] 这直接与拿破仑的理念相悖。拿破仑认为选举团数量少一些，覆盖范围大一些，那么它们的功能就会更强。这事情的单纯结果就是从共和国转向王国的过程中，体制的许多方面延续了下来。

然而梅尔齐的历史眼光比拿破仑更长远。伦巴第一直都是哈布斯堡王室的下蛋母鸡，它创造的财政收入比别的省份都多，也比哈布斯堡王国与匈牙利接壤的所有领地多。该地从哈布斯堡王室统治下解放出来，使其主要的纳税人——拥有广大富饶乡村地产的贵族——更加希望新政权会带来繁荣。拿破仑的改革带来了许多潜在利益，但那也仅是潜在，而非实实在在的。拿破仑就连和平时期也在那里驻扎重兵，并在战争临近时持续向该地提出财政要求。这一切矛盾终于在 1805 年 7 月爆发，当时拿破仑为了定期向意大利榨取钱财，把关税提高到令人担忧的程度，并且为合法交易注册登记增收了该国之前闻所未闻的各种税费，使得米兰政府中许多人大为震惊。拿破仑接受了米兰议会在 7 月 13 日通过的否决，4 天后，一个妥协性的修改版本以 33 对 25 票的微弱优势得以通过。[42] 这些做法让一位政府高官拍案而起，发出了梅尔齐一直压抑而未敢发作的呼声："要让这些法国狗见识一下意大利人的本色！"[43] 梅尔齐把这理解为缺乏真正政治独立的后果，这也是为什么他会认为拿破仑人治之下的联合王国让人沮丧。拿破仑坚持要派遣意军的一个师到布洛涅与法军一同作战，费用由米兰承担。这就不光是增加了一项额外开支，而且也被看作是对共和国主权的藐视。

1804 年，梅尔齐试图请求拿破仑做出允诺，让联合王国在他死后分离开来，届时无论拿破仑的继承者是谁，也都不能戴上铁王冠。这意见也得到了塔列朗的同意。同时，梅尔齐还要求所有公共职位须留给意大利王国公民，也就是说，梅尔齐不想让法国人占领政府高层。拿破仑很快察觉出来背后的潜台词：梅尔齐想要他不再直接插手意大利的事务。另外，还有其他的一些紧张关系。梅尔齐坚持要把罗马天主教定为国教，至于其他宗教，至多给予宽容对待，这跟法国不同，但是他仍然就意大利共和国与梵蒂冈之间宗教协定问题上与拿破仑针锋相对，因为他认为这过于迁就罗马教廷。这在 1804 年 6 月差点导致他辞去副总统的职务，这标志着他对主权与独立的执着，也显示了他的反教权立场。[44] 然而拿破仑与梅尔齐之间多少还是存在着共同之处的。梅尔齐欢迎君主政体，因为他认为这对内可以增强意大利的国力，对外还有望使意大利在欧洲的地位稳固长存。他同意拿破仑的看法，认为新王国应该崛起为阿尔卑斯山南最强大、最具影响力的国家，成为新生的亚平宁半岛的革新试金石。两人都认为意大利王国是崛起中的一个区域强国。然而，拿破仑并不肯放弃他最初的要塞。

他们就意大利宗教协定签订和议,这场论战中主要是梅尔齐占了上风。同一天，梅尔齐写信给自己的外交大臣马雷斯卡尔基,说拿破仑在这事情上是不可理喻的,[45] 因为他不同意把政府官职专门留给意大利人。梅尔齐希望拿破仑自称为“意大利共和国宪定国王”。另外，他希望国家元首居住在米兰，或者任命一位终身总督，其籍贯也须为意大利。[46] 梅尔齐的日子所剩无几了，而拿破仑也利用王国的缔造来排挤他，并把尤金扶持为他的总督——尤金不是意大利人，但居住在米兰——还把梅尔齐的死敌安东尼奥 · 阿尔迪尼任命为首相。

在意大利王国的精英当中另外还有一个因素导致了梅尔齐的孤立并使拿破仑的境况变得轻松，至少在精英政治的领域里是如此。在 18 世纪 90 年代乃至在法国光复之后，暴力以及遍及多地的民众起义撼动了意大利；反法情绪依然在农村地区盛行，另外，显而易见的是连一些行省的较大城市，如帕多瓦，也没能在法国势力岌岌可危的情况下避免起义的爆发。而当 1805 年奥军在意大利东部边境集结重兵的时候，这样的乱局很可能再次重演。在荷兰基本上不存在的一种对群众的天然怀疑往往使得拿破仑很容易把许多激进的意大利改革派转向权威主义。短期内，在险恶的形势下求生存需要权威主义，也许更为重要的是，要在革命、启蒙的路线上改变桀骜不驯的人民，权威主义至关重要。换句话说，许多意大利激进分子眼中的拿破仑是帮他们应对内忧外患的保护者，并认为，这个新生国家进行改革的唯一方法是强大起来、崇尚威权。他们已经摒弃了所谓的“自下而上”

达成的共识，并因此更容易愿意与拿破仑合作。

大部分意大利激进分子与亲法的荷兰爱国者的唯一共同之处，在于前者远比后者具有战斗精神，他们逐渐认识到唯有使国家强大起来，才能“教育和锻炼大众、克服导致1796年至1799年民主试验失败的社会和文化落后状态”——卡洛·卡普拉这一尖锐明晰而朴实无华的言论正好契合了他们与拿破仑共有的尖锐坚定的改革信念。[47]在新王国的诞生之初，介乎梅尔齐的下台与尤金上位之间，拿破仑掌握了直接控制权，他没有采取另一主要附庸国巴达维亚共和国的希默尔彭宁克所采取的相对折中手段，而是履行了诺言，并善待了激进爱国者，让他们掌管高低不等的各级机构。

顺利取代梅尔齐，充当尤金的新首相的是阿尔迪尼，他过去曾经非常激进。他在随后9年里与尤金结成的合作关系是拿破仑时期新愿景的典型体现：作为革命派激进分子，他仍一心致力于改革，但已矢志建造一个强有力的威权主义国家，与他并肩合作的是一位年轻人，一位在法国土生土长的拿破仑式官员。

然而1804年至1805年的实用主义施政实践因紧迫的时局而落空了，因为这时拿破仑意识到了某种局限，认为这些局限在危机当中对他造成的阻碍越发明显了。他修改了自己针对意大利王国而订下的新税收政策，试图在1805年干涉荷兰政体的过程中承认其政治传统。他对西班牙横加欺辱，却放过了瑞士，因为它满足了他的需求。然而由于这场规模空前的战争导致了巨大的财政需要，他还是被迫做出了干涉，提出了要求。金钱和军事的需求暴露了他与梅尔齐之间关系的裂痕，也迫使他去把政治调解强加给荷兰，而且这种调解推翻了他自己原先的各项政策。在备战阶段，拿破仑把他最为张扬的侵犯行径留给了自己的霸权统治下的各国。

敌人占据的潜在资源远超拿破仑控制下的各国，但他借助组织能力上的优势，比敌人更善于运用自己所能掌握的资源。征兵促进了兵员调动，当然这也是别无选择的，因为法国并没有什么可靠的盟友。钱是另一个问题，正如大家所知，法国深受1803年至1805年金融危机之苦，同时荷兰也深陷其中，因为它与英国之间的贸易已经中止，它的国际贸易其他方面也因封锁加紧而严重倒退，所以要让受危急冲击程度较轻的意大利王国来承担更大责任越发重要了。这些国家大部分改革者对 1798 年至 1799 年那段短暂却残酷的复辟时期仍记忆犹新，所以 1804 年至 1805 年期间，拿破仑可以做到重新取得他们的支持，但也只是勉强而已。

拿破仑在前述的 8 月 22 日给塔列朗的信中清楚地显露出他巩固而非扩张实力的急切心情。在他拔营离开，像跳“单脚尖旋转舞”一般急剧转身，将英吉利海峡抛在身后，并向莱茵河挺进时，他给自己勾画了一些保守目标，但也显示出他在必要时采取果断行动的坚定决心。他坚持要求普鲁士方面：

> 务必向我保证，保持我目前拥有的所有国家的领土完整……若要问哪些才是我的边境线，我会说：“从莱茵河直到德意志（北海）沿岸地带；在意大利，则是我本人的王国与托斯卡纳边境地区。普鲁士国王需要向我及我的继承人保证意大利王国的完整……”

对于普鲁士，乃至其他强国，都是如此。当开战时，他首先就要保护巴伐利亚免遭奥地利扩张的侵害。“去保卫我所钟爱的王室，这样做也是为了我自己的切身利益。你要把这一点（向普鲁士大使）解释清楚，让他明白这一问题的意义所在。”除此之外，他还对巴伐利亚大使说，法军正在增援马克西米利安·约瑟夫的途中。在每条战线上，一切都是奥地利的过错：正是哈布斯堡王朝悍然开战才将战火燃烧到德意志的，而且“战争的恶果将会反过来落到那些挑起战争的人身上”。

在怒斥奥地利时，拿破仑的言辞颇为有趣，他要求对方停止调动军队，并结束针对“为各国利益正参加海战的法国”的敌对行动。有相当多的证据表明，拿破仑当时的确是这样想的，而这也是他当日的行动为何被称为“单脚尖旋转舞”的原因，之前他将全部的注意力都放在了“登陆英格兰”上，而现在，他不得不来一个难度极大的 180 度大转弯。与奥地利开战非他所愿，至少目前是这样。俄国及英国的具体战略，而非其宏大的外交战略最能显露这一局面的恶性循环性质：

法国和奥地利都是深陷激烈的地方战争中的区域性强国。当拿破仑干涉瑞士时，他违背了之前所有和约的规定，不过他的干预倒是给瑞士带来了稳定。后来，他被要求从那里撤军，他通过自己的撤军行为履行了《仲裁条例》，虽然只是做做样子而已。到1805年时，他已能理直气壮地宣布，而事实上他正是这样说的："在我已从瑞士撤军时，奥地利却派军占领了蒂罗尔，这等于是向我宣战。"最重要的是，他清楚指出，在未来除了他自己的安排，他将不屑于遵守任何协议：

> 至于荷兰，我不想做出任何保证。如果对英国的战争旷日持久，而假如既无殖民地，又缺乏坚实土地的该民族不再希望依靠自个儿生存时，我不想在这一点上受到任何约束。瑞士也是一样。只要瑞士方面遵守《仲裁条例》，我也会遵守它，要是他们胆敢违背它，我将不再承认他们的独立地位。[48]

这些是拿破仑写下的最重要、最有预见性的文字，其原稿存于美国皮尔庞特·摩根私人图书馆中，直至2008年在拿破仑基金会的努力下，它才重获出版。这个时候，拿破仑所做的远不只是向奥地利发出军事上的挑战。倘若他觉得有必要的话，除了兼并巴达维亚共和国外，他将随时准备更进一步；如有必要的话，他还会将瑞士同样吞并掉。这相当于是说，他将毫不顾及自己从今往后做出的任何承诺。正如俗话所说的，到目前为止，即使他没有"遵守游戏的精神"，他一直都在"听哨音行动"。即使是最贬低拿破仑的史学家保罗·施罗德也不得不勉强承认，1805年战争"并不完全是由拿破仑的这些侵略行为所引发的，相反，该战争是反法同盟方面意图的体现"。[49]当拿破仑兼并皮埃蒙特和利古里亚共和国以及干涉瑞士时，他违背了和约条款的规定。假如我们对当时的国际关系做一番详查的话，他对荷兰采取的行动并无逾矩之嫌，对德意志的行动则完全合法，而奥地利对德意志采取的则是破坏法规的扩张主义政策。自1803年至1805年期间，对西欧的动荡来说，拿破仑的确有着不可推卸的责任，但他并不是唯一的罪人。英国和俄国已诱使奥地利参战，而1805年时拿破仑的所作所为毫无疑问正是对该事件的回应，他不是在挑衅。

在他写给塔列朗的信中，人们还能发现另一重要因素。1805年时，这些言辞虽显得咄咄逼人，但其本身并不代表扩张政策——这一政策要到1805年至1807年期间多次军事大捷之后才会出现——而是代表着一种誓要保住自己到那时为止的所有收获的坚定决心，这些收获是否光明正大姑且不论。第三次反法同盟战争的第一阶段是拿破仑方面的一场防御战。正如菲利普·德怀尔——如保罗·施罗德一样，他绝非拿破仑的崇拜者——所指出的，拿破仑除了应战外别无他法，因为“拿破仑的外交—政治决定需要符合新兴精英阶层的物质及政治利益需求”。[50]该精英阶层仍保持着戒备心理，他们的愤世嫉俗是在残酷剥削其所掌握的资源当中逐渐出现的，而并非是扩张政策的产物。德怀尔将这一特征形容为“意识形态共识”，而与此同时很多圆融的史学家早已认为意识形态动机并非是第三次反法同盟战争——真正意义上的“拿破仑战争”的开始——的真正根源而不予理会。事实上，拿破仑的确是因为革命性的开明改革这一意识形态根源才将自己帝国的精英阶层团结在身边的。正是这一点导致与他合作的那一小群人，无论是他在法国“外交部”的下属，还是附庸国的掌权者，都联合起来反抗他们原来的统治者，正如法国的大多数革命分子都已归附他一样。

然而，1805年时，这些支持他的意识形态原因都被谋求生存的现实政治所压倒。假如他不能维持现状的话——这一霸权帝国所拥有的领土面积还不如督政府至1798年时所占有的大——他的命运将是十分黯淡的，而那些当初扶植他上台的人的命运也将同样如此。与其说他所要保护的是《坎波福米奥和约》《吕内维尔和约》或者《亚眠和约》带来的成果，不如说他要保护的是自18世纪90年代末以来取得的丰硕进展。总部几乎都在法国的新军军费开支情况因1804年的金融危机而进一步恶化。这一情形不禁使人怀念起1799年之前军费较为宽裕的那个时期，当时军方完全能自给自足，或者更确切地说，军费是由战败的外国人所承担的：放在这一背景下来看，附庸国现在对法国来说必不可少。1805年当拿破仑激怒了意大利王国的立法机构，导致后者拒绝了他提出的新税法之时，他实际上是在恢复原有的帝国主义经济政策——在他远征埃及期间，这一政策就已经通过1798年2月及7月的几个贸易协定得以贯彻，通过这一举措，法国督政府彻底控制了奇萨尔皮尼共和国。[51]

拿破仑远不只是继承了督政府的外交政策。随着军需费用日增，他无法背弃广大的法国纳税阶层，而之前为赢得这些人的支持他曾做出了那么多努力。拿破仑拒绝割让他已经占有的领土，这是有确凿理由的，它与法国革命政治的内部动态有关，而与他的征服欲无涉。一旦背弃这一群体，那就等于葬送自己的政治前程。之前出现了多起针对他的重大阴谋，拿破仑才刚刚使法国内部保持稳定，并非所有人——特别是军方内部——都接受建立帝国这一事实；此外，他还尚无公认的继承人。某些可能被其他列强视为挑衅之事，在法国精英阶层看来，无论是金融界精英还是政界精英，却是神圣不可侵犯的职责。圣多明各的丢失使得保住西欧这一新兴垄断市场变得尤为重要。

毫无疑问，到1805年时，拿破仑已彻底控制了法国的外交政策，正如他同样控制了他的盟国以及附庸国的外交政策一样。蒂埃里·朗茨将1805年战争的一系列胜利视为拿破仑与塔列朗关系恶化的一个转折点，而随着后者1807年辞去外交部部长之职，这一关系恶化到了极点。[52]事实上，凡是与意大利王国有关的事，塔列朗越来越无权干涉，而以他本人与约瑟夫为中心人物的“和谈派”则在1803年讨论是否与英国再次开战问题上遭到排挤。拿破仑不能指望采纳他俩的务实建议的同时，又能继续获得法国精英阶层对他的支持。这一点在亚眠和谈时有着生动体现，当时英国坚持要订立一项新贸易协定，它会激起法国人的恐惧，担心英国的商品会如潮水般涌来，而法国脆弱的丝绸业也将面临崩溃的威胁。而从政治上来看，它会使人们想起18世纪80年代路易十六“卖国求荣”的类似举措。后来法国人重新控制了北意大利，他们为了自己的利益摧毁了伦巴第与皮埃蒙特的丝绸业。这一过程始于1802年，那些以低价进口来的生丝被运往曾经的叛乱城市里昂，以扶植那里的丝绸业。为保住自己的安稳，拿破仑不得不听取这些利益诉求，正如同一时期沙皇亚历山大一世不得不关注他那些权臣贵族的贸易关系一样。对很多法国人来说，拿破仑，而不是“和谈派”，牢牢控制了法国外交政策，这样其实也好。这同时也给他上了有教益的一课，让他明白：帝国不是由某一个人建立的，而是大家通力协作的结果。

尽管拿破仑的个人支配权很大，但实际上他能做的相当有限。在看到他的“拿破仑大军”实际上是那样的强大之前，他也许就是这样想的。而“身为拿破仑”，在考虑发动军事进攻之前，他也确实等待观望了一段时间。拿破仑还没有能力充当一个激进的扩张主义者，他才刚刚集合起一支新军队，以替换他在1800年不得不带上战场的那支疲惫、乱得一团糟的军队。生存仍是当务之急。如果说，战争是因“拿破仑就是拿破仑”这一点而引发的话，此时，拿破仑还并未像他在后来那样变成贪得无厌的征服狂。然而，他是一个不讲道德的领袖，领导着一个同样不讲道德的“流氓国家”。他的政治生命与个人生存取决于他这个领袖能否当好、能否保持其本色。从这个意义来说，拿破仑只是在“展现其个人本色”，牺牲其他侵略者是他的生存及成功之道。

1805年时，其他方，尤其是奥地利，一方面低估拿破仑，而另一方面又过于自信，而这正中拿破仑的下怀。这些人犯的错误和雾月政变后的西哀士如出一辙。英国人拥有最有利的地形，他们能实时观察英吉利海峡营地的一举一动，拿破仑总是小心提防他们。尽管纳尔逊有意对危险视而不见，当他从望远镜里抬起头时，他分明看见了敌船，却说“未发现任何船只”，但纳尔逊的主子们也难辞其咎，他们对自家海岸几英里外虎视眈眈的猎食者同样不闻不问。要不是因为害怕奥地利，德意志诸邦本来也不会那么轻易地被拿破仑纳入自己的势力范围，虽说这种害怕不无道理；在英国扩张主义政策的压迫下，西班牙选择了与法国结盟，但也只是勉勉强强而已；虽然拿破仑常常满腹牢骚，意大利的“雅各宾派”改革者们，莱茵兰地区及低地国家还是归附了他，因为他是他们唯一能依赖的捍卫者，使他们免遭反革命势力的可怕报复，而回到过去对他们而言是不可接受的。这些人的立场在拿破仑统治时期一直未发生变化。皮埃蒙特区亚历山德里亚市市长、前雅各宾派党人巴罗基奥说过的一番话最能概括这种立场。在1809年法奥再次交战期间，他这样写信告诉富歇："我的政治生命取决于政府的命运，政府的敌人就是我的敌人。而不久前，当奥地利军队进军时，他们得意扬扬，这显露出了他们的真实想法。"[53]

流亡中的路易十八仍在诅咒那些将他兄长路易十六推上断头台的人。他还一再发表声明，宣称将没收所有国有土地，处死弑君者，并废除革命改革，其中包括拿破仑的改革。1805年时，这一切仍令人记忆犹新。拿破仑本人是在1799年被推上高位的，人们利用他阻挡旧制度的复辟。现在，他已大权在握，而他最可靠的支持者要数这些人，而非渴求胜利的人。对前者而言，失败就意味着毁灭，拿破仑自己也持有同样的观点。遥远的地平线在等待着拿破仑大军的到来，但目前还尚未到那一刻。

俄、英之间的关系并不是形成第三次反法同盟的直接原因。保罗·施罗德曾敏锐地指出这一事实：在反法同盟国中，只有俄、英两国是真正意义上的世界强国。乔治·勒费弗尔认为，第三次反法同盟战争的关键在于，它是英、法两大帝国主义集团之间的一场冲突。施罗德对此持有异议，他认为这是三大帝国主义集团，即英、法、俄之间的一场冲突。[54]然而，这一修正后的观点或许仍未能如实反映时代的真实情况，因为它高估了拿破仑当时的影响力。随着法国海军的毁灭，又失去了圣多明各，法国在很大程度上只是一个欧洲强国，而不是一个势力延伸至大西洋彼岸的殖民大帝国。法国早就成了西欧的霸主，因为这一地位，它的利害关系与处理国际关系的方式与哈布斯堡王朝更为相似，而与俄国或英国的那种真正国际化视野与关怀大相径庭。在内心深处，拿破仑也许曾希望收复海外殖民地，但这并不是他的现实目标。同样是地方强国的奥地利正在走下坡路，而法国正日益变得强大起来，它正取代奥地利的位置。不过，这仍是两个实力相当的国家为同一块地盘而展开的角逐。它们之间的仇恨不应遮蔽这一事实，正如拿破仑正在形成的压倒性军事优势一样。而在当时那几年里，世界其他国家仍未领略到这一点。在德意志地区，拿破仑兵不血刃地战胜了哈布斯堡王朝。他在那儿建立了由诸多德意志小邦国组成的“邦联”。漫画家吉尔雷创作了一幅嘲讽拿破仑的漫画，画中拿破仑将德意志邦国王位当成“菜肴”加以“烘烤”，但其实他也将玩笑开到了英国身上。不管怎样，鉴于其漏洞重重的边境，拿破仑仍担心他对意大利北部的控制，并不得不保持警惕。正如哈布斯堡王朝完全不知道拿破仑大军会给他们带来怎样的震撼一样，拿破仑这时也未能完全认识到奥军的虚弱，虽然为评估奥军实力，他曾在1804年派遣了几位观察员去德意志南部。但在他1805年制定的所有战争计划中，他想到的却是奥军在18世纪90年代一贯的出色表现。

相比于英国和俄国，拿破仑尽管实力日益强大，但和哈布斯堡王朝拥有一个共同缺陷。与俄国和英国截然不同，拿破仑像奥地利一样缺乏一块可以用作安全退路的腹地。这就使沙皇亚历山大一世与英国首相皮特在对战争胜负进行估算时握有先机，因为他们都有安全退路。[55]他们将拿破仑巩固自己势力的行动视为应加以遏制的侵略行为，而奥地利方面一度错误地以为它有资格向拿破仑发起挑战，它觉得一旦对法战争取得胜利，它就能弥补过去的损失。对奥皇弗朗茨二世来说，夺取巴伐利亚是巩固自己的重要步骤，而对拿破仑来说，吞并皮埃蒙特和利古里亚地区是保护他在意大利北部既得利益的有效手段。这两大强国都期待着从战争中获益，这些利益一方面涉及巩固自己，另一方面涉及对外扩张，但因为这仍是一场争夺西欧控制权的斗争，与更大范围的扩张无关。

这种局限经常体现在拿破仑与英国及俄国打交道时所做的误判，因为他的应变表明，他欣然接受了自己“西方皇帝”的角色，但仅仅只是西欧而已，他也许并不甘愿这样。他一再坚持向那不勒斯王国及托斯卡纳那里的几个沿海要塞派兵驻防，这既引起了俄国的担忧，也把英国逼上了战争之路；为继续维持对马耳他岛的控制，英国做好了参战准备。只要法军出现在地中海地区，英国和俄国就觉得惊慌。虽然这不会对它们构成直接威胁，却使它们感到心神不安，对英国而言，它担心通往印度的交通线的安全，而俄国则担心穿越黑海的交通线的安全。战争爆发时，拿破仑将意大利南部视为次要战场，但俄国和英国却向那里投入了相当多的资源。就英国与俄国而言，这并不是一场因领土安全受到直接威胁而发生的冲突，当然，那不勒斯王国除外。它事关整个安全大局，如果不能遏制拿破仑的扩张步伐的话，到最终他也许就有能力直接干涉英、俄两国领土。英国之所以持这种态度，是因为它深信，拿破仑不会停下其扩张步伐，他构成的威胁也不会消失，虽然这不一定就是俄国的观点。

最终导致沙皇亚历山大一世与英国结成攻势同盟的原因是拿破仑对利古里亚共和国附庸——也即古老的热那亚共和国——的兼并。此外，沙皇也提出了一个先决条件，那就是英国必须拉拢奥地利参战。利古里亚距离圣彼得堡大约有 1500 英里。而且，拿破仑吞并利古里亚是为了巩固法国与意大利王国之间的内部交通线。自 1799 年以来，他就一直考虑这一兼并事宜，因为利古里亚本身实在是太弱，面对英国的袭击毫无招架之力，而附庸共和国的亲法政府——一个由少数缺乏民众支持的热那亚精英组成的孱弱政权——也需要法国为其撑腰。确实，当利古里亚面临被意大利王国吞并的可能前景时，一方面内部面临无法克服的经济危机，而另一方面拿破仑对其财政的索取日益增多。在两害相权取其轻之下，它主动谋求归附法国，推动这次合并的其实就是利古里亚政府本身。对热那亚人来说，事实证明拿破仑的统治就是一场灾难，但那是将来的事情了。[56] 利古里亚代表团趁着拿破仑在米兰加冕自己为意大利国王之机对他说："当一个以贸易为生的民族被剥夺了自由航海权之时，我们有必要合并到一面更加强大的国旗之下。"[57] 1805 年时，利古里亚人做出了这一决定，虽有几分勉强，但到底仍是他们自己的决定。这一事实遭到了反法同盟成员国的一致忽视。对英国人和俄国人来说，热那亚有望成为一个优良的海军基地。而另一方面，拿破仑对该地区的牢固掌控绝非是一件幸事，而他甚至连附庸国也不许存在的这种倾向也让它们深感不安。

拿破仑的这次吞并——从本质上说，它是一次单方面侵略行动——虽令人愤慨，但就其规模而言，远远不能与俄、奥、普三国瓜分波兰或奥地利对巴伐利亚的图谋相提并论。更确切地说，法国在该地区零零碎碎进行的扩张似乎是渐进式的。相反，英国对拿破仑势力在德意志南部及中部的日渐强大毫无兴趣，这主要是奥地利关心的问题，也是沙皇亚历山大一世的担忧之一。如果说俄国和英国是因担心拿破仑可能会造成的危险后果而联合起来的，那么奥地利则是因为拿破仑已经造成的危害而加入反法同盟的。然而，奥地利同时也清楚，拿破仑在更大程度上是它们自身扩张野心的一个障碍，而非实际威胁，但沙皇未认识到这一点，而英国则无兴趣了解。

维也纳方面一直保持着警惕。当拿破仑违背《吕内维尔条约》的规定，并吞皮埃蒙特时，维也纳方面就开始考虑参战了，但他们对这一行动并不感到过分震惊。为巩固伦巴第，拿破仑需要皮埃蒙特，而前者对他来说至关重要，正如它过去对哈布斯堡王朝的意义一样。1798 年当皮埃蒙特的查理 · 艾曼努尔因与奥地利进行谈判而威胁到法国对伦巴第——当时的奇萨尔皮尼共和国——的控制时，督政府认为必须将他赶下台，因为之前他曾与法国签订过协议，同意法军任意穿越皮埃蒙特区以抵达奇萨尔皮尼共和国。拿破仑完全清楚查理 · 艾曼努尔在其臣民心中的威信，所以曾设法恢复他的王位，但当他再一次表现得不值得信赖时，再三犹豫之后，拿破仑出于战略原因将该地区合并入法国版图。不久，当查理 · 艾曼努尔与英国结成同盟，同意后者将他本人栖身的撒丁岛当作英军基地时，拿破仑对他彻底失去了信任。奥地利早就觊觎皮埃蒙特，但维也纳皇室对查理 · 艾曼努尔没有半点同情心，后者的撒丁王国一直以来就试图挑拨法国与奥地利彼此开战，好从中渔利。奥皇弗朗茨二世知道萨伏伊人是怎样一个阴险狡诈的盟友，他清楚拿破仑在这方面的想法；拿破仑是一个侵略者——没有谁比奥地利更清楚这一点了——但奥地利清楚，这并不能对他们构成直接威胁。法、奥之间的冲突因局限于局部地区而更显激烈与决绝，但其后果都在双方估算范围之内。然而，沙皇亚历山大一世无法理解拿破仑为何如此坚决反对给予查理 · 艾曼努尔任何领土上的补偿。拿破仑在这一问题上的态度清楚反映在上文已引述过的他写给塔列朗的信中，它写于他 1805 年 8 月 22 日拔营离开布洛涅之际：

> 我再也不想听到任何与撒丁国王有关的话。也就是说，正如对待波旁王朝一样，光是讨论这一带来诸多纷争的问题就是一件极为愚蠢之事。

> 我是绝不同意让他拥有科孚岛的(沙皇亚历山大一世提出来的主意)……他与英国结盟这一点使他丢掉了王位;他在撒丁岛的行为将不会使我向一个敌人给予任何安慰。[58]

还存在其他一些使拿破仑对撒丁国王极度反感的因素,但其他强国对此毫不知情。这件事也是导致沙皇亚历山大一世与拿破仑反目的重要原因。沙皇亚历山大一世未能将拿破仑 1804 年至 1805 年在萨伏伊王室问题上绝不妥协的态度与他 1800 年对待他们的和解态度——当时他曾考虑让撒丁国王复位——做权衡对比,也未考虑到他一贯对待被废黜的王室成员的大方态度,这是沙皇的疏漏之处。当荷兰执政者正式宣布放弃对经济补偿的要求时,拿破仑将两个德意志小邦富尔达和科尔维赏给了自己的儿子。不管维也纳方面曾怎样与皮埃蒙特人作对,但维也纳方面肯定认识到了皮埃蒙特对法国的重大意义,因为对奥地利来说,意大利北部同样十分重要。奥地利和法国都打算做好防御,并主要从对方那儿夺取一切能夺取到的。当然,就拿破仑来说,他还想借此帮助那些有用、但实际上起不到关键作用的盟友。英国和俄国同样有利益牵连,这种利害关系虽然看起来不明显,但在它们自己看来,问题很紧迫。

在第三次反法同盟战争的根源问题上,人们观点之分歧为史上罕见。可以说,这场战争是第一次真正属于拿破仑本人的战争。他在 1805 年展开的战事并不是承袭自督政府;从执政府时期一开始,外交政策差不多完全由他一人控制。毫无疑问,他是这次战争的掌舵者,或者说是他操纵法国参加了这次战争。绝大多数历史学家由此认为,拿破仑就是这次战争的根源,而某些历史学家则进一步宣称是拿破仑导致了这场战争,两者并不完全是一回事。在这个问题上,每个人固执己见,它与围绕着第一次世界大战的起源而发生的情况不无相似之处。1961 年,德国历史学家弗里茨·菲舍尔在其名作《向世界霸权进军》中断言,德国确实导致了第一次世界大战的发生,它是蓄意为之的,而且,至少从 1912 年起,德国就一直在谋划一场侵略战争。菲舍尔甚至还试图将 1912 年至 1914 年间德国的政策与希特勒的战争计划联系在一起。与此类似，保罗·施罗德和德斯蒙德·西沃德[59]并不避讳将拿破仑与希特勒做对比，前者认为，拿破仑的战争从来就没有任何明确的目的。应该指出的是，菲舍尔的论点是建立在确凿证据之上的，而不是含糊笼统的推断。保罗·施罗德等人所持的是一种极端的观点，但其论证往往更多围绕着1805年战争，而不是之后进行的那些战役。

这一策略未能全面考虑问题，而那些在1805年战争中只看到拿破仑侵略性一面的人忘掉了奥地利对巴伐利亚的野心，这是一种扩张主义野心，它与拿破仑后来在欧洲表现出来的一样。拿破仑有一份需加以保持的遗产，而假如说他的战争目标与德意志第二或第三帝国的战争有相似之处的话，那就是这一点：拿破仑在制定战争方案时不得不着眼于国内局势，而在当时只有英国需要考虑同样的问题。奥皇弗朗茨二世觊觎巴伐利亚，因为一个世纪以来哈布斯堡王朝就认为，向那里扩张是理所当然的事情；拿破仑想占有意大利北部、莱茵兰地区以及几个低地国家，是因为这些地区及国家早就成了法国经济必不可缺少的一部分，还因为革命的政治阶层希望他继续拥有这些地区，而不是因为100年前法国国王路易十四曾率领军队抵达莱茵河边与奥地利皇室展开交锋。1805年，他不再是一个无须承担任何责任之人。1805年时，为防御这些地区，他不得不将个人展望暂时搁置；当他受到攻击时——首先动手的并不是他——他不得不扔掉他想征服英国的梦想，着手解决涉及法国利益的问题。

几乎所有史学家都毫不迟疑地将第三次反法同盟战争的第一阶段纳入到英、法之间“第二次百年战争”的范畴，但这种看待问题的方式并非最有裨益。认为这是两个强国间的地缘政治斗争的看法的确在很大程度上能解释为何1803年英、法再启战端，虽然这并非是全部真相。到1805年时，随着法国失去了圣多明各，又从埃及撤军，法国作为大国的地位已发生改变，其实力也许已经衰退。在这些损失发生之后，对拿破仑来说，保卫意大利北部、莱茵河地区以及他那些德意志盟国要比入侵英国重要得多，因为这不再涉及一个跨大西洋的殖民帝国的利益，而是涉及一个正在崛起的地区性强国的利益。

在 1805 年战争的起源方面，纯粹的意识形态所起的作用微乎其微，这一点得到了大多数学者的认同。欧洲那些大大小小的王室也许瞧不起拿破仑，但只要交易能令人满意，还是愿意与他做交易的。拿破仑最忠诚的盟友，维特尔斯巴赫家族，一开始拒绝将其家族的奥古斯塔小姐嫁给拿破仑的继子尤金·德·博阿尔内——忘记了他是一个古老而显赫的贵族世家的子嗣这一事实——但最后他们压抑着内心的厌恶同意了这门婚事。[60] 但如果人们低估意识形态在英国人与拿破仑打交道过程中的作用，那就大错特错了，因为那个时代的政治宣传非常流行，受众也非常多；而奥皇弗朗茨二世对征兵制度的憎恶只能有一个解释，那就是他对法国大革命的影响有着持久的恐惧，因为一切常识——到 1805 年时，查尔斯大公是奥地利王室唯一通晓常理之人——都要求当时的社会采纳这一制度。

法国军事力量的重新振兴——它是由当初革命派所推行的带有强烈意识形态色彩的国内改革所催生的——彻底打乱了其他强国几十年来的既定推想，因为它们的算计都建立在法国国力虚弱这一点上。法国实用军国主义的复燃使新政权得以在那些与哈布斯堡王朝有着历史纠纷的地区成功维护了法国的权利。这些地区是意大利北部、德意志南部及西部，以及低地国家。表面上看来，第三次反法同盟战争像是一场因地缘政治而产生的旧斗争，因为它发生在原来的那些区域，而其实际结果是，要么法国，要么哈布斯堡王朝将占有这一权力真空地带。

然而，事实并不是这么简单。法国大革命的爆发，以及拿破仑新秩序的逐渐形成，改变了欧洲国际关系的性质。不管法国到底是不是雅各宾派党人及民主派弑君者的最后堡垒，在其他历史悠久的欧洲王朝看来，它仍是一个政权更迭不休的流氓国家，而拿破仑政权不过是其中之一而已。或许在其他强国看来，它实际上要比法国以前的任何政权都更健全，但一样富于侵略性。其他强国无法肯定，他们与之打交道的这个政权是否会与 1789 年之前波旁王朝的行为举止及抱负保持一致。也许会，但也不一定。

哈布斯堡王朝历来的野心及当时法国新兴政治精英阶层誓要保住法国 18 世纪 90 年代所得的决心使这一战争成为可能。然而，一些其他因素推动了战争的发生，它并非意识形态本身，而是其衍生物。没有谁比拿破仑更清楚这个政权的流氓地位及其存在的合理性。对他所有的敌人来说，有一点是确定的：法国革命分子出于赤裸裸的意识形态侵略目的以及贪婪的扩张主义挑起了战争。因此，对其他强国来说，在某一特定时期什么性质的政权统治着法国这并不是问题的关键。关键是，它缺乏稳定性，从而变得难以捉摸。拿破仑无力消除其他列强的这一印象。诸如保罗·施罗德这样的学者则声称，拿破仑从未试图消除这一印象，他的行动也完全符合身为一个流氓国家的流氓领袖的特征。在这一点上，他们给出了最强有力的论据。这也是施罗德的下述著名断言的背景，即法国的外交政策——以及第三次反法同盟战争的爆发——是由"拿破仑干拿破仑该干的事儿"导致的。他干了当法国人足够强大时他们想干的事情：为争夺法、奥之间的狭小地盘，他与奥地利展开了交锋。然而，在 1805 年时，他唯一想打的战争是与英国的战争，那是一场与当前战争无关、无论是他还是英国都觉得无法放弃的殖民战争，因为新近变强大的法国已经扰乱了原来的以法国之脆弱为其基础的欧洲格局。

拿破仑 1805 年所跳的"单脚尖旋转舞"并非出自他本人的意愿。对他来说，这个时期还不是盲目乐观或尽情展露无边野心的时候。从他 1805 年 6 月写给 23 岁的尤金的一封信中，我们可以窥其心态。在信中，他就尤金怎样在米兰扮演好他的新角色这个问题提供了一些一般性建议，但在结尾时他这样写道："去参观一些要塞和所有著名的战场。你很有可能在满 30 岁前就需要上战场作战，而熟悉地形将对你有莫大的好处。"[61] 正如后来发生的那样，拿破仑的预测与事实只相差一年；一直到了 1813 年，尤金才在自己熟悉的领土上与敌人作战。然而，关键问题是，假如说拿破仑曾一度迷上了自己那副战无不胜、不知餍足的征服狂的形象的话，那么当 1805 年战争风暴即将席卷欧洲时，他肯定没有那样的自我迷恋。

无论这些新结盟的国家做过什么样复杂难解的算计，它们都算错了。它们的希望和野心很快就在强大的拿破仑大军面前摔得粉碎。拿破仑所做的战备已足够充分，充分得超出了所有人的想象，包括他本人。而其他参战方没有谁做了充分的战备。他已接受对手们的挑战。就战争史上的这一战例来说，到圣诞节时，一切真正地结束了。

尾声　冒险之举：1805 年秋

1805 年 9 月，拿破仑别无选择，唯有转过头来正面迎战反法同盟。反法同盟国，而不是他，挑好了袭击时机，因为这些国家清楚，他几乎将所有军队都部署在了英吉利海峡沿岸。奥地利军队正在向法国推进，沿途肆意蹂躏拿破仑的德意志盟友：9 月 14 日，7.2 万名奥军未遭遇抵抗就占领了慕尼黑，那些更弱小的德意志邦国将成为他们的下一个目标，此时离拿破仑从布洛涅动身出发前往巴黎才仅仅 9 天。紧随奥军之后的是俄国军队，沙皇亚历山大一世早已向他的盟友哈布斯堡王朝做了承诺：7.5 万名俄军将于 10 月 20 日之前抵达巴伐利亚。[1] 反法同盟方面断定，在拿破仑将军队调遣至莱茵河畔阻击它们之前，它们还能投入更多军队。假如这一点能实现的话，它们将占尽先机，作战地点及时间都将由它们来选定。拿破仑需要以前所未有的调遣速度才能逆转形势，赶在奥军抵达法国之前把它们拦截住。时间似乎站在新形成的第三次反法同盟这一边。

新的同盟能形成，是因为哈布斯堡王室、俄国及英国都相信它们的实力要比拿破仑强大。通过随便哪一种理性盘算，它们都有充分理由认为，它们消灭法国新政权的机会终于来临。反法盟军的统帅们并不相信拿破仑针对法国民众为他本人所塑造的战无不胜的形象，正如他们对他在两次意大利战役中的真正胜利漠不关心一样。对法国国内抑或是国外支持大革命的人来说，这两次胜利简直使他成了当代的亚历山大大帝。反法同盟在战场上的军队远远超过了拿破仑的军队，前者是后者的两倍还多：反法同盟动员起来的总兵力超过了40万，而拿破仑只有21万，而且它们还迫使拿破仑最大的盟国巴伐利亚保持中立，其兵力超过2.5万人。反法盟军的士兵几乎都是职业军人，大多数是老兵。反法同盟方面对拿破仑的新军所知甚少，但这一点它们是清楚的：1805年，拿破仑大军中有很多都是没有经验、刚来时不服管教的应征士兵。俄国方面能集结起超过10万的后备军，哪怕他们还远在天边。相比之下，为发起1805年的战争攻势，拿破仑已将帝国的防御力量抽调一空。负责防守北意大利前线的尤金手上只有3万人，还有2.5万人驻守在后方的几个要塞中；受过一番仓促训练的国民自卫军就是法国防御英吉利海峡对岸英军的唯一力量。更糟糕的是，为打造其大军，拿破仑已将法国的兵源榨干了。他只能以损害脆弱的、好不容易才恢复的国内秩序为代价组建了一支后备军，以应对战争中必然出现的伤亡情况。奥地利和俄国是在英国承诺向它们提供大量金币以补偿其战争开支的条件下参战的，拿破仑则使戈丹费了九牛二虎之力才实现的金融稳定局面再次面临威胁，而这时战争甚至还没打响。反法同盟参战时，它们拥有非常充足的兵员及资金储备，因而在国内秩序方面，它们没什么后顾之忧。而拿破仑为迎接挑战几乎耗尽了新政权的国力。

此外，拿破仑作为指挥官存在的缺点是又一个不利因素。即使用最同情的眼光来检视拿破仑指挥过的两次意大利战役以及埃及战役，人们看到的更多是他的弱点，而非才华。客观详查之后，人们不禁为他对抗反法联军的命运感到担忧。不管第一次意大利战役有多么成功，但第二次意大利战役完全取决于马伦戈之战的胜利，而后者是一场险胜。马伦戈之战并非靠拿破仑本人的战术而获胜，他能获胜在很大程度上是拜运气所赐。他在金字塔大战中对马穆鲁克的胜利，虽令人惊叹无比，却与欧洲战事的现实情况没什么关系；相反，它预示着下一个世纪殖民战争的到来。在那些殖民战争中，技术上占优势地位的欧洲军队击溃了较为落后的非洲及亚洲人的军队。相比于他进军埃及和叙利亚时的情况，第二次意大利战役的后勤准备工作有了显著改善，但这压根就算不上什么高标准，因为远征埃及的失败，以及进军叙利亚的失败都是确凿无疑的，而且都是灾难性的失败。当拿破仑沿着尼罗河自亚历山大港向开罗进发，穿越难以对付的区域时，他行动得太迅速，因此各方面的准备就完全跟不上；几个月之后，他又无比仓促地沿着巴勒斯坦的海岸向上游出发。1805年时，随着冬天就要来临，他需要调动数量远超从前的军队翻越阿尔卑斯山地区；1796年和1800年两次翻越阿尔卑斯山进军意大利的过程虽然困难，但好在持续的时间很短暂，然而这一次的规模远远超过了前两次。

最重要的是，在指挥一支规模如此庞大的军队在如此广阔的战区展开军事行动这一方面，拿破仑还完全没有经验，正如他手下那些农民出身的应征士兵一样。只有第一次意大利战役算得上是他军人生涯中迄今为止一次真正意义上的辉煌胜利，但在1796年时拿破仑虽然旋风般地征服了波河流域，他所战胜的敌人却并非奥军主力部队。他还从未与俄军交过手，当他在埃及时，俄军将法军从意大利和瑞士横扫出门，而这触发了那场引起雾月政变的危机。意大利战役和埃及战役都属于“小打小闹”，而当拿破仑1800年将德意志前线的指挥权移交给莫罗时，他承认自己缺乏指挥主力部队的经验。

莫罗已经不在法国了。被流放到美国的他正鬼鬼祟祟地搞活动，后来他投靠了反法同盟。拿破仑只能依靠自己，他掌管的这支军队比他以往任何时候统领过的都要庞大得多，他要去一个完全陌生的前线战斗。他的计划是，在俄军抵达之前，尽快设法与奥军展开一次大会战。如果将马伦戈战役——迄今为止他指挥过的一次最大的战役——作为判断标准的话，他输掉这场他一心谋求的大对决的可能性非常之大。为了尽早与奥军交上手，拿破仑将不得不调动部队急行军进行长途跋涉，在一年天气最恶劣的时候进入崎岖不平的荒凉山区。假如将尼罗河战役及叙利亚战役视为他带领军队在地形艰难的地区进行长途跋涉的参考标准的话，那么他完全有可能在输掉战争之前就丢失了自己的大军。事实就是这么简单。

根据一切合理及可确知的信息来看，形势对拿破仑十分不利，无论是帝国的资源还是他本人从军的履历都佐证了这一点。然而，他所领导的是一支年轻的军队，无论军官还是普通士兵都朝气蓬勃，其训练之精、装备之优是同时期所有其他军队无法企及的。他的国家机关，从省政府的文书到各部部长再到宪兵队中残酷的“执法人员”，都充满了活力；大革命以及执政府时期的各项改革已将法兰西政府变成了一个远比它在欧洲大陆上的所有敌国运转更为高效的政府。最重要的是，拿破仑的精力、狡猾以及机敏是其对手所完全缺乏的。在历史上，很少有哪一次冲突像这次一样如此突显了新与旧、青年人与老年人之间的冲突。它发生于 1805 年 10 月至 11 月期间，法军当时推进到了莱茵河边，随后又溯游而上。

随着阿尔卑斯山阴沉灰暗的秋天降临，拿破仑大军的士兵们肩负着其领袖和他所建立的整个大帝国的命运，这次战争关系到前途尚不明确的新帝国能否生存下去。一旦拿破仑大军战败，1789 年法国大革命所催生的整个新世界将随着拿破仑本人一起被彻底摧毁。随着“世界末日之战”的迫近，行军路上冰雪覆盖的山峰以及隐约耸立的松林简直可以拿来作为瓦格纳歌剧的素材，只不过，它的主角已换成了决心凭借个人的才智、诡计及勇气将旧神祇掀翻在地的费加罗。如费加罗一样，拿破仑不仅一心想要推翻那些旧神祇，而且还要让他们相形见绌。在高山的阴影下，穿越黑暗森林，命运在向他招手。

致谢

本书的出版要感谢来自很多人的各种各样的帮助。首先，它的构思得益于我的经纪人罗伯特·达德利，并得到了费伯-费伯出版社的尼尔·贝尔顿的支持。理查德·柯林斯对本书的成稿给予了极大帮助，而唐纳德·萨默维尔则纠正了书中存在的诸多舛误。自初稿伊始，它就成了一项牵涉很多人的浩大工程，这对作品的最终完成起了关键作用。其次，利华休姆信托基金为"拿破仑时代的文明"这一课题而颁发的慷慨奖励，即重大研究基金使本书得以进入该基金会的范畴，使我能更全面地重新思考其主题。它是一个幸运的巧合，也是这一适时的奖励结出的成果。

这项工作不可避免地借鉴了前人的研究成果。随意翻阅一下本书的参考文献，人们就将发现当中有许多学者的功劳。他们用自己的热情续写着"拿破仑时期的复兴"。在最近的20年里，曾一度被视为是既缺乏成果又缺乏原创的拿破仑历史研究，却因人们在众多领域做出的大量贡献而重新焕发勃勃生机。然而，要是没有全球同行及友人们业已结出的成果，拿破仑传记的写作将毫无意义。从这个意义上说，每条注解都体现着他们所有人的贡献。新一代学者簇拥在拿破仑周围，一如当年那些才华横溢的元帅及大臣。但即使在这样的群体中，仍有少数人显得卓尔不群。对这些拿破仑研究专家，我有着不尽的感激之情。史蒂文·英格伦、路易吉·马斯切利·米格里奥里尼、菲利普·德怀尔、杰弗里·埃利斯以及阿兰·福里斯特均推出过优秀的拿破仑传记；就个人的激励作用而言，雅克-奥利维耶·布东的研究已超越任何一名学者，通过他的写作与教学，他极大激励了新一代法国研究人员进入拿破仑研究领域。安妮·卓丹给了所有人如此多的思考，我们感激不尽。要是没有这些前贤，本书的成色肯定要大受影响，也将是无意义之作。

最重要的是，巴黎拿破仑基金会的蒂埃里·朗茨和彼得·希克斯极其艰巨的努力为拿破仑研究提供了意义深远的新动力。没有他们正在推出的新版《拿破仑书信全集》，就没有本书的面世。朗茨新撰写的法兰西第一帝国历史本就令人惊叹，但是新版《拿破仑书信全集》从现在起将是未来所有拿破仑研究的新起点，而本书只不过是利用这一书信宝库的首次尝试。该书信集是众多学者辛勤努力、耐心收集与精心钻研的结晶。如果说本书有什么内在价值的话，那就在于它将这一无与伦比的资源迅速加以利用这一点。

由于篇幅原因，本卷并未列出参考书目，但我计划在卷二中收入一篇我写的文献学文章。

在本书的写作中，肩上的担子似乎每过一天就重一分，因此上面提到的每一位给予的支持显得弥足珍贵。至少，他们有幸远离痛苦的煎熬。其他人则没那么幸运：苏、我的妻子、与我同样在巴黎休假的芒罗·普莱斯以及牛津大学玛格丽特夫人学堂的诸位同仁——杰兰特·托马斯、格兰特·塔普塞尔及我尤其要感谢的安布罗焦·坎纳尼——像拿破仑手下木讷的近卫队老兵那样一马当先。就连我的猫，绰号为路易，也像马穆鲁克骑兵一样守卫在我的手稿旁边。安静的文字让我翱翔。我的已故朋友菲利普·贝许认为，我“生来”就是写这些的料。克莱尔·贝许则对我说，该是推出属于我的拿破仑著作了。此外，我从前的学生，现为一名卓越的历史学编辑的乔·戈弗雷曾对我说，“这将是一本很棒的书”。我希望“命运”（此为双关语，原书副标题为“士兵的命运”——译者注）证明他们是正确的。

多年前，当我们还只是年轻讲师时，我和吉姆·麦克米伦曾在纽约共居一室。

那时，吉姆 · 麦克米伦正忙着撰写拿破仑三世的传记，而我则写完了论文。他希望将来有一天能再研究一下拿破仑三世，甚至在当时，那是很多年前了，他就告诉我，为我们这个时代写这个“矮个子伟人”的“生平”是我的天命。从那以后，他再也没研究过拿破仑三世，也永远看不到眼前这本书了，尽管本书是为他而写。要是吉姆还在的话，他肯定能领略副标题中的反讽，而我仿佛看到他在得意地笑。看来写一本传记是感谢他毕生努力的最好方式。

查布里 - 牛津
2013 年圣帕特里克节

注 释

引言　命运的力量

1. Alexandre de Beaumarchais, *Le Mariage de Figaro*, Act V, Scene III. Translated from *Beaumarchais. Théatre* (Paris, 1980), ed. Jean-Pierre de Beauharnais, p. 535.
2. Jean-Jacques Rousseau, *The Confessions* (1781; English trans. J. M. Cohen, London,1971 edn), pp. 282–3, 287, 291.
3. For a study of this phenomenon across the life of the French old regime, from Molière to Beaumarchais: Yves Morand, *La conquête de la liberté de Scapin à Figaro*(Paris, 1989).
4. Steven Englund, Napoleon: *A Political Life* (New York, 2004), p. XIX.
5. Robert S. Alexander, *Napoleon* (London, 2001), p. 236.
6. Cited in Annie Jourdan, Napoléon. *Héros, imperator, mécène* (Paris, 1998), p. 106.
7. Beaumarchais, *Le Mariage de Figaro*, Act V, Scene XIX, p. 574.
8. Jourdan, *Napoléon*, p. 104.
9. Jourdan, *Napoléon*, p. 101, notes this in the case of Parisian intellectual circles.

10. Joseph Conrad, *Nostromo* (Oxford, 2009 edn), p. 414.
11. Pieter Geyl, *Napoleon: For and Against* (1949; London, 1965 edn), p. 21.
12. In *London Review of Books,* vol. 34, no. 13, 5 July 2012: David Runciman on Robert Caro, *The Years of LBJ: vol. iv, The Passage of Power* (New York, 2012).
13. Conrad, *Nostromo*, p. xv. Conrad cited from: 'Preface', *The Nigger of the Narcissus*(Oxford, 1984), p. i.
14. *Napoléon Bonaparte, Correspondance générale,* vols I–VII, ed. Thierry Lentz (Paris,2004–10).
15. Jesús Pabón, *Las ideas y el sistema Napoleonicos* (Madrid, 1944), p. 14.

第一章　边缘处的生活

1. For a clever juxtaposition of all the fact and fiction, see the first two chapters of Dorothy Carrington, *Napoleon and his Parents: On the threshold of history* (London,1988).
2. Cited in Luigi Mascilli Migliorini, *Napoléon* (French trans., Paris, 2006), p. 23.
3. Antoine-Marie Graziani, *La Corse Génoise. économie, société, culture. Période moderne,* 1453–1768 (Ajaccio, 1997), pp. 36–41.
4. Graziani, *La Corse Génoise*, pp. 104–5.
5. Michel *Vergé-Franceschi, Napoléon, une enfance corse* (Paris, 2009), p. 152.
6. Carrington, *Napoleon and his Parents*, p. 61.
7. Vergé-Franceschi, *Napoléon*, pp. 201–2.
8. Vergé-Franceschi, *Napoléon*, p. 210.
9. Carrington, *Napoleon and his Parents*, pp. 88–9, sees the urban elite as imbued with 'vendetta culture' pursued at law.
10. Graziani, *La Corse Génoise*, pp. 142–3.

11. Vergé-Franceschi, *Napoléon*, p. 185.

12. Ibid.

13. Vergé-Franceschi, *Napoléon*, pp. 260–4.

14. Michel Vergé-Franceschi, *Paoli, un Corse des Lumières* (Paris, 2005), p. 103.

15. Carrington, *Napoleon and his Parents*, p. 33.

16. Carrington, *Napoleon and his Parents*, p. 37.

17. To Paoli, 12 June 1789, *Napoléon Bonaparte. Correspondance générale,* vol. I, *Les Apprentissages, 1784–1797* (Paris, 2004), no. 29, pp. 76–7. See note 7 p. 78, for the meticulous research by Thierry Lentz, showing how dubious is the provenance of this famous letter.

18. Vergé-Franceschi, *Paoli*, pp. 353–4.

19. Vergé-Franceschi, *Paoli*, pp. 366–7.

20. Carrington, *Napoleon and his Parents*, brilliantly juxtaposes the myth and reality of the 'flight' in the first two chapters of her book.

21. Carrington, *Napoleon and his Parents,* pp. 53–61, 90–2.

22. Carrington, *Napoleon and his Parents*, p. 102.

23. Carrington, *Napoleon and his Parents*, p. 99.

第二章　法国：危险之地

1. Luigi Mascilli Migliorini, 'Napoleon and Classicism: His contemporaries' judgement', *in L'Europa Scopre Napoleone, 1793–1804,* 2 vols, ed. Vittorio Scotti-Douglas (Alessandria, 1999), vol. i, pp. 233–40, at p. 238.

2. David Bien, 'The Army in the French Enlightenment: Reform, Reaction and Revolution', *Past & Present,* 85 (1979), pp. 68–98.

3. Philip Dwyer, *Napoleon: The Path to Power, 1769–1799* (London, 2007), p. 26.
4. Cited in Migliorini, *Napoléon*, pp. 30–1.
5. *Dwyer*, Napoleon, pp. 31–2.
6. *Dwyer*, Napoleon, pp. 26–32.
7. Andy Martin, *Napoleon the Novelist* (Cambridge, 2000), p. 44.
8. Cited in Martin, *Napoleon the Novelist*, p. 40.
9. Robert Darnton, *The Literary Underground of the Old Regime* (Cambridge, Mass. and London, 1982), pp. 226–32.
10. Martin, *Napoleon the Novelist*, pp. 12–13.
11. For a lively, humorous account of this, Martin, *Napoleon the Novelist*, pp. 7–33.
12. To Labitte, 'marchand de drap', from Paris, c. 23 Sept. 1785, *Correspondance générale*, vol. I, no. 6, p. 48; to Amielh, Directeur du Petit Séminaire, Aix-en-Provence, from Valence, c. 25 Nov. 1785, ibid., no. 7, p. 49.
13. To La Guillaume, Intendant de Corse, from Ajaccio, c. 19 Nov. 1786, *Correspondance générale,* vol. I, no. 9, pp. 51–2.
14. To La Guillaume, Intendant de Corse, undated nos 15, 16, 17, 18, 19, *Correspondance générale,* vol. I, pp. 58–64; to Brienne, undated, c. Nov. 1787, no. 13, ibid., p. 56; and idem, 24 Nov. 1787, no. 14, ibid., pp. 57–8.
15. To Don Luciano, 28 March 1789, *Correspondance générale,* vol. I, no. 23, pp. 68–70.
16. To Matteo Buttafoco, 23 Jan. 1793, *Correspondance générale,* vol. I, no. 44, pp. 91–6.
17. To Giubega, June 1789, *Correspondance générale,* vol. I, no. 28, pp. 74–5.
18. Jean Defranceschi, *La Jeunesse de Napoléon* (Paris, 2001), pp. 155–6.
19. To Joseph, from Auxonne, 8/9 August 1789, *Correspondance générale,* vol. I, no. 34, p. 81.
20. Cited in Miglioroni, *Napoléon*, p. 36.
21. To Letizia, 15 April 1789, *Correspondance générale,* vol. I, no. 25, p. 72.

22. Vergé-Franceschi, *Paoli*, pp. 444, 450.

23. Defranceschi, *La Jeunesse*, p. 170.

24. Vergé-Franceschi, *Paoli,* pp. 454–5.

25. Vergé-Franceschi, *Paoli*, pp. 451–2, 456–7.

26. Defranceschi, *La Jeunesse*, pp. 168–9.

27. Defranceschi, *La Jeunesse*, pp. 175–6.

28. Dwyer, *Napoleon*, pp. 109–10.

29. Migliorini, *Napoléon*, pp. 61–2.

30. Defranceschi, *La Jeunesse,* pp. 210–12.

31. Cited in Defranceschi, *La Jeunesse,* p. 220.

32. Vergé-Franceschi, *Paoli*, pp. 469–80.

33. Dwyer, *Napoleon*, p. 135.

34. Cited in David Chandler, *Campaigns of Napoleon* (London, 1967 edn), pp. 23–4.

35. Chandler, *Campaigns*, pp. 21–2.

36. Chandler, *Campaigns*, pp. 27–8.

37. Chandler, *Campaigns*, pp. 26–7; Dwyer, *Napoleon*, p. 140.

38. For the full plan: to Bouchotte, Minister of War, 24 Brumaire, Year 2 (14 Nov. 1793), *Correspondance générale,* vol. I, no. 111, pp. 142–8.

39. Dwyer, *Napoleon*, p. 141.

40. Chandler, *Campaigns*, pp. 27–8. Dwyer, *Napoleon*, p. 141, who attributes this, possibly, to Smith's bad conscience for having attacked ships full of civilians.

41. To the Municipal Officers of Beausset, 12 Oct. 1793, *Correspondance générale,* vol. I, no. 90, p. 130.

42. To Capt. Perrier, 22 Vendémiaire, Year 2 (13 Oct. 1793), *Correspondance générale,* vol. I, no. 91, p. 130.

43. To Berlier, Chef de Bataillon, 14 Messidor, Year 2 (12 July 1793), *Correspondance*

générale, vol. I, no. 204, p. 186.

44. To Chauvet, Commissaire Ordonnateur, c. mid-Oct. 1793, *Correspondance générale,* vol. I, no. 95, pp. 132–3.

45. To Brigadier Gassendi, 27 Vendémiaire, Year 2 (18 Oct. 1793), *Correspondance générale, vol.* I, no. 101, p. 136.

46. To Dupin, Adjoint to the Minister of War, 4 Nivôse, Year 2 (24 Dec. 1793), *Correspondance générale*, vol. I, no. 127, p. 54.

47. Dwyer, *Napoleon*, p. 141.

48. For the latter supposition: Gabriel Girod de l'Ain, *Désirée Clary* (Paris, 1959), pp. 21–7.

49. Girod de l'Ain, *Désirée*, pp. 33–4.

50. Girod de l'Ain, *Désirée*, p. 17.

51. Girod de l'Ain, *Désirée*, pp. 12–20, for a well-researched portrait of the family and their world.

52. Dwyer, N*apoleon*, p. 154.

53. Dwyer, *Napoleon*, p. 155, after considerable study, is of this opinion.

54. Dwyer, *Napoleon*, p. 176.

55. Cited in Dwyer, *Napoleon*, p. 179.

56. Andrea Stuart, *Joséphine: The Rose of Martinique* (Basingstoke and Oxford, 2004 edn), pp. 170–1.

57. Stuart, *Joséphine,* p. 177.

58. The traditional date is 15 October 1795.

59. Cited and translated in Stuart, *Joséphine,* p. 173.

第三章 征服意大利

1. To the Executive Directory, Nice, 7 Germinal, Year 4 (27 Mar. 1796), *Correspondance générale*, vol. I, no. 422, p. 302; to the Executive Directory, Nice, 8 Germinal, Year 4 (28 Mar. 1796), ibid., no. 424, p. 303.
2. Cited in Chandler, *Campaigns*, p. 56.
3. Expressed directly in Jonathon Riley, *Napoleon as a General. Command from the Battlefield to Grand Strategy* (London, 2007), p. 152.
4. Bouches-du-Rhône, Var, Vaucluse and Basses-Alpes (today Alpes-Maritimes): the core of the Provence region.
5. To the Executive Directory, Nice, 8 Germinal, Year 4 (28 Mar. 1796), *Correspondance générale*, vol. I, no. 426, p. 304.
6. Napoleon to Faipoult, French Minister to Genoa, Nice, 8 Germinal, Year 4 (28 Mar. 1796), *Correspondance générale*, vol. I, no. 422, p. 302.
7. Migliorini, *Napoléon*, pp. 465–6, 469.
8. To Masséna, Nice, 8 Germinal, Year 4 (28 Mar. 1796), *Correspondance générale*, vol. I, no. 427, p. 305.
9. To Executive Directory, Nice, 8 Germinal, Year 4 (28 Mar. 1796), *Correspondance générale*, vol. I, no. 426, p. 304.
10. To Berthier, Nice, 9 Germinal, Year 4 (29 Mar. 1796), *Correspondance générale,* vol. I, no. 429, p. 306.
11. Riley, *Napoleon as a General*, p. 140.
12. To Carnot, Lodi, 25 Floréal, Year 4 (14 May 1796), *Correspondance générale*, vol. I, no. 597, p. 398.

13. To the Executive Directory, Lodi, 25 Floréal, Year 4 (14 May 1796), *Correspondance générale*, vol. I, no. 599, p. 399.

14. To the Executive Directory, Lodi, 27 Floréal, Year 4 (16 May 1796), *Correspondance générale,* vol. I, no. 602, p. 401.

15. Alain Pillepich, Milan, *capitale napoléonienne,* 1800–1814 (Paris, 2001), pp. 23–4.

16. Stendhal, *Rome, Naples et Florence* (1826; Paris, 1987 edn), p. 28.

17. The figures are drawn from Chandler, *Campaigns*, p. 95.

18. Chandler, *Campaigns,* p. 95.

19. To Berthier, Milan, 2 a.m., 6 Prairial, Year 4 (25 May 1796), *Correspondance générale,* vol. I, no. 629, p. 416.

20. To General Despinoy, 7 Prairial, Year 4 (26 May 1796), *Correspondance générale,* vol. I, no. 653, p. 418.

21. T. C. W. Blanning, *The French Revolutionary Wars*, 1787–1802 (London, 1996), p. 167.

22. To the Executive Directory, 22 Pluviôse, Year 5 (10 Feb. 1797), *Correspondance générale,* vol. I, no. 1367, p. 833.

23. Simon Schwarzfuchs, *Napoleon, the Jews and the Sanhedrin* (London, 1979), pp. 22–3.

24. To the Executive Directory, 27 Pluviôse, Year 5 (15 Feb. 1797), *Correspondance générale*, vol. I, no. 1379, p. 839.

25. Englund, *Napoleon*, p. 115.

26. Cited in Englund, *Napoleon*, p. 116.

27. Dwyer, *Napoleon*, p. 298.

28. Dwyer, *Napoleon*, pp. 299–300.

29. Migliorini, *Napoléon*, pp. 463–72.

30. *Les vies des hommes illustres de Plutarque*, vol. 7 (Paris, 1818), p. 295. A reprint of an eighteenth-century translation with which *Napoleon's* generation was familiar.

31. Jacques-Olivier Boudon, *La France et l'Empire de Napoléon* (Paris, 2006), pp. 43–52.

32. To Joséphine, Mamirolo, 2 p.m., 29 Messidor, Year 5 (17 July 1796), *Correspondance générale,* vol. I, no. 783, p. 505.

33. Dwyer, *Napoleon*, pp. 301–2.

第四章 奇萨尔皮尼共和国

1. Englund, *Napoleon*, p. 111.

2. To the Executive Directory, Milan, 25 Floréal, Year 4 (14 May 1797), *Correspondance générale,* vol. I, 1549, pp. 941–2.

3. Dwyer, *Napoleon*, pp. 248–72.

4. Dwyer, *Napoleon*, p. 268.

5. To the Executive Directory, Nice, 8 Germinal, Year 4 (28 Mar. 1796), *Correspondance générale,* vol. I, no. 426, p. 304.

6. To the Piedmontese Patriots, Nice, 11 Germinal, Year 4 (31 Mar. 1797), *Correspondance générale*, vol. I, no. 447, p. 315.

7. Carlo Zaghi, *Il Direttorio Francese e La Repubblica Cisalpina, 2 vols, I: La Nascita di Uno Stato Moderno* (Rome, 1992), p. 137.

8. Dwyer, *Napoleon*, pp. 305–6.

9. To the Executive Directory, Milan, 8 Nivôse, Year 5 (28 Dec. 1796), *Correspondance générale,* vol. I, no. 1549, pp. 941–2.

10. To the Executive Directory, Milan, 25 Floréal, Year 4 (14 May 1797), *Correspondance générale,* vol. I, no. 1549, pp. 941–2.

11. To Carnot, Member of the Executive Directory, Milan, 22 Prairial, Year 4 (10 June 1796), *Correspondance générale,* vol. I, no. 666, p. 437.

12. To Carnot, Member of the Executive Directory, Milan, 11 Fructidor, Year 4 (28 Aug. 1796), *Correspondance générale,* vol. I, no. 882, p. 561.
13. Zaghi, *Il Direttorio*, vol. I, p. 178.
14. Ibid.
15. Zaghi, *Il Direttorio*, vol. I, pp. 184–5.
16. Carlo Zaghi, *L'Italia di Napoleone. Dalla Cisalpina al Regno. Storia d'Italia*, vol. 18 (ed. Galante Galassa) (Turin, 1986), p. 177.
17. To the Executive Directory of the Cisalpine Republic, Passarino, 22 Vendémiaire, Year 6 (15 Oct. 1797), *Correspondance générale,* vol. I, no. 2156, p. 1250.
18. To the Executive Directory of the Cisalpine Republic, Mombello, 15 Messidor, Year 5 (5 July 1797), *Correspondance générale,* vol. I, no. 1751, p. 1041.

第五章　更广泛的教训

1. As cited in Dwyer, *Napoleon*, p. 299.
2. See especially, Dwyer, *Napoleon*, p. 229.
3. *Le Congrès de Rastatt* (le 11 juin, 1798 au 28 avril, 1799), *Correspondance et documents* (2 vols, Paris, 1912–13), ed. P. Montaelot and L. Pingaud, p. 84.
4. To Talleyrand, Paris, 25 Nivôse, Year 6 (14 Jan. 1798), Napoléon Bonaparte, *Correspondance générale,* vol. II, La Campagne d'Egypte et d'Avènement, 1798–1799 (Paris, 2005), no. 2300, pp. 29–31.
5. To the Executive Directory, Paris, 5 Ventôse, Year 6 (25 Feb. 1798), *Correspondance générale,* vol. II, no. 2315, pp. 36–9.
6. To General Brune, Paris, 22 Nivôse, Year 6 (11 Jan. 1798), *Correspondance générale,* vol. II, no. 2296, pp. 27–8.

7. To Berthier, Commander-in-Chief, Army of Italy, Paris, 18 Pluviôse, Year 6 (6 Feb. 1798), *Correspondance générale,* vol. II, no. 2309, p. 34.

8. To the Central Administration, dept Var, Toulon, 24 Floréal, Year 6 (15 May 1798), *Correspondance générale,* vol. II, no. 2478, p. 122.

9. To the Executive Directory, Toulon, 28 Floréal, Year 6 (17 May 1798), *Correspondance générale,* vol. II, no. 2489, p. 126.

10. To the Military Commission of the 9th Military Division, Toulon, 27 Floréal, Year 6 (16 May 1798), *Correspondance générale,* vol. II, no. 2483, p. 124.

11. Dwyer, *Napoleon*, p. 445.

12. To Joseph, aboard the Orient, 4 Prairial, Year 6 (25 May 1798), *Correspondance générale,* vol. II, no. 2500, p. 132.

13. To Letizia, aboard the Orient, 9 Prairial, Year 6 (28 May 1798), Correspondance générale, vol. II, no. 2510, p. 138.

14. Henry Laurens, *L'expédition d'égypte*, 1798–1801 (Paris, 1997), pp. 29–30.

15. To the Executive Directory, Milan, 29 Thermidor, Year 5 (16 Aug. 1797), *Correspondance générale*, vol. I, no. 1908, p. 1118.

16. Dwyer, *Napoleon*, p. 354.

17. To Berthier, on board at port in Malta, 21 Prairial, Year 6 (9 June 1798), *Correspondance générale,* vol. II, no. 2514, p. 140.

18. To the Administration of dept Aegean Sea, HQ, Malta, 26 Prairial, Year 6 (14 June 1798), *Correspondance générale,* vol. II, no. 2528, p. 147.

19. To Garat, Minister of the French Republic in Naples, Malta, 25 Prairial, Year 6 (13 June 1798), *Correspondance générale,* vol. II, no. 2524, p. 145.

20. To the Consuls of the French in Tunis, Tripoli and Algiers, Malta, 27 Prairial, Year 6 (15 June 1798), *Correspondance générale,* vol. II, no. 2552, p. 149.

21. *Al-Jabarti's Chronicle of the French Occupation, 1798. Napoleon in Egypt* (English

trans., Princeton and New York, 1993).

22. Paul Strathern, *Napoleon in Egypt: 'The Greatest Glory'* (London, 2007) pp. 85–6.

23. Strathern, *Napoleon* in Egypt, pp. 86–9.

24. Strathern, *Napoleon in Egypt*, pp. 90–1.

25. Strathern, *Napoleon in Egypt*, p. 96.

26. Strathern, *Napoleon in Egypt*, p. 107.

27. Strathern, *Napoleon in Egypt*, p. 118.

28. Strathern, *Napoleon in Egypt*, p. 132.

29. Laurens, *L'expédition*, p. 129.

30. Strathern, *Napoleon in Egypt*, pp. 132–3.

31. Laurens, *L'expédition*, p. 151.

32. Dwyer, *Napoleon*, p. 397.

33. Laurens, *L'expédition*, p. 155.

34. Laurens, *L'expédition*, pp. 134–6.

35. Cited in Strathern, *Napoleon in Egypt*, p. 138.

36. Laurens, *L'expédition*, p. 210.

37. Laurens, *L'expédition*, pp. 130–9, 168–71.

38. Dwyer, *Napoleon*, pp. 377–8.

39. Dwyer, *Napoleon*, p. 388.

40. Dwyer, *Napoleon*, pp. 389–90.

41. Laurens, *L'expédition*, pp. 238–9.

42. As translated and cited in Dwyer, *Napoleon*, p. 407.

43. Cited in Laurens, *L'expédition*, pp. 268–9.

44. Laurens, *L'expédition*, p. 469.

45. As translated and cited in Englund, *Napoleon*, pp. 137–8.

第六章 不祥之雾

1. Dwyer, *Napoleon*, p. 255–62.
2. Patrice Gueniffey, *Le Dix-huit Brumaire. L'épilogue de la Révolution française* (Paris, 2008), p. 229.
3. Jacques Norvins de Montbreton, *Histoire de Napoléon,* 4 vols (Paris, 1833), ii, p. 4. As rightly questioned by Gueniffey, *Le Dix-huit Brumaire*, pp. 229–30.
4. Cited in Gueniffey, *Le Dix-huit Brumaire,* pp. 233–4.
5. Cited in Stuart Semmel, *Napoleon and the British* (New Haven and London, 2004), p. 21.
6. Gueniffey, *Le Dix-huit Brumaire*, p. 203.
7. Gueniffey, *Le Dix-huit Brumaire*, p. 212.
8. Pierre Serna, *La République des Girouettes* (Paris, 2005), p. 433.
9. Serna, *La République*, pp. 445–6.
10. Isser Woloch, *Napoleon* and his Collaborators: The making of a dictatorship (New York, 2001), pp. 16–17.
11. Jean-Denis Bredin, *Sieyès. La clé de la Révolution française* (Paris, 1988), pp. 436–9.
12. Dwyer, *Napoleon*, pp. 483–4.
13. As translated and cited in Englund, *Napoleon*, p. 164.
14. Englund, *Napoleon*, p. 165.
15. Dwyer, *Napoleon*, pp. 501–2.

第七章　当政的危险

1. Bredin, *Sieyès*, p. 463.
2. Bredin, *Sieyès*, p. 466.
3. Bredin, *Sieyès*, pp. 483–4.
4. Bredin, *Sieyès*, pp. 470–2.
5. Bredin, *Sieyès*, p. 484.
6. Chandler, *Campaigns*, pp. 264–5.
7. Chandler, *Campaigns*, p. 265.
8. Chandler, *Campaigns*, pp. 278–81.
9. Chandler, *Campaigns*, p. 301.
10. Cited in Rory Muir, *Tactics and the Experience of Battle in the Age of Napoleon* (New Haven, 2000), p. 78.
11. Muir, *Tactics*, p. 207.
12. Cited in Muir, *Tactics*, p. 164.
13. Cited in Chandler, *Campaigns*, p. 296.
14. To Gen. Moreau, Milan, 28 Prairial, Year 8 (17 June 1800), Napoléon Bonaparte. *Correspondance générale,* vol. III, Pacifications, 1800–1802 (Paris, 2006), no. 5444, p. 306.
15. Muir, *Tactics*, p. 135.
16. To Francis II, Holy Roman Emperor, Marengo, 27 Prairial, Year 8 (16 June 1800), *Correspondance générale,* vol. III, no. 5440, pp. 303–4.
17. To Christian VII, King of Denmark, Lyon, 11 Messidor, Year 8 (30 June 1800), *Correspondance générale,* vol. III, no 5477, pp. 319–20.

18. To Carnot, Min. of War, Milan, 28 Prairial, Year 8 (17 June 1800), *Correspondance générale*, vol. III, no. 5443, p. 306.

19. To Gen. Brune, Commander-in-Chief of the Army of the Reserve, 25 Thermidor, Year 8 (13 Aug. 1800), *Correspondance générale,* vol. III, no 5600, pp. 369–70.

20. To Carnot, Paris, 18 Fructidor, Year 8 (5 Sept. 1800), *Correspondance générale,* vol. III, no. 5632, p. 384.

21. To Francis II, Holy Roman Emperor, Mortefontaine (Calvados), 10 Thermidor, Year 8 (29 July 1800), *Correspondance générale,* vol. III, no. 5578, p. 361.

22. To Talleyrand, Paris, 16 Thermidor, Year 8 (4 Aug. 1800), *Correspondance générale,* vol. III, no. 5595, p. 367.

23. To Carnot, Paris, 26 Fructidor, Year 8 (15 Sept. 1800), *Correspondance générale,* vol. III, no. 5643, p. 388.

24. To the Landgrave of Hesse-Kassel, Paris, 4 Vendémiaire, Year 9 (26 Sept. 1800), *Correspondance générale,* vol. III, no. 5662, p. 396; to the Landgrave of Hesse-Darmstadt, Paris, 4 Vendémiaire, Year 9 (26 Sept. 1800), *Correspondance générale,* vol. III, no. 5663, p. 396.

25. To Joseph, Paris, 28 Vendémiaire, Year 9 (20 Oct. 1800), *Correspondance générale,* vol. III, no. 5700, pp. 411–12.

26. To Carnot, Paris, 26 Fructidor, Year 8 (13 Sept. 1800), *Correspondance générale,* vol. III, no. 5643, p. 388.

27. 'La comparison d'Alexandre le Grand avec Jules César', *Les vies des hommes illustres de Plutarque*, vol. vii, ed. and trans by Amyot (Paris, 1818 edn of 1769 original), pp. 295, 300.

28. Migliorini, *Napoléon*, pp. 235–6.

29. Cited in Woloch, *Napoleon and his Collaborators,* p. 92.

30. Valérie Huet, 'Napoleon I: a new Augustus?', *Roman Presences: Receptions*

of Rome in European Culture, 1789–1945, ed. Catherine Edwards (Cambridge,1999), pp. 53–69, 54.

31. Darrin M. McMahon, *Enemies of the Enlightenment: The French Counter-Enlightenment and the Making of Modernity* (Oxford, 2001), pp. 128, 132, 134–5.
32. Woloch, *Napoloen and his Collaborators*, pp. 206–7.
33. Cited in McMahon, *Enemies of the Enlightenment*, pp. 150–1.
34. McMahon, *Enemies of the Enlightenment*, p. 151.
35. To Fouché, Milan, 30 Floréal, Year 13 (20 May 1805), *Correspondance générale,* vol. V, Boulogne, Trafalgar, *Austerlitz*, 1805 (Paris, 2008), no 10092, p. 325.
36. To Fouché, 30 Aug. 1806, Napoléon Bonaparte. *Correspondance générale,* vol. VI, Vers le Grand Empire, 1806 (Paris, 2009), no. 12819, p. 766.
37. To Joseph, 31 May 1806, *Correspondance générale,* vol. VI, no. 12206, p. 475.
38. A . F. Lebrun, *Opinions, rapports et choix d'écrits politiques de Charles-François Lebrun, Duc de Plaisance* (Paris, 1829), pp. 77–8.
39. Cited in Isser Woloch, *The New Regime: Transformations of the French Civic Order, 1789–1820,* (New York, 1994), p. 68.
40. Woloch, *New Regime,* p. 68.
41. To Fouché, 13 Nivôse, Year 9 (3 Jan. 1801), *Correspondance générale,* vol. III, no. 5878, p. 497.
42. To Talleyrand, 30 Fructidor, Year 9 (17 Sept. 1801), *Correspondance générale,* vol. III, no. 6494, pp. 781–2.
43. *Napoleon* to Joseph, 17 Ventôse, Year 10 (8 March 1802), *Napoléon et Joseph. Correspondance intégrale*, 1784–1818, ed. Vincent Haegele (Paris, 2007), no. 95, p. 73.
44. To Talleyrand, 22 Brumaire, Year 10 (13 Nov. 1801), *Correspondance générale*, vol.

III, no, 6642, pp. 850–1.

45. To Talleyrand, 30 Pluviôse, Year 10 (19 Feb. 1802), *Correspondance générale,* vol. III, no. 6779, p. 915.

46. Napoleon to Joseph, 21 Ventôse, Year 10 (12 Mar. 1802), *Napoléon et Joseph,* no. 101, p. 76.

47. To Talleyrand, 30 Pluviôse, Year 10 (19 Feb. 1802), *Correspondance générale,* vol. III, no. 6780, p. 916.

48. Joseph to Napoleon, 17 March 1802, *Napoléon et Joseph*, no. 108, p. 79.

49. Emmanuel de Waresquiel, Talleyrand. *Dernières nouvelles du Diable* (Paris, 2011), p. 103.

50. de Waresquiel, *Talleyrand*, pp. 104–5.

51. To Alexander I, Emperor of Russia, 18 Vendémiaire, Year 10 (10 Oct. 1801), *Correspondance générale,* vol. III, no. 6549, pp. 805-6.

52. To Alexander I, Emperor of Russia, 27 Pluviôse, Year 10 (16 Feb. 1802), *Correspondance générale,* vol. III, no 6770, p. 909.

53. *Les Grands Traités du Consulat. Documents diplomatiques du Consulat et de l'Empire, ed. Michel Kerautret* (Paris, 2002), vol. I, p. 197.

54. *Les Grands Traités*, vol. I, p. 244.

55. Cited in Migliorini, *Napoléon*, p. 223.

第八章　掌 权

1. Marie-Blanched'Arneville, *Parcs et Jardins sous la Premier Empire. Reflets d'une société* (Paris, 1981), p. 31.

2. See Frédéric Bluche, *Le Bonapartisme. Aux origines de la droite autoritaire,1800–1850*

(Paris, 1980), for the classic definition of this policy.

3. Germaine de Staël, *Ten Years' Exile* (English trans., Fontwell, 1968), pp. 15–16.

4. Englund, *Napoleon*, p. 224.

5. To Berthier, 19 Ventôse, Year 12 (10 Mar. 1804), Napoléon Bonaparte. *Correspondance générale,* Vol. IV, Ruptures et Fondation, (Paris, 2007), no. 8726, pp. 633–4.

6. To Real, Conseiller d'état, 24 Ventôse, Year 12 (15 Mar. 1804), *Correspondance générale,* vol. IV, no. 8736, p. 640–1.

7. François-René de Chateaubriand, *Napoléon* (Paris, 1969 edn), p. 141.

8. Chateaubriand, *Napoléon*, pp. 141–2, 176.

9. Migliorini, *Napoléon*, p. 237.

10. To Talleyrand, 27 Ventôse, Year 12 (18 Mar. 1804), *Correspondance générale,* vol. IV, no. 8746, p. 645.

11. To Murat, 28 Ventôse, Year 12 (19 Mar. 1804), *Correspondance générale,* vol. IV, no. 8747, p. 646.

12. Woloch, *Napoleon and his Collaborators,* p. 106.

13. To Cambacérès and Lebrun, 4 Pluviôse, Year 10 (24 Jan. 1802), *Correspondance générale*, vol. III, no. 6738, p. 894.

14. To Champagny, Min. of Int., 9 Frimaire, Year 13 (30 Nov. 1804), *Correspondance générale,* vol. IV, no. 9431, p. 965.

15. To Daunou, 9 Frimaire, Year 13 (30 Nov. 1804), *Correspondance générale,* vol. IV, no. 9432, p. 966.

16. Yves Bénot, 'Il gruppo della "Décade Philosophique": Un tentative di resistenza intelletuale (1799–1803)', in *Napoleone e gli intelletuali. Dotti e 'hommes de lettres' nell'Europa napoleonica,* ed. Daniela Gallingani, pp. 83–114, at p. 98.

17. Henry Lachouque and Anne S. K. Brown, The *Anatomy of Glory: Napoleon and his*

Guard (English trans., London, 1997), pp. 28–9.

18. Philip Mansel, *The Eagle in Splendour. Napoleon and his Court* (London, 1987) pp. 14–15.

19. Mansel, *The Eagle in Splendour*, pp. 14–15.

20. Lachouque and Brown, *Anatomy of Glory*, p. 29.

21. Woloch, *Napoleon* and his Collaborators, pp. 90–9, at p. 92.

22. Woloch, *Napoleon* and his Collaborators, p. 94.

23. Englund, *Napoleon*, p. 222.

24. Jacques Godechot, *Les Institutions de la France sous la Révolution et l'Empire* (Paris, 1968), pp. 575–6.

25. Bredin, *Sieyès*, pp. 471–2.

26. Godechot, *Les Institutions*, p. 575.

27. Woloch, *Napoleon and his Collaborators*, p. 157.

28. Ambrogio A. Caiani, *Louis XVI and the French Revolution, 1789–1792* (Cambridge, 2012), passim.

29. Timothy Wilson-Smith, *Napoleon and his Artists* (London, 1996), pp. 102–5.

30. To Talleyrand, 16 Fructidor, Year 9 (3 Sept. 1801), *Correspondance générale,* vol. III, no. 6458, p. 767.

31. For a recent, incisive analysis of the constitution: Emanuele Pagano, *Enti locali e Stato in Italia sotto Napoleone. Repubblica e Regno d'Italia (1802–1814)* (Rome, 2007), pp. 21–6.

32. Georges Lefebvre, *Napoléon* (Paris, 1941), pp. 134–6.

第九章 伟大的改革

1. Englund, *Napoleon*, p. 188.
2. Marie-Cécile Thoral, 'Small state, Big society: the Involvement of Citizens in Local Government in Nineteenth-Century France', in The *Napoleon*ic Empire and *the New European Political Culture,* ed. M. Broers, P. Hicks and A. Guimera (Basingstoke, 2012), pp. 59–69.
3. Alison Patrick, 'French Revolutionary Local Government, 1789–1792', in *The French Revolution and the Creation of Modern Political Culture, vol. II, The Political Culture of the French Revolution,* ed. Colin Lucas (Oxford, 1988), pp. 399–420.
4. Geoffrey Ellis, The *Napoleonic Empire* (2nd edn, Basingstoke, 2003), pp. 28–30.
5. Cited in Jacques-Olivier Boudon, *Histoire du Consulat et de l'Empire* (Paris, 2003 edn), p. 75.
6. Howard G. Brown, *Ending the French Revolution: Violence, Justice and Repression from the Terror to Napoleon* (Charlottesville and London, 2008), p. 301.
7. To General Hédouville, 11 Pluviôse, Year 8 (31 Jan. 1800), *Correspondance générale*, vol. III, no. 4914, p. 60.
8. Clive Emsley, *Gendarmes and the State in Nineteenth-Century Europe* (Oxford, 2000), pp. 60–1.
9. To Fouché, 5 Frimaire, Year 9 (26 Nov. 1800), *Correspondance générale,* vol. III, no. 5804, pp. 460–1.
10. To Berthier, 1 Thermidor, Year 10 (20 July 1802), *Correspondance générale,* vol. III, no. 7030, pp. 1036–7.
11. To Moncey, 10 Frimaire, Year 11 (1 Dec. 1802), *Correspondance générale,* vol. III,

no. 7330, p. 1175.

12. Emsley, *Gendarmes*, pp. 61–2.

13. To Lagrange, 7 Floréal, Year 11 (27 April 1803), *Correspondance générale,* vol. IV, no. 7612, pp. 118–19.

14. Emsley, *Gendarmes and the State,* pp. 59–60.

15. Emsley, *Gendarmes, passim.*

16. Brown, *Ending the French Revolution*, p. 327.

17. Emsley, *Gendarmes,* p. 71.

18. Alan Forrest, 'The Ubiquitous Brigand: The Politics and Language of Repression', *in Popular Resistance in the French Wars. Patriots, Politics and Land Pirates, ed. C. J. Esdaile,* (Basingstoke, 2005), pp. 25–44.

19. To General Hédouville, 2 Pluviôse, Year 8 (22 Jan. 1800), *Correspondance générale,* vol. III, no. 4897, p. 51.

20. Alan Forrest, *Déserteurs et Insoumis sous la Révolution et l'Empire* (Paris, 1988), pp. 33–4.

21. Forrest, *Déserteurs et Insoumis*, pp. 53–4.

22. For a concise, clear analysis of the reforms: Ellis, *The Napoleonic Empire,* pp. 35–40.

23. To Gaudin, 25 Germinal, Year 8 (13 April 1800), *Correspondance générale,* vol. III, no. 5179, p. 178.

24. Rip Kain and E. Baignet, T*he Cadastral Map in the Service of the State: A History of Property Mapping* (Chicago and London, 1984,), pp. 228–31.

25. To Gaudin, 7 Germinal, Year 8 (28 Mar. 1800), *Correspondance générale,* vol. III, no. 5151, p. 166.

26. To Gaudin, 1 Frimaire, Year 9 (22 Nov. 1800), *Correspondance générale,* vol. III, no. 5796, p. 457; idem, 8 Frimaire, Year 9 (29 Nov. 1800), no. 5808, p. 462.

27. To Gaudin, 18 Fructidor, Year 9 (5 Sept. 1801), *Correspondance générale,* vol. III,

no. 6469, p. 772.

28. To Gaudin, 8 Fructidor, Year 9 (26 Aug. 1801), *Correspondance générale,* vol. III, no. 6458, p. 759.

29. To Gaudin, 22 Fructidor, Year 9 (9 Sept. 1800), *Correspondance générale,* vol. III, no. 6486, pp. 778–9.

30. To Fouché, 5 Vendémiaire, Year 13 (27 Sept. 1804), *Correspondance générale,* vol. III, no. 9253, p. 891.

31. Geoffrey Ellis, *Napoleon* (Harlow, 1997), p. 172.

32. To Cambacérès, 15 Vendémiaire, Year 13 (7 Oct. 1804), no. 9320, p. 920.

33. To Haüy, 19 Pluviôse, Year 11 (8 Feb. 1803), *Correspondance générale,* vol. IV, no. 7464, p. 46.

34. Lefebvre, *Napoléon*, p. 79.

35. Boudon, *Histoire*, pp. 80–4.

36. Jacques-Olivier Boudon, *Ordre et Désordre dans la France Napoléonienne* (Paris, 2008), p. 173.

37. Joseph Fouché, *Mémoires*, 2 vols (second edn, Brussels, 1825), i, p. 157.

38. *Napoleon* to Joseph, 1 Thermidor, Year 9 (20 July 1801), *Napoléon et Joseph*, no. 87, p. 69.

39. To Portalis, 25 Vendémiaire, Year 10 (15 Oct. 1801), *Correspondance générale,* vol. III, no. 6589, p. 820.

40. *Napoleon* to Joseph, 1 Thermidor, Year 9 (20 July 1801), *Napoléon et Joseph*, no. 88. pp. 69–70.

41 Bernard Plongeron, *Conscience religieuse et Révolution. Regards sur l'historiographie religieuse de la Révolution française* (Paris, 1969), p. 226.

42. Boudon, *Histoire,* p. 83.

43. Ibid.

44. Boudon, *Ordre et Désordre*, p. 173.

45. To Cambacérès, 9 Brumaire, Year 11 (31 Oct. 1802), *Correspondance énérale*, vol. III, no. 7254, p. 1142.

46. To Fesch, 11 Brumaire, Year 11 (2 Nov. 1802), *Correspondance générale,* vol. III, no. 7260, pp. 1145–6.

47. To Régnier, 1 Prairial, Year 12 (21 May 1804), *Correspondance générale,* vol. IV, no. 8887, pp. 711–12.

48. Boudon, *Ordre et Désordre*, p. 190.

49. Boudon, *Ordre et Désordre*, p. 184.

50. Boudon, *Ordre et Désordre*, p. 190.

51. To Bernadotte, 11 Floréal, Year 8 (1 May 1800), *Correspondance générale,* vol. III, no. 5219, p. 201.

52. To General Hédouville, 2 Pluviôse, Year 8 (22 Jan. 1800), *Correspondance générale,* vol. III, no. 4897, p. 51.

53. To General Brune, 9 Pluviôse, Year 8 (29 Jan. 1800), *Correspondance générale,* vol. III, no. 4909, pp. 57–8.

54. To Bernier, Bishop of Orléans, 24 Frimaire, Year 12 (16 Dec. 1803), *Correspondance générale,* vol. IV, no. 8433, pp. 514–15.

55. To Régnier, 27 Frimaire, Year 12 (19 Dec. 1803), *Correspondance générale,* vol. IV, no. 8476, p. 531.

56. Staël, *Ten Years' Exile*, p. 14.

57. Boudon, *Ordre et Désordre*, pp. 184–5.

58. To Régnier, 20 Messidor, Year 12 (9 July 1804), *Correspondance générale,* vol. IV, no. 8999, p. 768.

59. To Fesch, 11 Brumaire, Year 11 (2 Nov. 1802), *Correspondance générale,* vol. IV, no. 7260, pp. 1145–6.

60. To Fouché, 15 Vendémiaire, Year 13 (7 Oct. 1804), *Correspondance générale,* vol. IV,no. 9328, pp. 924–5.

61. The former is a Catholic symbol created by the Jesuits, and almost synonymous with them in this period. The latter was a lay organisation, also their creation.

62. To Fesch, 11 Brumaire, Year 11 (2 Nov. 1802), *Correspondance générale,* vol. IV, no. 7260, pp. 1145–6.

63. To Talleyrand, 15 Vendémiaire, Year 13 (7 Oct. 1804), *Correspondance générale,* vol. IV, no. 9334, p. 927.

64. *Napoleon: His Court and Family: Memoirs of Madame Junot, Duchesse d'Abrantès,* 3 vols (English trans., London, 1883), ii, pp. 274–6.

65. To Champagny, 18 Thermidor, Year 13 (6 Aug. 1805), *Correspondance générale,* vol. V, no. 10516, pp. 541–2.

66. *Napoleon: His Court and Family,* ii, pp. 304–9.

67. Jean-Clement Martin, *La Vendée et la France* (Paris, 1987), pp. 108, 272–3, 281–2, 331.

68. To General Hédouville, 2 Pluviôse, Year 8 (22 Jan. 1800), *Correspondance générale,* vol. III, no. 4897, p. 51.

69. To Bernadotte, 11 Floréal, Year 8 (1 May 1800), *Correspondance générale,* vol. III, no. 5219, p. 201.

70. All quotations from Portalis' *Premier Discours are taken from Naissance du Code Civil,* ed. P. A . Fevet (Paris, 1989).

71. Pierre Vialles, *L'Archchancelier Cambacérès, 1753–1824* (1908; Paris, 2006 edn), p. 218.

72. Vialles, *L'Archchancelier*, pp. 213–14.

73. Jean-Louis Halpérin, '*Le regard de l'historien', in Le Code Civil, 1802–1804. Livre de Bicenteniare* (Paris, 2004), pp. 43–58, at p. 50–1.74. Halpérin, 'Le regard', p. 53.

74. Halpérin, 'Le regard', p. 53.

75. David Bell, 'Culture and Religion', in *Old Regime France, ed. W. Doyle,* (Oxford, 2002), pp. 78–104. For the classic study, Robert R. Palmer, *Catholics and Unbelievers in Eighteenth-Century France* (Princeton, 1939).

76. Jean-Louis Halpérin, *L'Impossible Code Civil* (Paris, 1992), pp. 271–2.

77. Halpérin, *Impossible Code*, pp. 276–7.

78. Fevet, *Naissance du Code Civil*, p. 265.

79. Halpérin, *Impossible Code*, pp. 282–3.

80. Halpérin, *Impossible Code*, p. 273.

81. Staël, *Ten Years' Exile*, p. 18.

第十章 阳光灿烂

1. Englund, *Napoleon*, pp. 196–200.

2. Jourdan, *Napoléon*, p. 211.

3. To Cambacérès, 23 Nivôse, Year 10 (13 Jan. 1802), *Correspondance générale,* vol. III, no. 6716, p. 883.

4. To Cambacérès, 8 Brumaire, Year 11 (30 Oct. 1802), *Correspondance générale,* vol. III, no. 7251, p. 1140. Lebrun was a native of Normandy.

5. To Barbé-Marbois, 9 Brumaire, Year 11 (31 Oct. 1802), *Correspondance générale,* vol. III, no. 7252, p. 1140.

6. Gavin Daly, *Inside Napoleonic France: State and Society in Rouen, 1800–1815* (Aldershot, 2001).

7. Daly, *Inside Napoleonic France,* p. 268.

8. Alexander Grab, *Napoleon and the Transformation of Europe* (Basingstoke, 2003), p. 116.

9. Tod'Affray, 22 Germinal, Year 11 (12 April 1803), *Correspondance générale,* vol. IV, no. 7564, pp. 96–7.
10. Grab, *Transformation*, p. 119.
11. To the Members of the Small and Great Councils of the Canton of Berne, 8 Messidor, Year 11 (27 June 1803), *Correspondance générale,* vol. IV, no. 7765, p.187.
12. To Murat, 20 Ventôse, Year 11 (11 Mar. 1803), *Correspondance générale,* vol. IV, no. 7519, pp. 72–3.
13. To Gen. Morand, 19 Germinal, Year 11 (9 April 1803), *Correspondance générale,* vol. IV, no. 7560, pp. 93–4.
14. Semmel, *Napoleon and the British*, p. 30.
15. Graciela Iglesias Rogers, *British Liberators in the Age of Napoleon: Volunteers under the Spanish Flag in the Peninsular War* (London, 2013), pp. 15–17.
16. To Decrès, 25 Nivôse, Year 11 (15 Jan. 1803), *Correspondance générale,* vol. IV, no. 7425, pp. 30–2.
17. Cited in *Napoléon à Sainte-Hélène,* 'L'Evangile selon Gourgaud', ed. Jean Tulard (Paris, 1981), p. 460.
18. L aurent Dubois, *Avengers of the New World: The story of the Haitian Revolution* (Cambridge, Mass., 2004). pp. 231–3.
19. Dubois, *Avengers*, p. 233.
20. Dubois, *Avengers,* p. 239.
21. Cited in Pierre-Louis Roederer, Oeuvres, 6 vols (Paris, 1856), iii, p. 334.
22. Instructions pour Lequoy-Mongiraud, 24 Nivôse, Year 9 (14 Jan. 1801), *Correspondance générale,* vol. III, no. 5923, p. 519.
23. Dubois, *Avengers,* p. 247.
24. Jacques Norvins de Monbreton, *Souvenirs d'un historien de Napoléon*, 3 vols (Paris,

1896–7), ii, pp. 405–6.

25. Cited in Tulard, *Napoléon à Sainte-Hélène*, p. 240.

26. Dubois, *Avengers,* pp. 253–5.

27. Cited in Tim Matthewson, A *Proslavery Foreign Policy: Haitian-American Relations during the Early Republic* (Westport, 2003), p. 101.

28. Cited in Paul Finkelman, Slavery and the Founders. Race and Liberty in the Age of *Jefferson* (New York, 1996), p. 134.

29. Matthewson, *Proslavery Foreign Policy,* p. 107.

30. Michael Zuckerman, 'The Power of Blackness: Thomas Jefferson and the Revolution in Saint Domingue', in Zuckerman, *Almost Chosen People: Oblique biographies in the American Grain* (Berkeley, 1993), n. 76, pp. 203–4.

31. Matthewson, *Proslavery Foreign Policy,* p. 99.

32. Matthewson, *Proslavery Foreign Policy,* p. 107.

33. Matthewson, *Proslavery Foreign Policy,* p. 106.

34. Norvins, *Souvenirs*, ii, p. 34.

35. Norvins, *Souvenirs*, ii, pp. 366–7.

36. To Berthier, 18 Messidor, Year 11 (7 July 1803), *Correspondance générale,* vol. IV, no. 7791, p. 199.

37. Cited in Matthewson, *Proslavery Foreign Policy,* p. 101.

38. Cited in Tulard, *Napoléon* à Sainte-Hélène, p. 240.

39. Matthewson, *Proslavery Foreign Policy,* pp. 108–10.

40. Cited in Tulard, *Napoléon à Sainte-Hélène*, p. 476. The Noailles and the La Rochefoucauld were among the oldest and proudest noble families in France, with extensive links to the Vendean region, as well as colonial commercial interests.

41. Norvins, *Souvenirs*, ii, pp. 37, 39.

42. Joachim Kühn, *Pauline Bonaparte: Napoleon's attendant star* (English trans.,

London, 1937), p. 64.

43. Kühn, *Pauline*, pp. 70–2.

44. To Pauline (in Port-Républicain, Saint-Domingue), 25 Ventôse, Year 10 (16 Mar. 1802), *Correspondance générale,* vol. III, no. 6814, p. 934.

45. There had been rumours that Pauline had been having an affair with a young officer: Kühn, *Pauline*, p. 73.

46. To Pauline, 12 Messidor, Year 10 (1 July 1802), *Correspondance générale,* vol. III, no. 6979, p. 1012.

47. *Napoleon*: His Court and Family, ii, p. 245.

48. Kühn, Pauline, pp. 76–8.

49. Memoirs of Count Miot de Melito, ed. Gen. Fleischmann (English trans., London, 1881), 2 vols, i, p. 512.

50. Dubois, Avengers, p. 292.

51. E . Wilson Lyon, Louisiana in French Diplomacy (Norman, 1934), pp. 142–3.

52. Frank W. Brecker, Negotiating the Louisiana Purchase: Robert Livingston's Mission to France, 1801–1804 (London, 2006), pp. 106–7.

53. Brecker, Negotiating the Louisiana Purchase, pp. 54–6.

54. Lyon, Louisiana, p. 136, n. 31.

55. Lyon, Louisiana, pp. 136, 140.

56. Cited in Lyon, Louisiana, p. 124.

57. To Talleyrand, 3 Germinal, Year 11 (24 Mar. 1803), *Correspondance générale,* vol. IV, no. 7535, p. 79.

58. To Talleyrand, 11 Nivôse, Year 11 (1 Jan. 1803), *Correspondance générale,* vol. IV, no. 7406, pp. 20–1.

59. To Tsar Alexander I, 20 Ventôse, Year 11 (11 Mar. 1803), *Correspondance générale,* vol. IV, no. 7513, p. 66.

60. To Frederick-William II of Prussia, 20 Ventôse, Year 11 (11 Mar.1803), *Correspondance générale,* vol. IV, no. 7517, p. 70.

61. To Régnier, 11 Nivôse, Year 11 (1 Jan. 1803), *Correspondance générale,* vol. IV, no. 7405, p. 20.

62. To Chaptal, Min. of the Interior, 20 Pluviôse, Year 11 (9 Feb. 1803), *Correspondance générale,* vol. IV, no. 7466, p. 47.

63. The British had used the term earlier, when demanding *Napoleon* evacuate the Batavian Republic and recognise British sovereignty over Malta.

64. The hated Eden Commercial Treaty of 1786.

65. The 1713 Treaty of Utrecht had been a humiliation for the French; it obliged them to demolish the fortifications of Dunkirk under British supervision.

66. To Talleyrand, 4.30 a.m., 20 Floréal, Year 11 (10 May 1803), Correspondance générale, vol. IV, no. 7629, p. 127.

67. To Talleyrand, 23 Floréal, Year 11 (13 May 1803), *Correspondance générale,* vol. IV, no. 7638, pp. 131–2.

第十一章　走向帝国

1. Cited in Bernard Chevalier, 'Deux femmes pour un Empereur: Joséphine et Marie-Louise', in *Napoleone, Le Donne. Protagoniste, Alleate, Nemiche, ed. Massimo Colesanti* (Rome, 2009,) pp. 15–26, at p. 21.

2. To Joséphine, Pont-de-Briques, 25 Thermidor, Year 13 (13 Aug. 1805), *Correspondance générale,* vol. V, no. 10560, pp. 564–5.

3. Gueniffey, *Le Dix-huit Brumaire*, pp. 256–7.

4. Gueniffey, *Le Dix-huit Brumaire*, pp. 294–5.

5. Chevalier, 'Deux femmes', p. 20.
6. To Joséphine, Calais, 18 Thermidor, Year 12 (6 Aug. 1804), Correspondance générale, vol. IV, no. 9062, p. 798.
7. To Hortense, Pont-de-Briques, 27 Thermidor, Year 12 (15 Aug. 1804), *Correspondance générale,* vol. IV, no. 9103, p. 819.
8. *Napoleon: His Court and Family*, ii, p. 296.
9. *Memoirs of Count Miot de Melito*, i, p. 502.
10. *Napoleon: His Court and Family*, ii, p. 233.
11. Fauvelet de Bourrienne, *Memoirs of Napoleon Bonaparte* (English trans., London, 1903), pp. 211–12. The specific incident Bourrienne relates takes the questionable form of a reconstructed conversation, but its content is certainly consistent with Lucien's dislike of Joséphine, which was well known.
12. To Jérôme, Milan, 20 Prairial, Year 13 (9 June 1805), *Correspondance générale,* vol. V, no. 10224, p. 401.
13. To Jérôme, 16 Floréal, Year 13 (6 May 1805), *Correspondance générale,* vol. V, no. 9986, p. 274.
14. To Letizia, 2 Floréal, Year 13 (22 April 1805), *Correspondance générale,* vol. V, no. 9877, p. 224.
15. To Cambacérès, 25 Floréal, Year 13 (13 May 1805), *Correspondance générale,* vol. V, no. 10037, p. 300.
16. To Pius VII, 4 Prairial, Year 13 (24 May 1805), *Correspondance générale,* vol. V, no. 10121, pp. 339–40.
17. To Pius VII, 1 Fructidor, Year 13 (19 Aug. 1805), *Correspondance générale,* vol. V, no. 10604, pp. 587–8.
18. Jacques-Olivier Boudon, *Le Roi Jérôme, frère prodigue de Napoléon* (1784–1860) (Paris, 2008), p.85.

19. To Jérôme, 20 Prairial, Year 13 (9 June 1805), *Correspondance générale,* vol. V, no. 40244, p. 401.

20. To Murat, 30 Floréal, Year 13 (20 May 1805), *Correspondance générale,* vol. V, no. 10094, p. 326.

21. Charlene M. Boyer Lewis, *Elizabeth Patterson Bonaparte: An American Aristocrat in the Early Republic* (Philadelphia, 2012).

22. Boudon, *Jérôme*, pp. 95–8.

23. His two illegitimate sons were by his Polish mistress, Maria Walewska, born in 1809, and by Elénore Denuelle de la Plaigne, a young lady-in-waiting to his sister Caroline, in 1806.

24. To Hortense, La Tour d'Ordre, 24 Thermidor, Year 13 (12 Aug. 1805), *Correspondance générale,* vol. V, no. 10552, pp. 558–60.

25. *Napoleon: His Court and Family,* ii, p. 295.

26. Fouché, *Mémoires,* i, p. 190.

27. Cited in Migliorini, *Napoléon*, p. 239.

28. Figures from Boudon, *Histoire du Consulat et de l'Empire*, p. 150.

29. Boudon, *Histoire du Consulat et de l'Empire, passim.*

30. Englund, *Napoleon*, 147.

31. Boudon, *Histoire du Consulat et de l'Empire, passim.*

32. Cited in Thierry Lentz, *Nouvelle Histoire du Premier Empire*, vol. i, *Napoléon et la Conquête de l'Europe, 1804–1810* (Paris, 2002), p. 23.

33. Cited in Boudon, *Histoire du Consulat et de l'Empire*, p. 147.

34. Lentz, *Nouvelle Histoire*, i, p. 42.

35. Cited in Lentz, *Nouvelle Histoire,* i, p. 74.

36. Lentz, *Nouvelle Histoire,* i, pp. 75–7.

37. Cited in Lentz, *Nouvelle Histoire*, i, p. 77.

38. Cited in Gilbert Martineau, Madame Mère: *Napoleon's* Mother (English trans., London, 1978), p. 60.

39. Lentz, *Nouvelle Histoire*, i, p. 86.

40. Lentz, *Nouvelle Histoire*, i, p. 79.

41. Lentz, *Nouvelle Histoire*, i, p. 90.

42. Lentz, *Nouvelle Histoire*, i, pp. 109–10, n. 1, p. 110.

第十二章　与英国的战争

1. *Napoleon: His Court and Family*, ii, pp. 257–8.

2. *Napoleon: His Court and Family*, ii, p. 311.

3. Frédéric Rousseau, *Service militaire au xix siècle: de la résistance à l'obeisance. Un siècle d'apprentissage de la patrie dans le département de l'Herault* (Montpellier, 1998), p. 79.

4. This is traced with admirable precision in Aurélien Lignereus, *La France rébellionaire. Les resistances à la gendarmerie* (1800–1859), pp. 24–31.

5. Forrest, *Déserteurs et Insoumis*, p. 53.

6. To Fouché, 18 Thermidor, Year 13 (6 Aug. 1805), *Correspondance générale,* vol. V, no. 10520, p. 545.

7. To Gen. Lacuée, Director of War Administration, 17 Thermidor, Year 13 (5 Aug. 1805), *Correspondance générale,* vol. V, no. 10513, pp. 539–40.

8. To Berthier, 20 Thermidor, Year 12 (18 Aug. 1804), *Correspondance générale,* vol. IV, no. 9069, p. 803.

9. To Berthier, Cologne, 28 Fructidor, Year 12 (15 Sept. 1804), *Correspondance générale,* vol. IV, no. 9215, pp. 871–2.

10. To Lacuée, 28 Vendémiaire, Year 13 (20 Oct. 1804), *Correspondance générale,* vol. IV, no. 9356, p. 935.

11. To Champagny, Min. of Interior, 19 Thermidor, Year 13 (7 Aug. 1805), *Correspondance générale,* vol. V, no. 10524, p. 546.

12. To Gen. Lacuée, Director of War Administration, 19 Thermidor, Year 13 (7 Aug. 1805), *Correspondance générale,* vol. V, no. 10529, p. 548.

13. This entire section is based on Lentz, *Nouvelle Histoire*, i, pp. 134–9.

14. Remi Monaque, 'Trafalgar: A French point of view', in *A Great and Glorious Victory: New Perspectives on the Battle of Trafalgar,* ed. Richard Harding (Barnsley, 2008), pp. 70–9, at p. 72.

15. To Decrès, 21 Floréal, Year 12 (1 May 1804), *Correspondance générale,* vol. IV, no. 8866, pp. 700–1.

16. Cited in N. A. M. Rodger, *The Command of the Ocean: A Naval History of Britain, 1649–1815* (London, 2004), p. 531.

17. Rodger, *Command*, p. 530.

18. To Decrès, 27 Thermidor, Year 13 (15 Aug. 1805), *Correspondance générale,* vol. V, no. 10574, p. 574.

19. To Decrès, 4 Fructidor, Year 13 (22 Aug. 1805), *Correspondance générale,* vol. V, no. 10623, p. 596.

20. Monaque, 'Trafalgar: A French point of view', p. 74.

21. To Decrès,29 Messidor, Year 13 (18 July 1805), *Correspondance générale,* vol. V, no. 10419, p. 492.

22. To Allemand, Comdt Rochefort, 7 Thermidor, Year 13 (26 July 1805), *Correspondance générale,* vol. V, no. 10459, pp. 510–11.

23. To Decrès, 25 Thermidor, Year 13 (13 Aug. 1805), *Correspondance générale,* vol. V, no. 10555, pp. 561–2.

24. Rodger, *Command*, pp. 532–3.

25. Rodger, *Command*, pp. 533–4.

26. To Decrès, 25 Thermidor, Year 13 (13 Aug. 1805), *Correspondance générale,* vol. V, no. 10556, p. 562.

27. Rodger, *Command*, p. 2.

28. Rodger, *Command*, pp. 2–44 on this period in the Royal Navy.

29. Rodger, *Command*, pp. 17, 22.

30. Rodger, *Command*, p. 26.

31. Rodger, *Command*, p. 529.

32. Lentz, *Nouvelle Histoire*, i, pp. 148–9.

33. Rodger, *Command*, pp. 530, 536.

34. Rodger, *Command*, p. 530.

35. Cited in Jacques Garnier, *Austerlitz, 2 décembre 1805* (Paris, 2005), p. 38.

36. To Villeneuve, 27 Messidor, Year 13 (16 July 1805), *Correspondance générale,* vol. V, no. 10412, pp. 489–90.

37. To Gen. Marmont, Comdt Camp of Utrecht, 26 Messidor, Year 13 (15 July 1805), *Correspondance générale,* vol. V, no. 10405, p. 487.

38. To Berthier, 1 Thermidor, Year 13 (20 July 1805), *Correspondance générale,* vol. V, no. 10427, pp. 495–6.

39. To Fouché, 3 Thermidor, Year 13 (22 July 1805), *Correspondance générale,* vol. V, no. 10433, pp. 498–9.

40. To Decrès, 8 Thermidor, Year 13 (27 July 1805), *Correspondance générale,* vol. V, no. 10469, pp. 516–17; to Rear Admiral Gourdon, Comdt Ferrol squadron,8 Thermidor, Year 13 (27 July 1805), ibid., no. 10472, p. 519.

41. To Fouché, 21 Thermidor, Year 13 (9 Aug. 1805), *Correspondance générale,* vol. V, no. 10538, p. 551.

42. To Fouché, 21 Thermidor, Year 13 (9 Aug. 1805), *Correspondance générale,* vol. V, no. 10539, p. 552.

43. To Decrès, 22 Thermidor, Year 13 (10 Aug. 1805), *Correspondance générale,* vol. V, no. 10542, p. 553.

44. To Decrès, 27 Thermidor, Year 13 (15 Aug. 1805), *Correspondance générale,* vol. V, no. 10574, p. 574.

45. To Decrès, 4 Fructidor, Year 13 (22 Aug. 1805), *Correspondance générale,* vol. V, no. 10618, p. 594; to Vice-Admiral Ganteaume, 4 Fructidor, Year 13 (22 Aug. 1805), ibid., no. 10626, pp. 597–8; to Villeneuve, 4 Fructidor, Year 13 (22 Aug. 1805), ibid., no. 10631, p. 601.

46. Garnier, *Austerlitz*, p. 30.

47. To Berthier, 5 Fructidor, Year 13 (23 Aug. 1805), *Correspondance générale,* vol. V, no. 10633, pp. 601–2; to Dejean, Director of War Admin., 5 Fructidor, Year 13 (23 Aug. 1805), ibid., no. 10640, p. 605.

48. To Decrès, 4 Fructidor, Year 13 (22 Aug. 1805), *Correspondance générale,* vol. V, no. 10623, p. 596.

49. To Talleyrand, 28 Thermidor, Year 13 (16 Aug. 1805), *Correspondance générale,* vol. V, no. 10586, p. 579; to Talleyrand, 30 Thermidor, Year 13 (18 Aug. 1805), ibid., no. 10594, p. 583.

50. Cited in Garnier, *Austerlitz*, p. 39.

51. On the estimable performance of the French and Spanish fleets: Agustín Guimera, 'Trafalgar. Myth and History', in *A Great and Glorious Victory*, pp. 41–57.

52. Rodger, *Command*, pp. 537–42.

53. Rodger, *Command*, p. 542.

54. Rodger, Command, pp. 543–4.

55. Guimera, 'Trafalgar. Myth and History', pp. 53–4; Monaque, 'Trafalgar: A

French point of view', pp. 76–7.

56. Monaque, 'Trafalgar: A French point of view', p. 76.

57. Guimera, 'Trafalgar. Myth and History', p. 64.

58. Richard Glover, Britain at Bay: *Defence Against Bonaparte, 1803–1814* (London, 1973), pp. 12–15.

59. Rory Muir, *Britain and the Defeat of Napoleon, 1807-1815* (New Haven, 1996), p. 17.

第十三章　杰作的诞生

1. John Elting, *Swords Around a Throne: Napoleon's Grande Armée* (New York, 1988), p. 58.
2. Muir, *Tactics*, p. 35.
3. Muir, *Tactics*, p. 158.
4. Chandler, *Campaigns*, p. 371.
5. Cited in Garnier, *Austerlitz*, pp. 167–70. Berthezène's memory may have been at fault as Morland's *command*, part of the Guard cavalry, would not have had the strengths described either at the start or during the campaign.
6. Garnier, *Austerlitz*, p. 167.
7. To Berthier, from Cologne, 28 Fructidor, Year 12 (15 Sept. 1804), *Correspondance générale,* vol. IV, no. 9215, pp. 871–2.
8. To Berthier, 8 Floréal, Year 12 (28 April 1804), *Correspondance générale,* vol. IV, no. 8847, p. 694.
9. To Marmont, 21 Ventôse, Year 12 (12 Mar. 1804), *Correspondance générale,* vol. IV, no. 8731, pp. 637–8.
10. Elting, *Swords Around a Throne*, p. 60.

11. Jacques Morvan, *Le soldat impérial, 1800–1814,* 2 vols (Paris, 1904), i, pp. 280–3.

12. *Nelson: The New Letters,* ed. Colin White (Woodbridge, 2005), p. 53.

13. Cited in Bruno Colson, *Napoléon. De la Guerre* (Paris, 2011), p. 261.

14. To Davout, 14 Messidor, Year 12 (3 July 1804), *Correspondance générale,* vol. IV, no. 8984, pp. 762–3.

15. *Napoleon: His Court and Family,* ii, p. 323.

16. White, *Nelson: The New Letters*, p. 54.

17. Riley, *Napoleon as a General*, p. 12.

18. Muir, *Tactics*, pp. 75–6.

19. Morvan, *Le soldat impérial*, i, p. 291.

20. Morvan, *Le soldat impérial,* i, pp. 283, 296.

21. Muir, *Tactics*, pp. 76, 77.

22. Riley, *Napoleon* as a General, p. 83.

23. From *Napoleon's* writings collated in Colson, Napoléon. pp. 259–60.

24. Cited in Colson, Napoléon, p. 260.

25. Michael Broers, 'The Revolutionary and *Napoleon*ic Wars', in T*he Changing Character of War,* ed. Hew Strachan and Sibylle Scheipers (Oxford, 2011), pp.64–78, at p. 66–7.

26. Cited in Colson, *Napoléon*, p. 259.

27. Muir, *Tactics*, p. 91.

28. Riley, *Napoleon as a General*, p. 83.

29. Cited in Colson, *Napoléon*, pp. 255–7.

30. Colson, *Napoléon*, p. 107.

31. Morvan, *Le soldat impérial*, i, p. 290.

32. Muir, *Tactics*, p. 107.

33. Morvan, *Le soldat impérial,* i, p. 295.

34. Morvan, *Le soldat impérial,* i, p. 289.

35. Lachouque and Brown, *Anatomy of Glory*, p. 51, n. 7.

36. Lachouque and Brown, *Anatomy of Glory,* p. 37.

37. Cited in Colson, *Napoléon*, p. 258.

38. Cited in Colson, *Napoléon*, p. 259.

39. Cited in Colson, *Napoléon*, p. 163.

40. Lachouque and Brown, *Anatomy of Glory*, p. 38.

41. Lachouque and Brown, *Anatomy of Glory*, p. 51.

42. *Napoleon: His Court and Family*, ii, p. 320–1.

43. Morvan, *Le soldat impérial,* i, p. 301.

44. Alan Forrest, *Napoleon's Men: The Soldiers of the Revolution and Empire* (London, 2002), p.136.

45. Forrest, *Napoleon's Men*, pp. 134–5.

46. John A. Lynn, 'Towards an Army of Honor: The Moral Evolution of the French Army, 1789–1815', *French Historical Studies*, 16, no. 1 (1989), pp. 152–73.

47. Morvan, *Le soldat impérial,* ii, pp. 5–9.

48. Lynn, 'Army of Honor', p. 167.

49. Cited in Colson, *Napoléon*, p. 160.

50. Cited in Colson, *Napoléon*, p. 159.

51. Cited in Colson, Napoléon, p. 163.

52. To Berthier, Ostend, 26 Thermidor, Year 12 (14 Aug. 1804), *Correspondance générale,* vol. IV, no. 9098, p. 816.

53. All cited in Colson, *Napoléon*, p. 162.

54. Cited in Colson, *Napoléon*, p. 260.

55. Morvan, *Le soldat impérial,* i, pp. 295–7.

56. Forrest, *Napoleon's* Men, pp. 155–6, for examples.

57. David Bell, The First Total War: *Napoleon's Europe and the birth of warfare as we know it* (New York, 2007), pp. 152, 245.

58. Elting, *Swords Around a Throne*, p. 99.

59. To Soult, 14 Prairial, Year 12 (3 June 1804), *Correspondance générale,* vol. IV, no. 8929, p. 733.

60. To Cambacérès, Pont-de-Briques, 16 Thermidor, Year 13 (4 Aug. 1805), *Correspondance générale,* vol. V, no. 10496, p. 532.

61. Morvan, *Le soldat impérial,* ii, pp. 15–16.

62. Cited in Colson, *Napoléon*, p. 160.

63. Rodger, *Command*, pp. 529–30.

64. Morvan, *Le soldat impérial,* i, pp. 293–4.

65. *Napoleon: His Court and Family,* ii, p. 326.

第十四章　第三次反法同盟的形成

1. Thierry Lentz, *Nouvelle Histoire du Premier Empire*, vol. iii, *La France et l'Europe de Napoléon, 1804–1814* (Paris, 2007), pp. 679–80.

2. 'Traité de Paix de Paris avec la Russie, 7, 8 et 10 octobre, 1801', Kerautret, *Grands Traités,* pp. 214, 217.

3. Marie-Pierre Rey, *Alexander I: The Tsar Who Defeated Napoleon* (English trans., DeKalb, 2012), pp. 3–9.

4. Paul W. Schroeder, *The Transformation of European Politics, 1763–1848* (Oxford, 1994), pp. 247–8.

5. Gunther E. Rothenberg, *Napoleon's Great Adversary: Archduke Charles and the Austrian*

Army, 1792–1814 (Stroud, 2007 edn), pp. 100–1.

6. Rothenberg, *Napoleon's Great Adversary,* p. 102.
7. Schroeder, *Transformation*, pp. 260, 261.
8. Schroeder, *Transformation*, p. 261.
9. Rothenberg, *Napoleon's Great Adversary,* pp. 98–102.
10. Michael Kaiser, 'A Matter of Survival: Bavaria becomes a Kingdom', in *The Bee and the Eagle: Napoleonic France and the End of the Holy Roman Empire, 1806,* ed. Alan Forrest and Peter H. Wilson (Basingstoke, 2009), pp. 94 111, at p.98.
11. Chandler, *Campaigns*, p. 384
12. Rothenberg, *Napoleon's Great Adversary,* p. 115.
13. Schroeder, *Transformation*, p. 245.
14. Schroeder, *Transformation*, p. 238.
15. Christopher Clark, The Iron Kingdom: The Rise and Downfall of Prussia, 1600–1947 (London, 2007 edn), pp. 298–9.
16. Schroeder, *Transformation*, pp. 254–5.
17. Clark, *Iron Kingdom*, p. 299.
18. Clark, *Iron Kingdom*, p. 300.
19. To Talleyrand, Pont-de-Briques, 4 Fructidor, Year 13 (22 Aug. 1805), *Correspondance générale,* vol. IV, no. 10629, pp. 598–600.
20. For a perceptive, succinct account of this process: Michael Rowe, 'Napoleon and State Formation in Central Europe', in *Napoleon and Europe*, ed. Philip G. Dwyer (London, 2001), pp. 204–24.
21. Matthijs Lok and Martijn van der Burg, 'The Dutch Case: The Kingdom of Holland and the Imperial Departments', in *Napoleonic Empire*, ed. Broers, Hicks and Guimera, pp. 100–11.

22. Wyger Velema, 'Louis Napoléon et la Mort de *la République*', *in Louis Bonaparte. Roi de Hollande, ed.* Annic Jourdan (Paris, 2010), pp. 31–44, at p. 33–4.

23. To Cambacérès, Brussels, 7 Thermidor, Year 11 (26 July 1803), *Correspondance générale*, vol. IV, no. 7863, pp. 230–1.

24. To Talleyrand, 30 Floréal, Year 13 (20 May 1805), *Correspondance générale,* vol. V, no. 10095, p. 326.

25. Lok and Burg, 'The Dutch Case', *passim.*

26. To Talleyrand, 7 Floréal, Year 12 (27 April 1804), *Correspondance générale,* vol. IV, no. 8845, pp. 692–3.

27. To Talleyrand, 10 Nivôse, Year 13 (31 Dec. 1804), *Correspondance générale,* vol. IV, no. 9479, p. 991.

28. Velema, 'Louis Napoléon', pp. 34–6.

29. Simon Schama, *Patriots and Liberators: Revolution in the Netherlands,1780–1813* (New York, 1977), p. 500.

30. Schama, *Patriots and Liberators*, pp. 469–73.

31. Velema, 'Louis Napoléon', pp 35–6.

32. Velema, 'Louis Napoléon', p. 39.

33. Schama, *Patriots and Liberators*, p. 469.

34. Cited in Velema, 'Louis Napoléon', p. 37.

35. To Schimmelpenninck, 7 Vendémiaire, Year 14 (20 Sept. 1805), *Correspondance générale*, vol. V, no. 10899, p. 748.

36. Cited in Michael Broers, *Europe under Napoleon, 1796–1814* (London, 1996), p. 126.

37. To General Dejean, Min. of War Admin., 6 Nivôse, Year 14 (27 Dec. 1805), *Correspondance générale,* vol. V, no. 11229, pp. 915–16.

38. Pillepich, *Milan*, p. 567.

39. Pillepich, *Milan*, p. 569.

40. Lentz, *Nouvelle Histoire*, i, p. 153.

41. Carlo Capra, 'La Fine della Repubblica Italiana', in La formazione del primo Stato italiano e Milano capitale, 1802–1814, ed. Adele Robbiati Bianchi (Milan, 2006), pp. 719–32, at p. 725.

42. A lain Pillepich, 'La politique italienne de *Napoléon* en 1805', in *Napoléon Bonaparte. Correspondance générale, Vol. V, 1805* (Paris, 2008), pp. 928–41, at p. 935–6.

43. Cited in Pillepich, 'La politique italienne', p. 935.

44. Michael Broers, *The Politics of Religion in Napoleonic Italy: The War against God, 1801–1814* (London, 2002), pp. 146–7.

45. Cited in Capra, 'La Fine', p. 725.

46. Capra, 'La Fine', pp. 725–6.

47. Capra, 'La Fine', p. 721.

48. To Talleyrand, Pont-de-Briques, 4 Fructidor, Year 13 (22 Aug. 1805), *Correspondance générale,* vol. V, no. 10629, pp. 598–600.

49. Schroeder, *Transformation*, p. 240.

50. Philip G. Dwyer, 'Napoleon and the Drive for Glory', Napoleon and Europe (London, 2001), ed. Philip G. Dwyer, pp. 118–35, at p. 125.

51. Pillepich, Milan, p. 590.

52. Lentz, *Nouvelle Histoire,* iii, p. 687.

53. Cited in Michael Broers, *Napoleonic Imperialism and the Savoyard Monarchy, 1773–1821: State Building in Piedmont* (Lampeter, 1997), p. 273.

54. Schroeder, *Transformation*, pp. 264–5.

55. Schroeder, *Transformation*, pp. 263–5.

56. Antonia De Francesco, *L'Italia di Bonaparte. Politica, statualità e nazione nella peninsula tra due rivoluzioni, 1796–1821* (Milan, 2011), pp. 101–5.

57. Cited in De Francesco, *L'Italia di Bonaparte*, p. 72.

58. To Talleyrand, Pont-de-Briques, 4 Fructidor, Year 13 (22 Aug. 1805), *Correspondance générale,* vol. IV, no. 10629, pp. 598–600.

59. Desmond Seward, *Napoleon and Hitler: A Comparative Biography* (London, 1988).

60. Kaiser, 'A Matter of Survival', pp. 102–4.

61. To Eugène, Milan, 18 Prairial, Year 13 (7 June 1805), *Correspondance générale,* vol. V, no. 10224, pp. 386–8, at p. 388.

尾声　冒险之举：1805 年秋

1. Chandler, *Campaigns*, pp. 382–3.

主要专有名词对译表

A

Abbé Raynal　阿贝 · 雷纳尔
Act of Mediation　仲裁法案
Adda　阿达河
Addington　阿丁顿
Adige　阿迪杰河
Adriaan van den Ene
阿德里安 · 冯 · 登 · 埃内
Aix-en-Provence　普罗旺斯地区艾克斯
Ajaccio　阿雅克肖
Aldini, Antonio　安东尼奥 · 阿尔迪尼
Alessandri, Marco　马可 · 亚雷桑德里
Alessandria　亚历山德里亚
Alexandria　亚历山大港
Alexander, Robert　罗伯特 · 亚历山大
Al-Jazzar　阿尔贾扎尔
Amiens　亚眠
Ancona　安科纳
Antibes　安提比斯
Arcola　阿科拉
Armistice of Cherasco　凯拉斯科停战协议
Augereau　奥热罗
Austerlitz　奥斯特里茨
Autun　欧坦
Auxonne　奥克松
Avignon　阿维尼翁

B

Bacchiochi, Félix　费利克斯 · 巴乔基
Baden　巴登
Barbé-Marbois　巴贝马霸
Barère　巴雷尔
Barras, Paul　保罗 · 巴拉斯
Barthélemy　巴泰勒米
Bastia　巴斯蒂亚
Batavian Republic　巴达维亚共和国
Bathélemy　巴泰勒米
Bay of Aboukir　阿布基尔海湾
Beaucaire　博凯尔
Beauharnais, Alexandre de
亚历山大 · 德 · 博阿尔内
Beaulieu　博利厄
Bénot, Yves　伊夫斯 · 贝诺
Bernadotte　贝尔纳多特
Bernier, Abbé Etienne
阿贝 · 艾蒂安 · 贝尼耶
Berry　贝里
Berthezène　贝尔特泽纳
Berthier, Alexandre　亚历山大 · 贝尔蒂埃
Berthoud, Jacques　雅克 · 伯绍德
Bertin, Louis-Francois
路易 · 弗朗索瓦 · 贝尔登
Bertrand　贝特朗

Clary 克拉里
Clichy Club 克利希俱乐部
Clisson 克利松
Cobenzl 科本茨尔
Colbert 科贝尔
Collegio De Bene 本尼学院
Colleredo 科洛雷多
Colli 科利
Collingwood 科灵伍德
Committee of Public Safety 公安委员会
Como 科摩
Compiegne 贡比涅
Condé 孔代
Congress of Rastatt 拉施塔特代表大会
Conrad, Joseph 约瑟夫 · 康拉德
Consalvi 孔萨尔维
Constant，Benjamin 本杰明 · 康斯坦特
Corfu 科孚
Corps Législatif 立法院
Corso, Sampiero 桑皮耶罗 · 科尔索
Corte 科尔特
Cortés, Hernán 埃尔南 · 科尔特斯
Council of State 参政院

D

Dalberg 达尔贝格
D'Alembert 达朗贝尔
D'Alvintzi 阿尔文齐
Daly, Gavin 加文 · 达利
Damas 达马斯
Damietta 达米埃塔
Danton 丹东
Daunou, Pierre 皮埃尔 · 多努
Davout 达武
Debry 德布里
Decres 德克雷
De Keralio 德 · 科拉里奥
d'Enghien 昂吉安
Desaix 德塞
Désirée 德西蕾
d'Herbois, Collot 科洛 · 戴尔布瓦
Directory 督政府
Diwan 迪万（政务委员会）
Doria, Andrea 安德里亚 · 多里亚
Dresden 德累斯顿
Dubois，Laurent 洛朗 · 迪布瓦
Ducos, Roger 罗歇 · 杜科
Dugommier 迪戈米耶
Dugua 杜高
Dumouriez 杜穆里埃
Dwyer, Philip 菲利普 · 德怀尔

E

Elisa 埃莉萨
Englund, Steven 史蒂文 · 英格伦
Eugène 尤金
Eugénie 欧仁妮

F

Fesch, Francois 弗朗索瓦 · 费斯奇
Fesch, Joseph 约瑟夫 · 费斯奇
Fischer, Fritz 弗里茨 · 菲舍尔

Joseph, Max 马克西米利安 · 约瑟夫
Joséphine 约瑟芬
Jourdan, Annie 安妮 · 卓丹
Jourdan Law 儒尔当法案
Julie 朱莉
Junot 朱诺
Justinien 查士丁尼

K

Kalnins, Mara 玛拉 · 卡尔宁斯
Keith 基思
Kellermann 凯勒曼
Kléber 克莱贝尔

L

Lacuee 拉屈埃
La Harpe 拉阿尔普
La Rochefoucauld 拉罗什福科
Languedoc 朗格多克
Lannes, Jean 让 · 拉纳
Latouche-Treville 拉图什-特雷维尔
Laurens, Henry 亨利 · 劳伦斯
League of Armed Neutrality 武装中立同盟
Lebrun, Charles-Francois
查尔斯 · 弗朗索瓦 · 勒布伦
Leclerc, Victoire-Emmanuel
维克托瓦尔-伊曼纽尔 · 勒克莱尔
Lefebvre 勒费弗尔
Legnago 莱尼亚戈
Lemercier 勒梅西埃
Lentz, Thierry 蒂埃里 · 朗茨
Leoben 莱奥本
Letizia 莱蒂齐亚
Livingston, Robert 罗伯特 · 利文斯顿
Lodi 洛迪
Lombard 伦巴第
L'Orient 东方号
Louis 路易
Louvois 卢布瓦
Luciano 吕西安诺
Lucien 吕西安
Luigi 路易吉
Lunéville 吕内维尔
Luosi, Giuseppe 朱塞佩 · 罗斯

M

Mack 麦克
Maine-et-Loire 曼恩-卢瓦尔省
Malta 马耳他
Mantua 曼图亚
Marat 马拉
Maria-Anna 玛利亚-安娜
Maria-Annunziata 玛利亚-安农齐亚塔
Marie-Louise 玛丽-路易丝
Marbeuf 马尔伯夫
Marengo 马伦戈
Marmont 马尔蒙
Martin, Andy 安迪 · 马丁
Martinique 马提尼克
Masséna, André 安德烈 · 马塞纳
Melas 梅拉斯
Mélito, Miot de 米奥 · 德 · 梅利托

N

O

P

Q

Quasdanovitch 科斯达诺维奇

R

Radet 拉代
Ramolino, Morgante 莫甘特·拉莫利诺
Récamier 雷卡米埃
Regnaud 勒尼奥
Régnier, Claude 克洛德·雷尼耶
Reynier 雷尼埃
Rhone Valley 罗纳河谷
Ricci, Lodovico 罗多维科·里奇
Rigaud, André 安德烈·里戈
Riley, Jonathon 乔纳森·赖利
River Alpone 阿尔彭河
River Mincio 明乔河
River Po 波河
River Stura 斯图拉河
Riviera 里维埃拉
Rivoli 利沃里
Robespierre, Augustin
奥古斯丁·罗伯斯庇尔
Robespierre, Maximilien
马克西米连·罗伯斯庇尔
Roederer, Pierre-Louis
皮埃尔-路易·罗埃德雷
Roger, Nicholas 尼古拉斯·罗杰
Roger, Nick 尼克·罗杰
Rothenberg, Gunther 冈瑟·罗森堡
Runciman, David 大卫·朗西曼

S

Saint-Domingue 圣多明各
Saint-Just 圣鞠斯特
Salicetti 萨利塞蒂
Sallust 萨鲁斯特
Sarzana 萨尔扎纳
Savary 萨瓦里
Say 赛
Schérer 谢勒
Schimmelpenninck, Rutger Jan
拉特格·扬·希默尔彭宁克
Schroeder, Paul 保罗·施罗德
Semmel, Stuart 斯图尔特·泽梅尔
Serbelloni, Giovanni Galeazzo
乔瓦尼·加莱阿佐·赛尔贝罗尼
Serna, Pierre 皮埃尔·塞尔纳
Sérurier 塞吕里耶
Seward, Desmond 德斯蒙德·西沃德
Shaykh 沙伊克（伊斯兰教教长）
Sieyès 西哀士
Soult 苏尔特
Stael, Germaine de
热尔曼娜·德·斯塔尔
St-Cloud 圣克卢
St-Cyr 圣西尔军校
Stendhal 司汤达
St Helena 圣赫勒拿岛
St John of Acre 圣约翰阿克要塞
St-Nicaise 圣尼凯斯
Strathern, Paul 保罗·斯特拉森
Swabian Imperial Knights
斯瓦比亚帝国骑士

电子回函表入口

姓名：______ 性别：____ 年龄：____ 职业：______ 教育程度：______

邮寄地址：______________________ 邮编：______
E-mail：____________ 电话：____________

您所购买的书籍名称：《成为拿破仑》

您对本书的评价：

书名：□满意 □一般 □不满意 | 故事情节：□满意 □一般 □不满意
翻译：□满意 □一般 □不满意 | 书籍设计：□满意 □一般 □不满意
纸张：□满意 □一般 □不满意 | 印刷质量：□满意 □一般 □不满意
价格：□便宜 □正好 □贵了 | 整体感觉：□满意 □一般 □不满意

您的阅读渠道（多选）：□书店 □网上书店 □图书馆借阅 □超市/便利店
□朋友借阅 □找电子版 □其他 ______

您是如何得知一本新书的呢（多选）：□别人介绍 □逛书店偶然看到 □网络信息
□杂志与报纸新闻 □广播节目 □电视节目 □其他

购买新书时您会注意以下哪些地方？
□封面设计 □书名 □出版社 □封面、封底文字 □腰封文字 □前言、后记
□名家推荐 □目录

您喜欢的书籍类型：
□文学-奇幻小说 □文学-侦探/推理小说 □文学-情感小说 □文学-散文随笔
□文学-历史小说 □文学-青春励志小说 □文学-传记
□经管 □艺术 □旅游 □历史 □军事 □教育/心理 □成功/励志
□生活 □科技 □其他______

请列出3本您最近想买的书：______、______、______

请您提出宝贵建议：______________________

____

★感谢您购买本书，请将本表填好后，扫描或拍照后发电子邮件至wipub_sh@126.com，您的意见对我们很珍贵。祝您阅读愉快！

亲爱的读者朋友：

也许您热爱阅读，拥有极强的文字编辑或写作能力，并以此为乐；

也许您是一位平面设计师，希望有机会设计出装帧精美、赏心悦目的图书封面。

那么，请赶快联系我们吧！我们热忱地邀请您加入到“编书匠”的队伍中来，与我们建立长期的合作关系，或许您可以利用您的闲暇时间，成为一名兼职图书编辑或兼职封面设计师，成为拥有多重职业的斜杠青年，享受不同的生活趣味。

期待您的来信，并请发送简历至 wipub_sh@126.com，别忘记随信附上您的得意之作哦！

译者 Translator 邀请函

WIPUB BOOKS

电子邀请函入口

为进一步提高我们引进版图书的译文质量，也为翻译爱好者搭建一个展示自己的舞台，现面向全国诚征外文书籍的翻译者。如果您对此感兴趣，也具备翻译外文书籍的能力，就请赶快联系我们吧！

您是否有过图书翻译的经验：

☐有（译作举例：______________________）　☐没有

您擅长的语种：

☐英语　☐法语　☐日语　☐德语

您希望翻译的书籍类型：

☐文学　☐科幻　☐推理　☐心理　☐哲学　☐历史　☐人文社科　☐育儿

请将上述问题填写好，扫描或拍照后，发至 wipub_sh@126.com，同时请将您的应征简历添加至附件，简历中请着重说明您的外语水平。

上海万墨轩图书有限公司